国家社科基金项目"心态史视阈下的秦史研究"（18BZS044)

内蒙古大学中国史研究丛书

王绍东 著

Xintaishi Shiyu xia De
Qinshi Yanjiu

心态史视阈下的秦史研究

人民出版社

责任编辑：宫　共
封面设计：姚　菲

图书在版编目（CIP）数据

心态史视阈下的秦史研究 ／ 王绍东著. -- 北京 ：
人民出版社，2024. 7. -- ISBN 978-7-01-026781-4

Ⅰ. K233. 07

中国国家版本馆 CIP 数据核字第 2024AC2616 号

心态史视阈下的秦史研究

XINTAISHI SHIYU XIA DE QINSHI YANJIU

王绍东　著

人民出版社 出版发行
（100706　北京市东城区隆福寺街 99 号）

北京中科印刷有限公司印刷　新华书店经销

2024 年 7 月第 1 版　2024 年 7 月北京第 1 次印刷
开本：710 毫米×1000 毫米 1/16　印张：30
字数：460 千字

ISBN 978-7-01-026781-4　定价：90. 00 元

邮购地址 100706　北京市东城区隆福寺街 99 号
人民东方图书销售中心　电话（010）65250042　65289539

第四章　秦始皇的成长经历与心态特征........................252

　第一节　童年经历与自卑心理........................252

　第二节　相伴终生的迷藏游戏........................282

　第三节　权力情结与权力崇拜........................297

第五章　秦史人物的心态分析........................344

　第一节　商鞅的经历与变法心态........................344

　第二节　李斯的双驱式追求与"老鼠哲学"........................361

　第三节　赵高的心理控制之术........................378

　第四节　秦二世胡亥的回避型人格........................400

　第五节　其他秦史人物的心态分析........................411

结　语........................456

参考文献........................460

后　记........................473

绪　论

一、心态史视阈下秦史研究的成果综述

人是有感情的动物，不管是群体还是个人，在社会生活中的所作所为，无不受到心理的影响与支配。因此，史学不仅要阐述人们过往活动的内容，也应该揭示伴随这些活动的心理状态。1910年，弗洛伊德发表《达·芬奇的童年记忆》，标志着心理史学的诞生。美国的心理史学研究兴起于20世纪50—60年代，此后，法国的心态史学相继而起。相比于心理史学注重个体人物的心理研究，心态史学不仅关注个体人物，也重视社会群体、阶层的心态状况。20世纪80年代，心态史学传入我国，对我国史学产生了重要影响，陆续出现了一批心态史学的论著。其研究内容包括心态史学的历史与内涵介绍，如彭卫的《历史的心镜——心态史学》等；某一特定环境下人们的心态特征，如谢天佑的《专制主义统治下的臣民心理》、赵良《天子的隐秘——七位中国帝王的心理传记》等；某一特定社会阶层，特别是文人阶层的心态研究，如河北教育出版社出版的"历代文人心态史丛书"，包括陈桐生的《天柱断裂之后——战国文人心态史》、方铭的《期待与堕落——秦汉文人心态史》、孙若风的《高蹈人间——六朝文人心态史》、池万兴和刘怀荣的《梦逝难寻——唐代文人心态史》、马茂军和张海沙的《困境与超越——宋代文人心态史》、方铭的《挑战与抉择——元代文人心态史》、史小军的《复古与新变——明代文人心态史》、陈维昭的《带血的挽歌——清代文人心态史》等；此外比较有影响的心态史专著还有幺书仪的《元代文人心态》、罗宗强

的《玄学与魏晋士人心态》等；心态史研究的重点领域是关于历史人物的心态分析，这方面的论著之多几乎不胜枚举。

心态史学的研究方法也被运用到秦史研究中，学者们较早关注的是对秦朝历史人物的心理性格分析。郭沫若在《十批判书·吕不韦与秦王政的批判》里对童年时期秦始皇的身体状况与心理特征进行了剖析。1985 年张文立在《未定稿》中发表《秦始皇的性格》，对秦始皇的心理与性格及其对秦朝政治的影响进行了较为全面的研究。林剑鸣《秦始皇的患恨》、施琪嘉《中国始皇帝——嬴政的心理动力学分析》，较多利用了心理学理论对秦始皇进行研究。一些学者对秦史人物商鞅、吕不韦、李斯、赵高、王翦等进行心理分析和研究，如孙立群的《李斯的"老鼠哲学"》，孟祥才的《赵高——巨奸大憝与心理学大师的合一》等。张文立在他的专著《秦始皇帝和他周围的人》中，很多内容涉及对秦史人物的心理学分析。有的学者对秦人的发展历程与秦族的心理特点进行了研究，如林剑鸣《秦人的价值观和中国的统一》、王子今《秦兼并战争中的"出其人"政策——上古移民史的特例》、彭丰文《秦人认同华夏民族的心理历程及其意义》、徐俊祥《六国卑秦与秦统一——秦民族心理与秦发展思考》、何晋《秦称"虎狼"考》等论文，都从秦人的发展历程和文化特点、民族心理入手，分析了上述因素对秦统一的影响。也有学者对秦与东方各国的关系从文化心理的角度进行了研究，如臧知非《从"约法三章"看秦与六国的心理隔阂》、孟祥才《论秦文化对东方六国文化的两次整合》、孙家洲《三次刺杀行为对秦始皇地域政策的影响》、李禹阶《秦始皇"焚书坑儒"新论——论秦王朝文化政策的矛盾冲突与演变》等。一些学者从《诗经·秦风》和《睡虎地秦墓竹简·日书》对秦社会的民众心理与不同阶层的心理进行研究，如梁中效《从〈诗经·秦风〉看秦人的西部文化风貌》、吴小强《秦人生育意愿初探》等。也有学者对秦军队的心理与精神风貌进行研究。如田静《从秦俑透视秦军之作战能力》、熊梅《军功爵制与秦军战斗精神的培育》等。总之，近年来，从心态史学的视角研究秦历史，已经取得了一些成绩。

海外史家也很注重从心态史的角度对秦代历史进行研究，日本学者西嶋定生《秦汉帝国：中国古代帝国之兴亡》、鹤间和幸《秦帝国的形成和地域——超越秦始皇的虚像》，都涉及对秦朝历史的心态史分析。为中国学界所熟悉的李开元在他的《秦始皇的秘密》《秦迷：重新发现秦始皇》《秦崩：从秦始皇到刘邦》等作品中，都是在对史料进行综合研判、合理推测分析，探索心理发展历程的基础上来解密秦史的。中国台湾学者林聪舜的《史记的人物世界》、浦彦铮的硕士论文《秦始皇的心理分析》，都涉及对秦人物的心态分析。海内外学者的这些成果，为本书的撰写开拓了思路。

二、本书的基本内容与研究思路

尽管从心态史的角度对秦史的研究已经取得了一些成果，但总体上看，这些研究还比较分散、零星，成果更多集中在对秦始皇及几个秦史人物的某个方面的心态分析上。在充分吸收前人研究成果的基础上，本书力图在以下方面有所突破：第一，将有关秦史的个体心态与群体心态的研究结合起来。秦的发展历程独特而充满冲突与变化，对其不同群体不同阶层的心理进行研究和分析，有助于揭示秦人群体的共有心态结构及其与当时社会环境之间的关系，从而进一步深入探索秦骤兴暴亡的奥秘。第二，秦人的情感、思想、精神以及超脱意识形态的"群体的无意识"都与他们生存的地理位置、经济环境、历史条件、社会结构等因素有关。深入研究影响秦人心态的背后因素，有助于更清晰准确地把握秦人的个体及群体心态。第三，将系统的心理学理论和方法充分引入秦史研究之中。运用弗洛伊德"精神分析方法"、阿德勒"自卑与超越"理论、荷妮"神经症与人的成长"等理论，将心理学与历史学有机结合。第四，充分挖掘有关秦史的相关史料，包括文献史料和考古史料，特别是简牍史料，以可靠的史料为依据，强化分析历史问题的客观性，弱化解释历史现象的主观性。第五，秦的历史发展具有较为明显的独特性，许多人物经历复杂、特点突出，相对来说文献史料较为集中，简牍史料及考古资料丰富，年代又比较短，对一个朝代的族群发展、阶层心理、人物心态进行较为系统的研究，可在一定程度上弥补传统史学的缺陷，并避免史学研究的碎片化倾向，有助于心态史学研究的推进。

本书的研究对象主要包括三个层次：第一，对秦人的生存环境、发展历程、经济结构、与周边戎狄部落及关东各国的关系进行研究，从而揭示秦人民族心理的形成过程、特点及其对秦统一天下、处理与关东各国关系的得失及骤兴暴亡之间的关系。第二，对秦不同阶层的心态进行研究和分析，重点放在帝王、贵族、客卿、军人、官吏集团、不同时期的社会民众等的心态特点及对秦发展历程的分析上。注重对史料的充分挖掘和利用，同时，注重秦不同阶层心理的时段性特点及其变化。第三，对秦史发展中的一些具体人物，通过分析他们的家庭背景、成长经历、阶层特点、社会地位等，来揭示他们的个性心理、思维方式、情感世界、行为方式，也以此来解析他们的政治作为、立场选择，展示他们的内心世界与政治行为之间的关系。

三、本书的研究重点、难点与创新之处

重点：1. 对史料的充分挖掘和利用，将对秦族、秦人的心态分析建立在扎实的史料基础之上，从而避免过度主观化的倾向。2. 尽可能利用简牍资料，如《睡虎地秦墓竹简》《里耶秦简》《北大藏秦简》《岳麓书院藏秦简》及各地新整理的秦代简牍资料。这些史料涉及层面广，内容丰富，有助于运用于心态史学的研究领域。3. 进一步熟悉、掌握有关心态史学的理论和方法，将心理学知识与历史研究有机结合起来。

难点：1. 既要看到秦的社会变化，也要看到人的变化，如何运用心态史学的理论和方法，探究人的心理特征和社会心态，深化对秦历史的认知与研究，是一个很具挑战性的课题。2. 如何尽可能避免研究过程中的主观臆测，通过史料，将"心态"作为一种客观的可以直接观察到的社会现象，从相关史料中对其进行研究、捕捉。3. 如何将个人的心态状况与他所生活时代的历史背景、社会环境、经济结构、生产方式等结合起来。这些都是研究过程中需要特别关注的重点和难点。

创新之处：1. 对一个王朝进行较为系统的心态史研究，秦是比较恰当

的选择，也是非常有益的尝试。既能避免因史料不足无法进行心态史研究的困境，也能避免史料过分繁杂而只能研究个别人物或个别群体的局限。2. 人是历史活动的主体，进行心态史的研究，将历史研究的聚焦放在人、人的心理、性格以及生成这种心理和性格的各种环境因素的探讨上，反过来继续探讨这些心理心态对政治与社会发展的影响，这样的研究有助于历史研究的深化。3. 历史研究中倡导"三多一跨"，即多形式、多方位、多方法和跨学科研究，本书将历史学、心理学、文化学、社会学的理论与方法加以综合运用，适应了这种探索。

历史不是凝固的文字和僵硬的过程，而是活生生的人，活生生的事在过去时光的展现与互动。历史上的人也像我们一样，有喜怒哀乐、人际交往、心理活动、不同命运。对于历史的研究，只有抱有"理解之同情"才能更接近于历史原貌。正如钱钟书所言："史家追述真事，每须遥体人情，悬想事势，设身局中，潜心腔内，忖之度之，以揣以摩，庶乎入情合理，盖与小说、剧本之臆造人物、虚构境地，不尽同而可相通。"① 从心态史的角度研究历史，已经有了许多成果。这些成果既有对理论的探讨，也有对不同阶层、不同历史人物的心态分析，但还没有一部对某一时代社会、阶层、群体、人物进行全方位研究的心态史专著。本课题从心态史的视角对秦史进行较为全面的研究，写出一部断代的心态史，是对自己极大的挑战。受自己学术水平、知识结构、研究能力等方面的影响，这种尝试可能存在着诸多问题，但感觉自己已经尽到了努力，希望各位读者能够提出批评意见，也希望在今后的研究中能够进一步完善提高。

---

① 钱钟书：《管锥篇》第 1 册，中华书局 1990 年版，第 164 页。

第一章　秦人早期的生存环境与心理特征

　　民族心理是指一个民族在特殊的地理环境、生存方式和发展历程中形成的共同情感、性格、习俗、爱好、信念、心理状态、价值观念等精神素质的总和。"民族心理是民族心理素质、民族心理状态和民族自我意识的统一整体，其中以民族心理素质为基础。民族心理状态和民族自我意识在民族心理素质基础上产生，又反过来影响民族心理素质的发展。"[1] 民族心理包含了民族思维方式、认知特点、民族性格、民族气质、心理状态、价值观念等，是一个民族较为稳定、持久的精神特征。在漫长的民族发展和历史进程中，民族心理素质深深根植于民族成员的灵魂深处，具有内在的精神浸润性。它潜移默化地影响民族成员的行为、选择，反映在民族生活的方方面面，自然也影响着社会的和政治的生活方式。嬴秦在历史发展中形成的不同于中原地区的民族心理、文化特点，不仅影响了他们的发展路径，也影响了他们所建立政权的盛衰成败。

第一节　秦人早期的迁徙过程与生存环境

　　民族心理的形成首先受到地理环境的影响，同时也必然与生产方式、发展历程息息相关。秦人在早期发展中，经历了从东到西，与虞、夏、商、周各中原政权以不同模式相处的复杂历程。在艰苦的生存环境中，既需要与

---

① 李尚凯：《论民族心理之研究》，《新疆师范大学学报》1991 年第 1 期。

戎狄争夺生存空间，也渴望得到中原政权的庇护与认同。不同于中原各诸侯国的生存环境与成长壮大的路径，形成了秦人特有的民族心理与文化风格。

一、源出东夷的阳鸟部族

秦族起源何处？学术界历来存在争议，占主流地位的是东夷说与西戎说。随着文物的发现与文献的解读，东夷说逐渐占据支配地位，作者亦认同秦人源出东夷。

《史记·秦本纪》记载："秦之先，帝颛顼之苗裔孙曰女修。女修织，玄鸟陨卵，女修吞之，生子大业。"[①] 秦人是颛顼的后代，传说中的颛顼是东夷部落的首领。颛顼墟在今河南濮阳，其墓地在今山东聊城，均位于东方之地。与众多部族一样，秦人也经历了知母不知父的发展阶段。秦人的第一个男性祖先是女修吞玄鸟卵而降生的。这样的故事和商人、东夷始祖产生的传说如出一辙。顾颉刚指出："殷祖契是由他的母亲简狄吞了玄鸟的卵而生的，秦祖先大业也是由他的母亲女修吞了玄鸟的卵而生的。他们为什么会有这样雷同的神话？那就是因为殷秦两族都出于鸟夷，鸟是他们的图腾，他们全族人民的生命都是从鸟图腾里来的，只是第一位祖先的代表性特别强，所以把鸟生的神话集中在它的身上而已。"[②] 东方是太阳升起的地方，东夷各部多崇拜太阳。太阳每天从东方升起，到西方落下。先民看到天空中飞翔的鸟儿，想象到"太阳之所以在空中运行，是因为有一种大鸟背负着它"[③]。人们是看不到鸟儿载负太阳前行的，进一步想象鸟儿就在太阳之中。鸟是太阳的驾骑，与太阳是主仆关系，是为太阳服务的。《山海经·大荒东经》："汤谷上有扶木，一日方至，一日方出，皆载于鸟。"郭璞对"鸟"进一步解释："中有三足鸟"[④]。《淮南子·精神训》认为："日中有踆乌。"[⑤] 鸟儿与太阳同生同

---

① 司马迁：《史记》卷 5《秦本纪》，中华书局 1959 年版，第 173 页。

② 顾颉刚：《鸟夷族的图腾崇拜及其氏族集团的兴亡》，《史前研究》，三秦出版社 2000 年版，第 151 页。

③ 祝中熹：《早期秦史》，敦煌文艺出版社 2004 年版，第 31 页。

④ 袁珂校注：《山海经校注》第 14《大荒东经》，巴蜀书社 1992 年版，第 408—409 页。

⑤ 刘安著、刘诱注：《淮南子注》卷 7《精神训》，《诸子集成》第 10 册，河北人民出版社 1986 年版，第 100 页。

在，是太阳运行的使者。没有鸟儿就没有每天的日升日落，将玄鸟与太阳密切联系在一起，太阳崇拜演化成了玄鸟崇拜。有趣的是，在秦腔的《古歌》中，有一段精美的歌词："女娲娘娘补了天，剩块石头成华山。鸟儿背着太阳走，东边飞到西那边。天黑了，又亮了，人睡了，又醒了……"这仿佛是秦人古老的记忆，传颂着对太阳和背负太阳的鸟儿千古不变的崇拜。

秦人的第一个男性始祖是大业，但真正建立大的功劳、被后人铭记的是大业的儿子大费。"大业取少典之子，曰女华。女华生大费，与禹平水土。已成，帝锡玄圭。禹受曰：'非予能成，亦大费为辅。'帝舜曰：'咨尔费，赞禹功，其赐尔皂游。尔后嗣将大出。'乃妻之姚姓之玉女。大费拜受，佐舜调驯鸟兽，鸟兽多驯服，是为柏翳。舜赐姓嬴氏。"① 大费也叫柏翳，"柏翳"也就是《尚书》中记载的"伯益"。《史记索隐》认为："寻检《史记》上下诸文，伯翳与伯益是一人不疑。"② 伯益是舜手下的大臣，他曾经帮助大禹治水而立有功劳，也辅佐舜帝调驯鸟兽，因成绩出色，被赐姓嬴氏。伯益是一个博学多能的人，他通晓天文历法，《吕氏春秋》记载："羲和作占日，尚仪作占月，后益作占岁。"③ 后益也就是伯益，负责推算时日，确定一年四季的时节，从而指导农业生产。他在帮助大禹治水的过程中，天文知识必当发挥了重要作用。伯益畜牧本领高超，周孝王曾经追忆："昔伯翳为舜主畜，畜多息，故有土，赐姓嬴。"④ 伯益还是一位出色的猎手，他曾经担任主管山林的虞官，懂得用火，大量猎取野兽。《孟子·滕文公上》记载："当尧之时，天下犹未平，洪水横流，泛滥于天下，草木畅茂，禽兽繁殖，五谷不登，禽兽逼人，兽蹄鸟迹之道交于中国。尧独忧之，举舜而敷治焉。舜使益掌火，益烈山泽而焚之，禽兽逃匿。"⑤ 伯益的多项本领与他本人的素质有关，也和他生活时代的生产方式有关。

---

① 司马迁：《史记》卷 5《秦本纪》，第 173 页。

② 司马迁：《史记》卷 5《秦本纪》，第 173 页。

③ 《吕氏春秋》卷 17《勿躬》，《诸子集成》第 9 册，第 206 页。

④ 司马迁：《史记》卷 5《秦本纪》，第 177 页。

⑤ 《孟子注疏》卷 5 下《滕文公章句上》，李学勤主编《十三经注疏》（标点本，11），第145—146 页。

伯益生活的时代，采用的是混合经济的生活方式。也就是说，当时生产力水平仍然较低，人们为了生存，农业、牧业兼营，同时还以狩猎、采集作为获取生活资源的辅助方式。混合生产方式要求部落首领懂得多种知识，掌握不同的生产本领，这也是伯益多能多艺的原因所在。在各种生产方式中，农业的生产效率最高，收获的粮食也最稳定。但由于当时农民还不懂得给土地进行人工施肥，而土地的肥力会随着耕作次数而递减，在当时土地广阔人口稀少的情况下，人们采用的最便捷的办法是丢弃已经失去肥力的土地，通过砍伐和烧毁地面上的杂草树木开辟新的耕地，被称为"游耕"。游耕阶段的部族不断迁徙移动，嬴秦部落的首领伯益长于游耕，具有以火攻烧森林、开辟新土地的能力。

伯益被舜赐姓嬴氏，同时得以封受土地，"伯翳之始封秦，地为七十里"①。学者研究认为，伯益的赐姓与受封是同时进行的，其封地就是"嬴秦"②。那么，"嬴秦"的地望在哪里？宋代罗泌在《路史》中认定其在兖州莱芜，也就是今天的山东莱芜市。"伯翳大费能驯鸟兽，知其语言，以服事虞、夏。始食于嬴，为嬴氏。"注曰："嬴，盈也，庶物盈美而以为封，即泰山嬴县。"③"嬴，翳能繁物而封，汉县隶泰山（郡），后魏复置于莱芜，唐入博城。所谓嬴博，今兖之莱芜，本齐邑。"注："公会齐侯处。"④罗泌认为，伯益始封地为嬴，也就是汉代的泰山郡嬴县，今天的山东省莱芜市。"直到今天，莱芜仍被称为'嬴牟大地'。"⑤莱芜境内有嬴水流过，嬴水是汶河上游的一大支流。伯益生活的时代，这里气候温暖，林草茂密，雨量充足，鸟兽繁盛，给嬴秦的生存与发展提供了良好的生态条件。

东夷的"夷"字，在当时并不含有贬义。按照《说文解字》的解释，

---

① 桓宽：《盐铁论·结和第四十三》，《诸子集成》第 11 册，河北人民出版社 1986 年版，第 46 页。
② 陈新：《伯益考略》，《禹城与大禹文化文集》，中国文联出版社 2007 年版，第 462—479 页。
③ 罗泌：《路史》卷 16《后纪七》，《钦定四库全书》本，第 9 页。
④ 罗泌：《路史》卷 25《国名纪》，第 16—17 页。
⑤ 柳明瑞：《伯益"始食于嬴，为嬴氏"考》，宋镇豪主编《嬴秦始源》，中国社会科学出版社 2013 年版，第 27 页。

"夷"指"东方之人也，从大从弓"①，也就是说，"夷"字是由"大"和"弓"两个字组合而成的。张富祥认为，夷是指古代的"尸方"，但也承认夷人的尚武风尚。"古今学者释东夷之称，多以《说文》的误说，以为起于东夷民族的尚武之风。如朱骏声《说文通训定声》云：'东方夷人好战好猎，故字从大持弓，会意。大，人也。'今人或又联系古夷人发明弓箭的传说大加发挥，以为'夷'字像人身上背着大弓之形，故尔被用为大弓部落之称。古夷人尚武好猎、善用弓箭是事实，但说：'夷'为族名起于此，在今日已知的字源上却讲不通。"②《山海经·海内经》记载："少暤生般，般是始为弓矢。"③《说文解字·女部》解释上古"嬴"姓时指明："嬴，帝少暤之姓也"④。柳明瑞认为，如果说颛顼是嬴秦的母系祖先，那么少昊就是嬴秦的父系祖先。⑤东夷之人发明了弓箭，并普遍使用弓箭。弓箭作为复合工具，大大增强了人与野兽斗争的能力。夷字从大，说明东夷人以身材高大而闻名。可以想见，作为东夷人的一支，嬴秦之人在伯益的率领之下，既有天文学的知识，又有农业生产的技术；既有高大的身材，又有锐利的弓箭；既能猎取猛兽，又勇于烧荒拓土。"不难想见，六七千年以前，东夷部族凭借其高大的体魄和先进的武器，在满布荆棘、密林和荒草的海岱天地中纵横驰骋，驱猛兽，御强敌，啸傲山林，顾盼自雄，那是何等的神气威风。"⑥嬴秦从亮相之初，就表现出了不凡的精神和气质。

二、历时千年的西迁历程

嬴秦之人从踏上历史舞台，就表现出了不同寻常的特殊气质和不安分守己、不因循旧路的精神追求。进入夏商周时代，嬴秦族的表演舞台逐渐由

---

① 许慎撰，段玉裁注：《说文解字注》，上海古籍出版社 1981 年版，第 493 页。

② 张富祥：《说"夷"》，《淄博师专学报》1997 年第 3 期。

③ 袁珂校注：《山海经校注》第 18《海内经》，第 529 页。

④ 许慎撰，段玉裁注：《说文解字注》，第 612 页。

⑤ 柳明瑞：《伯益"始食于嬴，为嬴氏"考》，宋镇豪主编《嬴秦始源》，中国社会科学出版社 2013 年版，第 23 页。

⑥ 王和：《猛士的乐土》，中国青年出版社 1998 年版，第 25 页。

海岱之间的东方转向了戎狄出没的西部。对于嬴秦是什么时候、什么原因走上了西迁之路，学术界多有争议，这里采用的是雍际春的研究成果，他认为，嬴秦之人前后五次，历时千年完成了西迁之路。①

帝尧时期，嬴秦就开始了第一次西迁。帝尧曾经组织了一次天文观测活动，命令羲仲、羲叔、和仲、和叔四位官员分别到东、南、西、北四个测日点进行观测记录，推算日出、日落以及太阳高度角的四季变化。掌握季节变化规律，从而安排农业生产。"分命和仲，宅西，曰昧谷。寅饯纳日，平秩西成。"② 和仲负责观测的是西方的地点，寻找太阳落下的地方。和仲宅之"西"那就是秦汉时期的"西县"，在现在的甘肃省礼县境内。《史记集解》引徐广曰："以为西者，今天水之西县也。"③

嬴秦作为崇拜太阳的阳鸟部落，对太阳的升落充满好奇与探寻欲望。他们中的一部分人像神话传说中的夸父追日一样，跟随着和仲到西方追寻太阳落下的地方。"那时的人们认定太阳是个有生命的实体，认定有只大鸟运载太阳在天空飞行，认定太阳要从某个地方升起，又必然在某个地方落下，如能跟随太阳远行，便能了解其起止的秘密。追随太阳一直往西走下去，总能探究个究竟。这是人们尤其是阳鸟崇拜部族心灵深处的潜意识。但他们把自己视为阳鸟的后裔，坚信自己身上即存在阳鸟精灵的时候，那种慕日、追日的潜意识，便会萌发实践的冲动，时代酝酿，即形成部族群体的一种神圣信念。"④ 雍际春认为："这样，嬴秦的一部分就随和仲测日来到西犬丘一带并定居下来。这就为此后嬴秦西迁埋下了伏笔，西县由此成为嬴秦西迁陇右后曾长期聚居和最初建国立都之地。"⑤

嬴秦部族的第二次西迁，是在伯益与大禹的儿子夏启争夺政权失败后。伯益在帝舜时期成为贡献卓著的大臣，他帮助大禹治水，与大禹一起划定九

---

① 雍际春：《人口迁徙与嬴秦的崛起》，《中国史研究》2014 年第 4 期。
② 《尚书正义》卷 2《尧典》，李学勤主编《十三经注疏》（标点本，2），第 29—30 页。
③ 司马迁：《史记》卷 1《五帝本纪》，第 19 页。
④ 祝中熹：《早期秦史》，第 54 页。
⑤ 雍际春：《人口迁徙与嬴秦的崛起》，《中国史研究》2014 年第 4 期。

州之地，被舜帝任命为虞官，掌管山林之事，又被任命为秩宗，负责确定官员尊卑次序。大禹即位后，伯益继皋陶之后为执政大臣，深得民众之爱戴。禹去世时，按照禅让之制的传统，大禹决定将帝位传于伯益。"十年，帝禹东巡狩，至于会稽而崩。以天下授益。"① 然而，这时历史已经处于由军事民主制向王位世袭制的过渡阶段。"三年之丧毕，益让帝禹之子启，而辟居箕山之阳。"② 表面上看，益与启之间仍是彬彬有礼的权位禅让，实际上却内含着血腥的斗争。《竹书纪年》记载："益干启位，启杀之。"③ 上海博物馆收藏的战国楚简中也说："禹于是乎攻益自取。"④《韩非子》一书中记有同样的内容："禹爱益，而任天下于益，已而以启人为吏。及老，而以启为不足任天下，故传天下于益，而势重尽在启也。已而启与友党攻益而夺之天下。是禹名传天下于益，而实令启自取之也。"⑤ 在残酷的权位争夺中，作为战败方赢秦一族的首领伯益被杀，部族也被迫离开原居地，到了箕山，也就是现在的河南林县一带。由于与夏启政权的权位之争，整个夏代赢秦部族都受到排挤和打击。夏代最后一个君主夏桀在位时，赢秦的首领为费昌，"子孙或在中国，或在夷狄"⑥。赢秦部族流散各地，但总的方向是由东向西迁徙。

赢秦部落的第三次西迁，时间定为夏末商初。夏朝统治者对东夷各部始终保持着警戒与防范之心，赢秦也始终处于被排挤的地位。夏朝最后一个君主"夏桀为虐政荒淫"⑦，引起了各部的反抗。同为东夷的商族成为灭夏的主力，而长期受到夏朝排斥贬低的赢秦部落，则选择站在了商朝一方。"费昌当夏桀之时，去夏归商，为汤御，以败桀于鸣条。"⑧ 灭掉夏桀后，赢秦部

① 司马迁：《史记》卷2《夏本纪》，第83页。
② 司马迁：《史记》卷2《夏本纪》，第83页。
③ 李民、杨择令、孙顺霖、史道祥：《古本竹书纪年译注·夏纪·启》，中州古籍出版社1996年版，第11页。
④ 马承源主编：《上海博物馆藏战国楚竹书》（二），上海古籍出版社2002年版，第22页。
⑤ 韩非子著、王先谦集解：《韩非子集解》，《诸子集成》第8册，第257页。
⑥ 司马迁：《史记》卷5《秦本纪》，第174页。
⑦ 司马迁：《史记》卷3《殷本纪》，第95页。
⑧ 司马迁：《史记》卷5《秦本纪》，第174页。

落继续跟随商朝军队向西征伐，进入关中地区清除夏朝的残余势力。傅斯年指出："商代向西拓土，嬴姓东夷人，在商人的旗帜下入于西戎。"① 由于加入了商朝的阵线，嬴秦部族在殷商时期得到了新的发展机会，成为商朝倚重的诸侯国。"遂世有功，以佐殷国，故嬴姓多显，遂为诸侯。"②

商末周初，嬴秦部族开始了第四次西迁。西周灭商之际，嬴秦贵族坚定站队殷商，守护周朝的西部边界。嬴秦首领中潏生子蜚廉、蜚廉生子恶来。"恶来有力，蜚廉善走，父子俱以材力事殷纣"③。武王建国后，"放逐戎夷泾、洛之北"④。嬴秦作为商朝的重要支持力量，自然也在被放逐部族的行列中。为了生存，中潏率部归顺周朝，按照周朝的安排，迁到西垂，也就是现在的甘肃天水一带，从而使嬴秦的部族得以保全。

嬴秦的第五次西迁是在周朝的周公东征时代。在武王灭商的过程中，中潏的长子蜚廉不甘于失败，参与了三监之乱，后又逃回到嬴秦的故地东方的商奄。清华大学收藏的战国竹简《系年》，清晰地记载了这一事件。"飞（廉）东逃于商盍（盖）氏。成王伐商盍（盖），杀飞（廉），西迁商盍（盖）之民于邾，以御奴之戎，是秦先人。"⑤ 李学勤考证，商盍也就是商奄，是商朝的一个诸侯大国，这里也曾是商朝早期的都城。"传统上认为奄国即今山东曲阜。不过奄的国境范围肯定要大得多，有学者主张奄相当于周朝的鲁国。"⑥ 蜚廉逃回故土后，策动了东夷各部的反周之乱。周公率兵东征，镇压了叛乱，杀死了蜚廉。为了解决东夷各部联合反叛的问题，周公对其采用分而治之的策略，将嬴秦部族整体流放到邾地，并让他们负责为周朝守护西北疆土，作为御奴之戎。然后将奄地分封给长子伯禽镇守，成为周朝的重要诸侯国鲁国。秦人所迁之地邾圉在今甘肃省甘谷县西南，西周初年这里成为秦

① 傅斯年：《夷夏东西说》，台湾历史语言所集刊外编第一种《庆祝蔡元培先生六十五岁论文集》，1933 年。
② 司马迁：《史记》卷 5《秦本纪》，第 174 页。
③ 司马迁：《史记》卷 5《秦本纪》，第 174 页。
④ 司马迁：《史记》卷 110《匈奴列传》，第 2881 页。
⑤ 李学勤：《清华简关于秦人始源的重要发现》，《光明日报》2011 年 9 月 8 日。
⑥ 李学勤：《清华简关于秦人始源的重要发现》，《光明日报》2011 年 9 月 8 日。

人新的居住地，考古发现也证实了这一点。在甘肃省甘谷县毛家坪遗址发现的墓葬，其葬式屈肢葬和西首墓是同一时期西周墓葬所没有的。同时，"在西周晚期灰坑中发现了秦文化的典型器物复古式大鬲"①，这些都使毛家坪遗址具有明显的秦文化特征，其年代可以从西周时期延续到战国时期，与嬴秦迁徙邽圉并长时间在这里生活的记载极为吻合。

嬴秦之人自登上历史舞台，就极力与中原政权相靠近。在不同时期改朝换代的关键时刻，由于其选择辅助的政权或兴盛或灭亡，不同程度地影响了嬴秦之人的命运。但嬴秦各部又不甘完全被命运左右，他们或服从，或抗争，不断寻求着自己的发展之路。不管是主动选择西迁，还是被动走向西部，嬴秦之人都表现出在颠沛流离的命运变化中顽强生存、寻求突破的民族气质。嬴秦之人从东部来到西部，面临的是新的困难和压力，迁徙之路仍未停止，崛起之路仍然漫长。但在不断适应新环境，突破环境制约的过程中，也锤炼着嬴秦之人的坚韧品质和超强的生存与发展能力。

三、艰难困苦、农牧结合的生存环境

西周初期，嬴秦完成了由东到西的迁徙历程。到达西北后，由于环境所迫或者为了求得新的发展机会，仍然不断迁徙移动。嬴秦被迁到邽圉后，担负起替周朝抵御西戎的任务。这里处于西汉水流域，具有适宜农牧业发展的良好条件，他们活动的中心区域是西犬丘（今甘肃省礼县一带）。

嬴秦作为被流放的部族，为了获取新的发展机遇，便千方百计靠近周王朝，竭尽所能地为周王服务。周穆王时期，嬴秦的首领造父"以善御幸于周穆王"②，因日行千里驾车回救徐偃王之乱有功，被封在赵城。沈长云认为，赵城在今天的山西省洪洞县③，造父这一支逐渐发展成为赵国的祖先。

嬴秦之族正式获得秦的封号，是在周孝王在位的非子时期。非子为周孝王养马有功，得到了周孝王的封赏奖励，被封为附庸。"非子居犬丘，好

---

①　梁云：《秦文化的重要遗址甘谷毛家坪》，《大众考古》2013 年第 5 期。

②　司马迁：《史记》卷 5《秦本纪》，第 175 页。

③　沈长云、魏建震、白国红、张怀通、石延博：《赵国史稿》，中华书局2004年版，第44页。

马及畜，善养息之。犬丘人言之周孝王，孝王召使主马于汧渭之间，马大蕃息。"① 周孝王极为赞赏非子的行为，"曰：'昔伯翳为舜主畜，畜多息，故有土，赐姓嬴。今其后世亦为朕息马，朕其分土为附庸。'邑之秦，使复续嬴氏祀，号曰秦嬴"②。秦地在今天的甘肃省张家川县（原属清水县）。这时，"秦"的称号首次确立，秦人正式登上并活跃于中国历史舞台。非子的重孙秦仲时期，西戎侵周，在犬丘的嬴秦大骆之部被灭。周宣王任命秦仲为大夫，率部继续讨伐西戎。嬴秦从未受到周王如此赏识，自然感恩戴德，再加上同族近亲大骆之族被西戎消灭的仇恨，秦仲便与西戎殊死搏斗，以致战死疆场。秦仲的儿子庄公兄弟五人同仇敌忾，继续与西戎作战，打败西戎，为父报仇。周宣王为了奖赏嬴秦的抗戎之功，便把原有大骆之族居住的犬丘也授予了庄公。这样，嬴秦就有了秦和犬丘两块封地，控制面积较前扩大。

秦庄公的儿子秦襄公在位时期，因为护送周平王东迁有功，被封为诸侯。所封范围为已被戎人占领的周族故土岐山以西之地。为了把虚封之地变为实有，秦襄公越过陇山东进，把首都迁到了汧邑（今陕西省陇县境内）。秦襄公十二年，他亲自率军从根据地犬丘一直打到岐下，在获取初步胜利的同时，秦襄公死于军中。继位的秦文公继续率兵征讨，收服了周族故地丰、岐，并将首都迁到了汧渭之会。对于汧渭之会的地望，学术界多有争议，徐卫民等认为是在宝鸡市和宝鸡县（今陈仓区）交界处的魏家崖。③ 宁公（宪公）即位后，将首都迁到平阳，平阳位于今宝鸡市陈仓区阳平镇宁王村。

尽管早期秦人主动或被动地不断迁徙，但活动范围主要集中于甘肃省天水、清水、陕西省宝鸡市一带。总体上说，这里位于农牧交错地带。司马迁在《史记·货殖列传》中指出："龙门、碣石北多马、牛、羊、旃裘、筋角；铜、铁则千里往往山出棋置。"④ 龙门——碣石一线被列为先秦秦汉时期的农牧分界线。秦人早期活动的主要区域，则在司马迁所划的农牧分界线以

---

① 司马迁：《史记》卷5《秦本纪》，第177页。
② 司马迁：《史记》卷5《秦本纪》，第177页。
③ 徐卫民：《秦汉都城与自然环境关系之研究》，科学出版社2011年版，第50页。
④ 司马迁：《史记》卷129《货殖列传》，第3254页。

北。"天水、陇西、北地、上郡与关中同俗，然西有羌中之利，北有戎狄之畜，畜牧为天下饶。"① 在古代社会，这一地区有着茂密的森林，山地上、平野里都生长着林木，森林与草原交错夹杂，有着畜牧业的良好条件。但生活在这里的人们，还不能摆脱农业而专门从事游牧生产，当时的农业仍然处于粗放耕作的水平。这里的黄土地疏松而夹杂沙粒，如果进行农业开发，必须对森林和草原进行平整破坏，在深耕的过程中，导致沙粒外露，引起地面的侵蚀和破坏。由于农业生产的水平较低，容易受到寒冷、干旱、洪水、风雹等自然灾害的影响。

史书记载，在秦人活动的区域内，生活的是众多的戎狄部落。长期以来，学界多将戎狄部落视为游牧人群，实际上，戎狄部落过着混合经济生活，对此，林沄和唐晓峰都有论证。也就是说，受地理环境、气候因素、资源分布的影响，在当时的生产力条件下，生活在这里的人群无法靠某种单一的生产方式生存，他们综合采用农业、畜牧业、狩猎采集业，以小的部落的方式过着定居与迁徙相结合的生活。"各分散居溪谷，自有君长，往往而聚者百有余戎，然莫能相一。"② 这些部落有农业生产，过着定居生活，但是当一个地区的地力下降或资源耗尽，他们就迁往别处。春秋战国时期，由于铁犁和牛耕的使用，农耕生产方式大力向北方地区扩张，从事混合经济的戎狄部落不断被排挤到资源更加贫瘠的北方地区，农业生产的条件越来越差。戎狄人群一方面加重畜牧业在生产生活中的比重，不断向游牧业转化；一方面加强军事性和攻击性，在生存危机时对农耕地区或其他部落进行掠夺。

秦人来到这里后，也只能与地理环境相适应，采用混合经济的生产方式。他们一方面进行着艰苦的农业开发，大力经营畜牧业；一方面与戎狄争夺生存空间，迁徙移动寻找更好的发展机遇。对于秦人来说，艰苦的生存环境在锤炼其顽强品质的同时，也给他们带来了一系列的发展机会。

首先，秦人活动的西北地区，远离中原王朝的政治中心，受到中央政

① 司马迁：《史记》卷129《货殖列传》，第3262页。
② 司马迁：《史记》卷110《匈奴列传》，第2883页。

权及各大诸侯国干预的程度较小，具有了巨大的自由发展空间。秦国的直接竞争对手大多是西北地区力量分散、文化相对落后的戎狄各部，便于秦人各个击破，从而使秦人扩张的空间较大，并有较大的可能性去选择新的发展地域。

其次，从经济形态上，与中原地区各诸侯国主要发展农业不同，秦人的混合经济特色极为明显，畜牧经济始终在秦人生活中占有较大比重。同处西北地区的戎狄各部，在农耕民族的挤压下，大多选择尽量远离中原地区，减少农业生产的比重，扩大畜牧经济，并最终走向游牧经济的道路。而秦人则坚持向中原地区靠近，重视农业生产的发展，扩大农业生产的比重。相对于畜牧业生产来说，农业生产具有的高效率与稳定性，使秦人具有更强的集团力量，既能在西北地区站稳脚跟，占有优势，又能向东南地区不断扩展，发展的后劲极为强劲。

第三，相对于中原地区，西北地区人烟稀少，土地辽阔，当中原地区出现人地矛盾，可供新开垦土地不足的时候，秦人所在的西北地区仍有大量的土地等待开发，或者相对容易从戎狄部族手中夺取，秦人扩张领土面积的潜力极大。"领土广阔是巨大力量的永久源泉。"① 领域面积不断地扩张，有利于秦国增加国家资源，并为逐步走向富国强兵奠定自然基础，同时也给国家提供了更大的回旋余地和抗压能力。

第四，混合经济生产方式的民族和游牧经济民族注重对自然环境的依赖和顺应，农耕民族注重对自然环境的改造。秦人所活动的西北地区，农业发展的先天条件不足，守护领土的难度很大，他们便充分发挥人的主观能动性，对地理环境加以改造。如通过修长城来巩固新夺取的土地，通过修栈道来加强同外部世界的联系，通过兴修水利工程来疏通水路运输通道，保障对农田的灌溉，通过人为努力，不断增添秦争天下的"地利"因素。

第五，秦早期发展的特殊地理环境，深刻影响了秦人的民族性格和文

---

① [美] 汉斯·J.摩根索：《国家间政治：寻求权力与和平的斗争》，K.W.汤普森修订，徐昕、赫望、李保平译，中国人民公安大学出版社1990年版，第153页。

化风尚。"地理环境直接、间接地影响着一个国家的民族精神、民族气质和民族性格，从而对国家兴衰产生更为深远的影响。"① 秦人处于条件相对艰难的西北地区，在顽强生存、争夺资源的过程中，必然给民族性格中注入粗犷、强悍、不屈不挠、勇于竞争的精神因子。

第二节　争夺生存空间中形成的崇武尚战的秦人性格

自周天子分封之日起，中原各诸侯国就有了一个相对稳定、足以立足的生存空间，而秦人则经历了长达千余年的迁徙漂泊。尽管也曾多次得到中原王朝的分封，但这种分封往往是以虚封为主，生存空间的真正取得，则需要秦人自己去争夺。在这样的过程中，造就了秦人崇武尚战的性格。

一、由虚而实、由点及面地获取生存空间

赢秦首领曾经是商朝的重臣和辅佐力量，进入西周后，周朝统治者长期对他们怀有敌视和防范心理。秦人则通过竭力表现出对周朝的忠诚和自身的价值，得到西周统治者的赏识和认同。周朝的历代君主往往以虚封的方式笼络秦人，同时把秦人推向抗击戎狄的第一线。

赢秦首领仲潏归周后，就被派到了西垂抗戎。"昔我先骊山之女，为戎胥轩妻，生中潏，以亲故归周，保西垂，西垂以其故和睦。"② 周孝王时，非子为周朝养马有功，孝王回顾赢秦发展史，决定对非子进行封赏。"于是孝王曰：'昔伯翳为舜主畜，畜多息，故有土，赐姓赢。今其后世亦为朕息马，朕其分土为附庸。'邑之秦，使复续赢氏祀，号曰秦赢。"③ 秦地周边生活着众多的戎狄部落，西周对秦地并未实际控制，对非子的分封也只是虚封而已，需要秦人驱逐戎人以拥有其地。按照西周之制，附庸所分得的土地和所具有的政治地位都很低。《孟子·万章上》所谓："不能五十里，不达于天子，

---

① 薄贵利、韩冬雪：《地理环境与国家兴衰》，《社会科学战线》1996 年第 1 期。

② 司马迁：《史记》卷 5《秦本纪》，第 177 页。

③ 司马迁：《史记》卷 5《秦本纪》，第 177 页。

附于诸侯，曰附庸。"① 作为附庸的秦，不仅没有资格与周天子直接对话，而且所封土地也只是区区 50 里，需要秦人加以扩张，才能保障其生存与发展。

秦仲的儿子庄公大败西戎，帮助周朝保护了西北边疆的安全，周宣王所谓的表彰，也只是"于是复予秦仲后，及其先大骆地犬丘并有之，为西垂大夫"②。大骆因为抗击戎人，被西戎全族灭掉，其所据有的犬丘之地也当被戎人吞并。宣王给庄公的封赏，仍然开出的是空头支票。秦人却通过征战，驱逐西戎，报先辈之仇，将秦地与犬丘连接成片，进一步扩大了生存空间。

秦襄公因为护送周平王东迁，使周朝政权得以复立。平王给予襄公极大奖赏，不仅将襄公破格分封为一等诸侯，享有了与各诸侯国平等交往的权利，而且"赐之岐以西之地。曰：'戎无道，侵夺我岐、丰之地，秦能攻逐戎，即有其地。'"③ 更是赤裸裸地告诉秦人，我大周无力抗击西戎，把祖先发迹的故土都给丢了。现在，我把这里分封给你秦人，如果你有本事夺回来，就封赏给你；你无力夺回，我也无能为力。经过秦襄公、秦文公两代的征战厮杀，以襄公死于前线的代价，不仅将虚封变为实有，而且壮大了秦国的国威，为秦发展赢得了新的机遇。

整个西周时期，秦人竭力在周天子面前体现自己的价值和力量，周天子则通过虚封的方式将秦人推向抗戎前线，让其充当"炮灰"的角色，而秦人却将此视为发展良机。他们通过百折不挠的奋战，将虚封的土地变为实际控制，将点扩大为面，再将面连接为片。通过奋战和牺牲，秦人不断提高自己的地位，从附庸成长为大夫，再受封为西垂大夫，直至成为诸侯。忍受了 200 余年的磨难，经受了多重的困苦，终于拥有了自己的诸侯国。面对困难，秦人绝不灰心丧气，他们依靠永不放弃的精神去奋斗搏击。环境越是艰苦，奋斗意志就越坚强。在这样的发展过程中，秦人也清醒地认识到，任何力量都是难以仰仗的，自己的命运只能掌握在自己手中，只能靠自己才能杀

① 《孟子注疏》卷 10 上《万章章句下》，李学勤主编《十三经注疏》（标点本，11），第 272 页。
② 司马迁：《史记》卷 5《秦本纪》，第 178 页。
③ 司马迁：《史记》卷 5《秦本纪》，第 179 页。

出一条血路。这样的精神塑造，影响了秦人的发展历史。

二、征战厮杀、浴血奋斗的扩张方式

在很长的时间里，秦人迁徙移动的范围不出西北地区，那里生活的众多戎狄部落，由于农业在生产方式中占有的比重较低，迁徙移动的范围较广。再加上这一地区环境恶劣，资源相对贫乏，他们常常发动对中原地区的掠夺战争，令中原王朝头疼不已。西周将秦人派往这里，既有将其作为屏障，抗击戎人侵扰的目的，也有借助戎人之手削弱赢秦，甚至将其铲除的企图。秦人要想在莽莽西北戎狄之地站稳脚跟，只能靠征战厮杀才能与富于掠夺性的戎狄对抗，并为此付出了巨大牺牲。

周朝建立过程中，赢秦首领仲潏的儿子蜚廉、孙子恶来因辅佐商朝而导致部族被流放。仲潏为了自存，主动归顺周朝，替周朝担负起保卫西北边疆，对抗戎狄的重任。秦仲时期，在位的周厉王荒淫无道，朝政混乱，使得各诸侯国离心离德，有的还参与了反周叛乱。历史地理气候方面的研究表明，东周春秋时期，北方地区出现了气候的干冷化变化，戎人生活的甘肃省、陕西省北部地区出现干燥、少雨、植被退化的现象，甚至出现沙尘暴的袭击。在生存条件恶化、生存资源短缺的情况下，戎狄部落趁机向南侵扰周人的城邑，掠夺周人积累的财富。距离宗周很近，留居于犬丘的大骆之族效忠于周王室，勇敢地承担起抗戎重任。由于寡不敌众，整个部族不幸被西戎的兵马消灭。

大骆之族的牺牲赢得了周统治者的尊重，周宣王即位后，便任命秦仲为大夫，继续率领部族征讨西戎。在二十几年的时间里，秦人在秦仲的率领下与西戎军队反复较量，秦仲最后战死沙场。秦仲的效忠与献身感动了周宣王。秦仲死后，周宣王亲自召见包括秦仲的继承者庄公在内的 5 个儿子，并且支援他们 7000 兵马，命令他们继续征伐西戎。兄弟 5 人为报杀父之仇，同仇敌忾，拼死作战，夺回了被西戎占领的犬丘故地。周宣王为了奖赏他们，将大骆之族原来拥有的西犬丘也赐给庄公。通过两代人的奋战和牺牲，秦人便同时拥有了陕西的犬丘和甘肃的西犬丘两块封地，生存空间进一步扩大。由于不断展示对周王室的效忠，周王室对秦人愈加重视。随着周王室实力的衰弱，面对戎狄攻击的压力越来越大，对秦人的依赖程度也越来越强，秦人在周人心目中的地位也随之不断提高。

与此同时，秦人与西戎之间的敌对关系则愈加尖锐，秦人完全放弃了过去的"和戎"政策。秦庄公生有3个儿子，长子名叫世父，本来应该由他做父亲权位的继承人，但他对戎人怀有刻骨仇恨，"戎杀我大父仲，我非杀戎王则不敢入邑"①，誓杀戎王为爷爷报仇。为此，他将太子之位让于弟弟秦襄公，自己率领军队进攻戎人。当时戎人实力正炽，周王室都难以应对。戎人包围犬丘，世父率军反击，结果被俘，一年多后才被放回。周幽王烽火戏诸侯，犬戎与申侯联合进攻西周，杀死了周幽王。秦襄公奋力与犬戎作战，并保护周平王东迁，"平王封襄公为诸侯，赐之岐以西之地"②。秦襄公没有辜负周朝的期望，攻到了岐山脚下，并死于军营之中。"十二年，伐戎而至岐，卒。"③

西周时期，秦人作为周王室抗击西戎的重要力量，始终发挥了极大作用，在保护西周西北边界的同时，也通过浴血奋战为自己赢得了立足之地和发展空间。西周东迁后，秦国则成为抗击戎人的主力。周王室难以抵抗戎人的压力，被迫迁往远离戎人的洛邑。戎人则将留在原地帮助周人收拾残局的秦人作为主要的敌人加以攻击。开国之君秦襄公英年早逝于抗戎前线，即位的秦文公同样英明果敢。文公即位的第三年，就率领700精兵离开西垂、向东方游猎，并将首都迁往汧渭之会。经过充分准备后，文公即位的第16年，"文公以兵伐戎，戎败走。于是文公遂收周余民有之，地之岐，岐以东献周"④。这样，秦人就通过驱逐戎人，由点及面的不断扩张，将整个岐山地区据为己有了。

在以后的几十年里，秦人独自在西北地区支撑局面，并极力向关中地

① 司马迁：《史记》卷5《秦本纪》，第178页。
② 司马迁：《史记》卷5《秦本纪》，第179页。
③ 司马迁：《史记》卷5《秦本纪》，第179页。
④ 司马迁：《史记》卷5《秦本纪》，第179页。

区发展。文公死后，宪公即位，他将首都迁到平阳，继续前辈的伐戎斗争。先后有"遣兵伐荡社""与亳战，亳王奔戎，遂灭荡社""伐荡氏，取之"① 等战争胜利。宪公所征伐消灭之国，都是戎人或与戎人关系密切的部落。"武公元年，伐彭戏氏，至于华山下，居平阳封宫。""十年，伐邽、冀戎，初县之。十一年，初县杜、郑。灭小虢。"② 秦国逐渐将扩张的区域伸向关中，并开始在新夺取的地区推行县制。秦国在这一历史时期的发展中，尽管有过内部动荡及君位之争，但总体仍呈扩张之势。到武公之弟德公为君时，"秦国的土地已大为扩张。西起今甘肃张家川到天水一带，东至今陕西华县，包括周平王所说的整个'丰、岐之地'，基本上已在秦人的控制之下"③。

秦德公即位，将首都迁到了雍城（今陕西省宝鸡市凤翔区），雍地发展农业的条件好，经济富庶，再加上地势较高，便于向东发展，直到秦献公迁都栎阳，300 年来这里一直是秦国的统治中心。德公在位两年去世，他的三个儿子宣公、成公、穆公先后立为秦君。宣公在位 12 年，在与晋国的河阳之战中取得胜利。成公在位 4 年。秦穆公在位 39 年，揭开了秦国历史发展的新篇章。在此之前，秦人凭借着抗击戎人、维护周天子的赫赫战功，在襄公时期跻身诸侯国的行列，但由于所在区域偏僻，自身实力有限，虽然具有了"与诸侯通使聘享之礼"④ 的资格，但并未被中原各国真正重视。经过穆公的经营发展，秦国不仅成为西部的一个赫赫大国，而且可以与东方强国一较高下了。秦穆公取得的卓越成就主要体现在两个方面：一是继续巩固扩大了对戎狄的战果；二是东向发展与晋争衡。

穆公之前，尽管秦对戎狄已经取得了节节胜利，但秦国从戎人手中获取的，往往是一些适宜农耕、交通便利的居住点。这些居住点环境良好，人口密集，经济富庶。但是在这些居住点周围，仍然生活着许多戎狄部落。由于资源最富集的地区被秦人占领，戎人的生存更加艰难，对秦的攻击与掠夺

① 司马迁：《史记》卷 5《秦本纪》，第 181 页。
② 司马迁：《史记》卷 5《秦本纪》，第 182 页。
③ 王和：《猛士的乐土》，第 44 页。
④ 司马迁：《史记》卷 5《秦本纪》，第 179 页。

也更加频繁，秦人也时时刻刻感受到戎狄的威胁。随着秦国的实力增强，进一步清除和扫荡戎狄的势力，便成为当务之急。穆公即位后，立即率领军队伐茅津之戎和允姓之戎，并取得了胜利。当与中原晋国竞争受挫后，设法争取到西戎贤臣由余的归顺。"三十七年，秦用由余谋伐戎王，益国十二，开地千里，遂霸西戎。天子使召公过贺缪公以金鼓。"① 秦国在与西戎长期进行的领土争夺中，终于取得了决定性的胜利，秦穆公也成为春秋五霸之一。

三、崇武尚战、坚强不屈的性格特点

与中原地区各诸侯国领土获取方式主要靠周天子分封不同，秦人的领土主要靠从戎狄手中夺取。秦部族在早期发展历程中，为了生存和发展的需要，不断向荒凉而空旷、间有戎狄出没的西部迁徙，随时要面对自己不熟悉的新环境。这时，特别需要秦部族具有上下一心的团结精神和坚强勇敢、战胜困难的巨大勇气。生活在秦人周围的戎狄部落，仍处于混合经济阶段，他们兼营农业、畜牧业和渔猎业，过着定居与移动相结合的生活。他们大多擅长步兵作战，为了争夺紧缺的生存资源，武装化趋向特别明显，战争掠夺成为他们重要的生存手段。他们与秦人同处一地，相互间有联姻合作，但更多的是在竞争中争夺生活资源和生存空间。秦人采取的斗争策略是，一方面千方百计向周王室靠拢，力图得到周王室的庇护，扩大自己的力量和自信心；另一方面则坚决与戎狄对战，扩张自己的领地和生存空间。

秦人向周及与戎狄对抗之举，自然获得了周天子的认同，他们几次对秦人以分封的方式进行表彰。但这些分封无一例外都是虚封，也就是周天子将并不被自己控制的地区封赏给秦人，实际上是让他们从戎狄手中去夺而取之，而对于秦人来说却只能靠自己的浴血奋战去兑现周人的空头支票。秦人若想获取生存空间和政治地位，在西北地区站稳脚跟，唯一能够依靠的就是英勇奋战和流血牺牲了。只有在征战厮杀、刀光剑影中才能开拓和巩固属于自己部族的领地。在秦人与戎狄殊死交战的关键时刻，总需要有人站出来奋

① 司马迁：《史记》卷 5《秦本纪》，第 194 页。

斗牺牲。站出来的人中既有部族首领，也有英勇的战士和普通的民众。为了守护周朝的领土和开拓秦人的生存空间，大骆及其部众全体被戎人消灭，秦仲战死疆场，庄公的儿子世父辞去君位，襄公死于前线。在中原各诸侯国的历史上，很少有多位君主在与敌交战中拼死的情况。他们的牺牲，既令周天子改变了对秦人的偏见，一步步提高了秦国的地位，也增强了秦人的凝聚力和向心力以及对戎狄的威慑力。"在西垂地区，秦人披荆斩棘，艰苦经营，奋力拼搏，多次面临邦覆族灭的险境。但他们以顽强的毅力，度过了重重困危，繁衍了族体，壮大了国力，终于在西周王室灭亡，王室被迫东迁这一重大历史转折关头，取得了诸侯地位。"①"长期处于战争的环境之中，不怕失败，不怕挫折，把为部族的生存和发展而战视为光荣，把战争中杀敌立功者视为英雄，就成了秦人的心理共识。"②

秦人崇武尚战、勇悍坚韧的性格，还与他们长期生活的地理环境和政治环境有关。秦国势力主要在渭河河谷冲积平原和黄土高原上，当时"碣石（今河北昌黎）经龙门（陕西韩城）西南倾向天水、陇西一线"是农牧业分界线。③秦国正处于这一分界线周围，农业、牧业经济都有很好的发展自然条件，属于宜农宜牧、半农半牧区。在这一地区生存的其他民族，基本上处于游牧农耕混合的生产方式阶段，游牧业在经济生产中占有相当比重。游牧民族在当时具有剽悍、粗犷和富于攻击的心理和性格，这与内陆地区居民主要从事农业，定居一地及一家一户的小生产使他们相互之间缺乏联系而形成的保守怕变、眼界狭小、崇尚传统、善于忍耐、墨守成规和缺乏进取的心理性格有很大不同。在长期与戎狄部落的接触和斗争中，秦人自然受到他们的影响和熏陶。经过长期杂居、往来、战争和交融，秦人大量吸收了戎狄民族的文化，并和自己在长期发展中形成的文化相结合，表现出独立、质朴、尚武、剽悍、粗犷、坚韧的性格特点，这种特点在秦人的发展和后来统一中国的战争中不断体现出来，并发挥了重要作用。

---

① 祝中熹：《秦人的崛起与秦文化的处位》，《陇右文博》2003 年第 1 期。

② 王绍东：《论商鞅变法对秦文化的顺应与整合》，《内蒙古大学学报》2002 年第 5 期。

③ 余华青：《秦汉时期的畜牧业》《中国史研究》1982 年第 4 期。

第三节　重功利、重数量、重实地的价值观念

对于战国以前西北地区戎狄部落的性质，传统上一直认为他们是过着游牧生活的游牧民族。现在学者在充分利用考古资料的基础上，对这一问题有了全新的认识。日本学者江上波夫指出过戎狄部落与更北方的沙漠草原地带族群的差异，他在《古代北方文化》一书中认为："新石器时代蒙古高原的沙漠草原地区和长城地带的山岳盆地地区同时存在着两种生活方式截然不同的人民，前者是原始游牧人，和西方干燥地带的居民有亲缘关系，后者则以农业为主牧业为副，与南方湿润地带的人民联系比较紧密。进入青铜时代，长城地带的居民发生令人瞩目的变化，他们的产业不再是农主牧副，转而为牧主农副，而且是频繁从事战争的武士。"① 唐晓峰认为："江上波夫这里所说的'后者'、'长城地带的居民'就是戎狄。"② 我国的考古学家也得出结论，"根据在古代戎狄地区所出土的同期考古资料，我们所能复原出来的是一种半农半牧的经济类型，而不是典型的'游牧'方式。畜骨、短刀、箭头是畜牧的特点，但石城遗址、房屋遗址、大型陶器、农业工具又反映了定居农业成分。在文化面貌上，有北方文化的重要特征，但也看出中原文化的不少影响。"③ 林沄在《戎狄非胡论》一文中指出："戎狄和华夏的区别，并非游牧人和定居人的差别。"④ 戎狄等部落所处的山谷地带，是农牧混合经济地带。在早期的发展中，这里与中原农耕民族地区接近，农耕经济的比重较高。但随着农耕生产力的提高与农耕生产方式的不断扩张，再加上自然环境的变化，混合经济的生产方式不断受到挤压和冲击，一部分居民接受了农耕生产方式并同化于农耕民族，另一部分居民则被迫向更不适应农耕生活的北

---

① 转引自唐晓峰《先秦时期晋陕北部的戎狄与古代北方的三元人文地理结构》，《地理研究》2003 年第 5 期。

② 唐晓峰：《先秦时期晋陕北部的戎狄与古代北方的三元人文地理结构》，《地理研究》2003 年第 5 期。

③ 田广金：《朱开沟》，文物出版社 2000 年版，第 22 页。

④ 林沄：《戎狄非胡论》，《林沄学术文集》（二），科学出版社 2008 年版，第 5 页。

方地区迁移，畜牧业生产的比重不断增加，其生产方式也逐渐由农主牧副向牧主农副发展，最后发展成完全放弃了农业的专业化的游牧民族。正如唐晓峰所言："在中国的具体情况下，畜牧经济转变为游牧经济，实际上就是山谷畜牧经济转变为草原游牧经济。在中国北方自然地带交错地区的畜牧经济，主要是以戎狄分布地区为代表，而这类地区，大多为山谷林地。在这类地区与草原地区的交接处，应该是游牧形态的'生长点'。……在中国历史上，戎狄社会的贡献不仅是发展了畜牧业的规模、技术、将其抬升到生活的主要基础的地位，并且为后来草原大规模游牧经济的产生建立了必要的基础，做好了历史的准备。"①

受地理环境和气候因素影响，戎狄已经体现出向游牧化、武装化发展的趋势。秦人长期与中原政权在生产方式上、文化上存在一定差异，与戎狄进行领土争夺，培养和历练出自身特有的文化特点和民族心理。重视实用，重视功利，重视人才，重视数量，重视扩张，成为秦人不同于中原地区人民显著的精神风貌。

一、重视功利、轻视伦理的价值观念

由于中原各诸侯国受周朝始封，从建国伊始就有了足够生存的土地，他们以农业生产为主。农业民族过定居生活，世代相邻而居，彼此朝夕相处，建立和睦和谐的相互关系既有必要，也有可能。农业生产的季节性强，储蓄率高。为了保证农业生产的持续进行，中原王朝始终把稳定放在了最重要的地位。维护稳定和统治阶级利益的办法是推行宗法制、分封制、世卿世禄制，用血缘关系、伦理道德、礼法观念来调节人们之间的矛盾和冲突。重伦理而轻功利，强调长幼尊卑、君子人格，使人与人之间的关系蒙上了一层温情脉脉的宗法的、血缘的面纱。秦人长期与戎狄杂处，始终处于迁徙变化的环境和战争的状态，时刻要为生死而战，为争夺生存空间而拼杀。在生死

---

① 唐晓峰：《先秦时期晋陕北部的戎狄与古代北方的三元人文地理结构》，《地理研究》2003年第5期。

的竞争与考验面前，伦理道德不得不退居后位。重视功利、轻视伦理，成为秦人不同于中原地区人民显著的价值观念。

（一）《日书》反映的秦民众普遍具有的实用主义心态

严酷的生存条件和不断的迁徙与战争，使秦人无法更深层次地关注自身的心灵世界，也不可能将伦理道德放在生存之上。他们更需要的是生存空间的获得与对自身物质需求的索取。所以，秦人关心更多的是与日常生活密切相关的生产、作战所带来的利、害，而不太关心道德之完善、仁义之兴废及礼乐之盛衰等形而上的东西。这在睡虎地秦墓竹简中发现的《日书》和甘肃天水放马滩秦墓中出土的《日书》中都有深刻的反映。睡虎地《日书》产生于秦昭襄王时期，是秦国下层民众关于推择时日，躲避鬼神危害，预测吉凶、指导生产生活的迷信工具书，为日者所用，它所反映的当是秦地民众的普遍文化心态和价值观念。《日书》中的很多思维特点与同一时期中原地区的鬼神观念有很大差异。例如：《日书》中大量篇幅涉及秦人的经济生活，包括农业、畜牧业、商业等诸多方面。与日常生活有关的一些内容大量出现，比如出门回家、娶嫁生育等个人生活的方方面面。但对涉及国家的重大事情却较少提及，对当时的战争只有个别抽象的反映，这说明秦人功利主义的思想观念在下层也很普遍。人们对与自己切身利益无关的事情很少关心。

在《日书》中，有多如牛毛的禁忌。东汉思想家王充在描写秦汉时期的迷信禁忌情况时说："世俗信祸祟，以为人之疾病死亡，及更患被罪，戮辱欢笑，皆有所犯。起功、移徙，祭祀、丧葬、行作、入官、嫁娶，不择吉日，不避岁月，触鬼逢神，忌时相害。故发病生祸，絓法入罪。至于死亡，殚家灭门，皆不重慎，犯触忌讳之所致也。"[1]而在《日书》中所反映的秦代社会的确具有这种情况。《日书》把日月的交替，星辰的运行，直接与人间的吉凶祸福联系起来。人们但凡一举一动，完全受禁忌的限制，以至于形成社会风俗。在秦人的鬼神观中，鬼神无所不在，无处不在。能够控制人们祸福的鬼神，不仅仅是"天"和"上帝"，世间各种各样的事物、现象几乎都

---

[1]　王充：《论衡》卷 24《辨祟篇》，上海人民出版社 1974 年版。第 373 页。

可以在秦人的神的世界中占一个位置。鸡、牛、鸟、兽、虫、豸、树、石皆是精灵，都能参与和决定人的命运。显然，这里带有许多的原始崇拜色彩。在秦人的鬼神世界中，鬼神不分，鬼神亦有人的许多特性和诉求，也要吃饭，要居住，也有七情六欲，而且喜与人处。如："鬼婴儿恒为人号曰：鼠（予）我食。是哀乳之鬼。"①"犬恒夜入人室，执丈夫，戏女子，不可得也，是神狗伪为鬼。"②"鬼恒逆人，入人宫，是游鬼。"③"鬼恒从人女，与居，曰：上帝子下游。"④这既可以看出秦人与当时中原文化相比的落后性，也可以看出他们鬼神观的原始性。在秦人的观念里，鬼神也要生存，也是功利的，也要满足自己的各种生活要求和欲望。

特别值得注意的是，在秦人看来，神、妖、鬼、魅，不管是造福或降灾于人，与对象之人的伦理道德毫无关系，因而人们祈求赐福消灾也毫无道德伦理的色彩，而是具有极明显的功利特点。如选好日子来祭祀群神，就可得福，与祭祀者本人的道德高下并不相干；用一定的技能和办法就可以驱逐鬼神，与驱妖驱鬼者的道德修养也毫无关联。父母成鬼后也可以为祟于子女，子女需要满足他们提出的要求才能解除祸端。与此不同的是在周人的鬼神观念中，天帝、鬼神之意和个人的道德品质是统一的，是相互影响彼此关联的。人的道德水平，向善与为恶的行为决定鬼神的好恶，也决定个人的祸福。而在反映秦人日常生活欲求的《日书》中，几乎很少找到"道""德""仁""义"这一类表示品德伦理意义的内容，而最多的是"贫""富""利""害""吉""凶""祸""福"等与道德伦理少有关联的功利性概念。这与中原地区同为卜问吉凶祸福的《周易》，动辄"天德""修身""行善""大义"，形成了鲜明对比。林剑鸣认为："总之，从《日书》中所反映的秦人的鬼神观，具有直观的、质朴的特点，其心目中的鬼神，均未被赋予社会等级秩序和道德源泉的实体意义，对降灾赐福和求福消灾的信仰也与人们自我道德修

①　吴小强：《秦简日书集释》，岳麓书社 2000 年版，第 132 页。
②　吴小强：《秦简日书集释》，第 129 页。
③　吴小强：《秦简日书集释》，第 131 页。
④　吴小强：《秦简日书集释》，第 133 页。

养无关。《日书》中的吉、凶、祥、殃等占卜的判断词，不包含任何道德判断与评价的意义，均有其实际价值。"① 《日书》没有将对诸多的鬼神崇拜与"仁""义""善""德"等道德伦理结合起来，更缺乏哲学和理论上的说明。

在秦人看来，对鬼神的侵害，人们不必一味忍让退缩，可以进行自卫甚至反抗，《日书》中的记载提供了这些方面的详细资料。按照《日书》中的案例，人固然怕鬼，但鬼亦怕人的反击。"故丘鬼恒畏人，畏人所。"② 鬼虽然到处害人，但人也可以对恶鬼加以攻击，用一些技术手段进行驱离。"人毋故而鬼攻之不已，是刺鬼。以桃为弓，牡棘为矢，羽之鸡羽，见而射之，则已矣。"③ 在人类反击下，鬼神也只得停止侵害或避而远之。"人妻妾若朋友死，其鬼归之者。以沙芾（草跟）、牡棘枋（柄）热（点燃）以寺（持）之，则不来矣。"④ "鬼恒从男女，见他人而去，是神虫伪为人，以良剑刺其颈，则不来矣。"⑤ 从类似的记录中可以看出，对于鬼神，也可以采取功利主义的方式。即对有利于自己的神灵，可以祭祀求福；对不利于自己的鬼神，则打击驱逐。由此，也就可以理解后来的秦始皇对鬼神的态度了。他建封禅、敬神灵、求仙药，但对阻止自己过江的湘水女神则大动干戈，对妨害自己求仙药的蛟龙亲自射杀。秦始皇的这种做法看起来似乎矛盾，其实是秦人鬼神观的延续。对鬼神可以反抗，可以打击，这也反映了秦人好战尚武的性格特点。《日书》记载的众多鬼神，性格特征鲜明，生动形象、呼之欲出，语言简洁明了，给人印象极深。其中有些鬼神往往质朴好斗，征服欲攻击性强。如"鬼恒襄（攘）人之畜，是暴鬼。"⑥ "鬼恒责人，不可辞，是暴鬼。"⑦ 反映了秦文化中以战争求利益、求生存的鲜明特色。

① 林剑鸣：《从秦人价值观看秦文化的特点》，《历史研究》1987 年第 3 期。
② 吴小强：《秦简日书集释》，第 130 页。
③ 吴小强：《秦简日书集释》，第 128 页。
④ 吴小强：《秦简日书集释》，第 130 页。
⑤ 吴小强：《秦简日书集释》，第 130 页。
⑥ 吴小强：《秦简日书集释》，第 133 页。
⑦ 吴小强：《秦简日书集释》，第 130 页。

（二）在政治和社会生活中的表现

受文化传统的影响和生存环境的制约，秦人轻伦理、重功利的价值观还表现在社会生活的各个方面。战国秦汉时期许多论著已经注意到了这一点，"秦国之俗，贪狼强力，寡义而趋利。"① "秦与戎、翟同俗，有虎狼之心，贪戾好利而无信，不识礼义德行。苟有利焉，不顾亲戚兄弟，若禽兽耳。"②不仅在秦国民众心目中功利重于伦理，而且在秦统治者层面，也表现出强烈的重功利、轻伦理的色彩。

宣太后是秦昭襄王的母亲，昭王年少时，一度长期主持秦国国政。她的思想言论和所作所为典型地反映了秦人重功利、轻伦理的价值观念。昭王七年，楚国包围了韩国的雍氏，危机之下韩国不断派人到秦国求救，宣太后认为救韩与秦国利益关涉不大，便无动于衷。韩国又派尚靳使秦求援，他对秦王说："韩之于秦也，居为隐蔽，出为雁行。今韩已病矣，秦师不下殽。臣闻之：'唇揭者其齿寒。'愿大王之熟计之。"③尚靳不是完全向秦国求情，而是以是否救韩关系到秦国自身前途命运的利害进行游说，所以打动了宣太后。她说："使者来者众矣。独尚子之言是。"决定召见尚靳。接着，宣太后对尚靳说了一段令人瞠目的话："妾事先王也，先王以其髀加妾之身，妾困不支也。尽置其身妾之上，而妾弗重也，何也？以其少有利焉。今佐韩，兵不众，粮不多，则不足以救韩。夫救韩之危，且费千斤，独不可使妾少有利耶？"④身为太后之尊，却赤裸裸地用自己的私生活打比喻，直白地说出没有好处的事情秦国不会干，在中原的礼仪之国看来，确实就是禽兽的行为，但这却真实地反映了秦人的价值观。

当时与秦接壤的义渠戎是西戎中比较强大的一支，在与秦国的反复较量中，双方互有胜负。为了更好地对付中原各国，秦国对其采用打拉结合的办法，尽量不使义渠成为秦向关东各国扩张的阻碍。有人告诫义渠王："中

---

① 刘安著、刘诱注：《淮南子注》卷21《要略》，《诸子集成》第10册，第376页。
② 《战国策》卷24《魏策三》，岳麓书社1988年版，第232页。
③ 《战国策》卷27《韩策二》，第261页。
④ 《战国策》卷27《韩策二》，第261页。

国无事于秦，则秦且烧焫获君之国；中国为有事于秦，则秦且轻使重币而事君之国也。"① 就是说，秦没有受到中原诸国威胁时，就对义渠采取烧荒和掠夺财物的办法；秦国受到中原诸国的威胁时，就送重礼给义渠王加以拉拢。恍然大悟的义渠王对秦国利用自己的行为深为痛恨，在公元前 318 年五国联合攻秦时，就乘机袭秦，大败秦军于李帛之下。也是这个宣太后，为了麻痹并伺机消灭义渠之戎，她先和义渠王私通，二人生有两个儿子。在时机成熟时，又把义渠王诱骗到甘泉宫杀死，然后起兵讨伐义渠戎。"于是秦有陇西、北地、上郡、筑长城以拒胡。"② 宣太后在临死时，还要求把她自己的情夫魏丑夫殉葬。从中也可以看出，即使是秦国的贵族，对功利的追求也是公开的、赤裸裸的、毫无掩饰的，在秦人的价值观念里，并没有给伦理道德留下多少空间和余地。

二、较少宗法约束，注重才力的用人观念

西周以农业立国，农耕经济始终占据主导地位。对于农业生产来说，社会稳定，不误农时是保障生产持续进行的首要条件。为此，"周王朝创立了以长治久安为目的，以分封制度为基石，以礼乐制度为基本特征的社会结构。"③ 为了巩固贵族阶层的内部秩序，减少统治集团之间的权利与财产的争夺，确立立嫡立长的继承制度是十分必要的。

在一个相对稳定的农耕社会，对社会管理人员的能力要求不高。只要大家安于本分，减少争斗，社会就很少出现大的混乱与动荡，就能保持农业生产的持续进行和统治秩序的稳定。《吕氏春秋·慎势》篇对此有所分析："故先王之法，立天子不使诸侯疑焉，立诸侯不使大夫疑焉，立嫡子不使庶孽疑焉。疑生争，争生乱。是故诸侯失位，则天下乱；大夫无等，则朝廷乱；妻妾不分，则家室乱；嫡孽无别，则宗室乱。"④ "疑""拟也"，意指存在

---

① 《战国策》卷 4《秦策二》，第 31 页。
② 司马迁：《史记》卷 110《匈奴列传》，第 2885 页。
③ 王绍东：《论商鞅变法对秦文化的顺应与整合》，《内蒙古大学学报》2002 年第 5 期。
④ 《吕氏春秋》卷 17《慎势》，《诸子集成》第 9 册，第 212 页。

代位之心。通过宗法制、嫡长子继承制来固定社会成员的角色，减少统治集团的内部纷争，从而保持社会的稳定。在人才的选拔上，主要还是限定在贵族宗室的范围内。因此，春秋战国时期，尽管各国都在极力争夺人才，但关东各国在重要人才的选用上，总体上没能超过王侯宗族的范围，而对贵族宗族以外的人才，总是限制性使用，并始终猜忌防范。如商鞅在魏国的遭遇，吴起在鲁国、魏国、楚国的遭遇都说明了这一点。"宗法制的特点，就在于别亲、疏、贵、贱，这种制度与国家统治制度体系融合在一起，其机制是排斥外族、疏族以及低层人才进入统治集团的。"①

秦国长期处于竞争和战争的环境之中，只有选拔坚毅果敢、能力出众、善于决策的人主事，才能保障领袖的权威和部族的凝聚力，才能打赢残酷的战争。如果按照宗法制的要求，遇到年龄小或能力差的人是嫡长子，将他选为领袖，就可能无法正确指挥军队征战，并招致战争的失败。因此，在秦国的君主选拔和官员任用制度中，并没有确立嫡长子继承制，甚至没有形成严格的父子相传制度。

严酷的生存环境和不重宗法的文化传统，也渗透到秦国的家庭伦理之中。与关东各国爱老孝亲、尊卑有序的家庭观念不同，秦国的家庭则笼罩着浓厚的功利氛围。正如贾谊在《新书》中所描述的那样："商君遗礼义，弃仁恩，并心于进取，行之二岁，秦俗日败。故秦人家富子壮则出分，家贫子壮则出赘。借父耰锄，虑有德色；母取箕帚，立而谇语。抱哺其子，与公併倨；妇姑不相说，则反唇而相稽。其慈子耆利，不同禽兽者亡几耳。然并心而赴时，犹曰蹶六国，兼天下。功成求得矣，终不知反廉愧之节，仁义之厚。"② 家庭成员之间无长幼尊卑，无孝悌辞让，锱铢必较，唯利是图，展现的是一幅活脱脱的实用主义的家庭风俗图。

秦国宗法观念相对淡薄，诸侯宗室之人被重用的不多，来自外国的有用人才也就是"客"却能受到重用，这样的文化传统造就了秦国君主开放的

---

① 王绍东：《论商鞅变法对秦文化的顺应与整合》，《内蒙古大学学报》2002 年第 5 期。
② 班固：《汉书》卷 48《贾谊传》，中华书局 1962 年版，第 2244 页。

用人心态。再加上文化教育长期落后于关东各国，秦国本来人才数量就少，早在穆公时期秦就大量征召使用三晋及周边各国的人才，对此，清代学者洪亮吉曾指出："春秋时，列国皆用同姓，惟秦不然，见于经传者，亦不过数人，公子絷、小子憖、公子鍼、公子士雃等是也。至好用异国人，则亦自穆公启之。《秦本纪》所云：求百里奚于楚，迎蹇叔于宋，取由余于戎，求丕豹，公孙枝于晋，外又有内使廖、随会等人。若孟明视、西乞术、白乙丙，则又百里奚及蹇叔之子也。"①

商鞅变法，抑制秦国宗室贵族，直接影响到秦国的用人制度。竞争与战争的环境，领土的不断扩展，都使秦国更加需要大量的有用人才，这些人才主要来源于关东各国。自秦孝公之后，秦国更是成为人才的净流入国。"七国虎争天下，莫不招致四方游士。然六国所用相，皆其宗族及国人，如齐之田忌、田婴、田文，韩之公仲、公叔，赵之奉阳、平原君，魏王至以太子为相。独秦不然，其始与之谋国以开霸业者，魏人公孙鞅也。其他若楼缓赵人；张仪、魏冉、范雎皆魏人，蔡泽燕人，吕不韦韩人，李斯楚人，皆委国而听之不疑，卒之所以兼天下者，诸人之力也。"②宋人洪迈的这段分析鞭辟入里。

对于引入的人才，秦国在重用方式上也表现出不同于关东各国的特点，包括量才用人，重功绩才能，用人不疑，不求全责备等。对特殊的人才则破格提拔擢用，如秦穆公以五张羊皮赎回百里奚，把他从奴隶提拔为重臣，且"授之国政"③。由余本为戎人，在出使秦国时，其才华见识受到穆公赏识，穆公用反间之计得到由余。"秦用由余谋伐戎王，益国十二，开地千里，遂霸西戎。"④张仪原是魏人，被人认为"贫无行"⑤，同是魏人的范雎"家贫无

---

① 洪亮吉：《更生斋文集甲集》卷2《春秋惟秦不用同姓而喜用别国人论》，《洪北江先生遗集》，清光绪乙卯年授经堂重刊本。
② 洪迈：《容斋随笔》卷2《秦用他国人》，中华书局2005年版，第23页。
③ 司马迁：《史记》卷5《秦本纪》，第186页。
④ 司马迁：《史记》卷5《秦本纪》，第195页。
⑤ 司马迁：《史记》卷70《张仪列传》，第2279页。

以自资"①，都因才华谋略被提拔到丞相高位。对于各国人才，只要能够帮助秦国解决疑难，推进统一，秦既授予高官厚禄，也能用人不疑，给予实际的政治权力和军事权力。外国人才在秦国既无宗族背景，也没有错综复杂的利益关系，只有为秦国效力，才能进一步得到提拔重用。这样可以使秦国君主对他们放手使用，他们也愿意为秦国尽忠效力，这与关东各国在用人方式和实际效果上都形成了鲜明对比。

战国时期关东六国也都招引人才，齐国作为东方大国，自威王时期设立稷下学宫，到齐宣王时期达到了鼎盛。大量人才从各国来到齐国，齐国给他们创造宽松的学术条件并给予优厚的待遇，但这些人并没有帮助齐国实现富国强兵、称霸称雄的目标。《史记·田敬仲完世家》称："宣王喜文学游说之士，自如驺衍、淳于髡、田骈、接予、慎到、环渊之徒七十六人，皆赐列第，为上大夫，不治而议论。是以齐稷下学士复盛，且数百千人。"②《史记·孟子荀卿列传》也记载："自驺衍与齐之稷下先生，如淳于髡、慎到、环渊、接子、田骈、驺奭之徒，各著书言治乱之事，以干世主，岂可胜道哉！"③齐君欢迎各国人才，"于是齐王嘉之，自如淳于髡以下，皆命曰列大夫，为开第康庄之衢，高门大屋，尊宠之。览天下诸侯宾客，言齐能致天下贤士也"④。《盐铁论·论儒》亦有类似的记载："齐宣王褒儒尊学，孟轲、淳于髡之徒，受上大夫之禄，不任职而论国事，盖齐稷下先生千有余人。"⑤ 从上述材料中，可以了解齐国君主创设稷下学宫，招引了大量各国人才，给予他们无比优厚的物质待遇，但目的并不是让这些人参与到齐国政治之中，而是让他们研究学术，制造舆论，"不治而议论"。一方面给予他们很高的社会地位和待遇，另一方面却不赋予他们实际的权力。通过这些人才的高谈阔论与著书立说，制造出齐国繁荣昌盛，爱才用才的假象，赢得各国的赞赏，也

---

① 司马迁：《史记》卷79《范雎蔡泽列传》，第 2401 页。

② 司马迁：《史记》卷46《田敬仲完世家》，第 1895 页。

③ 司马迁：《史记》卷74《孟子荀卿列传》，第 2346 页。

④ 司马迁：《史记》卷74《孟子荀卿列传》，第 2347—2348 页。

⑤ 桓宽：《盐铁论·论儒第十一》，《诸子集成》第 11 册，第 12 页。

使齐国君主得到心理的满足。

齐国招引重用才学之士，又不让他们进行实际的政治操作，这使齐国的士人中出现了空疏之风。刘向《新序·杂事》记载："齐有稷下先生，喜议政事。邹忌既为齐相，稷下先生淳于髡之属七十二人，皆轻忌。"① 从中可以看出，齐国的士人群体中，已经形成了以空谈阔论、"论世""不治而议论""刺世"为清高，以务实、治世为耻辱的不良风气。此风之成，既受齐君的用人目的影响，也与齐国的文化传统有关。齐国用人意在为君主造势，"言齐能致天下贤士也"②。齐威王给各国来齐的人才以崇高的名号、优厚的待遇，给他们建高门大屋，让他们享受上大夫之禄，过轻松悠闲、富贵而受尊崇的生活。这些人才不被要求政治职责，且来去自由。正如郭沫若所言："这些学者们得到了这些温暖的保护，也真好像在春雨中的蘑菇一样，尽量地簇生了起来。"③

稷下先生们在著书立说、讲学辩论外，君主偶尔也派他们出使他国。因而有学者认为稷下先生并非完全的"不治而议论"，"说不治是有误的"④，因为稷下先生曾参与了外交活动。对此，白奚指出："其实外交这样具体政事并非稷下先生经常性的活动，司马迁所概括的'不治而议论'是根据稷下先生经常性的主要活动而作出的结论，我们不应以偏概全，根据某些特殊情况而混淆学宫的性质。"⑤ 实际上，齐国君主派稷下先生们出使外国，无疑带有炫耀人才，显示自己"趋士""贵士""爱士"的明君形象的意图。因为稷下先生们多为学术名流，学识渊博，通古知今，见多识广，侃侃而谈，能够让出使国的诸侯王见识齐国人才的足智多谋与能言善辩，从而佩服齐国君主的识才之能与爱才之心。

---

① 刘向：《新序》卷 2《杂事第二》，上海古籍出版社 1990 年版，第 9 页。

② 司马迁：《史记》卷 74《孟子荀卿列传》，第 2348 页。

③ 郭沫若：《十批判书·稷下黄老学派的批判》，《郭沫若全集》（历史编 2），人民出版社 1982 年版，第 162 页。

④ 蔡德贵：《论稷下学宫的性质》，《齐鲁学刊》1983 年第 1 期。

⑤ 白奚：《稷下学研究——中国古代的思想自由与百家争鸣》，生活·读书·新知三联书店 1998 年版，第 60 页。

可见，在战国中后期，齐国作为一个善于招揽人才的东方大国，通过稷下学宫的创办，促进了学术发展和百家争鸣局面的出现，却没能在政治方面充分发挥各国人才的作用。这些人才也没能帮助齐国走向富国强兵、兼并统一之路。显然，齐国君主招揽人才的目的，主要是为了粉饰太平，显示君主重用士人的贤德。务虚不务实的用人目的，导致了与秦国截然相反的用人效果。威王、宣王时齐国强盛，稷下学宫也人才济济，到了齐闵王在位时，在秦国鼓动下盲目称帝，受到各国联合攻击。"齐君臣不亲，百姓离心，燕因使乐毅大起兵伐齐，破之。"① 齐国丢失 70 余城，闵王也被淖齿所杀，丢了性命，稷下学宫也随之衰落。自此，齐国丧失了对人才的吸引力与凝聚力。此后，不仅实用性人才大量进入秦国，秦相吕不韦效仿战国四公子养士，广泛招揽学术人才，其中很多学者都来自稷下学宫。秦国取代齐国，成为战国后期的学术文化与人才中心。可见，没有对人才在政治上的使用，就没有国家的强盛；没有国家的强盛，也不可能持续地保持对人才的吸引能力。

三、重视实地、讲求数量，毫无底线的扩张方式

领土面积的大小，直接关系到一个国家的生死存亡和兴盛衰败，尤其是在气候环境相对恶劣的西北地区，没有广阔的土地就无法获取更多更丰富的生存资源。广阔的领土意味着更广阔的发展空间和战略纵深，从而为国家的生存发展和繁荣富强奠定坚实的基础。关东各国大多是周朝的始封国，他们的土地多是受周天子的分封而得到的。各诸侯国都有比较固定的领土范围，分封的土地也具备农业发展的良好条件。

春秋战国时期，随着周天子的衰落和土地价值的凸显，各国在争霸争雄的战争中，尽管也把领土扩张作为一项重要内容，但与秦国相比，对领土扩张的渴望和重视程度却不可同日而语。中原各国在争霸战争中，非常重视为名分、道义、尊严而战。如晋文公同楚国进行城濮之战的目的，是为了

---

① 《战国策》卷 30《燕策二》，第 300 页。

"报施救患、取威定霸"①。齐国对外用兵的目的也很复杂。桓公二年伐郯是因为桓公流亡时，过郯，郯无礼。二十二年，伐戎，是为救燕。二十九年，伐蔡，是因蔡国改嫁其公主，公主是原桓公之妻。每次战争后，往往是战罢即归，对领土的争夺常常表现得比较大度和宽容。

"秦国由于经历了从东方向西方迁徙的过程，周王朝的几次分封只是给了他们名义上的土地，真正土地的取得要靠他们自己的战斗。"② 再加上西北地区环境恶劣、发展农业的条件相对较差，需要更多的土地才能生存。"在秦国的发展中，始终需要他们去争夺、去扩展自己的领土，争夺和扩展生存空间，从而增强国力，以便在同戎狄部落的征战中获取优势，在同中原各国的争霸中脱颖而出。所以，在秦历代统治者的潜意识里，对土地面积问题非常重视，他们对外发兵总是以赤裸裸的土地扩张为主。对土地的渴望程度和重视程度是中原各国所无法比拟的。"③ 例如秦穆公三十七年以前对戎狄的战争，最早是为了防御戎人入侵，后对诸如梁、芮等少数民族部落起兵更纯粹是为了扩张。对中原的战争，早期也主要是与魏争地。秦国统治者始终把土地作为一种资源来争取和利用。他们也多次有意识地主动让出已经占有的土地，如公元前314年，归还魏国的焦和曲沃；公元前304年，还楚上庸之地；公元前302年，归还魏蒲阪等等，这些举动是秦对领土功能的更充分利用，他们不以一时一地土地的取得为目的，而是把土地作为发展自己国力的资源和工具，通过归还一部分土地，制造并加剧其他国家之间的矛盾，分化、孤立部分对手，从而达到最后的目的。即所谓"将欲夺之，必固予之"④，"予"是为了更多更好地"夺"。

秦人在强烈功利主义价值观的影响下，对事物的评价也与儒家注重的"仁义、道德"等定性标准不同，而是用有明显客观性、可比较的数量进行

---

① 《春秋左传正义》卷16，李学勤主编《十三经注疏》（标点本，7），第436页。

② 王绍东：《论商鞅变法对秦文化的顺应与整合》，《内蒙古大学学报》2002年第5期。

③ 王绍东：《论商鞅变法对秦文化的顺应与整合》，《内蒙古大学学报》2002年第5期。

④ 王弼注：《老子道德经》第36章，《诸子集成》第4册，河北人民出版社1986年版，第21页。

衡量，量的多少与价值的高低往往成正相关性。如按照夺取土地面积的多寡来评价战争的成败和效果，用杀敌数量的多少来评价军功的大小。对军功进行奖励时也完全按照"斩首记功"的原则，以取敌首数量的多少来决定获得的爵位、住宅、田亩数量的多少，也就是所说的"功赏相长，五甲首而隶五家，是最为有数"①。秦国对将士的奖励，从不关心其道德品格的修养，也不进行精神奖励，一切与物质利益挂钩。与中原地区适可而止不同，秦人的价值观体现出贪大求多，永不满足的特点。"这表现在秦人的扩张方式上，就是无限度、无节制。与中原文化中追求'中庸'、讲求'适度'的原则有很大不同。"② 这从秦人对土地的扩张上有明显的表现，从秦人对权势的追求、建筑的风格等方面都有所反映。求"大"求"多"，已经成了秦文物、古迹特有的风格。如在陕西凤翔雍城秦公陵园内发掘的秦公 1 号大墓全长 300 米，墓深 24 米，这样大的陵墓，且不说当时各诸侯国国王的陵墓无法与之相比，甚至殷商天子墓也不及其宏伟、浩大，"是目前所知我国先秦时代最大的墓葬"③。对于秦人来说，不管是在与戎狄还是与关东各国的竞争中，首先需要取得数量优势。只有占有更多的土地、粮食、人员，才能赢得主动、建立信心、扩大优势，也才能求得更好的生存保障。

第四节　争取天子认同中形成的自卑与超越心态

在嬴秦的历史中，其发展崛起或挫折失败，多与中原中央政权的更迭及他们自身站队是否正确息息相关。无论顺境逆境，初始的选择是否正确，秦人都坚定地向中央政权靠拢，为中央政权效力，替中央政权承担防御西戎的责任。在此过程中，自卑与超越的心理同时并存，也激发了秦人的生存潜力和奋斗精神。

---

① 班固：《汉书》卷 23《刑法志》，第 1086 页。
② 王绍东：《论商鞅变法对秦文化的顺应与整合》，《内蒙古大学学报》2002 年第 5 期。
③ 陕西省考古学会编：《陕西考古重大发现》，陕西人民出版社 1986 年版，第 59 页。

一、中央王朝更迭之际的选择与嬴秦的发展走向

嬴秦一亮相于历史舞台，就与中央政权结下了不解之缘。嬴秦的第一个男性祖先大业，娶了少典国的女儿。大业的儿子大费，也就是伯益，作为舜帝的重臣，不仅被任命为虞官，调训鸟兽、掌火烧荒、种植水稻，而且帮助大禹治水成功，获得嬴姓的封赐。伯益功高威重，大禹去世前将帝位禅让于他。由于历史发展已经由军事民主制转向了国家世袭制，伯益在与禹的儿子夏启的权力斗争中落败，不仅被杀，其部族也受到了排挤与打击，被迫离开了东夷故地，开始了第一次向西迁徙。

夏桀在位时，其昏庸残暴的统治政策不得民心，当商汤起兵反夏时，嬴秦的首领费昌坚定地站在了商汤一边。他凭借着高超的驾车技术帮助商汤灭夏，立下了功劳。后来商朝的君主太戊继续任用嬴秦的首领孟戏、中衍做自己的驾车近臣。由于嬴秦在夏商变换中站队成功，再加上秦与商同出东夷，整个商代嬴秦之族受到了极大的重用，也获得了难得的发展机会。"自太戊以下，中衍之后，遂世有功，以佐殷国，故嬴姓多显，遂为诸侯。"①

纣王统治时期，商朝进入了衰败阶段。历史的惯性使嬴秦继续忠诚于商朝，嬴秦的首领中潏让自己的长子蜚廉及孙恶来护卫纣王。两人助纣为虐，商朝灭亡时被武王所杀。中潏吸取了祖先伯益的教训，预测到纣王可能的下场，提前做好了两手准备。他借助母亲是周族骊山之女的关系，主动归附周朝，并发誓帮助周朝抗击西戎，保卫西部的边境。中潏的态度使周天子没有过分为难秦人，保留了嬴秦的部落，但始终对嬴秦抱有防范之心。秦人则凭借着自己的流血牺牲向周天子显示自己的忠诚和价值，一次次帮助周人抗击戎人的攻击，并在关键时刻站出来护送周平王东迁。周朝也不断增强对秦人的依赖，不得不给予嬴秦更高的地位。

作为祖出东夷的阳鸟部落，"东夷族人具有悠久的古代文明和鲜明的文

---

① 司马迁：《史记》卷 5《秦本纪》，第 174 页。

化传统，而且性格坚强勇悍，不畏强敌"①。秦族在后来西迁的过程中，继承并发扬了东夷人的传统精神。对于不断遇到的新环境、新情况，只有勇敢地面对，才能找到生存之路。他们有一颗忠诚与向往中央政权之心，但周天子却视嬴秦为养子身份，始终没有给予完全的信任与真诚的关怀。对于秦人来说，他们的生存与发展没有依靠者，没有庇护人，也没有退路，一切都要靠奋斗，靠流血流汗，靠战斗牺牲。这样的环境，强化了秦人独立顽强的心理特征。同时也使秦人认识到，维护好与中央政权的关系，得到中央政权的支持与肯定，对部族的发展会起到至关重要的作用。所以，周朝一再将其推向抗击戎人的危险境地，并以虚封的方式奖赏秦人，秦人都没有动摇维护周天子的坚定信念。

二、对戎狄斗争的节节胜利增强了秦人的信心

在秦人发展的西北地区，周围布满了处于混合经济阶段的戎狄部落，他们采用农业、畜牧业、采集狩猎业等多种生产方式，但在农耕民族的挤压下，整体上不断向西北地区迁徙，畜牧业在生产结构中的比重不断加大。他们以小的部落的方式生存，各部落间既有合作也有竞争，当资源匮乏、生存压力过重时，便对农耕民族发动掠夺战争。与秦国相邻的戎狄势力，包括允姓之戎、陆浑戎、茅津戎，以及绵诸、绲戎，翟、豲之戎、义渠、大荔、乌氏、朐衍之戎，名称繁多，部落当数以百计。西戎之人定居与迁徙相结合，农业发展水平相对落后，彼此独立，武装化、掠夺化的倾向明显，但没有形成强大而统一的力量。

秦人凭借着更为发达的农业、整体的力量及中央政权的支持，在同戎狄部落进行争夺领土的反复战争中，总体上处于进攻的态势。秦人通过不断蚕食戎狄的土地，扩大自己的势力范围。战争的节节胜利，也增强了秦人的自信心。秦与西戎的交战，既能够满足开拓疆土、壮大实力的愿望，又被赋予了替周天子守护西土、打击强敌的正义色彩。同戎狄交战的过程，也是秦

---

① 王和：《猛士的乐土》，第 28 页。

人将与自己在同一地区生存的戎狄加以区别，确立心理优势的过程。

从文化上说，秦人非常善于学习各部族的优秀文化，尤其是周族的文化。周文化的发展水平相对高于戎狄部落，秦人向周，也使其比戎狄部落在文化上处于优势地位。

从经济生活上看，秦人生活的地区，处于当时农牧业分界线周围，土地肥沃，气候温暖湿润，有发展农牧业的良好自然条件。周边的戎狄部落，基本处于混合经济阶段，经济发展受自然条件的制约较大，难以形成整体的力量。秦人早期以畜牧业为主，其早期首领均以驾车、养马技术和能力受到周朝君主的赏识，但在发展过程中，积极吸收周民族的生产方式，特别是扩张到周族的发源地——岐、丰之地时，"文公以兵伐戎，戎败走。于是文公遂收周余民有之"[①]。周人是一个有悠久农业历史，并且"以农立国"的部族。秦国至少在襄公、文公时期，已经在充分吸收周族居民的农业生产经验和技术，从原来的混合经济方式逐步向农牧结合的经济结构过渡。

与秦处于同一地区的西戎，随着农耕生产方式的不断挤压，变得越来越倚重于畜牧业，不断向北发展；而秦人则越来越重视农业，不断向南扩张。与农业相比，畜牧业处于更高的食物链上，"食物链的原则是每高一个层级，就需要十倍的能量。这意味着在两地同等肥沃的情况下，游牧地区承载的人口只是农业地区的十分之一。更何况长城以北地区温度比较低，植物生长困难，恐怕能承载的人口连十分之一都不到。"[②] 农业生产的经济结构更具稳定性，能够显著地扩大社会生产规模，并且提供出空前丰富的生活必需品，也更有利于物质积累和文化积累。定居的农民更容易被政府控制，组织化程度较高，便于对混合经济状态的戎狄形成优势。在秦公一号大墓（据研究考证，应该是公元前 537 年去世的秦景公墓）中出土了铁铲、铁锸等遗物十多件，这是我国西北地区发现的年代最早、数量最多的一批铁器，证明秦国在春秋中叶或更早些时已经掌握了冶铁锻铸技术。只有铁器的出现才使

---

① 司马迁：《史记》卷 5《秦本纪》，第 179 页。
② 赵鼎新：《文明竞争中的决定因素》，《文化纵横》2016 年第 6 期。

"大规模耕种土地，即田野农业，从而生产资料在当时条件下实际上无限制地增加，便都有可能了"①。与仍然处于混合经济发展状态的周边各戎狄部落相比，秦人的生产力和生产方式更具先进性，拥有更大的发展潜力。

秦在长期与戎狄作战的过程中，眼界始终放在中原中央政权上。征服西戎各部的过程，既能为自己赢得更广阔的生存空间，也能向中央政权表现自己的忠心和价值，并显示自己的力量，这也必然使秦人具有更大的民族自信。秦穆公时期的称霸西戎，在西部地区较早实现了民族融合，用武力实现了局部的统一。秦穆公的成功，是秦人对戎狄文化与周文化兼收并蓄，形成自己独特文化的产物，也是秦国后来征服六国、一统天下的前奏。

三、与关东各诸侯国相处中的自卑与超越心理

秦人长期在西北地区发展，早期无由参与中原地区的争霸斗争。一方面，这给了秦人自由发展的空间和机会，使秦人专心于在西北地区开疆扩土，征战西戎，形成了不同于关东各国的文化特点和精神气质；另一方面，也使秦人受中原地区礼义文化的影响较小，文化发展相对落后，不可避免地被关东各国视为异己和另类，从而受到歧视和排挤。

在同生产力与文化发展较为先进的周王朝相处的过程中，秦人早期处于相对落后、弱小的地位。他们羡慕周人的文化和先进生产力，积极学习和吸收周文化的先进成果，渴望得到周王朝的庇护和承认。在非子时代，由于为周孝王养马的成效显著，被封为"附庸"，又"邑之秦，使复续嬴氏祀，号曰'秦嬴'。"②秦姓的获得和成为"附庸"，对秦的发展具有至关重要的意义，这使秦人摆脱了戎人的身份，成为周王室的家庭成员，在名分上与周边的戎狄部落区分开来，但"附庸"的身份和"诸侯"相比还有很大的差距，这如同是周人的"养子"一般。这一特殊的身份给秦人心理带来巨大影响，它激起了秦人想成为正式封国——诸侯的强烈愿望，进一步强化了秦人为周

---

① 《马克思恩格斯选集》第 4 卷，人民出版社 1995 年版，第 23 页。

② 司马迁：《史记》卷 5《秦本纪》，第 177 页。

天子效命的自觉性，也激发了秦人的生存潜力。受这一愿望的影响，秦迅速进入了周化阶段，从各方面吸取周文化的营养以充实自己。在秦仲时，秦人被周王朝封为"大夫"，襄公时被封为"诸侯"，尽管这些分封都是让秦人从戎狄手中去夺取土地，把秦人推向为周人抵御和抗击戎狄的第一线，但这也使秦人有了名义上的靠山，名分上与戎狄相别，也与东方诸侯国可以平起平坐、相互往来了。

但是由于秦人有别于中原地区的文化传统，以及长期在西北地区征战扩张的历史，使关东各国对秦国始终抱有偏见，"秦始小国僻远，诸夏宾之，比于戎狄"[①]。关东各国采取排斥、贬低的态度对待秦国，则使秦人难以忍受，认为是莫大的侮辱，在长期同戎狄部落的斗争中建立起来的自信也受到了严重打击。为了超越这种自卑，他们更加急剧地扩张势力，扩大领土，以显示自己的实力。在秦穆公时，穆公女怀嬴曾对晋的流亡公子重耳说："秦、晋匹也，何以卑我！"[②] 这里所说的"匹"，既有名分上的同为诸侯国，更有实力上的含义。秦国努力发展实力对抗六国的"卑秦"，形成了团结一致，同仇敌忾的共同意识，六国卑秦使秦人产生了强烈的反抗心理，刺激了秦人超越的渴望与激情，对秦人最后征服六国、一统天下产生了巨大影响。"正因为六国卑秦反过来使秦产生了强烈的逆反心理，刺激了秦人发展的活力和欲望，所以历史给我们留下的假象是落后的秦国打败了极具实力的东方六国，而真实情况是，秦的发展速度是东方六国所无法企及的，民族心理是秦发展的原动力。"[③]

秦人从自身的发展历史中深刻体会到，提高实力是获取地位与尊严的唯一渠道。他们靠实力不断击败戎狄，不仅在荒凉的西北站稳了脚跟，而且不断扩张了自己的生存空间。也是随着实力的发展，秦人在周王朝的地位不断上升。秦人不择手段发展实力的做法，反而进一步引起了关东诸侯国的警

---

① 司马迁：《史记》卷 15《六国年表》，第 685 页。
② 《国语》卷 10《晋语四》，岳麓书社 1988 年版，第 93 页。
③ 徐俊祥：《六国卑秦与秦的统一——秦民族心理与秦发展的思考》，《扬州大学学报》1997 年第 5 期。

惕和排斥。在秦人看来，最终的、彻底的征服就是统一天下，让瞧不起自己的各诸侯国都拜倒在自己脚下。

秦国的野蛮扩张更加促使各诸侯国普遍鄙视、排斥秦国，而原来能够庇护秦人的周天子日益衰落，使秦人在自己力量非常弱小时就有了征服天下的野心和计划。从过去天命由商朝转到周朝，周人代商的历史中得到启发，秦人认为天命也将由保佑周朝转变为保佑秦朝。① 据《史记·封禅书》记载，秦襄公始立国时，就开始把天帝作为自己的祭祀对象，"秦襄公既侯，居西垂，自以为主少暤之神，作西畤，祠白帝，其牲用骝驹、黄牛、羝羊各一云"②。按礼制，天子祭祀天地，诸侯祭祀领地内的名山大川。秦襄公刚刚取得诸侯资格，是没有祭祀天帝之一白帝的资格的。襄公之后，即位的文公也梦见"黄蛇自天下属地，其口止于鄜衍。文公问史敦，敦曰：'此上帝之征，君其祠之。'于是作鄜畤，用三牲郊祭白帝焉"③。这里授命于天，欲征服天下的用意更为明显。对此，当时一些有历史预见者已有所警觉。司马迁在《史记·六国年表序》中评论说："太史公读《秦记》，至犬戎败幽王，周东徙洛邑，秦襄公始封为诸侯，作西畤用事上帝，僭端见矣。《礼》曰：'天子祭天地，诸侯祭其域内名山大川。'今秦杂戎狄之俗，先暴戾，后仁义，位在藩臣而胪于郊祀，君子惧焉。"④ 随着实力的发展，秦人授命于天，代周而起的意识越来越强烈，所祭天帝之数也相应增加。秦宣公作密畤于渭南，祭青帝；秦灵公作上畤于吴阳，祭黄帝，作下畤祭炎帝。从襄公到灵公，先后作五畤，四帝并祭。从历史发展看出，秦人依靠自己的力量获取了周天子分封的土地，诸侯排斥秦国以及周王朝的衰落，使秦国渴望代周而起，坚信天命归秦，不懈追求征服天下，这样的民族心理强化了秦人的进取意识和奋斗精神。

---

① 臧知非：《秦人的受命意识与秦国的发展——秦公钟铭文探析》，《秦文化论丛》第 8 辑，陕西人民出版社 2001 年版。

② 司马迁：《史记》卷 28《封禅书》，第 1358 页。

③ 司马迁：《史记》卷 28《封禅书》，第 1358 页。

④ 司马迁：《史记》卷 15《六国年表》，第 685 页。

第二章　秦"四世而胜"的心路历程

　　与戎狄征战、获取更广阔的生存空间是秦早期历史发展的主旋律，同时也培养了秦人崇武尚战、坚韧不拔、重视功利的民族性格与价值观念。秦国的真正兴起，是从商鞅变法开始的。经过富国强兵的变法改革，秦国开始与关东各诸侯国一较高下，并最终灭六国、一天下。"及至秦王，续六世之余烈，振长策而御宇内，吞二周而亡诸侯，履至尊而制六合，执棰拊以鞭笞天下，威振四海。"① 从秦孝公变法到秦始皇统一，期间经历了六代君主的前赴后继，接续努力。秦国的崛起、发展与统一，经历了怎样的心路历程？是非常值得研究和探讨的。

第一节　"诸侯卑秦"与图强变法

　　秦早期发展，主要是与戎狄争夺生存空间，并努力获得周天子的庇护和认同。随着周天子的衰落和秦国实力的扩张，秦穆公时期称霸西戎后，秦国的主要对手变成了关东各国，开始阶段主要是近邻三晋。战国初期，在各国纷纷变法改革的背景下，秦国无论从制度、文化、实力上都落后于三晋之国，特别是魏国，面临着全面的压力和危机。

---

① 司马迁：《史记》卷 6《秦始皇本纪》，第 280 页。

一、诸侯卑秦的强烈刺激

秦襄公立国，名义上具有了"与诸侯通使聘享之礼"① 的资格。实际上，秦人立国后，主要还是与戎狄争夺生存空间并完成周朝赋予的戍戎任务，与中原各诸侯国往来较少。中原各诸侯国也以对待夷狄的眼光看待秦国，"秦始小国僻远，诸夏宾之，比于戎狄"②。随着力量的成长，对戎狄战争的节节胜利，秦国开始逐渐向东扩张。宪公时期，伐灭荡社；武公时期，伐彭戏氏、伐邽、冀戎，设县，灭掉小虢。德公时期，卜居雍，将首都东迁。国土面积的扩张与东向的发展，必然与中原各国发生直接的碰撞与冲突。秦宣公四年（前672），"与晋战河阳，胜之"；成公时期，与秦相邻的"梁伯、芮伯来朝"③，秦国在与中原各国的交锋中初显力量。

发展到穆公时期，秦在与西戎的斗争中占有了绝对优势，同时也具备了与中原大国抗争的实力。中原地区的良好发展环境和高度的礼乐文明吸引着秦人，在关中地区站稳脚跟后，穆公先将发展的重点放在了东方，图谋称霸中原。他破格重用百里奚、蹇叔，整顿内政，发展生产，渐至富强。向东扩张，秦国面对的是强大的晋国。秦穆公一面以秦晋之好与晋国结亲，一面伺机寻找争霸的机会。正赶上这时晋国反复出现君位之争，穆公参与晋国君废立，先后扶持了晋惠公、晋怀公和晋文公。在韩原之战打败晋惠公，夺回了西河之地，将秦国的触角伸向了黄河以东。晋文公重耳能力卓著，秦穆公无力与之争锋，就审时度势追随支持晋文公，帮助他成就晋国霸业，同时也为秦国发展赢得了良机。秦穆公三十二年（前628），晋文公去世，秦穆公派兵偷袭晋国的盟国郑国。由于发生了弦高劳师事件，秦国军队被迫回撤，结果在崤山遭到晋军伏击，秦军大败，几乎全军覆灭。崤山之战后，秦晋之间还发生了多次战争，但秦胜少败多。崤山之战打醒了穆公，使他认识到秦国的实力仍逊于晋国，称霸中原的时机尚不成熟。向东发展受阻，秦穆公改

---

① 司马迁：《史记》卷5《秦本纪》，第179页。

② 司马迁：《史记》卷15《六国年表》，第685页。

③ 司马迁：《史记》卷5《秦本纪》，第185页。

弦更张，继续完成西霸戎狄的宏图。他听从原为戎王大臣由余的计谋攻打戎国，"益国十二，开地千里，遂霸西戎"①。

经过穆公的努力，秦国在中原站稳了脚跟，扩大了影响。穆公以"中国"自居，表明其对中原礼乐文化的崇尚与追求。他曾和由余讨论中国与戎夷文化的特点与优长，指出："中国以诗书礼乐法度为政，然尚时乱，今戎夷无此，何以为治，不亦难乎?"②穆公对礼乐文化的追求与向往甚至得到了孔子的赞赏。齐景公曾经问孔子："'昔秦穆公国小处辟，其霸何也?'对曰：'秦，国虽小，其志大；处虽辟，行中正。身举五羖，爵之大夫，起缧绁之中，与语三日，授之以政。以此取之，虽王可也，其霸小矣。'"③当时孔子对穆公之政高度赞扬并充满了期待。实际上，齐景公提出这一问题，也表明了对穆公霸业的不解和不屑。

总体来说，即使在穆公时期，秦国对中原地区的影响及中原各国对秦的认同度都是有限的，中原各国仍普遍存在对秦排斥的状况。晋公子重耳流亡到秦国，秦国为了笼络他，"秦伯纳女五人，怀嬴与焉，奉匜沃盥。即而挥之"④。怀嬴是秦穆公的女儿，穆公曾将其嫁给晋怀公。重耳轻视怀嬴，挥舞湿手让她快走，结果惹怒了怀嬴。"怒曰：'秦、晋匹也，何以卑我!'"⑤重耳有求于秦国，但对怀嬴仍表现出厌恶情绪。这种情绪有对怀嬴身份的讨厌，也包含了对秦国文化的轻视。怀嬴严辞抗议，她所说的"秦晋匹也"，既包含了两国名分上同为诸侯国，也在宣布两国的实力相当。怀嬴指出了一个事实，对自己的轻视，就是对秦国的轻视。同时也说明，即使在穆公称霸、晋国内乱的时期，秦国仍然感到了晋国对自己的瞧不起。对于秦国来说，信心与尊重的取得，还是依靠对西戎优势的确立。穆公称霸西戎后，"天子使召公过贺穆公以金鼓"⑥。同时说明，秦国走向中原之路仍然漫长，

① 司马迁：《史记》卷5《秦本纪》，第195页。
② 司马迁：《史记》卷5《秦本纪》，第192页。
③ 司马迁：《史记》卷47《孔子世家》，第1910页。
④ 《春秋左传正义》卷15，李学勤主编《十三经注疏》（标点本，7），第413页。
⑤ 《春秋左传正义》卷15，李学勤主编《十三经注疏》（标点本，7），第413页。
⑥ 司马迁：《史记》卷5《秦本纪》，第194页。

只有进一步提高实力，扩张领土，才有可能与中原大国一较高下。

可惜的是，穆公的霸业没能延续下去。秦穆公在位 37 年去世，其后历经康公、共公、桓公、景公、哀公、惠公、悼公、厉共公、躁公、怀公、灵公、献公、惠公、出子等十几位君主，历时 230 余年。其间晋国霸业虽有衰弱，但楚、吴等南方大国兴起。在同晋国的战争中，秦晋互有胜负，但总体上秦胜少败多。公元前 453 年，韩、赵、魏三家灭掉智氏，成为实际上的诸侯国，秦国的主要对手变成了魏国和韩国。魏文侯时期任用李悝变法改革，走上了富国强兵之路，而进入战国时期的秦国，对外屡战屡败。秦简公时期，魏国先后占领了秦国的临晋、元里、洛阴、郃阳等城，越过黄河以西设立西河郡，任命著名军事家吴起为西河守。吴起"守西河。与诸侯大战七十六，全胜六十四，余则钧解。辟土四面，拓地千里"①。西河郡的设置，犹如插入秦国领土的一把尖刀，不仅使秦国无力越河东进，而且严重威胁了本土的安全。

与军事上的失败相对应，秦国内部陷入了严重的混乱和内争。不断的军事战争培育了庶长为代表的军事贵族的势力，他们甚至操纵君主的废立；而战争的不断失败则降低了秦国国君的威信和影响力。躁公之后的怀公、灵公、简公、惠公，出子都为庶长所立，这些君主不仅在政治上少有建树，而且统治集团内部矛盾重重，导致秦国的国力不断衰落。"秦以往者数易君，君臣乖乱，故晋复强，夺秦河西地。"②秦被压在了西北一隅，不仅失去了穆公时期的大国光环，而且受到各诸侯国的普遍蔑视，各国把秦国当夷狄对待，甚至视与秦交往为耻辱。"秦僻在雍州，不与中国诸侯之会盟，夷狄遇之。"③处于权位争夺中的秦国军事贵族和君主浑浑噩噩，而有所觉醒和强烈责任心的统治者则感到了诸侯卑秦的强烈刺激。

---

① 《吴子兵法·图国第一》，《武经七书》（上册），中华书局 2007 年版，第 87 页。
② 司马迁：《史记》卷 5《秦本纪》，第 200 页。
③ 司马迁：《史记》卷 5《秦本纪》，第 202 页。

二、献公、孝公的变法努力

秦惠公去世，贵族们为了便于操持秦政，立仅有两岁的出子为君，其母小主夫人当政。小主夫人不得人心，新兴势力将流亡在魏国 20 余年的秦灵公之子公子连拥立为君，是为秦献公。公子连在魏国期间，正赶上魏文侯执政。文侯重用李悝、子夏、翟璜、吴起、西门豹等人，在战国七雄中率先进行变法，加强君权，改革政治，奖励耕战，兴修水利，富国强兵，使魏国很快发展为战国初期第一强国。与此同时，秦国由于长期的内部纷争和对外作战失败，处于内焦外困、国力疲弱、影响力严重下降的状态之下。秦魏相界，实力此消彼长，魏国的攻势咄咄逼人，秦国甚至面临被吞并的险境。在魏国期间，公子连目睹了魏国变法改革、国力日盛的过程，学习研究魏国富国强兵的措施和经验；与此同时，他也时刻关注着国内的状况，担忧着祖国的前途和命运。

献公即位后，面对着国内庶长势力强大，国外强敌欺凌的局面，深刻感受到只有改革内政，才能摆脱落后挨打的局面。作为一名有为之君，经过在魏国的历练，献公顺应历史潮流进行改革。主要内容包括：1. 从法律上废除人殉制度。秦国长期对死去的君主贵族实行大规模人殉陪葬，体现了制度的落后性和残忍性，也是对人才和劳动力的戕害，严重阻碍了社会经济的发展。献公即位后，立即颁布命令，"止从死"[1]。这一法律的颁布，对内深得民众的拥护，对外改善了国家的形象，自然也提高了献公的威信。2. 编制户籍。战国初期，秦国人口分为居住在城里的"国人"和居住在乡村的"野人"两种。"国人"主要是贵族和平民，属于统治阶层，他们可以参与政治，承担当兵打仗、守家卫国的责任。"野人"居住在郊外野、鄙之中，大多为奴隶身份，地位低下，隶属于贵族，以农业生产为主，向贵族提供粮食赋役，没有资格当兵打仗。秦献公十年，"为户籍相伍"[2]，将全国人口按照

---

① 司马迁：《史记》卷 5《秦本纪》，第 201 页。

② 司马迁：《史记》卷 6《秦始皇本纪》，第 289 页。

五家为一"伍"的单位统一编制起来。"这一编制的意义在于：取消了'国'和'野'的界限，凡秦国统治下的人民一律被编入'伍'，实际就等于在法律上承认原来的'野人'与'国人'处于同样的地位，提高了'野人'的身份。"① 户籍的统一编制，加强了国家对人口的控制，削弱了贵族的权势。国家在全面掌握人口信息的基础上，便于征兵作战，还可以通过同伍之人的相互监督，保障国家的法律命令实施和赋税征收，强化了君主调动和利用全国人力资源的能力，有利于君主集权的加强。在此基础上，献公进一步加强了县制的推广。3. "初行为市。"② 承认私人的商业活动，打破"工商食官"的传统，建立商业市场，允许商品自由交易。同时国家加强对商业的管理，征收市场税，改善国家财政状况。

从魏国回来的献公，顺应时代潮流，改革秦国弊政，促进经济发展和君权的加强。献公以开阔的眼界治理国家，不再把目标放在仅做西部霸主上，而是坚定地向东发展，参与中原各国的兼并战争。献公即位的第二年，就"城栎阳"③。修建栎阳城，并将首都从雍迁往这里。栎阳城位于今陕西西安阎良区，南边距离渭水约 7.5 公里，内有石川河流过。这里交通便利、商业发达，经济富庶，战略地位重要。献公迁都栎阳，一是可以摆脱雍城旧贵族的势力，二是这里距离强敌魏国更近，既便于向东方各国学习，也便于集中力量同东方各国竞争。

献公的一系列改革取得了显著成效。随着秦国国力的增长，被魏国欺压侵凌的局面得到了一定程度的改变。在秦献公统治后期，秦国在同魏、赵、韩的军事斗争中，开始渐尝胜利果实。秦献公十九年（前 366），秦国在洛阴打败魏韩联军。二十一年（前 364），秦国与魏国在石门大战，取得了斩首 6 万级的胜利。这场胜利引起了很大震动，名义上的周天子也带着礼物前来祝贺，"天子贺以黼黻"④。又过了两年，秦在少梁大败魏军，并俘

① 林剑鸣：《秦史稿》，中国人民大学出版社 2009 年版，第 140 页。
② 司马迁：《史记》卷 6《秦始皇本纪》，第 289 页。
③ 司马迁：《史记》卷 5《秦本纪》，第 201 页。
④ 司马迁：《史记》卷 5《秦本纪》，第 201 页。

虏了魏国的将领公孙痤。连续两次被秦国打败，魏国很长一段时间不敢向秦国进攻，为秦国进一步深入变法改革赢得了时间。

正值改革初见成效，秦国国力蒸蒸日上、地位不断提升之际，献公不幸去世。献公的改革，振奋了秦人的斗志，提升了秦人的自信心，确立了秦国向东发展的战略方向。司马迁也把献公改革作为秦国兴起的转折点，"自献公之后常雄诸侯"①。但是献公时期，未能从根本上改变秦国制度落后、地位卑弱、实力有限的局面，西河之地仍被魏国占有，各诸侯国仍歧视秦国，进一步兴秦强秦的重任历史地落在了献公的继承者身上。

献公的改革，唤醒了沉睡的秦国。献公去世，21岁的秦孝公嬴渠梁即位。嬴渠梁目睹了秦国改革壮大的历程，也深切感受到秦国面临的严峻局面。秦国接壤魏、楚两个东方大国，魏国的西河郡越过黄河西接秦国，压制了秦国东进的路线；楚国的汉中郡、巴郡、黔中郡也钳制着秦国的南下通道。此时周天子势力进一步衰微，诸侯之间相互兼并，各国并不把秦国放在眼里，所谓"秦僻在雍州，不与中国诸侯之会盟，夷狄遇之"②。严峻的局面，给孝公以极大的压力；诸侯卑秦的态度，又给了他强烈的刺激。不甘平庸的孝公决心将父亲的事业发展起来，延续下去。"孝公于是布惠，振孤寡，招战士，明功赏"③，将争取民心作为第一要务，同时增强国家的军事实力。已经将眼界放在东方各国的孝公认识到，必须找到一个能够统领全局的人才，进行大刀阔斧的改革，把秦国领向富国强兵之路，才能从根本上改变被动、落后的局面。于是孝公颁布求贤令。"下令国中曰：'昔我缪公自岐雍之间，修德行武，东平晋乱，以河为界，西霸戎翟，广地千里，天子致伯，诸侯毕贺，为后世开业，甚光美。会往者厉、躁、简公、出子之不宁，国家内忧，未遑外事，三晋攻夺我先君河西地，诸侯卑秦，丑莫大焉。献公即位，镇抚边境，徙治栎阳，且欲东伐，复缪公之故地，修缪公之政令。寡人思念先君之意，常痛于心。宾客群臣有能出奇计强秦者，吾且尊官，与之分

---

① 司马迁：《史记》卷15《六国年表》，第685页。

② 司马迁：《史记》卷5《秦本纪》，第202页。

③ 司马迁：《史记》卷5《秦本纪》，第202页。

土。'"①

在这篇求贤令中，孝公给自己确立的榜样是穆公。穆公成功的标志是平定晋乱，将国土扩张到黄河边上，并且称霸西戎。在这之后秦国出现内乱，不仅丢掉了河西地，而且被各诸侯国所轻视。孝公决心继承父亲献公的遗志，以极高的待遇和极大的诚意招揽人才，进行强力改革。值得关注的是，孝公评价前辈成败的标志，都是以秦国对外战争的成败荣辱为依据的。穆公不仅开拓了疆土，而且得到周天子及诸侯国的祝贺及羡慕，是秦国历史上的荣光时刻；厉公、出子等君主不仅丢掉了领土，而且无力与各国竞争，被各国所鄙视；献公重新振作，决心东伐各国，可惜壮志未酬就抱憾而逝。在秦孝公的意识里，诸侯卑秦，是君臣上下巨大的伤痛与羞耻，是对祖先曾经荣光的辱没。正是六国卑秦的强烈刺激，使孝公以更开阔的眼界，将评价秦国成败的关键放在与六国竞争是否能够取得优势上面，所以才能面向各国求贤，决心进行最大力度的改革，以便找到一条快速发展、弯道超车之路。

三、富秦、强秦的快捷之路

受孝公求贤令的感召，在魏国郁郁不得志的商鞅来到秦国。商鞅曾经在鲁国跟随杂家尸佼学习，对战国时期各学派理论都有涉猎，但他最崇尚的还是法家学说，也就是"刑名之学"。商鞅通过孝公身边的宠臣景监先后四次进见孝公。第一次，商鞅以帝道游说孝公，帝道也就是无为而治、尚贤让国之道，听得孝公直打瞌睡，毫无兴趣。第二次，商鞅以王道游说孝公，王道是争取民心、以仁德治国之道，孝公仍然没有感觉。第三次，商鞅以霸道游说孝公，霸道是提倡以力为雄、富国强兵，以强凌弱之道，孝公认为这是一条可行的道路。经过三次试探，商鞅认识到，孝公不愿意通过漫长时间的建设，找到一条国家君民和顺、长治久安之路，而是希望尽快摆脱诸侯卑秦的局面，找到一条快速简洁、立竿见影的强秦之路。商鞅第四次见孝公，将自己变法改革的思想和盘托出。两人相谈甚欢，"公与语，不自知膝之前

---

① 司马迁：《史记》卷5《秦本纪》，第202页。

于席也。语数日不厌"①，大有相见恨晚之势。景监奇怪商鞅是怎样说动孝公的，商鞅回答说："吾语君以帝王之道比三代，而君曰：'久远，吾不能待。且贤君者，各及其身显名天下，安能邑邑待数十百年以成帝王乎？'故吾以强国之术说君，君大说之耳。"② 在诸侯卑秦的强烈刺激下，对于孝公来说，最大的愿望是不惜代价、不择手段地找到一条秦国快速崛起之路。商鞅明白了这一点，就投其所好地提出以制度变革为先导，以"利出一孔"、奖励耕战为手段，以富国强兵为目标的变法改革路线。

相对于关东各国，秦国的落后是全方位的，无论制度、文化、经济、军事都不占优势。制度变革是难度最大，也是最能带动其他方面快速发展的关键。商鞅变法从制度变革入手，制度变革的核心是加强君主集权，增强国家实力。

政治制度上，将整个社会全面纳入君主控制之下。"令民为什伍，而相牧司连坐。不告奸者腰斩，告奸者与斩敌首同赏，匿奸者与降敌者同罚。"③ 让老百姓五家、十家联保，如果哪个人发生不利于国家和君主的行为，邻家之人要检举揭发。对于检举者，会受到与斩杀敌人相同的奖赏；如果知情不报，会被腰斩处死；如果包庇犯罪，会受到与投降敌人一样的惩罚。通过这样的制度，"其意在利用人性之恐惧和贪婪的弱点，激发人的劣根性，将百姓变成只顾自己获利，不顾家族、邻里的情感和利益的告奸之人，变成君主的特务、爪牙，这样，君主不费成本即可实现对社会的有效控制"④。通过普遍推行郡县制，进一步将民众组织起来。"集小（都）乡邑聚为县，置令、丞，凡三十一县。"⑤ 郡县长官听命于君主，由君主任免。这样，君主控制地方官吏，地方官吏控制百姓。君主通过郡县制可以迅速动员和调配全国资源，使得秦国的资源集中度和战斗力远胜于东方各国。

---

① 司马迁：《史记》卷 68《商君列传》，第 2228 页。
② 司马迁：《史记》卷 68《商君列传》，第 2228 页。
③ 司马迁：《史记》卷 68《商君列传》，第 2230 页。
④ 马飞：《极权路上的陷阱：商鞅学派学说的演变与误区》，《常州大学学报》2016 年第 6 期。
⑤ 司马迁：《史记》卷 68《商君列传》，第 2232 页。

经济制度上，改变土地占有形式，颁布垦草令，鼓励耕织。秦国土地原为贵族所有，各划疆界。商鞅变法，"为田开阡陌封疆，而赋税平"①。也就是说，打开过去采邑主和贵族独占的封疆界限，改变他们对土地的垄断权，对国家分配给私人的土地进行登记，按照人口和土地面积征收赋税。这一举措既调动了生产者的积极性，也强化了国家对于人力的征发，增加了国家的财政收入。秦国地处西部，地广人稀，有着大片没有开垦的土地，而土地的开垦和粮食的生产是富国强兵的基础。为此，商鞅颁布垦草令，规定："僇力本业，耕织致粟帛多者复其身"②。为了让人们专心农业生产，商鞅推行愚民政策，"无以外权爵任与官，则民不贵学问，又不贱农。民不贵学问则愚，愚则无外交，无外交，则国安而不怠。民不贱农，则勉农而不偷。国安不怠，勉农而不偷，则草必垦矣"③。不让人们通过外交活动得到官职爵位，人民就不重视学问。人民接触不到除农业生产以外的其他信息，越愚昧无知，就会越安心于农业生产。

通过打击商人来鼓励农耕。"重关市之赋，则农恶商，商有疑惰之心。农恶商，商疑惰，则草必垦矣。"④ 在关口和市场征收很重的商品税，让农民不愿意从事商业，商人对自己的职业产生消极和怠倦感，从而使商人归农。国家加重商人及其仆役承担的徭役，让商人始终处于劳苦之中。不允许商人买卖粮食，提高酒肉的价格，加重其税收，使商人无利可图。禁止私人开设旅馆，让商人不能远行。如果因为经营工商业不善或者因为懒惰而导致贫困破产者，国家就把他们全家收为官奴。"事末利及怠而贫者，举以为收孥。"⑤ 种种重农抑商的措施，都是为了让农民心无旁骛地专心农业生产，为国家生产更多的粮食。统一度量衡，"平斗桶权衡丈尺"⑥，有利于秦国经济的发展，也为后来秦始皇在全国范围内统一度量衡奠定了基础。

---

① 司马迁：《史记》卷68《商君列传》，第2232页。
② 司马迁：《史记》卷68《商君列传》，第2230页。
③ 高亨注译：《商君书注译·垦令第二》，中华书局1974年版，第20页。
④ 高亨注译：《商君书注译·垦令第二》，第28页。
⑤ 司马迁：《史记》卷68《商君列传》，第2230页。
⑥ 司马迁：《史记》卷68《商君列传》，第2232页。

军事制度上，通过削弱贵族权利，加强国家军事实力。国家设立 20 等爵位，不同爵位享受不同的经济待遇和社会地位，获得爵位的途径主要是杀敌立功。"能得（爵）［甲］首一者，赏爵一级，益田一顷，益宅九亩，一除庶子一人，乃得入兵官之吏。"①废除世卿世禄制，以军功地主取代传统旧贵族。"宗室非有军功论，不得为属籍"②，即使宗室贵族，如果没有军功，也要从宗室属籍中除名。社会完全按照爵位的高低确立应该享有的土地、房屋、奴婢、服饰等。"明尊卑爵秩等级，各以差次名田宅，臣妾衣服以家次。"③经过商鞅变法，一切荣耀都归于军功，如果没有军功，贵族即使有钱也不能享受奢华的生活。"有功者显荣，无功者虽富无所芬华。"④ 商鞅还用拆散大家庭的办法来削弱贵族家族，"民有二男以上不分异者倍其赋"⑤，并且不允许父子兄弟居住在一起，"而令民父子兄弟同室内息者为禁"⑥。通过经济措施和行政强制迫使大家族分散为小家庭，摧毁了宗族及贵族政治的人力基础和经济基础。商鞅还规定，"有军功者，各以率受上爵；为私斗者，各以轻重被刑大小"⑦。"私斗"是指贵族为争夺土地、财产而组织的械斗。通过对参与私斗者的严厉处罚，使那些靠依附贵族的武装人员被迫离开他们，转而投向国家战场，不仅进一步削弱了贵族的权势，而且也增强了国家的军事力量。

文化制度上，推行愚民政策，实施文化专制。在商鞅看来，国家强盛，必须依靠民力，国家只有严格控制人民，让人民完全为国家的利益去耕战，才能达此目的。"昔之能制天下者，必先制其民者也；能胜强敌者，必先胜其民者也。"⑧ 国家要想制民、胜民，根本手段就是让人民"弱"和"朴"。

---

① 高亨注译：《商君书注译·境内第十九》，第 152 页。
② 司马迁：《史记》卷 68《商君列传》，第 2230 页。
③ 司马迁：《史记》卷 68《商君列传》，第 2230 页。
④ 司马迁：《史记》卷 68《商君列传》，第 2230 页。
⑤ 司马迁：《史记》卷 68《商君列传》，第 2230 页。
⑥ 司马迁：《史记》卷 68《商君列传》，第 2232 页。
⑦ 司马迁：《史记》卷 68《商君列传》，第 2230 页。
⑧ 高亨注译：《商君书注译·画策第十八》，第 137 页。

"弱"则无力对抗国家；"朴"则愚昧无知，可以像行尸走肉一样任凭君主摆布，从而保障国家的强大。在商鞅看来，"民弱国强，国强民弱。故有道之国，务在弱民。朴则强；淫则弱。弱则轨；淫则越志。弱则有用；越志则强。故曰：以强去强者，弱；以弱去强者，强"①。国家利益与人民利益是对立的，民弱国强，国强民弱。只有让人民虚弱，国家才能强大。百姓质朴无知才会弱，百姓多知多欲就会强。百姓弱才会遵守法度，百姓强则任意而行，难以控制。愚民的目的就是为了加强国家对民众的控制与剥夺，加强中央集权与君主专制，达到富国强兵，兼并他国的目标。

商鞅指出："六虱：曰礼、乐；曰诗、书；曰修善、曰孝弟；曰诚信、曰贞廉；曰仁、义；曰非兵、曰羞战。"②百姓拥有知识及美好品德，都不利于国家对他们的控制，都会对国家造成危害，而控制民众的关键是愚民。愚民的办法多种多样，其一是不让人民接触典籍，学习知识，掌握学问。商鞅将儒家典籍作为对国家有百害而无一利的"六虱"之首。认为消灭"六虱"的办法就是发动对外战争。"国贫而务战，毒生于敌，无六虱，必强。国富而不战，偷生于内，有六虱，必弱。"③其二，不允许有知识的儒生、大臣、诸大夫游学。"国之大臣诸大夫，博闻、辩慧、游居之事，皆无得为，无得居游于百县，则农民无所闻变见方。农民无所闻变见方，则知农无从离其故事，而愚农不知，不好学问。愚农不知，不好学问，则务疾农。知农不离其故事，则草必垦矣。"④不让农民接触到任何知识，他们也就不会去向往农业以外的事情，从而努力从事农业生产。其三，不让人民有好恶享乐之心，甚至不让人民有忧患意识。"夫民忧则思，思则出度；乐则淫，淫则生佚。"⑤有忧思的人民难以控制，追求享乐的人民就会懒惰。愚民的目的是为了弱民，对此商鞅甚至主张国家应该与人民对着干，专门订立违背人民意愿的政策，

---

① 高亨注译：《商君书注译·弱民第二十》，第 155 页。
② 高亨注译：《商君书注译·靳令第十三》，第 106—107 页。
③ 高亨注译：《商君书注译·靳令第十三》，第 105 页。
④ 高亨注译：《商君书注译·垦令第二》，第 26 页。
⑤ 高亨注译：《商君书注译·开塞第七》，第 77 页。

弱民意在强国。"政作民之所恶，民弱。政作民之所乐，民强。民弱国强，民强国弱。"①

　　商鞅推行文化专制政策，让人民没有文化，没有知识，没有独立思考能力，从而便于国家控制。首先，商鞅规定，人民只能无条件地遵守国家的政策法规，而不能非议，甚至不能表示赞同。商鞅变法取得成效后，"秦民初言令不便者有来言令便者，商鞅曰：'此乱化之民也'，尽迁之于边城。其后民莫敢议令"②。商鞅就是要造成一种模式，国家的法令百姓只能执行，不能议论，更不能讨论其是非。其次，让人民不能凭借知识、口才、礼乐、信廉、议论朝政等手段获得富贵。"博闻、辩慧，信廉、礼乐、修行、群党、任誉、清浊，不可以富贵，不可以评刑，不可独立私议以陈其上。"③不允许人们根据自己的知识批评刑法，也不允许人们向长官提不同意见。第三，销毁一切不符合农战思想和君主专制的书籍。"燔诗书而明法令，塞私门之请而遂公家之劳，禁游宦之民而显耕战之士。"④通过排斥异端思想，实行文化专制，为后世统治者开创了焚书坑儒、大兴文字狱、钳制思想的恶例。

　　通过制度创新，秦国削弱了贵族势力，强化了对人民的控制，提高了国家对各种资源的调配与聚集能力，加强了君主集权，使秦国快速提高了国力，迅速追赶并超越六国，走向了富强兼并之途。

　　为了使新的制度快速达到富国强兵、君主集权的实效，商鞅确立了"利出一孔"的变法方针。在商鞅看来，趋利避害是人的本性。"民之性，饥而求食，劳而求佚，苦则索乐，辱则求荣，此民之情也。"⑤百姓无时无刻不在考虑利弊得失，"民之生，度而取长，称而取重，权而索利"⑥。人的本性是好逸恶劳、贪生怕死、追名逐利。"民之于利也，若水之于下也，四旁无择也。"⑦趋

①　高亨注译：《商君书注译·弱民第二十》，第 160 页。
②　司马迁：《史记》卷 68《商君列传》，第 2231 页。
③　高亨注译：《商君书注译·赏刑第十七》，第 133 页。
④　梁启雄：《韩子浅解》第 13 篇《和氏》，中华书局 1960 年版，第 100 页。
⑤　高亨注译：《商君书注译·算地第六》，第 64 页。
⑥　高亨注译：《商君书注译·算地第六》，第 68 页。
⑦　高亨注译：《商君书注译·君臣第二十三》，第 171 页。

利避害的手段多种多样，但引导不善，就会把民众带向与国家利益相反的地方。"民徒可以得利而为之者，上与之也。瞋目扼腕而语勇者得；垂衣裳而说谈者得；迟日旷久、积劳私门者得。尊向三者，无功而皆可以得。民去农战而为之，或谈议而索之，或事便辟而请之，或以勇争之。"① 这样下去，百姓便会放弃农业生产，必然会给国家造成严重的后果，造成国家混乱，军队弱小，君主地位下降的后果。"故农战之民日寡，而游食者愈众。则国乱而地削，兵弱而主卑。"②

在商鞅看来，对国家最有利的就是"农"与"战"，而老百姓最不愿意做的事情也是"农"与"战"。农耕是最劳苦的事情，战争是最危险的事情。"利出一孔"就是国家控制民众获取利益的通道，用严厉的法律和奖惩措施堵塞一切与农战不相符的渠道，而将"农战"作为民众唯一能获取利益的渠道，把人民全部变成只知道为国家努力生产和拼死作战之民。"利出一孔，则国多物；出十孔，则国少物。守一者治，守十者乱。治则强，乱则弱。"③ 民众获取利益的渠道越多，国家能够获取的物资就越少，国家就会越虚弱。"利出一空者，其国无敌。利出二空者，国半利。利出十空者，其国不守。"④ 民众要想满足自己的欲求，国家只给开放一个通道，去做他们最不愿意做，而对国家最有利的事情，那就是"农战"。"民之所欲万，而利之所出一。民非一，则无以致欲，故作一。作一则力抟，力抟则强。强而用，重强。故能生力，能杀力，曰攻敌之国，必强。"⑤ 百姓若想满足自己的欲望，只能专心农战；百姓专心农战，国家的力量就集中起来了；国家力量集中起来，自然就会强大；国家强大了，然后对外使用武力，就会更加强大。

为了达到集中民力，"利出一孔"的目标，商鞅主张："圣人之为国也，壹赏，壹刑，壹教。"⑥ 国家只设一个途径来奖赏和引导百姓，那就是"农

① 高亨注译：《商君书注译·君臣第二十三》，第 171 页。
② 高亨注译：《商君书注译·君臣第二十三》，第 171 页。
③ 高亨注译：《商君书注译·弱民第二十》，第 158 页。
④ 高亨注译：《商君书注译·靳令第十三》，第 108 页。
⑤ 高亨注译：《商君书注译·说民第五》，第 57 页。
⑥ 高亨注译《商君书注译·赏刑第十六》，第 126 页。

战"。《商君书·赏刑》进一步解释道:"所谓壹赏者,利禄官爵抟出于兵,无有异施也。"① 民众获取好处、俸禄、官职、爵位只能依靠军功,不会有其他途径。这样,不管什么人,都会"皆知尽其胸臆之知,竭其股肱之力,出死而为上用也。天下豪杰贤良从之如流水。是故兵无敌而令行于天下"②。人民将全部的智慧与能力奉献出来,拼死去为君主作战,国家自然就会强大。"所谓壹刑者,刑无等级,自卿相将军以至大夫庶人,有不从王令、犯国禁、乱上制者,罪死不赦,刑及三族。"③ 不管什么人,只要违反了国家法令,就加以严厉处罚。这样,既削弱了贵族的特权,也给全国民众以极大震慑,使他们服从于君主的绝对权威。商鞅主张以法家思想统一教育,将所有民力引向对外战争。"民之欲富贵者,共阖棺而后止。而富贵之门必出于兵。是故民闻战而相贺也,起居饮食所歌谣者,战也。"④ 甚至不允许一些美好情感和品德的存在,"所谓壹教者,博闻、辩慧、信廉、礼乐、修行、群党、任誉、清浊,不可以富贵,不可以评刑,不可以独立私议以陈其上。"⑤

商鞅变法的各种措施,顺应了孝公在"诸侯卑秦"的强烈刺激下,不计后果,快速强国的心理,达到了高速发展、富国强兵的目标。"行之十年,秦民大说,道不拾遗,山无盗贼,家给人足。民勇于公战,怯于私斗,乡邑大治。"⑥ 国家的强盛,很快扭转了对外战争中被动挨打的局面。孝公八年(前354),在元里之战中打败魏军。两年后,商鞅率兵攻下了魏国的安邑县。秦孝公二十二年(前340),商鞅率兵进攻魏国,俘虏了魏国的太子卬。连续的战争胜利,提高了秦在诸侯国中的地位。"十九年,天子致伯。二十年,诸侯毕贺。秦使公子少官帅师会诸侯逢泽,朝天子。"⑦ 秦俨然以诸侯霸主的身份参加了各诸侯国的会盟,积压在孝公心头的恶气得以舒缓。

---

① 高亨注译:《商君书注译·赏刑第十六》,第127页。
② 高亨注译:《商君书注译·赏刑第十六》,第127页。
③ 高亨注译:《商君书注译·赏刑第十六》,第130页。
④ 高亨注译:《商君书注译·赏刑第十六》,第133页。
⑤ 高亨注译:《商君书注译·赏刑第十六》,第133页。
⑥ 司马迁:《史记》卷68《商君列传》,第2231页。
⑦ 司马迁:《史记》卷5《秦本纪》,第203页。

"在'利出一孔'的指引下，商鞅变法把社会生产和生活纳入军事化轨道，使国家变成了一个军事战斗组织，它可以汲取国家上下每一个细胞的力量和营养。这使秦国在短短十几年时间就迅速催生为一个军事战斗强国，终于成就了'秦朝暴兴'"① 的局面。商鞅改革的速效性，是建立在国家极力压榨、严刑酷法，以及对普通民众的利益、情感和诉求藐视、漠视的基础之上的。短期的合理性、高效性并不能掩盖其长期的风险性和致命弱点。特别是秦朝统一后，商鞅建立的战时体制严重违背了社会发展规律和人民愿望，从而导致秦朝的暴亡。

第二节　秦惠文王、秦武王、秦昭襄王的用人与事功

商鞅变法之后，秦国实力大为增强，孝公时期，就跃跃欲试跨越黄河，与关东各国展开竞争。继之而任的秦惠王、秦武王、秦昭襄王，继续扩大着秦国的优势，逐步将秦推向统一道路。在此过程中，善于用人成为秦走向成功的关键因素。

一、审时度势、平衡用人、从容进取的惠文王

秦孝公在位 24 年去世，太子嬴驷即位，是为秦惠文王（嬴驷即位初为秦惠文君，13 年后，公元前 325 年，在齐、魏、韩相继称王后，嬴驷亦称王）。作为秦国的新君，秦惠文王面临着巨大的压力与挑战，严峻的局面考验着嬴驷的智慧、谋略与胆识。

（一）秦惠文王即位时面临的严峻局面

商鞅变法取得了巨大成效，但商鞅过于急功近利的政治措施，也给秦国造成了新的矛盾和问题。

一是招致秦国贵族对商鞅的怨恨和对秦王的不满。商鞅变法的一个重要措施就是削弱旧贵族的特权，加强中央集权。商鞅规定："宗室非有军功

---

① 陈天林：《从秦国兴亡看商鞅变法速效根源》，《思想战线》2017 年第 4 期。

论，不得为属籍。明尊卑爵秩等级，各以差次名田宅，臣妾衣服以家次，有功者显荣，无功者虽富无所芬华。"[1] 完全按军功大小确定爵位高低，以爵位确定田宅数目、奴隶数量、服饰等级，禁止没有军功的贵族享受奢华的生活。全面推行郡县制，收回了宗室贵族的人事权和财政权，对大家庭聚族而居者加征赋税。这些措施的实施对宗室贵族造成了巨大的压力和冲击，也引起了他们的强烈反抗。"商君相秦十年，宗室贵戚多怨望者。"[2] 在孝公的支持下，商鞅对反抗者进行了严厉镇压，使变法得以维持，但宗室贵族毕竟是秦国重要的统治力量，他们对商鞅的怨恨，如果得不到适当纾解，将会转化为对秦国君主的怨恨，非常不利于秦国统治的稳定。商鞅驱民于耕战、严刑峻法、大兴土木修咸阳城的政策，也招致了民众的不满。赵良批评商鞅"相秦不以百姓为事，而大筑冀阙，非所以为功也。刑黥太子之师傅，残伤民以骏刑，是积怨畜祸也。"[3] 变法大获成功的商鞅，却几乎把自己推到了贵族对手、人民公敌的位置。

二是导致了各国对秦国"不义"的评价和联合抗秦的风险。秦国长期受魏国压制，商鞅变法后，随着国力的增强，在与魏国的战争中逐渐取得了优势，一度占领了魏国的旧都安邑。秦孝公二十二年（前340），商鞅建议孝公抓住魏国在马陵被齐国打败的良机，进攻魏国，将魏国赶出河西之地，以建帝王之业。秦孝公任命商鞅为秦国大将，率军攻魏。魏国派公子印迎战。两军对垒之际，商鞅写信给公子印："吾始与公子欢，今俱为两国将，不忍相攻，可与公子面想见，盟，乐饮而罢兵，以安秦魏。"[4] 商鞅在魏国时，很得公子印赏识，两人也建立了深厚的友谊。商鞅就利用这一点，骗来公子印。"会盟已，饮，而卫鞅伏甲士而袭虏公子印，因攻其军，尽破之以归秦。"[5] 商鞅以珍贵的朋友情感为诱饵，以最小的消耗取得了这场战争的

---

[1] 司马迁：《史记》卷68《商君列传》，第2230页。
[2] 司马迁：《史记》卷68《商君列传》，第2233页。
[3] 司马迁：《史记》卷68《商君列传》，第2234页。
[4] 司马迁：《史记》卷68《商君列传》，第2232—2233页。
[5] 司马迁：《史记》卷68《商君列传》，第2233页。

胜利。魏国战败后，不仅将河西之地献给了秦国，而且被迫将首都由安邑迁到大梁。"卫鞅既破魏还，秦封之於、商十五邑，号为商君。"① 商鞅不择手段，靠出卖老朋友以赢取军功的做法，被《吕氏春秋》作为"无义"的典型事例。可见，商鞅的行为不仅被魏国所切齿，而且被秦国所不容。秦国连续打败了最强大的魏国，其实力的展现和欺诈的手段，引起了六国的警觉。《史记集解》引《新序》佚文："今商君倍公子卬之旧恩，弃交魏之明信，诈取三军之众，故诸侯畏其强而不亲信也。"② 六国联合起来对抗秦国的可能性日益增强，秦国面临着新的考验。

三是商鞅日益膨胀的权威威胁着秦国的王权。依靠孝公的支持，商鞅不仅严重削弱了王公贵族的权利，而且铁腕变法，使全国上下都对他产生了无比的敬畏。通过徙木赏金，商鞅让全国知道自己多么不合常理的法令都会坚决贯彻实施。通过对反对变法者和赞成变法者的双向惩罚，向全国传递信号，对任何变法措施都要不假思索地执行。通过惩罚太子的老师，商鞅展现了自己仅次于孝公的权威。商鞅变法后，"教之化民也深于命，民之效上也捷于令"③。相比于秦王，百姓更害怕商鞅的命令；如果秦王和商鞅同时下令，百姓会选择率先执行商鞅之令。商鞅不仅拥有了封地，而且拥有了自己的武装，他甚至"南面而称寡人"④，以至于"今秦妇人婴儿皆言商君之法，莫言大王之法"⑤，俨然形成功高震主之势。孝公晚年对此已深有觉察。"孝公行之八年，疾且不起，欲传商君，辞不受。"⑥ 表面上看，是孝公为了秦国的利益，想禅让君位给商鞅。实际上，从西周到春秋，世卿世禄制度传承了几百年，秦国的国运也始终掌握在嬴秦宗族手中，商鞅作为一个外来者，完全不具备成为秦王的条件。孝公此举意在警告商鞅，不要对秦国王位有任何幻想，也借此把商鞅完全推到了秦国宗族的对立面，很可能是在为即位的新君

---

① 司马迁：《史记》卷 68《商君列传》，第 2233 页。
② 司马迁：《史记》卷 68《商君列传·集解》引《新序》佚文，第 2238 页。
③ 司马迁：《史记》卷 68《商君列传》，第 2234 页。
④ 司马迁：《史记》卷 68《商君列传》，第 2234 页。
⑤ 《战国策》卷 3《秦策一》，第 18 页。
⑥ 《战国策》卷 3《秦策一》，第 18 页。

除掉商鞅制造舆论。

在商鞅变法期间，太子嬴驷既看到了新法对富国强兵的重要作用，也体会到了商鞅打击宗室贵族造成的族群分裂和统治阶级的内部冲突。他尽力维护贵族的权益，也成为商鞅的眼中钉。商鞅 "日绳秦之贵公子"[1]，并以太子阻挠变法为名，"刑其傅公子虔，黥其师公孙贾"[2]。一时间，商鞅的势头压过了太子，但却将太子推到了贵族势力代言人的地位上。嬴驷以特殊的身份维护着秦统治阶级内部的平衡，并尽力去降低商鞅变法给国家带来的负面影响。孝公死后，面对复杂的局面和严峻的形势，经过政治历练的秦惠文王嬴驷表现出成熟的政治心理和高超的政治手段。他始终把推进秦国的强大作为最终的目标，审时度势，高瞻远瞩，张弛有度。既摒弃个人好恶重用贤才，又坚决维护自己作为君主的权威，尽力壮大秦国的力量，开拓秦国的发展空间，是秦国统一进程的重要推动者。

（二）诛商鞅与护秦法并行

秦惠文王即位时，商鞅已经建立了巨大的权威，甚至一度压制了太子的势力。只有诛杀商鞅，才能将贵族力量重新团结起来，真正树立国君的威信。秦惠文王的高明之处并不是借报处罚自己老师的私怨诛杀商鞅，而是一步步把商鞅逼到谋反的境地，让人觉得商鞅之死罪有应得，诛杀商鞅势在必行。

"后五月而秦孝公卒，太子立。公子虔之徒告商君欲反，发吏捕商君。"[3] 秦惠文王刚一即位，曾被商鞅处以刑法的公子虔就揭发商鞅欲意谋反。显然，商鞅谋反之事并没有真凭实据，所以《史记》用了 "欲" 字，属于 "欲加之罪"。秦惠文王看到时机到来，立刻发兵抓捕商鞅。令人吊诡的是，"商君亡至关下，欲舍客舍"[4]。在商鞅亲自设计的秦国严密的控制体系之下，商鞅本人竟得逃脱。逃亡中的商鞅欲住旅店，被店主告知："商君之法，舍人

---

① 司马迁：《史记》卷 68《商君列传》，第 2234 页。
② 司马迁：《史记》卷 68《商君列传》，第 2231 页。
③ 司马迁：《史记》卷 68《商君列传》，第 2236 页。
④ 司马迁：《史记》卷 68《商君列传》，第 2236 页。

无验者坐之。"① 按照商鞅的法令，旅馆如果收留了没有证件的客人，也要连带治罪。商鞅想到魏国避难，"魏人怨其欺公子卬而破魏师，弗受"②。商鞅为秦国制定的严酷的连坐之法和为取胜而欺旧交的往事都以反噬的方式回报给了自己。他只好回到商、於封地，困兽犹斗般"与其徒属发邑兵北出击郑"③，这时秦惠文王派出军队，将商鞅斩杀于郑渑池。这个过程更像是一出猫捉老鼠的游戏，秦惠文王欲擒故纵，步步紧逼；商鞅走投无路，率兵攻郑，商鞅投敌谋反之事昭然于天下，并最终得以坐实。秦惠文王对商鞅及其家族给予严厉处罚，"秦惠王车裂商君以徇，曰：'莫如商君反者！'遂灭商君之家"④。

孝公变法改革，推动了秦国的整体发展，但也触动了贵族阶层和部分民众的利益，引起了社会的巨大反弹。秦惠文王对商鞅的镇压，将变法的负面影响都归因到商鞅身上，使各阶层对变法的不满找到了一个宣泄口；团结了秦国的统治阶层，获得了贵族的认同和支持；提高了个人威信，进一步加强了中央集权。与此同时，秦惠王也看到商鞅变法有利于秦国的发展，是秦与六国竞争的正确道路，变法确立的方向不能扭转。秦惠文王逼商鞅起兵谋反，又对商鞅严厉镇压，意在向社会表明：商鞅被镇压的原因不在于推行新法，而是因为他的投敌叛国。此举减少了臣民对国家变革方向的疑虑，同时对贵族借镇压商鞅之名行废除新法的企图予以震慑。

镇压商鞅之后，秦惠文王从国家大局出发，全面继承了商鞅的变法成果。一是没有改变秦国的政治体制与法律制度，继续鼓励民众投身耕战之中；二是继承了孝公时期的用人政策，继续压制贵族势力，没有大量重用贵族，而是注重选择有实际能力和才干者；三是继承了商鞅时期向东发展的国家战略，继续对魏、赵等国形成攻势。正如韩非所说："及孝公、商君死，惠王即位，秦法未败也。"⑤ 同时，惠文王适度调整了商鞅时期过分激进、过

---

① 司马迁：《史记》卷 68《商君列传》，第 2236 页。
② 司马迁：《史记》卷 68《商君列传》，第 2237 页。
③ 司马迁：《史记》卷 68《商君列传》，第 2237 页。
④ 司马迁：《史记》卷 68《商君列传》，第 2237 页。
⑤ 梁启雄：《韩子浅解》第 43 篇《定法》，第 408 页。

分刚猛的统治政策，更加注重国家治理的平衡性和实效性，体现了一个政治家的非凡智慧。

（三）宗族与客卿并用

除掉商鞅后，秦惠文王并没有大量启用宗室贵族。当年商鞅为了破除推行新法的阻力，在秦孝公的支持下，曾对太子嬴驷论罪。但太子作为国君的继承人，不能直接施以刑法，就让太子的老师公子虔和公孙贾代学生受刑。后来，因公子虔继续反对变法，被商鞅又施以劓刑。作为宗室贵族，又是太子的老师，一再被商鞅处罚，公子虔对商鞅的仇恨可想而知。秦惠文王一即位，公子虔就揭发商鞅欲谋反，为秦惠文王除掉商鞅提供了契机。但惠文王执政后，并没有重用公子虔和公孙贾，当是因他们没有治国理政的才能。但对于确有才能的宗室贵族，惠文王并非一味拒绝，而是量才录用。樗里疾是惠文王的同父异母弟，他为人诙谐有趣，足智多谋，"秦人号曰'智囊'"[1]，是一名杰出的军事家。惠文王任命他为大将，连续对魏国发起进攻。"秦惠王八年，爵樗里子右更，使将而伐曲沃，尽出其人，取其城，地入秦。"[2] 后来，又率秦军攻取了赵国的蔺、楚国的汉中、魏国的焦，在岸门大败韩军，立下了累累功勋。"秦封樗里子，号为'严君'。"[3] 樗里疾辅佐秦国三代君主，秦武王时曾率军攻下韩国的宜阳，进入东周，以功被任命为左丞相。"昭王立，樗里子又益尊重。"[4] 樗里疾与秦惠文王兄弟同心，一生都在为秦国的军事扩张和外交活动贡献力量，是推动秦国走向强大的重要人物。秦惠文王重用的宗室人物还有公子印、公子通、公子华等。史书中记载的率秦军对外作战的庶长中，也可能有宗室贵族。公子印在与魏国的战争中取得大胜，"七年，公子印与魏战，虏其将龙贾，斩首八万"[5]。秦夺

---

① 司马迁：《史记》卷 71《樗里子甘茂列传》，第 2307 页。

② 司马迁：《史记》卷 71《樗里子甘茂列传》，第 2307 页。另，关于秦取曲沃的时间，史料有惠文王十一年，惠文王更元十一年等不同记载。

③ 司马迁：《史记》卷 71《樗里子甘茂列传》，第 2308 页。

④ 司马迁：《史记》卷 71《樗里子甘茂列传》，第 2309 页。

⑤ 司马迁：《史记》卷 5《秦本纪》，第 205—206 页。

取巴蜀后，"公子通封于蜀"①。对宗室人员的任用，一定程度上弥缝了商鞅变法时造成的族群撕裂，起到了稳固秦统治集团的作用。同时，由于所重用的宗室人员确有其才，惠文王也没有改变秦孝公时期确立的量才用人的方针。

秦惠文王在提拔重用宗族人才的同时，继续重用外来人才。公孙衍是魏国人，秦惠文王五年（前333），被任命为大良造。他积极谋划攻魏之事，在秦军的强大压力下，魏国将阴晋献给秦国以求和。阴晋位于河西之地，对魏国、秦国都极端重要，是魏国插入黄河以西，扼制秦国的战略要地。秦国只有占据这里，才更便利东进中原。获取阴晋，等于拔除了秦国东进中原的一颗钉子。秦惠文王十分高兴，立即把"阴晋"改名为"宁秦"。从名字的改换可以看出，从此以后，三晋难获庇荫，秦国本土威胁解除，日益稳定安宁了。秦惠文王后八年（前330），"魏纳河西地"②。《史记正义》："自华州北至同州，并魏河北之地，尽入秦也。"③ 夺回河西地，拔除了秦国的心头隐患，将秦国几代君主的梦想变为现实。甘茂是楚国下蔡人，通过张仪、樗里子的介绍来到秦国，秦惠文王任命他为大将，辅佐魏章夺取了汉中。在秦惠文王去世时，张仪、魏章去了魏国，蜀侯煇、蜀相壮叛乱，危机时刻，甘茂出兵平定蜀地，胜利回师后，被任命为左丞相。秦武王、秦昭襄王时期，甘茂继续在秦国的军事和外交舞台上发挥重要作用。秦惠文王还曾任用赵国人乐池为丞相，周人司马错为将军。

秦惠文王任用的最重要的外国人才是张仪。张仪是魏国人，自幼学习游说之术，欲求功名于诸侯。但他的游说之路并不顺利，甚至一度因"贫无行"④，被怀疑偷了楚相玉璧而遭受毒打。张仪来到秦国后，游说秦惠文王，指出秦国不能称霸诸侯的最主要原因是各国合纵抗秦，他向秦王保证愿意以连横之策破坏各国联合抗秦图谋。"臣昧死望见大王，言所以一举破天下之

① 司马迁：《史记》卷5《秦本纪》，第207页。
② 司马迁：《史记》卷5《秦本纪》，第206页。
③ 司马迁：《史记》卷44《魏世家》，第1848页。
④ 司马迁：《史记》卷70《张仪列传》，第2279页。

从，举赵亡韩，臣荆、魏，亲齐、燕，以成伯王之名，朝四邻诸侯之道。"①
秦惠文王也认识到外交手段对秦国的重要性，任用张仪为客卿。由于张仪提
出的谋略卓有成效，不久被提拔为相。在此后的 20 余年里，张仪纵横捭阖
于各国之间，采取利诱分化、拉打结合等各种手段，为秦国扩大同盟，瓦解
抗秦力量。在秦与六国间复杂的邦交斗争中，将各国玩弄于股掌之间，多
次化解危局，逆转劣势，变被动为主动，为秦国的扩张与强大作出了巨大
贡献。

秦惠文王继承了秦孝公时期唯才是用的人才路线，宗族与客卿并重，
政治人才、军事人才、外交人才各自发挥所长，全面展现了一个政治家审时
度势、高屋建瓴的风范。

（四）外交与军事并重

商鞅时期，利用秦国增强的国力对魏国发起连续攻击，不择手段一再
战胜魏国，引起了关东各国的恐惧和警觉。各国联合抗秦的意图日渐增强，
秦国面临着新的压力与挑战。对此，秦惠文王采取了更加灵活合理的应对策
略，将外交活动提高到关系国家成败存亡的重要地位，并任秦相张仪负责
此事。

首先，调整对魏国的策略，变一味军事打击为军事打击与政治诱和相
结合。《战国策·魏策四》有一篇被称为《献书秦王》的说辞，被认为是张
仪入秦见惠文王时的上书。曰："□□献书秦王曰：'昔窃闻大王之谋出事
于梁，谋恐不出于计矣，愿大王之熟计之也！梁者，山东之要也。有蛇于
此，击其尾，其首救，击其首，其尾救，击其中身，首尾皆救。从梁王，天
下之中身也。秦攻梁者，是示天下要断山东之脊也，是山东首尾皆救中身之
时也。山东见亡，必恐，恐必大合。山东尚强，臣见秦之必大忧可立而待
也。'"② 对于山东各国来说，魏国如同蛇的中身，魏国有灭亡之虞，各国会
像蛇的首尾一样出手相救。秦国尚不具备与山东各国联合力量抗衡的实力，

———————

① 《战国策》卷 3《秦策一》，第 24 页。
② 《战国策》卷 25《魏策四》，第 237 页。

因打击魏国而导致各国联合抗秦，秦国的局势就会非常危险。张仪建议以武力威胁的手段实现与魏国的政治结盟，被惠文王接受。"秦惠王十年，使公子华与张仪围浦阳，降之。仪因言秦复与魏，而使公子繇质于魏。"① 张仪借此游说魏王："秦王之遇魏甚厚，魏不可以无礼。"② 迫于秦国的军事威胁，"魏因入上郡，少梁，谢秦惠王。"③ 张仪因胁迫魏国有功，被秦惠文王任命为相。通过外交活动，秦不仅争取了宿敌魏国的支持，一度分化了合纵抗秦联盟，而且兵不血刃地得到了上郡、少梁等战略要地。

　　为了进一步利用魏国，张仪要求惠文王免除自己的秦相职务，并企图到魏国为相。"相魏以为秦，欲令魏先事秦而诸侯效之。"④ 当难以达到预期目标时，秦国派军队进攻魏国，先后攻取了曲沃、平周，并扬言要与齐国联合攻魏。张仪威胁魏哀王："大王不事秦，秦下兵攻河外，据卷、衍、[燕]、酸枣，劫卫取阳晋，则赵不南，赵不南而梁不北，梁不北则从道绝，从道绝则大王之国欲毋危不可得也。秦折韩而攻梁，韩怯于秦，秦韩为一，梁之亡可立而须也。此臣之所为大王患也。为大王计，莫如事秦，事秦则楚、韩必不敢动；无楚、韩之患，则大王高枕而卧，国必无忧矣。"⑤ 在张仪的游说之下，魏哀王背弃了合纵国，亲自到秦国求和。

　　整个惠文王时期，对魏国始终采取打拉结合的方针，有效瓦解了魏国与各国间的合纵抗秦联盟。须贾指出，"夫秦，贪戾之国而无亲，蚕食魏，尽晋国，战胜睪子，割八县，地未毕而兵复出矣"⑥。在此过程中，逐渐蚕食魏国领土，双方的实力对比发生了逆转。"魏承文侯、武侯之后，表里山河，大于三晋，诸侯莫能与之争。而惠王数伐韩、赵，志吞邯郸，挫败于齐，军覆子死，卒之为秦困，国日以蹙，失河西七百里，去安邑而都大梁，数世不

<hr />

① 司马迁：《史记》卷70《张仪列传》，第2284页。
② 司马迁：《史记》卷70《张仪列传》，第2284页。
③ 司马迁：《史记》卷70《张仪列传》，第2284页。
④ 司马迁：《史记》卷70《张仪列传》，第2284—2285页。
⑤ 司马迁：《史记》卷70《张仪列传》，第2285—2286页。
⑥ 《战国策》卷24《魏策三》，第227页。

振，讫于殄国。"① 魏国的衰弱，减轻了秦进攻中原的阻力，开始了"秦据河山之固，东向以制诸侯，此帝王之业也"② 的争霸与统一进程。

其次，破坏齐楚联盟，削弱楚国的力量。与商鞅紧盯魏国不同，在秦惠文王执政的 20 多年时间里，将眼界放宽到了整个关东各国，尤其是能与秦国抗衡的楚国和齐国。随着魏国的衰弱，秦惠文王时期，能与秦国抗衡的大国是楚国和齐国。齐国与秦国各居东西，没有地域连接，对打击秦国抱消极态度。楚国东边与齐交界，西边与秦接壤，北边靠近韩、魏，南边毗邻百越，在战国七雄中疆域范围最广。苏秦认为："楚，天下之强国也……地方五千里，带甲百万，车千乘，骑万匹，粟支十年，此霸王之资也。"③ 张仪也指出："凡天下强国，非秦而楚，非楚而秦，两国敌侔交争，其势不两立。"④ 楚国与秦国既有土地争夺，也有争霸野心，各国合纵抗秦，楚国成为主力。

第一次合纵抗秦发生在秦惠文王后七年（前 318），魏襄王即位后，试图建立反秦联盟。在公孙衍的策划下，魏、楚、赵、韩、燕五国联合进攻秦国，五国共同推举楚怀王为合纵长。但由于五国各怀心计，没有形成团结的力量。"秦使庶长疾与战修鱼，虏其将申差，败赵公子渴、韩太子奂，斩首八万二千。"⑤ 秦国看到齐楚两个大国结盟，对自己极为不利，而瓦解合纵同盟的关键在于楚国。秦惠文王便利用楚齐之间既有结盟需要，也存在利害冲突的问题，派张仪游说楚怀王："大王诚能听臣，闭关绝约于齐，臣请献商於之地六百里，使秦女得为大王箕帚之妾，秦楚娶妇嫁女，长为兄弟之国。此北弱齐而西益秦也，计无便此者。"⑥ 受利益诱惑，怀王听信了张仪之言，断绝了与齐国的关系。当楚怀王要求秦国兑现承诺时，张仪说当时答应给楚国的土地是 6 里而不是 600 里。恼羞成怒的楚怀王盲目发动对秦国的战争，秦国趁机联合齐国对楚作战，在丹阳和蓝田连续打败楚国。"由于楚国

①　洪迈：《容斋随笔》卷 10《战国自取亡》，第 136 页。

②　司马迁：《史记》卷 68《商君列传》，第 2232 页。

③　《战国策》卷 14《楚策一》，第 121 页。

④　《战国策》卷 14《楚策一》，第 123 页。

⑤　司马迁：《史记》卷 5《秦本纪》，第 207 页。

⑥　司马迁：《史记》卷 70《张仪列传》，第 2287 页。

与齐国断交，从而使秦国可以对合纵国进行各个击破。对于远离秦国的大国齐国，秦国连横不成，就用同盟抗齐的策略来打破合纵，从而使齐国退出了大国的行列。"①

秦惠文王敏锐地观察到，各国之间貌合神离、同床异梦，就像一群把爪子绑在一起的鸡，是难以一同跳到一块木头上休息的。"诸侯不可一，犹连鸡之不能俱止于栖之明矣。"② 善于利用外交手段，极力破坏各国对秦国的制衡，在不同时期根据实际争取不同国家与自己结盟，取得的成效极为显著。成功外交的背后，军事实力始终是秦国的坚强后盾。以外交活动瓦解各国的合纵图谋，减轻秦国扩张的压力，以军事进攻蚕食各国领土。随着楚国、齐国实力的衰弱，为秦一家独大创造了条件。

（五）重"义战"，取巴蜀，为秦建立稳固后方

商鞅时期为求取战争胜利而不择手段，使关东各国感受到了秦国的威胁，合纵抗秦的意愿增强。秦惠文王即位后，在继续发动兼并战争的同时，注重为战争寻找"正义"的借口，尽力减少各国仇秦心理，并取巴蜀与大战前的诅楚活动，都体现了这一思想。

在秦国对魏战争连续取得胜利的时候，新的机遇与挑战又摆在了秦惠文王之前。秦惠文王后七年（前316），"苴蜀相攻击，各来告急于秦。秦惠王欲发兵以伐蜀，以为道险狭难至，而韩又来侵秦，秦惠王欲先伐韩，后伐蜀，恐不利，欲先伐蜀，恐韩袭秦之敝，犹豫未能决"③。攻韩还是攻蜀，似乎各有难度，又各有利益，如何选择，对秦的发展关系重大。秦惠文王把这一难题交给大臣讨论。张仪长时间在中原地区活动，他主张秦国应优先进攻韩国。韩国弱小，攻下韩国，可以威胁魏、楚，同时逼迫东周投降。"秦攻新城、宜阳，以临二周之郊，诛周王之罪，侵楚、魏之地。周自知不能救，九鼎宝器必出。据九鼎，案图籍，挟天子以令于天下，天下莫敢不听，此王

---

① 漆海霞：《战国的终结与制衡的失效——对战国时期合纵连横的反思》，《当代亚太》2015年第5期。
② 《战国策》卷3《楚策一》，第21页。
③ 司马迁：《史记》卷70《张仪列传》，第2281页。

业也。"① 张仪规划出了秦国通过攻韩，快速完成统一大业的愿景。实际上，张仪忽视了一个重要因素，那就是当时秦国尚不具备统一的实力。秦国打出灭掉韩国、二周的旗帜，贸然发动军事进攻，肯定招致各国的联合制衡，哪国也不愿看到秦一家独大。在秦韩两国战争冲突两败俱伤之际，魏、楚、齐等国必然出手救援韩国，秦国将面临军事上被联合攻击，道义上蒙"劫天子"而"灭大国"之恶名的风险。

对此，司马错提出了相反意见。他指出："不然。臣闻之，欲富国者务广其地，欲强兵者务富其民，欲王者务博其德，三资者备而王随之矣。今王地小民贫，故臣愿先从事于易。夫蜀，西僻之国也，而戎翟之长也，有桀纣之乱。以秦攻之，譬如使豺狼逐群羊。得其地足以广国，取其财足以富民缮兵，不伤众而彼已服焉。拔一国而天下不以为暴，利尽西海而天下不以为贪，是我一举而名实附也，而又有禁暴止乱之名。今攻韩，劫天子，恶名也，而未必利也，又有不义之名，而攻天下所不欲，危矣。臣请谒其故：周，天下之宗室也；齐，韩之与国也。周自知失九鼎，韩自知亡三川，将二国并力合谋，以因乎齐、赵而求解乎楚、魏，以鼎与楚，以地与魏，王弗能止也。此臣之所谓危也。不如伐蜀完。"② 司马错从秦人一贯具有的更注重实际利益的价值观出发，提出进攻蜀国可获得"广地、富民、博德"三方面的利益。快速发展的秦国面临"今王地小民贫"③ 的困境，攻战巴蜀，可以获取广阔的土地进行开发，为国家奠定坚实的物质基础，从而达到"富民缮兵"的目的。更重要的是，巴蜀地处偏僻的西南地区，属于相对独立的地理单元，除与楚国接壤外，与其他各国都相距遥远。一般说来，"距离崛起国远的国家，其威胁感小且战争成本大，因此不会积极进行制衡；而距离崛起国近的国家，威胁感大且战争成本不太大，因此会积极制衡"④。巴蜀之国偏

① 司马迁：《史记》卷 70《张仪列传》，第 2282 页。

② 司马迁：《史记》卷 70《张仪列传》，第 2283 页。

③ 司马迁：《史记》卷 70《张仪列传》，第 2283 页。

④ 漆海霞：《战争的终结与制衡的失败——对战国时期合纵连横的反思》，《当代亚太》2015年第 5 期。

僻落后，秦占巴蜀，中原各国不会感到威胁增大、利益受损，也就不会积极进行阻挠和干涉了。

司马错的分析权衡利弊，提出了攻占巴蜀可以名实兼得，既能避开各国联合抗秦的风险，又能达到"广地""富民""博德"三者合一的目标。从发展的角度看，"得蜀则得楚，楚亡则天下并矣"①。楚国是当时秦统一天下的最大对手，通过吞并巴蜀牵制削弱楚国，对秦国的发展极为有利。听了司马错有理有据的分析，"惠王曰：'善，寡人请听子。'卒起兵伐蜀，十月，取之，遂定蜀"②。

表面上看，是司马错打动了秦惠文王，实际上，秦惠文王早已关注巴蜀地区，并对这里展开经营了。"周显王时，楚国衰弱，秦惠文王与巴、蜀为好。"③秦惠文王时刻关注着巴、蜀地区的动态，与巴、蜀两国同时保持着密切联系。特别是对蜀国，秦惠文王久怀觊觎之心，设法引诱蜀王贪财好色，以此败坏蜀国朝政，为秦国吞并蜀国寻找可乘之机。"周显王（二）[三]十二年，蜀（侯）[使]使朝秦，秦惠王数以美女进，蜀王感之，故朝焉。惠王知蜀王好色，许嫁五女于蜀，蜀遣五丁迎之。"④从秦到巴蜀之间山高林密，道路难通，派遣大军出征困难重重。秦惠文王设计寻找双方通道，为攻蜀预做准备。"乃作石牛五头，朝泻金其后，曰'牛便金'，有养卒百人。蜀人悦之，使使请石牛。惠王许之。乃遣五丁迎石牛。既不便金，怒，遣还之。"⑤在运送石牛的往返过程中，秦人已经掌握了秦蜀之间的密林通道。秦惠文王早已在为征伐巴蜀做着准备，只待一个好的时机。正在这时，巴蜀发生内乱。"蜀王别封弟葭萌于汉中，号苴侯，命其邑曰葭萌焉。苴侯与巴王为好，巴与蜀仇，故蜀王怒，伐苴侯。苴侯奔巴，求救于秦。"⑥这是一个千载难逢的天赐良机，秦惠文王召集大臣进行讨论，一是为了统一朝臣的认

---

① 常璩撰，刘琳校注：《华阳国志校注》卷 3《蜀志》，巴蜀书社 1984 年版，第 191 页。

② 司马迁：《史记》卷 70《张仪列传》，第 2284 页。

③ 常璩撰，刘琳校注：《华阳国志校注》卷 1《巴志》，第 32 页。

④ 常璩撰，刘琳校注：《华阳国志校注》卷 3《蜀志》，第 190 页。

⑤ 常璩撰，刘琳校注：《华阳国志校注》卷 3《蜀志》，第 188 页。

⑥ 常璩撰，刘琳校注：《华阳国志校注》卷 3《蜀志》，第 191 页。

识，为全力攻战巴蜀创造条件；二是为了挖掘战争的正义性资源，改变秦国对外战争中"欺诈""不义"的舆论评价。所以当司马错提出出兵巴蜀有平定暴乱之名，属于正义之师时，秦惠文王欣然采纳。

攻战巴蜀后，秦惠文王在那里采取了非常适宜的统治政策，一是巴蜀分治。"及秦惠王并巴中，以巴氏为蛮夷君长，世尚秦女。其民爵比不更，有罪得以爵除。"① 不仅保留了巴人的酋长，而且对巴人采取笼络政策。而在蜀地，则采取更为直接的统治。"贬蜀王更号为侯，而使陈庄相蜀"②，又任命张若为蜀国守，将实际权力掌控在秦国官吏手中。二是在巴蜀地区充实秦人势力。针对蜀地"戎伯尚强"的局面，"乃移秦民万家实之"③。同时，秦在蜀地模仿首都咸阳的形制修建成都城。"惠王二十七年，仪与若城成都，周回十二里，高七丈。"④ 并在成都大力发展工商业。"营广府舍，置盐、铁、市官并长丞；修整里阓，市张列肆，与咸阳同制。"⑤ 此后，成都作为巴蜀地区的政治、经济、文化中心，一直延续到今天。

兼并巴蜀，对秦国的影响难以估量。一是奠定了秦国的富强之基。占领巴蜀后，秦借机占领汉中，将"大关中"连接成片。后来蜀守李冰修筑都江堰，"于是蜀沃野千里，号为'陆海'。旱则引水浸润，雨则杜塞水门。故记曰：水旱从人，不知饥馑，时无荒年，天下谓之'天府'也"⑥。海里出产万物，"陆海"形容蜀地物产之富饶。"其实，'陆海''天府'的说法，原本是用以形容秦文化的基地关中地区自然条件之优越与经济实力之富足的。"⑦秦以大关中为稳固后方，这里丰富的物产，稳定的粮食产量，密集的人口，都为秦长期的兼并与统一战争提供了坚实的人力、物力基础。二是对楚国形

① 范晔：《后汉书》86《南蛮列传》，中华书局1965年版，第2841页。
② 司马迁：《史记》卷70《张仪列传》，第2284页。
③ 常璩撰，刘琳校注：《华阳国志校注》卷3《蜀志》，第194页。
④ 常璩撰，刘琳校注：《华阳国志校注》卷3《蜀志》，第196页。
⑤ 常璩撰，刘琳校注：《华阳国志校注》卷3《蜀志》，第196页。
⑥ 常璩撰，刘琳校注：《华阳国志校注》卷3《蜀志》，第202页。
⑦ 王子今：《秦兼并蜀地的意义与蜀人对秦文化的认同》，《四川师范大学学报》1998年第2期。

成了优势。秦并巴蜀前，楚国是与秦国并立的两大强国。"凡天下强国，非秦而楚，非楚而秦，两国交争，其势不两立。"① 秦兼并巴蜀，剪断了楚国侧后方的支撑力量，将楚国直接置于秦军的威慑之下。正如张仪对楚怀王所言："秦西有巴蜀，大船积粟，起于汶山，浮江已下，至楚三千余里。舫船载卒，一舫载五十人与三月之食，下水而浮，一日行三百余里，里数虽多，然而不费牛马之力，不至十日而距扞关。扞关惊，则从境以东尽城守矣，黔中、巫郡非王之有。秦举甲出武关，南面而伐，则北地绝。秦兵之攻楚也，危难在三月之内，而楚待诸侯之救，在半岁之外，此其势不相及也。夫（待）[恃] 弱国之救，忘强秦之祸，此臣所以为大王患也。"② 秦昭襄王时期，张仪的这一攻楚战略得以变为现实。秦昭襄王二十七年（前280），"司马错率巴蜀众十万，大舶船万艘，米六百万斛，浮江伐楚，取商於之地为黔中郡"③。接着，"三十年，蜀守若伐楚，取巫郡，及江南为黔中郡"④。王子今指出："秦人兼并巴蜀，首次以武力进行大规模的领土扩张，为后来统一中国奠定了基础。"⑤

秦惠文王发动对外战争时，非常重视发动舆论攻势，掌握"正义性"资源，还表现在"诅楚文"上。"诅楚文"是秦楚大战之际，秦王祷告神灵，指责楚国罪过，以求保佑秦国取胜的祝祷文字，并刊刻在三块石碑上，宋代欧阳修、苏轼等均记载过此文。对于"诅楚文"的真伪及时代学界多有争议。郭沫若、杨宽等认为是秦惠文王在秦楚蓝田之战前对神灵所作的祷告。"诅楚文"有三块，分别祷告于巫咸、大沈厥湫、亚驼三个水神。三篇内容基本相同，其中《大沈厥湫》篇全文是：

　　　　有秦嗣王，敢用吉玉瑄璧，使其宗祝邵鳌，布憼告于丕显大沈厥

① 司马迁：《史记》卷70《张仪列传》，第2290页。
② 司马迁：《史记》卷70《张仪列传》，第2290—2291页。
③ 常璩撰，刘琳校注：《华阳国志校注》卷3《蜀志》，第194页。
④ 司马迁：《史记》卷5《秦本纪》，第213页。
⑤ 王子今：《秦兼并蜀地的意义与蜀人对秦文化的认同》，《四川师范大学学报》1998年第2期。

湫，以诋楚王熊相之多罪。昔我先君穆公及楚成王，实戮力同心，两邦若壹，绊以婚姻，袗以齐盟。曰世万子孙，毋相为不利。亲仰大沈厥湫而质焉。今楚王熊相，康回无道，淫佚轨乱，宣侈竞从，变渝盟约。内之则暴虐不辜，刑戮孕妇，幽约亲戚，拘圉其叔父，置诸冥室椟棺之中；外之则冒改厥心，不畏皇天上帝及大沈厥湫之光烈威神，而兼倍十八世之诅盟。率诸侯之兵以临加我，欲刬伐我社稷，伐灭我百姓，求蔑法皇天上帝及大沈厥湫之恤祠、圭玉、牺牲，遂取我边城新篁及於、长、莘，我不敢曰可。今又悉兴其众，张矜布弩，饰甲砥兵，奋士盛师，以逼我边竞，将欲复其凶迹。唯是秦邦之赢众敝赋，给输栈舆，礼使介老，将之以自救也。繄应受皇天上帝及大沈厥湫之几灵德赐，克翦楚师，且复略我边城。敢数楚王熊相之倍盟犯诅，箸诸石章，以盟大神之威神。①

秦王用玉璧祭祀大沈厥湫之神，就是为了揭露楚王熊相的各种罪过。第一，秦穆公和楚庄王时曾在神灵面前盟誓，世代友好，子子孙孙绝不危害对方，而楚王却背弃了已经遵循了18世的盟约，这是违背天意神威的。第二，楚王对内荒淫昏庸，奢侈无度，残忍暴虐，刑戮孕妇，囚禁叔父，可谓罪孽深重。第三，楚王不顾祖训与神威，伐我社稷，灭我百姓，侵我领土，逼我边境。秦王向皇天上帝及大沈厥湫之神祷告，惩罚楚王背弃盟约之罪，保佑秦军战胜楚军，夺回被侵占的领土。

表面上看，秦惠文王相信神灵，祈求神灵惩处邪恶的楚王，帮助秦军战胜楚军，《诅楚文》是迷信的产物。实际上，秦王是借祭祀神灵的仪式，通过"诅楚"，进一步掌控战争的"正义性"资源。这样，既便于秦楚之战中获得其他诸侯的支持，也能够动员秦人团结一致，同仇敌忾地打败楚军。《诅楚文》体现了秦惠文王高超的军事手段与成熟的政治智慧。

秦孝公去世，秦国面临极为凶险的政治局面。在国内，一方面，商鞅

---

① 郭沫若：《石鼓文研究·诅楚文考释》，科学出版社1982年版，第291页。

权势熏天，君主集权受到威胁；另一方面，商鞅对贵族的打击与遏制，使他们对商鞅恨之入骨。不除掉商鞅，无法建立君主权威；除掉商鞅，旧贵族可能借机废除秦法，使秦国的改革半途而废。在国外，随着秦国的崛起，各诸侯国联合抗秦的态势已然形成。如果处理不当，可能被六国联军击溃，打回到"诸侯卑秦"的原形。秦惠文王一即位，即表现出了非凡的政治手腕。他通过诛灭商鞅，建立自己的权威，并以此获得贵族支持。同时也清醒地认识到，只有维护变法成果，秦国才能从诸侯环伺中脱颖而出，因此，继续维护商鞅确立的政治体制和改革措施。在用人上，对宗室贵族与客卿同等重视。提拔重用确有才能的宗室樗里疾等，却没给一味与商鞅为敌的公子虔等留有位置，既推进了事业发展也防止了改革倒退。在与列强竞争中，将军事进攻与外交活动有机结合。继承父亲事业，继续打击和削弱魏国。夺回河西之地，使秦国具有了黄河天堑和进可攻退可守的地理优势。击溃五国合纵抗秦，壮大了秦国的军事声威。及楚、齐、魏之后与韩、燕同年称王，既提高了秦国的政治地位，又不会引起各国的强烈反感。派公孙衍、张仪等与东方列国周旋，灵活拉拢各国加入秦国同盟。臣服义渠戎，夺巴蜀之地，瓦解齐楚联盟，争夺战争正义性资源。坐拥关中、汉中、巴蜀等高产粮食区，以"大关中"为稳固后方，使秦国真正富强起来。面对错综复杂的国内和国外局面，秦惠文王从容应对，刚柔相济，游刃有余，表现了王者之风，秦惠文王推进秦国发展与统一的功劳，丝毫不逊于他的父亲秦孝公及儿子秦昭襄王。

二、崇武尚力、志在九鼎的秦武王

经过孝公、惠文王两代君主的经营，秦国的国力日渐强盛，不仅夺取河西地，开始东向发展，而且有了富庶、稳固的"大关中"作为后方。秦惠文王死后，秦武王嬴荡即位。有了先辈的功业奠基，再加上他崇武尚力的性格，秦武王展现出吞并"三川"，取代周天子的勃勃雄心，并继续将秦国的统一事业向前推进。

（一）尚力的性格与进取的精神

《史记·秦本纪》记载："武王有力好戏，力士任鄙、乌获、孟说皆至大官。"① 武王这样的性格，既体现了秦国的历史文化传统，也具有鲜明的时代和个人特征。任鄙是秦国知名的大力士，当时秦人认为最聪明的人是樗里疾，最有力气的人就是任鄙。秦人流传这样的歌谣："力则任鄙，智则樗里。"② 乌获，"秦武王力士，举龙文鼎者也"③。孟说更是力气过人，能生拔牛角。三人不仅力气大，而且喜欢"角力"游戏，与秦武王志趣相投，深得武王赏识。武王不仅经常与他们游戏，而且提拔他们任高官，意在引领秦人"崇武尚力"的社会风气。"秦起西垂，多戎患，故其民朴实坚悍，尚气概，先勇力。读《小戎》《驷铁》《无衣》诸诗，其风声气俗盖由来久矣，商君资之更法，以强兵力农，卒立秦大一统之基。悼武王有力，以身率，尚武之风益盛。上有好者，下必有甚焉者矣。"④

父亲惠文王的功业，激励着嬴荡。作为上升时期秦国王权的继承者，使他从小就有了勃勃雄心。即位后，秦武王致力于巩固父王取得的成果，在此基础上进一步开拓秦国发展的新局面。刚一即位，武王就与魏王在临晋会盟，为专心进攻韩国、吞并东周做准备。第二年，"陈壮反，杀蜀侯通国。秦遣庶长甘茂、张仪、司马错复伐蜀，诛陈壮"⑤。借镇压陈壮谋反之机，秦国攻打臣属于蜀国的两个小国丹、犂和西北的义渠，从而确保了后方的稳定。

（二）逐张仪，设丞相，加强君主集权

秦惠文王时期，张仪为秦国破纵连横，不择手段欺诈他国，逐渐被各国所不齿。"武王立。武王自为太子时不说张仪，及即位，群臣多谗张仪曰：'无信，左右卖国以取容，秦必复用之，恐为天下笑。'"⑥ 张仪一味以欺诈手

---

① 司马迁：《史记》卷 5《秦本纪》，第 209 页。
② 司马迁：《史记》卷 71《樗里子甘茂列传》，第 2310 页。
③ 司马迁：《史记》卷 117《司马相如列传·索隐》，第 3053 页。
④ 王蘧常：《秦史》，上海古籍出版社 2000 年版，第 180 页。
⑤ 常璩撰，刘琳校注：《华阳国志校注》卷 3《蜀志》，第 194 页。
⑥ 司马迁：《史记》卷 70《张仪列传》，第 2298 页。

段游说各国，甚至严重影响了秦国在列国中的声望，从某种程度上说，张仪已经由秦国外交活动的推动者变成阻碍者。张仪备受惠文王信任，在秦国出将入相，在列国纵横捭阖，呼风唤雨，也导致了群臣的嫉恨。张仪设法离间樗里疾等大臣与秦王的关系，引起秦王亲信大臣的强烈反感。趁新王即位，秦国重臣结成联盟反对张仪。"秦惠王死，公孙衍欲穷张仪。李雠谓公孙衍曰：'不如召甘茂于魏，召公孙显于韩，起樗里子于国。三人者，皆张仪之仇也。公用之，则诸侯必见张仪之无秦矣。'"① 张仪已经成了众矢之的，"秦武王元年，群臣日夜恶张仪未已，而齐让又至"②。内外交困的张仪担心被诛杀，主动要求离开秦国到魏国去，以便引齐攻魏，为秦国攻韩、周创造机会。

张仪对秦国有巨大贡献，但秦武王时，无论从外交上还是内政上，张仪的存在，都损害到了秦国的利益。秦武王顺势而为，将张仪驱逐出国，不久张仪死在了魏国。如同惠文王诛杀商鞅一样，秦武王驱逐张仪的做法，加强了自己的权威，有利于秦国的发展。以此可以看出，献公之后的历代秦君，用人上的根本目标是维护秦国的国家利益，这也是秦国取胜六国的重要因素。驱逐张仪后，秦武王任命樗里疾、甘茂为左右丞相。樗里疾出身宗室，头脑灵活，智慧超群，兼具军事与外交能力，素有"智囊"美誉；甘茂思维敏捷，善于带兵。因此，张仪的离开并没有让秦国受到大的损失，甘茂和樗里疾的被重用，使秦国国力依旧保持着快速上升势头。

在此之前各国设置了相或相国，秦武王在历史上第一个设置"丞相"，一是与各国有所区别，表明秦国的特殊地位；二是突出"丞相"辅佐君主之责，设置丞相是为了加强君主集权。秦武王任命樗里疾、甘茂为左右丞相，就是为了使两丞相相互牵制，从而进一步加强君权。而在当时，君主集权是有利于秦国调动一切资源与列国进行竞争的。

---

① 《战国策》卷 4《秦策二》，第 31 页。
② 司马迁：《史记》卷 70《张仪列传》，第 2299 页。

（三）通三川，窥周室，怀荡平六国之志

秦国特殊的发展道路与文化风格，使他们久有兼并列国、一统天下的野心。孝公的变法与惠文王的经营，给武王以巨大的鼓舞和信心，他第一个公开表明代周而起之志。"武王谓甘茂曰：'寡人欲容车通三川，窥周室，死不恨矣。'"① 周王室曾经是天下共主，以前拥有的领土之广与地位之高，都是各诸侯国心向往之的。"溥天之下，莫非王土，率土之滨，莫非王臣。"② 尽管战国时期，东周已经是一个衰落的小国，但它仍具有天子的名分，各诸侯国都曾是他的分封国。征服东周，也就搬掉了秦统一的精神障碍，"挟天子，按图籍，此王业也"③。从秦进入东周，必须经过韩国，重镇宜阳是其间的咽喉要地。秦武王想携带兵车，以胜利者的姿态进入东周，首先要攻下宜阳。"宜阳城方八里，材士十万，粟支数年，公仲之军二十万。"④ 经过韩国长期经营，城坚粮足兵众，魏、楚等国也会积极援助，进攻难度可想而知。

为了确保攻下宜阳，实现自己"窥周室"的愿望，武王积极进行准备。一是派使者出使魏国，要求魏国协助秦国；二是选拔统兵将领。当时在秦国最有军事指挥能力的是左丞相樗里疾和右丞相甘茂。樗里疾是武王的叔叔，同时也是亲韩派。任他为将，秦武王担心其权势过大，威胁王权。甘茂从楚国来到秦国，毫无个人势力背景，自称为"羁旅之臣"⑤，其杰出的才能深得武王赏识，武王决定任命他为统帅。甘茂深感进攻宜阳的困难，更担心在进攻宜阳时受到其他大臣的掣肘而前功尽弃。武王为了坚定甘茂的信心，与甘茂在息壤定下盟书，坚决支持甘茂。战事爆发后，秦军看到宜阳城非常坚固，进攻信心不足，再加上韩军以逸待劳，战争打了 5 个月没有进展。秦军久攻不下，楚国随时准备出兵救援，朝廷内部议论纷纷。樗里子、公孙奭等亲韩派人士要求朝廷撤职甘茂，武王此时也发生了动摇。这时甘茂拿出息壤

---

① 司马迁：《史记》卷 5《秦本纪》，第 209 页。
② 《毛诗正义》卷 13《小雅·北山》，李学勤主编《十三经注疏》（标点本，3），第 797 页。
③ 司马迁：《史记》卷 70《张仪列传》，第 2299 页。
④ 《战国策》卷 1《东周策》，第 2 页。
⑤ 司马迁：《史记》卷 71《樗里子甘茂列传》，第 2312 页。

盟书，武王想起自己的承诺，更不希望自己的愿望化为泡影，便继续派兵增
援甘茂。甘茂为激励士兵的斗志，发誓不攻下宜阳城，情愿死在城下。并拿
出个人的资产奖励士兵，"于是出私金以益公赏"①。最终，韩军溃败，甘茂
攻陷宜阳，杀死6万韩军，其余人缴械投降。接着，秦军渡过黄河，又攻下
了武遂，并在那里筑城。韩国担心秦军继续入侵，只好派人携带珍宝到秦国
求和。夺取宜阳，也就控制了崤函之险，宜阳成为秦国东进新的桥头堡，也
代表着秦国走进了中原，武王的野心初步实现。

　　秦武王具有极强的好胜心理和冒险精神，宜阳之战胜利后，他带着秦
国的兵马进入东周的首都洛阳。东周保存的九鼎相传为夏禹所制，以九州之
铜分别铸成，是王权的象征。"昔夏之方有德也，远方图物，贡金九牧，铸
鼎象物。"② 相传九鼎具有特殊功能，可保国泰民安。"百物而为之备，使民
知神、奸。故民入川泽、山林、不逢不若。鬼魅罔两，莫能逢之，用能协和
上下，以承天休。"③ 九鼎从夏朝传到商朝，又从商朝传到周朝，被视为传国
宝器。春秋时期，楚庄王"伐陆浑之戎，遂至于雒，观兵于周疆。定王使王
孙满劳楚子。楚子问鼎之大小轻重焉。对曰：'在德不在鼎。'"④ 王孙满义正
词严地告诫楚王："周德虽衰，天命未改，鼎之轻重，未可问也。"⑤ 秦武王
进入洛阳，就是要挑战东周天子之权威。他和大力士孟说比赛举周鼎，由于
力不从心，"绝膑"⑥，将髌骨压伤，不治而死。"武王竟至周，而卒于周。"⑦
武王举鼎，十分符合他的心理。作为秦国有为君主的当然接班者，志得意
满，更欲超越前辈。举周鼎而起，不仅是向列国诸侯示威，更是彰显秦国的
力量和未来的目标。当然，如同武王举鼎而绝膑一样，秦国当时还不具备荡
平六国的实力，秦国的统一，尚需几代君主的持续奋斗和努力。

① 《战国策》卷4《秦策二》，第33页。
② 《春秋左传正义》卷21，李学勤主编《十三经注疏》（标点本，7），第602页。
③ 《春秋左传正义》卷21，李学勤主编《十三经注疏》（标点本，7），第602—603页。
④ 《春秋左传正义》卷21，李学勤主编《十三经注疏》（标点本，7），第602页。
⑤ 《春秋左传正义》卷21，李学勤主编《十三经注疏》（标点本，7），第602页。
⑥ 司马迁：《史记》卷5《秦本纪》，第209页。
⑦ 司马迁：《史记》卷71《樗里子甘茂列传》，第2313页。

三、性格坚韧、"明而熟于计"的昭襄王

年轻的秦武王意外去世，由于他没有儿子，经过激烈的宫廷斗争，武王的弟弟，在燕国做人质的嬴稷得以继位，是为秦昭襄王。秦昭襄王19岁即位，在位时间长达56年，是秦国历史上寿命最长的君主。在他统治的半个多世纪时间里，大胆启用各类人才，采取灵活的外交政策，蚕食鲸吞六国领土，使秦国的实力与东方六国的联合国力不相上下，秦在战国七雄中的优势地位完全确立，秦国统一已成大势所趋。

（一）团结楚系集团人物，推动秦国持续强大

嬴稷的即位，主要凭借的是母亲家族的力量。秦昭襄王的母亲芈氏，来自楚国，是秦惠文王的嫔妃。"昭王母故号为芈八子，及昭王即位，芈八子号为宣太后。"[1]芈氏在惠文王的嫔妃中地位并不高，但她的家族力量强大。"宣太后二弟，其异父长弟曰穰侯，姓魏氏，名冉；同父弟曰芈戎，为华阳君。而昭王同母弟曰高陵君、泾阳君，而魏冉最贤，自惠王、武王时任职用事。武王卒，诸弟争立，唯魏冉力为能立昭王。"[2]有了母亲芈氏的坐镇调度，有了舅舅魏冉的军队指挥权，有了芈氏家族力量的帮助，嬴稷又获得了燕国、赵国的支持，然后千里返秦，承继王位，是为秦昭襄王。昭襄王的即位并非一帆风顺，秦惠文王的其他儿子也在觊觎着王位。其中公子壮是昭襄王的异母弟，他占据庶长之位，与公子雍结为同盟，拥有一定军权，被封为季君。按照常理，由他继位的可能性最大。楚系外戚势力拥立昭襄王继位，公子壮深感不满，他在武王的母亲惠文王后及武王的王后支持下发动叛乱。"庶长壮及大臣、诸侯、公子为逆。"[3]宣太后等楚系外戚势力早有防备，牢牢控制了咸阳的军队指挥权。"昭王即位，以冉为将军，卫咸阳。"[4]面对叛乱果断出手，"诛季君之乱，而逐武王后出之魏，昭王诸兄弟不善者皆灭

① 司马迁：《史记》卷72《穰侯列传》，第2323页。
② 司马迁：《史记》卷72《穰侯列传》，第2323页。
③ 司马迁：《史记》卷5《秦本纪》，第210页。
④ 司马迁：《史记》卷72《穰侯列传》，第2323页。

之，威振秦国"①。公子壮与嬴稷之间的君权争斗，实质上是楚系外戚集权与魏系外戚集团间的一场较量，结果以楚系外戚集团的全面胜利而告终。"昭王少，宣太后自治，任魏冉为政。"② 昭襄王的继位，经历了楚系集团的精心谋划，严酷斗争，在此过程中，使他深感依赖群体力量，做事深谋远虑，出手坚决果断的重要性。

昭襄王 19 岁即位，3 年后亲政。在很长的时间里，秦国形成了以秦昭襄王为核心，以宣太后为后盾，以魏冉为骨干，以楚系外戚集团为支撑，同时团结以樗里疾为代表的宗室势力的统治架构。在统治集团内部，昭襄王尽力保持各种力量的平衡。任命宗室老臣樗里疾为丞相，本身具有牵制宣太后势力的用意。任命向寿镇守宜阳，表面上看，向寿是宣太后的弟弟，而实际上，"向寿者，宣太后外族也，而与昭王少相长，故任用"③，是在培植自己的力量。同时昭襄王削弱权臣甘茂权势，甘茂逃到魏国，昭襄王权势得到了进一步加强。有学者认为，在范雎入秦前，秦昭襄王只是宣太后、魏冉等楚系外戚集权的傀儡。"然自是遂又为魏冉一派之贵族所包围。且拥太后训政，昭王之一举一动，皆不得自由。"④ 实际上，即使在昭襄王早期，他也拥有很高的地位和国家决策权。苏代曾向受昭襄王重用的向寿为韩国游说："王之爱习公也，不如公孙奭；其智能公也，不如甘茂。今二人者皆不得亲于秦事，而公独与王主断于国者何？"⑤ 连外国的苏代，也清楚秦国政事的决断权，是掌握在昭襄王与向寿的手里。考虑到两人的特殊关系，向寿是与昭襄王"少相长"而受重用，可见昭襄王绝非宣太后之傀儡。

《战国策》中记载的著名的宣太后黄段子外交事件，也可以看出这一点。楚国包围韩国的雍氏已达五月之久，韩国几乎支撑不住了，不断派出使者到秦国向宣太后求救，秦国不为所动。因为宣太后本身就是楚人，自然不

---

① 司马迁：《史记》卷 72《穰侯列传》，第 2323 页。
② 司马迁：《史记》卷 72《穰侯列传》，第 2323 页。
③ 司马迁：《史记》卷 71《樗里子甘茂列传》，第 2313 页。
④ 马非百：《秦集史》（上），中华书局 1982 年，第 80 页。
⑤ 司马迁：《史记》卷 71《樗里子甘茂列传》，第 2314 页。

希望损害楚国的利益。尚靳以韩国战败，会使秦国的对手楚国强大，秦韩之间是唇亡齿寒的关系来打动宣太后，宣太后则以黄段子回应。"妾事先王也，先王以其髀加妾之身，妾困不支也。尽置其身妾之上，而妾弗重也。何也？以其少有利焉。"① 她进一步指出："今佐韩，兵不众，粮不多，则不足以救韩。夫救韩之危，日费千金，独不可使妾少有利焉！"② 实际上乃婉拒了韩国的出兵请求。后来，甘茂劝谏昭襄王：如果秦不救韩，韩国只好结盟楚国，韩楚结盟，魏国必然加入其中，将会形成三国联合伐秦之势。"是楚以三国谋秦也。如此，则伐秦之形成矣！不识坐而待伐，孰与伐人之利？"③ 秦昭襄王认为有道理，"果下师于崤以救韩"④。宣太后尽管有自己的利益，一再拖延出兵救韩，但秦昭襄王最终是以秦国的利益为重，对国事的决策起到了主导作用。正如苏代所说的那样，昭襄王"困则使太后，穰侯为和，赢则兼欺舅与母"⑤，用兵如同刺绣一样灵活多变，将主动权牢牢掌握在自己手中，"母不能制，舅不能约"⑥。

（二）采取灵活外交政策，逐步确立超强大国地位

秦昭襄王即位初期，为了巩固自己的地位，采取了相对温和的外交政策，尽力改善与周边各国的关系。即位第一年，就归还韩国的武遂，并改善与楚国的关系。"秦昭王初立，乃厚赂于楚。楚往迎妇。"⑦ 举行冠礼后，"与楚王会黄棘，与楚上庸"⑧。接着，"五年，魏王来朝应亭，复与魏蒲阪"⑨。通过归还楚国、魏国土地的方式，改善与毗邻对手的关系，意在为稳定国内局势创造条件。与列国的关系缓和了，昭襄王平定了公子壮叛乱，接着又平定

① 《战国策》卷27《韩策二》，第261页。
② 《战国策》卷27《韩策二》，第261页。
③ 《战国策》卷27《韩策二》，第261页。
④ 《战国策》卷27《韩策二》，第262页。
⑤ 《战国策》卷30《燕策二》，第297页。
⑥ 《战国策》卷30《燕策二》，第297页。
⑦ 司马迁：《史记》卷40《楚世家》，第1727页。
⑧ 司马迁：《史记》卷5《秦本纪》，第210页。
⑨ 司马迁：《史记》卷5《秦本纪》，第210页。

了蜀地的叛乱。国内局势的稳定，为秦国的进一步向外扩张创造了条件。

人才是国家发展壮大的根本，秦昭襄王在他在位的 50 多年时间里，选拔和重用了大批有用人才。在人才的使用上表现出显著的特点：以秦国利益为核心，宗室、外戚和客卿并重；不同时期任用不同特长之人；自己始终操持权柄；竭力推进秦国独大局面的形成。

在昭襄王即位之初，以宣太后为首的楚系外戚集团权势极大，但并没有到独操权柄、为所欲为的程度。昭襄王即位后即任命三朝元老樗里疾为丞相，凭借他的资历、威信和智慧稳定局面。后来又任命齐国的孟尝君田文、赵国的楼缓为丞相，除了连横破纵的外交考虑外，或有防止楚系外戚集团力量膨胀的用心。昭襄王十二年（前 295），第一次任命魏冉为丞相。尽管魏冉功高权重，曾经五次出任秦国丞相之职，但他能以秦国利益为重，保持政局稳定，促进秦国发展。魏冉丞相之职反复免任，说明秦国主要官员的任命权仍然掌握在昭襄王手中。秦昭襄王注重继续发挥前朝重臣的作用，樗里疾、司马错、公子池、张若等一批老臣仍得重用。他也继承了秦自孝公以来重用客卿的传统，继续吸引外国人才。特别重视选拔青年人才，白起、蒙武、王龁等崭露头角，并在秦统一进程中发挥了重要作用。

秦昭襄王后期，宣太后家族在秦国政治生活中地位的加强，对昭襄王也形成了一定威胁。这时的楚系外戚集团中，宣太后的弟弟魏冉被封为穰侯、芈戎为华阳君、宣太后的儿子嬴显为高陵君、嬴悝为泾阳君，被称为四贵。他们生活奢侈，竭力维护既得利益。特别是穰侯魏冉，主张对齐发动进攻，意在扩大自己的封地范围，使秦国的战争成本升高。四贵权势的膨胀，影响了秦昭襄王的集权。

随着秦国国力的不断增强，秦国需要打出兼并各诸侯国的旗帜，秦昭襄王称帝就蕴含着这样的意义。加速秦国蚕食各国领土的速度，已经成为当然的选择。昭襄王后期，调整统治政策已经势在必行。这时，从魏国来到秦国的范雎，向昭襄王提出调整对外政策的主张，也就是著名的"远交近攻"之计，深得昭襄王赞同，范雎被任命为客卿。范雎借机游说昭襄王："臣居山东时，闻齐之有田文，不闻其有王也；闻秦之有太后、穰侯、华阳、高陵、泾阳，不闻其有王也。夫擅国之谓王，能利害之谓王，制杀生之威之谓王。今太后擅行不顾，穰侯出使不报，华阳、泾阳等击断无讳，高陵进退不请。四贵备而国不危者，未之有也。"[1]秦昭襄王赞同范雎的主张，任命范雎为丞相，取代了魏冉之位。"于是乃废太后，逐穰侯、高陵、华阳、泾阳君于关外。秦王乃拜范雎为相。"[2]值得关注的是，秦昭襄王将宣太后、魏冉等赶下了政治舞台，但朝廷并没有发生变乱和动荡。对于失利的楚系外戚集团，昭襄王以优容的方式加以对待。宣太后直到死前，都得到了应有的尊重。穰侯魏冉没有被剥夺财产和自由，他回到封地养老时，秦昭襄王还帮他运送财物。"因使县官给车牛以徙，千乘有余。到关，关阅其宝器，宝器珍怪多于王室。"[3]可以看出，秦昭襄王驱逐楚系外戚集团，主要是出于调整统治政策的目的。秦昭襄王能够根据国家发展的需要提拔选任各种人才，目标明确，包容大度，为秦国的强大打下了坚实的基础。

秦昭襄王充分利用山东各国间的矛盾，瓦解各国的合纵抗秦联盟，抓住各国的薄弱环节进行攻击。楚国与秦国结盟，引起了齐国、韩国、魏国的不满，他们联合发起了对楚国的讨伐。楚国求救于秦，秦国不但不出救兵，反而与齐国结盟，并"使将军芈戎攻楚，取新市"[4]。惨败后的楚国派太子到齐国为质，希望与齐国重结联盟。秦国为了拉拢齐国，请齐国的孟尝君来秦国为丞相，并连续攻取楚国八城。同时，秦昭襄王致信楚怀王："而今秦楚不欢，则无以令诸侯。寡人愿与君王会武关，面相约，结盟而去，寡人之愿也。"[5]楚怀王既怕得罪秦国，又担心被秦国欺骗，犹豫再三，还是决定赴约，结果被秦国劫持到咸阳。昭襄王要求楚国割让巫、黔中两地给秦，作为放楚怀王回国的条件，被楚怀王拒绝。楚国从齐国迎回太子立为新的楚王，是为楚顷襄王。秦昭襄王九年（前298），"秦昭王怒，发兵出武关攻楚，大

---

[1]　司马迁：《史记》卷 79《范雎蔡泽列传》，第 2411 页。

[2]　司马迁：《史记》卷 79《范雎蔡泽列传》，第 2412 页。

[3]　司马迁：《史记》卷 79《范雎蔡泽列传》，第 2412 页。

[4]　司马迁：《史记》卷 5《秦本纪》，第 210 页。

[5]　司马迁：《史记》卷 40《楚世家》，第 1727—1728 页。

败楚军，斩首五万，取析十五城而去"①。公元前280年起，秦昭襄王连续派司马错、白起、张若等从不同方向对楚国发起攻击。秦昭襄王二十八年（前279），"白起攻楚，拔鄢、邓五城。其明年，攻楚，拔郢，烧夷陵，遂东至竟陵。楚王亡去郢，东走徙陈。秦以郢为南郡"②。秦将白起攻克楚国的首都，焚毁楚先王的宗庙，横扫楚国大半领土，逼迫楚顷襄王迁都，白起本人也因功被封为武安君。经此连续打击，作为曾经国土面积最大的楚国，其力量进一步削弱，失去了与秦国对抗竞争的能力。

随着秦国实力的不断壮大，各国对秦国的恐惧也日益加深，经常以组成合纵联盟的方式对付秦国。秦昭襄王在继位及巩固政权的过程中，锻炼了遇事深谋远虑，扩大己方同盟，瓦解敌方联盟，抓住对手薄弱环节予以打击的能力。秦昭襄王九年（前298），"（魏）与齐、韩共击秦于函谷，河、渭绝一日"③。三国联合攻入函谷关，对秦国首都形成一定威胁。秦国为了防止赵国加入反秦联盟，任命赵国的楼缓为丞相。"十一年，齐、韩、魏、赵、宋、中山五国共攻秦，至盐氏而还。"④面对五国气势汹汹的进攻，秦国以退为进，退还魏国的河北与封陵，退还韩国的武遂，退还齐国的齐城。得到便宜的各国放弃了对秦国的继续进攻，秦国危机得以解除。面对秦国的咄咄攻势，秦昭襄王十四年（前293），韩国、魏国与东周调动24万联军攻击秦国。魏冉推荐白起接替向寿担任秦军主将。白起利用魏国希望韩军冲锋在前，而韩国认为自己的势力较弱，不愿与秦军对战的心理，设疑兵拖住韩军，尽遣主力精锐在伊阙突然攻击魏军，在魏军措手不及之际将其打败。"魏军既败，韩军自溃，乘胜逐北，以是之故能立功。"⑤秦军乘胜追击，"斩首二十四万，虏公孙喜，拔五城"⑥。秦昭襄王十七年（前290），魏国被迫拿出河东之地400里，韩国拿出武遂之地200里向秦国求和。伊阙之战后，韩、魏两国门

① 司马迁：《史记》卷40《楚世家》，第1729页。
② 司马迁：《史记》卷72《白起列传》，第2331页。
③ 司马迁：《史记》卷15《六国年表》，第737页。
④ 司马迁：《史记》卷5《秦本纪》，第210页。
⑤ 《战国策》卷33《中山策》，第330页。
⑥ 司马迁：《史记》卷5《秦本纪》，第212页。

户大开，基本退出了大国之位，能与秦国独立抗衡的只有齐国、赵国了。

为了进一步压制各国，亮明自己的称霸雄心，秦昭襄王十九年（前288）他自称为帝。帝号旗帜的打出，更使各国感到恐慌，秦国成为各国的共同敌人。昭襄王自知秦尚无独立对抗各国联合攻击的实力，就鼓动齐王同时称帝。秦为西帝，齐为东帝，约定两国共同打击并瓜分赵国。齐国距离秦国最远，相互间没有边界接壤，当时还不是秦国攻击的主要目标。联合齐国伐赵，可以削弱另一个主要对手。秦昭襄王派魏冉游说齐闵王称帝，意在使齐国成为各国的攻击目标，减轻秦国的压力。在秦国的诱惑下，齐闵王称东帝。由于齐国实力的不足，不久取消了东帝称号，秦昭襄王不愿树敌太众，也只好取消了西帝的称号。

昭襄王拉拢齐闵王称帝，导致各国对齐国的恐惧和愤怒，成为众矢之的。齐国尽管取消了帝号，但其称霸的野心被激发出来。公元前286年，齐国灭掉宋国。"宋王出亡，死于温。齐南割楚之淮北，西侵三晋，欲以并周室，为天子。泗上诸侯邹鲁之君皆称臣，诸侯恐惧。"① 与秦昭襄王蚕食削弱诸侯国不同，齐国尽管灭掉的是一个弱小的宋国，但兔死狐悲，却引起了各国的强烈恐惧。秦国带头进攻齐国，公元前285年，攻取齐国列城九。第二年，联合燕、楚、韩、赵、魏各国一起进攻齐国，"破之济西"②。燕军在乐毅的带领下乘胜追击，连续攻下齐国70余座城池，并攻入首都临淄，齐国几乎亡国。这次战役，主要的组织者是燕国。齐国盲目灭掉宋国，在自身实力不济的情况下，很容易招致各国的联合攻击。齐国的失败，更加彰显了秦昭襄王的智慧。此役以后，齐国采取更加保守的政策，逐步退出了合纵反秦联盟。

在削弱各诸侯国的同时，昭襄王与母亲宣太后密切合作解决义渠戎问题。"秦昭王时，义渠戎王与宣太后乱，有二子。宣太后诈而杀义渠戎王于甘泉，遂起兵伐残义渠。于是秦有陇西、北地、上郡，筑长城以拒胡。"③ 义

---

① 司马迁：《史记》卷46《田敬仲完世家》，第1900页。
② 司马迁：《史记》卷5《秦本纪》，第212页。
③ 司马迁：《史记》卷110《匈奴列传》，第2885页。

渠戎退出历史舞台，解除了秦国东进兼并六国的后顾之忧，对促进秦朝统一进程有着重要价值。秦昭襄王时期继续巩固了对蜀地的统治，任命蜀守李冰修建都江堰，使巴蜀平原成为富庶的"天府之国"。

在内政上，昭襄王坚持商鞅变法路线，以法制手段治理国家，奖励耕战，富国强兵。著名思想家荀子来到秦国，魏冉问他在秦国的感受，荀子回答："其固塞险，形势便，山林川谷美，天材之利多，是形胜也。入境，观其风俗，其百姓朴，其声乐不流污，其服不挑，甚畏有司而顺，古之民也。及都邑官府，其百吏肃然，莫不恭俭敦敬，忠信而不楛，古之吏也。入其国，观其士大夫，出于其门，入于公门；出于公门，归于其家，无有私事也；不比周，不朋党，偶然莫不明通而公也，古之士大夫也。观其朝廷，其间听决百事不留，恬然如无治者，古之朝也。故四世有胜，非幸也，数也。是所见也。故曰：佚而治，约而详，不烦而功，治之至也，秦类之矣。"[①] 高度赞扬秦国社会几乎达到了古代理想的治理境界。秦昭襄王的努力和经营，使秦国更加变富变强，加速了走向统一的步伐。

（三）有勇有谋，长平之战确立秦国统一大势

在秦昭襄王的持续打击下，魏国、楚国、齐国等关东大国陆续退出了与秦国抗衡的队列，秦走向统一的最大障碍就只有赵国了。赵国作为中原传统大国，与秦国之间有魏国间隔。尽管赵国多次参与合纵反秦联盟，但在秦昭襄王前期，相对于魏国和韩国，赵国并不是秦国攻击的直接目标。随着秦国对魏国的蚕食，秦赵之间开始接壤，赵国强烈感受到了秦国的直接威胁，在各国无力对抗秦国的情况下，各国也纷纷把抗秦的希望寄托于赵国。

在列国竞争中，赵国处于魏、韩、燕、齐、楚之间，内有中山国，是典型的"四战之国"。战国前期，赵国致力于与魏、楚、齐等大国争夺中原地区的领土，在屡遭挫折后，赵武灵王进行胡服骑射的改革，向北方游牧民族地区开拓发展，使赵国的实力、特别是军事实力迅猛提高。胡服骑射后，赵国灭掉心腹之患中山国。赵武灵王把王位传让给小儿子赵惠文王赵何，自

---

①　王先谦：《荀子集解》卷 11《强国》，《诸子集成》第 3 册，第 202 页。

称主父，把全部精力用于经营胡地，并伺机从北方打击秦国。"主父欲令子主治国，而身胡服将士大夫西北略胡地，而欲从云中、九原直南袭秦，于是诈自为使者入秦。秦昭王不知，已而怪其状甚伟，非人臣之度，使人逐之，而主父驰已脱关矣。审问之，乃主父也。秦人大惊。主父所以入秦者，欲自略地形，因观秦王之为人也。"① 这一事件的发生，说明赵国已经有了攻击甚至吞并秦国的野心，也可以看出赵武灵王过人的智慧和对秦国的高度警觉。后来赵武灵王死于沙丘宫变，袭秦之志未能如愿。到赵惠文王时期，赵国力量依然强大，各国也把抗秦的希望寄托于赵国。公元前288年，秦昭襄王称帝，苏秦游说赵国与齐、燕、魏、韩五国组成反秦联军，对秦国发起进攻。"迫于五国联军的压力，秦不得已废除帝号，将温（今河南省温县西南）、轵（今河南省济源市南）、高平（今河南省济源市西南向城）归还魏国，王公（今地不详）、符逾（今地不详）归还赵国。"② 这次合纵抗秦由于各国内部分歧而互相观望，没能取得预期结果，但赵国在对抗秦国中的地位已经显现。

秦昭襄王三十七年（前270），秦国越过韩国的上党，进攻赵国的阏与。阏与位于首都邯郸与太原之间的交通要道上，战略地位非常重要。为了阻止赵国从邯郸派兵救援，秦国又派出一支军队进攻距离赵国首都较近的武安。赵国派赵奢率兵迎敌，赵奢示秦以弱，在秦军不备之际，急行军到达阏与，占领北山高地。"秦兵后至，争山不得上，赵奢纵兵击之，大破秦军。秦军解而走，遂解阏与之围而归。"③ 阏与之战的胜利，使秦国东进的兵锋受到赵国有力抵抗。秦昭襄王认识到，秦国要想实现东进的战略目标，必须削弱赵国的实力，秦赵之间的大战在所难免。

秦赵之间的大战发生在长平。阏与之战的失败，使秦国感受到越过韩国的上党之地攻打赵国，不仅困难重重，而且有被韩赵联合截断退路的风险。秦国下决心夺取东进的战略要地上党。上党位于山西省东南部的高地，

---

① 司马迁：《史记》卷43《赵世家》，第1812—1813页。

② 沈长云、魏建震、白国红、张怀通、石延博：《赵国史稿》，中华书局2000年版，第185页。

③ 司马迁：《史记》卷81《廉颇蔺相如列传》，第2445页。

"从地理位置上看，上党地区的东部、东南部是太行山脉，西南部是王屋山、中条山，西面是太岳山脉。因此清代《嘉庆重修一统志》云：'上党四塞之固，东带三关，据天下肩脊，当河朔咽喉，肘京洛而履蒲津，倚太原而跨河朔，太行瞰其面，并门负其背。'正因为其形势险要，历史时期的上党地区一直是战略要地"①。占据上党，既可以凭险防御，也可以居高临下对魏国、韩国、赵国发起进攻，收长驱直入、高屋建瓴之效。自春秋以来，上党就是兵家必争之地。上党郡原属韩国，秦为夺取此地，派大将白起进攻韩国。白起攻占了韩国重镇野王城（今河南沁阳），野王位于上党郡与韩国原首都宜阳间的交通要道上。野王被秦占领，切断了上党郡与韩国腹心之地的联系，韩国只好割让上党郡向秦国求和。上党民众不愿归附以残暴著称的强秦，郡守冯亭自作主张欲将上党郡献给赵王，希望韩赵联合保卫上党。这是秦昭襄王绝对不能答应的事情，上党争夺战不可避免地爆发了。

在是否接受上党的问题上，赵国统治集团内部曾有过激烈争论。平阳君主张："不如勿受。受之，祸大于所得。"②平原君则主张："无故得一郡，受之便。"③赵孝成王接受了平原君的建议。对于长平之战的失败，自古以来多有人认为赵国不应该贪图一时的便宜，激怒秦国，导致军队的巨大损失。实际上，将上党郡拱手让给秦国，秦国凭借上党攻击赵国，赵国必然亦会失去抵抗能力。正如胡三省所言："秦有吞天下之心，使赵不受上党而秦得之，亦必据上党而攻赵。故赵之祸不在于受上党。"④赵国为了图存，与秦国必有一场恶战。选择此时决战，赵国尚存胜机。战争胜败的关键，是由综合因素决定的，而两国国君的心理、能力、智慧和整体素养，对战争的走向则起了关键的作用。

上党争夺战，从综合国力上看，秦国占有优势。自商鞅变法后，经过几代君主、特别是昭襄王的苦心经营，对六国具有优势，形成了一超多强的

---

① 吴良宝：《战国时期上党郡新考》，《中国史研究》2008 年第 1 期。

② 司马迁：《史记》卷 73《白起列传》，第 2333 页。

③ 司马迁：《史记》卷 73《白起列传》，第 2333 页。

④ 司马光：《资治通鉴·胡三省注》卷 5《周纪五》，中华书局 1956 年版，第 167 页。

局面。张仪曾指出："秦地半天下，兵敌四国，被山带河，四塞以为固。虎贲之士百余万，车千乘，骑万匹，粟如丘山。法令既明，士卒安难乐死，主严以明，将知以武。虽无出兵甲，席卷常山之险，折天下之脊，天下后服者先亡。"① 秦国有良好的自然地理条件和政治环境；有一支屡经锤炼、能征善战的军队；有巩固的后方和较为充足的粮食供应；有蒙武、王龁、白起等一批杰出的军事将领。

赵国经过武灵王的胡服骑射改革，在向北方发展过程中国土面积快速扩大；赵国向以民风剽悍，军事实力雄厚著称，骑兵的优势更加明显；赵国文有信陵君，武有廉颇、李牧等人才。尽管赵国综合国力劣于秦国，但赵国有两个秦国不可比拟的优势。一是得民众支持。秦国残暴的征伐侵略，激起了各国人民的强烈恐惧和愤怒。"秦使左庶长王龁攻韩，取上党。上党民走赵。"② 上党民众不愿接受秦国统治，自愿投奔赵国，自然会在战争中支持赵国，这是赵国重要的战争资源。二是得关东各国支持。阏与之战后，各国大受鼓舞，赵国成为反秦力量聚合的中心。"天下之士合从相聚于赵，而欲攻秦。"③ 秦国攻占上党，不仅对赵国形成威胁，而且对韩国、魏国、齐国、楚国、燕国都形成巨大压力。赵国如果外交得当，可以获得各国援手。如果形成多强对一超，联合抗秦的局面，秦国未必稳操胜券。可见，战争胜负的关键，乃取决于双方决策者的决心、能力和智慧。

秦昭襄王作为秦国的最高决策者，在位已经 45 年。经过长期的历练和打磨，具有了丰富的政治、军事、外交经验，善忍耐，能决断，心理坚强，性格成熟而稳定。赵国的最高决策者是赵孝成王，只有 4 年的执政经历，性格优柔寡断，对列国形势了解不足，缺乏举国大战的决心和判断力。两相对比，高下立判。具体表现在以下方面：

一是对长平之战的重要性认识不同。争夺上党，长平决战，秦国谋划已久。阏与之战后，秦昭襄王认识到，与赵国上党决战，对秦东进征服各

① 《战国策》卷 14 《楚策一》，第 123 页。
② 司马迁：《史记》卷 73 《白起列传》，第 2333 页。
③ 《战国策》卷 5 《秦策三》，第 46 页。

国、扫清统一障碍至为关键，并为此做了充分准备。派大将白起、王龁、五大夫贲连续对韩国大举进攻，削弱韩国力量。在上党周边攻城夺隘，切断上党与韩国内地的联系，使上党孤立无援，迫使韩国献出上党。赵孝成王则对上党的重要性估计不足。当韩国欲献上党时，他考虑的是："今发百万之军而攻，逾年历岁未得一城也。今以城市邑十七币吾国，此大利也。"① 认为接受上党，是捡到了一个大便宜，也能改变先王"逾年历岁未得一城"的窘境，获得心理的极大满足。而对如何保卫上党，如何应对秦军的攻击缺乏应有的重视与准备，对秦国可能发动的攻击以及由此带来的危害缺乏预测。接受上党后，未能及时布置重兵，控制上党的险要地势，为全面决战预做准备。

二是对战略战术的运用不同。昭襄王的战略十分明确，那就是必得上党。当韩国上党守冯亭将上党郡交给赵国的消息传来，立即就近派左庶长王龁进军上党，并加紧对韩国的进攻。公元前 261 年，秦昭襄王来到南郑就前指挥，并派白起攻取韩国的缑氏（今河南省偃师市南）、蔺（今地不明），对韩国形成压力并进行恫吓。赵国派军支援，占据长平。面对秦将王龁的进攻，赵孝成王临时任命廉颇为将。缺乏准备的廉颇仓促迎战，接连失利。"赵军士卒犯秦斥兵，秦斥兵斩赵裨将茄。六月，陷赵军，取二障四尉。"② 面对挫折，老将廉颇果断调整战术，修筑堡垒，坚壁以待秦，做打持久战的准备。

秦赵之间打持久战，各有利弊。秦国综合国力强于赵国，后方粮食较为充足，但运输线长，战争成本高。同时秦国担心主力部队被赵国拖住，各国趁机联合起来，合纵抗秦。在长平战场消耗过大，秦国完成兼并各国的目标将困难重重。长平之战久拖不决，秦国难以承受其成本与后果。对于赵国来说，打持久战的困难在于粮食不足，但能够得到当地百姓的支持。随着各国唇亡齿寒意识的增强，如果外交手段得当，争取各诸侯国支援赵国的可能

---

① 司马迁：《史记》卷 43《赵世家》，第 1825 页。
② 司马迁：《史记》卷 73《白起列传》，第 2333 页。

性极大。两军相持，胜负尚难预料。赵国接受上党，只是出于占便宜的心理，缺乏合理的战略战术部署。秦军进攻韩国，赵国派出军队据长平接应。秦将王龁攻占上党，赵孝成王任命廉颇率军迎战。连遭失败后，赵军转入防御。赵孝成王不愿与秦军在长平持久作战，又要求军队对秦发起进攻。君主的摇摆不定，导致赵军丧失了战争的主动性，处处受制于人。

三是外交手段的运用水平不同。长平之战的展开，不仅关系秦赵两国，而且也牵动了各诸侯国的利益。秦国一贯采取攻势，各诸侯国一再战败割地。如果强大的赵国被秦打败，各诸侯国的命运可想而知。在此情境下，如果赵国坚定立场，竭尽全力与秦国打一场总决战，也会激发各国联合抗秦的信心。再加上适宜的外交手段，各诸侯国出于自身命运的考虑，是会加入赵国同盟的。如果各国一起给秦国在军事和外交上施加压力，秦国必然有所顾忌，赵国或许会达到与各国联合战秦，逼秦国放弃上党的目标。外交活动对长平之战的胜败会起到重要作用。

长平之战前，秦昭襄王就通过外交活动瓦解各国与赵国的联盟。范雎提出"远交近攻"策略，将三晋作为首要的攻击目标，对齐、楚采取缓和关系、适度交好的策略，得到了昭襄王的赞同。长平相持之时，秦答应魏国如果不帮助赵国，将来会将战略要地垣雍送于魏国。昭襄王对各国合纵抗秦的重要性有充分认识，"天下合于秦，则无赵，合于赵，则无秦"[1]。如果抗秦联盟巩固，秦国已有退兵自保的打算。"秦攻赵长平，齐、燕救之。秦计曰：'齐、燕救赵，亲则将退兵，不亲则且遂攻之。'"[2] 为此，秦国竭力阻挠各国援救赵国。当各国谋士相聚于赵国，策划合纵攻秦之时，范雎建议秦昭襄王派唐雎携带大量金钱到达赵国。"公与秦计功者，不问金之所云，金尽者功多矣。"不计成本和代价，只要能让反秦之士转变立场，替秦国出谋划策，就不惜金钱赠予。结果，"唐雎行，行至武安，散不能三千金，天下之士相与斗矣"[3]。

---

① 《战国策》卷25《魏策四》，第241页。
② 《战国策》卷9《齐策二》，第82页。
③ 《战国策》卷5《秦策三》，第47页。

与秦昭襄王全力破坏反秦联盟不同，赵孝成王对于建立反秦联盟则畏手畏脚，态度消极。长平之战初期，廉颇与秦军僵持不下，大臣虞卿建议赵孝成王："王聊听臣，发使出重宝以附楚、魏，楚、魏欲得王之重宝，必入吾使。赵使入楚、魏，秦必疑天下合纵也，且必恐。如此，则媾乃可为也。"① 只有联合各国合纵抗秦，才能达到与秦国讲和的目标，赵孝成王拒绝了虞卿的建议。没有诸侯国的支持，导致赵国外援不至，求和不得的后果。

四是对决战的决心与投入不同。由于对上党地位及打败赵国重要性有充分认识，秦昭襄王一开始就认识到长平之战是一场与赵国的决战，也是实现秦兼并各国目标的必打之战，秦国只能取胜不能失败。为此，秦昭襄王为这场恶战进行了充分的准备，设想了各种预案，从军事、内政、外交各方面进行了全面的干预，为获取最后胜利创造了良好的内外条件。战争初始阶段，王龁统率秦军对赵军取得了节节胜利。王龁作为青年将领，在秦国对外扩张中屡获战功。但秦昭襄王清醒地认识到，凭借王龁的经验、能力和才华，还不足以指挥与赵国的决战。他暗中调来秦国的战神武安君白起做主将，而让王龁任白起的裨将。白起之前指挥过多场与各国的重大战役，以出手果断、老辣狠毒、屡战屡胜著称。为了不引起赵国的警惕和重视，秦昭襄王下令军中："有敢泄武安君将者斩。"②

廉颇是赵国身经百战的老将，他看到秦军来势汹汹，气势正盛，决定与秦国打持久战，于是"廉颇坚壁以待秦"③。老将廉颇与秦国相持对垒，以便赵国获得重新进行战争部署，展开外交活动，组织联军抗秦，获取战争主动权的良好时机。幻想速战速决的赵孝成王对廉颇的战术却极为不满，多次指责廉颇作战不利。秦昭襄王抓住时机，对赵国进行反间，诱使赵国换掉廉颇。"秦之所恶，独畏马服君子赵括将耳，廉颇易与，且降矣。"赵孝成王果然上当，"赵王既怒廉颇军多失亡，军数败，又反坚壁不敢战，而又闻秦反

---

① 《战国策》卷 20《赵策三》，第 181—182 页。
② 司马迁：《史记》卷 73《白起列传》，第 2334 页。
③ 司马迁：《史记》卷 73《白起列传》，第 2334 页。

间之言，因使赵括代廉颇将以击秦"①。让一个贪功无知，只会"纸上谈兵"，未经过战争历练的青年人与百战百胜的白起对抗，后果自然可想而知。秦赵双方君主都进行了阵前易帅，但后果却大相径庭。昭襄王运筹帷幄，知人善任，派最优秀的将领指挥长平之战，体现了他与赵国死拼的决心；赵孝成王遇事犹豫不决，对秦战略摇摆不定，受秦蛊惑以新帅赵括换老将廉颇，"显示赵王在关键时刻，对总体形势以及统帅人选判断力的不足"②。

赵孝成王对秦战略的摇摆，也影响了各国出兵相救的信心。在廉颇与秦军长平对抗的一年多时间里，列国唇亡齿寒意识日渐强烈，纷纷准备出兵救赵。只要赵军坚定信念与秦对抗，再辅以必要的外交手段，联合抗秦的局面必将形成，是战是和的主动权将掌握在赵国手中。这时赵孝成王又出现摇摆，他派大臣郑朱入秦，幻想与秦单独讲和。对于赵孝成王的如此选择，虞卿认为必然事与愿违。"王必不得媾，军必破矣！天下之贺战胜者，皆在秦矣！郑朱，赵之贵人也，而入于秦，秦王与应侯必显重以示天下；楚、魏以赵为媾，必不救王，秦知天下不救王，则媾不可得而成也。"③秦国果然利用郑朱入秦的机会大肆宣扬已经与赵国媾和，原来准备出兵的齐、楚、魏、燕各国自然不愿再援赵以招祸于身。当赵孝成王在战和之间犹豫不决之际，秦国已经做好了决战部署。

赵括取代廉颇，改变了持久作战的战略，主动出击秦军。白起假装败退引诱赵军离开军营，然后派出两支军队，一支绕道赵军后方，截断赵军退路及粮道，一支冲击赵军中部，将赵军一分为二。秦昭襄王看到决战时刻已经到来，亲自来到靠近前线的河内郡指挥。将全国15岁以上的男子全部调到长平前线，提高民众一级爵位进行鼓励，坚决堵住赵国的救兵，切断赵军的运粮通道。反观赵孝成王，由于缺乏对长平之战关系国家生死存亡重要性的认识，战前准备不足。战争开始后，"赵无以食，请粟于齐，而齐不听"④，完全

① 司马迁：《史记》卷73《白起列传》，第2334页。
② 林聪舜：《赵国接受上党导致长平惨败之说的检讨》，《信阳师范学院学报》2014年第1期。
③ 《战国策》卷20《赵策三》，第182页。
④ 《战国策》卷9《齐策二》，第82页。

没有支持一场大战的粮食储备。再加上战略战术摇摆不定，缺乏长期坚持、摊牌决战的信心，对前线士兵的支援不够。在被秦军分割包围之后，"赵卒不得食四十六日，皆内阴相杀食"①。在饥饿难支、毫无战斗力的情况下欲冲出包围圈，结果未能如愿。情急之下，"其将军赵括出锐卒自搏战，秦军射杀赵括。括军败，卒四十万人降武安君"②。白起担心降军反叛难制，用欺诈的手段将他们全部坑杀，只留下了240名年幼战俘放回赵国。长平之战，"前后斩首虏四十五万人。赵人大震"③。当时唯一能与强秦抗衡的国家彻底衰弱下去，秦国的统一大势已不可逆转。

长平之战，从综合情况来看，双方各据优势。对赵国来说，如果坚定信心，精心准备，建立合纵反秦联盟，抢占有利地势，争取民众支持，倾尽国力，拼死一搏，尚有极大胜机。"赵国犯的重大错误，不在接受上党，而是既贪上党郡之利，又无与秦决战提前摊牌的决心与准备，国家战略摇摆不定，终致孤立无援，坐陷长平惨败绝境。"④ 长平之战，是双方综合实力的较量，两国君主素质的高下，对战争结果起到了关键性作用。

长平之战后，白起欲乘胜追击，进攻邯郸，灭赵攻韩。范雎担心白起功劳盖过自己，劝昭襄王撤回白起，休整军队，接受韩、赵两国割地求和，被其采纳。9个月后，秦国派王陵包围邯郸，屡攻不下之际，昭襄王准备再次启用白起。白起认为，秦军先机已失，不宜再围邯郸。"邯郸实未易攻也。且诸侯救日至，彼诸侯怨秦之日久矣。今秦虽破长平军，而秦卒死者过半，国内空。远绝河山而争人国都，赵应其内，诸侯攻其外，破赵军必矣。"⑤ 魏、楚两国看到赵国如亡，己将继之的后果，出兵救援，秦国被迫撤离邯郸。之后，昭襄王继续蚕食各国。在他去世的前一年，灭掉了西周，将西周的九鼎迁入秦国。九鼎是统一政权的象征，尽管秦昭襄王在世期间未能实现

① 司马迁：《史记》卷73《白起列传》，第2335页。
② 司马迁：《史记》卷73《白起列传》，第2335页。
③ 司马迁：《史记》卷73《白起列传》，第2335页。
④ 林聪舜：《赵国接受上党导致长平惨败之说的检讨》，《信阳师范学院学报》2014年第1期。
⑤ 司马迁：《史记》卷73《白起列传》，第2336—2337页。

统一愿望，但却为后来的君主扫清了统一的主要障碍。

自商鞅变法后，秦国经历了七代君主，昭襄王统治的时间，既超过他的三代前任孝公、惠文王和武王的总和，也超过了他的后三任孝文王、庄襄王和秦始皇的总和。在国内，团结不同力量，提拔重用人才，保持政治稳定，使秦国持续变富变强。在国外，利用政治、军事、外交等综合手段，蚕食削弱山东各国，形成了秦国绝对的超级大国地位。司马迁在《太史公自序》中论述《秦本纪》的写作宗旨时说道：“维秦之先，伯翳佐禹；穆公思义，悼豪之旅；以人为殉，诗歌《黄鸟》；昭襄业帝。作《秦本纪》第五。”①将昭襄王放在了与秦祖先伯翳、称霸西戎的穆公同等重要的地位上，并评价他奠定了秦国的帝业。苏代评价昭襄王：“秦王明而熟于计。”②在长达半个多世纪的执政时间里，历经磨炼的昭襄王执着地向既定目标迈进，既能迂回曲折，又能坚定前行，表现出一个政治家成熟、坚毅的心态，无疑是奠定秦国统一大业的关键性人物。

第三节　“合纵连横”“远交近攻”中秦对六国的心理战

因“诸侯卑秦”而变法图强，兼并扩张，力图征服关东各诸侯国的秦统治者，在外交活动中紧紧抓住六国既想联合对抗秦国，又相互防范；既怕失去利益，又想获得好处的心理，审时度势，纵横捭阖，打拉结合，一步步削弱对手，壮大自己，走上了“自强式国家”的路径。

一、以欺诈与捧杀手段削弱魏国

战国初期，魏国最早变法改革，一度成为力量最强大的诸侯国。魏国的领土越过河西，几乎钳制了秦国向东发展的路径。献公、孝公时期的变法改革，主要目标首先是要突破魏国的控制与封锁，走向与中原各国的争霸之

① 司马迁：《史记》卷130《太史公自序》，第3302页。
② 《战国策》卷4《秦策二》，第36页。

路。为了更好地与魏国竞争，秦献公将首都由雍迁到栎阳，并在石首之战和少梁之战中打败魏国。献公时期，对魏国战争的胜利，打破了长期形成的恐魏心理，但总体上说，魏强秦弱的局面并未真正改变。

（一）商鞅利用公子卬信"旧交"的心理，对魏取得关键性胜利

商鞅曾在魏国丞相公叔痤手下做门客，对魏国情况及秦魏关系十分了解。他曾对秦孝公分析，魏国不仅有河西之地，而且安邑是各国离秦国最近的都城。魏秦不两立，只有彻底削弱魏国，才能给秦国创造称霸天下的机会。"秦之与魏，譬若人之有腹心疾，非魏并秦，秦即并魏。何者？魏居领阨之西，都安邑，与秦界河而独擅山东之利。利则西侵秦，病则东收地。今以君之贤圣，国赖以盛。而魏往年大破于齐，诸侯畔之，可因此时伐魏。魏不支秦，必东徙。东徙，秦据河山之固，东乡以制诸侯，此帝王之业也。"① 为了更好地与魏国等关东各国争锋，商鞅建议孝公将首都迁到咸阳。秦孝公派商鞅率军进攻魏国，魏国派公子卬迎战。总体上看，魏军力量强于秦军。商鞅在魏国时，多得公子卬的关照，深谙公子卬重义气、讲交情的心理。在两军对阵之际他给公子卬写信："吾始与公子欢，今俱为两国将，不忍相攻，可与公子面相见，盟，乐饮而罢兵，以安秦魏。"② 公子卬作为魏国王族，深受传统的"人而无信，不知其可也"③ 的观念影响，轻信了商鞅的话。结果在宴会上，商鞅以伏兵劫持了公子卬，并趁魏军不备发起进攻，魏军大溃，公子卬被带回了秦国。这次大胜，魏国实力遭到严重打击，并对秦国产生了恐惧。为了避免秦国对首都的直接威胁，魏国被迫把首都从安邑迁到大梁。就此，魏国退出了超级大国的行列，衰变成秦国扩张中的一个普通对手。

（二）利用魏惠王好大喜功的心理，破坏其联合抗秦的图谋

秦国的连续进攻，使魏国难以招架。魏惠王调整战略，决定联合其他诸侯国，一起对付秦国。公元前342年，魏惠王发动逢泽之会，会盟宋、卫、邹、鲁、陈、许、郑、蔡等中原小国，以共同朝拜周天子为名，确立魏

① 司马迁：《史记》卷68《商君列传》，第2232页。
② 司马迁：《史记》卷68《商君列传》，第2232—2233页。
③ 《论语注疏》卷2《为政》，李学勤主编《十三经注疏》（标点本，10），第23页。

国的盟主地位，图谋对秦发起反击。"昔者魏王拥土千里，带甲三十六万，其强而拔邯郸，西围定阳，又从十二诸侯朝天子，以西谋秦。秦王恐之，寝不安席，食不甘味，令于境内，尽墼中为战具，竟为守备，为死士置将。"①秦孝公十分担忧，商鞅献策秦孝公，如果各诸侯国与魏国联合，秦国很难与之抗衡，一定要破坏魏国的图谋。商鞅亲自到魏国游说，劝魏惠王称王。"大王之功大矣，令行于天下矣。今大王之所从十二诸侯，非宋、卫也，则邹、鲁、陈、蔡，此固大王之所以鞭棰使也，不足以王天下。大王不若北取燕，东伐齐，则赵必从矣；西取秦，南伐楚，则韩必从矣。大王有伐齐、楚心，而从天下之志，则王业见矣。大王不如先行王服，然后图齐、楚。"②利用魏惠王沾沾自喜、好大喜功的心理，诱导他不能只指挥宋、卫、邹、鲁等小国，还应对燕、齐、楚、韩等中原大国发号施令，发起进攻，尽显霸主地位。鼓励魏国首先称王，然后号令天下。

缺乏政治远见的魏惠王果然上当。"魏王说于卫鞅之言也，故身广公宫，制丹衣柱，建九斿，从七星之旗。此天子之位也，而魏王处之。"③实力已经衰弱的魏国的自大行为，引起了各诸侯国的愤怒，其近邻韩国首先抵制魏国称王。"魏王为九里之盟，且复天子。房喜谓韩王曰：'勿听之也！大国恶有天子，而小国利之。王与大国弗听，魏安能与小国立之？'"④各国组成了以齐国为首的联军，进攻魏国。"于是齐、楚怒，诸侯奔齐，齐人伐魏，杀其太子，覆其十万之军。魏王大恐，跣行按兵于国，而东次于齐，然后天下乃舍之。"⑤商鞅利用魏惠王的虚荣心，游说他先行王服，自比周天子，在追随他的各小诸侯国中暴露自己的称霸野心；又进一步鼓励他蔑视各诸侯国，引起了各诸侯国的普遍反感和攻击，将魏国的打击目标从秦国引向了韩、齐等其他诸侯国，使魏国反而成为各国联合打击的对象。在马陵之战中，齐国大

---

① 《战国策》卷 12《齐策五》，第 105 页。
② 《战国策》卷 12《齐策五》，第 105 页。
③ 《战国策》卷 12《齐策五》，第 105 页。
④ 《战国策》卷 29《韩策三》，第 280 页。
⑤ 《战国策》卷 12《齐策五》，第 105 页。

败魏军，魏国基本退出了强国行列。商鞅巧妙利用魏王的心理，兵不血刃地化解了魏国组织的抗秦联盟，极大削弱了魏国的实力。

二、合纵连横中秦对各国的心理战

随着秦国的不断出击，各国感到了威胁，联合抗秦的意识也在增强。此时的秦国，尚无吞并各国的实力。如果各国一心合纵抗秦，秦国亦无力招架。秦国抓住各国各怀私利的心理，选择灵活的外交政策，不同时期连横不同的国家，形成相对的优势，打击蚕食各个诸侯国，达到壮大自己，削弱对手的目的。

（一）以连横术削弱楚国

魏国所处位置为天下之中枢，南有楚国，北有燕国、赵国，西有韩国、秦国，东有齐国。如果魏国强大，既可以独自遏制秦国的东进路线，也可以联合其他国家进攻秦国，成为秦国的最大威胁，也是秦国优先打击的对象。秦国首先攻击削弱魏国，相当于打断了六国联合抗秦之脊，为秦国进一步削弱抗秦联盟，持续蚕食各国创造了条件。尽管魏国衰弱，但秦灭掉魏国的条件并不成熟。从楚国来到秦国，深受秦惠文王赏识的张仪，对此有着深刻的认识。"昔窃闻大王之谋出事于梁，谋恐不出于计矣，愿大王之熟计之也。梁者，山东之要也。有蛇于此，击其尾，其首救；击其首，其尾救；击其中身，首尾皆救。从梁王，天下之中身也。秦攻梁者，是示天下要断山东之脊也，是山东首尾皆救中身之时也。山东见亡，必恐，恐必大合。山东尚强，臣见秦之必大忧可立而待也。臣窃为大王计，不如南出。事于南方。其兵弱，天下必不能救，地可广大，国可富，兵可强，主可尊。王不闻汤之伐桀乎？试之弱密须氏以为武教，得密须氏而汤之服桀矣。今秦国与山东为雠，不先以弱为武教，兵必大挫，国必大忧。"①

魏国曾是中原大国，与韩、赵关系尤为密切。如果秦灭魏国，会使多个大国直接面临强秦威胁，在唇亡齿寒、兔死狐悲的压力下，各国联合抗秦

---

① 《战国策》卷 25 《魏策四》，第 237 页。

的意识会更加强烈，从而对秦国造成巨大威胁。张仪审时度势，及时提出秦国应该调整国家战略，变打击魏国为联合魏国，把进攻主要方向转向南方的楚国。楚国地域辽阔，军事力量分散，蚕食楚国，遇到的抵抗相对会弱；楚国向来被中原各国视为蛮夷，攻击楚国，中原各国关注较少，不易形成反秦联盟；楚与秦国接壤之地土地肥沃，易于发展农业生产，蚕食楚国，便于壮大秦国实力。特别是张仪曾在楚国游说，受辱楚相而来到秦国，了解楚怀王贪小利而易盲动的性格，也了解楚国内部君主昏庸，奸臣受宠的情况。楚国貌似强大，实际上却外强中干，进攻楚国可以取得"地可广大，国可富，兵可强，主可尊"①的效果。秦惠文王赞赏张仪的战略，秦国开始连横魏国，将主要打击对象指向楚国。秦惠文王时期已经夺取了巴蜀之地，使秦国有了稳固富庶的后方，为进一步打击楚国创造了良好条件。

公元前328年，张仪被任命为秦相后，建议秦惠文王与魏国结盟，派公子繇到魏国做人质。他亲自游说魏惠王："秦王之遇魏甚厚，魏不可以无礼。"②已经被秦国打怕的魏惠王也急于交结秦国，"魏因入上郡，少梁，谢秦惠王"③。秦国兵不血刃，就得到了魏国的战略要地。为了巩固秦魏同盟，秦国也将焦、曲沃两地归还魏国。秦国拉拢魏国的另一个目的是"欲令魏先事秦而诸侯效之"④，利用群羊效应，让魏国作为表率诱使各国加入秦国同盟。为此，张仪还亲自到魏国做丞相。在这期间，秦魏连横多有反复，秦用各种手段威逼利诱魏国。公元前313年，两国在临晋会盟，魏国按照秦国的愿望立公子政为太子。秦国威服魏国后，张仪便将主要目标放在打击楚国上面了。

楚怀王是一个注重眼前利益，缺乏长远谋略的庸君。《战国策》中有人描绘楚怀王："且楚王之为人也，好用兵而甚务名。"⑤他情绪波动大，心理不稳定，遇事缺乏深谋远虑，易于被人操控。在秦国压力下，楚国与齐国结

① 《战国策》卷25《魏策四》，第237页。
② 司马迁：《史记》卷70《张仪列传》，第2284页。
③ 司马迁：《史记》卷70《张仪列传》，第2284页。
④ 司马迁：《史记》卷70《张仪列传》，第2284—2285页。
⑤ 《战国策》卷23《魏策二》，第221页。

盟，两个大国的实力远超秦国。秦欲弱楚，首先必须拆散齐楚同盟。张仪非常了解楚怀王的心理弱点，他来到楚国，以土地美女诱惑楚怀王断绝与齐国的关系。"大王诚能听臣，闭关绝约于齐，臣请献商於之地六百里，使秦女得为大王箕帚之妾，秦楚娶妇嫁女，长为兄弟之国。此北弱齐而西益秦也，计无便此者。"① 与齐国绝交，可以得到秦国送来的土地、美女、削弱与自己实力相当的邻国。面对如此的好处，楚怀王大喜过望。他不顾大臣的反对，答应了张仪的要求。求利心切的楚怀王，一面派使者与齐断交，一面派人随张仪回秦国拿地。张仪回秦国后，佯装坠车受伤，三个月没有上朝，借此拖延楚国。利令智昏的楚怀王反而以为秦国未兑现承诺，是因为自己与齐国断交不彻底，便派人到齐国痛骂齐王。愤怒的齐王断绝与楚国的关系，并与秦国结盟。张仪见目的达到，便上朝接见楚国使者，"臣有奉邑六里，愿以献大王左右"②。楚怀王发现受了张仪的欺骗，十分恼怒，便派大将屈匄率军进攻秦国。秦国对此早有准备，并与齐国结成同盟。"秦齐共攻楚，斩首八万，杀屈匄，遂取丹阳、汉中之地。"③ 震怒之下仓促出兵，军败地失的楚怀王咽不下这口气，继续调发军队进攻秦国，在蓝田又被秦军打败，楚国只好割出两城给秦求和。

秦国向楚怀王提出，以秦国的商於之地换取楚国的黔中地，楚怀王对张仪的恨意难消，将个人的情感置于国家利益之上，提出："不愿易地，愿得张仪而献黔中地。"④ 张仪深知楚怀王贪利、少虑、盲动，易受操纵，变幻无常的性格特点，再次来到楚国。他收买怀王宠臣靳尚和宠妃郑袖。郑袖劝说楚怀王："'人臣各为其主用。今地未入秦，秦使张仪来，至重王。王未有礼而杀张仪，秦必大怒攻楚。妾请子母俱迁江南，毋为秦所鱼肉也。'怀王后悔，赦张仪，厚礼之如故。"⑤ 怀王常常将个人情感置于国家利益之上，

---

① 司马迁：《史记》卷 70《张仪列传》，第 2287 页。
② 司马迁：《史记》卷 70《张仪列传》，第 2288 页。
③ 司马迁：《史记》卷 70《张仪列传》，第 2288 页。
④ 司马迁：《史记》卷 70《张仪列传》，第 2288 页。
⑤ 司马迁：《史记》卷 70《张仪列传》，第 2289 页。

在郑袖求情下，不仅没有杀掉张仪，而且对他宠爱如故。张仪借机游说赵、韩、楚、齐、燕各国与秦连横，各国看到楚国已经服从秦国，纷纷拿出土地送于秦国，改善与秦国的关系。至秦惠文王末年，秦国的连横同盟进入最巩固、也是获益最多的时期。张仪抓住楚怀王贪婪盲动的心理特点，诱惑楚齐断交，将楚国陷于孤立无援的地位，既夺取了楚国的大量土地，又恶化了齐楚关系，增加了中原各国对楚国的敌意，为秦国进一步分化各国创造了条件，其策略运用极为巧妙。秦惠文王死后，张仪离开秦国。秦武王在楚国亲附的情况下，专力进攻韩国，攻下了韩国的重地宜阳，达到了"通三川，窥周室"①的目标。

秦与楚国结盟，真正目的是为了挑起各国间的内斗，借以削弱楚国，壮大自己。楚国盟秦，也引起了齐、韩、魏等国的愤恨。秦昭襄王即位后，利用楚国太子逃离秦国事件，于公元前 301 年，派庶长奂与齐国、韩国、魏国联军攻楚，在重丘大败楚军，杀楚将唐昧，歼楚军 2 万人。公元前 299 年，又杀楚将景快，攻取楚国 8 城。情急之下，楚国派太子到齐国为质，意在恢复齐楚同盟。秦昭襄王再次利用楚怀王轻虑盲动的心理，给他写信："始寡人与王约为弟兄，盟于黄棘，太子为质，至欢也。太子陵杀寡人之重臣，不谢而亡去，寡人诚不胜怒，使兵侵君王之边。今闻君王乃令太子质于齐以求平。寡人与楚接境壤界，故为婚姻，所从相亲久矣。而今秦楚不欢，则无以令诸侯。寡人愿与君王会武关，面相约，结盟而去，寡人之愿也。"②楚怀王面对秦国的威逼与利诱，再次选择相信之，结果在武关被秦伏兵扣留，并劫持到咸阳。楚国被迫新立君主，秦国借机出兵武关击楚。楚顷襄王在秦国军事压力之下，又被迫与秦和亲连横。楚怀王逃离不成，最终病死于秦。

楚国与秦、齐同为有实力的大国，楚国位于秦、齐之间，争取或削弱楚国，对两国都至为重要。秦国抓住楚怀王贪婪好利、优柔寡断的心理，以和欺之，以力威之，以兵压之，将楚王玩弄于股掌之间，始终掌握着双方关系

---

① 司马迁：《史记》卷 5《秦本纪》，第 209 页。

② 司马迁：《史记》卷 40《楚世家》，第 1727—1728 页。

的主动权。楚国在秦国的打击下一蹶不振，秦国东出的侧翼威胁得以减弱。

（二）瓦解诸侯合纵联盟

随着秦国实力的扩张及对各国的蚕食，任何单一诸侯国都难以与秦国匹敌和对抗。各诸侯国意识到如果某一诸侯国被秦国灭掉，那么接下来秦国的目标可能就是自己。在这种局面下，出手援助被秦攻击的国家，或者当本国受秦攻击时求得他国援助的愿望会愈加强烈。自秦惠文王时期，合纵抗秦已经成为各国的共同选择。粉碎和瓦解合纵抗秦联盟，是秦国走向统一之路的关键性问题。秦国抓住各诸侯国既想联合打击秦国、彼此之间亦相互争夺、同床异梦、各顾私利、趋利避害的心理，对合纵联盟分化瓦解，各个击破，扩大连横力量，变劣势为优势，将外交活动与军事打击巧妙结合，掌握了战争的主动权。

第一次真正意义上的合纵抗秦联盟发生在公元前 318 年。张仪来到秦国，受到秦惠文王重用。公孙衍从魏国投奔秦国，依靠他对魏国的熟悉，多次率军在魏国攻城略地，深得秦惠文王器重。张仪与魏国连横，公孙衍无用武之地，便逃回魏国，倡导各国合纵抗秦。秦、魏连横对各国都构成巨大威胁，各国也纷纷支持魏国启用公孙衍对抗秦国。公元前 319 年，魏国任用公孙衍为丞相，联合赵、韩、楚、燕各国，组成合纵联盟，推楚怀王为纵长，于公元前 318 年出兵攻秦。

面对五国的凶猛攻势，秦国一面尽力和好楚国，使楚国名为纵长，实际上却持隔岸观火的态度，希望三晋与秦互相削弱；同时拉拢燕国，燕国自以为远离秦国，亦未积极出兵。实际出兵的魏、赵、韩三国亦相互防范，不能做到同心协力，甚至主谋国魏国也发生动摇。"五国伐秦。魏欲和，使惠施之楚，楚将入之秦而使和。杜赫为昭阳曰：'凡为伐秦者，楚也。今施以魏来，而公入之秦，是明楚之伐而信魏之和也。公不如无听惠施，而阴使人以请听秦。'昭子曰：'善。'因谓惠施曰：'凡为攻秦者，魏也。今子从楚为和，楚得其利，魏受其怨。子归，吾将使人因魏而和。'惠子反，魏王不说。"① 合

---

① 《战国策》卷 16《楚策三》，第 136 页。

纵抗秦的发起国魏国与主持国楚国暗中都想与秦国率先讲和，也就是所说的
"天下可令伐秦，则阴劝而弗敢图也。见天下之伤秦也，则先鬻与国而以自
解也。天下可令宾秦，则为劫于与国而不得已者。天下不可，则先去而以秦
为上交以自重也"①。在未全力进攻秦国之前，各国就想出卖他国讨好秦国；
合纵联盟发生动摇，各国都想率先结好秦国。在此局面下，"秦使庶长疾与
战修鱼，虏其将申差，败赵公子渴、韩太子奂，斩首八万二千"②，第一次合
纵攻秦以惨败收场。秦国则抓住各国惧怕秦国的心理，进行连横活动，将主
攻目标引向另外两个强大的国家——楚国和齐国。

　　第二次合纵抗秦发生于公元前298—前296年。韩、魏两国长期被秦国
攻击和蚕食，亡国之虞日益紧迫。随着楚国一再向秦国割地，秦国也一点点
逼近齐国势力范围。在秦国的挑唆下，楚国由与齐结盟转向与秦结盟，也使
齐人恼怒秦国。公元前299年，秦国召齐国孟尝君入境，先任命其为丞相
后又免其职，并图谋铲除之。孟尝君设法逃回齐国，联合韩国、魏国组成
联军，向秦国发起进攻。孟尝君足智多谋，复仇心切，韩、魏两国态度坚
决，三国联军攻入秦国的函谷关，一度威胁到首都咸阳，秦国面临巨大危
机。"三国攻秦，入函谷。秦王谓楼缓曰：'三国之兵深矣，寡人欲割河东
而讲。'对曰：'割河东，大费也；免于国患，大利也。此父兄之任也。王何
不召公子池而问焉？'王召公子池而问焉，对曰：'讲亦悔，不讲亦悔。'王
曰：'何也？'对曰：'王割河东而讲，三国虽去，王必曰：惜矣！三国且去，
吾特以三城从之。此讲之悔也。王不讲，三国入函谷，咸阳必危，王又曰：
'惜也！吾爱三城而不讲。'此又不讲之悔也。'王曰：'钧吾悔也，宁亡三城
而悔，无危咸阳而悔也。寡人决讲矣。'卒使公子池以三城讲于三国，三国
之兵乃退。"③ 这次合纵攻秦，三国态度坚决，目标明确，秦国未能得到他国
支援，三国联军攻入函谷关，取得了关东各诸侯国联合抗秦的一次大胜。这
时，秦国权衡利害，忍痛割地求和。归还韩国河东地及武遂，归还魏国河东

<hr />

①　《战国策》卷23《魏策二》，第219页。

②　司马迁：《史记》卷5《秦本纪》，第207页。

③　《战国策》卷6《秦策四》，第53—54页。

地及封陵，换取三国退军。

第二次合纵反秦成功，说明山东各国如果团结一致，并非无力抗秦。也说明秦昭襄王面对失败，仍然保持了理性，以尽可能小的代价换取首都的平安。同时，归还土地给韩国、魏国，挂帅合纵的齐国却没有得到多少好处，使齐国君主对合纵首领孟尝君产生不满，为离间合纵联盟埋下了伏笔。

第三次合纵抗秦发生于公元前294年。秦国被第二次合纵联军打败后，加强了与齐国的联合。齐湣王即位后，免除了孟尝君的相位，任用秦人吕礼为相，吕礼鼓动齐国与秦连横。

韩国、魏国在上次合纵战争中获得了胜利，这次又欲联合齐国合纵击秦，被吕礼破坏。公元前293年，韩国、魏国与东周的联军合纵攻秦。秦军初战不利，魏冉推荐白起代替向寿为秦国统兵将领，对联军发起反攻。魏国军队人数较多，但韩国军队武器精良，两军都希望对方打头阵。白起抓住联军心理，设少量兵力为疑兵假装攻韩，将韩军牢牢牵制。然后抽调主力军队突然对魏军发起进攻，魏军措手不及，在伊阙仓促应战，被白起斩首24万，接连攻下5城，韩将公孙喜被俘。韩、魏遭受抗秦以来最严重的打击。秦军乘胜追击，在大军压力之下，韩国率先与秦国媾和，派成阳君和东周君入朝秦国，并献出武遂之地200里。韩国倒向秦国后，秦国专力攻魏。公元前290年，丞相魏冉亲率大军攻魏，魏国被迫献出河东郡400里。至此，秦国不仅粉碎了魏、韩的第三次合纵抗秦活动，收服了上次失败失去的土地，而且进一步蚕食魏、韩两国。这时赵国经过赵武灵王胡服骑射改革，灭掉中山国，实力大增，魏国为了对抗秦国，加入了赵国同盟。

第四次合纵抗秦活动发生于公元前288年。魏国、赵国联盟，秦国感到了巨大威胁。这时，齐国加入哪一方至关重要。为了拉拢齐国，秦昭襄王自称西帝，并派魏冉到齐国尊立齐湣王为东帝，鼓动秦齐联合伐赵。"尝和衡而谋伐赵，参分赵国壤地。"① 齐湣王称东帝，引起各诸侯国的强烈反对，这时苏秦从燕国来到齐国，对齐湣王分析局势说："然与秦为帝而天下独尊

① 《战国策》卷18《赵策一》，第156页。

秦而轻齐，释帝则天下爱齐而憎秦，伐赵不如伐桀宋之利，故愿王明释帝以收天下，倍约宾秦，无争重，而王以其间举宋。"①（《史记》以此说辞归苏代，然据《战国纵横家书》，此为苏秦说辞）劝齐湣王取消帝号，放弃联秦攻赵的战略，变为联合各诸侯国抗秦灭宋。齐湣王被吞并宋国的巨大利益所诱惑，决定放弃帝号，并命苏秦到赵、韩、楚等国游说，与齐国共同合纵攻秦。周赧王二十八年（前287），齐、赵、韩、魏、楚等五国攻秦。但五国目标并不统一，齐国攻秦是为了便于吞并宋国，各国又不希望齐国独吞宋国，因而各怀私心。"五国伐秦，无功，罢于成皋，赵欲构于秦，楚与魏、韩将应之，齐弗欲。"②苏秦替齐王游说赵国权臣奉阳君李兑，如果赵国支持齐国击秦灭宋，便可将陶邑扩展为自己的封地，否则，原有的封地也难保有，李兑出于个人利益坚定了赵国攻秦决心。秦昭襄王见合纵联军声势浩大，为了保存实力，摆脱困境，自动取消帝号，将温、轵、高平归还给魏国，将王公、符逾两地归还给赵国，换得合纵联军退兵，齐国借此灭掉了宋国。表面上看，这次合纵击秦活动取得了成功。实际上，秦昭襄王及时与魏、赵两国讲和，不但将损失降到了最低，而且借齐国灭宋之机，将齐国推上了各国公敌的位置。

成功合纵抗秦，同时吞并宋国，齐国地位陡升。"齐南割楚之淮北，西侵三晋，欲以并周室，为天子。泗上诸侯邹鲁之君皆称臣，诸侯恐惧。"③各诸侯国不愿齐国过分强大，纷纷起来反齐。对秦国来说，借天下之力削弱又一个强大敌手齐国，此时为最佳时机。各诸侯国要想对付齐国须有秦国加入才有胜算。秦国利用这一时机，组织反齐联盟，变合纵为连横，化被动为主动。公元前286年，秦昭襄王与楚顷襄王在宛会盟，与赵惠文王在中阳会盟。秦国主动出击，派蒙武率军越过韩、魏攻战齐国九城，鼓舞联军士气。燕、齐之间为世仇，秦国派人游说燕国丞相："圣人不能为时，时至而弗失。舜虽贤，不遇尧也不得为天子；汤、武虽贤，不当桀、纣不王；

① 司马迁：《史记》卷46《田敬仲完世家》，第1898—1899页。
② 《战国策》卷21《赵策》四，第192—193页。
③ 司马迁：《史记》卷46《田敬仲完世家》，第1900页。

故以舜、汤、武之贤，不遭时，不得帝王。今攻齐，此君之大时也已，因天下之力，伐仇国之齐，报惠王之耻，成昭王之功，除万世之害，此燕之长利，而君之大名也。"① 燕昭王任命乐毅为上将军，率领燕军从北方平原进攻齐国，与秦、魏、韩、楚各国形成了对齐国的合围之势。公元前284年，五国联军在济水之西与齐国主力开战，齐军溃退，统帅触子逃亡，齐国遭遇惨败。乐毅率燕军攻入齐国首都临淄，几乎灭亡齐国。后来在大将田单的率领下，齐国反击复国。但经过此次打击，齐国元气大伤，失去了在东方与秦抗衡的能力。秦国在五国合纵击秦的不利局面下，以归还土地的方式与魏国、赵国和解。抓住齐国灭宋的时机，组织攻齐联盟，变合纵为连横。秦国此举，"既摧毁了最强大的敌手齐国，又使六国失去了后盾，合纵抗秦便趋于无力。六国中只剩下一个较为强劲的赵国尚可与秦国略事周旋，然而以大小强弱之势而言，赵远不如秦。秦国吞并六国的道路大大地缩短了"②。

第五次合纵抗秦发生于公元前276—前274年。齐国衰败后，秦国已经处于一国独强的地位，便连续对楚国、韩国、魏国等发起进攻，并先后进攻魏国的首都大梁、楚国的首都郢等，各国面临亡国之危。公元前276年，"白起伐魏，取两城"③。借助秦军主力伐魏之机，楚国出兵攻秦，"襄王乃收东地兵，得十余万，复西取秦所拔我江旁十五邑以为郡，距秦"④。第二年，秦军攻打魏国，大军直逼首都大梁，韩国出兵救援，被秦军打败，斩首4万。公元前274年，"魏背秦，与齐从亲。秦使穰侯伐魏，斩首四万，走魏将暴鸢，得魏三县"⑤。齐国衰弱后，各国为了求存而合纵抗秦，但已成强弩之末，很容易被秦击破，无法对秦国形成大的威胁了。

---

① 《战国策》卷5《秦策三》，第38—39页。
② 中国军事史编写组：《中国历代军事战略》上册，解放军出版社2002年版，第131页。
③ 司马迁：《史记》卷5《秦本纪》，第213页。
④ 司马迁：《史记》卷40《楚世家》，第1735页。
⑤ 司马迁：《史记》卷72《穰侯列传》，第2328页。

三、合纵连横与远交近攻

自商鞅变法以后，秦国对山东各国采取进攻蚕食战略。面对秦国的攻势，各国也多次合纵击秦。这段时期，秦对山东各国尚未形成绝对优势。与秦国实力相当的国家先后有魏国、楚国、赵国、齐国等，哪个国家与三晋联合，都会对秦国扩张构成直接威胁。对此，秦国的应对之策是尽力连横各诸侯国，利用多种手段分散瓦解合纵联盟，确立不同阶段的主攻目标，以灵活多变的战略战术粉碎合纵抗秦图谋。面对不利局面时则勇于妥协，以土地换和平，保存实力。在进攻各国时以蚕食扩张、强我弱敌为主，没有专攻某一列强，使其亡国。在此策略下，各国对秦始终怀有侥幸心理，为秦国争取盟友，减少各国的拼死抵抗创造了条件。魏国、楚国、齐国先后衰弱后，能与秦国直接匹敌对抗的国家寥寥无几，秦国也转变了外交策略，变连横为"远交近攻"，加速了吞并六国的步伐。

（一）"远交近攻"策略的提出

秦国主盟攻齐，利用燕、赵的力量打击齐国。当燕、赵继续攻齐之时，秦自公元前280年起，借机连续攻楚，夺取了楚国大片土地，迫使楚国将首都由郢（湖北江陵）搬迁到陈（河南淮阳）。为了化解秦国的持续打击，楚国派春申君黄歇来到秦国。黄歇劝说秦昭襄王，秦国的主要兵力在关中地区，若想大举进攻楚国，不能只靠从巴蜀发兵，必须从关中越过韩、魏攻楚。而一旦韩、魏反秦，从后路包抄秦军，与楚国形成夹击之势，秦军的处境将极其危险。春申君黄歇给秦昭襄王出主意，只有秦楚联合，才能达到削弱其余各国的目的。"臣为王虑，莫若善楚。秦、楚合而为一，临以韩，韩必授首。王襟以山东之险，带以河曲之利，韩必为关中之侯。若是。王以十万戍郑，梁氏寒心，许、鄢陵婴城，上蔡、召陵不往来也。如此，而魏亦关内侯矣。王一善楚，而关内二万乘之主注地于齐，齐之右壤，可拱手而取也。是王之地，一任两海，要绝天下也。是燕、赵无齐、楚，齐、楚无燕、赵也。然后危动燕、赵，持齐、楚，此四国者，不待痛而服矣。"① 黄歇认为，秦与楚联合，不仅有利于秦国攻伐韩、魏，而且可以完全打破各国合纵抗秦的图谋。秦昭襄王认为黄歇的建议是合理的，就暂时停止了对楚国的进攻。黄歇的游说，是一种嫁祸于人的策略，暂时缓解了楚国的危机，也拉开了秦国"远交近攻"的序幕。

"远交近攻"策略的系统化提出，是由范雎完成的。在秦襄昭王时曾长期大权在握的穰侯魏冉，更愿意主攻齐国，目的是为了扩大自己定陶的封地。从魏国来到秦国的范雎，向秦昭襄王提出："夫穰侯越韩、魏而攻齐纲、寿，非计也。少出师则不足以伤齐，多出师则害于秦。臣意王之计，欲少出师而悉韩、魏之兵也，则不义矣。今见与国之不亲也，越人之国而攻，可乎？其于计疏矣。且昔齐湣王南攻楚，破军杀将，再辟地千里，而齐尺寸之地无得焉者，岂不欲得地哉，形势不能有也。诸侯见齐之罢弊，君臣之不和也，兴兵而伐齐，大破之。士辱兵顿，皆咎其王，曰：'谁为此计者乎？'王曰：'文子为之。'大臣作乱，文子出走。故齐所以大破者，以其伐楚而肥韩、魏也。此所谓借贼兵而赍盗粮者也。王不如远交而近攻，得寸则王之寸也，得尺亦王之尺也。今释此而远攻，不亦缪乎！且昔者中山之国地方五百里，赵独吞之，功成名立而利附焉，天下莫之能害也。今夫韩、魏，中国之处而天下之枢也，王其欲霸，必亲中国以为天下枢，以威楚、赵。楚强则附赵，赵强则附楚，楚、赵皆附，齐必惧矣。齐惧，必卑辞重币以事秦。齐附而韩、魏因可虏也。"② 范雎借助历史的经验教训指出，最有利的削弱敌国、壮大自己的方式就是远交近攻。他还提出，将打击的重点放在韩、赵两国，对于魏国则"卑词重币以事之；不可，则割地而赂之；不可，因举兵而伐之"③。

范雎的"远交近攻"策略，是在秦国对六国取得绝对优势的情况下提出的。"近攻"是指对邻近国家，主要是对韩、赵、魏等国发起强力攻势，将所掠取的土地置于自己有效管控之下。"远交"是指对距离秦国相对较

---

① 《战国策》卷 5《秦策四》，第 59 页。
② 司马迁：《史记》卷 79《范雎蔡泽列传》，第 2409—2410 页。
③ 司马迁：《史记》卷 79《范雎蔡泽列传》，第 2410 页。

远的楚、齐等国，采取威胁、利诱、收买等多种措施加以笼络，使其支持秦国对邻国的攻击，或者让他们采取隔岸观火的态度，不对受攻击国加以援救，保证"近攻"的成功。范雎被秦昭襄王任命为丞相后，接连对韩国发起进攻。"范雎相秦二年，秦昭王之四十二年，东伐韩少曲、高平，拔之。"① "四十三年，武安君白起攻韩，拔九城，斩首五万。四十四年，攻韩南（郡）[阳]，取之。四十五年，五大夫贲攻韩，取十城。"② 秦国在进攻韩国时，由于成功实施"远交近攻"策略，对齐、楚等国进行了安抚，各国也惧怕秦国军队的强悍战力，没有出兵救援。韩国的进一步削弱，为秦国与最后一个强劲对手赵国的决战创造了良好条件。

（二）长平之战中秦国的纵横捭阖

长平之战，秦国取得胜利是多种因素促成的。而抓住赵国、魏国的心理，巧妙加以利用，则在秦胜赵败的过程中发挥了重要作用。

一是抓住赵孝成王对战争准备不足，决心不坚定的心理，制造赵国求和舆论，压制反秦同盟的形成，使赵国陷于孤立境地。战争开始，赵孝成王只想兵不血刃获得大片土地，既有实际利益又能提高声望，而没有充分估计秦国夺取上党之地的决心和能力，所以在战争陷入被动时不知所措。"秦、赵战于长平，赵不胜，亡一都尉。赵王召楼昌与虞卿曰：'军战不胜，尉复死，寡人使卷甲而趋之，何如？'"③ 凭借赵国当时的实力，即使倾全国之力与秦对战，也难有胜机。要想巩固上党之地，打败秦军，唯一的出路就是组织合纵反秦联盟。楼昌建议与秦国讲和。虞卿则指出："'夫言媾者，以为不媾者军必破，而制媾者在秦。且王之论秦也，欲破王之军乎？其不邪？'王曰：'秦不遗余力矣，必且破赵军。'虞卿曰：'王聊听臣，发使出重宝以附楚、魏。楚、魏欲得王之重宝，必入吾使。赵使入楚、魏，秦必疑天下合从也，且必恐。如此，则媾乃可为也。'"④ 秦国愤怒于赵国不战而得上党，当

① 司马迁：《史记》卷 79《范雎蔡泽列传》，第 2415 页。
② 司马迁：《史记》卷 5《秦本纪》，第 213 页。
③ 《战国策》卷 20《赵策三》，第 181 页。
④ 《战国策》卷 20《赵策三》，第 181—182 页。

然不会答应与赵讲和，赵孝成王也认同这一观点。当虞卿建议拿出重宝来促使魏、楚组成反秦联盟时，贪婪而好面子的赵孝成王加以拒绝，反而与平阳君商议确定与秦讲和，并派宠臣郑朱作为使者入秦。秦国一面扣留郑朱，一面大造秦赵媾和之舆论。因担心唇亡齿寒，本欲出兵救赵的魏国和楚国看到赵国已与秦国讲和，自然会停止出兵。为了确保魏国不出兵相援，秦昭襄王抓住魏王畏惧秦国又贪图利益的心理，许诺归还魏国的垣雍。秦国则借赵国幻想媾和，诸侯援兵不至的有利时机，加紧对赵军的进攻，以陷赵军于孤立无援之境。

　　二是秦国利用赵孝成王战略摇摆不定，容易受人蛊惑的心理，大兴反间之计，从内部瓦解赵军。战争进行之际，赵国老将廉颇坚壁待敌，准备与秦军打持久战，这对双方都是严峻考验。秦国看透了赵孝成王缺乏决战准备，欲进攻以求速胜之心理，用反间之计促使赵国以纸上谈兵的赵括代替了老将廉颇，造成了赵军盲目出击，全面溃败的局面。秦国还在赵国收买代言人，动摇赵孝成王的抗秦决心。"秦攻赵，鼓铎之音闻于北堂。希卑曰：'夫秦之攻赵，不宜急如此。此召兵也。必有大臣欲衡者耳。王欲知其人，旦日赞群臣而访之，先言横者，则其人也。'建信君果先言横。"①建信君是赵孝成王宠爱的大臣，却被秦国收买，可想而知赵国会处于怎样的被动处境。秦国还以重金收买各国图谋合纵抗秦之士。《战国策》记载："天下之士合从相聚于赵，而欲攻秦。秦相应侯曰：'王勿忧也，请令废之。秦于天下之士，非有怨也，相聚而攻秦者，以己欲富贵耳。王见大王之狗，卧者卧，起者起，行者行，止者止，毋相与斗者；投之一骨，轻起相牙者，何则？有争意也。'于是使唐雎载音乐，予之五十金，居武安，高会，相与饮，谓：'邯郸人谁来取者？'于是，其谋者固未可得予也，其可得与者，与之昆弟矣。"②在范雎看来，各国谋士策划合纵反秦，表面上是为了天下国家，实际上他们是为了求得个人利益。范雎抓住各国策士的

---

① 《战国策》卷 20《赵策三》，第 188 页。
② 《战国策》卷 5《秦策三》，第 46—47 页。

逐利心理，采用金钱收买的办法，使那些鼓吹合纵的人反而与秦国亲如兄弟了。

三是秦国抓住战机，倾全国之力与赵国决战。秦昭襄王对长平之战的重要性有深刻认识，坚定信心去打这场歼灭战。任命最优秀的军事将领白起为前线总指挥；调发全国所有的战士赶赴前线，形成兵力上的优势；调动一切能够调动的物资保障后勤供应；自己亲自靠前指挥，表明必胜的决心。长平之战取得胜利，唯一能够对秦统一构成威胁的赵国力量变弱，此后，各国难以形成坚定有力的反秦同盟。40年后，秦国便实现了天下一统。

（三）《战国策》折射的秦对六国的心理战

《战国策》记载战国时期策士们游说各国诸侯之说辞，其中很大一部分说辞围绕合纵连横展开，全面反映了秦对各国的外交谋略及心理战术，概括其要包括：

一是威逼恐吓各国与秦结盟。正如苏代对燕王所说的那样："秦之行暴于天下，正告楚曰：'蜀地之甲，轻舟浮于汶，乘夏水而下江，五日而至郢；汉中之甲，乘舟出于巴，乘夏水而下汉，四日而至五渚。寡人积甲宛，东下随，知者不及谋，勇者不及怒，寡人如射隼矣。王乃待天下之攻函谷，不亦远乎？'楚王为是之故，十七年事秦。秦正告韩曰：'我起乎少曲，一日而断太行；我起乎宜阳而触平阳，二日而莫不尽繇；我离两周而触郑，五日而国举。'韩氏以为然，故事秦。秦正告魏曰：'我举安邑，塞女戟，韩氏、太原卷；我下枳，道南阳、封、冀，包两周，乘夏水，浮轻舟，强弩在前，铦戈在后，决荥口，魏无大梁；决白马之口，魏无济阳；决宿胥之口，魏无虚、顿丘。陆攻则击河内，水攻则灭大梁。'魏氏以为然，故事秦。"[1]秦国以强大的军事力量、超众的战斗力为后盾，威胁各国攻其要害，危其国家，迫使各国屈服于秦，或割地求和，或退出反秦联盟，或加入秦军阵营。正如《战国策》中所讲的故事，韩国为了讨好秦国，欲以金钱略秦，为了筹措金钱，"故卖美人。美人之贾贵，诸侯不能买，故秦买之三千金。韩因以其金事秦，

---

① 《战国策》卷30《燕策二》，第296页。

秦反得其金与韩之美人。韩之美人因言于秦曰：'韩甚疏秦'"①。在强大的秦国面前，韩国失去了金钱、美人，美人又把韩国疏秦的内幕泄露出去，使秦对韩加强了防范。一遭下来，韩国无疑成为最大的输家。

二是以利益诱惑分化各国联盟，从而各个击破。秦国欲进攻某一国家，一定要利诱可能与该国组成联盟的国家。"秦欲攻安邑，恐齐救之，则以宋委于齐，曰：'宋王无道，为木人以写寡人，射其面。寡人地绝兵远，不能攻也。王苟能破宋有之，寡人如自得之。'已得安邑，塞女戟，因以破宋为齐罪。"②秦国欲攻击魏国的安邑，担心齐国救援魏国，就诱导齐国去吞并宋国。齐国垂涎于宋国的土地和财富，放弃救援魏国而灭宋。待秦国攻占了魏国的领土后，再借口齐国灭宋之罪，组织各国联合击败齐国。

这样的谋略屡试不爽，各国的君主大多缺乏秦国君主的睿智和明断，贪图眼前利益而一再上当。秦国总能抓住瓦解合纵抗秦联盟的时机，找到攻击各国的理由。"秦欲攻齐，恐天下救之，则以齐委于天下，曰：'齐王四与寡人约，四欺寡人，必率天下以攻寡人者三。有齐无秦，无齐有秦，必伐之，必亡之。'已得宜阳、少曲，致蔺、石，因以破齐为天下罪。秦欲攻魏，重楚，则以南阳委于楚，曰：'寡人固与韩且绝矣！残均陵，塞鄳隘，苟利于楚，寡人如自有之。'魏弃与国而合于秦，因以塞鄳隘为楚罪。兵困于林中，重燕、赵，以胶东委于燕，以济西委于赵。已得讲于魏，至公子延，因犀首属行而攻赵。兵伤于离石，遇败于马陵。而重魏，则以叶、蔡委于魏。已得讲于赵，则劫魏，魏不为割。困则使太后、穰侯为和，嬴［赢］则兼欺舅与母。适燕者曰以胶东，适赵者曰以济西，适魏者曰以叶、蔡，适楚者曰以塞鄳隘，适齐者曰以宋。此必令其言如循环，用兵如刺蜚绣。"③秦国必要时可以让出自己已经得到的土地，来瓦解离间各国。欲进攻某国，先千方百计孤立它，以减轻进攻的压力。

三是抓住六国不能合力抗秦的弱点，分化瓦解之。在很长的时间里，

---

① 《战国策》卷28《韩策三》，第275页。
② 《战国策》卷30《燕策二》，第296—297页。
③ 《战国策》卷30《燕策二》，第297页。

六国合纵的实力远大于秦国。苏秦曾指出："臣窃以天下之地图案之，诸侯之地五倍于秦，料度诸侯之卒十倍于秦，六国为一，并力西乡而攻秦，秦必破矣。"① 为此，苏秦设计了六国相互援助，合纵摈秦的具体方案。"秦攻楚，齐、魏各出锐师以佐之，韩绝其粮道，赵涉河漳，燕守常山之北。秦攻韩魏，则楚绝其后，齐出锐师而佐之，赵涉河漳，燕守云中。秦攻齐，则楚绝其后，韩守城皋，魏塞其道，赵涉河漳、博关，燕出锐师以佐之。秦攻燕，则赵守常山，楚军武关，齐涉渤海，韩、魏皆出锐师以佐之。秦攻赵，则韩军宜阳，楚军武关，魏军河外，齐涉清河，燕出锐师以佐之。诸侯有不如约者，以五国之兵共伐之。六国从亲以宾秦，则秦甲必不敢出于函谷以害山东矣。"② 不管哪国受到秦国攻击，其余各国都伸手援助；如果哪个国家违背盟约，其余国家就联合讨伐。各国如能真如苏秦所设计的方案行动，那么秦国不仅没有任何可乘之机，反而会被各国排斥于中原之外。

秦作为后起之国，经历了长期的由弱到强、实力扩张的过程。山东各国亦有无数次独立或者联合削弱、抗击、牵制秦国发展的机会，但始终没能从根本上遏制秦国，其中一个重要原因就是各国不能坚定抗秦，心分则力分，力分则弱，被秦国分化瓦解。秦国始终坚持扩张政策，蚕食削弱各国，专心致志，力专则强，故能达到各个击破的目标。"秦之欲并天下而王之也，不与古同。事之虽如子之事父，犹将亡之也。行虽如伯夷，犹将亡之也。行虽如桀、纣，犹将亡之也。虽善事之，无益也，不可以为存，适足以自令亟亡也。然则山东非能从亲合而相坚如一者，必皆亡矣。"③ 各国始终心怀犹豫，常常对秦国抱有幻想，认识不到他们无论怎样做，秦国都会把吞并他们当作目标。

各国不能同心协力，联合抗秦，原因是多方面的。从历史上看，各诸侯国都是从周天子诸多诸侯国中开拓兼并、优胜劣汰中坚持下来的。相邻之国间各怀削弱对方、吞并对方之意。以公元前312年为例，秦国在蓝田打败

---

① 司马迁：《史记》卷69《苏秦列传》，第2248页。
② 司马迁：《史记》卷69《苏秦列传》，第2249页。
③ 《战国策》卷28《韩策三》，第273页。

楚国，各国不仅没有及时援助楚国，反而借机进行自我扩展。韩国、魏国进攻楚国至邓（今湖北省襄阳市北），韩国、魏国还协助秦国进攻齐国，协助秦国进攻燕国。不仅大国想兼并小国，小国也想兼并大国。燕国力量远弱于齐国，却与他国联合攻入齐国首都。各诸侯国"以兼并为利，连兵不解而相互削弱，给秦国造成了各个击破的机会"①。

　　各国之间即使形成了合纵反秦联盟，也难以长久坚持。各国之间同床异梦、相互猜忌，在进攻秦国时都想保存自己的实力，尽量把对方推向抗秦一线。以公元前 293 年的伊阙之战为例，韩、魏联军的兵力几乎是秦军的一倍。但韩国以兵力少为借口，希望魏军打先锋；魏国以韩军武器精良为由，想推韩军为先锋。在犹豫不决、相互观望之际，秦军以疑兵牵制韩军，出其不意打击魏军，变劣势为优势，一举击败了韩魏联军。当战争胶着时，各国都想先讨好秦国来换取自身的安全。正如张仪游说韩王时所说的那样，"先事秦则安矣，不事秦则危矣。夫造祸而求福，计浅而怨深，逆秦而顺楚，虽欲无亡，不可得也。故为大王计，莫如事秦。"②遇到秦国巨大压力时，争相割地和秦，苟且偷安，已经成为各诸侯国的共同选择。对秦获取优势时，也急于获取眼前利益，难以扩大战果而给秦军以致命打击。

　　秦国还不惜代价在各国收买鼓吹割地于秦的代言人。"夫衡人者，皆欲割诸侯之地以予秦。秦成，则高台榭、美宫室，听竽瑟之音，前有楼阙轩辕，后有长姣美人，国被秦患而不与其忧。是故夫衡人日夜务以秦权恐愒诸侯以求割地。"③而对于那些积极从事合纵抗击的人，秦国则采用收买、反间、诬陷等一切手段让他们失去所在国君主的信任。秦国对各国的心理洞若观火。秦惠文王就指出："诸侯不可一，犹连鸡之不能俱止于栖之明矣。"④让诸侯一心抗秦，比把一群鸡的爪子绑在一起，然后让它们共同站立在一个架子上休息更难。张仪也指出："且夫诸侯之为从者，将以安社稷尊主彊兵显

①　中国军事史编写组：《中国历代军事战略》，第 162 页。
②　《战国策》卷 26《韩策一》，第 252 页。
③　司马迁：《史记》卷 69《苏秦列传》，第 2248 页。
④　《战国策》卷 3《秦策一》，第 21 页。

名也。今从者一天下，约为昆弟，刑白马以盟洹水之上，以相坚也。而亲昆弟同父母，尚有争钱财，而欲恃诈伪反复苏秦之余谋，其不可成亦明矣。"① 表面上看，各国联合抗秦时，约为兄弟之国，歃血盟誓，坚定不移，但实际上，即使同一父母的兄弟之间还会为了钱财而相互争夺，合纵难以持久，道理也是很明白的。秦国始终把控各诸侯国统治者的心理，明察其弱点，抓住一切有利因素，对各国进行分化，予以各个击破，为秦国壮大自己、兼并各国减少了阻力，降低了成本。

第四节 "虎狼秦"：山东各国对秦人心态的认识与评价

在"诸侯卑秦，丑莫大焉"② 的强大心理压力下，秦国进行了变法改革。那么，诸侯何以卑秦？秦国又是为什么感到"丑莫大焉"呢？双方的认识与价值观是否统一？自商鞅变法后，山东各国评价秦国时常以"虎狼秦"相称。"虎狼秦"代表了各国对秦人怎样的心态和认识？作者试图对上述问题进行探讨。

一、诸侯何以卑秦与秦以何为丑

孝公即位后，痛感"秦僻在雍州，不与中国诸侯之会盟，夷翟遇之"③ 的局面，下令求贤改革。"昔我缪公自岐雍之间，修德行武，东平晋乱，以河为界，西霸戎翟，广地千里，天子致伯，诸侯毕贺，为后世开业，甚光美。会往者厉、躁、简公、出子之不宁，国家内忧，未遑外事，三晋攻夺我先君河西地，诸侯卑秦、丑莫大焉。献公即位，镇抚边境，徙治栎阳，且欲东伐，复缪公之故地，修缪公之政令。寡人思念先君之意，常痛于心。宾客群臣有能出奇计强秦者，吾且尊官，与之分土。"④ 在这里，孝公认为，穆公

---

① 司马迁：《史记》卷 70《张仪列传》，第 2285 页。
② 司马迁：《史记》卷 5《秦本纪》，第 202 页。
③ 司马迁：《史记》卷 5《秦本纪》，第 202 页。
④ 司马迁：《史记》卷 5《秦本纪》，第 202 页。

以来的秦国历史可以分为三个阶段：穆公时代是最辉煌的阶段，主要标志就是大力对外扩张，不仅参与中原事务，而且把疆域扩展到黄河边界，称霸西戎，将秦国的领土拓展上千里；穆公以后到献公之际是秦国历史上最灰暗的时代，国家内乱不止，不仅不能够向外扩展，而且还被魏国夺取了河西之地，所以出现了诸侯卑秦的局面；献公时代恢复穆公事业之愿望已经确立，但还未能达成目标。孝公表示要子继父业，恢复秦国先君的伟业，再创秦国历史的辉煌。

可以看到，秦孝公认为，秦国辉煌与衰弱，光美与卑微的标准就是能否对外扩张，是否实力强大。诸侯卑秦的原因在于秦国国力的衰微，领土的丧失，所以孝公变法改革的主要目标就是使秦国再度强大。

实际上，关东各国卑秦的历史由来已久。作为处西北空旷之地，与戎狄各部杂处，与中原文明具有显著差异的秦人，在华夷之辩的观念下，中原各诸侯国对其认同度并不高。秦人如此，楚人亦长期处于此种境遇。商周以来，秦人努力接近中原文明，自觉与戎狄之俗拉开距离，维护和效忠商周政权，终于在秦襄公时得以立国。尽管如此，中原各国对秦国仍怀鄙视态度。"秦始小国僻远，诸夏宾之，比于戎狄。"[1] 穆公时期，提拔奴隶出身的百里奚、戎人由余、蹇叔等人才，改革内政，使秦国得以强大。穆公前期，正值齐、晋霸业交替，秦穆公利用中原各国缺乏霸主的时机，灭掉梁、芮、滑等周边小国。秦与晋国结盟，晋国献出河西之地，秦帮助晋文公重耳夺得晋国君之位。晋文公死后，穆公欲意东进，称霸中原，但因总体实力尚无法与晋国抗衡，被晋军两次打败。东进之路被扼制，穆公转而向西进军。"秦用由余谋伐戎王，益国十二，开地千里，遂霸西戎。"[2] 穆公的业绩不仅被各诸侯国所赞赏，而且得到了周天子的表彰，被孝公认为是秦国"甚光美"的时期。

实际上，穆公得到各诸侯的认同，被列为春秋五霸之一，并不是当时

---

① 司马迁：《史记》卷 15《六国年表》，第 685 页。

② 司马迁：《史记》卷 5《秦本纪》，第 194 页。

秦国的势力已经超越了各国，而是对穆公事业与文化倾向的赞赏。秦穆公曾经参与中原争霸，当遇到阻力时便适可而止，转而征服西戎各国。西戎各国与关东各诸侯国距离遥远，秦国攻取西戎，不仅没有危及各国的利益，而且从传统来说亦征服了周天子的素来劲敌，"天子使召公过贺缪公以金鼓"①，便成为自然而然的事情了。

秦穆公在诸侯国中得到较高的认同度，还与他对华夏文化的仰慕与追求有关。穆公曾与由余探讨"中国"与"戎夷"文化之优劣。"戎王使由余于秦。由余，其先晋人也，亡入戎，能晋言。闻缪公贤，故使由余观秦。秦缪公示以宫室、积聚。由余曰：'使鬼为之，则劳神矣。使人为之，亦苦民矣。'缪公怪之，问曰：'中国以诗书礼乐法度为政，然尚时乱，今戎夷无此，何以为治，不亦难乎？'由余笑曰：'此乃中国所以乱也。夫自上圣黄帝作为礼乐法度，身以先之，仅以小治。及其后世，日以骄淫。阻法度之威，以责督于下，下罢极则以仁义怨望于上，上下交争怨而相篡弑，至于灭宗，皆以此类也。夫戎夷不然。上含淳德以遇其下，下怀忠信以事其上，一国之政犹一身之治，不知所以治，此真圣人之治也。'"② 这里，穆公以"中国"自居，并以礼乐法度相尚，显示出对中原传统文化的认同与追求，并自觉与"戎夷"文化相区别。

穆公身上，也体现了较强的重民意识与人文情怀。晋国发生内乱，夷吾请求秦国帮助，许诺如回国立君，便割河西 8 城于秦。秦国派兵护送夷吾回国，夷吾被立为晋国君主后，却背弃了对秦的诺言。两年后，晋国发生旱灾，来秦国借粮，大臣鼓动穆公借机伐晋。"秦伯曰：'其君是恶，其民何罪？'秦于是乎输粟于晋，自雍及绛相继，名之曰'泛舟之役'。"③ 秦穆公亡马的故事，更能体现其悲悯情怀。"初，缪公亡善马，岐下野人共得而食之者三百余人，吏逐得，欲法之。缪公曰：'君子不以畜产害人。吾闻食善马

---

① 司马迁：《史记》卷 5《秦本纪》，第 194 页。
② 司马迁：《史记》卷 5《秦本纪》，第 192—193 页。
③ 《春秋左传正义》卷 13《僖公十三年》，李学勤主编《十三经注疏》（标点本，7），第 368 页。

肉不饮酒，伤人。'乃皆赐酒而赦之。"① 后来岐下野人 300 人在秦晋之战的关键时刻挺身而出，拼死帮助穆公打击晋军，使秦国转败为胜。穆公对民众的同情与关怀，赢得秦晋两国民众的支持，也赢得了各诸侯国的尊重。孔子评价秦穆公："其国虽小，其志大；处虽僻，而其政中。其举也果，其谋也和，法无私而令不愉，首拔五羖，爵之大夫，与语三日而授之以政。以此取之，虽王可，其霸小矣。"② 可以说，秦穆公所行为王道而非霸道。他礼贤下士，知错能改，行事中正，悲悯民众，以德报怨。以穆公的品性境界，放在中原地区也属明君圣主之列。穆公时期秦国赢得各国尊重，显然不仅仅是靠实力，而且包含了文化与情怀。

即便如此，穆公时期的秦国，仍然未能得到中原各国的完全认同。晋公子重耳流亡到秦国，穆公将女儿怀嬴嫁于他。怀嬴奉匜请重耳洗手，重耳对怀嬴却极为轻视，以湿手挥之。怀嬴非常生气，说："秦晋匹也，何以卑我！"③ 落难中的重耳仍然未能从内心里尊重秦人，显然是对秦人文化落后的一种反感，而怀嬴强调的是秦国与晋国已经实力相当，重耳没有轻视秦国君主之女的理由。即便对穆公赞赏有加的孔子，仍对秦国不合周礼之俗表现出排斥之意，孔子周游列国，但从未踏入秦国之地。韩愈在《石鼓歌》中也发出了"孔子西行不到秦"④ 的感慨。

在秦孝公看来，穆公时期秦国受到各国的尊重，以及后来出现的"诸侯卑秦"，完全是实力变化导致的后果。增强实力，由被动防御变为主动进攻，是获取各国尊重的唯一途径。而关东各国对秦国的鄙视，更多的是出于对秦国不同于中原文化的排斥。秦国不择手段对外扩展，引起了各国的愤怒、排斥和恐惧。"秦杂戎狄之俗，先暴戾，后仁义，位列藩臣而胙于郊祀，君子惧焉。"⑤ 实际上，战国时期有许多弱小的诸侯国、如鲁国、薛国、

---

① 司马迁：《史记》卷 5《秦本纪》，第 189 页。

② 王肃：《孔子家语》第 3 卷《贤君》，上海古籍出版社 1990 年版，第 36 页。

③ 《春秋左传正义》卷 15，李学勤主编《十三经注疏》（标点本，7），第 368 页。

④ 韩愈：《韩愈集》，陈霞村、胥巧生评解，山西古籍出版社 2005 年版，第 69 页。

⑤ 司马迁：《史记》卷 15《六国年表》，第 685 页。

卫国、宋国等，尽管它们因实力弱小后来被各大诸侯国灭掉，但从意识形态上，并没有受到特别的贬低和排斥。在人们的观念中，"论秦之德义不如鲁卫之暴戾者"①。诸侯卑秦，更多是从秦不讲"德义"而产生的。

这样秦国和关东各国产生了不同的认识和评价标准。秦国君主认为，"诸侯卑秦"是因为秦国实力不够强大，不能够压服诸侯国造成的。在他们看来，实力不强是"丑"，战敌不胜是"丑"，敌国不屈是"丑"。诸侯国对秦国的蔑视和抨击，犹如一把利刃搅动着秦人的敏感神经，所以他们拼命壮大自己的实力，不择手段地进行扩张。而各诸侯国"卑秦"的真正原因，是秦国不讲仁德礼义，贪婪成性，无止境扩张，以武力和欺诈手段获取优势。这样，秦国为了摆脱诸侯的"卑秦"目光，不顾一切地发展壮大，攻击冲杀，不断压倒一个又一个诸侯国。越是这样，诸侯国对秦国越是反感、惧怕，对秦国的排斥心理越加剧烈。秦国把扩张实力作为摆脱"诸侯卑秦"的唯一手段，而各诸侯国因秦国不遵循礼义道德而愈加卑秦。秦国与关东各诸侯国始终未能达成认识上的一致。即使秦国灭掉六国后，秦文化仍难以被中原各地人民认同和接受，成为秦朝短命而亡的因素之一。

二、"虎狼秦"：山东各国对秦人心态的认识与评价

战国秦汉时期的典籍在述及和评价秦国时，常常加上"虎狼"二字，如"虎狼之国""虎狼之秦""虎狼之心"等。从"诸侯卑秦"到"虎狼之秦"的评价转换，既包含了内在的一以贯之的对秦文化与秦人心态特点的反感，也包含了随着秦国实力的壮大，各国对秦的恐惧与诅咒。以"虎狼"评价秦国，大体包含了以下认识。

（一）秦不讲信义，如同夷狄

春秋时期，信义被视为国与国、人与人之间交往的基础。孔子认为："人而无信，不知其可也。大车无輗，小车无軏，其何以行之哉？"② 不讲信

---

① 司马迁：《史记》卷 15《六国年表》，第 685 页。
② 《论语注疏》卷 2《为政》，李学勤主编《十三经注疏》（标点本，10），第 23 页。

义，就没有立足于世的资本。"言忠信，行笃敬，虽蛮貊之邦，行矣。言不忠信，行不笃敬，虽州里，行乎哉？"① 说话诚实不欺，做事认真谨慎，才能够通行天下。随着诸侯间竞争的激烈，兼并的加剧，信义逐渐让位于实力和谋诈。到战国时期，"谋诈用而从横短长之说起。矫称蜂起，盟誓不信，虽置质剖符，犹不能约束也"②。法家尤其强调以实力、财富和武力兼并他国。韩非认为："上古竞于道德，中世逐于智谋，当今争于气力。"③ 商鞅更是把"势"置于信义之上，认为权势比人格更能保障信义的兑现。"故善治者，使跖可信，而况伯夷乎？不能治者，使伯夷可疑，而况跖乎？势不能为奸，虽跖可信也；势得为奸，虽伯夷可疑也。"④ 纵横家更是"上诈谖而弃其信"⑤。秦国处于严酷的生存环境并经历了艰难的发展历程，其文化本身就有重功利轻伦理的特点，再加上自商鞅变法以后，将法家学说作为国家建设的指导思想，并重用各国纵横人物。受以上因素影响，在与各国交往中，表现出了背信弃义、反复无常的突出特点，深为各国所诟病，被视为"虎狼"之行。

《战国策》记载："魏将与秦攻韩，朱己谓魏王曰：'秦与戎、翟同俗，有虎狼之心，贪戾好利而无信，不识礼仪德行。苟有利焉，不顾亲戚兄弟，若禽兽耳。此天下之所同知也，非所施厚积德也。故太后母也，而以忧死；穰侯舅也，功莫大焉，而竟逐之；两弟无罪，而再夺之国。此于其亲戚兄弟若此，而又况于仇雠之敌国！'"⑥ 在朱己看来，秦国只顾利益不讲信义，已经成为天下的共识。秦昭襄王为了专擅权力，对待母亲、舅舅、兄弟都不顾忌亲情，何况是对待敌国呢？实际上，秦国在与各国的争夺中，确实表现出诡计多端、毫无信义、翻云覆雨的一面。商鞅为打败魏军欺骗旧交公子卬，张仪一再欺骗和操弄楚怀王，秦昭襄王在孙子子楚入质于赵的情况下发动长平之战并包围邯郸，都是典型的不顾信义的表现。秦将背信弃义、虚伪

① 《论语注疏》卷 15《灵公》，李学勤主编《十三经注疏》（标点本，10），第 208 页。
② 司马迁：《史记》卷 15《六国年表》，第 685 页。
③ 梁启雄：《韩子浅解》第 13 篇《和氏》，第 471 页。
④ 高亨注释：《商君书注释》第 18《画策》，第 140 页。
⑤ 班固：《汉书》卷 30《艺文志》，第 1740 页。
⑥ 《战国策》卷 24《魏策三》，第 232 页。

欺诈作为争胜的手段，并且屡试不爽，以至于在周䜣看来，与秦国打交道，一切都可能发生。"今秦不可知之国也，犹不测之渊也。"① 对秦人的这种认识，一直延续到秦亡之后。《淮南子》所言："秦国之俗，贪狼强力，寡义而趋利。可威以刑，而不可化以善；可劝以赏，而不可厉以名。"② 中原传统观念认为，夷狄等少数民族唯利是图，缺乏信义。匈奴人在作战时，"利则进，不利则退，不羞遁走。苟利所在，不知礼义"③，"故其战，人人自为趋利，善为诱兵以冒敌。故其见敌则逐利，如鸟之集。"④ 秦人的行为，与夷狄无异。故战国秦汉时期，人们往往用"虎狼之国""比于夷狄"等词汇评价秦人。

（二）秦崇武尚战，闻战则喜

秦人偏居西隅，靠与西戎征战厮杀，逐渐成长壮大。商鞅变法，秦国以耕战为务，培育了一支勇猛善战的军队。秦国采取厚赏军功的政策。"兴兵而伐，则武爵武任，必胜。"⑤ 把军功作为任官和赐爵的重要依据。制定20等爵位制度，将爵位与财产增殖、经济收益、社会地位、政治权利结合起来，而获得爵位最主要的途径就是斩首计功。"能得（爵）[甲]首一者，赏爵一级，益田一顷，益宅九亩，一除庶子一人，乃得入兵官之吏。"⑥ 对于战场上畏战逃跑、不守军令者，不仅处罚本人，还会连累家人。因此家属都要嘱托上战场的士兵，"父遗其子，兄遗其弟，妻遗其夫，皆曰：'不得，无返！'又曰：'失法离令，若死，我死。乡治之，行间无所逃，迁徙无所入。'"⑦ 杀敌立功，可以给家庭带来巨大利益；如果临阵逃脱，则给家庭带来死亡威胁。一面是巨大的利益诱惑，一面是严厉的刑法处置，对于秦国士兵来说，奋勇杀敌，置之死地而后生，就成为唯一的选择。"是以三军之众，

① 《战国策》卷24《魏策三》，第229页。
② 刘安著，高诱注：《淮南子注》卷21《要略》，《诸子集成》第10册，第376页。
③ 司马迁：《史记》卷110《匈奴列传》，第2879页。
④ 司马迁：《史记》卷110《匈奴列传》，第2892页。
⑤ 高亨注释：《商君书注释》第4《去强》，第50页。
⑥ 高亨注释：《商君书注释》第19《境内》，第152页。
⑦ 高亨注释：《商君书注释》第18《画策》，第138页。

从令如流，死而不旋踵。"①

自商鞅变法后，秦国就纳入了战争体制。"民之欲富贵者，共阖棺而后止。而富贵之门必出于兵。是故民闻战而相贺也，起居饮食所歌谣者，战也。"② 斩首计功，成为秦人获取个人资产，增加家庭财富，提升政治地位的最便捷途径。在这样的体制下，秦国军队具有了强悍的战斗力。"民之见战也，如饿狼之见肉。"③ 韩非描述秦国战士："闻战，顿足徒裼，犯白刃，蹈炉炭，断死于前者，皆是也。夫断死与断生者不同，而民为之者，是贵奋死也。夫一人奋死可以对十，十可以对百，百可以千，千可以对万，万可以尅天下矣。"④ 以这样的秦军对战山东各国，如同猛虎对战群羊一般。苏秦对楚威王说："夫秦，虎狼之国也，有吞天下之心。秦，天下之仇雠也。衡人皆欲割诸侯之地以事秦，此所谓养仇而奉雠者也。夫为人臣而割其主之地，以外交强虎狼之秦，以侵天下，卒有秦患，不顾其祸。"⑤ 秦国吞并各国的野心昭然若揭，怎样割地于秦，都不能满足秦国的野心。

受斩首计功政策的激励，秦国对外战争具有无比的残酷性。根据《史记·秦本纪》的记载统计，仅在秦昭襄王时期（前306—前251），斩杀敌国士兵数量见于可统计的就达120万人，其中超过万人以上的战役达9次之多。公元前301年，伐楚，斩首2万。公元前293年，白起在伊阙之战中斩首韩魏联军24万。公元前275年，魏冉攻大梁，斩首4万。公元前274年，攻魏，斩首15万。公元前264年，白起攻韩，斩首5万。公元前260年，在长平之战中，白起坑杀赵卒40余万。公元前257年，秦军攻魏，斩首魏军6000，赶到黄河里淹死2万。公元前256年，攻韩，斩首4万，攻赵，首虏9万。秦在攻打敌国时，对当地的百姓与士兵毫无怜悯之心。前期采取攻其地而逐其民的政策，将被占领土地上的人民赶出家园，流离失所。后期

---

① 高亨注释：《商君书注释》第18《画策》，第138页。
② 高亨注释：《商君书注释》第17《赏刑》，第133页。
③ 高亨注释：《商君书注释》第18《画策》，第138页。
④ 梁启雄：《韩子浅解》第1篇《初见秦》，第4页。
⑤ 《战国策》卷14《楚策一》，第122页。

变为"攻人"政策，以大量杀伤敌人的有生力量为目标，并不惜采取残忍的杀俘手段。在秦军的残酷进攻和野蛮屠杀下，关东各国人民闻风丧胆，恐惧万分。不仅当时各国人民以"虎狼"评价秦人，即使到了后世，秦军的残暴滥杀仍给人们留下了深刻记忆。"秦以熊罴之力，虎狼之心，蚕食诸侯，并吞海内，而不笃礼义。"①

（三）秦贪得无厌、必亡他国

自春秋以来，列国间相互争斗，彼此兼并，大国谋求霸主地位，小国寻求自保之道。尽管多有小国被吞并，但"存亡继绝"的观念仍有保留。各大国间此强彼弱，虽都不同程度存在蚕食邻国之野心，但尚少有持续对邻国发动进攻，必欲灭亡各国而称帝者。秦国则完全不同，自襄公立国之时，就有了代周而立的野心。"秦襄公始封为诸侯，作西畤用事上帝，僭端见矣。"②商鞅变法以后，更是持续不断地对各国发动侵略、攻击，令各国无力招架。秦武王攻战宜阳后，樗里疾带领百辆兵车入周，游腾指出："今秦者，虎狼之国也，兼有吞周之意。"③战败的各国争相向秦纳贡、割地，以换得暂时和平。"秦攻赵。赵令楼缓以五城求讲于秦，而与之伐齐。齐王恐，因使人以十城求讲于秦。楼子恐，因以上党二十四县许秦王。"④秦国前面接受土地，后面又找借口开始下一轮进攻。正像长平之战前夕，虞卿对赵王分析的那样，"且秦，虎狼之国也，无礼义之心。其求无已，而王之地有尽，以有尽之地，给无已之求，其势必无赵矣"⑤。如豺狼一样贪无止境，已经成为战国后期各国对秦国的共同认识。"秦，贪戾之国也，而毋亲。蚕食魏氏，又尽晋国，战胜暴子，割八城，地未毕入，兵复出矣。夫秦何厌之有哉！"⑥

在秦国强悍的军事进攻之下，各国将领犹如惊弓之鸟，有的甚至达到了闻秦丧胆的地步，各国也越来越感受到亡国的威胁。一再被秦打败之后，

① 班固：《汉书》卷51《贾山传》，第2328页。
② 司马迁：《史记》卷15《六国年表》，第685页。
③ 《战国策》卷2《西周策》，第12页。
④ 《战国策》卷9《齐策二》，第81页。
⑤ 《战国策》卷20《赵策三》，第180页。
⑥ 司马迁：《史记》卷72《穰侯列传》，第2326页。

楚威王感觉内外交困，计无所出。"寡人之国西与秦接境，秦有举巴蜀并汉中之心。秦，虎狼之国，不可亲也。而韩、魏迫于秦患，不可与深谋，与深谋恐反人以入于秦，故谋未发而国已危矣。寡人自料以楚当秦，不见胜也；内与群臣谋，不足恃也。寡人卧不安席，食不甘味，心摇摇然如县旌而无所终薄。"① 秦国的蚕食鲸吞，也使人设想秦统一天下后的生存状况。齐国的鲁仲连就表示，如果秦国统一天下，自己宁愿投海去死也不做秦国的臣民。"彼秦者，弃礼义而上首功之国也，权使其士，虏使其民。彼则肆然而为帝，过而遂正于天下，则连有赴东海而死矣，吾不忍为之民也！"②

从"卑秦"到"虎狼之秦"的认识变化，既反映了战国时期秦国实力的快速增长，也反映了山东各国对秦国实力与心态的评价。"诸侯卑秦"的原因不仅在于秦国的实力，更关乎秦国的文化。秦国以军事强势对抗诸侯"卑秦"，诸侯进而在文化上更加"卑秦"，在实力上则"恐秦"，并产生了"虎狼之秦"的评价。正如何晋所言："我们认为，'虎狼之秦'这一观念的产生，除了与秦有军事对抗的因素外，还存在着非军事方面的因素，即六国对秦国文化的抵制和对抗。'虎狼之秦'的观念，正表现了东方各国对秦国东侵在军事和文化上引起的双重恐慌。"③

---

① 司马迁：《史记》卷69《苏秦列传》，第2261页。
② 《战国策》卷20《赵策三》，第183页。
③ 何晋：《秦称虎狼考》，《文博》1999年第5期。

第三章　秦社会各阶层的心态分析

"社会心态是一段时间内弥散在整个社会或社会群体／类别中的宏观社会心境状态，是整个社会的情绪基调、社会共识和社会价值取向的总和。社会心态透过整个社会的流行、时尚、舆论和社会成员的社会生活感受、对未来的信心、社会动机、社会情绪等而得以表现；它与主流意识形态相互作用，通过社会认同、情绪感染、去个性化等机制，对社会行为者形成模糊的、潜在的和情绪性的影响。它来自社会个体心态的同质性，却不等同于个体心态的简单加总，而是新生成的、具有本身特质和功能的心理现象，反映了个人与社会之间相互建构而形成的最为宏观的心理关系。"① 与中原各国相比，秦的社会变迁更为剧烈，由西陲小国到七雄之首，再到灭六国、一天下及迅速崩亡。在此过程中，各阶层都不同程度随着时代发展而起伏变化，或得到或失去，或升迁或沉沦，或奋争或无奈。不同阶层有着不同的社会需求和社会认知，时代发展影响各阶层的心态变迁，心态变迁又映射了时代发展。秦代社会各阶层的不同心态，体现着秦代的社会面貌，也影响着秦的历史发展和政治进程。

---

① 杨宜音：《个体与宏观社会的心理关系：社会心态概念的界定》，《社会学研究》2006 年第 4 期。

第一节　宗法观念淡薄传统下的贵族心态

中原各国大多为周天子分封的诸侯国，受宗法制度的影响，贵族阶层相对稳定，对政治的参与度高，对国家决策、社会发展的影响力较为突出。秦的发展历经曲折艰难，战争几乎与秦人相伴，在与外族竞争中争夺生存空间成为常态。与相对稳定的社会相比，在一个战争、动荡的社会环境中，更需要的是政治集权而不是贵族分权。与中原各国相比，秦国的宗法观念相对淡薄，在不同的历史发展阶段，秦贵族有着不同的处境与社会心态。

一、商鞅变法前崇尚勇武的贵族心态

秦自东夷西迁，便面临艰苦的生存环境。殷商时期，"在西戎，保西垂"[①]。西周灭商后，秦人转而臣服于周。周厉王贪婪好利，征敛无度，导致诸侯叛离，国力衰弱，西北诸戎趁机反周。西垂位于今甘肃礼县县城东30—40公里的永兴、长道一带，这里曾发现礼县大堡子山秦国高等级墓葬群，是秦国第一个宗邑邦都。"这里是汉水流域与渭水流域的接壤地，东依秦岭，西望岷山，乃川、陕、甘三大地区的交通枢纽。沿西汉水河谷，东可入汉中盆地，南可下成都平原，北循嶓冢山麓经天水可达泾渭流域。直到汉魏时代，这里都是兵家必争之地。"[②] 再加上这里盛产井盐，又有丰富的铜、铁、金、铅、锌等矿产资源，战略地位与经济地位都极其重要，秦人与犬戎对这里曾展开长时间的控制权之争。争夺西垂的战争非常残酷，秦人的首领秦仲同西戎殊死作战，直至战死。为了支持秦人抗击西戎，周宣王派出 7000 人马支援秦仲的儿子庄公 5 人继续征讨，并最终取得了战争的胜利。"于是复予秦仲后，及其先大骆地犬丘并有之，为西垂大夫。"[③] 秦人的势力由汧渭地区转移到了陇山，并由周天子的附庸升爵为大夫。秦襄公被封为诸

---

① 司马迁：《史记》卷 5《秦本纪》，第 174 页。

② 祝中熹：《秦史求知录》（上），上海古籍出版社 2012 年版，第 41 页。

③ 司马迁：《史记》卷 5《秦本纪》，第 178 页。

侯后，为了与西戎争夺周族故地，双方的战争仍持续激烈，以至于襄公也死在了攻伐西戎的战场上。

文公继位后，带领秦人走出陇上之地，全力与西戎争夺西周东迁后留下的关中沃土。文公将首都迁到汧渭交界处的汧都（今陕西省陇县磨儿源附近），为进一步向东扩张建立了稳固的基地。经过较长时间准备，"十六年，文公以兵伐戎，戎败走"①。周王室东迁后，戎人进入关中地区，对当地的经济造成了巨大破坏，留居周地的人民处于悲苦无助的境地。"周宗既灭，靡所止戾，正大夫离居，莫知我勚。"②贵族跟随周平王东迁了，普通民众则留了下来。文公赶走了戎人，"于是文公遂收周余民有之，地至岐"③。文公收拢安定周人，使当地的生产生活秩序快速恢复，也提高了秦国的农业生产水平。接着，文公又进军宝鸡，修筑陈仓城。文公在位50年，秦国在关中西部地区站稳了脚跟。

文公去世后，宪公继位，他将首都迁到平阳（今陕西省宝鸡市东南阳平镇），灭荡社，败亳王，保持了秦国不断扩张的强劲势头。宪公在位12年去世，其子武公继位。武公东征西伐，继续扩大秦国版图。向东，"伐彭戏氏，至于华山下"④，彭戏氏位于渭水北岸，今陕西省白水县东北。向西，"伐邽，冀戎，初县之"⑤，也就是对秦国故地天水以西的诸戎展开进攻。灭掉了周的同姓国小虢。为了巩固新开拓的土地，秦武公在邽、冀、杜、郑四地设县。县由国君直接控制，委派官吏进行管理，加强了君主集权。武公设县，无论是对秦国，还是对后来的历史发展都产生了深远影响。秦武公时期，凭借武力夺取了周王室在关中以西的大部分领土，西戎各部在与秦国的竞争中明显处于劣势地位。

武公在位20年去世，他没有把君位传给儿子，而是传给了弟弟德公。

---

① 司马迁：《史记》卷5《秦本纪》，第179页。
② 《毛诗正义》卷12《小雅·雨无正》，李学勤主编《十三经注疏》（标点本，3），第731页。
③ 司马迁：《史记》卷5《秦本纪》，第179页。
④ 司马迁：《史记》卷5《秦本纪》，第182页。
⑤ 司马迁：《史记》卷5《秦本纪》，第182页。

德公一即位，"初居雍城大郑宫。以牺三百牢祠鄜畤。卜居雍。后子孙饮马于河"①。将都城由平阳迁居雍城（今陕西省宝鸡市凤翔区），表明秦人的志向开始超越关中地区，进而转向黄河以东，想为后世子孙饮马黄河，逐鹿中原打下基础。德公在位 2 年去世，君位由长子宣公继承。宣公四年（前642），"与晋战河阳，胜之"②。秦国与晋国的战争，既显示了秦国的实力，也表明了秦国争霸中原的野心。宣公在位 12 年去世，他没有把王位传给自己的儿子，而是传给了弟弟成公。成公在位 4 年，没有在 7 个儿子中选择接班人，也把王位传给了弟弟穆公。

秦穆公即位初期，齐国霸业走向衰落，楚国强劲崛起。晋国早在晋文侯时期就趁周王室内乱之机越过黄河占领了河西之地，拥有了崤山、函谷关两处天险。河西本来就与关中秦地一体相连，晋居河西犹如在秦国的疆土里插入了一把尖刀，晋国以这里为基地随时可对秦国发起攻击，而秦国东进中原则必须以崤、函为主要通道。所以穆公即位之后，就趁晋内乱东伐茅津之戎（今河南省三门峡市陕州区西北），试图寻找东进之路。崤、函地区北有滔滔东流之黄河，南有巍峨峻拔之秦岭，全长 160 余公里，易守难攻，实为天险。晋国先于秦国占领此地，使秦穆公东向争霸中原的行动异常艰难。晋献公时期，晋国经历了 10 余年的内乱困扰，为秦国提供了难得的机遇，秦穆公通过插手晋国君主废立来影响晋国。晋献公死后，秦国答应晋公子夷吾"诚得立，请割晋之河西八城与秦"③的条件，派兵护送夷吾归国即位，是为晋惠公，即位后的晋惠公却没有兑现诺言。当晋国发生旱灾时，秦穆公不计前嫌运粮晋国。第二年（前645），秦国也发生了灾荒，请求晋国予以援助时，惠公不仅加以拒绝，而且趁灾进攻秦国。秦晋两国在韩原展开大战，结果秦获大胜，晋军惨败，晋惠公也被秦军俘虏。为了保命，晋惠公再次开出"献其河西地，使太子圉为质于秦"④的求和条件，秦穆公放回了晋惠公，秦

①　司马迁：《史记》卷 5《秦本纪》，第 184 页。
②　司马迁：《史记》卷 5《秦本纪》，第 185 页。
③　司马迁：《史记》卷 5《秦本纪》，第 187 页。
④　司马迁：《史记》卷 5《秦本纪》，第 189 页。

国实现了德公提出的饮马黄河边的目标。

晋惠公死后，秦国又护送晋献公的另一个儿子重耳取代怀公圉为晋国国君，是为晋文公。晋文公整顿内政，称霸诸侯，秦穆公难与之争锋，便追随晋文公的霸业。公元前627年，秦国趁晋文公去世灭掉了晋国的邻国滑国，在返程途中被晋军拦截于崤，秦军全军覆灭。崤之战的惨败使穆公认识到，秦国尚不具备打通东出通道争霸中原各国的实力。于是穆公重新调整战略方向，把打击目标转向西戎诸国。西戎诸国力量分散，实力较弱，吞并它们，不仅可以扩张秦国的版图，提高秦国的实力，而且可以使秦国有一个巩固的后方。秦国的战略调整很快取得了成效，"秦用由余谋伐戎王，益国十二，开地千里，遂霸西戎"①。

穆公之后，秦国的发展势头变缓，但秦晋之间的战争冲突不断，各有胜负。从秦怀公开始，手握兵权的庶长掌握了君主的废立，秦国君权衰弱，国家陷入混乱之中，不仅无力向外开拓，而且已经夺取的河西之地也被晋国夺回。"秦以往者数易君，君臣乖乱，故晋复强，夺秦河西地。"②秦国的地位与声望也随之下降，出现了"诸侯卑秦"③的局面。

通过对秦早期历史发展的简要回顾可以看出，战争始终与秦国相伴。秦国贵族既是战争的统领者，也是战争的主要参与者。战争关乎秦国的生存、发展及在诸侯国中的地位。崇尚勇武、渴望在战争中率领秦人获取胜利就成为秦国贵族的普遍心态。在与西戎的战争中，秦宗室贵族表现出了前赴后继的气概。西戎灭掉秦人的犬丘大骆之族后，秦仲率领秦人抵抗犬戎，护卫西周疆土，被周宣王加封为大夫。秦仲牺牲在抗击戎狄的战场上，为了给祖父报仇，庄公的儿子世父将继承权让给弟弟襄公，表示"戎杀我大父仲，我非杀戎王则不敢入邑"④，将与犬戎拼杀作为自己的责任。秦襄公因护送平王东迁有功，被封为诸侯，秦国获得了与中原诸侯国平起平坐的地位。襄公

---

① 司马迁：《史记》卷5《秦本纪》，第194页。
② 司马迁：《史记》卷5《秦本纪》，第200页。
③ 司马迁：《史记》卷5《秦本纪》，第202页。
④ 司马迁：《史记》卷5《秦本纪》，第178页。

立志把周天子虚封给自己的土地变为实有，进攻西戎至岐山脚下，并最终死在了战场上。

在和平环境下，只求保持社会的稳定，统治者可以依据血缘宗法关系来选择君主，对君主个人的素质与能力要求不高。而要想在残酷的战争中获得先机，则需要指挥者具有较高的素质、决策的能力和统兵打仗的本领，如果君主不具备应有的能力和素质，就可能把国家带向败亡。因此，与中原各诸侯国主要以嫡长子继承制来选定接班人不同，秦国在君位继承上没有形成严格的立嫡立长的宗法制度，而是在有资格继承君位的老君主的弟弟及儿子中，选择那些勇猛善战、刚健有为者为新君。如庄公的继承者是次子襄公，武公的继承者是弟弟德公。宣公有子9人，却立了弟弟成公。成公有子7人，也立了弟弟穆公。自襄公立国到穆公即位，秦国9代君主中，襄公以次子身份继位，德公、成公、穆公以兄终弟及的身份继位，宪公、出子以孙的身份继位，仅文公、武公、宣公以长子身份继位。那么，秦国确立君主继位的原则是什么？《春秋公羊传》解释《春秋》记载秦景公去世时写道"秦伯卒"的原因，"何以不名？秦者，夷也。匿嫡之名也。"何休注释说："嫡子生，不以名令于四境，择勇猛者立之。"① 这样的制度设计使秦国的君主在一定程度上需要竞争上位，所立者必须拥有一定的年龄、智识、阅历和统兵作战的能力，同时也可以减少嫡长子继承制下极易出现的庸君上位、权臣擅权、君幼母壮、外戚干政等导致朝政败落的因素，保证被选君主在能力与心智上不会出现大的问题。

君择勇猛的制度，使秦国的君主更能适应战争的环境，也强化了王公贵族的尚武之风，《诗经·秦风》中的很多篇章，都生动地反映了这一点。《秦风·驷驖》一篇，认为是"美襄公也。始命，有田狩之事，园囿之乐焉"②。诗曰："驷驖孔阜，六辔在手。公之媚子，从公于狩。奉时辰牡，辰牡孔硕。公曰左之，舍拔则获。游于北园，四马既闲。輶车鸾镳，载猃歇

---

① 《春秋公羊传注疏》卷22，李学勤主编《十三经注疏》（标点本，8），第483页。
② 《毛诗正义》卷6《秦风·驷驖》，李学勤主编《十三经注疏》（标点本，3），第411页。

骄。"① 该诗描述了秦王公贵族携带猎犬，驾车骑马的大规模狩猎活动。在古代社会，大规模狩猎一般带有军事演练性质。通过狩猎，训练军队的战术战法，提高军队的协同作战能力，增强狩猎者参与战争、拼死作战的勇气，《驷驖》一诗无疑反应的是秦国贵族的尚武心态。《秦风·小戎》也被认为是赞美襄公武事的一首诗。"《小戎》，美襄公也。备其兵甲，以讨西戎。西戎方强，而征伐不休，国人则衿其车甲，妇人能闵其君子焉。"② 诗中的一节写道："四牡孔阜，六辔在手。骐駵是中，騧骊是骖。龙盾之合，鋈以觼軜。言念君子，温其在邑。方何为期？胡然我念之！"③ 秦军的战车装备精良，战士们揽辔驾车，携矛带盾，昼夜行军，充满了战胜敌人的豪气；妻子思念与丈夫在一起时的美好岁月，期待丈夫凯旋。

《秦风·无衣》最能反映秦人的尚武心态。"岂曰无衣？与子同袍。王于兴师，修我戈矛。与子同仇！岂曰无衣？与子同泽。王于兴师，修我矛戟。与子偕作！岂曰无衣？与子同裳。王于兴师，修我甲兵。与子偕行！"④ 这首诗充满了慷慨激昂、同仇敌忾的气氛。在大敌当前、兵临城下之际，战士们不顾个人的困难，以大局为重。一听"王于兴师"，就一呼百诺，共享战袍，修葺戈矛，团结友爱，同甘共苦，协同作战，表现出崇高无私的品质和英雄气概。阅读此诗，使读者想象到战士们彼此鼓励，相互配合，磨刀擦枪，舞戈挥戟，共赴国难的壮烈场面。清代学者崔述在《读风偶识》中认为："《无衣》，平日诗也，而志切于戈矛，意在于同仇，行阵也而衽席视之，锋镝也而寐寤依之，则临敌可知矣，其风俗之劲悍如是，天下谁复能当其锋。"⑤ 尚武之风已经浸润于秦代社会生活的方方面面，成为秦国文化的一大特色。

春秋以前，国人是战争的主力，野人奴隶尚无参战的资格。对于"国

---

① 《毛诗正义》卷6《秦风·驷驖》，李学勤主编《十三经注疏》（标点本，3），第411—414页。

② 《毛诗正义》卷6《秦风·小戎》，李学勤主编《十三经注疏》（标点本，3），第414页。

③ 《毛诗正义》卷6《秦风·小戎》，李学勤主编《十三经注疏》（标点本，3），第418页。

④ 《毛诗正义》卷6《秦风·无衣》，李学勤主编《十三经注疏》（标点本，3），第431—432页。

⑤ 崔述：《诗风偶识》，清道光四年刻本。

人"与"野人"的区别，学术界有种种论述，王博认为：春秋时期"国"与
"野"的划分依据主要是血缘而不是地缘。"春秋时期战争的发起者与参与者
主要是贵族，军队的主体虽依旧为国人，但由于国人所受教育的不同，其所
担任的兵种也当有所区别。"① 在贵族阶层中，"士"充任车兵。"由于国人是
战斗主力，而'执干戈而卫社稷'是国人的义务、荣誉与特权，所以'士'
经常特指甲士、军士或武士。在这一意义上，所谓'士'的范围就有了相
当之缩小，只限于统治部族的成员了。"② 秦国的战争主要是对外征服战争，
在早期的战争过程中，需要士兵自备装备。《诗经·秦风》中所描述车马装
备之盛，非平民所能备置。在甘肃礼县大堡子山秦墓中出土的"秦子元用
戈"，在澳门珍秦阁收藏的刻有"秦子乍（作）逌（造）左辟元用，左右帀
鈇，用逸宜"文字的戈，根据李学勤的研究，"秦子戈、矛正是这样，君称
'子'，其军制不妨有'公族'，即有秦子同族组成的军队。"③ 秦穆公十五年
（前 645），秦晋韩原之战，晋军包围秦军，穆公受伤。在形势窘迫之际，"于
是岐下食善马者三百人驰冒晋军，晋军解围，遂脱缪公而反生得晋君"④。秦
军能够反败为胜，是因为"岐下野人"的突然参战。而这些岐下野人因为偷
杀穆公好马吃肉被发现，穆公不仅没有追责反而赐予美酒，他们为报答穆公
厚恩才拼死保护穆公的。"岐下野人"参战成为一个突发事件，也说明至秦
穆公时，正常情况下，"野人"是不参与战争的，战争的主力仍是贵族。

在秦立国前后及西讨东进的过程中，贵族的尚武精神成为国家扩张发
展的重要动力。与此相对应，掌握军事大权的庶长专权也成为秦国政治的一
大特色。"庶长"是先秦时期秦国官爵的独有称呼，最早出现于《左传·襄
公十一年》："十一年（秦景公十五年，前 566），秦庶长鲍、庶长武帅师伐
晋以救"⑤。在秦国早期阶段，庶长"大致相当于其他诸侯国的卿，掌握军政

---

① 王博：《"国""野"之分与"国人兵"之再研究》，《学术探索》2019 年第 10 期。
② 阎步克：《士大夫政治演生史稿》，北京大学出版社 1996 年版，第 37 页。
③ 李学勤《"秦子"新释》，《文博》2003 年第 5 期。
④ 司马迁：《史记》卷 5《秦本纪》，第 188—189 页。
⑤ 《春秋左传正义》卷 31，李学勤主编《十三经注疏》（标点本，7），第 905 页。

大权"①。秦孝公以前，庶长是宗室贵族，同时掌握国家军事权力。当秦国出现平庸的君主时，庶长们则利用自己手中掌握的军队，干预国家政治，为了扩大个人权势，甚至僭杀君主。秦宪公去世后，"大庶长弗忌、威垒、三父废太子而立出子为君。出子六年，三父等复共令人贼杀出子。出子生五岁立，立六年卒。三父等乃复立故太子武公"②。为了便于把持国政，庶长们改变了秦国国君"择勇猛者立之"的传统，立年仅5岁的出子为君。秦武公是一位有着非凡谋略与胆识的君主，他即位的第三年，"诛三父等而夷三族，以其杀出子也"③。武公、德公、成公、穆公等几代君主睿智有为，在巩固君主权力的同时对外扩张，保持了秦国的向上发展态势。

秦穆公称霸西戎，稳固了在关中西部地区的统治，东部则与晋国划黄河为界，面临敌国进攻的压力骤然减轻。穆公以后的一段时间，秦国向外扩张的动力严重不足。秦国贵族中的尚武精神，由对外战争变成了内部争斗，典型的表现就是再次出现"庶长"专权。在尚武之风的支配下，庶长权势不断膨胀，渐成尾大不掉之势。自秦厉公起（前476—前443），庶长几乎操纵了秦国国君的废立。秦怀公在位时，庶长鼌与权臣联合，逼迫怀公自杀，并立他的孙子灵公为君。灵公去世后，庶长们放弃了灵公的儿子献公，而立灵公的叔叔悼子为君，是为秦简公。秦简公去世后，子惠公立。惠公去世，他的儿子出子被立为君。但出子在位仅2年，"庶长改迎灵公之子献公于河西而立之。杀出子及其母，沈之渊旁"④。在秦献公即位前的很长一段时间里，秦国庶长利用手中掌握的军队争权夺利，操纵政治，以个人私利废立国君。"秦以往者数易君，君臣乖乱，故晋复强，夺秦河西地。"⑤ 庶长专权导致秦国乱象丛生，国家利益受到严重损害。"在此期间，正是东方各国迅速向封建制转变的时期——秦国以庶长为代表的'私门'不愿改革旧制度，

① 国卿：《令尹·柱国·庶长》，《军事历史》1983年第5期。
② 司马迁：《史记》卷5《秦本纪》，第181页。
③ 司马迁：《史记》卷5《秦本纪》，第182页。
④ 司马迁：《史记》卷5《秦本纪》，第200页。
⑤ 司马迁：《史记》卷5《秦本纪》，第200页。

以国君为代表的'公室'又无力进行彻底的改革。因此，当进入战国以后的历史列车向前加速飞奔的时候，秦国却像一个被丢下的旅客，目瞪口呆地望着别的国家前进，惊慌而又焦急地等待一个使自己迎头赶上去的时刻。"①

二、孝公时期贵族对变法改革的抗拒心态

秦献公即位后，进行了一些改革，但没能从根本上改变秦国的落后面貌。秦孝公即位后，看到中原各诸侯国纷纷改革图强，对外扩张，而秦国则出现庶长专权，君主屡立屡废，难有作为的情况。"会往者厉、躁、简公、出子之不宁，国家内忧，未遑外事。"②不进行变法改革，就无法摆脱"诸侯卑秦"③的局面。但在当时，秦国宗室贵族企图保护既得利益，军事贵族不愿君权强大，且长期在崇武尚勇心态熏陶之下的秦国贵族缺乏对历史大势的判断，难有承担改革大任的人才。秦孝公果断决策，放宽视野，从国内外召请人才，主持改革大计。为此，他下令求贤，"宾客群臣有能出奇计强秦者，吾且尊官，与之分土"④。从魏国来到秦国的商鞅，得到了孝公的鼎力支持，开始了秦国的变法改革之路。

商鞅在秦国的变法改革，一个重要目标就是削弱贵族权利，扩大国家对社会资源的控制和动员能力，从而改变秦国的落后面貌。在第一次变法改革中，商鞅就制定了一系列针对政策，以改变秦国贵族操纵政治的局面。爵位的高低不再考虑血缘关系，而把晋升标准定为实际军功的大小。同时惩处私斗行为，改变私斗风气，鼓励为国作战。"有军功者，各以率受上爵；为私斗者，各以轻重被刑大小。"⑤宗室贵族必须为国家参战立功，才能保住自己的属籍。"宗室非有军功论，不得为属籍。"⑥有军功者才能享受国家的荣耀，没有军功的人即使财富再多，也不能炫耀挥霍。"有功者显荣，无功者

---

① 林剑鸣：《秦史稿》，第 130 页。
② 司马迁：《史记》卷 5《秦本纪》，第 202 页。
③ 司马迁：《史记》卷 5《秦本纪》，第 202 页。
④ 司马迁：《史记》卷 5《秦本纪》，第 202 页。
⑤ 司马迁：《史记》卷 68《商君列传》，第 2230 页。
⑥ 司马迁：《史记》卷 68《商君列传》，第 2230 页。

虽富无所芬华。"①

　　为了从经济上削弱贵族特权，商鞅发布"分户令"，"民有二男以上不分异者，倍其赋"②。《史记正义》解释说："民有二男不别为活者，一人出两课。"③ 对于贵族来说，依靠血缘关系组建的大家庭人口众多，势力强大，是他们谋取家族利益，压榨平民散户，隐瞒人口财产，减少赋役交纳，对抗国家政权的主要依托。商鞅变法，通过加倍征收人口税的方式，迫使大家庭分为小家庭。在商鞅第二次变法中，进一步规定："令民父子兄弟同室内息者为禁。"④ 在贵族大家庭里，家族财产由家长掌握，"父母在，不敢有其身，不敢私其财，示民有上下也"⑤，家长在家庭中具有绝对的权威。通过商鞅改革，家长的权威丧失，增加了国家对人口的控制和对赋税的征收，为秦国推行什伍连坐制度、郡县制度创造了条件。

　　商鞅的变法改革触动了宗室贵族的利益，自然也引起了他们的强烈反对。首先他们通过自己的代言人从理论上阻止和攻击变法。商鞅得到孝公信任，准备进行变法改革。孝公组织御前辩论，"孝公平画，公孙鞅、甘龙、杜挚三大夫御于君，虑世事之变，讨正法之本，求使民之道"⑥。孝公开宗明义，表明自己的变法主张及辩论目的："代立不忘社稷，君之道也。错法务（民）[明]主（张）[长]，臣之行也。今吾欲变法以治，更礼以教百姓，恐天下之议我也。"⑦ 面对孝公的疑虑，商鞅认为，变法是革除旧俗的行为，自然会遭到平庸者的反对。变法必须坚决果断，不能犹豫不决，否则将会一事无成。"臣闻之，疑行无明（成）[名]，疑事无功。君疾定变法之虑，殆无顾天下之议之也。且夫有高人之行者，固见负于世。有独知之虑者，必见骜于民。"⑧ 为

---

① 司马迁：《史记》卷68《商君列传》，第2230页。
② 司马迁：《史记》卷68《商君列传》，第2230页。
③ 司马迁：《史记》卷68《商君列传》，第2231页。
④ 司马迁：《史记》卷68《商君列传》，第2232页。
⑤ 《礼记正义》卷51《坊记》，李学勤主编《十三经注疏》（标点本，6），第1414页。
⑥ 高亨注译：《商君书注译·更法第一》，第13页。
⑦ 高亨注译：《商君书注译·更法第一》，第13—14页。
⑧ 高亨注译：《商君书注译·更法第一》，第14页。

了强国利民，必须抛开旧有制度礼法的束缚。"是以圣人苟可以强国，不法其故；苟可以利民，不循其礼。"①

甘龙、杜挚站在守旧贵族的立场上，对商鞅的变法主张持反对态度。在甘龙看来："圣人不易民而教，知者不变法而治。因民而教者，不劳而功成。据法而治者，吏习而民安。今若变法，不循秦国之故，更礼以教民，臣恐天下之议君，愿孰察之。"②甘龙主张，只有坚持旧有制度，维护贵族特权，才能保证功成民安。进行变法改革，不仅会遭到贵族反对，还会导致君主受到非议。商鞅以历史进化论的观点对甘龙予以反驳，指出如果只知道安于旧习、溺于所闻，是世俗者的做法；只强调遵循旧的礼法，是愚蠢者、不肖者的行为。"予之所言，世俗之言也。夫常人安于故习，学者溺于所闻。此两者所以居官而守法，非所与论于法之外也。三代不同礼而王；五霸不同法而霸。故知者作法，而愚者制焉。贤者更礼，而不肖者拘焉。拘礼之人不足与言事，制法之人不足与论变。"③杜挚则认为，变法的成效难以保障，风险不好控制，不如遵循旧的礼法更为保险。"臣闻之，利不百，不变法。功不十，不易器。臣闻法古无过，循礼无邪。"④商鞅指出，历史的教训告诉我们，治理好国家不能只采用一种方法，只要对国家有利，就要勇于变法革新。"治世不一道，便国不法古。故汤武不循古而王，夏殷不易礼而亡。反古者不可非，而循礼者不足多。"⑤商鞅的主张得到了秦孝公的支持，也坚定了孝公支持变法改革的决心。

商鞅的改革取得了显著成效，人民努力生产，生活富足，提高了社会道德水平，扭转了私斗成风的局面。第一次变法后，"行之十年，秦民大说，道不拾遗，山无盗贼，家给人足。民勇于公战，怯于私斗，乡邑大治"⑥。在与魏国的战争中，大败魏太子公子卬的军队，逼迫魏国将首都从安邑迁到大

---

① 高亨注译：《商君书注译·更法第一》，第 14 页。
② 高亨注译：《商君书注译·更法第一》，第 15 页。
③ 高亨注译：《商君书注译·更法第一》，第 16 页。
④ 高亨注译：《商君书注译·更法第一》，第 16 页。
⑤ 司马迁：《史记》卷 68《商君列传》，第 2229 页。
⑥ 司马迁：《史记》卷 68《商君列传》，第 2231 页。

梁。商鞅又进行第二次变法，"居五年，秦人富强，天子致胙于孝公，诸侯毕贺"①，彻底改变了"诸侯卑秦"的局面，秦国的地位在各诸侯国中有了显著提高。

尽管改革效果明显，但改革也触动了秦国贵族的利益，引起了守旧势力的激烈反抗。改革刚进行一年，他们就从各地赶到首都，在秦孝公面前说改革的坏话。旧贵族势力聚集在太子周围，企图阻止变法进行。商鞅在孝公的支持下，坚决清除反对改革的势力。在商鞅看来："法之不行，自上犯之。"② 应以法律处罚太子，但太子贵为储君，不能用法，就处罚了太子傅公子虔，对太子师公孙贾施以墨刑。公子虔、公孙贾既是孝公为太子选定的老师，又是秦国的宗室贵族，处罚他们，显示了孝公支持改革的决心，减轻了改革的阻力。商鞅第二次变法时，公子虔继续站在改革的对立面，被商鞅处于劓刑。

商鞅的变法改革，始终是在与守旧贵族的激烈斗争中进行的。"商君相秦十年，宗室贵族多怨望者。"③ 为了保证变法的推行，商鞅"刑黥太子之师傅"④"日绳秦之贵公子"⑤，对反对变法者予以严厉镇压。"一日临渭而论囚七百余人，渭水尽赤，号哭之声动于天地。"⑥ 守旧贵族对商鞅恨之入骨，必欲除之而后快。商鞅对此也十分担心，每次外出，"后车十数，从车载甲，多力而骈胁者为骖乘，持矛而操闟戟者旁车而趋"⑦。这些条件不具备，商鞅从来不敢出门。守旧贵族还派赵良游说商鞅，认为他得罪的宗室贵族太多，如不激流而退，就会性命难保。"君之危若朝露，尚将欲延年益寿乎？则何不归十五都，灌园于鄙，劝秦王显岩穴之士，养老存孤，敬兄弟，序有功，尊有德，可以少安。君尚将贪商於之富，宠秦国之教，畜百姓之怨，秦王一

①　司马迁：《史记》卷68《商君列传》，第2232页。
②　司马迁：《史记》卷68《商君列传》，第2231页。
③　司马迁：《史记》卷68《商君列传》，第2233页。
④　司马迁：《史记》卷68《商君列传》，第2234页。
⑤　司马迁：《史记》卷68《商君列传》，第2234页。
⑥　司马迁：《史记》卷68《商君列传·集解》引《新序》，第2238页。
⑦　司马迁：《史记》卷68《商君列传》，第2235页。

日捐宾客而不立朝，秦国之所以收君者，岂其微哉？亡可翘足而待。"① 威胁商鞅如果秦孝公一旦去世，"百姓"对他积蓄了很深的怨恨，国家一定会对他进行逮捕处罚。这里的"百姓"非指平民，而是"百官有世功者"②，显然是指守旧贵族。果然如赵良所预料的那样，秦孝公一死，公子虔等人就揭发商鞅谋反。新即位的秦惠文王派出官吏追捕商鞅，商鞅逃无可逃，被官兵追杀于郑渑池。"秦惠王车裂商君以徇，曰：'莫如商君反者！'遂灭商君之家。"③

值得关注的是，与商鞅两次辩论，企图阻止商鞅变法改革的人物甘龙、杜挚和赵良，本身不是宗室贵族，但他们代表了宗室贵族的利益，是宗室贵族的代言人。长期以来，秦国贵族崇武尚勇，注重对军事力量的掌握和操控，文化修养并不高。历史上，秦国宗室贵族中也少有以文显名者。他们自己也认识到，凭借自己的知识和口才，难以驳倒法家理论功底深厚、口才出众的商鞅，因此，请自己的代言人出马，也就不难理解了。

宗室贵族对商鞅变法始终持抗拒心态，但由于孝公的坚定支持，变法仍得以顺利推进。孝公去世后，商鞅被车裂，宗室贵族怨气得出，但秦惠文王仍然坚持了商鞅变法的制度和措施。"及孝公、商君死，惠王即位，秦法未败也。"④

三、商鞅变法后贵族对君主的迎合心态

商鞅变法，极大地打击了秦国宗室贵族的势力，加强了君主集权。秦惠文王即位，虽然车裂了商鞅，但仍坚持了"有功者显荣，无功者虽富无所芬华"⑤ 的原则。孝公、惠文王以后，秦国军权完全收归到君主手中，外来人才越来越受到重用，宗室贵族在政治上的影响力有限。一些确有才华的宗

---

① 司马迁：《史记》卷 68《商君列传》，第 2235 页。
② 宗福邦、陈世铙、萧海波主编：《故训汇纂》，商务印书馆 2003 年版，第 1523 页。
③ 司马迁：《史记》卷 68《商君列传》，第 2237 页。
④ 梁启雄：《韩子浅解》第 43 篇《定法》，第 408 页。
⑤ 司马迁：《史记》卷 68《商君列传》，第 2230 页。

室人物顺应君主的用人标准，凭借自己的能力为国家服务，赢得自己的地位和权势，樗里疾就是其中的典型代表。

樗里疾是秦惠王的同父异母弟，他能言善辩，足智多谋，"秦人号曰'智囊'"①，尊称为"樗里子"。《史记》为他列传，但未明言他反对商鞅变法，在商鞅被处死事件中，也未见他涉及其中。因为樗里疾即使不依靠宗室贵族的身份，也是一个杰出的政治家和军事家。在秦惠文王时期，樗里疾先后率兵攻下了魏国的曲沃、赵国的蔺、楚国的汉中。由于军功卓著，秦惠文王将严道分封给他，"号为严君"②。秦武王在位时，樗里疾被任命为左丞相。他率领兵车百辆入周，帮助秦武王实现了"寡人欲容车通三川，窥周室"③的愿望。秦武王举鼎去世，因为秦武王没有儿子，在他的诸弟之中发生了权位争夺。秦昭襄王在母亲芈氏，舅舅魏冉、芈戎的支持下挫败了其他竞争者得以上位。史书中未见樗里疾参与昭王夺权的记载，但对于已经登位的秦昭襄王，樗里疾显然持支持态度，秦昭襄王也需要这样的宗室功臣的辅助。"昭王立，樗里子又益尊重。"④他被任命为丞相，又率兵进攻卫国蒲地皮氏。樗里疾历经秦惠文王、秦武王、秦昭襄王三代君主，与过去的宗室贵族不同，他从不站在君主的对立面，也不与君主争权夺利，而是极力拥戴遵从君主，为君主建功立业，以此获取自己的官爵晋升之途。值得关注的是，在商鞅被车裂、昭王即位等重大政治决策、关乎国君废立的事件中，樗里疾都没有深度参与，但君位一旦确立，他则给予全力支持，并利用自己宗室加功臣的地位，为稳定政局贡献力量。"秦人谚曰：'力则任鄙，智则樗里'。"⑤樗里疾的智慧，也表现在作为宗室贵族与君主关系的调整上：他不再凭借自己的血缘关系谋取地位与利益，而是凭自己的才华和军功获取权位；他从不与君主对抗，而是尽力利用自己的地位及影响力稳定政局，服务君主的政治军事需

---

① 司马迁：《史记》卷71《樗里子甘茂列传》，第2307页。
② 司马迁：《史记》卷71《樗里子甘茂列传》，第2308页。
③ 司马迁：《史记》卷5《秦本纪》，第209页。
④ 司马迁：《史记》卷71《樗里子甘茂列传》，第2309页。
⑤ 司马迁：《史记》卷71《樗里子甘茂列传》，第2310页。

要。除了樗里疾外，我们看到这一时期能够发挥作用的宗室贵族，也主要是靠自己的军事能力率领秦军攻城略地。他们不再是君主权力的离散力量，明显表现出对君主的迎合与支持心态。而那些没有能力的宗室贵族，则难有在政治舞台上表现自己的机会了。

商鞅变法后，秦国宗室贵族势力受到严重削弱，权力围绕君主运转。秦昭襄王时期，外戚贵族集团开始活跃于政治舞台。

秦武王无子，在没有对接班人作出安排的情况下举鼎意外去世，在他的诸弟之中选谁接班，各种势力展开了激烈角斗，出现了"诸弟争立"① 的局面。在宗室贵族影响力式微的情况下，外戚集团则起了关键性作用。惠文王的嫔妃芈氏来自楚国，惠文王在位时被封为"八子"，在后妃中的地位并不高。他的儿子嬴稷被派到遥远的燕国做人质，在正常情况下，嬴稷继位的可能性并不高。但芈氏在秦国有着强大的家族势力，其同母异父弟魏冉，在秦惠文王、秦武王时期就担任重要职务，有比较大的权势与影响力。她的同父同母弟芈戎也有一定地位。芈氏非常有政治头脑，对儿子即位秦君当早有预谋。秦武王去世后，她立即联络两位实权在握的弟弟，在得到燕、赵两国支持的情况下，将在燕国做人质的儿子嬴稷接回秦国，立为秦君。为了防止其他公子的政变，芈氏安排魏冉掌控首都军队。"以冉为将军，卫咸阳。"② 随着昭王的即位，芈氏也顺利成为太后。"及昭王即位，芈八子号为宣太后。"③ 由于昭王即位时尚未达到亲政年龄，秦国的权力一度操控于楚系外戚集团手中。

当时秦国除了楚系外戚集团外，魏系外戚集团的力量也非常强大。秦惠文王的王后、秦武王的王后都来自魏国。他们中意的君位继承者是公子壮，嬴壮时任大庶长，掌握了一定的军权。由于秦武王突然去世，魏系外戚集团缺乏核心人物，亦无提前部署，在君位继承上被楚系外戚集团抢得先机。但魏系外戚集团不甘于权位的丧失，嬴壮对嬴稷即位尤其不服，他"僭

---

① 司马迁：《史记》卷 72《穰侯列传》，第 2323 页。
② 司马迁：《史记》卷 72《穰侯列传》，第 2323 页。
③ 司马迁：《史记》卷 72《穰侯列传》，第 2323 页。

立而号曰'季君'"①。在秦昭襄王即位的第二年，魏系外戚集团联合各种反对昭襄王的势力发动政变。"二年，彗星见。庶长壮与大臣、诸侯、公子为逆。"②但由于魏冉控制了首都咸阳的军队指挥权，政变很快被镇压。在宣太后的统领下，魏冉等"诛季君之乱，而逐武王后出之魏，昭王诸兄弟不善者皆灭之，威振秦国"③，魏系外戚集团势力被清除。

　　楚系外戚集团的代表性人物是宣太后和魏冉。在秦昭襄王亲政之前，"宣太后自治，任魏冉为政"④。宣太后是一个强势政治人物，也是秦昭襄王得以即位的总谋划者。在很长的一段时间里，她对秦国政治具有着重大影响力，也为秦国的发展作出了突出贡献。尤其是她设计在甘泉宫诱杀义渠王，大败义渠戎，在原来义渠控制的土地上设置陇西、北地、上郡，并修筑长城以保护之，解除了秦国东进的后顾之忧，加速了秦国的统一进程。同许多秉权的女性一样，宣太后也大量任用娘家人。她的异父同母弟魏冉被封为穰侯，拥有穰（今河南省邓州市）和陶邑（今山东省菏泽市定陶区）两块封地；同父同母弟芈戎被封为华阳君，所封之地在今陕西省商洛市。她的另外两个儿子，嬴市被封为泾阳君，所封之地在陕西省泾阳县；嬴悝被封为高陵君，所封之地在陕西省西安市高陵区。宣太后集团在朝廷中形成了强大的势力，"穰侯相，三人者更将，有封邑，以太后故，私家富重于王室"⑤。范雎为了取代魏冉为相，对秦昭襄王说："臣居山东时，闻齐之有田文，不闻其有王也；闻秦之有太后、穰侯、华阳、高陵、泾阳，不闻其有王也。夫擅国之谓王，能利害之谓王，制杀生之威之谓王。今太后擅行不顾，穰侯出使不报，华阳、泾阳等击断无讳，高陵进退不请。四贵备而国不危者，未之有也。……今臣闻秦太后、穰侯用事，高陵、华阳、泾阳佐之，卒无秦王。"⑥尽管楚系外戚贵族集团势盛，但他们始终未与秦昭襄王形成政治上的对抗，

① 司马迁：《史记》卷72《穰侯列传·索隐》，第2324页。
② 司马迁：《史记》卷5《秦本纪》，第210页。
③ 司马迁：《史记》卷72《穰侯列传》，第2323页。
④ 司马迁：《史记》卷72《穰侯列传》，第2323页。
⑤ 司马迁：《史记》卷79《范雎蔡泽列传》，第2404页。
⑥ 司马迁：《史记》卷79《范雎蔡泽列传》，第2411页。

更多谋取的是经济利益。在宣太后的操纵下，秦昭襄王22岁举行冠礼，顺利亲政。在宣太后、魏冉当政的时间里，尽管楚系贵族势力十分强大，但他们的根本权力来源是秦昭襄王。在他们的所有政治、军事活动中，维护秦王的权威和国家的根本利益是他们的必然选择。

从秦昭襄王一即位，魏冉就拥有前朝功臣、新君拥立者、君主舅舅、粉碎政变指挥者等多重身份，可谓功勋卓著。他曾四度出任秦相，在秦国政坛上叱咤风云40年，多次率兵攻城略地，并向秦昭襄王举荐了白起、向寿、蒙武等军事将领。著名史学家吕思勉指出："秦之灭六国，盖始基于魏冉，而后成于吕不韦、李斯。"① 卢鹰认为："魏冉主秦之政四十年间最大的历史功绩是持续不断地向东方发动大规模的凶猛的军事进攻，拓展了大片疆域，使秦国取得了天下无敌的地位，开创了历史新局面，为以后扫平六国、统一四海奠定了牢固的军事基础。"② 魏冉尽管位高权重，但他从来没有对抗昭襄王，也看不到他架空君主的事例。后来秦昭襄王听信范雎游说，将楚系外戚集团赶出政治舞台。"于是废太后，逐穰侯、高陵、华阳、泾阳君于关外。"③ 楚系外戚贵族集团仍表现了合作态度，没有借助集团势力对昭襄王发难。魏冉交出相印，带着搜刮的巨额财富回到了自己的封地陶。可见，在秦昭襄王时期，尽管出现了楚系外戚贵族集团势力，但他们已经形成了迎合君主的心态，没有架空君主使其成为傀儡的想法，没有形成对王权的威胁。魏冉四度为相，说明丞相的任免权是掌握在秦昭襄王手中的。范雎的一席议论，秦昭襄王就让宣太后等一批炙手可热的人物从政治舞台上退出，也可以看出昭襄王在政治上的绝对权威。

为了转变外交政策和加强君主集权的需要，秦昭襄王以比较和缓的办法将宣太后、魏冉等逐出政治舞台，但楚系外戚集团的政治影响力还在。秦昭襄王的儿子安国君嬴柱最宠爱的妃子华阳夫人也是楚国人，与宣太后同族。安国君被立为太子，她被立为夫人。安国君对她言听计从。秦昭襄王去

① 吕思勉：《先秦史》，上海古籍出版社1992年版，第232页。
② 卢鹰：《穰侯魏冉新论》，《人文杂志》1998年第3期。
③ 司马迁：《史记》卷79《范雎蔡泽列传》，第2412页。

世，安国君即位为孝文王。孝文王在位时间很短就去世了，但他却发布了利国惠民的政令。"孝文王元年，赦罪人，修先王功臣，褒厚亲戚，驰苑囿。"[①]这些措施的实施，或许是受到了华阳夫人的影响。秦始皇的父亲庄襄王作为安国君的中子，能够从赵国的人质成为秦国储君，并最终登上王位，也是吕不韦通过华阳夫人策划活动的结果。

孝文王、昭襄王时期，以华阳夫人为首的楚系外戚集团势力有了新的发展。华阳夫人收子楚为养子，并使他即位秦国君位，华阳夫人也成为庄襄王名分上的母亲，华阳夫人的弟弟阳泉君也对秦国政治具有一定影响力。在平定嫪毐之乱中，秦始皇"令相国昌平君、昌文君发卒攻毐"[②]。《史记索隐》在解释昌平君时说："昌平君，楚之公子，立以为相，后徙于郢，项燕立为荆王，史失其名。"[③]李开生认为，昌平君可能是楚考烈王熊元在秦国做人质时与秦昭襄王的女儿所生之子[④]，是以华阳夫人为首的楚系外戚集团的重要人物。可以看出，在嫪毐之乱发生时，楚系外戚贵族集团坚定地站在了秦王嬴政一方，为平定叛乱发挥了重要作用。

四、统一后宗室及外戚贵族对皇权的屈从心态

由于秦宗法意识淡薄，自商鞅变法后，宗室贵族势力就比较薄弱。与王权加强相伴生的是秦昭襄王、孝文王、庄襄王及秦始皇统一前楚系贵族势力相对强大，并在平定叛乱、稳定政治方面发挥了重要作用。秦始皇统一天下后，丞相王绾提出："诸侯初破，燕、齐、荆地远，不为置王，毋以填之。请立诸子，唯上幸许。"[⑤]李斯认为周朝之所以出现天子权威下降，诸侯混战的局面，正是由于分封制所致。"今海内赖陛下神灵一统，皆为郡县，诸子功臣以公赋税重赏赐之，甚足易制。天下无异意，则安宁之术也。置诸侯不

---

① 司马迁：《史记》卷 5《秦本纪》，第 219 页。

② 司马迁：《史记》卷 6《秦始皇本纪》，第 227 页。

③ 司马迁：《史记》卷 6《秦始皇本纪》，第 228 页。

④ 李开元：《秦始皇的秘密》，中华书局 2009 年版，第 72 页。

⑤ 司马迁：《史记》卷 6《秦始皇本纪》，第 238—239 页。

便。"① 否定了王绾的建议，并被秦始皇采纳。秦始皇三十三年（前214），博士淳于越再次提出应该学习商周时期的历史经验，推行分封制。"臣闻殷周之王千余岁，封子弟功臣，自为枝辅。今陛下有海内，而子弟为匹夫，卒有田常、六卿之臣，无辅拂，何以相救哉？事不师古而能长久者，非所闻也。"② 李斯对此坚决反对，并向秦始皇提出焚书主张，再次被秦始皇所采纳。秦始皇凭借商鞅变法以来高度集权的政治体制和高效率的组织动员能力完成了统一大业，成为"自上古以来未尝有，五帝所不及"③ 的千古一帝，他自然不会赞同将子弟功臣封为诸侯王的建议。

在秦国的历史上，以分封的方式赏赐国家功臣，也是久已有之的传统。秦孝公发布求贤令，召请人才进行改革，给出的条件就是"宾客群臣有能出奇计强秦者，吾且尊官，与之分土"④。吕不韦经营异人君位，异人也承诺："必如君策，请得分秦国与君共之"⑤。后来，秦孝公、秦庄襄王都兑现了自己的诺言，商鞅被封为商君，吕不韦被封为文信侯。杨宽统计，战国时期秦国封君至少有20余人。⑥ 比较知名的如严君樗里疾、穰侯魏冉、华阳君芈戎、泾阳君嬴市、高陵君嬴悝等，他们不仅有封号，而且有实封之地。秦始皇即位后，就有了坚定的以郡县制代替分封制的思想。秦始皇八年（前239），"王弟长安君成蟜将军击赵，反，死屯留"⑦。亲政后，继续对其他封君进行清除。镇压嫪毐之乱，嫪毐长信侯的封地自然被剥夺。又借吕不韦进荐嫪毐之事，先是免除了他的相位，接着又逼其自杀。在平定嫪毐叛乱中立功的昌平君，也被迫离开秦国回到楚国，后来被项燕立为荆王。王翦在第二次率军攻楚时，就认识到无论自己功劳再大，也不会得到封侯之位。"王翦行，请美田宅园池甚众。始皇曰：'将军行矣，何忧贫乎？'王翦曰：'为大王将，

---

① 司马迁：《史记》卷6《秦始皇本纪》，第239页。

② 司马迁：《史记》卷6《秦始皇本纪》，第254页。

③ 司马迁：《史记》卷6《秦始皇本纪》，第236页。

④ 司马迁：《史记》卷5《秦本纪》，第202页。

⑤ 司马迁：《史记》卷85《吕不韦列传》，第2506页。

⑥ 杨宽：《战国史》，上海人民出版社2003年版，第693—695页。

⑦ 司马迁：《史记》卷6《秦始皇本纪》，第224页。

有功终不得封侯，故及大王之向臣，臣亦及时以请园池为子孙业耳。'始皇大笑。"[1] 秦朝统一后，丞相王绾、博士淳于越等人提出恢复分封制的建议，自然会被秦始皇彻底否定。

否定了子弟功臣分封为王的可能性，秦始皇对外戚势力也极力削弱。战国时期，王族婚姻带有较强的政治性，诸侯国之间联姻非常普遍，外戚势力多有外国背景。在秦国的外戚，比较有影响的就有楚系、赵系、韩系、魏系等。秦始皇在灭六国的过程中，受到了六国贵族的顽强抵抗。秦始皇跟随母亲在赵国期间，还被赵国无情追杀，度过了一段艰难的童年时光。作为外戚的昌平君贵为秦相，却走上了反秦的道路。再加上秦始皇的母亲先后与吕不韦、嫪毐发生通奸关系，给秦始皇造成了巨大的心理阴影。秦始皇时期，对女性参与政治持仇视态度，甚至没有留下皇后的历史记录，自然导致外戚势力在政治舞台上亦无所作为。

宗室贵族失去了分封为王的可能性，再加上秦始皇的过度集权，不放心他人参与政治，"天下之事无小大皆决于上"[2]。宗室贵族参与政治的途径变得极为狭窄，同时具有巨大的风险性。如果他们的政治见解违逆于皇帝，就有可能被皇帝疏远甚或治罪。我们看到秦始皇有子20余人，只有长子扶苏和少子胡亥在政治上发挥了作用。结果长子扶苏因为政治主张与秦始皇不合，被派往上郡监军。少子胡亥则是在赵高的诱导下进行政变的，其政治参与具有极大的被动性。其他公子则明显对政治自觉采取疏离的态度，为了明哲保身，对皇帝权威持绝对遵从的心态。这样的状态也造成了不同的后果，如果君主英明、执政能力强，则国家运转畅顺高效，很少受到掣肘；如果君主昏庸或决策失误，则难有调整改变的机会；如果君权旁落，则可能被奸邪之人所利用。当沙丘政变发生时，赵高、李斯、秦二世打出始皇遗诏的旗号，尽管其中多有破绽，但也没有任何力量能够对其进行抵制和平定了，这无疑与秦始皇对宗室贵族和外戚势力的过分打压有直接关系。

---

[1] 司马迁：《史记》卷73《王翦列传》，第2340页。

[2] 司马迁：《史记》卷6《秦始皇本纪》，第258页。

　　我们看到，秦始皇病死沙丘，写遗诏给扶苏要求其主持葬礼并继承权位。赵高游说胡亥，如果按照遗诏行事，"长子至，即立为皇帝，而子无尺寸之地，为之奈何？"① 胡亥认为，父皇的决定毋庸置喙，理所当然。"固也，吾闻之，明君知臣，明父知子。父捐命，不封诸子，何可言哉？"② 即使作为秦始皇最喜欢的儿子，胡亥也认为自己只能服从皇权，不可以对父皇的决定有任何质疑或改变。沙丘政变后，胡亥派使者假传始皇遗诏指责扶苏："为人子不孝，其赐剑以自裁。"③ 这份遗诏突如其来，又漏洞百出，蒙恬提醒扶苏当心其中有诈，应该再请示核实，但扶苏认为："父而赐子死，尚安复请。"④ 秦始皇的长子与少子参与政治的机会最多，也经历了政治上的历练，尚且对父皇的决定不敢稍有疑虑，即使这些决定关系到自己的政治地位甚至身家性命。

　　为了清除异己力量，赵高唆使秦二世："尽除去先帝之故臣，更置陛下之所亲信者近之。"⑤ 秦二世也担心自己政变的阴谋败露，会被兄弟们夺取权力，便将黑手伸向功臣及兄弟姐妹。"二世然高之言，乃更为法律，于是群臣诸公子有罪，辄下高，令鞠治之。杀大臣蒙毅等，公子十二人僇死咸阳市，十公主矺死于杜，财物入于县官，相连坐者不可胜数。"⑥ 一次性将秦始皇的公子公主杀戮殆尽，这些人丝毫没有联合抵制与反抗的迹象。公子高本来有逃跑的机会，但慑于皇权的淫威，担心牵连三族，于是便表示愿意以死为父皇陪葬。"先帝无恙时，臣入则赐食，出则乘舆。御府之衣，臣得赐之；中厩之宝马，臣得赐之。臣当从死而不能，为人子不孝，为人臣不忠。不忠者无名以立于世，臣请从死，愿葬骊山之足，唯上幸哀怜之。"⑦ 出现这样匪夷所思的情况，赵高认为连宗室贵族都只顾保全性命，哪里有人敢谋划叛乱

---

① 司马迁：《史记》卷87《李斯列传》，第2548页。

② 司马迁：《史记》卷87《李斯列传》，第2548页。

③ 司马迁：《史记》卷87《李斯列传》，第2551页。

④ 司马迁：《史记》卷87《李斯列传》，第2551页。

⑤ 司马迁：《史记》卷87《李斯列传》，第2551页。

⑥ 司马迁：《史记》卷87《李斯列传》，第2552页。

⑦ 司马迁：《史记》卷87《李斯列传》，第2553页。

呢！这才是巩固权位的最好办法。从秦始皇到秦二世，贵族甚至宗室几乎被剥夺了参与政治的特权，他们惟皇命是从，一心迎合皇权，不敢越雷池半步，任皇帝支配和宰割，完全失去了政治上的辅佐与矫正能力。

第二节　"士为知己者用"的客卿心态

春秋战国时期，与列国并争相伴的是人才的流动。随着社会的变革与士人阶层的壮大，战国时期，许多士人放弃了道高于君的理想与坚守，通过为君主服务获取自己的功名利禄。秦国在与中原各国的竞争中，迫切需要治国之才与领军之将，秦国本身文化落后，又使得高层次人才极为缺乏，而宗法观念淡薄的传统，则为外国人才进入秦国并发挥作用创造了良好的条件。

一、"孔子西行不到秦"与穆公不拘一格求人才

秦国早期在西部地区发展，主要与戎狄等部落进行生存空间的竞争，战争与迁徙成为常态。在中原各国看来，不论是从实力上、地理位置上，还是文化风格上，秦国都与夷狄少有差别，而与中原各国相去甚远。因此，中原各国自然对秦国抱有排斥和鄙视态度，将秦国等同于夷狄。《春秋》记载："（鲁僖公三十三）夏，四月，辛巳，晋人及姜戎败秦于崤。"[1]《春秋公羊传》解释说，一般军队战败称"师"，如果未列成战阵就战败了称"人"，这里秦国战败既未称"师"也未称"人"，而以"秦"代之，是什么原因呢？"其谓之秦何？夷狄之也。"[2] 正因为《春秋》已经把秦当成夷狄一样看待，才与对中原各国的记载相区别。《春秋谷梁传》对于这条记载的解释，则将重点放在了"晋人及姜戎败秦于崤"的"败"字上。"不言战而言败，何也？狄秦也。其狄之何也？秦越千里之险入虚国，进不能守，退败其师徒，乱人子女之教，无男女之别。秦之为狄，自崤之战始也。"[3] 秦国偷袭郑国，结果被发

---

① 《春秋公羊传注疏》卷 12，李学勤主编《十三经注疏》（标点本，8），第 270 页。
② 《春秋公羊传注疏》卷 12，李学勤主编《十三经注疏》（标点本，8），第 270 页。
③ 《春秋谷梁传注疏》卷 9，李学勤主编《十三经注疏》（标点本，九），第 154 页。

现，顺路灭了滑国，并在滑国纵行暴乱，却不能守住滑国之地，在退师途中又被晋军打败。《谷梁传》的作者认为，自崤之战后，秦国在各诸侯国中的地位就降为了"狄"一样的国家。中原各国对秦国的鄙视，已经形成传统，即使秦穆公称霸西戎时，也没能得到根本改观。

在中原士人中，长期形成了强烈的"夷夏之防"的观念。认为夷狄野蛮落后，理应受到中原各国的排斥。狄人攻打邢国，管仲认为齐国应该出兵相救。"戎狄豺狼，不可厌也；诸夏亲昵，不可弃也；宴安鸩毒，不可怀也。"① 戎狄之人像豺狼一样贪婪，永远没有满足的时候；中原华夏各国关系自然亲近，不能相互遗弃；一味追求安逸就像服用鸩毒一样，不能去怀恋。齐国应该发挥盟主作用，将联合攻打与防范戎狄作为中原各国的责任。中原各国如果打败了戎狄，就应该向周王献俘报功。"凡诸侯有四夷之功，则献于王，王以警于夷，中国则否。诸侯不相遗俘。"② 即使一些中原小国，其地位也高于夷狄之国。"任、宿、须句、颛臾，风姓也，实司大皞与有济之祀，以服事诸夏。邾人灭须句，须句子来奔，因成风也。成风为之言于公曰：'崇明祀，保小寡，周礼也。蛮夷猾夏，周祸也。若封须句，是崇皞、济而修祀纾祸也。'"③ 任、宿、须句、颛臾四个风姓小国都祭祀伏羲大皞之神，邾国迫近诸戎，杂用夷礼，故被中原各国视为蛮夷。邾国灭掉须句，成风认为让蛮夷之国扰乱华夏之国，是周朝的灾难，如果鲁僖公重封须句，不仅符合周礼，也能延续对伏羲氏的祭祀。

华夏与夷狄不仅在地域上、生活方式上不同，更重要的是在文化礼俗上的差异。姜戎子驹支曾对晋国的范宣子说："我诸戎饮食衣服不与华同，贽币不通，言语不达。"④ 在中原士人看来，华夏与夷狄相处的状态应该是"裔不谋夏，夷不乱华"⑤。《春秋左传正义》进一步解释说："夏，大也。中

---

① 《春秋左传正义》卷11《闵公元年》，李学勤主编《十三经注疏》（标点本，7），第302页。
② 《春秋左传正义》卷10，李学勤主编《十三经注疏》（标点本，7），第296—297页。
③ 《春秋左传正义》卷14，李学勤主编《十三经注疏》（标点本，7），第399—400页。
④ 《春秋左传正义》卷32，李学勤主编《十三经注疏》（标点本，7），第918页。
⑤ 《春秋左传正义》卷56，李学勤主编《十三经注疏》（标点本，7），第1587页。

国有礼仪之大，故称夏；有华服之美，谓之华。华、夏一也。"① 中原诸侯对被视为夷狄的各国报鄙视态度，尽管秦国在春秋初期就获得了诸侯国的地位，但仍然被各国以夷狄看待。中原士人更讲究礼仪道德，重视华夷之别。在这种观念影响下，自然对秦采取鄙视而疏远的态度。

在襄公建国到穆公即位之前的 100 多年里，看不到中原士人进入秦国效力秦君的记载。齐景公曾向孔子请教："'秦穆公国小处僻，其霸何也？'孔子曰：'其国虽小，其志大；处虽僻而政其中。其举也果，其谋也和，法无私而令不愉。首拔五羖，爵之大夫，与语三日而授之以政。此取之，虽王可，其霸少矣。'"② 孔子对秦穆公有如此高的评价，但他周游列国，并未踏足秦国国境。孔子是非常重视华夷之别的，在孔子的眼里，秦国与戎狄杂处，属蛮夷之地，是不适合推行周礼的地方。孔子在最不得志的时候甚至表示："道不行，乘桴浮于海"③，但仍然没有选择到秦国去。孔子作为士人的典型，他的态度代表了当时中原士人对秦国的普遍心态，也就是鄙视秦国，不认为秦国是可以传扬道义、施展才能的地方，当时也少有士人入秦为仕的情况。

从秦国来说，穆公之前，主要是在西方发展，竞争的对手是戎狄各部，竞争的方式是军事战争。这种局面需要秦人团结在君主周围，为国家拼力厮杀，以壮大实力、争夺生存空间。这时的秦国尚未建成严密的国家管理体系，也无暇过多顾及礼仪文化方面的建设，缺乏对外国人才的迫切需求。我们看到，穆公之前史书对于秦国历史的记载，主要集中在与戎狄的战争及国君的继承废立上，所谓的人才选拔，也主要是在"君择勇猛"方面。

随着对戎狄战争的节节胜利，秦国不断向农业生产条件更好的东南地区发展，首都也一再迁徙，宪公时迁到平阳（今陕西省宝鸡市东阳平村），德公时迁到雍（今陕西省宝鸡市风翔区）。到秦穆公时，更是对戎狄取得了决定性胜利，"益国十二，开地千里，遂霸西戎"④。经过秦穆公的扩展经营，

---

① 《春秋左传正义》卷 56，李学勤主编《十三经注疏》（标点本，7），第 1587 页。

② 王肃：《孔子家语》，第 36 页。

③ 《论语注疏》，卷 5《公冶长年》，李学勤主编《十三经注疏》（标点本，10），第 57 页。

④ 司马迁：《史记》卷 5《秦本纪》，第 194 页。

秦国有了巩固的后方，但秦国的发展目标绝不止于此，越过黄河向东发展是他们梦寐以求的愿望。与在西部地区与戎狄竞争不同，向东扩张一是有晋国、楚国等强大的对手；二是学习和接受中原文化的必要性大大增强。在这种情况下，秦国开始有了对中原地区人才需求的强烈愿望。

在对付分散的戎狄各部时，只要秦人团结在君主周围，勇猛作战就能取得竞争的优势。面对晋、楚等强大的中原国家，则需要有战略上的谋划，战术上的部署，争取盟友和分化瓦解敌人的手段，舆论上的宣传以及向中原各国学习礼仪文化。对国家的管理也需要更加精细、更加严密。这些，靠秦国本土的人才显然是不够的，争取中原地区的人才就成为穆公时期秦国的必然选择。但由于历史的原因和文化上的差异，中原各国仍对秦国抱鄙视态度，中原人才主动入秦的局面尚未形成。在这种情况下，秦穆公采取了发掘人才、礼重人才、不拘一格求取人才的手段，开启了秦国重任外国人才的历史阶段。

百里奚是虞国的大夫，已年过七旬，被秦国俘虏，后来他逃奔楚国，被楚人抓获，成为楚人的奴隶。秦穆公听说百里奚有贤才，就用五张羊皮从楚国将他赎回。穆公赏识百里奚的才能，"授之国政，号曰五羖大夫"①。百里奚看到穆公诚心求贤，就向他推荐了自己的好朋友蹇叔。秦穆公又以重礼迎回蹇叔，并任命蹇叔为上大夫。在百里奚、蹇叔的谋划下，秦穆公参与中原国家事务，干预晋国君主废立，从晋国夺取了河西之地，灭掉梁、芮等周边小国，参与晋楚城濮之战，国力蒸蒸日上。由余的祖先是晋人，后来流落到戎地。戎王派由余出使秦国，穆公发现他是一个难得的人才，就使用反间之计逼由余投降秦国。"由余遂去降秦。缪公以客礼礼之，问伐戎之形。"②在由余的谋划下，穆公实现了称霸西戎的目标。

在连续的胜利面前，秦穆公头脑发热，欲与晋国争夺中原霸主地位，同晋、秦相邻并实力较弱的郑国成为两国争夺的焦点。这时主管守护郑国城门的人建议穆公偷袭郑国，自己可以作为内应。穆公认为这是自己耀兵中原

---

① 司马迁：《史记》卷5《秦本纪》，第186页。
② 司马迁：《史记》卷5《秦本纪》，第193页。

的大好时机，决定奔袭千里出兵郑国。蹇叔、百里奚表示反对。当时秦国尚不具备称霸中原的实力，长途偷袭郑国，暴露的可能性极大，再加上强敌晋国随时可能拦截秦军的归路，秦军胜算的几率不高。但秦穆公一心想实现进军中原的野心，便不顾众臣的反对，"遂发兵，使百里奚子孟明视，蹇叔子西乞术及白乙丙将兵"①。郑国商人弦高往洛阳贩牛，在滑国途遇秦军，便假借劳师之名告诉秦军郑国早有准备。秦军看到偷袭不成便被迫回师，途中灭掉了晋国的属国滑国。秦军的行动引起了晋国的高度关注，当时晋文公的丧礼尚未结束，"太子襄公怒曰：'秦侮我孤，因丧破我滑。'遂墨衰绖，发兵遮秦兵于崤，击之，大破秦军，无一人得脱者。虏秦三将以归"②。秦军的这次惨败使穆公痛定思痛，深刻反思自己的错误，并积极进行善后处理。他设法促使晋国放回三名主将，说明崤之战的失败非三人之过，过在自己，恢复三人的官职，对三人信任如故。三年后，孟明视指挥秦军在王官之战中大败晋军，"晋人皆城守不敢出"③，一雪崤之战战败之耻。战后，穆公仍对殽之战的失败深感自责，发表了著名的总结讲话，也就是《尚书》中的《秦誓》篇。穆公认为，殽之战失败的根本原因是自己不能始终如一地重用贤人。"惟古之谋人，则曰未就予忌。惟今之谋人，姑将以为亲。"④蹇叔等以古代的忠义之心为我谋划，没有顺应我袭郑的想法，我对此深感忌讳。那些一心想迎合我的人鼓励我出兵袭郑，我却感到十分亲近，结果遭受了惨败。穆公深刻反思自己过去只想重用壮勇之士，不能重用良士、君子的错误，认为如果认真听取有经验的贤臣的意见，就不会犯低级的错误。"尚猷询兹黄发，则罔所愆。"⑤秦穆公认为，国家的盛衰成败，关键还在于君主是否能够重用贤人。"邦之杌陧，曰由一人。邦之荣怀，亦尚一人之庆。"⑥

　　穆公时期，秦国出现了重用外国人才的第一个高峰。长期以来，由于

---

①　司马迁：《史记》卷 5《秦本纪》，第 191 页。

②　司马迁：《史记》卷 5《秦本纪》，第 192 页。

③　司马迁：《史记》卷 5《秦本纪》，第 193 页。

④　《尚书正义》卷 20《秦誓》，李学勤主编《十三经注疏》（标点本，2），第 569 页。

⑤　《尚书正义》卷 20《秦誓》，李学勤主编《十三经注疏》（标点本，2），第 570 页。

⑥　《尚书正义》卷 20《秦誓》，李学勤主编《十三经注疏》（标点本，2），第 572 页。

将秦国视同夷狄的认识，秦国尚未形成吸引外国人才的环境和氛围。我们看到，穆公召请的外国人才出身、地位都很低，他们也未主动投靠秦国。百里奚是以俘虏的身份被穆公赎回，蹇叔是经百里奚推荐被穆公以重礼相聘，由余则是穆公以反间之计召来秦国。穆公一心参与中原诸国的争霸斗争，渴望得到中原人才的辅佐和帮助，因此他对这些人才无比尊重，以礼相待，赢得了这些人的倾力相助。这些被视为贤才的外国人，穆公能够高度信任，破格擢用，让他们参与国家的政治决策。穆公时期，虽然没有形成中原人才争相入秦的局面，但在百里奚、蹇叔、由余等外国贤才的辅佐下，其灭西戎12国、夺河西之地的光辉业绩，给秦后代君主留下了生动范例，秦孝公欲改变国家落后的面貌，效法穆公召请人才的做法就是显著例子。同样，穆公打破常规，不拘一格重用外国人才的做法，也给中原士人留下了深刻印象，许多人认识到，进入秦国出仕为官，是获取功名富贵的一条捷径。

二、孝公至庄襄王时期"仰禄之士"争入秦

进入战国时期，秦国历史经历了较长时间的内乱和沉寂，穆公时期创造的辉煌成为明日黄花，河西地的丧失，更是把秦国牢牢禁锢在黄河以西，诸侯卑秦几乎成为各国的共识。"秦僻在雍州，不与中国诸侯之会盟，夷翟遇之。"① 穆公之后至孝公之前的250多年时间里，史书少有中原人才入秦仕宦的记载。

秦献公欲重振秦国威势，进行了卓有成效的各项改革。秦孝公即位，深切感到"诸侯卑秦，丑莫大焉"②。回顾历史，穆公时期是秦国的荣光时刻。"昔我缪公自岐雍之间，修德行武，东平晋乱，以河为界，西霸戎翟，广地千里，天子致伯，诸侯毕贺，为后世开业，甚光美。"③决心学习穆公的做法，下令求贤，进行变法改革。

穆公的成功，很大程度上是重用来自虞国的百里奚、宋国的蹇叔、西

---

① 司马迁：《史记》卷5《秦本纪》，第202页。
② 司马迁：《史记》卷5《秦本纪》，第202页。
③ 司马迁：《史记》卷5《秦本纪》，第202页。

戎的由余等外国人才的结果。孝公以穆公为榜样，将"复缪公之故地，修缪公之政令"①，变法强秦的希望放在了求用贤才上，并开出了极高的价码，"宾客群臣有能出奇计强秦者，吾且尊官，与之分土"②。这实际上是在宣告秦国将开始重用外国人才的一个新时代。与穆公时期百里奚、蹇叔、由余等被动入秦不同，商鞅则是主动来到秦国，并通过宦官景监进见孝公的。

商鞅主动投奔秦国，是由多方面的原因促成的：一是他在魏国难以得到信用，有治国之术而无用武之地；二是秦孝公求贤令中表现出的诚意与开出的高价；三是穆公时期秦国有重用外国人才的历史。此外，商鞅主动投奔秦国，还与战国时期士人普遍存在的追求富贵的社会倾向密切相关。

春秋战国时期的社会变革，使原来作为贵族等级中最低一个阶层的士人面临着分化，部分士人失去了禄田，也没有了原来通过为贵族服务所得的俸禄，以致生存出现了困难。另一方面，为了竞争的需要，各国君主及统治集团需要打破等级和血缘界限，选拔一批有能力、有谋略的智能之士为自己效力。一些出身庶民或更低阶层，此前没有政治参与和阶层晋升渠道者，也通过读书求学获取了知识和智能，加入到了士人的行列。他们将读书作为免除耕稼之苦，获得阶层提升的途径。"宁越，中牟之鄙人也，苦耕稼之劳。谓其友曰：'何为而可以免此苦也？'其友曰：'莫如学。学三十岁，则可以达矣。'宁越曰：'请以十五岁。人将休吾将不敢休，人将卧吾将不敢卧。'十五岁，而周威王师之。"③ 宁越是从社会底层通过读书入仕改变命运的典型，从某种程度上起到了示范作用。千方百计得到君主的重用，获取期待已久的功名利禄，实现自己的人生价值，就成为这部分士人的强烈追求。

为了求得君主信用，这些士人奔走于各国之间，把入仕为官作为自己的谋生手段。在孟子看来："士之仕也，犹农夫之耕也。"④ 即使像孔子这样

---

① 司马迁：《史记》卷5《秦本纪》，第202页。
② 司马迁：《史记》卷5《秦本纪》，第202页。
③ 《吕氏春秋》第24《博志》，《诸子集成》第9册，第314页。
④ 《孟子注疏》卷6上《滕文公下章句下》，李学勤主编《十三经注疏》（标点本，11），第164页。

的圣人，也急于得到君主的重用。"孔子三月无君，则皇皇如也，出疆必载质。"① 孟子进一步指出："士之失位也，犹诸侯之失国家也。"② 谋取官位，是士人生存选择的应有之义，"古之人未尝不欲仕也"③。荀子则把士人分为"仰禄之士"和"正身之士"。"夫仰禄之士，犹可骄也；正身之士，不可骄也。彼正身之士，舍贵而为贱，舍富而为贫，舍佚而为劳。颜色黎黑而不失其所，是以天下之纪不息，文章不废也。"④ 在这里，尽管荀子高度赞扬"正身之士"的坚守及对弘扬道德文章的贡献，但博取仕途，追求富贵，无疑成为大多数士人的不二选择。在荀子看来，古今士人的追求已形成了巨大反差。"古之所谓士仕者，厚敦者也，合群者也，乐富贵者也，乐分施者也，远罪过者也，务事理者也，羞独富者也。今之所谓士仕者，污漫者也，贼乱者也，恣睢者也，贪利者也，触抵者也，无礼义而唯权执之嗜者也。"⑤

秦国地处西北地区，本身文化比较落后，本土人才相对匮乏。商鞅入秦，受孝公重用，操持权柄，得商於封地。商鞅的成功起到了榜样作用，士人在各诸侯国之间选择，自然将秦国作为争取功名利禄的重要选择地。

苏秦是东周洛阳人，家境贫寒，决心靠读书入仕改变命运。他首先将游说对象选择为周显王，"显王左右素习知苏秦，皆少之。弗信"⑥。东周是苏秦的祖国，自然想在这里一试身手。被显王拒绝后，他便西行秦国，向秦惠文王提出了帮助其实现"吞天下，称帝而治"⑦ 的宏伟目标。秦国当时尚不具备吞并诸侯的实力，再加上惠文王刚刚即位，忙于处理后商鞅时代的事宜，便拒绝了苏秦。后来苏秦走"合纵"之路，显然带有负气抗秦的成

---

① 《孟子注疏》卷6上《滕文公下章句下》，李学勤主编《十三经注疏》（标点本，11），第164页。

② 《孟子注疏》卷6上《滕文公下章句下》，李学勤主编《十三经注疏》（标点本，11），第164页。

③ 《孟子注疏》卷6上《滕文公下章句下》，李学勤主编《十三经注疏》（标点本，11），第164页。

④ 王先谦：《荀子集解》卷20《尧问》，《诸子集成》第3册，第362页。

⑤ 王先谦：《荀子集解》卷3《非十二子》，《诸子集成》第3册，第63页。

⑥ 司马迁：《史记》卷69《苏秦列传》，第2242页。

⑦ 司马迁：《史记》卷69《苏秦列传》，第2242页。

分。但苏秦在游说周显王失败后，将下一个目标放在了秦国，可见至秦惠文王时期，秦国已经成为各国士人谋取仕途的首选之国。张仪同样出身贫寒，他被楚相怀疑偷玉璧而遭受毒打，在赵国又受苏秦之辱，"怒，念诸侯莫可事，独秦能苦赵，乃遂入秦"①。张仪在秦国纵横捭阖，出将入相，主持连横破纵，为秦国的发展壮大立下了赫赫功劳。这一时期，与张仪一样同为魏国人的公孙衍以及齐国人陈轸等都来到秦国，取卿相之位。秦武王时，重用楚人甘茂。甘茂率军平定蜀乱，攻取宜阳，帮助武王实现了通三川、窥周室的愿望，被秦武王任命为左丞相。可见，秦惠文王、秦武王时期，各国士人，特别是出身贫寒的士人，在他国碰壁后，已将入秦取仕作为了掠取富贵的重要途径。

　　秦昭襄王时，秦国用客进入了一个新的高峰。昭襄王本身有在燕国做人质的经历，他继承王位，是母亲宣太后及舅舅魏冉、芈戎等精心谋划，并经过流血斗争得来的。在昭王前期，外戚楚系芈氏集团大受重用。宣太后的异父同母弟魏冉四度为相，被封为穰侯。宣太后的同父同母弟芈戎先后被封为华阳君、新城君。宣太后的另两个儿子嬴悝、嬴巿分别被封为高陵君和泾阳君，宣太后的外族向寿一度出任秦相。任用楚系母家人物对昭襄王来说既是巩固君权的需要，也多少带有无奈的成分。但总体上看，所谓权倾一时的芈氏"四贵"，不仅尊奉秦昭襄王，而且为秦国的发展作出了巨大贡献。以魏冉为例，他主政期间，秦军攻城略地，击败三晋和强楚，将昭襄王推向了"西帝"之位。举荐白起为大将，在白起的指挥下，伊阙之战斩首韩魏联军24万，攻下楚国的首都郢并设置南郡，长平之战打败赵军主力。这些重大的军事胜利，无疑加速了秦国的统一进程。后来由于范雎的游说，秦襄昭王免除了魏冉的相国职位，"令泾阳之属皆出关，就封邑。穰侯出关，辎车千乘有余"②。秦昭襄王以和平手段驱逐楚系外戚集团势力，说明以魏冉为首的外戚势力，并未对昭襄王权力构成根本性威胁。对此司马光认为："穰侯援

---

① 司马迁：《史记》卷 70《张仪列传》，第 2280 页。
② 司马迁：《史记》卷 72《穰侯列传》，第 2329 页。

立昭王，除其灾害，荐白起为将，南取鄢、郢，东属地于齐，使天下诸侯稽首而事秦。秦益强大者，魏冉之功也！"①

　　为了平衡各方势力，加强君主权力，秦昭襄王在任用楚系外戚集团人物的同时，也积极提拔其他外国来秦人才。齐国的孟尝君田文、赵人楼缓、客卿寿烛、魏人范雎、燕人蔡泽先后被任命为丞相，其中以范雎入秦最具传奇性。"范雎者，魏人也，字叔。游说诸侯，欲事魏王，家贫无以自资，乃先事魏中大夫须贾。"②后被怀疑私通齐国，受到魏相魏齐的笞打和侮辱。郑安平认为范雎人才难得，就把他保护起来。范雎和郑安平谋划，只有让范雎设法到秦国去才可能有出头之日。这时，秦国使者王稽出使魏国，郑安平假扮士卒侍奉王稽。王稽问郑安平："魏有贤人可与俱西游者乎？"③可见，为了更多吸纳各国人才，秦昭襄王给出使外国的使者以访求人才并带入秦国的任务。在王稽的帮助下，范雎终于来到秦国，他上书秦昭襄王："臣闻明主立政，有功者不得不赏，有能者不得不官，劳大者其禄厚，功多者其爵尊，能治众者其官大。故无能者不敢当职焉，有能者亦不得蔽隐。"④范雎这段说辞即是对昭襄王的希望，也反映了秦国重用人才的标准，那就是打破血缘、身份的限制，论功行赏，以能任官。范雎希望面见昭襄王，并表示："一语无效，请伏斧质。"⑤昭襄王被范雎的上书所打动，以礼召见他。范雎提出秦国应该改变越韩、魏而攻齐的策略，"王不如远交而近攻，得寸，则王之寸；得尺，亦王之尺也"⑥。通过蚕食邻国的方式壮大自己，加速秦国的统一进度。接着，又促使昭襄王驱逐了楚系外戚集团，进一步加强了王权。范雎被任命为秦相，封为应侯。

　　范雎入秦并得到重用的过程，可以看到昭襄王时期秦国用客的特点。王稽出使魏国带有寻找人才的职责，说明昭襄王对求取外国贤才抱开放态

① 司马光：《资治通鉴》卷5《周纪五》，第163页。
② 司马迁：《史记》卷79《范雎蔡泽列传》，第2401页。
③ 司马迁：《史记》卷79《范雎蔡泽列传》，第2402页。
④ 司马迁：《史记》卷79《范雎蔡泽列传》，第2404页。
⑤ 司马迁：《史记》卷79《范雎蔡泽列传》，第2405页。
⑥ 《战国策》卷5《秦策三》，第43页。

度。范雎在魏受辱，郑安平和范雎谋划入秦，说明秦国重客已经成为各国士人的共识。王稽因为将范雎带入秦国有功，得到昭襄王奖赏。范雎睚眦必报，快意恩仇，在他的举荐下，郑安平被任命为将军，王稽被任命为河东守。两人才不堪任，郑安平作为主将击赵失败，率领军队投降了赵国。王稽与诸侯勾结，出卖秦国。郑安平犯灭族之罪，王稽犯杀头之罪。"秦之法，任人而所任不善者，各以其罪罪之。"① 两人都是范雎举荐，按照法律，范雎应该被收三族。昭襄王为了保护范雎，"乃下令国中：'有敢言郑安平事者，以其罪罪之。'而加赐相国应侯食物日益厚，以顺适其意"②。后来，燕人蔡泽游说范雎应功成身退，以保全自己。范雎主动请求退位，昭襄王任命蔡泽为相。蔡泽受能力限制，在秦国任相仅仅数月，但昭王仍封他为纲成君，直到秦始皇时还出使燕国，游说太子丹入秦为质。对于被自己赏识，为秦国作出贡献的客卿，昭襄王采取宽容保护的态度，这无疑更加激励了各国人才投奔秦国。

值得关注的是，昭襄王时期，除了重用各国纵横家主持秦国政务外交外，昭襄王还重用外国的军事人才。蒙骜是齐国人，来到秦国后，被秦昭襄王任官为上卿，子孙三代为秦国征战厮杀，为秦国统一立下了赫赫战功。秦孝公时期被商鞅俘虏的魏公子卬，昭襄王时期也得到重用，多次领兵进攻魏国。继之而立的秦孝文王、秦庄襄王继续重用昭襄王时期任用的人才，"修先王功臣，褒厚亲戚"③。并继承了先王纳客的传统，庄襄王时任用卫人吕不韦为相国。吕不韦率军灭掉东周，扫清了秦国统一的舆论障碍，并被封为文信侯。

与此前"孔子西行不到秦"④ 不同，一些理论家也被秦国所吸引。秦昭襄王末年，著名学者荀子来到秦国，对秦国进行了认真考察，并对秦国政治予以高度评价。"应侯问孙卿子曰：'入秦何见？'孙卿子曰：'其固塞险，形

---

① 司马迁：《史记》卷 79《范雎蔡泽列传》，第 2417 页。

② 司马迁：《史记》卷 79《范雎蔡泽列传》，第 2417 页。

③ 司马迁：《史记》卷 5《秦本纪》，第 219 页。

④ 韩愈：《韩愈集》，陈霞村、胥巧生解评，第 69 页。

执便，山林川谷美，天材之利多，是形胜也。入境，观其风俗，其百姓朴，其声乐不流污，其服不挑，甚畏有司而顺，古之民也。及都邑官府，其百吏肃然，莫不恭俭敦敬，忠信而不楛，古之吏也。入其国，观其士大夫，出于其门，入于公门，出于公门，归于其家，无有私事也。不比周，不朋党，倜然莫不明通而公也，古之士大夫也。观其朝廷，其间听决百事不留，恬然如无治者，古之朝也。故四世有胜，非幸也，数也。是所见也。故曰：佚而治，约而详，不烦而功，治之至也，秦类之矣。'"① 但是，荀子对秦国也有担忧。"虽然，则有其諰矣。兼是数具者而尽有之，然而县之以王者之功名，则倜倜然其不及远矣，是何也，则其殆无儒也。故曰：粹而王，驳而霸，无一焉而亡，此亦秦之所短也。"② 在荀子看来，不将儒家学说引入治国之道，秦国的霸业难以持久，也不可能达到王道政治。荀子作为战国后期最有影响的学者，他的政治主张并没有得到秦昭襄王的认可，在秦昭襄王看来，"儒无益于人之国"③。在秦国，更重视的是与富国强兵直接相关的实用性理论，而对礼义仁德、精神家园建设等长治久安的思考并不在意。这从李斯与荀子的一段对话中也可以反映出来。"李斯问孙卿子曰：'秦四世有胜，兵强海内，威行诸侯，非以仁义为之也，以便从事而已。'孙卿子曰：'非女所知也。女所谓便者，不便之便也；吾所谓仁义者，大便之便也。'"④ 荀子被秦国所排斥，而他的学生李斯却大受重用，可以看出秦国重用外国人才的一个显著特点，那就是注重实用性人才而反感理论性人才，这也与秦文化的功利性特点相一致。

昭王之后，各国人才入秦已成潮流之势。一是秦国君主主动求取各国人才，二是入秦为仕取功名利禄已被各国士人视为捷径。司马迁认为："范睢、蔡泽世所谓一切辩士，然游说诸侯至白首无所遇者，非计策之拙，所为说力少也。及二人羁旅入秦，继踵取卿相，垂功于天下者，固强弱之势异

① 王先谦：《荀子集解》卷 11《强国》，《诸子集成》第 3 册，第 202 页。
② 王先谦：《荀子集解》卷 11《强国》，《诸子集成》第 3 册，第 202—203 页。
③ 王先谦：《荀子集解》卷 4《儒效》，《诸子集成》第 3 册，第 75 页。
④ 王先谦：《荀子集解》卷 10《议兵》，《诸子集成》第 3 册，第 186 页。

也。"① 可以说，昭王时期，外国人才与秦朝政权间已经形成了相互成就的局面。那些自恃有谋略才华的士人，在他国不得志或难受重用时，不约而同地把到秦国求取功名作为最终的期待，而秦国则为他们提供在政治上、军事上一展身手的舞台。

由各国来秦的士人，多在他国历经挫折才得到秦国的重用，在获取功名利禄的同时，他们对秦君怀感恩之心，持报答之意。商鞅为了变法改革成功，不惜得罪宗室贵族，"刑黥太子之师傅，残伤民以骏刑"②，赵良指出这是积怨蓄祸，自找苦吃的行为，但商鞅不为所动，坚持变法，最终将秦国引上了富国强兵、兼并统一之路。张仪在楚国受辱，到秦国受到惠文王重用。他一心为秦国谋划，纵横捭阖、连横散纵，将军事打击与外交手段相结合。正如李斯所评价的那样："惠王用张仪之计，拔三川之地，西并巴、蜀，北收上郡，南取汉中，包九夷，制鄢、郢，东据成皋之险，割膏腴之壤，遂散六国之从，使之西面事秦，功施到今。"③ 张仪为了帮助秦国取得优势，不惜背信弃义，将各国玩弄于股掌之间，深受各国痛恨，张仪不惜利用这点来挑起诸侯纷争，引导齐国伐魏，借机削弱两国。在张仪晚年，向秦武王建议："为秦社稷计者，东方有大变，然后王可以多割得地也。今闻齐王甚憎仪，仪之所在，必兴师伐之。故仪愿乞其不肖之身之梁，齐必兴师而伐梁。梁齐之兵连于城下而不能相去，王以其间伐韩，入三川，出兵函谷而毋伐，以临周，祭器必出。挟天子，按图籍，此王业也。"④ 这是以自己的性命为秦国做最后的贡献，虽然张仪最终身死魏国，但其向秦之心则始终如一。范雎被昭襄王任命为丞相，因举荐郑安平、王稽失误而心怀惭愧。尽管昭襄王对他一再宽慰，激励他奋发再起，但范雎从秦国的利益考虑，选择主动退出相位，推荐燕人蔡泽代己为相。士人拥有知识，他们渴望有人了解自己，器重自己，赏识自己，并给自己以发挥才能的舞台和空间。"人固未易知，知人亦

---

① 司马迁：《史记》卷 79《范雎蔡泽列传》，第 2425 页。

② 司马迁：《史记》卷 68《商君列传》，第 2234 页。

③ 司马迁：《史记》卷 87《李斯列传》，第 2542 页。

④ 司马迁：《史记》卷 70《张仪列传》，第 2299 页。

未易也"①，遇到知己绝非易事，"士为知己用，女为悦己容"②，愿意为知己者
效力甚至献身，几乎成了战国时期士人的共识。秦国打破身份等级，为各国
失意游士提供展示才华、掠取功名的舞台，也得到了客卿们的鼎力相助和全
心效力。

　　值得关注的是，重用客卿，更有利于加强秦国的君主集权。宗室贵族
的权势来源于自己的血缘身份，他们对君权具有一种天然的离心力和抗拒
性。而客卿自他国来，未有依托和凭借，欲实现自己的愿望，惟有拥戴君
主，为君主效力，帮助君主解决问题。严耕望认为："秦史传统，君主与贵
族斗争至烈，雄主以客卿为爪牙以与贵族搏斗，贵族之势既夺，君主之威既
隆，则客卿亦因缘得势耳。"③ 严先生此说与秦国的历史发展十分相符，穆公
时期，重用百里奚等外国人才，贵族权力被削弱，秦国成为春秋霸主之一。
秦厉公以后，贵族势力强大，甚至操纵君主废立，秦国力衰弱。孝公任用商
鞅进行变法改革，摧抑贵族，国势复强。惠文王车裂商鞅，但并没有假权柄
于贵族，所用之臣张仪、魏章、甘茂、司马错、公孙衍之属，均为入秦客
卿。昭襄王靠母家楚系外戚集团即位，前期宣太后家族势力膨胀，穰侯魏冉
四度为相，王权受到一定威胁。为防止客卿与秦王结合，"穰侯专秦权，恶
内诸侯客"④，并且认为外国客卿来秦"无益，徒乱人国耳"⑤。为了自操权柄，
昭襄王则让出使外国的使者留意引荐外国人才。"及见范雎，即立从其计，
夺太后之政，剥四贵之权，可知斗争至谋，固非一日矣。"⑥ 自孝公之后，秦
历代君主坚持重用客卿，客卿则极力维护君主权势。高度的君主集权有利于
秦国整合和攫取各种资源，在与关东各国竞争中形成合力与优势，这也是秦
国最终能够战胜六国、统一天下的重要原因。

---

① 司马迁：《史记》卷 79《范雎蔡泽列传》，第 2416 页。
② 班固：《汉书》卷 62《司马迁传》，第 2725 页。
③ 严耕望：《严耕望史学论文集》（上），上海古籍出版社 2009 年版，第 3—7 页。
④ 司马迁：《史记》卷 79《范雎蔡泽列传》，第 2403 页。
⑤ 司马迁：《史记》卷 79《范雎蔡泽列传》，第 2403 页。
⑥ 严耕望：《严耕望史学论文集》（上），第 3—7 页。

三、秦统一前后士人由兴奋、支持、参与到疏离、隐忍、反抗

商鞅变法后，经过几代君主的经营，到秦王嬴政即位时，"秦地已并巴、蜀、汉中，越宛有郢，置南郡矣；北收上郡以东，有河东、太原、上党郡；东至荥阳，灭二周，置三川郡"①，统一已呈不可阻挡之势。经过春秋战国时期几百年的兼并和战乱，人民渴望消弭战争，实现统一，尤其是士人成为支持统一的重要力量。很多士人怀着兴奋的心情，从各国来到秦国，参与和支持秦国的兼并事业，希望在帮助秦国实现统一的过程中展示自己的才华，获取自己的利益，实现自己的理想。在统一前和统一初期，秦王嬴政也能做到求贤若渴，对各国士人量才而用，从某种程度上说，秦王嬴政与士人共同推进了秦国的统一进程。

（一）秦统一过程中与统一初期士人对政权建设的支持与参与

楚人李斯随荀卿学帝王之术，他审视当时的局势和各国君主的素质，认为自己的祖国楚国的君主不成气候，其余各国国力衰弱，难以给自己提供建功立业的平台，能够成就统一大业的只有秦国了，于是便向老师辞行，欲西行入秦。"斯闻得时无怠，今万乘方争时，游者主事。今秦王欲吞天下，称帝而治，此布衣驰骛之时而游说者之秋也。"② 于是来到秦国，投身于丞相吕不韦手下做门客，并等待进见秦王的时机。李斯入秦之时，荀卿已经预测可能存在的风险，并对李斯进行警告。"方李斯之相秦也，始皇任之，人臣无二，然而荀卿谓之不食，睹其罹不测之祸也。"③ 但李斯不以为意，他以兴奋的心情进入秦国，对帮助秦国完成统一大业，改变自己贫穷卑贱的地位抱有坚定的信心。

尉缭是魏国人，作为军事家和谋略家，他对如何加速统一历程有着深入思考。秦始皇十年（前237），他从魏国来到秦国，认为秦国完成统一的条件已经成熟，但吸取历史的教训，秦国需要警惕的是六国合纵抗秦。"以

---

① 司马迁：《史记》卷6《秦始皇本纪》，第223页。

② 司马迁：《史记》卷87《李斯列传》，第2539页。

③ 桓宽：《盐铁论·毁学第十八》，《诸子集成》第11册，第21页。

秦之强，诸侯譬如郡县之君，臣但恐诸侯合从，翕而出不意，此乃智伯、夫差、湣王之所以亡也。愿大王毋爱财物，赂其豪臣，以乱其谋，不过亡三十万金，则诸侯可尽。"① 他提出的解决办法，就是利用金钱收买的策略，打乱各国联合的图谋。这样的策略既有效又便于实施，秦王嬴政予以高度赞赏，以极高的礼遇对待尉缭，"见尉缭亢礼，衣服食饮与缭同"②。这时，尉缭开始关注和分析秦王嬴政其人，结果发现了他性格的致命缺陷。在他看来："秦王为人，蜂准，长目，挚鸟膺，豺声，少恩而虎狼心，居约易出人下，得志亦轻食人。我布衣，然见我常身自下我。诚使秦王得志于天下，天下皆为虏矣。不可与久游。"③ 尉缭抱着帮助秦国加速完成统一大业的宏伟抱负来见嬴政，在与嬴政的接触中，却认为他狼子野心，可与共患难难以共享成。知识分子的思考和良知使尉缭认为不能与这样的人长期相处，便借机逃走。嬴政认为尉缭谋略高超，人才难得，不仅没有对他的恶毒攻击进行报复，而且采纳了他的计策，并坚决对他予以挽留，任命他为秦国最高的军事长官国尉。从尉缭入秦的经历可以看出，即使愿意保持操守的士人，也把为秦国统一出谋划策作为自己的使命和职责。

姚贾原是魏国人，出身卑微且品行不端，"梁监门子，尝盗于梁，臣于赵而逐"④。为谋生计且求得富贵，他来到秦国。秦王嬴政即位后，韩国濒临灭亡，齐国退缩自保，魏、楚、赵、燕等国企图联合攻秦，做最后一搏。秦王嬴政召集群臣问计："四国为一，将以图秦，寡人屈于内，而百姓靡于外，为之奈何？"⑤ 在大家无计可施之时，姚贾挺身而出，表示："贾愿出使四国，必绝其谋而安其兵。"⑥ 秦王嬴政给他安排革车百乘，携带黄金千金，出使各国。姚贾的分化收买活动果然见效，各国之间的合作被瓦解，不仅停止了联合攻秦行为，而且表示愿意与秦国建立密切关系。对于姚贾获得的成功，秦

---

① 司马迁：《史记》卷6《秦始皇本纪》，第230页。
② 司马迁：《史记》卷6《秦始皇本纪》，第230页。
③ 司马迁：《史记》卷6《秦始皇本纪》，第230页。
④ 《战国策》卷7《秦策五》，第67页。
⑤ 《战国策》卷7《秦策五》，第67页。
⑥ 《战国策》卷7《秦策五》，第67页。

王嬴政也给予应有的回报，"封贾千户，以为上卿"①。为了存韩弱秦，韩非攻击姚贾，"贾以珍珠重宝，南使荆、吴，北使燕、代之间，三年，四国之交未必合也，而珍珠重宝尽于内。是贾以王之权、国之宝，外自交于诸侯。愿王察之"②。离间姚贾与秦王的关系。韩非的游说，对贪财爱宝的六国君主可能有用，但一心想推进统一大业的秦王嬴政则明辨是非，认为姚贾尽管是外国客卿，但他的谋略对秦国确实有效，仍对姚贾信任有加，"复使姚贾，而诛韩非"③。

秦王嬴政将灭掉六国的第一个目标放在了离秦国最近又最弱小的韩国。韩国为了延缓自己的灭亡，派出著名的水利工程师郑国入秦，表示愿意帮助秦国在关中平原设计修筑一条从泾水向东贯通洛水的河渠，修成后灌溉关中平原，将这里变成旱涝保收的肥沃土地。这条渠长达 300 里，需要消耗大量的人力物力，用 10 年时间才能修成。韩国派郑国修筑此渠的目的是想把秦国的人力物力消耗在修渠之中，以此延缓韩国的灭亡时间。在修渠期间，韩国的计谋被发觉，秦王嬴政非常恼怒，准备杀掉郑国，并驱逐外国客卿。郑国对秦王嬴政说："始臣为间，然渠成亦秦之利也。臣为韩延数岁之命，而为秦建万世之功。"④ 秦王嬴政认为郑国说的有道理，就继续让他主持修建此渠。"渠成而用（溉）注填阏之水，溉舄卤之地四万余顷，收皆亩一钟。于是关中为沃野，无凶年，秦以富强，卒并诸侯，因名曰郑国渠。"⑤ 郑国本来是为韩国"行疲秦之计"的，但来到秦国后，作为识时务的士人，他看到秦国的统一已成不可阻挡之势，就开始主动为秦国的长远发展考虑。渠修成了，秦国将其命名为"郑国渠"，也表达了对郑国贡献的赞扬和纪念。

秦王嬴政亲政后，痛恨母亲与吕不韦、嫪毐私通并参与嫪毐叛乱。平定叛乱后，便将母亲软禁于雍地的萯阳宫，还对劝谏者进行杀戮。茅焦是齐

---

① 《战国策》卷 7《秦策五》，第 67 页。
② 《战国策》卷 7《秦策五》，第 67 页。
③ 《战国策》卷 7《秦策五》，第 68 页。
④ 班固：《汉书》卷 29《沟洫志》，第 1678 页。
⑤ 班固：《汉书》卷 29《沟洫志》，第 1678 页。

国人，在秦王嬴政已经杀死 27 名劝谏者的情况下，仍然冒死相谏。"陛下车裂假父，有嫉妒之心；囊扑两弟，有不慈之名；迁母萯阳宫，有不孝之行；从蒺藜于谏士，有桀纣之治。今天下闻之，尽瓦解无向秦者，臣窃恐秦亡，为陛下危之，所言已毕，乞行就质。"① 与其他劝谏者不同，茅焦不是用母子亲情、孝道伦理打动秦王嬴政，而是用秦国的国家利益、统一大业劝说秦王嬴政，可见，即使像茅焦这样的齐国士人，也把推动秦国统一大业作为了自己的职责。

秦王嬴政时期，统一只是时间问题，有识之士纷纷支持统一事业，希望参与到这一事业的历史进程中。不仅政治家、军事家来秦效力，而且各学派的学者也纷纷来秦。秦相吕不韦效仿战国四公子的做法，收养门客并组织他们著书立说。"当是时，魏有信陵君，楚有春申君，赵有平原君，齐有孟尝君，皆下士喜宾客以相倾。吕不韦以秦之强，羞不如，亦招致士，厚遇之，至食客三千人。是时诸侯多辩士，如荀卿之徒，著书布天下。吕不韦乃使其客人人著所闻，集论以为八览、六论、十二纪，二十余万言。以为备天地万物古今之事，号曰《吕氏春秋》。"② 吕不韦广纳门客，编写杂家著作《吕氏春秋》，也反映了秦王嬴政时期各国人才不约而同涌向秦国的潮流之势。

秦在统一战争过程中，卓有成效并屡试不爽的瓦解敌国的办法就是行反间之计。对秦国形成巨大威胁的赵国大将廉颇、李牧，魏国的信陵君，都是秦国以反间之计使得他们不再被本国君主信用，退出了与秦国斗争的舞台。齐国的丞相后胜则是被秦国用金钱收买的。值得关注的是，李斯、尉缭、姚贾等客卿不约而同地向秦王嬴政提出行反间之计的主张，并被秦王嬴政采纳，说明秦国已经把行反间计作为了统一战争的重要战略加以实施。这些外国客卿之所以不断向秦王嬴政提出反间主张，就是因为他们了解各国士人的普遍心态，人心思秦已成大势所趋。同样，秦国以外的各国君主对自己

---

① 刘向：《说苑校证》卷 9《正谏》，向宗鲁校证，中华书局 1987 年版，第 216 页。

② 司马迁：《史记》卷 85《吕不韦列传》，第 2510 页。

吸纳人才、保持人才忠诚度的能力已经没有了自信。与六国相比，秦国如同一个蓬勃发展、蒸蒸日上的大公司，六国如同一个个奄奄一息、行将破产的小公司。小公司的人才随时可能投奔大公司，而大公司并不担心自己的人才会流向小公司。所以，在秦与六国的战争中，很少看到六国对秦行反间计，使秦国人才倒向本国的案例。

在统一前和统一初期，秦王嬴政始终对各国人才持开放的态度，竭力进行吸纳重用。秦王嬴政一即位，便"招致宾客游士，欲以并天下"①。随着他对权力的逐渐掌握，也竭力将人才的使用权控制在国家手中。李斯投奔秦国后，原来在吕不韦手下当门客，因为能力出众，被推荐到王宫做郎官。李斯借机上书秦王嬴政，提出秦国必须抓住时机，变兼并战争为统一战争，并提出了统一战争的实施途径，对此，秦王嬴政深为赞赏，将李斯提拔为客卿，将其彻底拉入了自己的阵营。早期的秦王嬴政能够求贤若渴，礼贤下士，对于特殊的人才，不惜重金悬赏。张耳、陈余名声远扬，"秦灭魏数岁，已闻此两人魏之名士也，购求有得张耳千金，陈余五百金"②。顿弱欲见秦王嬴政，但他提出的条件是"臣之义不参拜。王能使臣无拜，即可矣；不，即不见也。"③面对顿弱的挑战，秦王嬴政答应了他的条件。顿弱认为，秦王嬴政流放母亲，其不孝之名远扬，导致秦国的外交出现困难。"已立为万乘，无孝之名；以千里养，无孝之实。"④秦王的不孝行为，降低了秦国的威信。"山东战国有六，威不掩于山东而掩于母，臣窃为大王不取也。"⑤他分析六国的形势，提出了自己的对策，那就是以韩国、魏国为突破口，先收买韩、魏的大臣让他们投靠秦国。"韩，天下之咽喉；魏，天下之胸腹。王资臣万金而游，听之韩、魏，入其社稷之臣于秦，即韩、魏从，韩、魏从而天下可图也。"⑥并告诫秦王，如果舍不得金钱，让各国联合起来，致使楚国合纵

---

① 司马迁：《史记》卷6《秦始皇本纪》，第223页。
② 司马迁：《史记》卷89《张耳陈余列传》，第2572页。
③ 《战国策》卷6《秦策四》，第56页。
④ 《战国策》卷6《秦策四》，第56页。
⑤ 《战国策》卷6《秦策四》，第56页。
⑥ 《战国策》卷6《秦策四》，第56页。

称霸，那么秦王有多少钱也难以保住。秦王深以为然，"乃资万金，使东游韩、魏，入其将相；北游燕、赵，而杀李牧。齐王入朝，四国毕从，顿子之说也"①。秦王对顿弱的礼遇，换得了秦国外交活动的主动。

对于各国人才，早期的秦王表现出了容人之量和闻过则改的气度。韩国派郑国修渠行疲秦之计的阴谋败露，被冷落的秦国贵族借机提出驱逐外国人的主张，恼怒之中的秦王下令驱逐所有的外国客卿。这样的错误决策如果实施，甚至会阻断秦国的统一步伐。这时李斯站出来上《谏逐客书》。他回顾了秦国的发展历史，指出秦国历史上的有为君主穆公、孝公、惠文王、昭襄王都是凭借客卿建立功业的；将外国人才驱逐出秦国，就像借给敌人武器送给强盗粮食一样愚蠢。"今逐客以资敌国，损民以益仇，内自虚而外树怨于诸侯，求国无危，不可得也。"②看了李斯的上书，胸怀统一大业的秦王幡然醒悟，采纳了李斯的建议，不仅立即下令停止逐客，而且将李斯提拔为廷尉。茅焦、尉缭等都对秦王有过指责甚至诋毁，但因为他们提出的计谋确实有利于秦国的统一，秦王不仅不怪罪他们，而且给予他们信任和重用。秦王在用人上的气度和胸怀，更有利于秦国吸纳各国人才，并激励他们为秦国的统一建功立业。

秦朝统一后，秦始皇建立博士制度。秦朝的博士很多来源于齐国的稷下学宫，随着齐国的灭亡和天下的统一，各派学者纷纷聚集咸阳，秦始皇通过设置博士官，对他们加以笼络并将他们控制在国家权力之下。马非百认为秦国的博士，"其职掌有三：一曰通古今；二曰辩然否；三曰典职教。前二者政治之事也，后一者文化教育之事也。盖始皇即位之初，本有一种议事制度，凡国家事无大小，辄先下其议于群臣及博士，使其共同讨论，然后以讨论结果上皇帝，供其采用"③。通过博士制度，秦始皇进一步将各国士人笼络、控制在国家政权之下。以韩非、李斯为代表的士人帮助秦始皇设计了大一统的君主专制政治体制，并影响了中国几千年的历史发展。在统一前和统

---

①　《战国策》卷6《秦策四》，第56—57页。

②　司马迁：《史记》卷87《李斯列传》，第2545页。

③　马非百：《秦集史》（下），中华书局1982年版，第893页。

一初期，各国士人凭借对历史发展趋势的预判，以兴奋的心态参与秦国政治，凭借自己的能力、智慧、谋略、支持秦国统一；秦始皇也对他们吸纳、信任、重用。"在中国历史上自由度相对最大的战国末年，士人们几乎完全自主地选择了秦王，向他献计献策，帮助他完成统一大业，甚至帮助他消灭自己的国家。"①

秦始皇对六国人才的吸纳和重用，是建立在各国争夺人才，人才可以自由流动的基础之上的。"六国之时，贤才之臣，入楚楚重，出齐齐轻，为赵赵完，畔魏魏伤。"②战国时期，人才走向成为各国政治的晴雨表，秦始皇欲完成统一大业，必须竭尽全力打赢人才争夺战。秦灭六国，大一统的君主专制政治体制得以建立，士人失去流动的可能性，也没有了选择权。在分裂时期，秦始皇将奋斗的目标确定为一统天下，为达到这一目标而竭尽全力，争取各种人才是实现目标的关键性因素，所以，秦始皇可以虚怀若谷求取人才。六国灭亡，天下一统，秦始皇的权力扩张到了前所未有的程度。作为君主，没有了竞争者，也就不再需要士人的出谋划策，更不愿意听士人们说三道四、指手画脚了。统一后，嬴政将自己的称号由秦王变成皇帝，"嬴政发明的'皇帝'称号，既象征着人间的最高权力，又具有神性的特点，还包含了道德因素。因此皇帝的权力超越了以往任何君主的权力，是至高无上，不受任何约束的。"③"皇帝"的称号，"不但意味秦始皇对自身所拥有的人世至上权位的绝对自负，同时也暗示着他对自己绝对功德的无比自信。'皇帝'不但意味着至上权力，同时意味着至高德行。"④与之相反，在大一统的专制体制下，丧失了选择权和流动性的士人，只能接受皇帝的挑选，迎合皇帝的欢心了。

（二）秦统一后士人与秦朝政权关系的疏离、紧张与对立

秦朝统一初期，士人得意于自己对秦朝统一所作的贡献，满怀对统一

①　于迎春：《秦汉士史》，北京大学出版社 2000 年版，第 4 页。
②　王充：《论衡》卷 13《效力》，第 204 页。
③　王绍东：《论秦始皇的理论创新》，《西安财经学院学报》2009 年第 3 期。
④　雷戈：《秦汉之际的政治思想与皇权主义》，上海古籍出版社 2006 年版，第 83 页。

后社会安定的渴望，仍然把战国时期独立、自由的特性带入秦朝，希望继续为秦朝的统治者提供历史经验、治国方略和政治指导。但这时的秦始皇与士人的关系却发生了巨大变化，统一前君主所需要的士人的智慧、谋略、独立思考都失去了市场。"帝王既是神，又是圣，又至高无上，拥有绝对权力，士人在这样的帝王面前还能拥有什么呢？除了卑贱和顺从之外，士人将一无所有。"① 没有了选择权，也就失去了独立性，难以保持应有的尊严了。

秦朝统一后，士人积极为政权建设出谋划策。丞相王绾认为应该借鉴历史的经验，将子弟功臣分封为诸侯王。"诸侯初破，燕、齐、荆地远，不为置王，毋以填之。请立诸子，唯上幸许。"② 对此李斯明确反对："周文武所封子弟同姓甚众，然后属疏远，相攻击如仇雠，诸侯更相诛伐，周天子弗能禁止。今海内赖陛下神灵一统，皆为郡县，诸子功臣以公赋税重赏赐之，甚足易制。天下无异意，则安宁之术也。置诸侯不便。"③ 两种建议中，王绾的建议有一定的合理性，但不利于君主专制；李斯的建议有利于君主专制，但不利于秦朝因地制宜地巩固统治，加大了国家的行政成本。两相比较，秦始皇更希望天下都遵从自己的思想，达到"天下无异议"的目标，便采纳了李斯的建议，以单一的郡县制作为国家的基本政治制度。

封禅是盛世帝王到泰山祭祀天地的活动。"自古受命帝王，曷尝不封禅？……每世之隆，则封禅答焉，及衰而息。"④ 传说"古者封泰山、禅梁父者七十二家"⑤，管仲列举了他所了解的古书记载的12家，包括无怀氏、虙羲氏、神农、炎帝、黄帝、颛顼、帝喾、尧、舜、禹、汤、周成王等，古代有为君主多在其列。秦始皇为了证明自己是得道之君，并宣示大一统政权构建的合法性，自然要到泰山举行封禅大典。上古时期君王封禅泰山，只是祭祀天地的一种形式，并未予以特别神圣的含义。祭祀仪式也比较简单，没有

① 葛荃：《权力宰制理性——士人、传统政治文化与中国社会》，南开大学出版社2003年版，第137页。
② 司马迁：《史记》卷6《秦始皇本纪》，第238—239页。
③ 司马迁：《史记》卷6《秦始皇本纪》，第239页。
④ 司马迁：《史记》卷28《封禅书》，第1355页。
⑤ 戴望：《管子校注》卷16《封禅第五十》，《诸子集成》第7册，第273页。

留下详细的记载。"封泰山禅乎梁父者七十余王矣，其俎豆之礼不章，盖难言之。"① 统一天下后，"始皇自以为功过五帝，地广三王而羞与之侔"②，他到泰山封禅，必须举办隆重的、前无古人的典礼。儒生最重礼仪，并且掌握舆论宣传。秦始皇自然希望让他们提供封禅泰山的祭典仪式，并向天下宣示自己的功德。二十八年（前 219），秦始皇欲封禅泰山，"于是征从齐鲁博士七十人，至乎泰山下。诸儒生或议曰：'古者封禅为蒲车，勿伤山之土石草木，扫地而祭，席用菹秸，言其易尊也。'"③ 长期以来，儒生们形成了从古代传统中寻找解决问题方法的思维。秦始皇封禅泰山，主要目的是为了歌颂秦朝的巨大功业，展示自己的无比权威。对此，儒生们缺乏认识和准备，他们提供的方案自然难称始皇之心。"始皇闻此议各乖异，难施用，由此绌儒生。"④ 这时的儒生，仍将战国时期独立思考、为帝王之师的理念带入了秦朝；但这时的秦始皇，则不再需要士人的指导和说教，而是希望士人揣摩己意，为自己歌功颂德、锦上添花了。秦始皇与士人之间的矛盾在统一后逐渐显现，在秦始皇看来，士人"各乖异，难施用"；而士人也发现秦始皇并非理想中的圣君，"闻始皇遇风雨，则讥之"⑤。因为秦始皇在举行完祭天仪式后下山时遇到暴雨，就讽刺他并非得道明君，所以难得上天眷顾。泰山封禅事件表明，秦始皇与儒生之间相互失望的情绪持续加重。

秦始皇与士人之间的矛盾逐渐发酵，秦始皇三十三年（前 213）发生的焚书事件是双方矛盾的一次集中爆发。"始皇置酒咸阳宫，博士七十人前为寿。仆射周青臣进颂曰：'他时秦地不过千里，赖陛下神灵明圣，平定海内，放逐蛮夷，日月所照，莫不宾服。以诸侯为郡县，人人自安乐，无战争之患，传之万世。自上古不及陛下威德。'始皇悦。博士齐人淳于越进曰：'臣闻殷周之王千余岁，封子弟功臣，自为枝辅。今陛下有海内，而子弟为匹

① 司马迁：《史记》卷 28《封禅书》，第 1363—1364 页。
② 司马迁：《史记》卷 6《秦始皇本纪》，第 276 页。
③ 司马迁：《史记》卷 28《封禅书》，第 1366 页。
④ 司马迁：《史记》卷 28《封禅书》，第 1366 页。
⑤ 司马迁：《史记》卷 28《封禅书》，第 1367 页。

夫，卒有田常、六卿之臣，无辅拂，何以相救哉？事不师古而能长久者，非所闻也。今青臣又面谀以重陛下之过，非忠臣。'始皇下其议。"① 与秦始皇二十六年的争议不同，这次赞扬郡县制的是博士仆射周青臣。博士仆射是博士的负责人，由他带头为秦始皇歌功颂德，并把秦始皇和郡县制抬高到"自上古所不及"的地步，说明这时秦朝的士人队伍已经出现了分化，部分士人开始顺应秦朝的专制统治，放弃自己的独立性和批判精神，无条件地为专制皇帝和专制制度唱赞歌，并以此作为自己晋官加爵的手段。周青臣之所以被任命为仆射，可能也与他主动迎合秦朝统治有关。与此同时，另一部分士人仍然坚持以对历史规律的认识和自己的独立思考为武器，对社会体制和君主政治进行批判。他们不仅提出不学习历史、不遵循历史的发展规律，政权就不能长久的根本问题，还一针见血地指出，周青臣等人所唱的赞歌只是逢迎皇帝的手段，如果皇帝沉迷其中，就会加重自己的过错。这次的争议有了进一步升级，既有对秦朝政治制度的争议，也有对皇帝权威是否认同的问题。

秦始皇把两人的不同主张交给臣下讨论。这时李斯又站了出来："五帝不相复，三代不相袭，各以治，非其相反，时变异也。今陛下创大业，建万世之功，固非愚儒所知。且越言乃三代之事，何足法也？异时诸侯并争，厚招游学。今天下已定，法令出一，百姓当家则力农工，士则学习法令辟禁。今诸生不师今而学古，以非当世，惑乱黔首。丞相臣斯昧死言：古者天下散乱，莫之能一，是以诸侯并作，语皆道古以害今，饰虚言以乱实，人善其所私学，以非上之所建立。今皇帝并有天下，别黑白而定一尊。私学而相与非法教，人闻令下，则各以其学议之，入则心非，出则巷议，夸主以为名，异取以为高，率群下以造谤。如此弗禁，则主势降乎上，党与成乎下。禁之便。"② 与以前仅仅是臣下各抒己见然后由皇帝裁决不同，这次李斯提出："今皇帝并有天下，别黑白而定一尊。"也就是说，秦始皇扫平六国，一统天下，他不仅是至高无上的权力拥有者，而且还是真理的拥有者和裁决者。士人不

---

① 司马迁：《史记》卷 6《秦始皇本纪》，第 254 页。
② 司马迁：《史记》卷 6《秦始皇本纪》，第 254—255 页。

能因为了解历史、掌握知识就对皇帝进行非议，也不能对国家政策妄加评判，更不能借助历史否定现实政治。李斯建议秦始皇，用暴力手段解决思想异端问题。"臣请史官非秦记皆烧之。非博士官所职，天下敢有藏《诗》《书》、百家语者，悉诣守、尉杂烧之。有敢偶语《诗》《书》者弃市。以古非今者族。吏见知不举者与同罪。令下三十日不烧，黥为城旦。所不去者，医药卜筮种树之书。若欲有学法令，以吏为师。"① 除了秦国的官修史书外，其他各国的史书一律烧毁。不仅要烧毁私藏的诸子百家著作，而且对于私下里谈论《诗》《书》等儒家经典者要处死示众。整个社会只能跟随官吏学习国家的法律制度。

　　李斯的这个建议，第一，否认了历史的借鉴垂训功能。不仅大量烧毁各国史书，而且规定"以古非今者族"。不能借助历史反思现实政治，只能利用历史知识为秦始皇歌功颂德，将秦始皇放在了历史的超越者和不受历史规律制约者的角色之上，使秦始皇更加自鸣得意、任意妄为了。在这样的社会氛围与舆论环境下，秦始皇很难对现实政治进行反思，也不可能对统治政策加以调整。第二，以暴力手段解决思想上的异端问题。尽管统一的国家要求有统一的思想，但长期分裂割据的局面与百家争鸣的文化现象，思想的多元也是历史的必然。要求统治者通过争辩、引导、怀柔、利诱等方式逐渐形成认识上的共识，逐步达到思想上的统一。李斯主张将暴力手段引入思想领域，以武器的批判对付批判的武器。在他看来，烧毁异端著述，也就斩断了异端思想的源头。对拥有异端思想者加以镇压，社会自然会走向"以吏为师"的道路。第三，天下只有皇帝才能拥有思想，发出声音，其他人都要放弃思考的权利，只需听命和追随皇帝就可以了。李斯的建议将统一六国时在政治、军事领域卓有成效的暴力、强制、专制、服从等手段引入思想文化领域，力图快速达到思想统一的目标。李斯的主张与秦始皇自诩为历史超越者的定位是相一致的，自然得到了批准。那么，暴力、强制手段是否适用于新的领域，是否会取得想象中的效果呢？

――――――――――――

① 司马迁：《史记》卷 6《秦始皇本纪》，第 255 页。

　　焚书事件仅仅发生一年时间，秦国又爆发了坑儒事件。受疾病的困扰和长生的诱惑，秦始皇晚年一心寻求长生不死之道，并大量派出燕、齐之地的方士为自己寻找仙药。仙药找不到，又担心受到秦始皇的责罚，早就对秦始皇心怀不满的方士侯生、卢生便一起商议应对之道。"始皇为人，天性刚戾自用，起诸侯，并天下，意得欲从，以为自古莫及己。专任狱吏，狱吏得亲幸。博士虽七十人，特备员弗用。丞相诸大臣皆受成事，倚辨于上。上乐以刑杀为威，天下畏罪持禄，莫敢尽忠。上不闻过而日骄，下慑伏谩欺以取容。秦法，不得兼方，不验，辄死。然候星气者至三百人，皆良士，畏忌讳谀，不敢端言其过。天下之事无小大皆决于上，上至以衡石量书，日夜有呈，不中呈不得休息。贪于权势至如此，未可为求仙药。"① 于是他们逃离而去。

　　在士人群体中，方士属于重养生之道、求长生之术的一派。秦始皇强烈渴望摆脱死亡威胁，不仅对方士们的学说深信不疑，而且不惜代价赏赐他们，让他们为自己求取仙药。在秦朝压制不同学派的文化政策下，一些随波逐流的士人也加入到了方士的行列。他们看到了秦始皇贪图权势、文化高压政策的危害。

　　侯生、卢生将秦始皇手下的官员分为几个类型：一类是狱吏群体，也被称为"刀笔吏"或"文吏"。他们主管法律和监狱，是国家暴力机器的组成部分。狱吏是皇帝决策的忠实执行者，国家在选拔狱吏时，看重的是他们忠实可靠、认真负责的品质，也器重他们的办事能力和执行效率。但他们不通大道，不辨是非，只知执行。"文吏不晓吏道，所能不过案狱考事，移书下记，对（聊）[乡] 便给。"② 他们不通晓做吏的道理，崇尚的能力不过是审判案件考察事务，递交文书下发公文，对于上级的问题能够快速流利地予以回答。当君主英明，国家政策正确时，狱吏们能够予以快速落实，体现出行政的高效率；当君主昏庸，国家政策失误时，他们也不予纠正，只是上令下

---

① 司马迁：《史记》卷 6《秦始皇本纪》，第 258 页。
② 王充：《论衡》卷 12《谢短》，《诸子集成》第 11 册，第 127 页。

行，自然会加速政策失误的负面效应。狱吏阶层不辨是非，不重道德，无怜悯之心，唯上令是从，从不冒犯上级的权威，如同皇帝的打手和工具，是专制皇帝用起来最得心应手的一群人。

一类人是博士。他们知识丰富，博通古今，能明辨是非。博士平时给皇帝提供顾问，解答皇帝提出的各种问题，也常常根据历史的发展规律对现实政治作出判断和评价。当国家政策出现问题时，他们往往大胆陈言，并提出修正的办法和途径。博士们对自己的知识和能力有着充分的自信，他们独立思考，不人云亦云。在春秋战国的长期分裂动荡之时，他们的理想是做"帝王之师"，以"道"来教育训导"君"，并宣称"道高于君"。秦始皇统一天下，博士们便将士人的风骨和气质带入了秦朝。他们一再对秦朝的统治政策提出质疑，宣称"事不师古而能长久者，非所闻也"①，不惜公然冒犯皇帝权威。秦始皇本来想利用这批人为秦朝粉饰太平，为自己歌功颂德，在未能如愿的情况下，秦始皇对他们的信任已荡然无存，不仅不再加以重用，而且对他们开始轻视、弃用。随着专制权力的加强，以博士为代表的士人阶层与皇帝之间的关系日趋紧张，士人阶层已难以发挥应有作用。

一类人是丞相诸大臣等高级官吏，他们拥有士人与文吏的双重属性。在秦国统一过程中，他们凭借自己的知识、能力、智谋和才干为秦朝统一出谋划策，多次纠正秦始皇的错误，拨正统一的航船。在此期间，他们顺应历史潮流，发挥了士人的作用。统一后，丞相王绾等也曾就秦朝的政治提出建设性意见，却被秦始皇否定。他们看到专制君主更喜欢顺从己意、阿谀逢迎的文吏，也尽力按照皇帝的指示办事。他们有自己的思想，对政局亦能保持清醒的认识。但为了保有自己的官职，一些人就放弃了士人的独立思考精神和社会责任，只做皇帝决策的执行者和传声筒。他们的这种态度，也隐含了一种无奈和对秦朝政治的消极应对。

还有一类人是候星气者。他们通过观测天象变化和气候异常现象预测国家命运和人事吉凶，实际上是借助"天道"来告诫君主存在的政治失误。

①　司马迁：《史记》卷 6《秦始皇本纪》，第 254 页。

在国家一统君主专制的政治体制下，任何人不能制约君主的权力，但在君主之上，还有上天，如果违背天意，君主就会丧失自己的统治权。本来这些"候星气者"是制约君主权力的最后一道屏障，他们借助天意来警示君主不能肆意妄为，以保持统治政策的合理性。但在秦始皇的文化高压政策和专制君主权力的双重挤压下，这些人也变成了只能阿谀逢迎、奉命行事，不敢直言劝谏的群体。

通过侯生、卢生等人的分析可以看出，到秦始皇晚年，没有了对士人阶层的信任、尊重，也没有了对"道义"的敬畏。他只相信自己，只崇尚至高无上的权力。士人街谈巷议，"以古非今"，秦始皇采纳李斯的建议，焚毁除法家及实用技术和理论以外的书籍，想以此消灭异端思想。但思想文化有着自己的滋生土壤和传播规律，绝不是简单的暴力强制所能消除的。焚书之后，侯生、卢生等人不仅背后批评秦始皇贪图权势、独断一切、不听忠言、讳疾忌医，而且认为不值得为他求取仙药，逃走离去，这更加激怒了秦始皇。"始皇闻亡，乃大怒曰：'吾前收天下书不中用者尽去之。悉召文学方术士甚众，欲以兴太平，方士欲炼以求奇药。今闻韩众去不报，徐市等费以巨万计，终不得药，徒奸利相告日闻。卢生等吾尊赐之甚厚，今乃诽谤我，以重吾不德也。诸生在咸阳者，吾使人廉问，或为訞言以乱黔首。'于是使御史悉案问诸生，诸生传相告引，乃自除。犯禁者四百六十余人，皆阬之咸阳，使天下知之，以惩后。"① 秦始皇认为，方士们耗费了巨额财富，不仅没有找到仙药，而且在背后诽谤自己，使自己的权威与声望受到了损害，这是绝对不能容忍的。于是派御史进行审问，共查出违反国家禁令的诸生 460人，把他们全部加以坑杀。这次被称为"坑儒"的事件，学术界多有争议，包括"坑儒"事件是否存在？坑杀的是"方士"还是"儒生"？目前来看，司马迁记载的坑儒事件得到了多方面的历史印证，否定"坑儒"事件证据尚显不足。② 坑儒事件后，公子扶苏谏言："天下初定，远方黔首未集，诸生

① 司马迁：《史记》卷 6《秦始皇本纪》，第 258 页。
② 戴国玺：《坑儒一事真伪辨——与李开元先生商榷》，《史学集刊》2012 年第 1 期。

皆诵法孔子，今上皆重法绳之，臣恐天下不安。唯上察之。"①坑儒事件缘起方士，在审问过程中又牵连到"诵法孔子"、诽谤皇帝的儒生，所坑对象当包括方士、儒生及其他非议秦朝政治的士人。

随着秦朝大一统政权的形成和巩固以及皇帝至高无上权威的建立，在以秦始皇、李斯为代表的统治者看来，与政治上、军事上的大一统相适应，思想文化上也要实现大一统。具体表现就是以皇帝的思想为全国统一思想，只有皇帝能够发号施令，辨别是非，其他人必须放弃思考的权利。士人阶层所持有的独立思考、辨别是非的能力，强调人格尊严，主张言论自由的权利，坚守道义、不随波逐流的社会责任感，都被专制权力视为统一思想的异己力量。随着秦朝政权与士人阶层矛盾的逐渐加剧，士人阶层由渴望统一，支持统一，为统一出谋划策，逐渐转化为疏离政治，逃离政治，甚至参与到推翻秦政权的斗争之中。

秦朝建立后，不仅在政治上继续其严刑酷法、专横残暴的统治，而且在文化上焚书坑儒，推行高压政策。这种局面下，很多士人感到没有了保持思想独立的环境和发挥能力的空间，便主动选择远离政治，隐匿民间，以此求得心灵上的宁静和性命的保全。

浮丘伯，亦称包丘子，齐国人，与李斯同为荀子的学生。李斯帮助秦始皇完成了统一大业，位极人臣，权势熏天，浮丘伯却远离政治，隐居民间，与李斯选择了不同的人生道路。"方李斯之相秦也，始皇任之，人臣无二，然而荀卿谓之不食，睹其罹不测之祸也。包丘子饭麻蓬藜，修道白屋之下，乐其志。安之于广厦刍豢，无赫赫之势，亦无戚戚之忧。"②远离政治的浮丘伯精心钻研《诗经》《春秋谷梁传》等儒家经典，汉朝建立后，他以儒家经典教授学生。汉高祖刘邦的弟弟刘交与鲁穆生、白生、申生都曾跟随他学习《诗经》。"吕太后时，浮丘伯在长安，楚元王遣子郢与申公俱卒学。"③浮丘伯的学生申公曾经做过第二代楚王郢、第三代楚王戊的老师，后来他

---

① 司马迁：《史记》卷6《秦始皇本纪》，第258页。
② 桓宽：《盐铁论·毁学第十八》，《诸子集成》第11册，第20页。
③ 班固：《汉书》卷88《儒林传》，第3608页。

"归鲁退居家教，终身不出门。复谢宾客，独王命召之乃往。弟子自远方至授业者千余人，申公独以《诗经》为训故以教。"① 他的"弟子为博士十余人"②，其中孔安国、周霸、夏宽、砀鲁赐、缪生、徐偃、阙门庆忌不仅位至高官，而且"其治官民皆有廉节称"③。此外，申公的学生中"而至于大夫、郎、掌故以百数"④。在汉代初期，申公及其学派不仅在学术上具有很高的地位，而且在政治上也有巨大的影响力。

　　吴公，"故与李斯同邑而常学事焉"⑤，既是李斯的同乡又是李斯的学生。吴公有政治才能和政治抱负，但在秦朝却没有利用与丞相李斯的特殊关系谋取权位，无疑与他对秦朝政治的反感而选择疏离秦政权有关。汉朝建立后，吴公出山入仕，官至河南守。"孝文皇帝初立，闻河南守吴公治平为天下第一"⑥，就把他提拔为主管法律的廷尉。吴公不仅政治才能卓著，而且还能发现并举荐人才。贾谊年少才高，远近闻名。"年十八，以能诵诗属书闻于郡中。"⑦ 吴公认为贾谊人才难得，就招致门下进行培养。随着他到朝廷任职，立即向汉文帝推荐，"言贾生年少，颇通诸子百家之书"⑧，被汉文帝征召为博士。

　　东园公、甪里先生、绮里季、夏黄公在秦朝时期是四个隐士。他们认识到秦朝君主的专制残暴与秦朝政治的黑暗，"皆修道洁己，非义不动。秦始皇时。见秦政虐，乃退入蓝田山而作歌曰：'莫莫高山，深谷逶迤。晔晔紫芝，可以疗饥。唐、虞世远，吾将何归？驷马高盖，其忧甚大。富贵之畏人，不如贫贱而肆志。'乃共入商、洛，隐地肺（商）山，以待天下定"⑨。他们认为，放弃自己的原则与坚守，与黑暗的秦朝合作而获取富贵，还不如

① 班固：《汉书》卷88《儒林传》，第3608页。
② 班固：《汉书》卷88《儒林传》，第3608页。
③ 班固：《汉书》卷88《儒林传》，第3608页。
④ 班固：《汉书》卷88《儒林传》，第3608页。
⑤ 司马迁：《史记》卷84《屈原贾生列传》，第2491页。
⑥ 司马迁：《史记》卷84《屈原贾生列传》，第2491页。
⑦ 司马迁：《史记》卷84《屈原贾生列传》，第2491页。
⑧ 司马迁：《史记》卷84《屈原贾生列传》，第2491页。
⑨ 皇甫谧：《高士传》，上海古籍出版社2014年版，第167页。

甘于贫贱、保持士人气节而隐居山林。刘邦建立汉朝，"四人者年老矣，皆以为上慢侮人，故逃匿山中，义不为汉臣。然上高此四人"①。刘邦晚年，欲以自己宠爱的戚夫人之子赵王刘如意取代吕后子太子刘盈。在留侯张良的策划下，吕后请商山四皓出山辅佐太子。高祖很敬佩四人的气节与为人，屡次想召请四人，均遭拒绝。这次，四人为太子求情，刘邦见刘盈后面有"年皆八十有余，须眉皓白，衣冠甚伟"②的商山四皓跟随，就无奈地对戚夫人说："我欲易之，彼四人辅之，羽翼已成，难动矣"③，只好打消了废易太子的想法。

　　在秦朝高压的文化政策下，一批士人选择了隐身世外，远离政治，当汉朝建立后，政治条件好转，他们又不同程度地返回了政治舞台。"这些人看到在秦朝残暴的政治面前，入仕不但于世无补，反而可能成为浊世中的贪官污吏甚至刽子手，如果想在官场中洁身自好，则可能性命难保。他们通过隐居追求个人的解脱和超俗，同时又等待旷达济世的时机，在汉代的政治中，不同程度地发挥了作用。"④

　　士人的知识来源于师承和典籍，智慧体现于博通古今与独立思考，思想渊源于学术。秦朝焚书坑儒，文化典籍和学术传承面临着生死存亡、传播中断的危险。这时，一批士人奋不顾身地站了出来，他们将学术典籍视为安身立命之根基，甘冒杀头之祸，竭尽全力地保护这些文化遗产。"《诗》《书》所以复见者，多藏人家。"⑤ 笔者认为："正因为有了这样一些不为强权暴力所屈，以保存典籍、传承学术为己任的士人，才使秦火未能中断学术思想的血脉传承。"⑥

---

① 司马迁：《史记》卷 55《留侯世家》，第 2045 页。
② 司马迁：《史记》卷 55《留侯世家》，第 2047 页。
③ 司马迁：《史记》卷 55《留侯世家》，第 2047 页。
④ 王绍东：《论秦统一后高压政策下士人阶层的不同抉择》，《西安财经学院学报》2008 年第 3 期。
⑤ 司马迁：《史记》卷 15《六国年表》，第 686 页。
⑥ 王绍东：《论秦统一后高压政策下士人阶层的不同抉择》，《西安财经学院学报》2008 年第 3 期。

伏生是济南人，以研究《尚书》著称，秦时立为博士。《史记·儒林列传》记载，秦始皇焚书坑儒，伏生携带《尚书》逃回家乡。"秦时焚书，伏生壁藏之。其后兵大起，流亡。汉定，伏生求其书，亡数十篇，独得二十九篇，即以教于齐鲁之间。"① 汉朝建立后，搜求文化典籍。文帝时，听说伏生还保存并能够讲授《尚书》，"是时伏生年九十余，老，不能行，于是乃诏太常使掌故晁错往受之"②。晁错用汉代通行的隶书记录伏生讲授的内容，形成了汉代的《今文尚书》。伏生在家乡传授《尚书》，"学者由是颇能言《尚书》，诸山东大师无不涉《尚书》以教矣"③。由于伏生对《尚书》的保存和传授，汉代建立后，《尚书》学得以复兴。

高堂伯原为鲁人，钻研礼学，秦朝末年已小有名气。汉武帝时期，成为《礼》学研究的代表人物。"诸学者多言《礼》，而鲁高堂生最本。《礼》固自孔子时而其经不具，及至秦焚书，书散亡益多，于今独有《士礼》，高堂生能言之。"④ 从秦朝到汉朝，高堂伯始终以传授《礼》学为己任，《礼》学得以发扬光大。河间学者颜芝，在秦焚书之际，千方百计将《孝经》保存起来。汉代征求图书，其子颜贞献出。《隋书·经籍志》载：《孝经》"遭秦焚书，为河间人颜芝所藏。汉初，芝子贞出之，凡十八章，而长孙氏、博士江翁、少府后苍、谏议大夫翼奉、安昌侯张禹，皆名其学"⑤。

除了冒着生命危险保存文献典籍外，书籍被焚，士人们就通过口头传授的方式保存学术。"秦政奋豺狼之心，划先代之迹，焚《诗》《书》，坑儒士，以刀笔吏为师，制挟书之令。学者逃难，窜伏山林，或失本经，口以传说。"⑥《诗经》也是通过口头传授的方式保全下来，"遭秦而全者，以其讽诵，不独在竹帛故也"⑦。特别是在孔子故乡，学者们在秦朝及楚汉战争的恶劣环

---

① 司马迁：《史记》卷 121《儒林列传》，第 3124—3125 页。
② 司马迁：《史记》卷 121《儒林列传》，第 3124 页。
③ 司马迁：《史记》卷 121《儒林列传》，第 3125 页。
④ 司马迁：《史记》卷 121《儒林列传》，第 3126 页。
⑤ 魏徵：《隋书》卷 32《经籍一》，中华书局 1973 年版，第 935 页。
⑥ 魏徵：《隋书》卷 32《经籍一》，第 905 页。
⑦ 班固：《汉书》卷 30《艺文志》，第 1708 页。

境下，仍然坚持学术传承。"及高皇帝诛项籍，举兵围鲁，鲁中诸儒尚讲诵习礼乐，弦歌之音不绝。"① 笔者认为："与西方不一样，中国没有一个神权的价值观念系统凌驾于世俗政权之外，但在中国自古就有可以对政统加以制约、矫正的道统存在。道统的活水源泉在于学统，也就是学术传统、文化传统和艺术传统等。道统、学统的主要承担者是士，是知识分子。表面看来，政统随时都可以用强制力压制、破坏道统和学统，与政统相比，道统、学统似乎是脆弱的。但道统、学统本身却有着超乎想象的生命力，这种生命力源于知识的力量、文化的力量，也源于历代士人的心血浇灌。秦朝士人不惜生命代价保存典籍，传承学术，体现了知识分子阶层强烈的社会责任感和历史使命感。坯上老人授书张良的故事，体现了士人对文化典籍的神圣性认识。在他们看来，即使黑暗的时代，只要有思想存在、文化存在，就有着希望和未来。"②

随着"焚书坑儒"等一系列文化专制政策的实施，士人与皇权之间的矛盾日益突出。士人的独立人格、批判精神不可避免地与专制皇权发生激烈的矛盾和冲突。秦始皇为了达到君主专制、思想统一的目标，先控制言论，再焚烧书籍，最后是对非议政治者进行肉体的消灭。在严峻的现实面前，士人与秦朝统治者之间的矛盾趋向尖锐。"秦之时，羞文学，好武勇，贱仁义之士，贵治狱之吏；正言者谓之诽谤，遏过者谓之妖言。故盛服先生不用于世，忠良切言皆郁于胸，誉谀之声日满于耳；虚美熏心，实祸蔽塞。此乃秦之所以亡天下也。"③ 秦王朝对士人的生存空间和思想空间不断挤压，导致他们的精神理念受到挫伤，存在价值濒临毁灭，文化功能极度削弱，政治作用难以发挥。他们对秦朝政权的极端不满，逐步转化为了反抗的力量。当陈胜、吴广反秦首义、揭竿而起时，不仅各地民众、六国贵族纷纷响应，而且大量的士人也加入到了起义队伍中。"及至秦之季世，焚诗书，阬术士，六

---

① 司马迁：《史记》卷 121《儒林列传》，第 3117 页。

② 王绍东：《论秦统一后高压政策下士人阶层的不同抉择》，《西安财经学院学报》2008 年第 3 期。

③ 班固：《汉书》卷 51《路温舒传》，第 2369 页。

艺从此缺焉。陈涉之王也，而鲁诸儒持孔氏之礼器往归陈王。于是孔甲为陈涉博士，卒与涉俱死。陈涉起匹夫，驱瓦合适戍，旬月以王楚，不满半岁竟灭亡，其事至微浅，然而缙绅先生之徒负孔子礼器往委质为臣者，何也？以秦焚其业，积怨而发愤于陈王也。"①

　　早在统一过程中，就有一批士人对秦统治极为不满，甚至谋划着抗击行动。秦始皇先后灭掉了韩、赵、魏、楚、燕、齐等国，并诱使齐王建不参与反秦同盟。即墨大夫与雍门司马劝谏齐王建，投降秦国没有出路，联合各国合纵抗秦，齐国才有胜机。"三晋大夫皆不便秦，而在阿、鄄之间者百数，王收而与之百万之众，使收三晋之故地，即临晋之关可以入矣；鄢、郢大夫不欲为秦，而在城南下者百数，王收而与之百万之师，使收楚故地，即武关可以入矣。如此，则齐威可立，秦国可亡。"②齐国的即墨大夫与雍门司马看到各国的士大夫不满于秦国的统治，他们聚集起来，谋划着反秦的大事，希望齐王建利用他们领导反秦队伍。"秀才造反，三年不成。"士人阶层具有依附性强而行动力弱的特点，使他们难以成为反秦斗争的发起者。

　　陈胜、吴广发动起义，各地士人则纷纷加入到反抗队伍中。孔子的后代孔甲，又名孔鲋，字子鱼，是叔孙通的老师。李斯建议秦始皇焚书，"魏人陈余谓孔鲋曰：'秦将灭先王之籍，而子为书籍之主，其危哉！'子鱼曰：'吾为无用之学，知吾者唯友。秦非吾友，吾何危哉？吾将藏之以待其求；求至，无患矣。'"③这段对话，充分体现了孔鲋对文化价值的认定与对文化的充分自信。陈胜揭竿而起，他毅然参加了起义队伍，被任命为博士。陈涉起义后派周章进攻秦朝，因局势发展顺利而产生了轻敌情绪。"陈王涉使周章为将，西入关，将以诛秦。秦使将章邯拒之。陈王以秦国之乱也，有轻之之意，势若有余而不设敌备。博士太师谏曰：'章邯，秦之名将，周章非其敌也。今王使章需然自得而不设备，臣窃惑焉。夫虽天之所舍，其祸福吉凶，大者在天，小者由人。今王不修人利以应天祥，若跌而不振，悔之无及

① 司马迁：《史记》卷 121《儒林列传》，第 3116—3117 页。
② 《战国策》卷 13《齐策六》，第 113 页。
③ 司马光：《资治通鉴》卷 7《秦纪二》，第 244 页。

也。'"① 可惜陈胜被胜利冲昏了头脑，拒绝了孔鲋的建议，盲目轻敌，导致最终惨败，孔鲋也牺牲于起义队伍之中。

张耳、陈余均为大梁名士。张耳曾任魏国的外黄令，以钱财招致宾客，与刘邦关系密切，名声远扬。陈余喜好儒学，与张耳结为至交。秦朝灭掉魏国，对两人重金购求。"张耳、陈余乃变名姓，俱之陈，为里监门以自食……秦诏书购求两人，两人亦反用门者以令里中。"② 两人在保护自己的同时暗中组织反秦力量，陈胜、吴广起义军打到陈地时，"张耳、陈余上谒陈涉。涉及左右生平数闻张耳、陈余贤，未尝见，见即大喜"③。两人为陈胜出谋划策，并在反秦斗争中发挥了重要作用。

张良的爷爷、父亲都曾经是韩国五代君主的丞相，秦国灭韩，"良家僮三百人，弟死不葬，悉以家财求客刺秦王，为韩报仇"④。张良得大力士，制造了120斤重的大铁锤，在博浪沙椎击秦始皇，误中副车。后在圯上得黄石老人传《太公兵法》。陈胜、吴广起义，张良"亦聚少年百余人"⑤，准备投奔在陈留自立为假楚王的景驹，途中与沛公刘邦相遇，便加入了刘邦的起义队伍。"良数以《太公兵法》说沛公，沛公善之，常用其策。良为他人言，皆不省。"⑥ 对士人的器重，对谋略的运用，是刘邦起义队伍脱颖而出的重要因素。陈平、陆贾、隋何、张苍、郦食其、韩信、朱建等士人纷纷加入到了反秦队伍中，在灭秦兴汉的过程中发挥了重要作用。

士人加入反秦斗争，不仅加速了秦朝灭亡，而且影响了各支反秦队伍自身的发展。以项羽、刘邦两支反秦队伍为例，由于队伍的领导人对士人价值的认识不同，尊重程度相异，导致其发展结果也大相径庭。

项梁、项羽叔侄出身于楚国贵族，项梁的父亲项燕在抗击秦军的战斗

① 傅亚庶：《孔丛子校释》第19《答问》，《新编诸子集成续编》，中华书局2011年版，第433页。
② 司马迁：《史记》卷89《张耳陈余列传》，第2572页。
③ 司马迁：《史记》卷89《张耳陈余列传》，第2572页。
④ 司马迁：《史记》卷55《留侯世家》，第2033页。
⑤ 司马迁：《史记》卷55《留侯世家》，第2036页。
⑥ 司马迁：《史记》卷55《留侯世家》，第2036页。

中英勇牺牲。项氏家族世代为楚国大将，在江东势力很大。"项梁杀人，与籍避仇于吴中。吴中贤士大夫皆出项梁下。每吴中有大徭役及丧，项梁常为主办，阴以兵法部勒宾客及子弟。"① 作为被追捕的杀人犯，项梁还能号令民间豪杰，可见项氏家族的巨大影响力。起义初期，一批士人加入到项羽的队伍，为项羽出谋划策。范增喜欢研究战争谋略，他分析反秦斗争形势，建议项梁、项羽："夫秦灭六国，楚最无罪。自怀王入秦不反，楚人怜之至今，故楚南公曰：'楚虽三户，亡秦必楚也。'今陈胜首事，不立楚后而自立，其势不长。今君起江东，楚逢午之将，皆争附君者，以君世世楚将，为能复立楚之后也。"② 项梁、项羽接受了范增的建议，便立楚怀王之孙心为新的楚怀王，号令天下。很多反秦人士投奔于他，项羽的队伍发展迅速，连打胜仗。"吾起兵至今八岁矣，身七十余战，所当者破，所击者服，未尝败北，遂霸有天下。"③ 但项羽过分倚重个人之勇，不懂得笼络重用士人，为后来楚汉之争的失败埋下了伏笔。

韩信最初参加了项梁、项羽的起义队伍，并未得到重用，只得到一个郎中的小官。韩信"数以策干项羽，羽不用"④，后来只好投奔了刘邦。项羽攻下咸阳，韩生劝说他以咸阳为都，继承秦朝的帝王之业。"关中阻山带河，四塞之地，肥饶，可都以伯。羽见秦宫室皆已烧残，又怀思东归，曰：'富贵不归故乡，如衣锦夜行'"。⑤ 韩生讽刺项羽见识短浅："人谓楚人沐猴而冠，果然。"⑥ 结果被项羽斩杀。

陈平参加项羽队伍，并屡立战功。陈平曾经率军打败殷王，迫使殷王投降项羽。后来殷王又投降了刘邦，项羽欲追究责任，陈平担心被杀，便投奔了刘邦。陈平在与项羽接触中认识到，项羽表面上与人亲近，但不愿意与谋臣武士共分利益，共享成果。"项王为人，恭敬爱人，士之廉节好礼者多

---

① 司马迁：《史记》卷 7《项羽本纪》，第 296 页。
② 司马迁：《史记》卷 7《项羽本纪》，第 300 页。
③ 司马迁：《史记》卷 7《项羽本纪》，第 334 页。
④ 司马迁：《史记》卷 92《淮阴侯列传》，第 2610 页。
⑤ 班固：《汉书》卷 31《陈胜项籍传》，第 1808 页。
⑥ 班固：《汉书》卷 31《陈胜项籍传》，第 1808 页。

归之。至于行功爵邑，重之，士亦以此不附。"① 受贵族出身影响，项羽重视血缘关系，真正信任重用的还是家族中人。"项王不能信人，其所任爱，非诸项即妻之昆弟，虽有奇士不能用。"② 韩信也认为："项王喑噁叱咤，千人皆废，然不能任属贤将，此特匹夫之勇耳。项王见人恭敬慈爱，言语呕呕，人有疾病，涕泣分食饮，至使人有功当封爵者，印刓敝，忍不能予，此所谓妇人之仁也。"③ 项羽不愿下本钱笼络人才，导致士人纷纷离去。韩信、陈平、叔孙通、郦食其等都是从项羽门下改换门庭投奔到刘邦队伍的。范增是项羽手下最重要的谋臣，陈平用反间之计，项羽果然上当，"项王乃疑范增与汉有私，稍夺之权"④，导致范增愤然离去。用人上的失误，是项羽失败的最重要原因，也印证了"失人才者失天下"的道理。

刘邦出身于社会底层，为泗水亭长，属于秦朝的基层官吏。陈胜、吴广起义，他在萧何、曹参等人支持下，杀死沛县县令响应。刘邦本人接受教育不多，年轻时"好色及酒"⑤，看不起读书人，但他也懂得"一个好汉三个帮"的道理。起义初期，刘邦十分轻视儒生，甚至拿儒生的帽子当尿罐使用。郦食其去见刘邦，刘邦身边的骑士告诉他："沛公不好儒，诸客冠儒冠来者，沛公辄解其冠，溲溺其中。与人言，常大骂。未可以儒生说也。"⑥ 随着起义队伍的发展壮大，刘邦越来越认识到士人的智慧谋略在战胜敌人、摆脱困境中的作用。张良参加刘邦的起义队伍后，便向刘邦讲述《太公兵法》及用兵之策，引起了刘邦的极大兴趣。此后，在很多关键时刻，张良都以自己的谋略智慧帮助刘邦摆脱困境、正确决策，并渡过了一个又一个危机，为汉朝建立立下了汗马功劳。

对于其他士人谋士，刘邦也能恰当发挥他们的作用。郦食其投奔刘邦后，先献策刘邦攻下交通要道、屯粮重地陈留，为起义军的发展奠定了良好

---

① 司马迁：《史记》卷 56《陈丞相世家》，第 2055 页。
② 司马迁：《史记》卷 56《陈丞相世家》，第 2054 页。
③ 司马迁：《史记》卷 92《淮阴侯列传》，第 2612 页。
④ 司马迁：《史记》卷 7《项羽本纪》，第 325 页。
⑤ 司马迁：《史记》卷 8《高祖本纪》，第 343 页。
⑥ 司马迁：《史记》卷 97《郦食其列传》，第 2692 页。

基础；又以三寸不烂之舌游说齐王田广，"伏轼下齐七十余城"①。陈平从项羽处转投刘邦，"于是汉王与语而说之，问曰：'子之居楚何官？'曰：'为都尉。'是日乃拜平为都尉，使为参乘，典护军"②。刘邦用人不疑的做法引起了诸将的担心，他们劝说刘邦：陈平等刚投奔过来，你还没有真正了解他，就对他绝对信任，不仅与他同车乘驾，而且让他统领护卫军，这样做恐怕很危险吧？但刘邦对陈平愈加信任重用。后来陈平到楚军行反间之计，心胸狭窄的项羽果然中计，不仅不再信任大将钟离昧，而且赶走了亚夫范增，成为真正的孤家寡人。

萧何帮助刘邦起事，成为刘邦最信任的谋士。刘邦攻入咸阳，萧何意识到对刘邦以后打天下与治天下而言，最重要的是秦国保存的律令、户口、地图等档案文献。"诸将皆争走金帛财物之府分之，何独先入收秦丞相御史律令图书藏之。沛公为汉王，以何为丞相。项王与诸侯屠烧咸阳而去，汉王所以具知天下阨塞，户口多少，强弱之处，民所疾苦者，以何具得秦图书也。"③楚汉相争期间，"汉王引兵东定三秦，何以丞相留守巴蜀，镇抚谕告，使给军食"④。萧何为刘邦坐镇后方，供给兵力和粮食，才使汉军在与楚军多次战败后还能迅速恢复元气。

楚汉相争，既是军事力量的比拼，更是人才、智力的较量。随着队伍的发展，斗争的激烈，刘邦越来越重视人才的作用，他的智囊团主要由那些知识丰富、经验老到、多谋善断的士人组成。"他们往往能在关键时刻和转折关头，帮助刘邦制定出正确的战略战术，尽量避免决策上的失误，不断发展壮大，最终建立了汉王朝。"⑤刘邦打败项羽后，与大臣讨论为什么强大的项楚会失败，而弱小的刘汉却取得了成功。"高起、王陵对曰：'陛下慢而侮人，项羽仁而爱人。然陛下使人攻城略地，所降下者因以予之，与天下同利

---

① 司马迁：《史记》卷 97《郦食其列传》，第 2696 页。

② 司马迁：《史记》卷 56《陈丞相世家》，第 2053 页。

③ 司马迁：《史记》卷 53《萧相国世家》，第 2014 页。

④ 司马迁：《史记》卷 53《萧相国世家》，第 2014 页。

⑤ 王绍东：《论秦统一后高压政策下士人阶层的不同抉择》，《西安财经学院学报》2008 年第
　3 期。

也。项羽妒贤嫉能，有功者害之，贤者疑之，战胜而不予人功，得地而不予人利，此所以失天下也。'高祖曰：'公知其一，未知其二。夫运筹策帷帐之中，决胜于千里之外，吾不如子房。镇国家，抚百姓，给馈饷，不绝粮道，吾不如萧何。连百万之军，战必胜，攻必取，吾不如韩信。此三者，皆人杰也，吾能用之，此吾所以取天下也。项羽有一范增而不能用，此其所以为我擒也。'"① 刘邦君臣不约而同地将汉胜楚败的原因归结于对人才的态度与对杰出人才的使用上，可见人才所起到的关键性作用。刘修明、卞湘川指出："在秦楚之际的大变动、大改组中，反秦的斗争力量是由起义的领导者、农民和知识分子构成的三角形的综合力量起作用的。三方力量配搭合理，反秦斗争就顺利，新政权建立也顺当；三方力量配合不好，就会导致失败。推动历史进步的主力是农民，掌握方向的是领导者，影响历史进程和动向的是知识分子。后来成为新统治者的帝王，是依靠农民的体力和知识分子的智力，才实现改朝换代的。"②

　　一部秦国兴衰史，也是一部人才的聚散史。历史上秦国兴盛、发展、壮大、统一的时期，也是吸引各国人才、发挥人才作用的时期。各国士人以积极的心态投身秦国的统一历程，秦王对他们充分信任，任以为客卿、将相。各国士人在秦国提供的历史舞台上博取功名富贵，并帮助秦国削弱关东各国，完成统一。灭掉六国后，秦始皇拥有了至高无上的权力，"天下之事无小大皆决于上"③，不仅不再重用人才，而且不能听到任何不同意见，否则就视为对自己权威的冒犯。"当此时也，世非无深虑知化之士也，然所以不敢尽忠拂过者，秦俗多忌讳之禁，忠言未卒于口而身为戮没矣。故使天下之士，倾耳而听，重足而立，拑口而不言。是以三主失道，忠臣不敢谏，智士不敢谋，天下已乱，奸不上闻，岂不哀哉！"④ 士人对秦朝政权由支持、期待，变成了疏离、怨恨直至对抗。农民起义军、士人、六国贵族结合起来，

---

① 司马迁：《史记》卷 8《高祖本纪》，第 381 页。
② 刘修明、卞湘川《秦汉历史变迁中的知识分子及其作用》，《学术月刊》1989 年第 7 期。
③ 司马迁：《史记》卷 6《秦始皇本纪》，第 258 页。
④ 司马迁：《史记》卷 6《秦始皇本纪》，第 278 页。

合作敲响了秦国的丧钟。

第三节 "生子为吏"期望下的官吏心态

在秦国统一过程中，官吏队伍发挥了重要作用。在不同时期，秦吏的处境、地位、心态各有不同。吏治的好坏，不仅影响着秦朝政治，也影响着秦朝的兴亡。

一、郡县制的推行与"生子为吏"的社会心态

商鞅变法前秦国的职官制度缺乏清晰详尽的史料记载。黄留珠认为："秦在商鞅变法以前，同周人一样，实行世官制，则是合乎逻辑的必然。如百里奚子孟明视，蹇叔子西乞术、白乙丙皆相继为卿士，后子鍼、小子憖皆为世官；再如《韩非子·奸劫弑臣》所记商鞅变法前的秦故俗：'有罪可以得免，无功可以得尊显'，都能证明这一问题。"① 世官制也就是世卿世禄制，官员在统治阶级内部按照血缘关系进行任用。除了世官制外，春秋时期秦国的有为君主也采用荐举的办法选拔官吏。与其他各国相比，秦国由于地处偏僻的西北之地，文化相对落后，本地人才匮乏。君主为了增强国力，称霸诸侯，便需要从国外引进选拔杰出人才。秦穆公善于发觉与重用人才，在王官之战中，孟明视率领秦军打败晋军。《左传》记载："君子是以知秦穆公之为君也，举人之周也，与人之壹也；孟明之臣也，其不解也，能惧思也；子桑之忠也，其知人也，能举善也。"② 子桑即公孙枝，他向穆公举荐了在殽之战中曾打败仗的孟明视，穆公用人不疑，取得了王官之战的胜利。

世官制适应了分封制下保持社会稳定的需求，但它将官吏选择严格限制在贵族家庭，无法调动其他各阶层参与政治的积极性，也不利于选拔真正有才能者进入官吏队伍，限制了君主集权，其弊端是显而易见的。

---

① 黄留珠：《秦汉仕进制度》，西北大学出版社 1985 年版，第 9 页。
② 《春秋左传正义》卷 18，李学勤主编《十三经注疏》（标点本，7），第 499—500 页。

（一）郡县制的改革与秦人的入仕途径

商鞅变法的一个重要内容，就是改革秦国的世卿世禄制度。"宗室非有军功论，不得为属籍。明尊卑爵秩等级，各以差次名田宅，臣妾衣服以家次。"① 建立爵位制度，将军功作为晋级授爵的重要标准。"有军功者，各以率受上爵。"② "有功者显荣，无功者虽富无所芬华。"③ 在第二次变法改革中，商鞅将郡县制推向全国，"而集小（都）乡邑聚为县，置令、丞，凡三十一县"④。郡县制的推行，彻底打破了以血缘关系为核心的选官方式和治理模式，由世卿世禄制转变为君主官僚制。在郡县制度下，各级官吏都由君主任命，为君主负责。君主通过俸禄制度、符玺制度、上计制度对官吏进行考核、奖惩和任免，使官吏忠诚于君主，加强了君主集权。

早在秦武公十年（前688），秦国就有了设立县制的记录。"十年，伐邽、冀戎，初县之。十一年，初县杜、郑。"⑤ 县的建立与领土争夺密切相关。"县"的本意是"悬"，也就是说，从敌国手中夺取了一块土地，随时可能被敌国夺回，它的最终所属仍有悬念。为了巩固这块土地，就要采取特殊的管理办法。一是要选拔有能力、善谋略、敢作为的人任官为吏，当遇到敌国攻击时，能够迅速组织力量进行反击。在这里，已经不能按部就班地采取传统的世卿世禄制选任官吏了，否则，就可能因无法应对敌人而导致领土沦陷。二是要采取军事化的管理办法。当遇到敌军攻击时，县官要尽可能组织、集中全部力量进行抗击和应对。当领土得到巩固时，再以所在县为根据地，继续向邻国扩张。三是与中央政府保持高度一致。一个位于边疆地区的县与敌国征战时，必须得到中央政府的支持与援助。县的安危关系到国家的安危与兴衰，君主也时刻关注郡县政治的运转情况，并随时通过任免的方式保持官吏的精干有为。秦国的发展历程，也是一个不断征服、扩张的过程。秦国的

---

① 司马迁：《史记》卷68《商君列传》，第2230页。

② 司马迁：《史记》卷68《商君列传》，第2230页。

③ 司马迁：《史记》卷68《商君列传》，第2230页。

④ 司马迁：《史记》卷68《商君列传》，第2232页。

⑤ 司马迁：《史记》卷5《秦本纪》，第182页。

宗法制度相对薄弱，郡县制的推行也适合秦国的国情和扩张领土的需要，因此，与关东各国相比，秦国的郡县制推行得更彻底、更全面。随着秦国扩张步伐的加快，秦国所设立的郡县也不断向周边新征服地区延伸。

郡县制度的推行，需要以大批精干的官吏为支撑。为此，秦国建立了相对完善的官吏选拔制度，以保证优秀人才源源不断地进入官吏队伍，从而维护各级政府机构的高效运转，为秦国的兼并扩张和君主集权服务。多种多样的入仕途径，既利于不同阶层的人们以不同方式进入官吏队伍，也有利于统治基础的扩大和君主集权的强化。

以功授官爵。商鞅变法，将富国强兵作为当务之急，其具体措施就是"急耕战之赏"①。为了打破三晋的围堵，在对外战争中获得主动并加速对外扩张的步伐，商鞅将军功入仕作为变法改革的重要内容。"所谓壹赏者，利禄官爵抟出于兵，无有异施也。"② 具体做法包括："能得（爵）[甲] 首一者，赏爵一级，益田一顷，益宅九亩，一除庶子一人，乃得入兵官之吏。"③ 斩杀敌国甲士一颗人头，就能得到一级爵位的赏赐，得到国家的一顷土地，得到九亩地的住宅，得到一个"庶子"为自己服务，还可以在军队或政府中做官吏。这里，除了经济上的奖励外，提高一级爵位和能够做官最能提高杀敌战士的社会地位，其激励力度也是最大的。韩非也指出："商君之法曰：'斩一首者爵一级，欲为官者，为五十石之官；斩二首者爵二级，欲为官者，为百石之官。'官爵之迁与斩首之功相称也。"④《商君书·境内篇》还规定了群体作战的奖励标准。"能攻城围邑，斩首八千已上，则盈论；野战，斩首二千，则盈（谕）[论]；吏自操及校以上大将尽赏。行间之吏也，故爵公士也，就为上造也。故爵上造，就为簪袅。[故爵簪袅]，就为不更。故爵 [不更，就] 为大夫。爵吏而为县尉，则赐虏六，加五千六百。爵大夫而为国治，就为 [官] 大夫。故爵 [官] 大夫，就为公大夫。[故爵公大夫]，就为公乘。

---

① 班固：《汉书》卷 24 上《食货志上》，第 1126 页。
② 高亨注译：《商君书注译·赏刑第十七》，第 127 页。
③ 高亨注译：《商君书注译·境内第十九》，第 152 页。
④ 梁启雄：《韩子浅解》第 43 篇《定法》，第 409—410 页。

[故爵公乘]，就为五大夫，则税邑三百家。故爵五大夫，[就为大庶长。故大庶长，就为左更。故四更也，就为大良造]。皆有赐邑三百家，有赐税三百家。爵五大夫，有税邑六百家者，受客。大将、御、参皆赐爵三级。故客卿相，论盈，就正卿。"① 朝廷规定了军队作战的杀敌数目，如果满足了朝廷规定，参战将士都有机会升迁爵位及获得相应待遇，也就如《史记·商君列传》所言："有军功者，各以率受上爵。"②

商鞅变法，将所有居民都纳入户籍登记的范围，"四境之内，丈夫女子皆有名于上，[生]者著，死者削"③。改变了过去只有国人、贵族才有参军作战的权利和义务的状况，所有编户齐民都可当兵，实际上，也就等于给了所有编户齐民中的成年男子参军作战、立功受赏的机会。不仅如此，身份低于编户齐民的奴隶也可以参军作战，如果立有战功也照样可以受到奖赏。根据《睡虎地秦墓竹简·秦律十八种·军爵律》的规定："欲归爵二级以免亲父母为隶臣妾者一人，及隶臣斩首为公士，谒归公士而免故妻隶妾一人者，许之，免以为庶人。工隶臣斩首及人为斩首以免者，皆令为工。其不完者，以为隐官工。"④ 一般认为：隶臣、隶妾是男女官奴隶，工隶臣是在官府手工作坊工作的官奴隶。秦国规定，如果一个人将自己的两级爵位归还国家，就可以将父母中为隶臣或隶妾的一人免除奴隶身份而变为平民。如果隶臣斩杀敌人立功，本人不仅可以免除奴隶身份，而且还能获得公士的爵位。如果想将公士的爵位归还国家，而愿意免除妻子的隶妾身份变为平民，国家也允许。在国家手工作坊工作的官奴隶如果杀敌立功，或者有人愿意用自己杀敌的功劳来帮助他们解除奴隶身份的，都可以把他们变成普通工匠。那些身体已经受到损伤而被免除工隶臣身份的人，就作为隐官里的工匠。从这条规定可以看出，在一定条件下，秦国的官奴隶也有参军作战、立功受赏的机会。

---

① 高亨注译：《商君书注译·境内第十九》，第 149 页。
② 司马迁：《史记》卷 68《商君列传》，第 2230 页。
③ 高亨注译：《商君书注译·境内第十九》，第 146 页。
④ 睡虎地秦墓竹简整理小组：《睡虎地秦墓竹简·秦律十八种·军爵律》，文物出版社 1990年版，第 55 页。

黄留珠认为，除了官奴隶，秦国大量的私奴隶也应该享受同样的待遇。①

除斩首计功外，入粟拜官爵也是商鞅变法的重要内容。"民有余粮，使民以粟出官爵，官爵必以其力，则农不怠。"② 但在当时的生产力条件下，生产大量余粮的难度很大，入粟拜官爵的门槛很高。秦王嬴政时期有一条纳粟拜爵的规定，"四年……十月庚寅，蝗虫从东方来，蔽天。天下疫。百姓内粟千石，拜爵一级。"③ 根据李悝的计算，在战国初期，"今一夫挟五口，治田百亩，岁收亩一石半，为粟百五十石"④。也就是说，一个5口之家的农夫，一年只能生产150石的粮食。纳粟千石相当于7个5口之家的粮食总产量，且不说其中必要的消费数量。这样看来，除了大地主外，一般平民百姓很难通过向国家缴纳粮食而获得官爵。商鞅变法对发展农业的鼓励措施主要表现在经济方面，也就是"僇力本业，耕织致粟帛多者复其身，事末利及怠而贫者，举以为收孥"⑤。但入粟拜官爵的规定，也为新兴地主阶级进入仕途打开了方便之门，并为后代封建统治者所继承。

商鞅将斩首计功与入粟拜爵的方法总结为："兴兵而伐，则武爵武任，必胜。按兵而农，粟爵粟任，则国富。兵起而胜敌、按兵而国富者王。"⑥ 爵指爵位，任则指任官。商鞅变法时期，往往将爵位与官职并重。黄留珠认为："实际上，秦时受爵与占有田宅、奴仆，享有种种特权等实际利益紧密相联，从一定意义上可以这样说，受爵即受官，甚至爵的好处，还要更多些，如官不得世袭，而爵可世袭，等等。总之，爵是当时衡量人们社会地位的标志，故《汉旧仪》云：'秦制爵等生以为禄位，死以为号谥'。"⑦ 到后来，随着秦国的发展，则出现了官与爵的分流。爵位更多体现的是拥有者的身份和地位，官则更多负有政务和行政管理责任。

---

① 黄留珠：《秦汉仕进制度》，第28页。
② 高亨注译：《商君书注译·靳令第十三》，第103页。
③ 司马迁：《史记》卷6《秦始皇本纪》，第224页。
④ 班固：《汉书》卷24上《食货志上》，第1125页。
⑤ 司马迁：《史记》卷68《商君列传》，第2230页。
⑥ 高亨注译：《商君书注译·去强第四》，第50页。
⑦ 黄留珠：《秦汉仕进制度》，第23页。

以客入仕。相比关东各国，秦国文化落后，人才相对匮乏。随着秦国的实力增强和不断扩张，对六国人才也产生了强大的吸引力。除了前面讲到的各国法家、纵横家人才来到秦国，受到秦君重视，被任命为客卿、将相外，也有各国的士人千方百计来到秦国，设法进入官吏队伍。李斯在辞别老师荀卿时，就认为只有秦国具备统一天下的条件。入秦为官，在帮助秦国完成统一大业的同时得到自己的功名利禄，对于士人来说是一个千载难逢的机会。这样的认识在各国士人中带有普遍性，各国士人纷纷来到秦国。他们有的有机会直接得到君主的赏识，但更多的是投奔到秦国各级官员的手下，通过为他们服务，等待着有所作为的机会。在秦国，一些高级官吏多效仿战国四公子的做法，招收门客、舍人。各国士人奔秦者也通过这种渠道得以托身。张仪到秦国游说，得到信任重用，曾派舍人冯喜到楚国、齐国活动。李斯辞别荀卿来到秦国，首先到相国吕不韦手下为舍人，吕不韦再推荐他到秦王嬴政手下为郎官。嫪毐也曾经是吕不韦的舍人，嫪毐得到太后宠幸，被封为长信侯，"嫪毐家僮数千人，诸客求宦为嫪毐舍人千余人"①。这些舍人的身份是"诸客"，以外国人居多。他们往往通过到达官显贵家里做门客的机会以"求宦"。

值得关注的是，秦国积极吸纳各国人才入秦为仕，但同时却严格限制本国士人游动。商鞅认为，应该把民力集中到耕战之上，就要对游士、商贾、技艺之人进行打击。"夫民之不可用也，见言谈游士事君之可以尊身也，商贾之可以富家也，技艺之足以糊口也。民见此三者之便且利也，则必避农。避农，则民轻其居。轻其居，则必不为上守战也。凡治国者，患民之散而不可抟也，是以圣人作壹，抟之也。"②不仅如此，在商鞅看来，重用游士、处士、勇士、技艺之士、商贾之士，都不利于国家稳定，还会导致君主地位下降。"故事《诗》《书》谈说之士，则民游而轻其君；事处士，则民远而非其上；事勇士，则民竞而轻其禁；技艺之士用，则民剽而易徙；商贾之

---

① 司马迁：《史记》卷 85《吕不韦列传》，第 2511 页。

② 高亨注译：《商君书注译·农战第三》，第 37 页。

士佚且利，则民缘而议其上。"① 这些人的活动，都增加了社会流动性，不便于控制。为此，秦国专门制定法律，对本国游士进行限制和惩罚。"游士在，亡符，居县赀一甲，卒岁，责之。有为故秦人出，削籍，上造以上为鬼薪，公士以下刑为城旦。"② 在秦国国内，如果游士居留而没有凭证，就对所在县的管理者进行责罚。如果帮助秦人出境，或摆脱秦国户籍控制的，根据爵位高低，会分别被判处鬼薪或城旦的刑法。通过吸纳外国游士入仕秦国，同时限制本国游士流入他国，秦国保持了人才竞争上的优势。

保任、推举与征召入仕。保任制是秦国官吏选拔的一项重要制度。秦国的高官可以推举认可的人才为官。魏冉在秦国主政期间，就曾保举白起。范雎从魏国来到秦国，被秦昭襄王重用为丞相，他便向昭襄王保举曾经帮助自己从魏国逃到秦国的郑安平、王稽。"昭王召王稽，拜为河东守，三岁不上计。又任郑安平，昭王以为将军。"③ 对于保举的官吏，保举者负有连带责任。"秦之法，任人而所任不善者，各以其罪罪之。"④ 后来郑安平投降赵国，王稽因勾结诸侯被诛，按照秦国法律，范雎应该被收三族。尽管秦昭襄王保护了范雎，但范雎受此事件影响，"日益以不怿"⑤，再也高兴不起来了。《睡虎地秦墓竹简》中也有记载："任法（废）官者为吏，赀二甲。"⑥ 如果保举已经被免官并永不录用的人为吏，那么保举者要被罚二甲。在保举制度下，保举者与被保举者之间负有连带责任，这也促使举荐他人为官者须保持谨慎认真的态度。

推举入仕也是秦国重要的一项选官制度。被推举者首先要达到一定年龄，刘邦就是在成年后担任秦国基层官吏的，"及壮，试为吏，为泗水亭长"⑦。《睡虎地秦墓竹简》中也有秦国官吏任职年龄的要求，不能任用不够

---

① 高亨注译：《商君书注译·算地第六》，第 66 页。
② 睡虎地秦墓竹简整理小组：《睡虎地秦墓竹简·秦律杂抄·游士律》，第 80 页。
③ 司马迁：《史记》卷 79《范雎蔡泽列传》，第 2415 页。
④ 司马迁：《史记》卷 79《范雎蔡泽列传》，第 2417 页。
⑤ 司马迁：《史记》卷 79《范雎蔡泽列传》，第 2417 页。
⑥ 睡虎地秦墓竹简整理小组：《睡虎地秦墓竹简·秦律杂抄·除吏律》，第 79 页。
⑦ 司马迁：《史记》卷 8《高祖本纪》，第 342 页。

年龄或者刚入户籍的人为佐官。"除佐必当壮以上，毋除十五（伍）新傅。"①此外，被推举者还有品性及家产的要求。《史记·淮阴侯列传》记载："淮阴侯韩信者，淮阴人也。始为布衣时，贫无行，不得推择为吏。"②《史记集解》引用李奇的解释："无善行可推举选择。"③通过对品行和资产的要求，对官吏的选择起到了一定的限制作用。

征召入仕，指的是朝廷或官府自上而下面向社会召请人才为官，征召的往往是各方面的知名人士。郦道元《水经注》记载："王次仲，少有异志，年及弱冠，变仓颉旧文为今隶书。秦始皇时官务烦多，以次仲所易文简，便于事要，奇而召之。三征而辄不至。次仲履真怀道，穷数术之美。"④王次仲因发明书写简便的隶书被秦始皇征召。叔孙通则以文学被征，"叔孙通，薛人也。秦时以文学征，待诏博士"⑤。一些政绩突出，名声远扬的官吏，也会成为朝廷征召对象。萧何在沛县主吏掾的职任上，办事干练，能力突出，深得上级赏识。"秦御史监郡者与从事，常辨之。何乃给泗水卒史事，第一。秦御史欲入言征何，何固请，得毋行。"⑥负责监领各郡的御史发现萧何熟悉法律条文，言辞得体，素有方略，在各郡卒史考核中名列第一，就向朝廷建议征召提拔他，被萧何拒绝。征召名士一般在季春进行，《吕氏春秋·季春纪》记载："是月也，生气方盛，阳气发泄，生者毕出，萌者尽达，不可以内。天子布德行惠，命有司发仓窌，赐贫穷，振乏绝，开府库，出币帛，周天下，勉诸侯，聘名士，礼贤者。"⑦春天是生发的季节，也是朝廷访寻征召人才的时候。

考试选官。通过对学子培养教育，然后进行考试，也是秦国选拔官吏的重要途径。秦国建有专门培养从事文书事务人员，也就是低级官吏的学

---

① 睡虎地秦墓竹简整理小组：《睡虎地秦墓竹简·秦律十八种·内史杂》，第 62 页。

② 司马迁：《史记》卷 92《淮阴侯列传》，第 2609 页。

③ 司马迁：《史记》卷 92《淮阴侯列传》，第 2609 页。

④ 郦道元：《水经注校证》卷 13《漯水》，陈桥驿校证，中华书局 2007 年版，第 323 页。

⑤ 司马迁：《史记》卷 99《刘敬叔孙通列传》，第 2720 页。

⑥ 司马迁：《史记》卷 53《萧相国世家》，第 2014 页。

⑦ 《吕氏春秋》卷 3《季春纪》《诸子集成》第 9 册，第 23—24 页。

室。《睡虎地秦墓竹简》记载:"非史子殹(也),毋敢学学室,犯令者有罪。"① 许慎在《说文解字·叙》中引汉代《尉律》:"学僮十七以上始试,讽籀书九千字,乃得为史;又以八体试之。郡移太史并课,最者以为尚书史。书或不正,辄举劾之。"② 对学僮不仅有识字数量的要求,而且有书法方面的要求,成绩突出者选拔为吏,成绩不合格者会受处罚。汉承秦制,秦代的考试制度也当大体如此。《睡虎地秦墓竹简·编年纪》记载,墓主人喜在秦始皇三年,"喜揄史"③。这一年,喜19岁,符合"十七以上始试"的规定。秦代考试选拔官吏的范围很广,如赵高为罪犯之子,亦有机会通过考试进入仕途。李开元在《说赵高不是宦阉——补〈史记·赵高列传〉一文中推测赵高:"早年以史学童入学室,学满三年以后,在京师咸阳的太史处参加考试,考试《史籀》篇……赵高合格,揄为史,再试以书法八体,赵高以第一名资格,被除为令史。三年以后,参加统一大考,赵高再以第一名出头,被除为尚书卒史,进入秦宫为官。"④ 秦代特别重视官吏的文字表述能力,"文无害"是考核提拔官吏的重要标准。《史记·萧相国世家》记载:"萧相国何者,沛丰人也,以文无害为沛主吏掾。"⑤ 杨树达认为:"文无害是一事,盖言能为文书无疵病。缘官书贵于周密,稍有罅隙,即可偾事。"⑥ "文无害"是强调撰写的公文必须通畅严密,没有漏洞。

其他入仕途径。除了上述入仕途径外,秦国选拔官吏的途径还有很多。秦重视依法治国,对于特别通晓法令的人,可以直接任命为法官法吏。"公孙鞅曰:为法令置官吏,朴足以知法令之谓者,以为天下正,则奏天子。天子则各主法令之,皆降受命,发官。"⑦ 这些任职者必须特别熟悉法律条文,如果他们胆敢忘掉相关的法律条文,就按照他们忘掉法律条文的有关规定治

① 睡虎地秦墓竹简整理小组:《睡虎地秦墓竹简·秦律十八种·内史杂》,第63页。
② 许慎撰,段玉裁注:《说文解字注》,第758—759页。
③ 睡虎地秦墓竹简整理小组:《睡虎地秦墓竹简·编年纪》,第6页。
④ 李开元:《说赵高不是宦阉——补〈史记·赵高列传〉》,《史学月刊》2007年第8期。
⑤ 司马迁:《史记》卷53《萧相国世家》,第2013页。
⑥ 杨树达:《汉书窥管》,科学出版社1955年版,第240页。
⑦ 高亨注译:《商君书注译·定分第二十六》,第185页。

罪。秦始皇焚书坑儒后，在全国推行"以法为教""以吏为师"制度，通法入仕更是成为秦国仕进的主要途径。黄留珠在《秦汉仕进制度》一书中认为：秦代的入仕途径，还有告奸、童子仕、因君所好、收降等。

（二）秦官吏的待遇与社会各阶层争相为吏的进取心态

秦人被提拔为官吏后，就会享有相应的待遇。不同级别的官员，领取不同的俸禄与廪食。"商君之法曰：斩一首者爵一级，欲为官者，为五十石之官，斩二首者爵二级，欲为官者，为百石之官。"① 在秦国的秩禄等级中，简牍文献有"两千石""六百石""有秩""斗石"等不同的记载。除了俸禄，秦官吏还享有廪食待遇。《睡虎地秦墓竹简》记载："月食者已致廪而公使有传食，及告归尽月不来者，止其后朔食，而以其来日致其食，有秩吏不止。"② 说明廪食是按月发放的，对于出差在外，获取驿站饮食供应或者休假到月未归者，下月停止供应廪食，归来后继续提供廪食。可以看出，秦国官吏的廪食供应是有严格考核计算的。官吏在生活中还配有仆役、车辆等，仆役负责做饭、赶车、养牛等。"都官有秩吏及离官啬夫，养各一人，其佐、史与共养；十人，车牛一两（辆），见牛者一人。都官之佐、史冗者，十人，养一人；十五人，车牛一两（辆），见牛者一人；不盈十人者，各与其官长共养、车牛，都官佐、史不盈十五人者，七人以上鼠（予）车牛、仆，不盈七人者，三人以上鼠（予）养一人；小官毋（无）啬夫者，以此鼠（予）仆、车牛。狠生者，食其母日粟一斗，旬五日而止之，别繋以段（假）之。"③ 秦官吏还享有出差、休假的待遇和司法优待等。他们"在经济上有不同等级的俸禄与廪食，生活中有仆、养等供其差遣者。官府还为出差的官吏提供车、马、船等交通工具及随从、食宿等待遇。秦官吏拥有固定的年假与婚假、病假、丧假等假期。官秩六百石者还享有'有罪先请'及'征捕先告闻'的司法优待"④。

① 梁启雄：《韩子浅解》第 43 篇《定法》，第 409—410 页。

② 睡虎地秦墓竹简整理小组：《睡虎地秦墓竹简·秦律十八种·仓律》，第 31 页。

③ 睡虎地秦墓竹简整理小组：《睡虎地秦墓竹简·秦律十八种·金布律》，第 37—38 页。

④ 朱锦程：《简牍多见秦官吏的待遇》，《秦汉研究》第 11 辑，陕西人民出版社 2017 年版，第 12—19 页。

　　秦国全面推行郡县制，并不断征服各国领土。随着统治范围的扩张和统治机构的增多，需要大批官吏进入统治集团。选官途径的多样性与官吏来源阶层的广泛性，使秦国百姓跃跃欲试，力图进入官吏队伍，以求得身份的改变和社会地位的上升。杜正胜认为：商鞅变法后秦国的官吏选拔制度，使"封建制度的君子小人分野取消了，万民同站在一条起跑线上，凭藉个人在战场上的表现缔造自己的身份地位"[①]。当官为吏，立功升迁，成为秦国社会的普遍诉求和期望。《日书》是古代社会民间百姓选择时日、预测吉凶的占卜书，类似于后来的黄历。《日书》的内容更多注重的是百姓的婚丧嫁娶、生老病死和饮食起居等日常生活，不太涉及军国大事及公共事务。《日书》的内容，更多地反映了社会大众的普遍愿望和公众心理。秦代简牍中，《睡虎地秦墓竹简》《放马滩秦墓简牍》《周家台秦墓简牍》《岳山秦墓木牍》都有《日书》存在，《岳麓秦简》中的《占梦书》也带有日书的影子。在秦代《日书》中，尤以《睡虎地秦墓竹简》中的《日书甲种》和《日书乙种》内容最为丰富，其中有关"生子为吏"的期望，集中反映了秦国社会争相为吏、积极进取的普遍社会心态。

　　在《在睡虎地秦墓竹简·日书甲种·星》里，记载二十八星宿不同位置的生子预测。其中：生子吉祥的预测14种，内容包括生子为吏、生子巧、生子富、生子人爱之、生子肥（古代民间社会，肥是富裕美好的象征）、生子乐、生子必驾（嘉）等情况。生子中性的有2种，包括生子贫富半、生子男为见（觋）、女为巫。生子不祥的有12种，包括生子贫、生子早死、生子无他同生、生子老为人治、生子亡者、生子喜斗、生子有残疾等情况。

　　值得关注的是，在诸种生子预测中，与生子为吏相关的预测就有8种，包括："角……生子，为吏；亢……生子，必有爵；牵牛……生子，为大夫；营室……生子，为大吏；奎……生子，为吏；胃……生子，必使（使，意为奉命出使者，亦与官吏有关）；此（觜）……生子，为正；张……以生子，为

---

①　杜正胜：《编户齐民——传统政治社会结构之形成》，（台湾）经联出版事业股份有限公司2015年版，第334—335页。

邑杰。"①"生子为吏"的预测占二十八星宿生子预测的 28.6%，占生子吉祥预测的 57%。《日书乙种》里，在 12 个月的生子预测中，与"生子为吏"相关的预测就占了 6 个，包括："正月，营室……生子为吏；官（二月）……奎，生为吏；三月，胃……生子，使人；四月……生子，为政；七月，张……以生子，为邑杰；八月，角……生子，子为吏；十月……牵牛……生子，子为大夫。"② 从《睡虎地秦墓竹简·日书》反映的秦人后代期望中，"生子为吏"稳定地占据了第一位。

在《日书》中，有多条有关"啬夫"的记载，如："建日，良日也，可以为啬夫。"③ "盈日……可以筑宫室，为啬夫。"④ "正阳……利为啬夫。"⑤ 在秦代，啬夫属于基层官吏，包含的范围较广，一般将县令称为县啬夫或大啬夫。作为县一级属官也称为啬夫，如负责农耕事务的田啬夫、负责工程建设及刑徒事务的司空啬夫、负责乡亭治安的亭啬夫、负责一乡诉讼和赋税徭役征收的乡啬夫等。除大啬夫外，一般啬夫的品级比较低，分为有秩和斗食。作为基层官吏，他们很多人是从民众中选拔上来的，与民众打交道最多，民众希望自己后代能够成为他们中的一员。

从《日书》可以看出，秦人对后代子孙既有着美好期望，也存在着对未卜前途的忧虑与担心。在《睡虎地秦墓竹简·日书乙种》中有一条记载："生东乡（向）者贵，南乡（向）者富，西乡（向）寿，北乡（向）者贱，西北乡（向）者被刑。"⑥ 在秦人的意识里，追求"富""贵""寿"的美好前程，避免"贱""被刑"的不幸遭遇，最好的途径就是投身为吏，耀威乡里，建功立业，以此改变自己身份等级和家庭的社会地位。一个社会最普遍的后代期望是"生子为吏"，说明对于普通大众来说，这似乎是一件可望又可及的事情。也可以看出，对于秦人来说，投身为吏多么荣耀，多么令人羡慕。

---

① 睡虎地秦墓竹简整理小组：《睡虎地秦墓竹简·日书甲种》，第 191—192 页。
② 睡虎地秦墓竹简整理小组：《睡虎地秦墓竹简·日书乙种》，第 237—238 页。
③ 睡虎地秦墓竹简整理小组：《睡虎地秦墓竹简·日书乙种》，第 183 页。
④ 睡虎地秦墓竹简整理小组：《睡虎地秦墓竹简·日书乙种》，第 183 页。
⑤ 睡虎地秦墓竹简整理小组：《睡虎地秦墓竹简·日书乙种》，第 184 页。
⑥ 睡虎地秦墓竹简整理小组：《睡虎地秦墓竹简·日书乙种》，第 236 页。

随着秦国对关东各国的蚕食鲸吞、开土拓疆，需要的官吏人数也呈快速增长的态势，秦人可以凭借武艺、才干、能力、知识等，通过军功、家资、保举、征召、考试等多种途径入仕为官，使各个阶层的人都以极大的热情投入到秦政权的建设之中，以求得身份的改变和社会地位的上升。这不仅扩大了秦国的统治基础，而且促进了秦国的兴盛和发展。

（三）秦官吏谨慎小心、战战兢兢的敬畏心态

商鞅变法意在富国强兵，加强君主集权，依法治吏则是达到这一目标的重要途径。商鞅认为，人性都是自私的，都存在趋利避害的天性。"民之性，饥而求食，劳而求佚，苦则索乐，辱则求荣，此民之情也。"[1] 官吏也是一样，如果不对官吏的权力加以限制，他们就会利用手中的权力为自己谋利。限制官吏滥用权力的最好办法就是建立完善的制度和法律，"凡将立国，制度不可不察也，治法不可不慎也，国务不可不谨也，事本不可不抟也。制度时，则国俗可化，而民从制。治法明，则官无邪"[2]。国家制度符合时代发展，百姓就会遵循；法制明确，官吏才没有奸邪。"故有明主忠臣产于今世，而（散）[能] 领其国者，不可以须臾忘于法。破胜党任，节去言谈，任法而治矣。使吏非法无以守，则虽巧不得为奸。"[3] 君主忠臣重视法治，是搞好国家治理的必要条件。如果让官吏只遵循法律，即使有奸诈之人，也不能做坏事。

官吏遵守法律，首先要熟悉法律，如果忘记了相关法律，甚至要按照忘掉的法律来追究其罪名。"各主法令之民，敢忘行主法令之所谓之名，各以其所忘之法令名罪之。"[4] 在《睡虎地秦墓竹简》中，也将是否熟悉法律作为区分"良吏"和"恶吏"的标准。"凡良吏明法律令，事无不能殹（也）；有（又）廉絜（洁）敦悫而好佐上；以一曹事不足独治殹（也），故有公心；有（又）能自端殹（也），而恶与人辨治，是以不争书。恶吏不明法律令，

① 高亨注译：《商君书注译·算地第六》，第 64 页。
② 高亨注译：《商君书注译·壹言第八》，第 81 页。
③ 高亨注译：《商君书注译·慎法第二十五》，第 181 页。
④ 高亨注译：《商君书注译·定分第二十六》，第 185—186 页。

不智（知）事，不廉絜（洁），毋（无）以佐上，緰（偷）随（惰）疾事，易口舌，不羞辱，轻恶言而易病人，毋（无）公端之心，而有冒牴（抵）之治，是以善斥（诉）事，喜爭书。"① 良吏因为熟悉法律，依法行政，不仅能够处理好各种事情，而且能够公正廉洁，不会因为对法律条文的理解不清楚而与人争辩；恶吏正好相反，他们不熟悉法律，不仅处理不好事情，而且不公正廉洁，容易作出违背法律的事情。

官吏不仅要熟悉法律，而且要向民众宣传法律。"吏民知法令者，皆问法官。故天下之吏民无不知法者。吏明知民知法令也，故吏不敢以非法遇民，民不敢犯法以干法官也。遇民不修法，则问法官。法官即以法之罪告之。民即以法官之言正告之吏。吏知其如此，故吏不敢以非法遇民，民又不敢犯法。"② 不仅官吏要熟悉法律，而且百姓也要知晓法律。如果官吏枉法行政，百姓就能以法律条文对抗他们。这样，百姓既能遵守法律，也能监督官员的执法活动。要做到这一点，制定的法律就要通俗易懂，让民众自觉遵循，从而达到天下大治的目标。"故圣人为法，必使之明白易知，名正，愚知遍能知之……为置法官吏为之师，以道之知，万民皆知所避就，避祸就福，而皆以自治也。故明主因治而终治之，故天下大治也。"③

秦朝制定严格的法律对官吏进行考核和奖惩。《史记·范雎蔡泽列传》记载，范雎为报王稽之恩，向秦昭襄王保举他。"昭王召王稽，拜为河东守，三岁不上计。"《史记索隐》引司马彪言："凡郡掌治民，进贤，劝功，决讼，检奸。常以春行所至县，劝民农桑，振救乏绝；秋冬遣无害吏案讯问诸囚，平其罪法，论课殿最；岁尽遣吏上计。"④ 自商鞅变法后，秦代就建立了比较完善的定期上计制度，对官吏进行全面而具体的定期考课。考核结果分为不同等级，第一名为"最"，最后一名为"殿"。对"最"者进行奖励，对"殿"者加以惩罚。《厩苑律》规定："以四月、七月、十月、正月肤

---

① 睡虎地秦墓竹简整理小组：《睡虎地秦墓竹简·语书》，第15页。
② 高亨注译：《商君书注译·定分第二十六》，第188页。
③ 高亨注译：《商君书注译·定分第二十六》，第192页。
④ 司马迁：《史记》卷79《范雎蔡泽列传》，第2415页。

田牛。卒岁，以正月大课之，最，赐田啬夫壶酉（酒）束脯，为早〈皂〉者除一更，赐牛长日三旬。"① 耕牛评比考核优异，主管官吏田啬夫可以得到酒肉的奖励，直接负责的饲养人员可以免除一定的劳役，牛长则可以积累30天的资劳。"治狱，能以书从迹其言，毋治（笞）谅（掠）而得人请（情）为上。"② 审理刑狱案件，能根据记录的罪犯口供加以追查，不用严刑拷打就能察得犯人的真情，是最好的法官，自然应该受到奖励。"广众心，声闻左右者，赏，将军材以钱若金赏，毋（无）恒数。"③ 在军队中，素质高、武艺强，能振奋士气、声名远扬的士兵会受到将军的奖赏。如能及时发掘并侦破案件，当事官吏也会受到奖赏。"有投书，勿发，见辄燔之；能捕者购臣妾二人。"④ 发现匿名信不要打开，应及时销毁；如果能够抓获投匿名信的人，当事官吏可以得到两名男女奴隶作为奖励。秦法律中不仅有严酷暴戾的一面，也有鼓励奖赏的内容。秦在管理官吏的过程中将奖励作为重要手段，对调动官吏的工作积极性，提高工作热情和效率，必然会起到积极的推进作用。

对于那些工作不努力，业绩差，或者犯有错误的官吏，秦则制定了严厉的惩罚措施。在耕牛评比中，"殿者，谇田啬夫，罚冗皂者二月。其以牛田，牛减絜，治（笞）主者寸十。"⑤ 如果评比垫底，对主管此事的田啬夫要进行批评，罚养牛者两个月的劳资。如果用牛耕田，牛的腰围减了膘，每减膘一寸就要笞打养牛者10下。秦律把考核评比的成绩与对官吏的奖惩密切结合，有利于官吏尽心尽力地做好工作，形成工作为重、竞争进取的官场氛围，有利于调动官员的工作积极性和主动精神。

秦律强调官员既不能触犯法令，也不能无所作为，否则都以"犯令"罪论处。"可（何）如为'犯令'、'法（废）令'？律所谓者，令曰勿为，而

---

① 睡虎地秦墓竹简整理小组：《睡虎地秦墓竹简·秦律十八种·厩苑律》，第22页。
② 睡虎地秦墓竹简整理小组：《睡虎地秦墓竹简·封诊式》，第147页。
③ 睡虎地秦墓竹简整理小组：《睡虎地秦墓竹简·法律答问》，第105页。
④ 睡虎地秦墓竹简整理小组：《睡虎地秦墓竹简·法律答问》，第106页。
⑤ 睡虎地秦墓竹简整理小组：《睡虎地秦墓竹简·秦律十八种厩苑律》，第22页。

为之，是谓'犯令'；令曰为之，弗为，是谓'法（废）令殴（也）'。廷行事皆以'犯令'论。"① 秦朝法律严厉惩处官吏的失职、渎职、违纪等行为。如果丢失了文书、符券、公章、称权，都要受到应有惩罚，即使把丢失的东西找回了，也不能免除所论的罪。"亡久书、符券、公玺，衡赢（累），已坐以论，后自得所亡，论当除不当？不当。"② 如果发弩啬夫不遵循法律，或者他教授的射手不能射中目标，他的长官县尉也要被连带罚二甲。发弩啬夫如果射不中目标，本人不仅要被罚二甲而且还要免除职务，由县啬夫另行保任。"发弩啬夫不如律，及发弩射不中，尉赀二甲，发弩啬夫射不中，赀二甲，免，啬夫任之。"③《效律》规定："仓扁（漏）夃（朽）禾粟，及积禾粟而败之，其不可飤（食）者，不盈百石以下，谇官啬夫；百石以上到千石，赀官啬夫一甲；过千石以上，赀官啬夫二甲；令官啬夫、冗吏共赏（偿）败禾粟。"④ 仓库管理不善而导致粮食泄露或者粮食腐败，不仅相关官员要受到经济处罚，而且他们还要和具体责任者共同赔偿损失的粮食。甚至粮仓里出现老鼠洞，也要惩罚粮仓的管理者。"仓鼠穴几可（何）而当论及谇？廷行事鼠穴三以上赀一盾，二以下谇，鼹穴三当一鼠穴。"⑤ 上述规定表明，秦管理官吏的规定十分具体而严密，对于检查、考核、审计出的官吏失职违法行为和不能胜任工作的情况，都要依据法律予以严肃处罚。以此督促官吏认真工作尽职尽责，从而保证他们随时"谨遵职事"，处理公务及履行职责时"细大尽力，莫敢怠荒"。⑥

秦律还严厉处罚官吏的以权谋私、贪赃枉法、徇私舞弊行为。"毋擅叚（假）公器，者（诸）擅叚（假）公器者有罪，毁伤公器及□者令赏（偿）。"⑦ 官吏擅自把属于公家的器具借予私人，是违法犯罪的行为。如果

---

① 睡虎地秦墓竹简整理小组：《睡虎地秦墓竹简·法律答问》，第 126 页。
② 睡虎地秦墓竹简整理小组：《睡虎地秦墓竹简·法律答问》，第 127 页。
③ 睡虎地秦墓竹简整理小组：《睡虎地秦墓竹简·秦律杂抄》，第 79 页。
④ 睡虎地秦墓竹简整理小组：《睡虎地秦墓竹简·效律》，第 72 页。
⑤ 睡虎地秦墓竹简整理小组：《睡虎地秦墓竹简·法律答问》，第 128 页。
⑥ 司马迁：《史记》卷 6《秦始皇本纪》，第 245 页。
⑦ 睡虎地秦墓竹简整理小组：《睡虎地秦墓竹简·秦律十八种工律》，第 45 页。

这些器具受到了损坏，相关责任者还须赔偿。主管官吏如果使用公家能够驮运的马和管理文书的人员给自己做买卖赚钱，要处于流放的严惩。"吏自佐、史以上负从马、守书私卒，令市取钱焉，皆罨（迁）。"① 对于冒领军粮的行为处罚更为严厉，牵扯面极其广泛。冒领者要被罚款、撤职，一起吃军粮的人、屯长、仆射如果不揭发，要到边境戍守一年。县令、县尉、士吏不能及时抓获冒领者，也要被罚款。对于出卖、运输、购买冒领军粮的相关责任者，都要给予相应处罚。"不当禀军中而禀者，皆赀二甲，法（废）；非吏殴（也），戍二岁；徒食、敦（屯）长、仆射弗告，赀戍一岁；令、尉、士吏弗得，赀一甲。军人买（卖）禀禀所及过县，赀戍二岁；同车食、敦（屯）长、仆射弗告，戍一岁；县司空、司空佐史、士吏将者弗得，赀一甲；邦司空一盾。军人禀所、所过县百姓买其禀，赀二甲，入粟公；吏部弗得，及令、丞赀各一甲。禀卒兵，不完善（缮），丞、库啬夫、吏赀二甲，法（废）。"② 秦制定了一系列严密的法律制度，对官吏利用职权假公济私、侵吞国家利益和财产的行为从重处罚。

秦严厉惩处枉法断案的官吏，以此保证法律的公正性和严肃性。"论狱[何谓]'不直'？可（何）谓'纵囚'？罪当重而端轻之，当轻而端重之，是谓'不直'。当论而端弗论，及易其狱，端令不致，论出之，是谓'纵囚'。"③ 如果法官上下其手，玩弄法律，断案时轻罪重判、重罪轻判，就以"不直"罪论处。法官对已经犯罪的罪犯故意不论罪，或者减轻犯人罪责，放纵罪犯，让罪犯故意达不到判罪标准的，以"纵囚"罪论处。秦始皇三十四年（前213）下令："适治狱吏不直者，筑长城及南越地。"④ 把一批审理刑狱案件"不直"的官吏流放到边疆地区服劳役。"将上不仁邑里者而纵之，可（何）论？当击（系）作如其所纵，以须其得；有爵，作官府。"⑤ 押

① 睡虎地秦墓竹简整理小组：《睡虎地秦墓竹简·秦律杂抄》，第82页。
② 睡虎地秦墓竹简整理小组：《睡虎地秦墓竹简·秦律杂抄》，第82页。
③ 睡虎地秦墓竹简整理小组：《睡虎地秦墓竹简·法律答问》，第115页。
④ 司马迁：《史记》卷6《秦始皇本纪》，第253页。
⑤ 睡虎地秦墓竹简整理小组：《睡虎地秦墓竹简·法律答问》，第108页。

送在乡里为非作歹的罪犯却故意放走，押送者要像他所放走的罪犯一样被拘押劳作，直到放走的罪犯被抓获。如果是有爵位的人，可以在官府里面劳作。"赎罪不直，史不与啬夫和，问史可（何）论？当赀一盾。"① 官员在审理缴纳钱财以赎免罪行的案件时，如果判决不公，即使办案文书与主审官吏间没有合谋，办案文书也要受到处罚。上述法律规定，限制了官吏违法办理案件、玩弄操控法律、以权谋私的行为，也在某种程度上保护了被处罚者的权益。

秦注重依法治吏，不仅严格对官吏的培养与选拔，而且要求官吏熟知并精通法律，恪尽职守，公正公平，严肃执法。在严格考核、定期上计的基础上推行责任追究制，奖优罚劣，陟善黜恶。在相当长的时间里，一方面调动了各级官吏的工作积极性，提高了行政效率，保证了秦国国力的发展与社会的安定；同时也限制了官吏们的私心膨胀，减少了以权谋私、以言代法、滥用权力情况的发生，为秦国集中国力进行兼并战争创造了良好条件。依法治吏，严肃法治，公平执法促进了秦国的经济发展和国力的强大，有利于国家凝聚力与向心力的形成，是秦国由小到大，由弱到强，由诸侯卑秦到诸侯畏秦，最终战胜关东六国，完成统一大业的重要因素。在秦昭襄王时期，著名思想家、儒学大师荀子访问秦国。秦国留给荀子的印象极其深刻，令他感到耳目一新。应侯问荀子进入秦国参观后有什么感想？荀子回答说："其固塞险，形势便，山林川谷美，天材之利多，是形胜也。入境，观其风俗，其百姓朴，其声乐不流污，其服不挑（佻），甚畏有司而顺，古之民也。及都邑官府，其百吏肃然，莫不恭俭敦敬，忠信而不楛，古之吏也。入其国，观其士大夫，出于其门，入于公门，出于公门，归于其家，无有私事也。不比周，不朋党，偶然莫不明通而公也，古之士大夫也。观其朝廷，其闲听决百事不留，恬然如无治者，古之朝也。故四世有胜，非幸也，数也。"② 在荀子看来，秦国不仅具有山川险要、易守难攻、物产丰富的地理优势，更具有社

① 睡虎地秦墓竹简整理小组：《睡虎地秦墓竹简·法律答问》，第 115 页。
② 王先谦：《荀子集解》卷 11《强国》，《诸子集成》第 3 册，第 202 页。

会治理上的优势。秦国官吏奉公守法，不结党营私；百姓淳朴厚重，恭敬节俭，遵纪守法，服从管理。整个秦国社会秩序井然，凝聚力强，内耗少而效率高，充满了生机和活力。秦国社会的法治水平与吏治效能，已经让关东六国无法望其项背了。

到战国晚期，与各诸侯国相比，秦国已经表现出土地广阔、人民众多、财力丰厚、国家治理水平高、宰相贤能、将领优秀、法律分明的优势。与吕不韦同时代的司马空曾以此警示赵王："'请为大王设秦、赵之战，而亲观其孰胜。赵孰与秦大？'曰：'不如。''民孰与之众？'曰：'不如。''金钱粟米孰与之富？'曰：'弗如。''国孰与之治？'曰：'不如。''相孰与之贤？'曰：'不如。''将孰与之武。'曰：'不如。''律令孰与之明？'曰：'不如。'司马空曰：'然则大王之国百举而无及秦者，大王之国亡。'"①"律令明"是秦在与他国竞争中占尽优势的基础条件，而以法治吏和官吏循法治事是"律令明"得以见效的前提。

秦法对官吏的监察之完善，制约之严格，责任追究之严厉，在历代王朝中处于突出地位。严苛细密的法律规定，有利于官吏奉公守法，限制了他们的权力滥用。同时，官吏在处理行政事务的过程中，既担心触犯法律规定，也会随时受到民众的监督，还可能因下级违法而受到牵连，也随时会被上级审计呵斥，往往处于动辄得咎的境地。荀子所说的"及都邑官府，其百吏肃然，莫不恭俭敦敬，忠信而不楛，古之吏也"②，描述的就是秦国官吏严肃认真、忠心履职、办事尽心、不敢偷奸耍滑的心态。这样的心态已经深入到了秦吏的日常生活，影响了他们的行为举止。在《睡虎地秦墓竹简·日书·吏》篇中，专门指导官吏如何在好的时机去见上级，较为生动地反映了秦吏谨小慎微、战战兢兢的心态。

　　　子，朝见，有告，听。晏见，有告，不听。昼见，有美言。日虒

---

① 《战国策》卷7《秦策五》，第65—66页。
② 王先谦：《荀子集解》卷11《强国》，《诸子集成》第3册，第202页。

见，令复见之。夕见，有美言。

丑，朝见，有奴（怒）。晏见，有美言。昼见，禺（遇）奴（怒）。日虒见，有告，听。夕见，有恶言。

寅，朝见，有奴（怒）。晏见，说（悦）。昼见，不得，复。日虒见，不言，得。夕见，有告，听。

卯，朝见，喜；请命，许。晏见，说（悦）。昼见，有告，听。日虒见，请命，许。夕见，有奴（怒）。

辰，朝见，有告，听。晏见，请命，许。昼见，请命，许。日虒见，有告，不听。夕见，请命，许。

巳，朝见，不说（悦）。晏见，有告，听。昼见，有告，不听。日虒见，有告，禺（遇）奴（怒）。夕见，有后言。

午，朝见，不诒（怡）。晏见，百事不成。昼见，有告，听。日虒见，造，许。夕见，说（悦）。

申，朝见，禺（遇）奴（怒）。晏见，得语。昼见，不说（悦）。日虒见，有后言。夕见，请命，许。

戌，朝见，有告，听。晏见，造，许。昼见，得语。日虒见，请命，许。夕见，有恶言。

亥，朝见，有后言。晏见，不诒（怡）。昼见，令复见之。日虒见，有恶言。夕见，令复见之。①

通过简书中的内容看出：不同时候官吏去见长官，可能遇到长官心情好，或心情不好，甚至动怒；请示的事情允许办理，或不予办理；报告的事情长官愿意听，或根本不愿意听；长官可能说好话，也可能说坏话；能够跟长官顺利交流，或者长官根本不愿意交流，甚至在背后说自己的坏话。情况千变万化，都非下级官吏所能掌控。他们只能以占卜的方式，希望能够找到一个合适的时间去见长官，遇到一个好的运气，以便自己处理的事情得到解

---

① 睡虎地秦墓竹简整理小组：《睡虎地秦墓竹简·日书甲种》释文，第207—208页。

决。"秦代官场上，下级面见上级时，必须揣摩上级的心态情绪，如果遇到上级发怒、生气、不悦等恶劣情绪，下级就会胆战心惊、惶惶不可终日，甚至会有麻烦。假如上级心情愉悦时接见下级，就会对下级所提出的建议给予积极回应，'有告，听''请命，许'，甚至博得上级赏识，'有美言'。"① 秦国官吏的心态，在很多情况下有点像契科夫小说《小公务员之死》中的小公务员一样，诚惶诚恐，战战兢兢，需要不断揣摩并迎合上级长官。

在《为吏之道》中，秦也强调："凡为吏之道，必精絜（洁）正直，慎谨坚固，审悉毋（无）私，微密纎（纤）察，安静毋苛，审当赏罚。严刚毋暴，廉而毋刖，毋复期胜，毋以忿怒夬（决）。宽俗（容）忠信，和平毋怨，悔过勿重。兹（慈）下勿陵，敬上勿犯，听间（谏）勿塞。"② 一个官吏，要做到"怒能喜，乐能哀，智能愚，壮能衰，恿（勇）能屈，刚能柔，仁能忍，强良不得。慎耳目口，十耳当一目，安乐必戒，毋行可悔。以忠为榦，慎前虑后。"③ 作为一个秦吏，要有多方面的品质，其中严谨、细心、适度、忠诚、平和是必须具备的心态。面对严苛的法律和复杂的局面，一个官吏必须调整心态，要在喜怒哀乐、智愚壮衰、勇屈刚柔间随时转换，亦必须做到说话、办事、判断事务时谨小慎微，"慎前虑后"。

除了《睡虎地秦墓竹简》的《为吏之道》外，发现的秦代简牍中大多都有对官吏要求的篇章。如《江陵王家台 15 号秦墓简牍》的《为政之常》，《岳麓书院藏秦简》的《为吏治官及黔首》，《北大藏秦简》的《从政之经》等。由此可见，秦代对官吏的选拔、监督都是非常重视的。在很长的一段时间里，秦国君主励精图治，一心发展国力、扩张领土，对官吏的约束也十分严格。在秦国国力蓬勃发展的形势下，更多的普通人有了投身为吏、提高自己身份地位的机会。秦国也能在不断兼并扩张的过程中补充人力、物力和财富，从而保证官吏的待遇，给予官吏充分的上升空间。这些官吏也能严守法

---

① 吴小强：《秦的吏治传统与"以吏为师"国策下的秦吏双重人格探析》，《秦始皇帝陵博物院》2017 年刊，陕西人民出版社 2017 年版。

② 睡虎地秦墓竹简整理小组：《睡虎地秦墓竹简·为吏之道》释文，第 167 页。

③ 睡虎地秦墓竹简整理小组：《睡虎地秦墓竹简·为吏之道》释文，第 167 页。

律、兢兢业业、恪尽职守，以积极进取的心态投身秦国的兼并与统一大业之中。与此同时，秦国的官吏也受到严格的法律约束，他们为了保住自己的官职和地位，战战兢兢、谨小慎微，对工作职责充满了敬畏，但仍感到压力重重、前途未卜，很多事情难以掌控。在这种情况下，他们一方面要积极调整心态，以适应千变万化的环境，一方面则祈求好的运气，设法讨得长官的欢心。在国家目标明确、君主贤能、官吏权益得到基本保障的情况下，这样一支官吏队伍有助于国家机器的高速运转。但由于长期处于重压之下，如果社会环境出现了变量，秦官吏队伍也极易出现群体的心态失衡，官吏们由谨守法律变成滥用法律，由克己奉公变成以权谋私，由统一的推动者变成了统一的破坏者，由国家的重要支柱变成了秦朝的掘墓人。

二、"新地吏"的复杂心态

秦国从兼并到统一的进程中，不仅对新征服地区的政策多有变化，而且官吏的选派、任职及官吏对政权的态度也多有变化。

（一）秦对新征服地区统治政策的变化

商鞅变法后，秦国开始了对六国扩张征服的历程。在此期间，秦国对新征服地区的政策也多有改变。最初，秦国将扩张的目标主要放在对土地的争夺上。如秦惠文王八年（前330），"使（樗里子）将而伐曲沃，尽出其人，取其城，地入秦"①。秦惠文王十三年（前325），"使张仪伐取陕，出其人与魏"②。秦昭襄王二十一年（前286），"（司马）错攻魏河内，魏献安邑，秦出其人，募徙河东赐爵，赦罪人迁之"③。秦对六国征服的过程中，曾一度采取"取其地而出其人"的政策，其原因可能有几点：一是相对于秦国，关东各国的土地更加肥沃，秦人充满占有欲望。二是"六国卑秦"的传统，使秦人怀有报复心理。三是秦国的野蛮征服，使六国之人对秦国怀有强烈的反抗情绪。但随着秦国实力的不断增强，新征服土地的范围不断扩大，"取其地

---

① 司马迁：《史记》卷71《樗里子甘茂列传》，第2307页。
② 司马迁：《史记》卷5《秦本纪》，第206页。
③ 司马迁：《史记》卷5《秦本纪》，第212页。

而出其人"的办法显然难以持续。"由于秦国本土人口数量有限，如果一味采取取其地而出其人的办法，由秦人来充实新占领地区，秦国本土恐怕将无人可迁，只会制造出大片无人区。其结果，秦国从被占领的土地上，既难以得到赋税、徭役方面的经济利益，又增加了重兵驻守的军事负担，不论在经济上还是在军事上，都有很大局限性。"① 为了适应兼并战争的需要，秦国逐渐转变了对新占领地区的政策，由"取其地而出其人"转变成"民地并取"的政策。对此，秦国不失时机地提出了"徕民"的主张。《徕民》篇收录于《商君书》中，但文中提到的一些内容，显然是商鞅变法以后秦昭襄王时期的事。"今三晋不胜秦，四世矣。自魏襄以来，野战不胜，守城必拔，大小之战，三晋之所亡于秦者，不可胜数也。若此而不服，秦能取其地，而不能夺其民也。"② 说明到昭襄王前期，秦国仍然没有解决对新征服地区人民的统治问题。

尽管秦国的土地不断扩大，三晋之国不断失去土地，但由于秦国对人民的控制更为严密，剥削较为深重，三晋之民仍不愿留在秦地为民。针对这种情况，《徕民》篇的作者提出了一系列新的措施：第一，对三晋之民归附秦国者，分配给他们一定的土地，免除他们的赋役负担。"今王发明惠，诸侯之士来归义者，今使复之三世，无知军事；秦四竟之内，陵阪丘隰，不起十年征，者（著）于律也。卒以造作夫百万。曩者臣言曰：'意民之情，其所欲者田宅也，晋之无有也信；秦之有余也必。若此而民不西者，秦士戚而民苦也。'今利其田宅，而复之三世，此必与其所欲，而不使行其所恶也。然则山东之民无不西者矣。"③ 投奔秦国或留在秦国新征服土地上的三晋之民，既得到了渴望已久的耕地，又在一定时期免除了赋役负担，自然愿意留在秦地为民，增加了秦国的人口和劳动力。第二，对故秦之民与新归附或新征服地区之民区别使用，让故秦之民从军作战，新秦之民劳作生产。"今以故秦事敌，而使新民作本，兵虽百宿于外，竟内不失须臾之时，此富强两

---

① 于振波：《秦律令中的"新黔首"与"新地吏"》，《中国史研究》2009 年第 3 期。
② 高亨译注：《商君书译注·徕民第十五》，第 117—118 页。
③ 高亨译注：《商君书译注·徕民第十五》，第 120 页。

成之效也。"① 故秦民既熟悉作战，又忠诚于国家，成为对外作战的主力；新秦民努力生产粮食，保证军队后勤供应。这样，就能保持秦国对六国形成长久而持续的军事压力。"令故秦［民事］兵，新民给刍食，天下有不服之国，则王以春围其农，夏食其食，秋取其刈，冬陈其宝，以大武摇其本，以广文安其嗣。王行此，十年之内，诸侯将无异民。"②

为了加强对新征服地区的控制，秦国一方面将故秦民迁往新秦地，一方面在新秦地设郡县、置官吏，将新征服地区纳入秦国的统治秩序之中。从出土简牍可知，秦国把新征服地区的官吏称为"新地吏"。

（二）优越感与恐惧心并存的"新地吏"

随着统一战争的加速推进，新征服的地区越来越多，为了将这些地区完全纳入秦国的体制之中，秦每征服一地，就按照固有的模式设置郡县。"十六年……魏献地于秦。秦置丽邑。十七年，内史腾攻韩，得韩王安，尽纳其地，以其地为郡，命曰颍川。"③ "二十五年……王翦遂定荆江南地，降越君，置会稽郡。"④ 与设置郡县相对应，秦国需要在这些地区选任官吏进行统治。

这些地区原属敌对之国，其统治秩序与方式与秦多有不同。为了将秦国的统治模式推行到新征服地区，最好的办法就是将秦地的官吏委派到这里。任官为吏需要一定的素质和条件，秦国处于高速扩张的状态之中，官吏缺乏是普遍现象，完全依靠从故秦地调任官吏无法满足新征服地区的需要，因此，留任部分旧政权官吏，同时在当地选拔一些对秦国表现出效忠倾向且有一定能力的人为吏，几种办法综合运用，以满足秦对"新地吏"的迫切需要，完成在新征服地区的政权建设任务。

作为后起的国家，秦国原本处于落后境地，被关东各诸侯国所鄙视。商鞅变法后，秦国通过一系列富国强兵的举措迅速发展壮大，并依靠军事征

① 高亨译注：《商君书译注·徕民第十五》，第121页。
② 高亨译注：《商君书译注·徕民第十五》，第121页。
③ 司马迁：《史记》卷6《秦始皇本纪》，第232页。
④ 司马迁：《史记》卷6《秦始皇本纪》，第234页。

服灭掉六国。六国人民对于秦国的残暴记忆犹新并恨之入骨。苏秦游说各国合纵抗秦，一个重要理由就是秦国的统治如狼似虎，和秦国联合等于自招祸端。苏秦游说魏惠王："然衡人怵王交强虎狼之秦以侵天下，卒有秦患，不顾其祸。"① 后来，苏秦来到楚国，又用类似的话游说楚威王。"夫秦，虎狼之国也，有吞天下之心。秦，天下之仇雠也。衡人皆欲割诸侯之地以事秦，此所谓养仇而奉雠者也。夫为人臣，割其主之地以外交强虎狼之秦，以侵天下，卒有秦患，不顾其祸。"② 视秦为"虎狼""仇雠"已经成为关东各国的共识。由于政策残暴，"秦士戚而民苦也"③，六国之民自然以各种手段反抗秦的统治。在秦国快速兼并扩张的过程中，秦的官吏无疑有很多晋升机会。而到新秦地为吏，不仅要远离故乡，而且面对的是不熟悉的一切，充满了风险和不确定性，自然被秦吏视为畏途。

新征服地区需要官吏，故秦吏又不愿去新秦地，秦国只好采用强制的办法加以选派。"快速的领土扩张，造成了旧的官吏产生机制不敷使用，只能进行一系列的制度变通。"④ 为了补充"新地吏"，秦便将一些犯过错误甚至已经被免职的官吏派往新秦地，出土的秦代简牍中有许多相关案例。"廿六年十二月癸丑朔庚申，迁陵守禄敢言之：沮守瘳言：课廿四年畜息子得钱殿。沮守周主。为新地吏，令县论言史（事）。问之，周不在迁陵。敢言之。"⑤ 沮县在汉中郡，属故秦地。沮守周在所主管的蓄养牲畜繁殖幼崽卖钱的考核中排位最差，被定为"殿"。按照秦朝法律规定，各项工作考核排位落后者，应受到纪律处分、经济处罚或废官免职，名字叫周的这位沮县守则被调任为新地吏。"卅二年，启陵乡守夫当坐。上造，居梓潼武昌。今徙为临沅司空啬夫。时毋吏。"⑥ 洞庭郡迁陵县启陵乡守名字叫夫，他原是蜀郡梓潼县武昌乡人，因案件牵连犯罪，被调到黔中郡临沅县任啬夫。因为新

① 司马迁：《史记》卷69《苏秦列传》，第2254页。
② 司马迁：《史记》卷69《苏秦列传》，第2261页。
③ 高亨译注：《商君书译注·徕民第十五》，第117页。
④ 刘三解：《秦砖：大秦帝国兴亡启示录》，北京联合出版公司2020年版，第575页。
⑤ 陈伟主编：《里耶秦简校释》第1卷，武汉大学出版社2012年版，第343页。
⑥ 陈伟主编：《里耶秦简校释》第1卷，第327页。

成立的临沅县缺乏官吏，夫不仅没有降职，而且由乡守升任了县司空啬夫。"卅二年，貳春乡守福当坐。士五（伍），居粱（资）中华里。今为除道同食。"① 洞庭郡迁陵县貳春乡守福同样因案件牵连犯罪，以到新地任职取代了对他的处罚。

此外，在《岳麓书院藏秦简》中还有官吏因身体有病或者因为犯错误被废官免官者而派任新地吏的记载。"以上及唯不盈三一岁，病不视事三月以上者，皆免病有瘳（?），令为新地吏及戍，有适过废免为新地吏。"② 值得关注的是，这里将"为新地吏及戍"并列，可见当时是把到新地任职看作是同戍边一样的处罚。"定阴忠言：律曰：'显大夫有罪当废以上勿擅断，必请之。'今南郡司马庆故为冤句令，诈课，当废官，令以故秩为新地吏四岁而勿废，请论庆。制书曰：诸当废而为新地吏勿废者，即非废。已后此等勿言。"③ "废"是指对那些因犯有重大过错被免职并不允许再任官者的处罚，因为"新地"急需官吏治理，对这些人也网开一面，派去做官。冤句县县令庆在考课中做手脚，升任为南郡司马，后来他的欺诈行为被发现，按照秦律，应当免职废官。因为新地急需官吏，就保留了庆的职级，派他到新地继续任吏。按照秦律，显大夫以上被废职的官吏，如果再加任用，一定要向上级请示。定陶县令忠向皇帝请示，皇帝发布制书回复：那些应当被废官而去担任新地吏的人就不算被废。说明较高职位的官吏被废后派任新地吏的很多，秦始皇对此类请示已经不胜其烦了，下令以后不要再拿这样的事请示。

来到被征服地区任职的新地吏，怀有一种征服者的自信与高傲。他们中的很多人是故秦地的失败者，到新秦地任职，既有挫败感，又有优越感。秦国长期推行法治，对法律进行宣传和普及，秦地百姓可以对官吏执法情况加以监督，对官吏违法行为进行检举揭发，官吏在故秦地的行为是受到诸多限制的。而在新秦地，当地人对秦法知之甚少，为秦吏任性执法创造了条件。秦吏以征服者的心态对待当地民众，将他们作为自己发泄不满情绪、进

---

① 陈伟主编：《里耶秦简校释》第 1 卷，第 418 页。

② 于振波：《秦律令中的"新黔首"与"新地吏"》，《中国史研究》2009 年第 3 期。

③ 陈松长主编：《岳麓书院藏秦简》（伍），上海辞书出版社 2017 年版，第 56—57 页。

行镇压和盘剥的对象。为了补偿在故秦地的挫败感，体现在新秦地征服者的优越感，这些官吏以坚定执法来表现对国家的忠诚，尽显对民众的冷漠与残酷无情，渴望从对民众的征服与压制中获得安慰、快乐与心理满足。一些道德或操守有问题的官吏被派到新秦地任职，他们中的一些人痼疾复发，极力利用手中的权力巧取豪夺，千方百计获取个人私利。在岳麓秦简中，有一则史料特别值得关注，那就是对新地吏经济犯罪的处罚。"新地吏及其舍人敢受新黔首钱财酒肉他物及有买叚赁贷于新黔首，而故贵赋其贾，皆坐其所受。及故为贵赋之臧叚赁贷息，与盗同法。其赍买新黔首奴婢畜产。"① 新地吏利用权势进行经济犯罪的手段多样，有接受当地百姓酒肉钱财及各种物品的，有用高出正常价格向当地百姓进行物品出租、钱财放贷的，有用不法手段赍买当地百姓奴婢畜产的。因为这些情况十分普遍，所以政府下令予以严惩。

秦吏在新征服地区的任意妄为，自然会加重官吏与民众之间的矛盾和冲突，引起民众的恐惧和不满。长此以往，民众对秦政权的统治感到厌恶、甚至仇恨，必然以各种方式对秦吏的要求进行拖延、抵制甚至反抗。秦吏与民众之间矛盾的加剧，使秦吏有一种坐在火药桶上的恐惧感。秦朝统治者也看到了这个问题的严重性，便对官吏加以约束，尤其是加强对官吏的道德教化。《睡虎地秦墓竹简中》的《为吏之道》，《岳麓书院藏秦简》中的《为吏治官及黔首》和北大藏秦简中的《从政之经》，都申明对官吏的道德教化。

《睡虎地秦墓·为吏之道》强调："凡为吏之道，必精絜（洁）正直，谨慎坚固，审悉毋（无）私，微密纤（纤）察，安静毋苛，审当赏罚。严刚毋暴，廉而毋刖，毋复期胜，毋以忿怒夬（决）。宽俗（容）忠信，和平毋怨，悔过勿重。兹（慈）下勿陵，敬上勿犯，听间（谏）勿塞。审智（知）民能，善度民力，劳以卫（率）之，正以桥（矫）之。反赦其身，止欲去顗（愿）。中不方，名不章；外不员（圆）。尊贤养孽，原壄（野）如廷。断割不刖。怒能喜，乐能哀，智能愚，壮能衰，惠（勇）能屈，刚能柔，仁能

---

① 于振波：《秦律令中的"新黔首"与"新地吏"》，《中国史研究》2009 年第 3 期。

忍，强良不得。审耳目口，十耳当一目。安乐必戒，毋行可悔。以忠为干，慎前虑后。君子不病殹（也），以其病病殹（也）。同能而异。毋穷穷，毋岑岑，毋衰衰。临材（财）见利，不取句（苟）富；临难见死，不取句（苟）免。欲富大（太）甚，贫不可得；欲贵大（太）甚，贱不可得。毋喜富，毋恶贫，正行修身，过（祸）去福存。"①《为吏之道》被认为是"供学习做吏的人使用的识字课本"②，内容主要集中在以下方面：一是要求官吏要有良好的道德品质，如"精洁正直，谨慎坚固，审悉无私"等。二是要求官吏要有必要的才干，如"微密纤察，安静毋苛，审当赏罚""审知民能，善度民力，劳以卫率之，正以矫之"等。三是强调官吏要用灵活宽厚的方式处理政务，如"怒能喜，乐能哀，智能愚，壮能衰，惠（勇）能屈，刚能柔，仁能忍，强良不得"等。四是要有忠君爱民的政治态度，如"宽容忠信，和平毋怨，悔过勿重"等，《为吏之道》特别强调官吏不能不讲原则地贪财好贵，否则就可能招致相反的后果。只有"正行修身"，才能"祸去福存"。

《为吏之道》的内容与商鞅变法以来秦国厉行法治的传统差异较大，包含了法家、儒家、道家和墨家的思想，特别突出的是儒家的君子人格和为官之道。高敏判定："云梦出土《秦律》同商鞅制定的《秦律》并不完全是一回事；它们之间，既有区别，又有联系。二者的区别在于：一是撰写的时间不同，二是具体内容上有若干差别；至于二者之间的联系，则表现为出土《秦律》是在商鞅《秦律》的基础上经过发展、补充和积累而成，是商鞅《秦律》的直接延续，其基本精神和阶级本质则是完全一致的。"③ 岳麓秦简中的《为吏治道及黔首》和北大藏秦简中的《从政之经》与睡虎地秦简中的《为吏之道》内容极为相似，因为这两篇文章中出现了"黔首"的字样，它们的形成年代当在秦始皇统一之后。这些可以说明，在秦国大力征服六国领土，以及完成统一的过程中，在以前重视对官吏职责考核和法律规范的基础上，开始特别重视对他们的思想教育和道德教化了。

---

① 睡虎地秦墓竹简整理小组：《睡虎地秦墓竹简·为吏之道》，第 167—168 页。

② 睡虎地秦墓竹简整理小组：《睡虎地秦墓竹简·为吏之道》，第 167 页。

③ 高敏：《云梦秦简初探》，河南人民出版社 1979 年版，第 54 页。

　　发生这一转变的原因可能是多方面的。第一，秦对官吏长期实行计量化的考课，并以奖优罚劣的方式加以督责，这套制度也必然在新秦地实施。在新秦地，人们对秦朝的统治方式既需要适应的时间，更怀有抵触情绪，完成各项考课指标的难度可想而知。为了在激烈的竞争中胜出或者至少不被淘汰，官吏们不惜采用酷烈的手段，自然会加剧统治者与被统治者之间的矛盾。第二，新秦地的官吏任用，包括部分在故秦地应该被"免"或者"废"的官吏，部分留用的旧政权官吏和一些在新秦地愿意与秦政权合作者。那些从故秦地被选任到新秦地的官吏，其道德水准与业务能力都相对低下；旧政权的留用者难免怀恋旧制而抗拒新制；新任命的官吏中，也夹杂一些如刘邦一类的"无赖"好利之徒。官吏素质的低下与行政环境的恶劣，使秦朝统治在新秦地的实施难度极大。第三，由于新秦地的民众对秦朝的法律制度了解不多，对秦朝的行政体制亦不甚熟悉，这也为一些官吏滥用法律以权谋私创造了条件。特别是新地吏往往以征服者自居，在行政执法过程中唯我独尊，任性放纵，导致官民矛盾尖锐激化，秦朝统治在新秦地陷入危机。随着秦疆域的扩大，行政成本也在逐步提高，在这种情况下，政府通过严密的法律控制，以罚赀、连坐等方式，将成本转嫁到官吏身上。官吏再利用自己的职权，将经济负担转嫁到民众身上。政府看到用高压、监督、赏罚等手段对待官吏成效有限，便期望通过加强对官吏的道德教化，来改善吏治、缓和矛盾，但由于秦严苛政治的惯性和多种问题的错综复杂，这种努力的成效也极为有限。

三、从建设者到掘墓人，统一后处境尴尬的秦吏

　　商鞅变法后，随着秦国的实力增长和不断扩张，给予了许多民众入仕为吏、晋升阶层的期望和机会，严格治吏和依法治吏也促进了秦国的发展壮大。随着秦国兼并区域的扩大，在新秦地进行统治时，在吏员补充过程中出现了捉襟见肘、素质下降等问题。秦始皇灭掉六国，统一天下后，吏治问题并没有随之改善，反而出现了败坏的趋势，官吏甚至由秦朝社会的建设者演变成了掘墓人。

（一）统一后秦吏的压力与逐步腐败的原因

秦吏积极参与政权建设，为统一立下了汗马功劳。他们对秦朝统一也满怀憧憬，希望统一后能够减轻各种赋役负担和考核指标，具有更多的升迁机会和通道，远离战争，过上安定富足的生活。然而统一后的现实不仅未如愿所偿，反而令他们大失所望。在扩张期的秦国，官吏具有较多的升迁机会，随着全国的统一，各地政权由创建期进入巩固期，升迁的渠道逐渐减少。统一后的秦始皇没有采取休养生息的统治政策，而是大肆建宫殿、筑陵墓、修道路、攻南越、击匈奴。大兴土木、穷兵黩武的结果便是消耗了巨大的社会财富，加重了人民的赋税徭役负担。实际上，对人民横征暴敛的任务只能由各级官吏来完成，各级官吏面临着巨大的压力。在残酷的现实面前，秦吏对统一后过上安定富足生活的幻想化为了泡影，当初的热情一去无踪，甚至对前途感到悲观与困惑，对统一后的政权产生了不满和失望。一些官吏把对政权的忠诚转变成了个人利益的索取，吏治败坏的状况向全国性发展蔓延。

君道败坏是吏治败坏的催化剂。清明的吏治，既需要完善的法律制度作保证，也需要君主严格自律，恪守君道，带头守法。自商鞅变法以来，秦国历代君主以兼并统一为政治目标，夙夜在公，励精图治。秦昭襄王时，思想家荀子到秦国考察，感慨于秦昭襄王时官吏队伍的勤于政事。"观其朝廷，其间听决百事不留，恬然如无治者，古之朝也。"[1]统一前的秦王嬴政也能兢兢业业，礼贤下士。为了笼络尉缭，他甚至"见尉缭亢礼，衣服饮食与缭同"[2]。天下统一后，秦始皇的权力达到了登峰造极、无所限制的地步，他的个人欲望也随之膨胀，逐步沉溺于骄奢淫逸的生活，追求长生与享乐。在消灭六国的过程中，"秦每破诸侯，写放其宫室，作之咸阳北阪上，南临渭，自雍门以东至泾、渭，殿屋复道周阁相属，所得诸侯美人钟鼓，以充入之"[3]。秦始皇在全国修筑道路，直接目的就是为了满足自己的巡游需要。他

---

① 王先谦：《荀子集解》卷11《强国》，《诸子集成》第3册，第202页。
② 司马迁：《史记》卷6《秦始皇本纪》，第230页。
③ 司马迁：《史记》卷6《秦始皇本纪》，第239页。

修筑的驰道，"东穷燕齐，南极吴楚，江湖之上，濒海之观毕至"①。东汉应劭解释："驰道，天子道也，道若今之中道然。"②在首都周围，驰道加筑"甬道""谓于驰道外筑墙，天子于中行，外人不见。"③直道的修筑亦是如此，"始皇欲游天下，道九原，直抵甘泉，乃使蒙恬通道，自九原抵甘泉，堑山堙谷，千八百里"④。秦始皇崩于沙丘平台，赵高、李斯、二世一行仍选择绕秦直道返回咸阳，也证明了秦始皇最后一次巡游走秦直道的计划。秦始皇为自己修的骊山陵"吏徒数十万人，旷日十年。下彻三泉，合采金石，冶铜锢其内，桼涂其外，被以珠玉，饰以翡翠，中成游观，上成山林"⑤。统一后的秦始皇"意得欲从，以为自古莫及己"⑥。正如贾山所言："秦王贪狼暴虐，残贼天下，穷困万民，以适其欲也……秦皇帝以千八百国之民自养，力罢不能胜其役，财尽不能胜其求。一君之身耳，所以自养者驰骋弋猎之娱，天下弗能供也。"⑦

在肆意追求骄奢淫逸的生活与感官快乐的同时，秦始皇的思想独裁也不断发展。在统一前，秦王嬴政尚能做到求贤若渴，虚心纳谏，对有利于国家统一的建议能够诚恳接受。统一后，秦始皇越来越自以为是，刚愎自用。对于与自己意见相左者，不再兼听则明，而是予以果断拒绝甚至严厉处罚。在统一前和统一初期，秦始皇尚能坚持"事皆决于法"⑧，到了秦始皇三十五年（前212），则转变成"天下之事无小大皆决于上"⑨了，完全凭自己的好恶及欲望来安排和处置国家事务。大臣们为了保住官职和俸禄，无原则地迎合秦始皇。"故使天下之士，倾耳而听，重足而立，拑口而不言。是以三主

---

① 班固：《汉书》卷51《贾山传》，第2328页。
② 司马迁：《史记》卷6《秦始皇本纪》，《索隐》引应劭语，第242页。
③ 司马迁：《史记》卷6《秦始皇本纪》，《正义》引应劭语，第242页。
④ 司马迁：《史记》卷88《蒙恬列传》，第2566—2567页。
⑤ 班固：《汉书》卷51《贾山传》，第2328页。
⑥ 司马迁：《史记》卷6《秦始皇本纪》，第258页。
⑦ 班固：《汉书》卷51《贾山传》，第2332页。
⑧ 司马迁：《史记》卷6《秦始皇本纪》，第238页。
⑨ 司马迁：《史记》卷6《秦始皇本纪》，第258页。

失道，忠臣不敢谏，智士不敢谋，天下已乱，奸不上闻，岂不哀哉!"[1] 在大臣们的一篇颂扬声中，秦始皇"衿奋自贤，群臣恐谀，骄溢纵恣，不顾患祸；妄赏以随（善）[喜] 意，妄诛以快怒心，法令烦憯，刑罚暴酷，轻绝人命，身自射杀；天下寒心，莫安其处。奸邪之吏，乘其乱法，以成其威，狱官主断，生杀自恣"[2]。统一后，秦始皇被至高无上的权力所腐蚀，不仅无限追求物欲的满足，而且放纵思想与精神，带动了整个官场风气的败坏。

君主的肆意妄为起到了坏的带头作用，各级官吏学习效仿，腐败之风愈演愈烈。丞相李斯的出行队伍阵容庞大，排场豪华，连秦始皇看到都心生不满。"始皇帝幸梁山宫，从山上见丞相车骑众，弗善也。"[3] 三川郡郡守李由是李斯的长子，他请假回咸阳探亲，"李斯置酒于家，百官长皆前为寿，门廷车骑以千数"[4]。李斯此举既是为了炫耀家门权势，也是为了借机搜刮钱财。权势带来的财富与荣耀都使李斯感慨万分，担心物极必反。秦朝的皇帝、丞相等最高统治者带头突破法律的限制，一味追求荒淫奢侈的生活，起到了带动示范作用。各级官吏竞相效尤，社会风气遭到毒化，吏治腐败现象日趋严重。

秦朝以薄俸厚罚的手段整治吏治，使吏风的败坏进一步加速。从出土的秦律令可以看出，秦严格治吏，然而官吏的待遇却得不到保障。秦吏禄薄的印象一直留存于汉人的记忆之中。东汉仲长统认为："夫薄吏禄以丰军用，缘于秦征诸侯，续以四夷。"[5] 崔寔也指出："昔周之衰也，大夫无禄，诗人刺之。暴秦之政，始建薄俸。亡新之乱，不与吏除。三亡之失，异世同术。我无所鉴，夏后及商。覆车之轨，宜以为戒。"[6] 在崔寔看来，周朝的衰落，秦朝的速亡，新莽的失败，都与官吏俸禄低，不能正常晋升有直接关系。秦国长期处于战争的环境，社会财富消耗极大，官吏薄俸也属必然。在秦吏看

---

① 司马迁：《史记》卷6《秦始皇本纪》，第278页。
② 班固：《汉书》卷49《袁盎晁错传》，第2296页。
③ 司马迁：《史记》卷6《秦始皇本纪》，第257页。
④ 司马迁：《史记》卷87《李斯列传》，第2547页。
⑤ 范晔：《后汉书》卷49《仲长统列传》，第1656页。
⑥ 严可均辑：《全后汉文》卷46《崔寔》（二）《政论》，商务印书馆1999年版，第469页。

来，随着国家大一统的实现和战争的结束，社会生产得到恢复，生活条件也将得到巨大改善。然而统一后，秦始皇并没有顺应人民的愿望发展经济，休养生息，稳定社会，改善民众生活，而是继续发动对周边民族的战争，大兴工程制作，竭民财以逞私欲，导致民不聊生。秦吏不仅没有提高俸禄，而且工作压力持续增大。

在兼并战争与统一过程中，秦吏怀着无限的憧憬，以极大的热情投入到政权建设之中。因为既有继续升迁的希望，也有统一后过上幸福生活的遐想，在一定程度上掩盖了他们对物质利益的追求。全国统一后，官吏的希望变成了失望，不仅缺乏了升迁的渠道，而且生活也愈加困苦。在俸禄没有提高的情况下，秦朝依然对官吏的违法行为采取重罚的政策。在出土的秦律中，相关记载比比皆是，其严苛细密程度超乎想象。如睡虎地秦简《除吏律》规定："任法（废）官者为吏，赀二甲。有兴，除守啬夫、叚（假）佐居守者，上造以上不从令，赀二甲。除士吏、发弩啬夫不如律，及发弩射不中，尉赀二甲。发弩啬夫射不中，赀二甲，免，啬夫任之。驾驺除四岁，不能驾驭，赀教者一盾，免，赏（偿）四岁繇（徭）戍。"[1] 任用废官为吏，或在保举或任用官吏时，被任用者出现了违背法令、能力不过关等情况，都要处罚相应的责任者。如果训练四年的马还不能驾车，负责教练的人不仅要被罚一盾，还会被免职并追罚四年中没有承担的徭役。"蓦马五尺八寸以上，不胜任，奔挚（絷）不如令，县司马赀二甲，令、丞各一甲。先赋蓦马，马备，乃粼从军者，到军课之，马殿，令、丞二甲，司马赀二甲，法（废）。"[2] 供骑乘的军马身高已经达标，如果不能正常使用，在奔驰和栓停时不听指挥，不仅负责分管的县司马要罚二甲，而且县令、县丞也要跟着被罚一甲。征集的军马，如果在考课中被评为下等，县令、县丞和县司马都要被罚二甲，县司马还要被革职并永不叙用。"漆园殿，赀啬夫一甲，令、丞及佐各一盾，徒络组各廿给。漆园三岁比殿，赀啬夫二甲而法（废），令、丞

---

[1]　睡虎地秦墓竹简整理小组：《睡虎地秦墓竹简·秦律杂抄》，第 79 页。

[2]　睡虎地秦墓竹简整理小组：《睡虎地秦墓竹简·秦律杂抄》，第 81 页。

各一甲。"① 漆园在考课中被评为下等，处罚主管的啬夫一甲，县令、县丞各一盾，并罚交纳徒络组各 20 根。如果连续三年考课都是下等，就要罚主管的啬夫二甲并被免职永不叙用，对县令、县丞的罚款也增加到了一甲。"牛大牝十，其六毋（无）子，赀啬夫、佐各一盾。羊牝十，其四毋（无）子，赀啬夫、佐各一盾。"② 养了 10 头母牛，如果 6 头没有下小牛，就要罚主管的啬夫和副手各一盾。养了 10 只母羊，如果 4 只没有下羔，也要罚主管的啬夫和副手各一盾。有关仓库管理的制度也极严格。"实官户关不致，容指若抉，廷行事赀一甲。实官户扇不致，稼禾能出，廷行事赀一甲。空仓中有荐，荐下有稼一石以上，廷行［事］赀一甲，令史监者一盾。仓鼠穴几可（何）而当论及赀？廷行事鼠穴三以上赀一盾，二以下赀。鼹穴三当一鼠穴。"③ 仓库的门闩不紧，门关不严，草垫下的粮食没有清理干净，按照成例都需对相关责任者和主管官吏进行处罚。负责的粮仓里有老鼠穴或鼹鼠穴，按照规定也须进行处罚和申斥。

按照秦律，官吏有失职渎职和违法行为，除本人受处罚外，主管官吏均应负有连带责任，同样也会遭受处罚。"司马令史掾苑计，计有劾，司马令史坐之，如令史坐官计劾然。"④ 司马令史掾管理范围的会计如果犯了罪，司马令史要连带承担罪责。"尉计及尉官吏节（即）有劾，其令、丞坐之。"⑤ 县尉的会计及尉官府中的官吏如果犯罪，那么该县的县令、县丞也要连带承担罪责。"官啬夫赀二甲，令、丞赀一甲；官啬夫赀一甲，令、丞赀一盾。其吏主者坐以赀、赀如官啬夫。其它冗吏、令史掾计者，及都仓、库、田、亭啬夫坐其离官属于乡者，如令、丞。"⑥ 一般说来，连带处罚的原则是：上级官吏所受处罚是违法官吏的二分之一，直接主管官吏则须接受与违法官吏同样的处罚，其他有连带责任的下级官吏也会受到违法官吏二分之一的处

① 睡虎地秦墓竹简整理小组：《睡虎地秦墓竹简·秦律杂抄》，第 84 页。
② 睡虎地秦墓竹简整理小组：《睡虎地秦墓竹简·秦律杂抄》，第 87 页。
③ 睡虎地秦墓竹简整理小组：《睡虎地秦墓竹简·法律答问》，第 128 页。
④ 睡虎地秦墓竹简整理小组：《睡虎地秦墓竹简·效律》，第 76 页。
⑤ 睡虎地秦墓竹简整理小组：《睡虎地秦墓竹简·效律》，第 75 页。
⑥ 睡虎地秦墓竹简整理小组：《睡虎地秦墓竹简·效律》，第 75 页。

罚。按照秦律的规定，官吏不仅自己动辄受罚，而且会因为下级、上级的违法或失职、渎职行为受到连带处罚，可谓是罚不胜罚。《睡虎地秦墓竹简》中的律令反映的是秦昭襄王时期及秦始皇前期的状况，根据里耶秦简和岳麓书院藏秦简的记载，秦始皇中后期这一状况并没有扭转，反而有变本加厉的趋向。

《岳麓书院藏秦简》中记载了一桩《暨过误失坐官案》。暨是江陵县丞，因为自己职务上的过错与失误，再加上受部下或上司之过错的牵连，他在秦王政二十一年到二十二年之间，先后8次受到上级追责。包括："其（?）六月乙未劾不传（?）戍（?）令；其七月丁亥劾幹（幹—笥）；其八月癸丑劾非瞉（系）；其辛未劾窬（窗）、豕；其丁丑劾偃；迺十月乙酉暨坐丹论一甲；其乙亥劾弩。"① 暨在短时间内被追责的原因多种多样，与他管理的各项事务都扯上了关系，也有因为别人犯罪受到的牵连。经过审查，"暨坐八劾：小犯令二，大误一，坐官、小误五。"② 频率之高，令人咋舌。暨为自己辩护说："不幸过误失，坐官弗得，非敢端犯灋（法）令，赴隧以成私殹（也）。此以曰嬴（累）重。"③ 暨认为：被追责的问题，都是无意中的疏失，或是受牵连而致，并不是敢于冒犯法律，也不是为了谋取私利，如果累积处罚就太重了。在最后确定处罚时，似乎接受了暨的申辩。"论一甲，余未论，皆相还。审。疑暨不当嬴（累）论。它县论。敢谳之。吏议：赀暨一甲，勿嬴（累）。"④ 判决对暨罚款一甲，不累计罪责，上级也批准了这一判决。对于这一案件，于振波认为："问题在于，从秦王政廿一年六月至廿二年十月不到半年时间里，暨因职务上的原因，先后受到八次追责，明显过于频繁。这固然由于暨本人在履行职责时不够谨慎，从另一个方面，也体现了秦法网之严密，在吏治方面，事无巨细，有过必究。"⑤ 在《里耶秦简》的一条简牍上记

① 朱汉民、陈松长主编：《岳麓书院藏秦简》（三），上海辞书出版社2013年版，第146页。
② 朱汉民、陈松长主编：《岳麓书院藏秦简》（三），第148页。
③ 朱汉民、陈松长主编：《岳麓书院藏秦简》（三），第147—148页。
④ 朱汉民、陈松长主编：《岳麓书院藏秦简》（三），第148—149页。
⑤ 于振波：《秦代吏治管窥——以秦简司法、行政文书为中心》，《湖南大学学报》2013年第3期。

载："乡守履赀十四甲。乡佐就赀一甲。乡佐□赀六甲。"① 乡守、乡佐是基层官吏，他们竟然被罚 14 甲、6 甲，显然是累积处罚的结果。也可以看出各级官吏随时都有被处罚，甚至累积处罚的可能。于振波认为："对官吏的过错进行追究本无可厚非，然而，毫无节制地滥施惩罚，动辄得咎，非但无助于澄清吏治，反而使一些有才能的人不敢进取。"②

薄俸厚罚的结果，导致一部分人不愿为吏，甚至逃避为吏，以致在新秦地普遍出现官吏短缺的情况。《岳麓书院藏秦简》中一则《史学童诈不入试令》的记载十分引人关注。简文如下："中县史学童今岁会试凡八（?）百卅一人，其不入史者百一十一人。臣闻其不入者，泰抵恶为吏，而与其（1807）典试吏为诈，不肯入史，以避为吏。为诈如此而毋罚，不便。臣请令泰史遣以为潦东县官佐四岁，日备免之（1810）。为诈便，臣眛（昧）死请。制曰：可。廿九年四月甲戌到胡阳。史学童诈不入试令。出廷丙廿七（1859）。"③ 在秦始皇二十九年（前218），发生了一桩考试作弊的案件。这个案件与通常的考试作弊不同，在胡阳县的会试考试中，841 人参加考试，成为史学童再通过相关考试，就可以成为各级官府的史，并有可能进一步升迁为吏。令人奇怪的是，当时有 111 人不愿成为秦吏，就勾结主管考试的官员作弊，使自己的成绩不合格，"以避为吏"。这件事暴露后，法官请求判罚那些作弊者到新秦地潦东县任职，还要求满四年，并且达到相应的任职天数才能返回原籍。这种情况多有发生，主管法官向皇帝请示，秦始皇批准了这一判决，并以"令"的形成向全国颁布，说明这种情况多有发生。这与睡虎地秦简中普遍存在的"生子为吏"的期待相比，逃避为吏已经成为严重的社会现象，两者间的巨大变化值得深思。

除了逃避为吏外，在职官吏有的对政权丧失了信心，把主要精力放在了追求个人私利上；有的官吏则不求进取，得过且过。《史记·萧相国世家》

---

① 陈伟主编：《里耶秦简校释》第 1 卷，第 131 页。

② 于振波：《秦代吏治管窥——以秦简司法、行政文书为中心》，《湖南大学学报》2013 年第 3 期。

③ 于振波：《"负志"之罪与秦立法精神》，《湖南大学学报》2015 年第 3 期。

记载："秦御史监郡者与从事，常辨之。何乃给泗水卒史事，第一。秦御史欲入言征何，何固请，得毋行。"① 萧何的能力得到了秦御史的赏识，并且在官吏考核中成绩优异，秦御史向上级建议提拔萧何，萧何则千方百计加以推辞。后来萧何成为汉初第一任丞相，说明他并不是一个安于现状、甘于隐退之人。萧何不愿升职高就，其原因也当在于对任秦吏的消极抵抗及对秦政权已丧失信心。正是因为秦法网日趋严苛，行政执法环境恶劣，官吏自身承受重重压力，才使一些人无意入仕，甚至逃避入仕。

与此相应，一些官吏在动辄受罚，生活难以保障的情况下，则铤而走险，以破罐破摔的心态，利用自己的职权巧取豪夺，压榨民众，获取财富。正所谓："今所使分威权、御民人，理狱讼、干府库者，皆群臣之所为，而其俸禄甚薄，仰不足以养父母，俯不足以活妻子。父母者，性所爱也。妻子者，性所亲也。所爱所亲，方将冻馁，虽冒刃求利，尚犹不避，况可令临财御众乎？是所谓渴马守水，饿犬护肉，欲其不侵，亦不几矣。"② 各级官吏负有管理国家财产、处理刑狱案件、征收民众赋役的职责，如果他们自己的生活都难以保障，必然会利用手中的权力去谋取私利。

《岳麓书院藏秦简》中记录了大量惩治官吏经济犯罪的法律，说明秦朝统一前后官吏不择手段违法谋取财富的普遍性。"自今以来，治狱以所治之故，受人财及有卖买焉而故少多其贾（价），虽毋枉殴（也），以所受财及其贵贱贾（价），与［盗］［同］法。叚（假）贷贱〈钱〉金它物其所治、所治之亲所智（知）……叚（假）赁费贷贱〈钱〉金它物其息之数，与盗同法。叚（假）贷钱金它物其所治、所治之室人、室［人］父母妻子同产，虽毋枉殴（也），以所叚（假）赁费贷钱金它物其息之数，与盗［同］法。吏治狱，其同居或以狱事故受人财及有卖买焉故少及多其贾（价），以告治者，治［者］弗言吏，受者、治者以所受财及其贵贱贾（价），与盗同法。叚（假）贷钱金它物，为告治者，治［者］为枉事，以所叚（假）赁费贷钱金它物其

---

① 司马迁：《史记》卷 53《萧相国世家》，第 2014 页。
② 严可均辑：《全后汉文》卷 46《崔寔》（二）《政论》，第 468 页。

息之数，受者与盗同法。不告治者，受者独坐，与盗同法。叚（假）贷钱金［它物］母妻子同产，以告治者，治者虽弗为枉事，以所叚（假）赁费贷钱金它物其息之数，受者、治者与盗同法，不［告］治者，受者独坐，与盗同法。告治者，治者即自言吏，毋罪。"① 这里记录的官吏违法获取经济利益的行为多种多样，包括借办案之机接受钱财、物品、酒肉等；利用职权在买卖、借贷活动中故意贵贱其价以谋取私利；官吏从当事人同产、父母、妻子手中获取经济利益；对于官吏的违法获利情况向相关人员检举，相关人员不加处理等。秦朝强调对这些行为要依法律条文进行办理，并要按照盗罪从重处罚，说明同类情况的普遍性。

官吏以权谋私，以权获利的行为，对政治秩序、社会治理、官民关系都造成了巨大危害，必须从重处罚。"2100＋2159：治狱受人财酒肉食，叚（假）、贷人钱金它物及有卖买焉［而故］少及多其贾（价），以其故论狱不直，不直罪 0123：重，以不直律论之。不直罪轻，以臧（赃）论之。有狱论者，有狱论者亲所智（知）以狱事故以财酒肉食 0156：遗及以钱金它物叚（假）、贷治狱者，治狱者亲所智（知）及有卖买焉而故少及多其贾（价），已受之而得，予者无罪。"② 审理案件的官员接受贿赂，既可以按治狱不直罪论处，也可以按受贿罪论处。具体定罪时，哪个罪重，就按哪个定罪，体现了从重处罚的原则。受处罚者的父母为了案件送酒肉食物及金钱它物给办案人，办案者的父母了解情况并借机在买卖活动中故意提高价格，谋取暴利者，在审理案件者已经接受的情况下，应该把他抓起来，而行贿者免罪。

类似的情况在历史文献中亦多有记载。吕公与沛县县令是老朋友，吕公为避仇人到沛县定居，县令趁机通知本县官吏及豪强人物前来祝贺。"沛中豪杰吏闻令有重客，皆往贺。萧何为主吏，主进，令诸大夫曰：'进不满千者，坐之堂下。'"③ 刘邦自报送万钱祝贺，被引入上座，可见官吏借操办

---

① 陈松长主编：《岳麓书院藏秦简》（伍），上海辞书出版社 2017 年版，第 144—147 页。

② 陈松长：《新见秦代吏治律令探论——基于〈岳麓书院藏秦简〉（陆）的秦令考察》，《政法论坛》2020 年第 1 期。

③ 司马迁：《史记》卷 8《高祖本纪》，第 344 页。

酒宴敛取财物已成常态。刘邦任泗水亭长时，也借到咸阳服役的机会收取钱财。"高祖以吏徭咸阳，吏皆送奉钱三，何独以五。"《史记集解》记载李奇曰："或三百，或五百也。"① 一个最基层的官吏能够从每个送行的人身上收取 300 钱到 500 钱，已经相当可观了。刘邦在其管辖范围内，也竭尽所能谋取私利。"及壮，试为吏，为泗水亭长，廷中吏无所不狎侮。好酒及色。常从王媪、武负贳酒，醉卧，武负、王媪见其上常有龙，怪之。高祖每酤留饮，酒雠数倍。及见怪，岁竟，此两家常折券弃责。"② 可以看出，所谓刘邦喝醉酒时，上空常有游龙出现；他到酒馆赊酒，酒反而能卖出平时的几倍。这些无疑是刘邦发迹后编造的神话，而他长期借助亭长的职位吃霸王餐，赖账不给，到了年底，酒家为了获取保护，只能把旧账新债一笔勾销。

值得关注的是，在《岳麓书院藏秦简》中，有多条有关官吏受人酒肉食物要被治罪的法律条文。"以枉事及其同居或以狱事故受人酒肉食，以告治者，治者为枉事，治者、受者皆与盗同法。受人酒肉食，弗以枉事，以盗律论。同居受人酒肉食，以告治者，治者弗为枉事，治者赀二甲，受者以盗律论。"③ 秦朝规定，官吏接受他人酒肉食物，不管有没有枉法办案，都要受到处罚。但现实生活中，即使最基层的秦吏，强吃强喝的现象也屡有出现。秦灭六国，在强制迁徙各国豪强的过程中，一些官吏也乘机掳掠财物。"蜀卓氏之先，赵人也，用铁冶富。秦破赵，迁卓氏。卓氏见虏略，独夫妻推辇，行诣迁处。诸迁虏少有余财，争与吏，求近处。"④ 官吏接受贿赂，就把豪强就近安置。尽管秦朝法网严密，但走关系、开后门的事例仍屡见不鲜。"项梁尝有栎阳逮，乃请蕲狱掾曹咎书抵栎阳狱掾司马欣，以故事得已。"⑤ 项梁犯罪，被关押在栎阳的监狱中，蕲县狱掾曹咎给栎阳县狱掾司马欣写了一封信为其求情，司马欣找了个借口，就把项梁放了出来。后来，"项梁杀

---

① 司马迁：《史记》卷 53《萧相国世家》，第 2013 页。
② 司马迁：《史记》卷 8《高祖本纪》，第 342—343 页。
③ 陈松长主编：《岳麓书院藏秦简》(伍)，第 148—149 页。
④ 司马迁：《史记》卷 129《货殖列传》，第 3277 页。
⑤ 司马迁：《史记》卷 7《项羽本纪》，第 296 页。

人，与籍避仇于吴中。吴中贤士大夫皆出项梁下。每吴中有大徭役及丧，项梁常为主办。阴以兵法部勒宾客及子弟，以是知其能"①。项梁作为杀人犯，在吴中避难的过程中，不仅能够主持当地的徭役及丧事，而且能够暗中组织训练自己的队伍，这显然是得到了官府的暗中支持和庇护。

（二）秦吏治腐败的后果

在层层重压之下，秦朝部分官吏与政府离心离德，既出现了吏治腐败的局面，也造成了严重后果。

首先，加重了吏民对立，激化了社会矛盾。秦朝统一后，没能实现统治政策的转变，而是继续穷兵黩武，大事兴作，国家征收的赋税徭役远远超过了人民的可承受范围。"秦为乱政虐刑以残贼天下，数十年矣。北有长城之役，南有五岭之戍，外内骚动，百姓罢敝，头会箕敛，以供军费，财匮力尽，民不聊生。重之以苛法峻刑，使天下父子不相安。"② 广大民众对秦政权极为痛恨，"夫秦为无道，破人国家，灭人社稷，绝人后世，罢百姓之力，尽百姓之财。"③ 官吏不仅要执行朝廷的具体政策，而且要向百姓催征赋役，自然站在了民众的对立面，被视作国家的化身与反抗的对象。再加上秦律的严苛细密，吏治的逐渐腐败，新秦地人民对秦法的懵懂无知，从而导致秦吏可以任性执法，借法谋利，缘法成私，进一步扩大了秦朝苛法的负面作用，导致民不聊生。

秦二世即位后，吏治败坏的局面未能得到扭转。为了迎合二世，李斯上《督责书》，劝二世以严厉手段镇压异己，无所顾忌地享受奢靡腐化的生活。"书奏，二世悦。于是行督责益严，税民深者为明吏。二世曰：'若此则可谓能督责矣。'刑者相半于道，而死人日成积于市。杀人众则为忠臣。二世曰：'若此则可谓能督责矣。'"④ 在秦二世的诏令下，秦朝官吏展开了残民与杀人的竞赛，民众对他们的痛恨与仇视可想而知。蒯通游说秦范阳令：

---

① 司马迁：《史记》卷 7《项羽本纪》，第 296 页。

② 司马迁：《史记》卷 89《张耳陈余列传》，第 2573 页。

③ 司马迁：《史记》卷 89《张耳陈余列传》，第 2573 页。

④ 司马迁：《史记》卷 87《李斯列传》，第 2557 页。

"秦法重，足下为范阳令十年矣，杀人之父，孤人之子，断人之足，黥人之首，不可胜数。然而慈父孝子莫敢倳刃公之腹中者，畏秦法耳。"① 尖锐的官民对立，使秦吏如同坐在火药桶上。官吏的残暴行政，不断激化着社会矛盾。官吏应有的威信与号召力荡然无存，民众则对官吏满怀痛恨。陈胜、吴广起义，"沛令恐，欲以沛应涉。掾、主吏萧何、曹参乃曰：'君为秦吏，今欲背之，率沛子弟，恐不听。愿君召诸亡在外者，可得数百人，因劫众，众不敢不听。'乃令樊哙召刘季。刘季之众已数十百人矣"②。可见，以沛县县令为代表的秦吏在民众中的号召令，已经无法和一个逃亡的刘邦相比了。随着秦朝统治的日益残暴，官吏及其家庭甚至成为被侵夺对象。"秦始乱之时，吏之所先侵者，贫人贱民也；至其中节，所侵者富人吏家也；及其末涂，所侵者宗室大臣也。是故亲疏皆危，外内咸怨，离散逋逃，人有走心。"③ 陈涉发动反秦起义，如同点燃了火药桶。"陈王奋臂为天下倡始，王楚之地，方二千里，莫不响应，家自为怒，人自为斗，各报其怨而攻其仇，县杀其令丞，郡杀其守尉……夫天下同心而苦秦久矣。因天下之力而攻无道之君，报父兄之怨而成割地有土之业，此士之一时也。"④ 各地不约而同出现了"诸郡县皆多杀其长吏以应陈涉"⑤ 的局面。

其次，秦吏对国家失去了信心。秦朝后期，官吏群体几乎处于不知所从的境地。如果忠诚于秦王朝，必然要无度地对民众加以压榨盘剥；如果对民众怀有同情，就会遭受来自上级的责难和律令的处罚。二世时期，对臣下行督责之术，甚至官吏也成为被掠夺遭镇压的对象。他们不仅以五花八门的理由受到经济惩处，还会以"治狱不直""纵囚"等多种罪名，被流放到边疆地区戍守。赵高为了独掌权柄，劝说秦二世清除异己。"案郡县守尉有罪者诛之，上以振威天下，下以除去上生平所不可者。今时不师文而决于武

---

① 司马迁：《史记》卷 89《张耳陈余列传》，第 2574 页。
② 司马迁：《史记》卷 8《高祖本纪》，第 349 页。
③ 班固：《汉书》卷 49《袁盎晁错传》，第 2296 页。
④ 司马迁：《史记》卷 89《张耳陈余列传》，第 2573—2574 页。
⑤ 司马迁：《史记》卷 8《高祖本纪》，第 349 页。

力，愿陛下遂从时毋疑，即群臣不及谋。明主收举余民，贱者贵之，贫者富之，远者近之，则上下集而国安矣。"①李斯上《督责书》，也鼓励秦二世："夫贤主者，必且能全道而行督责之术者也。督责之，则臣不敢不竭能以徇其主矣。此臣主之分定，上下之义明，则天下贤不肖莫敢不尽力竭任以徇其君矣。是故主独制于天下而无所制也。能穷乐之极矣，贤明之主也，可不察焉！"②也就是说，君主只有严酷地对待官吏，才能获得官吏的忠心，君主本人才能尽情享乐。在赵高、李斯等人的诱导下，秦二世登台后，以自己的好恶对秦始皇时期的官吏进行了清洗、撤换和镇压。"二世然高之言，乃更为法律。于是群臣诸公子有罪，辄下高，令鞫治之。杀大臣蒙毅等，公子十二人僇死咸阳市，十公主矺死于杜，财物入于县官，相连坐者不可胜数。"③秦二世的滥杀，进一步加剧了秦官吏队伍的分化。一些人继续忠诚朝廷，助纣为虐；一些人则明哲保身，对皇帝的错误和国家的危机视而不见，"畏罪持禄，莫敢尽忠"，"畏忌讳谀，不敢端言其过"，"慑服谩欺以取容"④，在恐惧与怨望中，只求保全自己和家人平安，谨小慎微地生活；另一些人则忍无可忍，开始谋划反秦斗争。

刘邦原为秦泗水亭长，是一名基层小吏。后来参加反秦起义，其骨干成员很大一部分亦由郡县乡官吏组成。萧何"以文无害，为沛主吏掾。高祖为布衣时，何数以吏事护高祖。"⑤"平阳侯曹参者，沛人也。秦时为沛狱掾。"⑥两人追随刘邦出生入死，成为汉朝开国功臣，先后担任西汉第一、第二任丞相。周昌、周苛兄弟是泗水主史，任敖是狱吏。"汝阴侯夏侯婴，沛人也。为沛厩司御。每送使客还，过沛泗上亭，与高祖语，未尝不移日也。婴已而试补县吏，与高祖相爱。"⑦马非百指出："予读《史记·高祖本纪》，

①　司马迁：《史记》卷6《秦始皇本纪》，第268页。
②　司马迁：《史记》卷87《李斯列传》，第2554页。
③　司马迁：《史记》卷87《李斯列传》，第2552页。
④　司马迁：《史记》卷6《秦始皇本纪》，第258页。
⑤　司马迁：《史记》卷53《萧相国世家》，第2013页。
⑥　司马迁：《史记》卷54《曹相国世家》，第2021页。
⑦　司马迁：《史记》卷95《樊郦滕灌列传》，第2663—2664页。

萧、曹两《世家》，具载刘邦等一集团在沛县活动情形，反迹见矣。细绎其术，约分二步。第一步为组织；第二步为宣传。刘邦集团之最初组织，似全以沛县政府为中心。"① 马非百揭示了一种奇异的现象，秦朝的沛县政府组织，反而成为聚集反秦力量的大本营。不仅如此，在秦朝基层政权任职的经历，历练了他们的组织能力和宣传能力，为其策动反秦斗争奠定了良好的基础。

马非百认为，刘邦起义，经历了一个长时间的准备发动过程。"此其互相关结，与俗所传梁山泊诸好汉，岂有异哉？至彼等当日之宣传，亦甚有极严密之计划。初则宣传刘邦出生之神奇（其父亲见其母与蛟龙交），与其相貌之俊伟（隆準龙颜，美须髯，左股有七十二黑子），使听者觉得刘邦自出生时，即已与普通平民不可一概而论。次则开设两爿酒店，令女同志王媪及武负（妇）分别负责主持，借机当其顾客，谓每当邦醉卧时，彼等曾见其上常有龙，因此更进一步折券弃责（债），作更具体之宣传。此殆与梁山泊孙二娘所主持之酒店，具有异曲同功之作用。至公宴吕公，吕公当席以爱女妻刘，则为对全县豪杰吏之宣传。田间相吕氏及其二子，则为对农村大众之宣传。丰泽斩蛇，老妪夜哭，则为对所送郦山徒人之宣传。经过如此再三宣传之后，结果是'诸从者日益畏之'。而吕氏复造为'季所居，上常有云气，从往，常得季'之神话，以证实彼等所事先散布之'东南有天子气'之谣传。于是刘邦之名望，遂发展至于沛县全县，'沛中子弟闻之，多欲附者矣。'"② 刘邦宣传之主动，组织之完善，与他及其追随者在秦官府中的经历与历练是密不可分的。

刘邦由秦朝基层官吏变为逃亡者，再由逃亡者变为反秦起义的领导人，沛县秦吏发挥了重要作用。"秦二世元年秋，陈胜等起蕲，至陈而王，号为'张楚'。诸郡县皆多杀其长吏以应陈涉。沛令恐，欲以沛应涉。掾、主吏萧何、曹参乃曰：'君为秦吏，今欲背之，率沛子弟，恐不听。顾君召诸亡在

---

① 马非百：《秦集史》，中华书局 1982 年版，第 405 页。
② 马非百：《秦集史》，第 405—406 页。

外者，可得数百人，因劫众，众不敢不听。'乃令樊哙召刘季。"① 后来县令后悔，欲杀萧何、曹参，萧何等逃出城外投靠刘邦。在刘邦的动员下，沛县民众杀掉县令，推举刘邦为沛公。这段史料的内涵极为丰富，首先是在农民起义的浪潮中，秦吏成为民众报复、追杀的对象，表明当时阶级矛盾的尖锐。其次，反映了秦吏不得民心的状况，他们的号召力已经比不上流亡者了。第三，萧何、曹参等沛县长吏，与刘邦等反秦势力始终保持着密切联系，所以才能够及时找回刘邦。官吏与反秦势力之间，"其互相勾结，共图起事，实乃非一朝一夕之故。沛令颠顼，为人愚弄以死，固无足怪"②。

刘邦曾作为秦体制中人，对秦朝官吏队伍的状况极为了解。刘邦奉楚怀王心之命向西进兵关中，在攻打秦南阳郡治宛城时，遇到强烈抵抗。这时陈恢建议刘邦："为足下计，莫若约降，封其守，因使止守，引其甲卒与之西。诸城未下者，闻声争开门而待，足下通行无所累。"③ 陈恢向刘邦提出：最好的办法是鼓动秦南阳郡守投降，然后继续让他担任新政权的南阳郡守之职，仍然守护宛城，刘邦就借以带领宛城投降的秦军继续西进。这样不仅摆脱了秦宛城军队的纠缠，壮大了自己的实力，而且秦其他地方的长官听到消息，必将纷纷效仿，这样，刘邦西进的征程将通行无阻。刘邦接受了陈恢的建议，封赏南阳郡守为殷侯，"引兵西，无不下者"④。刘邦能够先行攻入关中，与他抓住了秦朝各级官吏对政权离心离德，成功实施的约降战略是分不开的。

陈胜吴广起义后，秦吏反秦的现象史书多有记载。吴芮，本来是秦国的番阳县县令，当反秦起义爆发时，"因率越人举兵而应诸侯"⑤，汉王朝建立后，被刘邦封为长沙王。南越国的建立也是秦吏所为。"至二世时，南海尉任嚣病且死，召龙川令赵佗语曰：'闻陈胜等作乱，秦为无道，天下苦之，

---

① 司马迁：《史记》卷8《高祖本纪》，第349页。
② 马非百：《秦集史》，第406页。
③ 司马迁：《史记》卷8《高祖本纪》，第360页。
④ 司马迁：《史记》卷8《高祖本纪》，第360页。
⑤ 班固：《汉书》卷34《吴芮传》，第1894页。

项羽、刘季、陈胜、吴广等州郡各共兴军聚众，虎争天下，中国扰乱，未知所安，豪杰畔秦相立。南海僻远，吾恐盗兵侵地至此，吾欲兴兵绝新道，自备，待诸侯变，会病甚。且番禺负山险，阻南海，东西数千里，颇有中国人相辅，此亦一州之主也，可以立国。郡中长吏无足与言者，故召公告之。'即被陀书，行南海尉事。嚣死，陀即移檄告横浦、阳山、湟溪关曰：'盗兵且至，急绝道聚兵自守！'因稍以法诛秦所置长吏，以其党为假守。秦已破灭，陀即击并桂林、象郡，自立为南越武王。"① 任嚣在秦南海郡郡尉的职位上，已经感到了"秦为无道，天下苦之"。听到陈胜等人起义的消息，立即部署反秦自立，并在临终前将独立立国的愿望委托给部下龙川县县令赵佗，并最终由赵佗完成了建立南越国的任务。

　　任嚣、赵佗、吴芮分别任秦朝的郡尉、县令，属于秦长吏之列。陈胜、吴广、刘邦等，分别任秦的屯长和亭长，属于秦朝的基层官吏。从长吏到小吏纷纷参加到反秦斗争中，地方秦吏在各路起义军面前或逃或降，望风披靡。诚如刘三解所言："秦朝的'君吏联盟'依靠秦律一步步蚕食二十等爵制下平民的生存空间，边疆人力资源的枯竭又需要持续不断地补充。秦朝对于'民'的侵害只能由低向高不断攀升。直白地说，就是血盆大口从整个平民社会的底层吃起，先是'七科谪'，再是'低爵者'，逐步蔓延至'高爵'和'官吏'群体。这部分人有社会资源、有阅历，甚至有丰富的军事组织经验。当他们认清自己也是帝国的'代价'时，立刻便会反戈一击。"② 秦吏对秦政权的反噬，抽掉了秦大厦的柱石，动摇了其根基。

　　还有一点值得关注，刘邦集团中集聚了一些秦朝官吏，这些人掌握了治国理民的行政技术，积累了丰富的从政经验，在后来刘邦打天下与治天下的过程中，都发挥了重要作用。例如，刘邦集团在起义前期和楚汉对峙过程中，都建立了严格的档案登记制度，都对将士们攻城略地、斩首杀敌的功绩进行了详细记录。樊哙从丰县就开始追随刘邦，他参加的战斗，建立

① 　司马迁：《史记》卷 113《南越列传》，第 2967 页。
② 　刘三解：《秦砖：大秦帝国兴亡启示录》，第 663—664 页。

的功绩，都被记载下来。"与司马尼战砀东，却敌，斩首十五级，赐爵国大夫。常从，沛公击章邯军濮阳，攻城先登，斩首二十三级，赐爵列大夫。复常从，从攻城阳，先登。下户牖，破李由军，斩首十六级，赐上间爵。从攻围东郡守尉于成武，却敌，斩首十四级，捕虏十一人，赐爵五大夫。从击秦军，出亳南。河间守军于杠里，破之。击破赵贲军开封北，以却敌先登，斩侯一人，首六十八级，捕虏二十七人，赐爵卿……"① 每次樊哙领兵作战时斩首虏敌人数，所得封赏官爵等都记载得详尽而清楚。《史记》对曹参的战功也有详细记载："参功：凡下二国，县一百二十二；得王二人，相三人，将军六人，大莫敖、郡守、司马、候、御史各一人。"② 这样详细的记载必然得之于完善的档案记录，说明刘邦集团利用其在秦国基层政权的工作经历，掌握了秦朝档案的登记、管理和利用方法，并用档案来管理起义队伍。"秦朝以斩首记功的授爵方式，被刘邦、萧何等运用于反秦起义之中，这对激励将士们拼死作战，奋勇杀敌，肯定会有巨大的作用，无疑也成为刘邦最后取得胜利的因素之一。"③ 以档案计功，凝聚了队伍，提高了队伍的向心力。刘邦在楚汉战争中虽屡次失败，但仍然能人心不散，这是其中的重要原因。"沛公至咸阳，诸将皆争走金帛财物之府分之，何独先入收秦丞相御史律令图书藏之。沛公为汉王，以何为丞相。项王与诸侯屠烧咸阳而去。汉王所以具知天下阨塞，户口多少，强弱之处，民所疾苦者，以何具得秦图书也。"④ 萧何能够独具慧眼，置金银财帛于不顾，抢先收集秦朝官府的"图书律令"等档案文献，显然是与他长期任秦沛县官吏，特别了解律法、档案、户口、人丁数目等对社会治理的重要作用有关。在楚汉之争中，刘邦坚持秦制，没有采取项羽裂天下而分之的楚制，也与有大批秦吏为其集团骨干有关。

　　贾谊在《过秦论》中认为："繁刑严诛，吏治刻深，赏罚不当，赋敛无

① 司马迁：《史记》卷 95《樊郦滕灌列传》，第 2651—2662 页。
② 司马迁：《史记》卷 54《曹相国世家》，第 2028 页。
③ 王绍东：《论统一后秦吏治败坏的原因及与秦朝速亡之关系》，《咸阳师范学院学报》2007 年第 3 期。
④ 司马迁：《史记》卷 53《萧相国世家》，第 2014 页。

度，天下多事，吏弗能纪，百姓困穷而主弗收恤。然后奸伪并起，而上下相遁，蒙罪者重，刑戮相望于道，而天下苦之。自君卿以下至于众庶，人怀自危之心，亲处穷苦之实，咸不安其位，故易动也。"① "繁刑严诛"与"赋敛无度"是秦朝速亡的根本原因，而"吏治刻深，赏罚不当""天下多事，吏弗能纪"，则推动了秦朝的速亡步伐。秦官吏队伍的逐步腐化，无疑加重了民众的苦难，激化了阶级矛盾，加剧了社会危机。"自君卿至于众庶，人怀自危之心，亲处穷困之实，咸不安其位。"可见到二世时期，秦吏已深刻感受到了扑面而来的危机，生活亦处于穷困潦倒的状况，对政权由忠诚与支持变成了恐惧与反抗。秦吏的分化与腐化，无疑在加速秦朝覆亡的脚步。正如马非百所说的那样："吏治不饬，至于此极，秦之必亡，岂偶然哉！"② 反秦起义爆发后，秦吏或者被民众讨伐，或者加入起义队伍。刘邦、萧何、曹参等基层秦吏，凭借着在秦朝积累的政治、军事斗争经验和社会管理能力，成为起义队伍的领导者。

在秦的历史发展中，官吏队伍经历了从兴奋、忠诚、积极参与到消极、怠惰、逃避再到对立、反抗、斗争的过程。特别是秦朝统一后，他们由希望到失望，对未来逐渐失去信心，不满情绪日益加剧。一些官吏千方百计逃离政治，对秦政权产生厌倦和抵触情绪；一些官吏甚至直接参与到反秦斗争中，由秦朝政权的支持者变为了掘墓人。

第四节　战争环境下的民众心态

秦的发展，始终与战争相伴，包括争夺生存空间的战争、兼并战争、统一战争和统一后的扩张战争及镇压反秦起义的战争。秦伴随战争而生，也伴随战争而亡。战争影响着秦民众的社会生活，也影响着他们的心理。

---

① 司马迁：《史记》卷6《秦始皇本纪》，第284页。
② 马非百：《秦集史》，第406页。

一、尚武与乐战：商鞅变法前后的秦民众心理

秦人迁徙于西北戎狄之地，其肩负的历史使命十分明确：一是要与戎狄各部争夺生存空间，扩展自己的生存领地；二是为中原王朝承担防御戎狄的任务，并借此获得中原王朝的信任与重视。两种使命，均需通过与戎狄间的战争来完成。长期处于战争环境，靠战争扩展生存空间并提高政治地位，是秦国不同于中原各诸侯国的特殊发展路径，也培育了秦人的尚武精神。

（一）早期秦人的尚武精神

秦人的尚武心态，在《诗经》及其他文献中都有反映。《诗经·秦风》收录 10 首诗歌，从不同侧面反映了秦地的风土人情、人文习俗及民众特性，其中尚武的风格最为鲜明。

《诗经·秦风》的第一篇是《车邻》。"《车邻》，美秦仲也。秦仲始大，有车马礼乐侍御之好焉。"[①] 诗中写道："有车邻邻，有马白颠。未见君子，寺人之令。阪有漆，隰有栗。既见君子，并坐鼓瑟。今者不乐，逝者其耋！阪有桑，隰有杨。既见君子，并坐鼓簧。今者不乐，逝者其亡！"[②] 秦仲在周宣王时受命攻打西戎，由附庸被任命为大夫，得到周朝赐予的车马、礼乐和服侍的臣子，进一步向中原文明靠近。最终，秦仲在与西戎作战时牺牲，其子庄公继续率秦人征战西戎。《车邻》是对秦仲时期礼乐文明的赞美，实际上是对秦仲尚武征战和牺牲精神的赞美。

秦在襄公时因打击西戎，护送周平王东迁有功，被封为诸侯，秦始建国。《秦风·驷驖》记述了襄公时期通过狩猎训练军队、演习战争的场景。"驷驖孔阜，六辔在手。公之媚子，从公于狩。奉时辰牡，辰牡孔硕。公曰左之，舍拔则获。游于北园，四马既闲。輶车鸾镳，载猃歇骄。"[③] 秦人农忙

---

① 《毛诗正义》卷 6《秦风·车邻》，李学勤主编《十三经注疏》（标点本，第 1 册，上），第 408 页。

② 《毛诗正义》卷 6《秦风·车邻》，李学勤主编《十三经注疏》（标点本，第 1 册，上），第 409—411 页。

③ 《毛诗正义》卷 6《秦风·驷驖》，李学勤主编《十三经注疏》（标点本，第 1 册，上），第 411—414 页。

时生产，农闲时举行大规模狩猎活动。驾车骑马，获取猎物，既检验了战争的各种装备，训练了合围、御车、骑射、搏击的本领，也提高了大家协同一致，对抗顽敌的信心和勇气，无疑是社会尚武心态的表现。

《秦风·小戎》篇："小戎俴收，五楘梁辀。游环胁驱，阴靷鋈续。文茵畅毂，驾我骐馵。言念君子，温其如玉。在其板屋，乱我心曲。四牡孔阜，六辔在手。骐骝是中，騧骊是骖。龙盾之合，鋈以觼軜。言念君子，温其在邑。方何为期？胡然我念之！俴驷孔群，厹矛鋈錞。蒙伐有苑，虎韔镂膺。交韔二弓，竹闭绲縢。言念君子，载寝载兴。厌厌良人，秩秩德音。"① 诗中赞美秦伐西戎，兵甲齐全，士气高昂。秦人为自己车马的精良装备而自豪，妇女则同情、思念出征的丈夫，体现了秦人出征西戎时豪迈的气势与必胜的信念。

《秦风·无衣》则是一首秦人抗击西戎的战歌。"岂曰无衣？与子同袍。王于兴师，修我戈矛。与子同仇！岂曰无衣？与子同泽。王于兴师，修我矛戟。与子偕作！岂曰无衣？与子同裳。王于兴师，修我甲兵。与子偕行！"② 这首诗各部分看似重复，实际上是"以重叠之结构，复沓之形式，表现了秦军战士奔赴前线的高昂士气"③。面对强敌，秦军战士相互鼓励，相互帮助，团结一心，同仇敌忾。"这首慷慨激昂的从军曲，堪为秦军的军歌。反映了秦军兵士团结友爱、共御强敌的精神，崇高无私、舍生忘死的品质，一往无前、战胜强敌的气概。"④

在秦代的其他文献中，大多充满着尚武的色彩。崤之战失败后，秦穆公总结战败教训，对军队发布《秦誓》进行检讨，认为嫉贤妒能，不听贤人之言，是招致战争失败的主要原因。"人之有技，冒疾以恶之。人之彦

----

① 《毛诗正义》卷 6《秦风·小戎》，李学勤主编《十三经注疏》（标点本，第 1 册，上），第414—419 页

② 《毛诗正义》卷 6《秦风·小戎》，李学勤主编《十三经注疏》（标点本，第 1 册，上），第430—432 页

③ 王林飞：《团结御外侮　并非刺用兵》，《怀化学院学报》2011 年第 1 期。

④ 王林飞：《团结御外侮　并非刺用兵》，《怀化学院学报》2011 年第 1 期。

圣，而违之，俾不达。是不能容，以不能保我子孙黎民，亦曰怠矣！"① 秦代的《石鼓文》以对田猎的描写为主，几乎所有章节都有对车、马的描述和赞美，其浓重的尚武气息，是其他国家所不能企及的。《诅楚文》是一篇通过祷告神灵，诅咒楚王，保佑秦国获胜的战前祭祀神灵的文章。出土的秦代文献《不其簋盖铭文》，铭文记述了伯氏与不其奉周王之命讨伐猃狁，大获全胜并立功受赏的过程。"唯九月初吉戊申，伯氏曰：'不其，朔方猃狁广伐西俞，王命我羞追于西，余来归献禽，余命女御追于略，女以我车宕伐猃狁于高陶，汝多折首执讯。戎大同永追汝，汝及戎大敦搏。汝休，弗以我车陷于艰，汝多禽，折首执讯。'伯氏曰：'不其，汝小子，汝肇诲于戎工，赐汝弓一矢束，臣五家，田十田，用永乃事。不其拜稽手休，用作朕皇祖公伯、孟姬尊簋，用匄多福，眉寿无疆，永纯灵终，子子孙孙其永宝用享。'"② 有学者认为，伯是虢季子，是周王任命的统帅，不其是秦仲的儿子秦庄公，当时是虢季子伯手下的大将。铭文记载了不其的战功及受到的丰厚奖赏，显示了秦人奋勇作战，一往无前、杀敌立功的气势和自豪感。

春秋时期秦国的文学作品和历史文献，都反映出浓厚的尚武精神和战斗气息，这与秦人的发展历程与生存环境息息相关。与戎狄的战争，关乎秦人的生存空间和民族自信，也关乎秦人的发展方向及在中央政权中的地位与尊严。在秦的发展历史上，造父、非子、秦仲、庄公、襄公、文公、穆公等一代又一代首领因"善御""养马""征战""霸西戎"而获得周天子的封赏，随着秦国领地扩大，地位提高，自觉地与戎狄相别。不论是秦国贵族还是普通民众，都崇尚在战场上为群体征战厮杀、奋勇牺牲者。这种尚武的心态使秦人具有强大的战斗力和扩张力。秦的尚武之风甚至发展为一种地域文化，并延及后代。《汉书·地理志》在记述秦地风俗时指出："天水、陇西，山多林木，民以板为室屋。及安定、北地、上郡、西河，皆迫近戎狄，修习战备，高上气力，以射猎为先。故《秦诗》曰'在其板屋'；又曰'王于兴师，

---

① 《尚书正义》卷20《秦誓》，李学勤主编《十三经注疏》（标点本，第2册），第572页。

② 王辉：《秦出土文献编年》，（台湾）新文丰出版公司2000年版，第21页。

修我甲兵，与子偕行'。及《车辚》《四（驷）驖》《小戎》之篇，皆言车马田狩之事。"① 清代学者崔述指出："吾读《秦风》而知秦之必并天下也。"②

（二）军功爵制下的秦人乐战心理

商鞅变法的核心是奖励耕战，富国强兵，其最重要措施是实行军功爵制度。这一制度的推行，将全国上下动员到战争之中，刺激了社会的"乐战"心理。

商鞅变法推行的 20 等爵位，不同史料有不同记载。《汉书·百官公卿表》："爵：一级曰公士，二上造，三簪袅，四不更，五大夫，六官大夫，七公大夫，八公乘，九五大夫，十左庶长，十一右庶长，十二左更，十三中更，十四右更，十五少上造，十六大上造，十七驷车庶长，十八大庶长，十九关内侯，二十彻侯。皆秦制，以赏功劳。"③

斩首计功是获得爵位的最主要途径。商鞅变法规定："能得（爵）[甲]首一者，赏爵一级，益田一顷，益宅九亩，一除庶子一人，乃得入兵官之吏。"④ 战士的职责是冲锋陷阵，斩首晋爵，为了鼓励军官专心指挥作战，顾全大局，对他们的爵位晋升另有规定。"其战，百将、屯长不得斩首；得三十三首以上，盈论，百将、屯长赐爵一级。"⑤ 百将，屯长等军官不能亲自斩杀敌人，但他们指挥的军队杀敌总数至 33 人，就达到了标准，指挥官便可以晋爵一级。对于大型战役，如果歼敌数额较多，各级指挥官可以普遍晋爵。"能攻城围邑，斩首八千已上，则盈论；野战，斩首二千，则盈（谕）[论]；吏自操及校以上大将尽赏。"⑥ 商鞅推行的军功爵制，既鼓励士兵勇敢作战，杀敌立功，也注重军队团结一致，整体作战。通过这样的制度设计，整个军队可以上下一心，竭尽所能地战胜强敌。

与斩首计功的奖励措施相对应，则是对冒功避战、临阵退逃者的严厉

① 班固：《汉书》卷 28 下《地理志》，第 1644 页。
② 崔述：《读风偶识》，中华书局 1985 年版，第 75 页。
③ 班固：《汉书》卷 19 上《百官公卿表上》，第 739—740 页。
④ 高亨注译：《商君书注译·境内第十九》，第 152 页。
⑤ 高亨注译：《商君书注译·境内第十九》，第 147 页。
⑥ 高亨注译：《商君书注译·境内第十九》，第 149 页。

处罚，意在打造秦军的团队精神。"其战也，五人来薄为伍，一人羽而轻其四人，能人得一首则复。"① 作战时，五个人注在一册，编为一伍，如果一个人逃跑了，就对另外四人加以处罚；只有四人每人杀敌一人，才可以免除处罚。通过这样的规定，将战士们凝聚为荣辱与共的群体。临阵脱逃不仅会影响同行战士，而且会影响家庭成员。"强国之民，父遗其子，兄遗其弟，妻遗其夫，皆曰：'不得，无返！'又曰：'失法离令，若死，我死。乡治之。行间无所逃，迁徙无所入。'行间之治，连以五，辨之以章，束之以令。拙无所处，罢无所生。是以三军之众，从令如流，死而不旋踵。"② 战争将战士与家庭连为一体，家属告诉战士：不能斩首立功，就不要回家。如果违背法律和命令，你被处死了，我们也会被处死。乡里官吏治我们的罪，无法逃脱，无处可去。通过什伍制度、连坐制度，人人关心战争，关心杀敌情况，惧怕战士临阵退缩，整个社会都笼罩在战争的氛围之中。

军功爵背后连接着受爵者的经济利益、社会地位、人格尊严、家庭生活。爵位越高获得的土地越多，房宅越大，社会地位越高。"其狱法，高爵訾下爵级。高爵能，无给有爵人隶仆。爵自二级以上，有刑罪则贬。爵自一级以下，有刑罪则已。"③ 诉讼时，爵位高的可以审判爵位低的人；有爵位的人如果犯了罪，可以用爵位赎罪。爵位不同，出差的伙食标准也差异很大。"御史卒人使者，食粺米半斗，酱驷（四）分升一，采（菜）羹，给之韭葱。其有爵者，自官大夫以上，爵食之。使者之从者，食糒（粝）米半斗，仆，少半斗。"④ 在《九章算术》中的一些算题表明，当分配利益时，是从低爵到高爵依次提高的；当承担赋税时，则是从低爵到高爵依次降低的。不仅如此，爵位还与死后待遇相挂钩。"小（失）[夫] 死，以上至大夫，其官爵一等，其墓树级一树。"⑤ 爵位越高，墓地上栽种的树木越多。爵位的高低，体

① 高亨注译：《商君书注译·境内第十九》，第 147 页。
② 高亨注译：《商君书注译·画策第十八》，第 138 页。
③ 高亨注译：《商君书注译·境内第十九》，第 152 页。
④ 睡虎地秦墓竹简整理小组：《睡虎地秦墓竹简·秦律十八种·传食律》，第 60 页。
⑤ 高亨注译：《商君书注译·境内第十九》，第 153 页。

现在生活的方方面面，时刻刺激着人们的大脑与神经，夺取更高的爵位，成为社会的普遍追求。

获取爵位的最佳途径是斩首计功，军功爵制度刺激了民众的作战勇气。"民勇者战胜，民不勇者战败。能壹民于战者，民勇；不能壹民于战者，民不勇。圣王见王之致于兵也，故举国而责之于兵。入其国，观其治，兵用者强。奚以知民之见用者也？民之见战也，如饿狼之见肉，则民用矣。"① 国家努力将社会纳入战争体制，百姓见有战争发生，如同饿狼见到肉一样兴奋，战争几乎成为一种社会期望。

自商鞅变法后，秦国在扩张和兼并战争中的优势不断扩大。战争的节节胜利使秦国的土地扩张，财富增加，入官为吏的机会变多，爵位所附带的经济、政治利益能够快速兑现。"所谓壹赏者，利禄官爵抟出于兵，无有异施也。夫固知愚、贵贱、勇怯、贤不肖，皆知尽其胸臆之知，竭其股肱之力，出死而为上用也。"② 在此情况下，民众渴望通过斩首计功提高爵位，社会充斥着"乐战"的情绪。"是父兄、昆弟、知识、婚姻、合同者，皆曰：'务之所加存战而已矣。'夫故当壮者务于战，老弱者务于守，死者不悔，生者务劝，此臣之所谓壹教也。民之欲富贵也，共阖棺而后止。而富贵之门必出于兵。是故民闻战而相贺也，起居饮食所歌谣者，战也。"③ 人人关心战争，战争也连接着每一个人的利益，出现了作战死者不悔，生者努力拼杀的场景。每当有战争来临，大家就感觉争取富贵的机会来临，于是"闻战而相贺"。

民众的"乐战"心理，造就了秦军强大的战斗力，对此，战国秦汉时期的典籍多有记载。秦昭襄王时，荀子所见的秦国军队的士气与战斗力都是山东各国所望尘莫及的。"故齐之技击，不可以遇魏氏之武卒；魏氏之武卒，不可以遇秦之锐士；秦之锐士，不可以当桓、文之节制；桓、文之节制，不

---

① 高亨注译：《商君书注译·画策第十八》，第138页。
② 高亨注译：《商君书注译·赏刑第十七》，第127页。
③ 高亨注译：《商君书注译·赏刑第十七》，第133页。

可以敌汤、武之仁义。有遇之者，若以焦熬投石焉。"① 尽管荀子意在强调仁义、节制胜过军队的强悍，但也指出了一个不争的事实，那就是秦国军队的勇猛无敌。在《战国策·韩策一》中，张仪曾向韩王描述秦军的强大与作战的勇敢。"秦带甲百余万，车千乘，骑万匹，虎挚之士，跿跔科头，贯颐奋戟者，至不可胜计也。秦马之良，戎兵之众，探前趹后，蹄间三寻者，不可称数也。山东之卒，被甲冒胄以会战，秦人捐甲徒裎以趋敌，左挈人头，右挟生虏。夫秦卒之与山东之卒也，犹孟贲之与怯夫也，以重力相压，犹乌获之与婴儿也。夫战孟贲、乌获之士，以攻不服之弱国，无以异于堕千钧之重集于鸟卵之上，必无幸矣。"② 战场上，秦国车马精良，战士冲锋奋不顾身，不仅在战斗力上，而且在心理上对六国形成了压迫与震慑之势。

刘三解认为，秦国的军功爵制远非斩敌首一人升爵一级那么简单，其中有许多限制条件，比如，斩杀敌人亦必须为有爵者，还设置了团体杀敌数量的限制。"可以说，'军功授爵制'从来不等于'斩首拜爵制'，更不是什么'小兵到将军'的公平制度，而是一套有着严格身份限制的'待遇'体系。"③ 但无论如何，在秦国扩张的过程中，特别是不断获取土地、人口，能够兑现爵位待遇时，军功爵制对秦军强大战斗力的塑造，对秦社会"乐战"心理的形成，都起到了持续的激励作用。

二、观望与反抗：新黔首的心理

商鞅变法后，秦国不断发动兼并战争，蚕食六国的土地，征服六国的人民。秦在新征服地区曾经采取过不同政策，先是取其地而出其民，注重对土地的掠夺与扩张，随着统一的推进，这一政策显然不适应新形势的需要，于是开始对新征服地区的民众进行统治和管理。新征服地区的民众被称为"新黔首"，对他们的统治政策亦不同于故秦之民。

在关东各国民众的心目中，秦人被冠以"贪戾""虎狼"的称号，对其

① 王先谦：《荀子集解》卷10《议兵》，《诸子集成》第3册，第181页。
② 《战国策》卷26《韩一》，第251页。
③ 刘三解：《秦砖：大秦帝国兴亡启示录》，第185页。

持强烈的排斥心理。秦军进攻韩国上党，韩国君主令以上党郡降秦。"其守冯亭与民谋曰：'郑道已绝，韩必不可得为民。秦兵日进，韩不能应，不如以上党归赵。'"① 把上党郡交给了赵国，引发了秦赵长平之战。"括军败，卒四十万人降武安君。武安君计曰：'前秦已拔上党，上党民不乐为秦而归赵。赵卒反覆，非尽杀之，恐为乱。'乃挟诈而尽坑杀之，遣其小者二百四十人归赵。前后斩首虏四十五万人。赵人大震。"② 在秦国扩张过程中，始终面临着新征服地区民众的反抗与不满，"民不乐为秦"似乎成为一种普遍的民众心理。

为了巩固在新征服地区的统治，秦国调整统治政策，对"新黔首"进行安抚。"秦在新占领地区，对新黔首进行过爵位普赐，这种普赐爵位的行为更多是处于拉拢新黔首的目的。除了国家赐爵之外，新黔首还可以通过立军功等其他途径获取爵位。"③ 在新征服地区，官吏对民众具有一种优越心理，并利用自己的权威对民众巧取豪夺，为此，秦采取了一系列措施，增加对新地吏的约束。《岳麓书院藏秦简》记载："新地吏及其舍人敢受新黔首钱财酒肉它物，及有卖买叚（假）赁贷于新黔首而故贵赋（贱）其贾（价），皆坐其所受及故为贵赋（贱）之臧（赃）、叚（假）赁费、贷息，与盗同法。"④ 如果新地吏收受贿赂、强买强卖或强行借贷，所获利益与盗窃同样数量的财物同等论罪。《睡虎地秦墓竹简》的《为吏之道》及《岳麓书院藏秦简》中的《为吏治官及黔首》都强调官吏的道德操守，并对"良吏"和"恶吏"加以区分。"凡为吏之道，必精絜（洁）正直，慎谨坚固，慎悉毋（无）私，微密纎（纤）察，安静毋苛，慎当赏罚。严刚毋暴，廉而毋刖，毋复期胜，毋以忿怒夬（决）。宽俗（容）忠信，和平毋怨，悔过勿重。兹（慈）下勿陵，敬上勿犯，听间（谏）勿塞。慎智（知）民能，善度民力，劳以卫（率）之，正以桥（矫）之。反赦其身，止欲去顋（愿）。"⑤ 希望通过对官吏

---

① 司马迁：《史记》卷73《白起王翦列传》，第2332页。
② 司马迁：《史记》卷73《白起王翦列传》，第2335页。
③ 李隽莹：《简牍所见秦新地统治政策研究》，吉林大学硕士论文，2020年，第30页。
④ 陈松长主编：《岳麓书院藏秦简》（伍），第51—52页。
⑤ 睡虎地秦墓竹简整理小组：《睡虎地秦墓竹简·为吏之道》，第167页。

的道德教化，改善他们与新征服地区民众的关系，以巩固秦的统治。

尽管秦国想在新征服地区采取一些怀柔手段以笼络民众，但其总体的严酷法律与横征暴敛的政策并未改变。在统一过程中许多战争负担都被加到了“新黔首”身上，“新黔首”的反秦斗争也从未停止。在出土的简牍文献中，多有“新黔首”逃亡、暴乱的记录，说明秦对六国的征服并没有取得各国民众心悦诚服的归顺。

在云梦睡虎地秦墓中，发现了两封家书，是兄弟俩黑夫、惊写给哥哥中（衷）的。黑夫一家原籍安陆，安陆原为楚地，被秦国攻取后设为南郡。黑夫、惊被派到淮阳征战。在黑夫给中（衷）的信中写道：“二月辛巳，黑夫、惊敢再拜问中，母毋恙也？黑夫、惊毋恙也。前日黑夫与惊别，今复会矣。黑夫寄益就书曰：遗黑夫钱，母操夏衣来。今书节（即）到，母视安陆丝布贱，可以为禅裙襦者，母必为之，令与钱偕来。其丝布贵，徒［以］钱来，黑夫自以布此。黑夫等自佐淮阳，攻反城久。伤未可智（知）也，愿母遗黑夫用勿少。书到皆为报，报必言相家爵来未来，告黑夫其未来状。”① 黑夫一家属于“新黔首”，兄弟三人中两人被征召入伍。参军后还需家里供给衣物和钱财，否则便会面临衣不裹体的窘境，可见“新黔首”的负担之重，一般家庭绝难承受。“反城”是指攻取后又反叛的城邑，并且久攻不下，可见新征服地区民众对秦统治的反抗。

惊新婚后不久就被征召入伍，在他给长兄中（衷）的家信中，则透露了更多新地民众反抗秦统治的信息。“惊远家故，衷教诏妴，令毋敢远就若取新（薪），衷令……闻新地城多空不实者，且令故民有为不如令者实……为惊祠祀，若大发（废）毁，以惊居反城中故。惊敢大心问姑秭（姐），姑秭（姐）子产得毋恙……新地人盗，衷唯毋方行新地，急急急。”② 在惊的信中，他担心着新婚的妻子，让哥哥告诫妻子，不要到远处去砍柴草，以免遭遇不测，说明其故乡安陆社会治安状况堪忧。在秦国新征服的地区，城里人

① 《云梦睡虎地秦墓》编写组：《云梦睡虎地秦墓》，文物出版社 1981 年版，第 25 页。
② 《云梦睡虎地秦墓》编写组：《云梦睡虎地秦墓》，第 25—26 页。

口大量逃亡，出现了"城空"的状况，要求故秦地犯法的人充实进去。惊本人所在城市亦发生了反叛，他急切地告诫哥哥中（衷），新地起义造反的"盗"很多，千万不要到新地去。可见新地的民众具有普遍的反秦情绪，反秦斗争亦此起彼伏。在黑夫、惊给哥哥中（衷）的家信中，问候了多位家人和亲戚，被问候者以女性为主，说明新地的男人大多因被征发参军或者服役而离开了故乡，其徭役之苦、负担之重可见一斑。

《岳麓书院藏秦简》有很多史料记载出现群盗、逃亡及对这些人进行追捕的情况。如"癸、琐相移谋购案"记载："廿五年六月丙辰朔癸未，州陵守绾、丞敢谳之：乃四月辛酉，校长癸、求盗上造柳、士五（伍）轿、沃诣男子治等八人、女子二人，告群盗杀人。治等曰：群盗杀人。辟，未断，未致购。"① 谢坤通过对《里耶秦简》相关资料进行研究，认为："据里耶秦简来看，由于秦代徭役繁重，逃亡的黔首、徒隶、士卒难以胜计，而仅靠律令的约束很难从根本上杜绝逃亡现象。再加上秦迁陵县地处西南地区，其地理环境复杂，逃亡者一旦亡入山林，即很难被抓捕。"② 秦国在新征服地区推行秦政，与这里原有的制度与文化传统发生冲突，再加上秦的严刑酷法，横征暴敛，新黔首对秦统治的认同程度不高，他们的反抗心理逐渐积累，由逃亡、群盗逐渐转向了反秦起义。

三、绝望与恐惧：统一后的民众心理

公元前 221 年，秦朝最终灭掉六国，统一天下。秦朝的统一，是在经历了长期战争之后实现的。自春秋战国以来，人民经历了长期的战争之苦，对分裂割据的局面深恶痛绝，并对统一后的和平安定生活充满了渴望。"秦并海内，兼诸侯，南面称帝，以养四海，天下之士斐然乡风，若是者何也？曰：近古之无王者久矣。周室卑微，五霸既殁，令不行于天下，是以诸侯力政，强侵弱，众暴寡，兵革不休，士民罢敝。今秦南面而王天下，是上有天

---

① 朱汉民、陈松长主编：《岳麓书院藏秦简》（三），第 11 页。
② 谢坤：《里耶秦简所见逃亡现象——从"缭可逃亡"文书的复原说起》，《古代文明》2017 年第 1 期。

子也。既元元之民冀得安其性命，莫不虚心而仰上。"① 民众对统一的支持，出自几个方面的原因：一是希望统一后能结束战争，把自己从兵燹之苦中解脱出来；二是希望能够减轻赋税徭役负担，休养生息；三是希望能够专心农业，生产更多财富，摆脱极端贫困的生活。民众对统一的秦朝充满了期望。

秦朝统一后，也曾经做过结束战争的尝试。在统一后的第一年，"更名民曰'黔首'。大酺。收天下兵，聚之咸阳，销以为钟鐻，金人十二，重各千石，置廷宫中"②。灭掉六国后，组织民众聚会饮酒，庆祝统一；将天下的武器收集起来，销毁做成乐器，并铸成 12 个金人。大有兵戈入库，马放南山之意。李斯认为，秦朝以郡县制代替分封制，意在消除战争的因素，秦始皇对此表示赞同。"天下共苦战斗不休，以有侯王。赖宗庙，天下初定，又复立国，是树兵也，而求其宁息，岂不难哉！"③ 秦始皇的琅邪刻辞也写有："皇帝之德，存定四极。诛乱除害，兴利致福。节事以时，诸产繁殖。黔首安宁，不用兵革。"④ 秦朝的统一，使兼并割据的战争已失去了存在的条件，秦朝的宣传，也给民众以极大希望。人人都为摆脱战争之苦而欢欣雀跃，但民众的愿望却很快因为秦始皇发动扩边战争而化为泡影。

对于秦朝来说，统一后的当务之急是休养生息、发展生产，顺应民众追求美好生活的愿望，但秦始皇出于扩大疆域的野心，仍发动了北击匈奴和南平百越的战争。正如晁错所分析的那样："臣闻秦时北攻胡貉，筑塞河上，南攻杨粤，置戍卒焉。其起兵而攻胡、粤者，非以卫边地而救民死也，贪戾而欲广大也，故功未立而天下乱。"⑤

与以往的兼并战争不同，对边疆地区发动的战争，更多的是一场消耗战。以向北方进攻匈奴为例，秦朝 30 万大军深入草原作战，沿途得不到军备物资的补充，只能从遥远的内地运送。在原始的交通条件下，长途运输

---

① 司马迁：《史记》卷 6《秦始皇本纪》，第 283 页。
② 司马迁：《史记》卷 6《秦始皇本纪》，第 239 页。
③ 司马迁：《史记》卷 6《秦始皇本纪》，第 239 页。
④ 司马迁：《史记》卷 6《秦始皇本纪》，第 245 页。
⑤ 班固：《汉书》卷 49《晁错传》，第 2283—2284 页。

的消耗极大。为了支持前方的战争，"又使天下蜚刍挽粟，起于黄、腄、琅邪负海之郡，转输北河，率三十钟而致一石"①，运输途中的消耗超过90%以上，以至于"男子疾耕不足于粮饷，女子纺绩不足于帷幕。百姓靡弊，孤寡老弱不能相养，道路死者相望，盖天下始畔秦也"②。除了沉重的战争成本外，为了防止匈奴骑兵的快速冲击，秦朝还被迫在北方地区修筑长城，为此投入了巨大的人力、物力和财力。为了征调更多的人员充实边疆战场，正常的徭役征发已经不能满足需要，便大量制造和使用刑徒、谪戍，使秦朝的法律更加严酷。"秦之戍卒不能其水土，戍者死于边，输者偾于路。秦民见行，如往弃市，因以谪发之，名曰'谪戍'。"③对边疆地区的战争，不仅令民众在统一后继续陷入兵燹之苦，而且激化了社会矛盾。"当此之时，外内骚动，百姓靡敝，行者不还，往者（果）[莫] 反，皆不聊生，亡逃相从，群为盗贼，于是山东之难始兴。此老子所谓'师之所处，荆棘生之'者也。"④秦朝对匈奴的战争，给百姓造成了巨大的负担。

统一后民众的另一期望是减轻赋税徭役负担，专心农业生产，休养生息。在秦始皇的碣石刻石中，也表达了类似的愿望。"地势既定，黎庶无繇，天下咸抚。男乐其畴，女修其业，事各有序。惠被诸产，久并来田，莫不安所。"⑤统一后，秦朝的举措却使民众大失所望。除了发动对外战争外，秦始皇还大兴土木，修筑骊山陵、阿房宫、长城、直道、驰道等，大筑宫室和禁苑，巡游天下，无度求仙，这一切，都建立在巨大的人力、物力的消耗之上。统一后，民众的赋税徭役负担非但没有减轻，反而有进一步加重的趋势。

从《史记·秦始皇本纪》的记述就可以看出，秦统一后几乎每年都有土木工程，军事征伐。秦始皇二十六年（前221），"秦每破诸侯，写放其宫

---

① 司马迁：《史记》卷112《平津侯主父列传》，第2954页。
② 司马迁：《史记》卷112《平津侯主父列传》，第2954页。
③ 班固：《汉书》卷49《晁错传》，第2284页。
④ 班固：《汉书》卷64上《严助传》，第2784页。
⑤ 司马迁：《史记》卷6《秦始皇本纪》，第252页。

室，作之咸阳北阪上，南临渭，自雍门以东至泾、渭，殿屋复道周阁相属。所得诸侯美人钟鼓，以充入之"①。秦始皇二十七年（前220），"始皇巡陇西、北地，出鸡头山，过回中。焉作信宫渭南，已更名信宫为极庙，象天极。自极庙道通郦山，作甘泉前殿。筑甬道，自咸阳属之。是岁，赐爵一级。治驰道"②。秦始皇二十八年（前219），又有东巡泰山，举行封禅大典，筑琅琊台，派徐市入海中求仙等一系列举动。秦始皇二十九年（前218），继续东游。秦始皇三十二年（前215），巡游北边，派韩终、侯生、石生求不死之药，派蒙恬率30万大军北击匈奴。秦始皇三十三年（前214）派军队攻取岭南地区，西北进攻匈奴，修筑长城。秦始皇三十四年（前213），"适治狱吏不直者，筑长城及南越地"③。"三十五年，除道，道九原，抵云阳，堑山埋谷，直通之。于是始皇以为咸阳人多，先王之宫廷小，吾闻周文王都丰、武王都镐，丰镐之间，帝王之都也。乃营作朝宫渭南上林苑中。先作前殿阿房，东西五百步，南北五十丈，上可以坐万人，下可以建五丈旗。周驰为阁道，自殿下直抵南山。表南山之巅以为阙。为复道，自阿房渡渭，属之咸阳，以象天极阁道绝汉抵营室也。阿房宫未成，成，欲更择令名名之。作宫阿房，故天下谓之阿房宫。隐宫徒刑者七十余万人，乃分作阿房宫，或作丽山。发北山石椁，乃写蜀、荆地材皆至。关中计宫三百，关外四百余。"④ 同一年，秦始皇相信方士的话：不让他人知道自己的行踪便能成为真人，从而长生不死。"乃令咸阳之旁二百里内宫观二百七十复道甬道相连，帷帐钟鼓美人充之，各案署不移徙。"⑤ 秦始皇三十六年（前211），"迁北河榆中三万家，拜爵一级"⑥。三十七年（前210），秦始皇最后一次巡游，并死在了巡游的路上。

秦朝的工程年年有兴，而且绝大多数工程都是要持续多年累积进行的，

---

① 司马迁：《史记》卷6《秦始皇本纪》，第239页。
② 司马迁：《史记》卷6《秦始皇本纪》，第241页。
③ 司马迁：《史记》卷6《秦始皇本纪》，第253页。
④ 司马迁：《史记》卷6《秦始皇本纪》，第256页。
⑤ 司马迁：《史记》卷6《秦始皇本纪》，第257页。
⑥ 司马迁：《史记》卷6《秦始皇本纪》，第259页。

民众为此承受了巨大的痛苦和负担。从睡虎地秦简黑夫和惊的家信可以看出：兄弟三人中两人被迫参军，长兄在家还需承担各种赋役。参军之人国家不能保证其生活，尚需家里提供钱财衣物。两人每次家信问候母亲，但却没有问候父亲，或许父亲亦在外地承担徭役，或许已经亡故。两人问候亲戚、邻居家的多位女性，但涉及的男性只有哥哥"中"（衷），可能相熟的男性多被征召，已经离开家乡。再加上修筑骊山陵、阿房宫、楼台殿阁的人员和其他劳役的人员，可以推见秦朝的大部分成年男子都在戍守和服役，只能由妇女承担劳动生产的职责。"秦为乱政虐刑以残贼天下，数十年矣。北有长城之役，南有五岭之戍，外内骚动，百姓罢敝，头会箕敛，以供军费，财匮力尽，民不聊生。重之以苛法峻刑，使天下父子不相安。"① 徐兴海研究认为："秦时全国人口约二千万，常年服役于北征匈奴，南戍五岭，修筑长城，铺设驰道的人数即达二百多万，占到了十分之一。服役生活自是苦不堪言。在以家庭为生产单位的农业自然经济的条件下，一旦主要劳力服役，繁重的农业劳动完全落在了老弱妇女儿童身上，留在家里的日子也不好过。繁重的徭役、艰苦的生活使农民对秦王朝充满了怨恨与仇视，农民阶级从亲身感受到秦王朝是自己的敌人。"②

秦朝规定，对于逃避赋税者，要给予严厉处罚。秦的《傅律》规定："匿敖童，及占痪（癃）不审，典、老赎耐，百姓不当老，至老时不用请，敢为酢（诈）伪者，赀二甲；典、老弗告，赀各一甲；伍人，户一盾，皆迁（迁）之。"③ 对于隐瞒儿童已经成年的情况，或假冒残疾，年老而逃避徭役的情况，不仅本人受罚，而且基层官吏、邻里都要牵连受罚。对于不按规定期限到达服役地点的，也要予以处罚。"御中发征，乏弗行，赀二甲。失期三日到五日，谇；六日到旬，赀一盾；过旬，赀一甲。"④ 服役者生活苦不堪言，不断发生大量逃亡现象。留在家里的妇孺老幼也生活艰辛，他们不仅要

<hr>

① 司马迁：《史记》卷89《张耳陈余列传》，第2573页。

② 徐兴海：《司马迁与秦末起义的社会心理》，《新疆石油教育学院学报》1988年第2期。

③ 睡虎地秦墓竹简整理小组：《睡虎地秦墓竹简·秦律杂抄·傅律》，第87页。

④ 睡虎地秦墓竹简整理小组：《睡虎地秦墓竹简·秦律十八种·徭律》，第47页。

承担繁重的生产劳动，而且要供养服役的家庭成员。国家的横征暴敛，使民众挣扎于死亡线上，看不到丝毫改善的可能，愁苦、绝望成为普遍的社会心理，"天下苦秦久矣"①，成为百姓的共同呼声。"秦始皇帝及二世皇帝违背社会规律和人民愿望的倒行逆施，在人民的心理上即造成忧虑、哀怨、悲愤和绝望的心态。"②

无度的剥削与压榨，必然会引起民众的反抗。自商鞅变法以来，秦便制定了严酷的法律来镇压民众，秦统一后，亦呈愈演愈烈之势。对此，史书多有描述。"至于秦始皇，兼吞战国，遂毁先王之法，灭礼谊之官，专任刑罚，躬操文墨，昼断狱，夜理书，自程决事，日悬石之一。而奸邪并生，赭衣塞路，囹圄成市，天下愁怨，溃而叛之。"③《盐铁论》也描述："昔秦法繁于秋荼，而网密于凝脂。然而上下相遁，奸伪萌生。有司法之，若救烂扑焦，而不能禁。"④ 在汉代文学看来，秦朝刑法的残忍程度无以复加。"上无德教，下无法则，任刑必诛，劓鼻盈蔂，断足盈车，举河以西，不足以受天下之徒。"⑤ 到了秦二世时，法律的严酷程度不但没有好转，反而变本加厉。"二世信赵高之计，渫笃责而任诛断，刑者半道，死者日积。杀民多者为忠，厉民悉者为能。百姓不胜其求，黔首不胜其刑，海内同忧而俱不聊生。"⑥ 近年出土的秦代简牍资料中，法律文书占据了其中最重要的部分，说明文献记载虽有夸张，但总体上是符合当时实际的。

秦朝严密的行政执法体系和社会控制体系，则将这些严酷的刑法转化为民众难以承受的痛苦和灾难。蒯通曾当面指责秦范阳令："足下为范阳令十年矣，杀人之父，孤人之子，断人之足，黥人之首，不可胜数。"⑦2000年4月，在秦都咸阳渭河南岸宫殿区遗址首次发掘了7座秦刑徒墓。"均为竖

① 司马迁：《史记》卷48《陈涉世家》，第1950页。
② 张文立：《多元结构的秦人心态》，《文博》1990年第5期。
③ 班固：《汉书》卷23《刑法志》，第1096页。
④ 桓宽：《盐铁论·刑德第五十五》，《诸子集成》第11册，第56页。
⑤ 桓宽：《盐铁论·诏圣第五十八》，《诸子集成》第11册，第60页。
⑥ 桓宽：《盐铁论·诏圣第五十八》，《诸子集成》第11册，第60页。
⑦ 司马迁：《史记》卷89《张耳陈余列传》，第2574页。

穴土坑墓，一般长2米、宽1米左右。7座墓中最多的葬有7人，最少的2人，共发掘出31具尸骨。这些尸骨有的平放，有的叠压，可以看出大都是扔进墓坑去的。清理中还发现：31具尸骨中有的头部被击打过，有的没有脚趾，有的腓骨骨折，有的身首异处，显系被杀戮后埋葬；有的俯身作挣扎状，显系活埋。个别的手、足、颈还戴有铁制刑具。"① 秦代刑法的严酷，也可以从出土资料中得到印证。

严酷的刑法将民众置于恐怖之中，绝望心理与恐怖情绪积累蔓延，势必转化为拼死一搏的反抗。陈胜吴广起义的动员过程，就体现了这一点。二世元年（前209）七月，陈胜、吴广等900人的"闾左"被征调从军戍守渔阳。"会天大雨，道不通，度已失期。失期，法皆斩。陈胜、吴广乃谋曰：'今亡亦死，举大计亦死，等死，死国可乎？'"② 对于900戍卒来说，遇到大雨冲垮了道路，只能绕路而行；绕路行军就错过了规定的期限，按照秦朝的法律，军人延误行程要被处死；如果逃亡被抓回，不仅本人会被处死，而且家人还会受到牵连。在秦朝严酷的法律面前，任何一种选择都指向了死亡。在无限的心理压力和持续的紧张状态之中，陈胜、吴广提出：同样是死，那就干脆起义反抗吧！为了国家大计，干一番轰轰烈烈的事业，即使死也是光荣的。"'闾左'皆为穷苦人，他们的社会地位低下，有共同的阶级意识。现在特殊的遭遇又从外部向他们施加强大的压力，使他们感觉到共同的命运，共同的心理冲突，从而形成了一个群体。同被征发，同处在无法解脱的矛盾中，使来自不同地方的穷苦农民有了交际的机会，对群体的归属感增强了，大家要死同死，要生同生，无一能够逃脱，大家只能彼此一心。"③ 实际上，绝望与恐惧的心理已经蔓延整个社会，陈胜、吴广首举反秦义旗后，天下一呼百应。"山东郡县少年苦秦吏，皆杀其守尉令丞反，以应陈涉，相立为侯王，合从西乡，名为伐秦，不可胜数也。"④

---

① 杨永林：《西安北郊首次发掘出秦刑徒墓》，《光明日报》2000年4月29日。

② 司马迁：《史记》卷48《陈涉世家》，第1950页。

③ 徐兴海：《司马迁与秦末起义的社会心理》，《新疆石油教育学院学报》1988年第2期。

④ 司马迁：《史记》卷6《秦始皇本纪》，第269页。

　　章邯投降项羽，手下士兵还担心如果项羽军队被打败，秦会依据法律处罚投降官兵，并牵连家人。"章将军等诈吾属降诸侯，今能入关破秦，大善；即不能，诸侯虏吾属而东，秦必尽诛吾父母妻子。"[1] 在严酷的法律面前，民众已经失去了对秦朝的情感，他们甚至担心项羽的军队不能入关破秦，这样的心理变化说明秦朝已经完全失去了人心。

　　秦始皇三十六年发生的一系列事件，给秦始皇造成了巨大的心理震慑，迫使他拖着多病的身体走上了最后一次巡游的路程。一是"荧惑守心"[2] 事件。心星是三颗星连缀，分别代表着皇帝、太子和少子，荧惑是一颗灾星。荧惑星游动到心星附近，预示着皇帝、太子、少子将有灾难发生，这是人们借助天文星象发出的秦朝灭亡的预言。二是陨石刻字事件。"有坠星下东郡，至地为石，黔首或刻其石曰：'始皇帝死而地分。'"[3] 这是百姓借助流星坠地来表达对秦始皇和秦朝的痛恨。第三件事是夜拦秦使者事件。有人夜晚拦住秦朝回京复命的使者，并送给他一块玉璧，告诉他说："今年祖龙死。"[4] 三件事情密集发生，说明了秦末民众对秦朝的痛恨。诅咒秦始皇，盼望秦朝灭亡，已经成了社会的共同愿望。陈胜吴广起义爆发，点燃了人民复仇的怒火。"家自为怒，人自为斗，各报其怨而攻其仇，县杀其令丞，郡杀其守尉。"[5] 历史反复地证明：人心向背是国家兴衰的晴雨表。

---

①　司马迁：《史记》卷 6《项羽本纪》，第 310 页。

②　司马迁：《史记》卷 6《秦始皇本纪》，第 259 页。

③　司马迁：《史记》卷 6《秦始皇本纪》，第 259 页。

④　司马迁：《史记》卷 6《秦始皇本纪》，第 259 页。

⑤　司马迁：《史记》卷 89《陈余张耳列传》，第 2573 页。

第四章　秦始皇的成长经历与心态特征

"生命的河流可以因一个人的性格而改造。"[①] 在历史的发展中，既有必然性因素起着支配作用，也有偶然性因素起着加速或迟缓、甚或改变历史进程的作用。在各种历史发展影响因素中，领导人的性格所起的作用不容忽视。秦始皇作为秦帝国的缔造者，他的性格对秦朝的统一与速亡的影响，无疑是值得我们深入研究的。

第一节　童年经历与自卑心理

在心理学家看来，一个人心理状况及性格特点在很大程度上是受他的童年生活所影响。奥地利心理学家阿尔费雷德·阿德勒指出："我在所有的成人身上发现了他们童年时代留下的永恒记忆。"[②] 法国哲学家萨特也认为："人生只有童年，它的所有音键在童年时代都已按下。"[③] 那么，真正统一中国的第一人，君主专制政体的缔造者嬴政怎样度过了他的童年？他的成长经历又如何影响了其性格特点呢？

---

① ［法］皮埃尔·阿考斯、［瑞士］皮埃尔·朗契尼克：《病夫治国》，郭宏安译，江苏人民出版社 2005 年版，第 2 页。

② ［奥］阿尔费雷德·阿德勒：《自卑与超越》，汪小玲译，华东师范大学出版社 2017 年版，第 117 页。

③ ［美］里查德·埃尔曼：《弗罗伊德与文学传记》，《第欧根尼》第 7 期，转引自沈卫威《文化·心态·人格——认识胡适》，河南大学出版社 1991 年版，第 89 页。

一、生父之谜与童年经历

嬴政出生于秦昭襄王四十八年（前259）正月。昭襄王是孝公之后的第四代秦君，经过商鞅变法和几代君主的励精图治与奋力开拓，秦国已经"四世有胜"①，奠定了对山东六国的优势。秦昭襄王在位长达56年，在他统治时期，秦国采取"远交近攻"的策略，对各国蚕食鲸吞，加速了统一天下的进程。公元前260年，秦赵之间在长平展开决战，结果秦胜赵败，赵军被"前后斩首虏四十五万人，赵人大震"②。赵国的衰弱，为秦国统一扫清了最大障碍。"昭王开巴蜀，灭周，取九鼎"③，秦国已揭开了统一战争的序幕。

（一）吕不韦经营异人嗣君之位

嬴政的父亲庄襄王是安国君太子柱的儿子，时任秦君昭襄王的孙子，名异人，后被华阳夫人改名子楚。安国君有二十几个儿子，异人排行中间。当时，安国君最宠爱的是华阳夫人，但华阳夫人却没有生育子嗣。异人的母亲夏姬缺乏家族势力，又不得华阳夫人宠爱，自然也被父亲冷落。在异人很小的时候，就被派到赵国做质子。春秋战国时期，各国间的竞争加剧，为了保证国家之间的合作、和平及盟约的履行，各国之间便互派贵臣或君主之子到对方做人质。"质子"的实际身份相当于两国之间的抵押物。"国强欲待弱之来相事，故遣子及贵臣为质……国弱惧其侵伐，令子及贵臣往为质……又二国敌亦为交质。"④在弱国与强国之间，及实力相当的国家之间，都有互派人质的情况。一般说来，弱国为了取得强国的信任，要把更重要的人物派到对方；实力相当的国家则互派身份相当的人物到对方。质子作为政治筹码，他们的地位、待遇甚至命运往往与两国的关系紧密相连。如果两国背约开战，交战国常将愤怒发泄到质子身上，质子因此遭受冷遇甚至面临杀身之祸。昭襄王时期，秦赵关系长期处于紧张交战状态。选中异人做质子，也说

① 王先谦：《荀子集解》卷11《强国》，《诸子集成》第3册，第202页。
② 司马迁：《史记》卷73《白起王翦列传》，第2335页。
③ 班固：《汉书》卷28下《地理志下》，第1641页。
④ 司马迁：《史记》卷6《秦始皇本纪》，第223页。

明他在父亲安国君心目中无足轻重的地位。

异人为质于赵期间，"秦数攻赵，赵不甚礼子楚（即异人）"①，秦赵之间的敌对关系，导致其处境的艰难。不仅"车乘进用不饶，居处困，不得意"②，而且"今子无母于中，外托于不可知之国，一日倍约，身为粪土"③。一般来说，如果没有国内强援，质子的身份很难改变。也就是说，按着正常逻辑，异人很可能要一直留在赵国，回到秦国继承王位的机会几乎为零。然而这时吕不韦的出现，却改变了一切。

吕不韦是卫国人，出生于首都濮阳。他跟随父亲经商致富，家累千金。但卫国是一个小国，随时有被邻国吞并的可能。为了扩大生意，保住财富，吕不韦从濮阳来到阳翟。阳翟曾是韩国的首都，是当时规模较大，更适宜经商的城市。吕不韦家族继续在这里贱买贵卖，谋取厚利。随着产业的发展，他又将视野放到当时经济最繁荣、文化最开放的城市——赵国的首都邯郸。在邯郸，吕不韦在寻找更有利的投资机会时，偶然中结识了秦国的"质子"——落魄失意的异人。

战国时期，随着生产力的发展和社会的变革，出现了一批富可敌国的商人。这些人凭借自己的聪明智慧和经营之道，积累了巨额财富，但他们的社会地位却并不高，并且自己的财富常常被权力拥有者所攫取。异人的特殊身份与处境，使吕不韦感到"此奇货可居"④。吕不韦在进行商业经营时，深刻感受到权力的重要。他所看重的，正是异人身上的政治价值，他要经营的，是异人的秦国王位。

这是一笔不同于以往的投资，他自然要评估这笔投资的风险与收益，便回到家中与老父亲商量。"归而谓父曰：'耕田之利几倍？'曰：'十倍。'珠玉之赢几倍？'曰：'百倍。''立国家之主赢几倍？'曰：'无数。'"⑤父亲的

---

① 司马迁：《史记》卷85《吕不韦列传》，第2505页。
② 司马迁：《史记》卷85《吕不韦列传》，第2506页。
③ 《战国策》卷7《秦五》，第63页。
④ 司马迁：《史记》卷85《吕不韦列传》，第2506页。
⑤ 《战国策》卷7《秦五》，第63页。

分析切中了吕不韦的心思，给他以极大的鼓励。他下定决心，"今力田疾作，不得暖衣余食。今建国立君，泽可以遗世。愿往事之"①。经过仔细地分析与考量，吕不韦看到，如果成功"立国家之主"，不仅可以盈利无数倍，而且还能挣下一份遗泽子孙的家业。于是将商业投资转为政治投资，千方百计经营起异人的秦王王位来。

吕不韦开始对异人进行考察，"乃往见子楚，说曰：'吾能大子子门。'子楚笑曰：'且自大君之门，而乃大吾门！'"② 对于吕不韦要光大自己门庭的承诺，异人一笑了之。他指出你吕不韦虽然富有，自己尽管落难他国，但从社会地位上说，吕不韦仍无法与自己相提并论。这段对话表现了异人的聪慧与头脑的清晰，确实是可造之才。于是吕不韦向异人分析了他所处的位置，并且表示愿意以自己的财富为后盾，"立子为适（嫡）嗣"③，帮助他结束流落异国的生活，经营他成为未来秦王的接班人。对此，异人既惊喜又感激，"子楚乃顿首曰：'必如君策，请得分秦国与君共之。'"④ 异人的承诺符合吕不韦冒险投资、一本万利的经营动机，便积极开始进行这笔政治投机了。

在秦国，当时在位的君主是昭襄王，他所确立的接班人是安国君太子柱，也就是异人的父亲。异人的生母夏姬既没有显赫的家族支持，也不受安国君的宠爱，所以她的儿子才会被派到赵国为质。安国君宠爱的是华阳夫人。华阳夫人来自楚系外戚家族，昭襄王的生母宣太后芈氏也出自这个家族。华阳夫人凭借着家族的势力和出众的美貌，得到了安国君的专宠。遗憾的是，华阳夫人却没有生育能力。吕不韦要经营异人的君位，自然对秦国特别是秦昭襄王的继承者安国君的情况进行过详细了解，并决定以此为突破口展开活动。

作为商人，吕不韦最懂得金钱的魅力。他拿出 500 金给异人，让他改善生活、结交宾客，培植势力，扩大声望与影响，改变自己落魄公子的形

---

① 《战国策》卷 7《秦五》，第 63 页。
② 司马迁：《史记》卷 85《吕不韦列传》，第 2506 页。
③ 司马迁：《史记》卷 85《吕不韦列传》，第 2506 页。
④ 司马迁：《史记》卷 85《吕不韦列传》，第 2506 页。

象。同时，又拿出 500 金买了很多珍奇异宝到秦国活动。来到秦国，吕不韦先去见了华阳夫人的弟弟阳泉君。接到厚礼之后，阳泉君以为吕不韦一定会有求于己，没想到吕不韦开口竟说："君之罪至死，君知之乎？"① 阳泉君吃惊之际，全神贯注地听吕不韦的分析。吕不韦告诉阳泉君，尽管其家族高官厚禄，荣华富贵，但安国君年事已高（以长平之战开始之年计算，秦昭襄王65 岁，安国君 44 岁，当时均属高龄），华阳夫人又没有儿子。一旦安国君去世，他的儿子子傒很可能即位，必然会拿华阳夫人家族开刀。听了吕不韦的分析，阳泉君惊恐万分。吕不韦则不慌不忙地说，如果听我的主意，"而使君富贵千万岁，其宁于泰山四维。必无危亡之患矣"②。这时，吕不韦就向阳泉君讲述了自己和异人在邯郸策划的方案，阳泉君听后大喜，答应以吕不韦的计划去说服姐姐华阳夫人。

为了增加保险系数，吕不韦又去见了华阳夫人的姐姐，大讲在赵国做质子的异人的睿智贤达及对华阳夫人的深厚情感。吕不韦通过华阳夫人的姐姐给她送了一份重礼，并向她传话："吾闻之，以色事人者，色衰而爱弛。今夫人事太子，甚爱而无子，不以此时蚤自结于诸子中贤孝者，举立以为嫡而子之，夫在则尊重，夫百岁之后，所子者为王，终不失势，此所谓一言而万世之利也。不以繁华时树本，即色衰爱弛后，虽欲开一语，尚可得乎？今子楚贤，而自知中男也，次不得为适（嫡），其母又不得幸，自附夫人，夫人诚以此时拔以为适（嫡），夫人则竟世有崇于秦矣。"③ 华阳夫人没有子嗣，最亲近的人就是姐姐与弟弟了，他俩先后帮吕不韦传话。华阳夫人也觉得吕不韦的话在理，如果将本不可能接班的异人收养为嫡子，异人必然感恩戴德，将来异人继位为王，也可以保有自己的富贵荣华，解除一切的后顾之忧。

趁着安国君心情好的时候，华阳夫人与安国君聊起为质于赵的异人，说他为人贤达，交往者都赞不绝口。然后抹着眼泪说道："妾幸得充后宫，

---

① 《战国策》卷 7《秦五》，第 63 页。
② 《战国策》卷 7《秦五》，第 63 页。
③ 司马迁：《史记》卷 85《吕不韦列传》，第 2507—2508 页。

不幸无子，愿得子楚立以为适（嫡）嗣，以讬妾身。"① 无比宠爱华阳夫人的安国君答应了她的要求。为了不让安国君变卦，两人当即刻玉符为据。安国君答应给异人拨一笔财物，并让吕不韦做异人的老师，由他将异人带回秦国。经过这番操作，当时远在赵国做人质的异人，摇身一变竟成为未来秦王的继承人。

按照计划，由吕不韦带异人回国。吕不韦已说动了赵国国王，答应送异人回秦。就在这时，秦赵之间爆发了战国时期最大的一场战争——长平之战。异人回国的道路被封闭，异人的儿子嬴政，便出生在了赵国。

（二）嬴政的生父之谜

《史记·秦始皇本纪》记载嬴政出身："秦始皇帝者，秦庄襄王子也。庄襄王为秦质子于赵，见吕不韦姬，悦而取之，生始皇。以秦昭王四十八年正月生于邯郸。及生，名为政，姓赵氏。"② 根据这段史料，嬴政的父亲是庄襄王异人，母亲曾是吕不韦的爱妾，后来跟了异人。吕不韦与嬴政之母及嬴政本人究竟有怎样的关系？在《史记·吕不韦列传》中则另有交代。"吕不韦取邯郸诸姬绝好善舞者与居，知有身。子楚从不韦饮，见而说之，因起为寿，请之。吕不韦怒，念业已破家为子楚，欲以钓奇，乃遂献其姬。姬自匿有身，至大期时，生子政。子楚遂立姬为夫人。"③

按照这段记载，嬴政是吕不韦的私生子，他的亲生父亲不是异人。这段记载不仅与《史记·秦始皇本纪》不一致，而且司马迁也留下了一个疑问，那就是"至大期时，生子政"。对于"大期"，《史记》注家各有解释："《集解》徐广曰：'期，十二月也。'《索隐》徐广云：'十二月也。'谯周云：'人十月生，此过二月，故云"大期"，盖当然也。既云自匿有娠，则生政固当踰常期也。'"④ 注家们一致认定，"大期"是指怀孕 12 月后出生，比正常的怀孕时间多了两个月。而谯周在进一步解释中，可能把意思理解反了。如

---

① 司马迁：《史记》卷 85《吕不韦列传》，第 2508 页。
② 司马迁：《史记》卷 6《秦始皇本纪》，第 223 页。
③ 司马迁：《史记》卷 85《吕不韦列传》，第 2508 页。
④ 司马迁：《史记》卷 85《吕不韦列传》注释，第 2509 页。

果赵姬隐瞒自己与吕不韦怀孕的事实，那么嬴政的出生时间应该比正常怀孕的时间短，而不是时间延长。这个"大期"，无疑是指异人娶了赵姬后的时间。

根据《史记·吕不韦列传》，似乎嬴政的生父就是吕不韦，但司马迁又通过"大期"这一非正常现象的记载，留下了疑问。也有史家认为，这个故事可能出于吕不韦的编造，是想暗示嬴政，两人之间有父子亲情，应该让自己保有富贵荣华；或者是吕不韦的门客们在发泄私愤，讥讽嬴政是私生子，以此告知天下人：秦国灭亡早于六国。李开元则通过逻辑推理、法律鉴定、医学常识、史料旁证等几个方面进行考证。"审查的结论是：吕不韦既没有作案的动机，也没有作案的条件，他是清白的。有了这个结论，在两位可能的嫌疑人中排除了吕不韦以后，嬴政的生父只能是庄襄王子异的推论，也就可以成立了。"[1] 也有学者认为吕不韦就是嬴政的生父，司马迁在《史记·吕不韦列传》中的记载无可置疑。[2]

由于《史记》中相关记载的疑点与矛盾，造成了嬴政的生父问题众说纷纭，莫衷一是。这里，我们不想讨论嬴政的生身父亲到底是谁，或许这将成为一个难解之谜。更应该关注的是，关于嬴政出身的议论产生于何时？是否对他的成长造成了影响？

在吕不韦的策划与帮助之下，异人艰难地回到了秦国，顺利继承了秦王王位，是为秦庄襄王。随着丈夫的继位，嬴政的生母赵姬也回到咸阳。庄襄王在位 3 年去世，吕不韦不仅作为相国操纵着秦国的大权，而且与赵姬发生了私通关系。赵姬曾是吕不韦的爱妾，两人曾有同在邯郸生活的经历。两人之间的暧昧关系，难免让人发挥想象力：嬴政的生父到底是谁？或许，不管嬴政的生身父亲究竟是谁，从他出生的那天起，可能就有了对其身世的猜测与议论。汉成帝时，太中大夫蜀郡张匡攻击王商："臣闻秦丞相吕不韦见王无子，意欲有秦国，即求好女以为妻，阴知其有身而献之王，产始皇帝。

---

[1]　李开元：《秦始皇的秘密》，第 23 页。

[2]　文钟哲：《秦始皇生父之谜——求教于王立群先生》，《辽东学院学报》2011 年第 3 期。

及楚相春申君亦见王无子，心利楚国，即献有身妻而产怀王。自汉几遭吕、霍之患，今商有不仁之性，乃因怨以内女，其奸谋未可测度。"① 可见，西汉时期，吕不韦献已孕赵姬于异人，春申君献有身妻子于楚王，是广为流传的故事。《史记·秦始皇本纪》附入班固给汉明帝的上书中亦云："周历已移，仁不代母。秦直其位，吕政残虐。"《史记索隐》释曰："吕政者，始皇名政。是吕不韦幸姬有娠，献庄襄王而生始皇，故云吕政。"② 上述记载可知，从嬴政即位到两汉时期，都流传着嬴政是吕不韦私生子的猜测。极有可能的是，在嬴政的成长历程中，也伴随着这样的猜测与议论。

二、自卑心理的形成

嬴政作为中国历史上第一个大一统专制政权的皇帝，他掌握了至高无上、生杀予夺的权力，呼风唤雨，不可一世，这样的人会有自卑心理吗？实际上，人生在世，大多数人都有过自卑心理，一些杰出人物的自卑心理反而会更强烈。日本学者关计夫认为："怀有自卑感是因为感到自己不如别人，其实他并不一定比别人差。就是说，自卑感是本人的主观感情，与实际是否不如似无关系，是优秀的人自认不如而苦恼的一种感情。相反，智力极其低下的人不感到自卑，他们客观上能力差，在主观上并不为之苦恼，因此，全然没有自卑感也就决不可能成为一个卓越的人。"③ 通过对嬴政的成长经历、身体状况和性格特点等因素的分析，我们可以看到，嬴政不仅有强烈的自卑感，而且这种自卑心理伴随他一生，并对秦朝政治产生了重要影响。那么，嬴政的自卑感是怎样形成的呢？

（一）自幼失爱的童年经历

长平之战的爆发，延迟了异人回国的时机。在长平之战中，赵国惨败，秦将白起坑杀赵卒40余万。第二年，又派大军包围了赵国的首都邯郸城，

---

① 班固：《汉书》卷82《王商传》，第3372页。

② 司马迁：《史记》卷6《秦始皇本纪》，第291页。

③ ［日］关计夫：《自卑心理浅析》，杨重建、许友群译，福建科学技术出版社1988年版，第7页。

准备一举灭赵。秦军的残暴令人心颤，都城能否守住也让人担心，整个赵国人心惶惶。就在这时，嬴政却不合时宜地诞生在赵国都城邯郸。

嬴政诞生于秦昭襄王四十八年（前259），也就是长平之战的第二年。此时，赵全国上下对秦人既痛恨至极，又充满恐惧，自然会把愤怒转嫁到质子异人及其家人身上。秦军进攻邯郸，赵国自然加紧了对异人的控制，不仅不再允许他返回母国，甚或对他有所虐待和攻击。异人憧憬着秦国的王位，吕不韦盘算着自己的投资，他们都无暇顾及呱呱坠地的嬴政，嬴政只好与母亲相依为命。秦军的进攻步步逼近，赵孝成王决定杀掉异人泄愤。经过长期投资经营，眼见可能功败垂成，吕不韦决定再度发挥金钱的魔力。秦昭襄王五十年（前257），"子楚与吕不韦谋，行金六百斤予守者吏，得脱，亡赴秦军，遂以得归"①。向一个守城官吏一次贿赂600金，超过了当初活动华阳夫人家族的金额，吕不韦确实下了血本。为了保证回国的成功，吕不韦、异人两人没有顾及嬴政母子，把她们抛弃在了充满杀机的赵国。

回到秦国的吕不韦，继续在为异人的嗣君之位忙碌着。为了讨好华阳夫人，吕不韦进行了精心策划。他让异人穿上楚人的衣服，唤起华阳夫人的家乡情结，产生一种亲切的情怀。"王后悦其状，高其知，曰：'吾楚人也，而自子之。'乃变其名曰楚。"异人服楚服的举动唤起了华阳夫人的故乡情结，令他十分感动，她给异人改名"子楚"。"王后劝立之，王乃召相，令之曰：'寡人子莫若楚，立以为太子。'"②异人从此改名子楚，开始周旋于秦国权力的漩涡。当时在位的是68岁高龄的昭襄王，等待接班的是安国君。对于吕不韦与异人来说，除了耐心等待，还要小心谨慎地与各方力量周旋，稍有差池，接班的目标就可能化为泡影。他们丝毫不敢大意，也就没有精力去关注仍生活在赵国的嬴政母子了。

实际上，从出生的那一刻起，嬴政便面临着艰难的时光。长平之战，赵国青壮年士兵被大量坑杀，赵人对秦国恨之入骨。在嬴政出生之时，秦

---

① 司马迁：《史记》卷85《吕不韦列传》，第2509页。
② 《战国策》卷7《秦五》，第64页。

军正包围着首都邯郸，整个邯郸人心惶惶。异人及其家人成为邯郸城最遭痛恨，也是最不受欢迎的人。异人千方百计想逃回秦国，赵姬也是忧心忡忡，担忧着赵人的愤怒和自己的人身安全。这样的情绪必然传导给刚出生的嬴政，也使嬴政从来到世上便感受到了恐惧与焦虑。心理学认为，2—3岁儿童的语言和认知能力迅速提高，情绪理解能力增强，自我意识逐渐萌芽，能够感知并融入所处的社会环境，开始了社会化的过程。嬴政3岁时，吕不韦策动其父异人逃回秦国，将其母子留在了赵国。刚刚牙牙学语的嬴政感受到了被父亲抛弃的痛苦。异人的逃离，更加激怒了赵人。"赵欲杀子楚妻子，子楚夫人赵豪家女也，得匿，以故母子竟得活。"① 嬴政母子成为被追杀的对象，生活中充满了胆战心惊。可以想见，如果没有年幼的嬴政，吕不韦带异人夫妇一起离开的可能性极大。在一定程度上，赵姬会把嬴政当作累赘和怨恨对象。在此期间，她也必然充满了对弃己不顾的丈夫的怨恨。这样的生活，又持续了6年之久。在嬴政的童年生活中，缺少了安全和快乐，常常感受到自己是一个多余的、不受欢迎的人。

公元前251年，74岁的昭襄王去世，安国君即位为孝文王。衰弱多病的孝文王仅在位3天就病死了，异人继位为庄襄王。为了酬谢吕不韦，"庄襄王元年，以吕不韦为丞相，封为文信侯，食河南洛阳十万户"②。面对强大的秦国，赵国也要改善双方的关系，"赵亦奉子楚夫人及子政归秦"③。经过9年异国他乡、东躲西藏的生活，嬴政终于回到了祖国，并居于储君之位，人生出现了天翻地覆的变化。

回到秦国，9岁的嬴政正处于心理建设的关键时期，这时父母的关爱与引导对孩子的健康成长极为重要。尽管他已被立为太子，但仍是一个成长中的儿童，需要父母的呵护与温暖。嬴政的父亲刚刚继承君位，秦国也处于迈向统一的关键时刻，日理万机的庄襄王根本无暇顾及儿子的情感与愿望，嬴政父爱的缺失自然无法得到弥补。在赵国共同逃避追杀的经历，嬴政曾与母

① 司马迁：《史记》卷85《吕不韦列传》，第2509页。
② 司马迁：《史记》卷85《吕不韦列传》，第2509页。
③ 司马迁：《史记》卷85《吕不韦列传》，第2509页。

亲生死与共，但回到秦国后，不甘寂寞的赵姬立即投入到了权力的盛宴之中，并与升职为丞相的吕不韦打得火热，再也没有时间关注 9 岁的嬴政了。这时的嬴政，来到了一个陌生的新环境，却感受到被母亲的无情遗弃。先是缺失了父爱，接着又缺失了母爱，这样的童年经历与成长环境，从根底里影响了他正常人格的建立与发展，使他形成了自卑、孤僻、任性、不信任别人的性格。心理学家认为："婴儿对母亲的爱、对母亲的陪伴的饥渴如同他对食物的饥渴是一样的，其结果是，母亲的离去必不可免地引起一种强烈的失落和愤怒感。"① 按照心理学理论，一个人的性格形成，童年生活与成长经历是至关重要的影响因素。每个人的性格表现，都能从童年往事中找到它的渊源与潜影。特别是童年不愉快的记忆与美好的事物，以及那些摧残压抑自己按照自然天性及天赋潜能，健康自由地成长的东西——不论是快乐的、美好的、正常的，还是伤心的、绝望的、病态的——都会对一个人的人格形成起到潜移默化的甚至是决定性的影响。所以，研究一个政治家，不仅应关注他大权在握时的表现，也应该关注他的童年生活及成长经历。

（二）畸形多病的身体状况

对于秦始皇的身心状况，曾受秦始皇赏识的尉缭有过描述："秦王为人，蜂准，长目，挚鸟膺，豺声，少恩而虎狼心。居约易出人下，得志亦轻食人。我布衣，然见我常身自下我。诚使秦王得志于天下，天下皆为虏矣。"② 从这段记述看，嬴政的身体发育畸形，形象丑陋，有鹰隼凶狼之象、豺狼之声。

战国秦汉时期，人们特别重视"骨相"，认为骨相反映了人的心智，决定了人是否能够感受幸福、成就事业。王充就认为："人有寿夭之相，亦有贫富贵贱之法，俱见于体。故寿命修短皆禀于天，骨法善恶皆见于体。命当夭折，虽禀异行，终不得长；禄当贫贱，虽有善性，终不得遂。"③ 从一个人

① 王瑞鸿：《人类行为与社会环境》（第 2 版），华东理工大学出版社 2007 年版，第 191—192 页。
② 司马迁：《史记》卷 6《秦始皇本纪》，第 230 页。
③ 王充：《论衡》卷 2《命义篇》，第 18 页。

的面貌形态就可以看出他的贫贱富贵。他在《论衡·骨相》篇中进一步推论："人曰命难知。命甚易知。知之何用？用之骨体。人命禀于天，则有表候于体。察表候以知命，犹察斗斛以知容矣。表候者，骨法之谓也。传言黄帝龙颜，颛顼戴午，帝喾骈齿，尧眉八采，舜目重瞳，禹耳三漏，汤臂再肘，文王四乳，武王望阳，周公背偻，皋陶马口，孔子反羽。斯十二圣者，皆在帝王之位，或辅主忧世，世所共闻，儒所共说，在经传者较著可信。若夫短书俗记、竹帛胤文，非儒者所见，众多非一。苍颉四目，为黄帝史。晋公子重耳仳胁，为诸侯霸。苏秦骨鼻，为六国相。张仪仳胁，亦相秦、魏。项羽重瞳，云虞舜之后，与高祖分王天下。"① 在王充看来，得道帝王、杰出人物无不有绝美异相。骨相不仅关乎人的富贵贫贱，还决定人的道德操行。"非徒富贵贫贱有骨体也，而操行清浊亦有法理。贵贱贫富，命也。操行清浊，性也。非徒命有骨法，性亦有骨法。唯知命有明相。莫知性有骨法，此见命之表证，不见性之符验也。"② 战国秦汉时期的文献中，记载了众多以面相人的事例。《史记·高祖本纪》记载吕后与自己的子女在田中劳作时，一位路过的老者看吕后面相，认为她和女儿都将是天下贵人，而吕后的富贵源于她的儿子。后来又给刘邦看相，老者曰："乡者夫人婴儿皆似君，君相贵不可言。"③《史记》记述刘邦的面相："高祖为人，隆准而龙颜，美须髯，左股有七十二黑子。仁而爱人，喜施，意豁如也。"④ 刘邦不仅有龙神之相，而且仁爱大度，与秦始皇形成了鲜明对比。嬴政相貌丑陋，给人以凶残生厌的感觉。这样的相貌，常常会感觉到别人的异样目光，自然会使嬴政内心积压很多的负面情绪，并由此产生巨大的压力和自卑感。

　　更有学者认为，根据嬴政的身体症候，他不仅面相丑陋，而且患有多种疾病。郭沫若在《十批判书·吕不韦与秦王政的批判》中认为："这位未来的大独裁者，据《史记·本纪》所载，精神和肉体两方面显然都很有缺

---

① 　王充：《论衡》卷3《骨相篇》，第36页。
② 　王充：《论衡》卷3《骨相篇》，第39页。
③ 　司马迁：《史记》卷8《高祖本纪》，第346页。
④ 　司马迁：《史记》卷8《高祖本纪》，第342页。

陷。以下是尉缭所说的话：'秦王为人，蜂準，长目，挚鸟膺，豺声，少恩而虎狼心。居约易出人下，得志亦轻食人。'这所说的前四项都是生理上的残缺，特别是'挚鸟膺'，现今医学上所说的鸡胸，是软骨病的一种特征。'蜂準'应该就是马鞍鼻，'豺声'是表明有气管炎。软骨症患者，骨的发育反常，故尔胸形鼻形都呈变异，而气管炎或气管支炎是经常并发的。有这三种症候，可以下出软骨病的诊断。因为有这生理上的缺陷，秦始皇在幼时一定是一位可怜的孩子，相当受了人的轻视。看他母亲的肆无忌惮，又看嫪毐与太后谋，'王即薨，以子为后'（《吕不韦传》），可见他还那么年青的时候便早有人说他快死，在企图篡他的王位了。这样身体既不健康，又受人轻视，精神发育自难正常。为了图谋报复，要建立自己的威严，很容易地发展向残忍的一路。"① 气管炎是一种呼吸性疾病，西方心理学家认为："过度依赖母亲，挫折和进攻是气喘的三大核心病因。"② 呼吸困难与儿童时期的母爱缺乏有着密切的联系，"大多数口唇人格的儿童和母亲分开后不久就会得气喘病。喘息是失望的一种内投现象，孩子在心理无声地哭唤母亲，以至连呼吸都发生了困难。"③ 弗洛伊德认为："如果气喘始发于恋母情结期，则由对父亲的愤怒所致。"④ 这种情况与嬴政的童年生活极为吻合，或许他被父亲抛弃，被赵国追杀的经历，造成了他的呼吸困难症状。

郭沫若学过医学，又是一位历史学家，他的分析当有一定道理。丑陋的相貌、多病的身体，必然会带给嬴政心理上的自卑、恐惧与敏感，形成了他的抑郁人格。"抑郁人格发轫于一种特殊的家庭形态。这类家庭的父母对孩子往往漠不关心，母亲对丈夫不满，她也许从未真正想成为一个母亲，因而感到孩子是束缚、累赘和自由生活的障碍。父母对孩子的淡漠或不加掩饰地当面表示恶感，以及经常外出，都使孩子油然萌生一种被遗弃的感觉，从

---

① 郭沫若：《吕不韦与秦王政的批判》，《郭沫若全集》（历史编，第 2 卷），人民出版社 1982 年版，第 427—428 页。

② ［美］劳埃德·得莫斯：《人格与心理潜影》，沈丽、于盱译，上海人民出版社 1989 年版，第 315 页。

③ ［美］劳埃德·得莫斯：《人格与心理潜影》，沈丽、于盱译，第 314 页。

④ ［美］劳埃德·得莫斯：《人格与心理潜影》，沈丽、于盱译，第 316 页。

而孤独附身。像嬴政这样敏感的孩子因为丑陋又多了一层耻辱，而且他很快发现自己的丑陋是一种永恒的印记，是上帝对他的惩罚，超出了他力所能及的范围，这使他小小的年纪就体验到了绝望。抑郁人格的情感根源是无价值感和在招人喜爱方面的无能，因此，自卑、怯懦、缺乏自信是小嬴政的主要情感体验。"① 赵良认为，秦始皇的自卑人格已经发展到了抑郁的程度。

三、自卑心理的表现与超越自卑的努力

奥地利心理学家阿尔费雷德·阿德勒认为："从诞生之日起，我们就一直在黑暗中摸索这种'生命的意义'。即使是婴儿，也在努力估量自己的力量及其在周围生活中的分量。到五岁末的时候，儿童已经形成了一套完整而牢固的行为方式，在处理问题和完成任务时形成了自己的独特风格，他对世界和自己的期许已经形成了根深蒂固的认知，在此以后，他会用一套既定的模式来审视世间的一切；接受经验之前对其进行诠释，这种诠释总会响应他最初赋予生命的意义。"② 多病的身体，被父母抛弃的感受、被追杀的经历，都造就了幼年嬴政的自卑心理。自卑感的存在使人紧张，为了降低或减少紧张的情绪，争取优越感作为补偿便相伴而生。"人之所以为自卑感到困扰，是因为一心想超越他人的优越感在作怪。因为有自卑感，人类才得以积极向上。"③ 有所作为，无所不能，成为神明一样的人物，便成为强烈自卑者的追求目标。"他们想成为全世界关注的中心，万众瞩目；他们想与整个世界建立联系，耳听八方，预知未来，掌握超自然的能力。成为神明的目标也许用了一种相对合理的方式表达出了全知全能、获得永生的愿望。无论我们是想永生于尘世间，还是想象自己经过一个又一个轮回来到人世，或者我们希望自己在彼岸世界里永存不朽，这些期待都是基于一种称为神明的向往。"④ 只有突破自我的限制，才能完成对自卑的补偿，这种努力伴随了嬴政的终生，

---

① 赵良：《帝王的隐秘：七位中国皇帝的心理分析》，群言出版社 2001 年版，第 4 页。
② ［奥］阿尔费雷德·阿德勒：《自卑与超越》，汪小玲译，第 11—12 页。
③ ［日］关计夫：《自卑心理浅析》，杨重建、许友群译，第 167 页。
④ ［奥］阿尔费雷德·阿德勒：《自卑与超越》，汪小玲译，第 57—58 页。

并对秦朝政治产生了巨大影响。

（一）惧怕议论与钳制言论

自童年生活起，嬴政就面临着周边投射的非议与猜测。他出生的时候，秦赵之间的大战刚刚结束，邯郸正处于秦军的包围之中。邯郸城内充斥着人心惶惶、前途未卜的气氛。作为秦国的质子，嬴政家庭饱受赵人关注、责难和痛恨。嬴政刚刚懂事，父亲就弃他而去。嬴政回国后，母亲与吕不韦暧昧私通，后来又对假宦官嫪毐宠爱有加，并有了两个私生子。不难想象，尽管已经继承了秦王之位，嬴政背后却仍有着种种议论。比如说他相貌的丑陋，猜测谁是他的亲生父亲，非议他母亲的通奸行为，嘲笑他的两个私生弟弟……由于嬴政的身份地位，这样的议论都在背后进行。或许常常出现这样的场景：大家正在高谈阔论着嬴政及其母亲的某种隐私，却因嬴政的出现戛然而止。嬴政肯定能感受到这种议论的嘲弄成分，或有时听到了只言片语。这样的场景不断重复，加剧了嬴政的自卑、焦虑和恐惧。在嬴政的一生中，对别人的议论异常敏感，千方百计加以阻止。尤其值得关注的是，来自背后的议论往往使嬴政特别恼怒，为此他不惜采取暴虐的手段进行惩处。

在秦始皇的政治生涯中，有一个现象值得关注，那就是，在很多时候，他能够接受当面提出的异议甚至批评，但对背后的议论却极为反感，常常因此恼羞成怒，甚至大动干戈。比如，在他亲政后，因为韩国水工郑国以为秦修渠而行"疲秦之计"，阴谋败露后，秦宗室大臣提出了"请一切逐客"① 的主张，被秦始皇所接受。李斯上《谏逐客书》，指出这一措施的危害，使秦始皇幡然悔悟，不仅取消了逐客令，而且提拔李斯为廷尉。秦朝北击匈奴，李斯提出反对意见，尽管秦始皇没有采纳，也没有责难李斯。秦朝统一后，大臣们在朝廷上讨论秦的政治体制，王绾、淳于越主张分封制，受到李斯驳斥，也被秦始皇否定，但秦始皇并没有因此治罪他们。

《说苑》记载了秦始皇欲行禅让的故事。秦始皇统一天下后，一天心血来潮，和大臣们讨论自己想要效仿五帝三王，禅让天下。"秦始皇帝仰天而

----

① 　司马迁：《史记》卷87《吕不韦列传》，第2541页。

叹曰：'吾德出于五帝，吾将官天下，谁可使代我后者。'鲍白令之对曰：'陛下行桀、纣之道，欲为五帝之禅，非陛下所能行也。'秦始皇帝大怒曰：'令之前，若何以言我行桀纣之道也？趣说之，不解则死。'令之对曰：'臣请说之，陛下筑台干云，宫殿五里，建千石之钟，立万石之虡，妇女连百，倡优累千。兴作骊山宫室，至雍相继不绝。所以自奉者，殚天下，竭民力。偏驳自私，不能以及人，陛下所谓自营仅存之主也。何暇比德五帝，欲官天下哉？'始皇暗然无以应之，面有惭色。久之，曰：'令之之言，乃令众丑我。'遂罢谋，无禅意也。"① 鲍白令之指责秦始皇"行桀、纣之道"，恼怒的秦始皇让他解释，否则就处死他。鲍白令之指出：秦始皇大兴土木，骄奢淫逸，以天下为私奉养，必然贪图权力带来的享受，绝不可能拱手让出。秦始皇尽管认为："令之之言，乃令众丑我。"但也认为他说的确实有道理，又是朝廷上的公开讨论，所以放弃了禅让之事。《说苑》是西汉刘向辑录的春秋战国秦汉时期的逸闻轶事。该书尽管带有较强的故事色彩，但也有一定的历史真实性，或者反映了当时人们的历史认识。李开元认为："民间传说，多在似有似无之间，无中生有的少，附会添加的多，自有生成的历史。"② 《说苑》中的历史故事，也当如此对待，故本书中对秦始皇的分析，也采用了《说苑》中的几则秦始皇故事。

但秦始皇对人们背后的议论和评价，则始终抱有反感警惕的态度。秦始皇统一六国后，第一件事就是确立自己的"皇帝"称号。接着，他下令："朕闻太古有号无谥，中古有号，死而以行为谥。如此，则子议父、臣议君也，甚无谓，朕弗取焉。自今以来，除谥法。朕为始皇帝。后世以计数，二世三世至于万世，传之无穷。"③ 传统的谥号认定，是在君主死后，由继任者及大臣根据君主生前行为德行评议追加的。在秦始皇看来，对于死后的评价议论，是自己所不能控制的，也是不能容忍的。当然也说明他对别人可能的评价不仅缺乏自信，而且怀有强烈的恐惧与仇视心理。

① 刘向：《说苑校证》卷14《至公》，向宗鲁校证，中华书局1978年版，第347—348页。
② 李开元：《楚亡——从项羽到韩信》，生活·读书·新知三联书店2018年版，第231页。
③ 司马迁：《史记》卷6《秦始皇本纪》，第236页。

秦始皇焚书坑儒的原因，历代学者多有讨论。实际上，无论是焚书还是坑儒，都与秦始皇惧怕议论，特别是仇视他人对自己的背后议论有关。

秦始皇三十三年（前214），在给秦始皇祝寿的宴会上，大臣们讨论应实行分封制还是郡县制。李斯认为，儒生们以古非今，以私学否定秦朝的政治措施，上朝时心怀不满，下朝后街谈巷议，常在背后造谣诽谤，这种情况不制止，就会降低皇帝的威信。李斯建议：要将《秦记》以外的各诸侯国史书全部烧毁。除了国家收藏外，将儒家及诸子百家的书籍全部烧毁。如果私自谈论《诗经》《尚书》等内容，要处以弃世之刑。李斯的建议所以能被采纳，一定程度上是因为秦始皇不愿意别人背后议论自己，也不允许民众讨论国家政策的得失。其中，对其他书籍不允许民间收藏，但还在国家图书馆有所保留，而对于各国的史书则全部烧毁，原因就在于各国史书中对秦朝的历史与政治多有非议，对秦历代君主的形象多所否定。

在焚书的第二年，又出现了坑儒事件。为秦始皇求仙药的侯生、卢生认为秦始皇不信任别人，不重用博士，贪图权势，这样的人不值得为他求仙药，然后逃走。消息报告给秦始皇，令他十分恼怒。"卢生等吾尊赐之甚厚，今乃诽谤我，以重吾不德也。诸生在咸阳者，吾使人廉问，或为谣言以乱黔首。"① 侯生、卢生背后的责难与非议，令秦始皇心生恨意，再加上得知一批儒生也在非议自己，刺痛了秦始皇的敏感神经，便下令对违反禁令的方士儒生进行坑杀。

有趣的是，《说苑》中记载了这一事件的后续情况。卢生、侯生逃走后，侯生又被抓了回来。秦始皇看见侯生，非常生气地说："你这老奴才不是好人，竟在背后说你主子的坏话，今天还敢来见我。"侯生对秦始皇说："你听我说一句话，然后死而无憾。"秦始皇让他有话快说。侯生曰："臣闻禹立诽谤之木，欲以知过也。今陛下奢侈失本，淫泆趋末。宫室台阁，连属增累；珠玉重宝，积袭成山；锦绣文采，满府有余；妇女倡优，数巨万人；钟鼓之乐，流漫无穷；酒食珍味，盘错于前；衣服轻暖，舆马文饰，所以自奉，丽

---

① 司马迁：《史记》卷6《秦始皇本纪》，第258页。

麋烂熳，不可胜极。黔首匮竭，民力单尽。尚不自知。又急诽谤，严威克下，下喑上聋，臣等故去。臣等不惜臣之身，惜陛下国之亡耳。闻古之明王，食足以饱，衣足以暖，宫室足以处，舆马足以行。故上不见弃于天，下不见弃于黔首。尧茅茨不剪，采橡不斫，土阶三等，而乐终身者，俗以其文采之少，而质素之多也。丹朱傲虐。好慢淫，不修理化，遂以不升。今陛下之淫，万丹朱而十昆吾桀纣，臣恐陛下之十亡也，而曾不一存。"① 侯生指出：历史上的圣明君主都能节制欲望，上得天神保佑，下受民众拥戴，而秦始皇过度骄奢淫逸，听不进任何批评意见，可能招致亡国之祸。"始皇默然久之，曰：'汝何不早言？'侯生曰：'陛下之意，方乘青云，飘摇于文章之观，自贤自健，上侮五帝，下陵三王。弃素朴，就末技。陛下亡征见久矣。臣等恐言之无益也，而自取死，故逃而不敢言。今臣必死，故为陛下陈之。虽不能使陛下不亡，欲使陛下自知也。'始皇曰：'吾可以变乎？'侯生曰：'形已成矣，陛下坐而待亡耳。若陛下欲更之，能若尧与禹乎？不然，无冀也。陛下之佐又非也，臣恐变之不能存也。'始皇喟然而叹，遂释不诛。"② 侯生指出了秦始皇追求奢靡生活与过度自以为是，不能听取批评意见的严重后果。这时的秦始皇，听到的都是歌功颂德的声音，对于侯生的当面指责，反而认为有一定道理，竟然放过了他。

担心别人的背后议论，不能听取不同意见，在秦始皇的政治生涯中，是一个逐渐强化的过程。童年时期形成的自卑心理，对他人背后议论的痛恨与敏感，始终成为秦始皇的心理阴影。秦始皇喜颂拒谏的性格特点，也严重影响了秦朝政治。对此，汉代的史学家与政论家多有分析。贾谊在《过秦论》中指出："当此时也，世非无深虑知化之士也，然所以不敢尽忠拂过者，秦俗多忌讳之禁，忠言未卒于口而身为戮没矣。故使天下之士，倾耳而听，重足而立，拑口而不言。是以三主失道，忠臣不敢谏，智士不敢谋，天下已乱，奸不上闻，岂不哀哉！"③ 由于听不得批评意见，大臣们只能迎合秦

---

① 刘向：《说苑校证》卷14《至公》，向宗鲁校证，第517—518页。

② 刘向：《说苑校证》卷14《至公》，向宗鲁校证，第518页。

③ 司马迁：《史记》卷6《秦始皇本纪》，第278页。

始皇的心理，说他愿意听的话。这样，皇帝不了解国家已经出现的危机，仍然沉浸于歌舞升平的虚幻世界，导致国家的迅速败亡。汉武帝时期徐乐上书分析导致秦末农民起义的原因时指出："由民困而主不恤，下怨而上不知（也），俗已乱而政不修，此三者陈涉之所以为资也。"① 正是因为秦始皇不愿意听取批评意见，统治者无法了解百姓的困苦，导致了陈涉起义的爆发。严安也认为："秦不行是风而（修）[循] 其故俗，为智巧权利者进，笃厚忠信者退；法严政峻，谄谀者众，日闻其美，意广心轶。"② 秦始皇听不到批评意见，周边都是阿谀逢迎之人，听到的都是吹捧赞颂的声音，越来越洋洋得意，自以为是，也就不可能对残暴的统治政策进行调整了。汉代的晁错则指责秦始皇："及其末涂之衰也，任不肖而信谗贼；宫室过度，耆欲亡极。民力罢尽，赋敛不节；矜奋自贤，群臣恐谀。骄溢纵恣，不顾患祸；妄赏以随（善）[喜] 意，妄诛以快怒心，法令烦憯，刑罚暴酷，轻绝人命，身自射杀，天下寒心，莫安其处。"③ 秦始皇惧怕他人议论的心理，使忠臣们不敢在他面前说真话，一味投其所好，粉饰太平，从而导致秦朝在错误的道路上越走越远。

（二）敏感猜忌与专制独裁

嬴政青少年时期饱受压抑、缺失父爱母爱、被追杀、被忽视的生活经历，造就了他自卑、猜忌、不信任别人的心理与性格。一个自卑的人成年后，往往以高度的自负加以补偿。自卑与自负，往往同时并存。正如心理学家所指出的："冲突必然会发生，因为神经症患者完全认知自己是一个优越的人，他往往对于自己的努力和他能够达到目标的信念是夸大的；他往往或多或少是公然傲慢的、有雄心的、进攻的和苛刻的；他感到自给自足；他蔑视其他人；他需要得到赞美或盲目的服从。"④ 秦始皇自幼形成的敏感猜忌，

① 司马迁：《史记》卷 112《平津侯主父列传》，第 2956 页。
② 司马迁：《史记》卷 112《平津侯主父列传》，第 2958 页。
③ 班固：《汉书》卷 49《袁盎晁错传》，第 2296 页。
④ ［美］卡伦·霍妮：《神经症与人的成长——自我实现的挣扎》，邹一祎译，台海出版社 2018 年版，第 177 页。

不信任他人的性格，在政治生涯和日常生活中不断体现出来，并被身边近臣捕获和掌握。

在嬴政尚未亲政时，吕不韦与赵太后保持私通关系，少年始皇对此极为仇视和反感。吕不韦察觉到这一点，就将假宦官嫪毐进献给赵太后，使自己得以抽身。在准备灭楚时，秦始皇分别向青年将领李信和老将王翦征询需要多少军队？李信说只需 20 万即可，王翦则认为不能少于 60 万。秦始皇以为李信青年壮勇，而王翦年老怯战，就将攻灭楚国的任务交给了李信。王翦感受到了秦始皇对自己的猜忌与不信任，担心祸及自身，便借口年老多病，交出军队指挥权，退休回家。李信为自己的年轻气盛交了学费，在进攻楚国一路顺风时，因轻敌被尾随的楚将项燕的军队打得大败。这时秦始皇意识到了自己用人的失误，亲自赶到王翦的老家，向王翦表示歉意，并恳请王翦再次出山，统兵征楚。王翦表示，如果让自己率军灭楚，仍然需要 60 万军队。秦始皇满足了他的要求，征调 60 万军队归其指挥，并亲自到灞上给王翦送行。表面上看，这件事体现了秦始皇知错就改的胸怀，但实际上，跟随秦始皇征战多年的王翦对秦始皇的心理是有着深刻了解的，他知道，只有减低秦始皇的疑虑，率兵攻楚才会顺利。"王翦行，请美田宅园地甚众。始皇曰：'将军行矣，何忧贫乎？'王翦曰：'为大王将，有功终不得封侯，故及大王之向臣，臣亦及时以请园地为子孙业耳。'始皇大笑。王翦既至关，使使还请善田者五辈。或曰：'将军之乞贷，亦已甚矣。'王翦曰：'不然。夫秦王恒中怚而不信人。今空秦国甲士而专委于我，我不多请田宅为子孙业以自坚，顾令秦王坐而疑我邪？'"①

实际上，王翦征楚的过程，也是与秦始皇心理较量的过程。秦始皇第一次询问率多少军队才能攻楚，王翦提出 60 万时，秦始皇就对他起了疑心。因为在当时，60 万军队可能是秦国能够调动军队的最大数量了。把 60 万军队交给一个将领指挥，秦始皇担心可能的后果。王翦清楚秦始皇对自己的戒心，便主动以年老多病为借口要求退休返乡，实际上是借此自保。秦始皇第

---

① 司马迁：《史记》卷 73《白起王翦列传》，第 2340 页。

二次请求王翦统兵征楚，尽管答应了他带兵 60 万的请求，但心中的疑虑并未消除。王翦临行前，向秦始皇狮子大开口，请求给予自己大量田产宅园的奖赏，给子孙后代挣下一份厚重的家业。秦始皇看到王翦出征，只是为了争取家族的财富，并没有政治上的野心。"始皇大笑"，是他心中疑虑有所减轻的自然流露。在出征的过程中，王翦不断派人要求兑现给自己的田产，实际上是让秦始皇放心，自己只是贪恋土地钱财，心中只有儿女情长，丝毫没有政治上的野心，也不会对秦朝皇权构成任何威胁。王翦竭力体现自己的贪财好利，以自污的方法求得自保，可谓用心良苦。秦始皇一再显示对王翦的信任与关怀，但他猜忌多疑、玩弄权术、"怛而不信人"的心理仍然被王翦所识破。

童年时期自卑压抑的心理，形成了秦始皇的报复性性格。"我们首先来看报复性是如何表现在人际关系中。一种迫切的获得胜利的需要使这一类型极其具有竞争性。事实上，他不能容忍任何人所知道的或者所成就的比他多，拥有的权力比他多，或者以任何方式质疑他的优越性。他会强迫性地把他的对手拖垮或者击败他。即使为了事业他把自己放在了次要的地位，他也会谋划着最终的胜利。他不会被忠诚感束缚，他可能很容易背信弃义。通常他不知疲倦地工作，而获得的实际成就取决于他的天赋。"① 灭掉六国，统一天下后，秦始皇猜忌多疑、刚愎自用的性格更加明显地暴露出来。他建立君主专制的大一统体制，既是为了控制全国，也是为了独操权柄。他对周围大臣的戒心越来越重，对任何人都怀有疑心。"博士虽七十人，特备员弗用。丞相诸大臣皆受成事，倚辨于上。"② 到了后来，秦始皇拒绝任何不同意见。

李斯曾是秦始皇最赏识信任的大臣，对于李斯的主张，秦始皇向来言听计从。但他决意北伐匈奴时，却否决了李斯的反对意见。北击匈奴的战争在统一后让全国人民重新承受兵燹之苦，加速了秦朝的灭亡步伐。③ 秦始皇恼怒方士的背后恶议，下令坑杀诸生，长子扶苏劝谏："天下初定，远方黔

① 　[美] 卡伦·霍妮：《神经症与人的成长——自我实现的挣扎》，邹一祎译，第 186 页。
② 　司马迁：《史记》卷 6《秦始皇本纪》，第 258 页。
③ 　王绍东：《关于秦朝北击匈奴的若干问题辨析》，《西安财经学院学报》2013 年第 1 期。

首未集，诸生皆诵法孔子，今上皆重法绳之，臣恐天下不安。唯上察之。"① 秦始皇不仅没有接受，反而让扶苏离开首都，到北方边境去监察蒙恬的军队。对于自己最信任和最亲近的人，秦始皇尚且如此态度，对他人的警惕与防范更可想而知了。对一切人持怀疑态度，是报复性人格的心理特点。"毕竟，报复性的愤怒爆发是鲜少发生的，比它们更重要的是这种类型的人对他人所抱有的持久的报复态度。他相信每一个人在根本上都是恶意的、不诚实的；友好的姿态都是伪善的；唯一的智慧是认为所有人都是不可信的。"②

不信任别人，就要独操权柄，为此，秦始皇整天辛勤操劳。"天下之事无小大皆决于上，上至以衡石量书，日夜有呈，不中呈不得休息。"③ 为了及时处理繁杂的公务，秦始皇给自己规定了办理文书的工作量，那就是用120斤的称来称量，每天须达到这一标准。根据王子今考证，秦始皇处理的文书数量是要达到每天31.79万字。"即使他对下级繁多的上报文书或者只是大致浏览，或者只是择要批复，31.79万字的总数量，以'日夜'在文案旁工作12小时计算，每小时过目的文字数量也平均在2.65万左右。这样的工作量导致的劳累可以想见。所谓'朝夕不懈'，所谓'莫敢怠荒'，果然不是虚言。"④ 为了不让他人染指国家重大事务的决策，秦始皇只能辛苦自己。"互存障碍者（抑郁人格者）以多种方式力求克服自我贬值，其中之一就是施展雄伟抱负。一些轻度互存障碍者以超量超时工作或全力以赴追求最高目标来补偿自己的自卑感，而不是简单地躲进狂躁情绪中。"⑤ 不知疲倦地狂热工作，追求效率与荣耀，有时也是为了补偿内心的自卑心理。

秦始皇还通过专制体制，将权力牢牢掌握在自己手中。通过皇帝制度，确立了自己至高无上的地位；通过三公九卿制度，使大臣之间的权力相互分割牵制，达到自己的集权目标；通过郡县制度，将社会的每一个成员都控制

① 司马迁：《史记》卷6《秦始皇本纪》，第258页。
② [美] 卡伦·霍妮著：《神经症与人的成长——自我实现的挣扎》，邹一祎译，第187页。
③ 司马迁：《史记》卷6《秦始皇本纪》，第258页。
④ 王子今：《秦始皇的阅读速度》，《博览群书》2008年第1期。
⑤ [美] 劳埃德·得莫斯《人格与心理潜影》，沈丽、于盱译，第129—130页。

在皇权之下。很显然，秦始皇"怚而不信人"、专横独裁的性格是对他童年自卑心理的补偿。在他们的内心里，"活着就是唯我独尊，就是成为天下第一，就是要风得风，要雨得雨"①。在极力追求自己的完美与强大的过程中，自然也会带来难以想象的负面影响。后来的秦始皇就像一个一心想要超越别人的举重运动员，在已经超出自己承受能力的情况下，仍然不断向上加码，最后不仅自己受害，也将整个国家拖入了灾难的深渊。

（三）仇母心理与贞节妇女观

秦始皇与母亲的关系极为复杂，可谓由爱至恨，爱恨交织。秦始皇出生后，吕不韦与秦始皇的父亲异人一心想回到秦国，很少有心思关心年幼的秦始皇。秦始皇3岁时，吕不韦以重金开路，带异人逃回秦国，却将秦始皇母子留在了杀机四伏的赵国。"赵欲杀子楚妻子，子楚夫人赵豪家女也，得匿，以故母子竟得活。"②3岁后的很长一段时间里，秦始皇与母亲在赵国的追杀中度过了一段漫长的艰难时光。依靠母家的势力，秦始皇母子在东躲西藏中得以活命。父亲的逃离，母亲的关爱，使得秦始皇与母亲建立起一种生死与共、相依为命的关系和深厚的情感依恋。在秦始皇的幼年生活里，随时面临被告密、被揭发、被杀戮的可能，周围人都不可信，都有出卖自己的危险，只有母亲的怀抱才是最安全、最温暖的港湾。在这样的环境下，幼年的秦始皇产生了深深的恋母情结。

9岁的嬴政跟随母亲一起回到秦国，两人的身份地位都发生了重大变化，母亲成为王后，他也成为王储。在秦始皇看来，没有了被追杀的危险，没有了心惊胆战的躲藏，自己可以在自由的环境下充分享受母亲的关爱和久违的父爱了。但实际情况却未尝所愿，父亲忙于治国理政，母亲醉心于权势、地位与享受，两人都无暇顾及少年的嬴政，使他有了一种被遗弃的感觉。

父亲庄襄王子楚在位3年去世，13岁的嬴政继位为国王。按照秦国的

---

① ［奥］阿尔费雷德·阿德勒：《自卑与超越》，汪小玲译，第15页。

② 司马迁：《史记》卷85《吕不韦列传》，第2509页。

传统，君主到了成年才能亲政。嬴政是名义上的国王，实际权力却掌握在母亲赵太后和丞相吕不韦手中。秦始皇称吕不韦为"仲父"，实际上代行了父亲的教导职责。这时，赵太后与吕不韦的旧情复发。"秦王年少，太后时时窃私通吕不韦。"① 天下没有不透风的墙，母亲与丞相之间的苟且之事，不可能不被时刻关心母亲状况的嬴政所知晓。受此事的牵连，人们也在私下里猜测和议论嬴政的身世。母亲的行为深深伤害了他的心灵，敏感的嬴政难掩对此事的痛恨与仇视。精明的吕不韦捕捉到了嬴政的心理，也感觉到了此事的危险，便千方百计抽身出来。"始皇帝益壮，太后淫不止。吕不韦恐觉祸及己。"② 他手下有个叫嫪毐的门客，其人猥琐下流，但身体强壮。吕不韦经过策划安排，将嫪毐以假宦官的身份送入宫中，侍奉太后。"太后私与通，绝爱之。"③ 一时间，太后对嫪毐恩宠有加，甚至将他封为长信侯。"宫室车马衣服苑囿驰猎恣毐。事无小大皆决于毐。"④

嫪毐本是市井无赖之徒，他没有吕不韦的精明持重，却有着小人得势后的肆意妄为。嫪毐的表面身份是宦官。在古代社会，宦官被认为是"刑余之丑，理谢全生，声荣无晖于门阀，肌肤莫传于来体"⑤，是最被社会看不起的卑贱污秽之人。本来，吕不韦费尽心机，将嫪毐以宦官身份送给太后，就是希望嫪毐低调行事，既满足太后的欲望，又保持事情的隐秘，也在太后身边安插了自己的心腹。但小人一旦得志，必然表现出两大特点：一是无底线的贪婪；二是不计后果的炫耀。嫪毐尝到了权力的甜头后，便一发不可收拾。作为名义上的宦官，他不仅毫无收敛，而且肆无忌惮，为所欲为。嫪毐仰仗着太后的宠爱，不仅史无前例地得到封侯之位，而且大量聚敛钱财，豢养门客，培植自己的政治势力。嫪毐与太后有了两个私生子，甚至打算将来让他们取代嬴政，继承王位。嫪毐不断膨胀的野心，不仅把自己放在了整个

---

① 司马迁：《史记》卷85《吕不韦列传》，第2509—2510页。

② 司马迁：《史记》卷85《吕不韦列传》，第2511页。

③ 司马迁：《史记》卷85《吕不韦列传》，第2511页。

④ 司马迁：《史记》卷6《秦始皇本纪》，第127页。

⑤ 范晔：《后汉书》卷78《宦者列传》，第2537页。

贵族、权臣的对立面，而且开始直接威胁着嬴政的人身安全和秦国的统一大业。不仅如此，嫪毐还视自己与太后的苟且关系为荣耀，目空一切，招摇过市，四处宣扬自己是秦王的"假父"，甚至不把从前的主人——丞相吕不韦放在眼里。嫪毐的所作所为，对嬴政是进一步的伤害，这种伤害却来源于曾经是自己最依赖的母亲。此时的秦王嬴政，由对母亲的最爱逐步转变为最恨。"很显然，秦始皇母亲的淫乱，不仅严重影响了秦始皇的威信，挫伤了他贵为一国之君的自尊，而且降低了秦国在各国中的声望和地位，直接影响着秦国的统一大业。可以说，太后淫乱给秦王嬴政造成的伤害是刻骨铭心的，这种心理上的损失和伤痛，在当时大权旁落、小人得志的情况下，并没有释放和缓解的渠道，只能深深地埋藏在心灵的深处。可是当他一旦有条件报复、有条件改变这一切的时候，他便毫不迟疑地开始了行动。"[1]

大权在握后，秦始皇特别强调妇女要贞节，反对女人参与政事，并采取了相应的妇女政策，原因正在于母亲的淫乱行为带给他心灵的巨大创伤。

统一六国后，秦始皇立即开始了连续不断的巡游天下活动。在巡游过程中，为了宣扬自己的治国思想和政治理念，秦始皇一行多次在名山胜地刻石立碑。其中，一些刻石的内容记述了秦朝的妇女观和对妇女贞节的提倡，非常值得我们关注。

秦始皇二十八年（前219），他第二次巡游天下，到泰山举行封禅大典，并刻石立碑纪念此事。泰山刻石上记有这样的内容："贵贱分明，男女礼顺，慎遵职事。昭隔内外，靡不清净，施于后嗣。"[2] 提出男女有别，各守其位，尊礼而行，贞节清净的思想。接着来到琅琊，"作琅琊台，立石刻，颂秦德，明得意。"其中刻有这样的话："尊卑贵贱，不逾次行。奸邪不容，皆务贞良。"[3] 再次强调要贞节善良。秦始皇三十二年（前215），他第四次巡游全国，并在碣石门刻石立碑。刻辞中写道："男乐其畴，女修其业，事各有序。"[4] 仍然

---

① 王绍东：《秦始皇贞节妇女观的心理探因》，《内蒙古大学学报》1996年第6期。

② 司马迁：《史记》卷6《秦始皇本纪》，第243页。

③ 司马迁：《史记》卷6《秦始皇本纪》，第244—245页。

④ 司马迁：《史记》卷6《秦始皇本纪》，第252页。

强调男女各有分工，不能相互紊乱。秦始皇三十六年（前211），他第五次也是最后一次踏上了巡游的路程。经过长途跋涉，来到会稽，祭祀大禹，并在会稽山上立碑刻字。碑文强调："饰省宣义，有子而嫁，倍死不贞。防隔内外，禁止淫泆，男女洁诚。夫为寄豭，杀之无罪，男秉义程。妻为逃嫁，子不得母，咸化廉清。大治濯俗，天下承风，蒙被休经。皆尊度轨，和安敦勉，莫不顺令。黔首修洁，人乐同则，嘉保太平。"① 这段刻辞的内容极为丰富，包含了几层意思：一是认为应宣扬道义，女人有了孩子，丈夫去世也不能改嫁，否则就是对丈夫的背叛，是不贞节的行为；二是强调男女之间都应贞节忠诚，不能淫乱胡搞；三是宣布如果男人像野猪一样去作奸夫，杀之无罪；四是主张妻子不能逃离改嫁，否则儿女可以不认这个母亲；五是宣扬整个社会都要扫荡不好的社会风俗，遵循法律规范，坚守贞节规则，保有太平盛世。

　　在巡游刻辞中所展现的秦始皇的妇女观，重点是在强调妇女的贞节。如果我们把历史的镜头拉回到春秋战国时期，则不难发现，当时尽管儒家已经开始提倡女性贞节，但整个社会充斥着自由浪漫的气氛。在《左传》里，有关男女之间淫乱、私通、乱伦、逃嫁、改嫁的记载屡见不鲜。《诗经》中也多有歌颂调情戏谑、男情女爱、恋爱私奔的篇章。在秦国，由于受儒家的影响较少，女性的自由空间更大。秦穆公的女儿怀嬴先是嫁给了晋惠公的儿子公子圉，也就是后来的晋怀公，后来又改嫁给公子圉的叔叔重耳，也就是后来的晋文公。怀嬴不仅得到了晋文公的尊重，而且为秦晋之好作出了贡献。秦昭襄王的母亲宣太后，更是一位奔放的女性。她不仅长期与义渠王保持私通关系，而且在临死前还要求让自己的面首魏丑夫陪葬。作为骄奢淫逸、纵欲无度的专制君主，秦始皇本人并没有忠贞专一地对待女性。征服六国后，"秦每破诸侯，写放其宫室，作之咸阳北阪上，南临渭，自雍门以东至泾、渭，殿屋复道周阁相属。所得诸侯美人钟鼓，以充入之"②。将各诸侯

① 司马迁：《史记》卷6《秦始皇本纪》，第262页。
② 司马迁：《史记》卷6《秦始皇本纪》，第239页。

国的美人，全部收为己有。"始皇表河以为秦东门，表汧以为秦西门，表中外殿观百四十五，后宫列女万余人，气上冲于天。"① 本身嫔妃成群、纵欲无度的人却大谈"贞良""礼顺""洁诚""廉清"，看起来似乎充满矛盾，但实际上从他的童年经历、母亲淫乱造成的伤痛，以及对母亲的仇视心理中都能得到答案。

"秦始皇出身于秦国最高层次的君主家庭，又是想当然的王位继承人，但他却无法改变人们对他出身之谜的议论和猜疑，无法改变母亲淫乱的事实。这在注重封建正统观念的王族里，不可能不对少年嬴政的心灵投下一个难以磨灭的阴影，在他可塑的心灵上烙下了强烈的情绪化的印记。高贵的地位和人们背后对他出身之谜的窃窃私语，使他幼小的心灵中形成一种鲜明而又十分痛楚的记忆，而造成心灵创伤和精神压抑的根本原因在于他母亲的纵欲和不节。因此，当他一旦大权在握，他对妇女放荡不节行为的厌恶、敌视和憎恨就表现出来了。因此，在他一统天下后，就采取一系列的措施来鼓励和表彰贞女烈妇，严惩一切通奸淫乱的行为，以此减轻因生父之谜带给自己的耻辱和伤痛。所以，在秦始皇的妇女观中，对贞节的倡导一直表现出异乎寻常的热情。"② 这不仅表现在他提倡妇女贞节的观念上，而且还表现在他推行的一系列妇女政策上。

首先，就是严防女性参与政事。在秦始皇亲政前的一段时间里，权柄先后由母亲及母亲的情人吕不韦、嫪毐操纵。秦始皇权力受压抑，心灵受煎熬，情感遭羞辱。这样一段痛苦的经历，给他造成了难以弥合的心灵创伤。秦始皇亲政后，绝对不许女性参与政事。对此，章太炎认为，在秦始皇时期，从未出现外戚专权、后宫干政的情况。"后宫之属，椒房之嬖，未有一人得自遂者。"③ 在中国古代，帝王非常重视对嫔妃的选择，并发挥她们的政治作用。《史记》不仅给汉高祖刘邦的皇后立有《吕太后本纪》，而且专门撰

---

① 司马迁：《史记》卷6《秦始皇本纪》，《正义》引《三辅旧事》，第241页。

② 王绍东：《秦始皇贞节妇女观的心理探因》，《内蒙古大学学报》1996年第6期。

③ 中山大学中文系：《王夫之：〈秦始皇〉；章太炎：〈秦政记〉〈秦献记〉；译注》，广东人民出版社1974年版，第12页。

写了《外戚世家》。班固在《汉书》中也撰有《外戚传》，并且认为："自古受命帝王及继体守文之君，非独内德茂也，盖亦有外戚之助焉。"① 但第一个专制皇帝秦始皇所立皇后姓甚名谁，历史上却毫无记载，这可能是秦始皇不允许皇后嫔妃参与政治、留名于世的结果。秦始皇如此这般，并不是他不喜欢美女，而是由于在他9岁回国到22岁亲政的这段时间，母亲操纵权势带给了他极大的痛苦和创伤，他不希望这样的悲剧重演。《史记正义》引《燕丹子》记述了这样一个故事：荆轲行刺秦始皇，在朝堂之上，荆轲左手把秦始皇之袖，右手持匕首抵秦始皇之胸，秦始皇命悬一线。危急时刻，他行缓兵之计，"今日之事，从子计耳。乞听琴而死"。荆轲答应了秦始皇的要求，于是招来一个善弹琴的宫姬。聪明的宫姬边鼓琴边唱歌："罗毅单衣，可裂而绝；八尺屏风，可超而越；鹿卢之剑，可负而拔。"② 秦始皇领会了她的暗示，便奋力扯断衣袖，跳过屏风，从背后拔出长剑刺向荆轲，从九死一生的困境中摆脱出来。这样一位聪明机智、善琴能歌的宫女，尽管在危机中镇定自若，凭借才智救了始皇性命，但史书上仍然没有留其姓名，也没有秦始皇对她表彰奖励的纪录。

秦始皇大战湘水女神之事，从一个侧面表现了他对女性参与政事的反感与仇视。秦始皇二十八年（前219），他第二次巡游全国，封禅泰山，南巡衡山、南郡等地。"浮江，至湘山祠，逢大风，几不得渡。上问博士曰：'湘君何神？'博士对曰：'闻之，尧女，舜之妻，而葬此。'于是始皇大怒，使刑徒三千人皆伐湘山树，赭其山。"③ 秦始皇渡江受阻，便询问主管湘水的神灵是哪一位？博士官告诉他是尧的女儿舜的妻子。秦始皇听说一位女性神灵竟敢阻止自己过江，可能联想到了母亲掌权时带给自己的耻辱与伤害，于是难抑暴怒，便派3000刑徒将湘山上的树木全部砍光。这样仍难解心头之恨，接着下令"赭其山"，使湘山露出红土。红色是犯人穿戴的囚服颜色，将湘山涂成红色，就意味着将湘水女神治成了罪犯。

---

① 班固：《汉书》卷97上《外戚传上》，第3933页。
② 司马迁：《史记》卷86《刺客列传》，《正义》引《燕丹子》，第2535页。
③ 司马迁：《史记》卷6《秦始皇本纪》，第248页。

　　实际上，秦始皇是一位相信迷信，尊奉神灵的人。他封禅泰山，望祀虞舜，祭奠大禹，寻仙求药，渴望长生。面对湘水女神，却一反常态，大动干戈，极可能是他对女性掌权极为反感的自然流露。"心理学认为，当一个人觉察到引起挫折和痛苦的真正对象不能直接攻击，或碍于自己的身份不便攻击时，便常把愤怒的情绪发泄到其他人或物上去，进行转向攻击。这时候，秦始皇把湘水女神幻化成了他青少年时代的母亲。在他执政后，尽管大权在握，由于亲情关系和舆论压力，他无法惩罚带给自己耻辱和受人非议的母亲，而对掌管湘水河政的这位女神，他不仅能战胜她，而且还能把她治为罪犯。这样，长期以来，他对母亲爱恨交织、却又无可奈何的心理得到了平衡，受到了补偿。"①

　　其次，严惩各种淫乱行为。秦始皇九年（前238），已经22岁的嬴政举行冠礼，标志他已成年并开始亲自掌控政权。这时，嫪毐感到末日来临，便发动叛乱。秦始皇果断决策："令相国昌平君、昌文君发卒攻毐，战咸阳，斩首数百。"②对参与叛乱者进行了斩首、枭首示众等处罚。嫪毐被活捉，处于车裂酷刑。秦始皇亲手杀死了母亲与嫪毐私生的两个儿子，并将母亲赶出咸阳宫，流放到雍地软禁。嫪毐的门客也分别被判徒刑或流放到房陵。然后秦始皇又以嫪毐供出吕不韦为借口，免除其相国职位，令吕不韦出居食邑河南。吕不韦是父亲的恩人，也曾是自己的老师，尽管如此，他与母亲私通带给自己的耻辱，令秦始皇恨意难消。他写信给吕不韦："君何功于秦？秦封君河南，食十万户。君何亲于秦？号称仲父。"③既对吕不韦的功劳加以质疑，也对他与自己的亲情进行否定，下令将吕不韦及其家属迁徙到蜀地。吕不韦自知秦始皇不会放过自己，只得饮鸩自杀。处死了"假父"嫪毐，逼死了"仲父"吕不韦，杀死了两个异父兄弟，逼走了带给自己羞辱的母亲，秦始皇意在抹去与那段痛苦经历的一切记忆。抽刀断水水更流，秦始皇对相关人员的残忍处置，正说明这段历史留给他心灵的永恒伤痛。

---

①　王绍东：《秦始皇贞节妇女观的心理探因》，《内蒙古大学学报》1996年第6期。
②　司马迁：《史记》卷6《秦始皇本纪》，第227页。
③　司马迁：《史记》卷85《吕不韦列传》，第2513页。

秦始皇不仅对与母亲淫乱的相关人员进行严厉惩处，而且对各种不贞节行为进行严厉防范与处罚。《西京杂记》记载，刘邦攻入咸阳宫，发现秦朝的仓库里保存着许多奇异宝物。"有方镜，广四尺，高五尺九寸。表里有明。人直来照之，影则倒见。以手扪心而来，则见肠胃五脏，历然无碍。人有疾病在内，则掩心而照之，则知病之所在。又女子有邪心，则胆张心动。秦始皇常以照宫人，胆张心动者则杀之。"① 这种类似现代医学中具有透视功能的镜子当然不可能出现于秦代，但故事却准确地反映了秦始皇对女性淫乱的痛恨与防范心理。对心生邪念的宫女尚且绝杀无赦，哪里还敢有人与他人偷情成奸呢！父亲去世后，母亲先后招纳两名情夫，吕不韦、嫪毐与母亲淫乱，母亲与嫪毐私生二子，这些都给秦始皇造成了永恒的心理创伤。在会稽刻辞中，秦始皇强调：寡妇不能"倍死不贞"，奸夫淫乱"杀之无罪"，逃嫁之妇"子不得母"，似乎都能从他的经历中找到相似的影子，也可以看出秦始皇痛恨女性淫乱，强调妇女贞节的根源所在。

再次，大力表彰贞节妇女。在秦始皇的一生中，唯一表彰和抬举过的一个女性，既不是与他耳鬓厮磨、朝夕相处的嫔妃，也不是挺身而出、救他性命的弹琴宫女，而是一位地处偏远的寡妇。巴、蜀地区一位名字叫清的寡妇，祖先凭借开采丹砂矿起家致富，拥有万贯家产。清的丈夫早逝，致使她中年守寡。但清仍能克服困难，苦心经营，不仅壮大了自己的产业，而且守住了自己的贞节。寡妇清的事迹传开，秦始皇对她赞赏有加。"秦皇帝以为贞妇而客之，为筑女怀清台。"② 在司马迁看来，寡妇清所以受到秦始皇的礼遇，是因为她积累了巨额财富的结果。实际上，财富只是寡妇清备受推崇、名声显扬的表面因素，真正的原因还在于她能"用财自卫，不见侵犯"③。秦始皇难以忘怀母亲淫乱带给自己的痛苦，时常回想与母亲共度时艰的难忘时光，渴望母亲能始终谨守妇道并对自己关爱关怀。秦始皇为寡妇清修筑的怀清台，很可能是中国历史上第一个贞节牌坊。"秦始皇对她的表彰，实际上

---

① 刘歆：《西京杂记》（外五种），王根林校点，上海古籍出版社 2012 年版，第 26 页。

② 司马迁：《史记》卷 129《货殖列传》，第 3260 页。

③ 司马迁：《史记》卷 129《货殖列传》，第 3260 页。

是把她幻化成了自己理想中的母亲形象，并以此来弥补因母亲不节而丧失的自尊心和自信心。尽管秦始皇倡导贞节的主观原因是为了弥补因母亲淫乱带给自己心灵上的伤痛和不平衡，然而在客观上，他采取的一系列措施对于清除原始婚俗，巩固一夫一妻制，促进社会文明却起到了不可忽视的作用。应该特别指出的是，秦始皇倡导贞节，反对淫乱并不是单对女性而言，如果男性像壮猪一样淫乱他室，照样可以处以极刑。不像后世'礼教'，只对女性要求贞洁而不管男性嫖娼狎妓。再者秦始皇主张'男乐其畴，女修其业，事各有序'，虽有尊卑观念，但主要还是着眼于内外分工，并不一味地讲男尊女卑。从历史的发展来看，秦始皇的这些主张无疑具有进步的意义。"① 秦始皇倡导贞节妇女观，严惩各种淫乱行为，大力表彰自守贞节的寡妇清，既是对少年时期母亲淫乱带给自己无法弥补的心灵创伤的补偿，也有对母亲形象的幻化。他渴望一位慈爱的、贞节的、带给自己安全与慰藉的母亲；希望能够惩罚现实中淫乱的、不节的、带给自己伤害的母亲。

第二节　相伴终生的迷藏游戏

心理学家认为，童年时期的经历会对人的一生产生非常重要的影响，那时的记忆往往像扎根沃土的种子，当环境适宜时就会生长出来，对人格的塑造及人性的发展产生着不可摆脱的影响。正如萨特所说："人生只有童年，它的所有按键在童年时期都已按下。"② 秦始皇自出生之日起，就陷入了一场不能自拔的迷藏游戏。这场游戏的影响如此之深，以至于他的一生都纠结其中，始终扮演着游戏中的角色。迷藏游戏中的心理与场景不仅影响了秦始皇的一生，也影响着秦朝的政治和命运。

对于秦始皇心理的研究，学术界已经作出了有益的尝试，郭沫若在《十批判书·吕不韦与秦王政的批判》里对童年时期秦始皇的身体状况与心

---

① 王绍东：《秦始皇贞节妇女观的心理探因》，《内蒙古大学学报》1996 年第 6 期。
② ［美］理查德·埃尔曼：《弗洛伊德与文学传记》，转引自沈卫威《文化·心态·人格——认识胡适》，第 89 页。

理特征进行了剖析。1985 年张文立在《未定稿》中发表《秦始皇的性格》，对秦始皇的心理与性格及其对秦朝政治的影响进行了较为全面的研究。林剑鸣《秦始皇的恚恨》、施琪嘉《中国始皇帝——嬴政的心理动力学分析》等文章较多利用了心理学理论对秦始皇进行研究。赵良在他的《帝王的隐秘——七位中国皇帝的心理分析》一书中，专门设置一章"情感紊乱的抑郁人格者——嬴政"，分析秦始皇的心理特征。笔者在《秦朝兴亡的文化探讨》一书中也曾设置专门的篇章"秦始皇的成长经历与性格特点"。这里我在继承已有研究成果的基础上，从秦始皇童年生活的场景出发，利用游戏心理学的理论与方法，分析童年经历对秦始皇及其一生的影响。

一、童年时期：黑暗中才最安全的躲藏者

伴随着一场政治交易和权力游戏，嬴政在秦昭襄王四十八年（前 259）降生在了赵国的首都邯郸。在嬴政出生的前一年，秦赵之间发生了战国历史上最大规模的残酷战争——长平之战，秦将白起坑杀赵降卒 40 余万，"前后斩首虏四十五万人"[①]，接着秦军乘胜攻入赵国境内，企图一举灭掉赵国。作为秦国在赵国的人质，嬴政的父亲及嬴政母子无疑成为整个赵国最为仇视的人。嬴政出生的第三年，大将王龁率领秦军包围了邯郸，赵人欲杀嬴政的父亲异人，商人政治家吕不韦不愿意自己的巨额投资化为泡影，"子楚与吕不韦谋，行金六百斤予守者吏，得脱，亡赴秦军，遂以得归"[②]。异人从赵逃回了秦国，赵国把追杀对象转为了嬴政母子，"赵欲杀子楚妻子，子楚夫人赵豪家女也，得匿，以故母子竟得活"[③]。

分析一下嬴政出生后的处境：在秦赵关系最为紧张，赵国最为痛恨秦人的时候，嬴政降生在赵国首都，嬴政和他的家人面对的无疑是周围憎恨、仇视、厌恶的目光。3 岁的嬴政刚刚牙牙学语，步履蹒跚，有了最初的记忆之时，父亲无情地抛弃了他们，自己回到了秦国。赵举国上下都在追杀嬴政母

---

① 司马迁：《史记》卷 73《白起王翦列传》，第 2335 页。

② 司马迁：《史记》卷 85《吕不韦列传》，第 2509 页。

③ 司马迁：《史记》卷 85《吕不韦列传》，第 2509 页。

子，嬴政母子只好尽可能躲在隐秘的角落。这样的生活，伴随着嬴政的童年时光，延续了 6 年之久。

可以想象，嬴政的童年，整个像是在一场迷藏游戏中度过的。可惜的是，在这场游戏中，嬴政母子只能扮演一种角色，那就是躲藏者。对于他们来说，这种角色并不好玩，一旦被人发现，暴露了自己，等待他们的只有毁灭和死亡。嬴政母子战战兢兢地扮演着躲藏者的角色，他们恐慌、焦虑，不敢与人正常往来。任何知道他们行踪的人，都可能成为告密者，以致剥夺他们的生命。对于任何人都要怀有警惕、难以信任，这是他们得以生存的基本手段。在嬴政幼小的心灵里，埋下了敏感、猜忌的种子和对随时可能到来的被发现、被杀戮的恐惧。任何的公开场合、任何的与人接触，都可能潜藏着出卖的危险。与此同时，他渴望着角色的转化，由躲藏者变成寻找者，由被动者变成主动者，由躲在黑暗中的待宰羔羊变成发号施令的游戏主宰。然而，秦赵关系的紧张，身处敌国的处境，使他难以摆脱躲藏者的身份。在这样的场景中，嬴政感到紧张、恐惧、压抑。他烦躁、愤怒，又无能为力、无可奈何，只能在幻想中渴望光明，渴望转换，渴望胜利。这样的迷藏游戏持续了 6 年，一直延续到嬴政 9 岁。秦昭襄王去世，"太子安国君立为王，华阳夫人为王后，子楚为太子。赵亦奉子楚夫人及子政归秦"①。

可以说，在嬴政的童年时代，始终是在躲猫猫中度过的。这样的经历，在嬴政的心灵深处留下了难以磨灭的印记，刻下了深重的烙印，像梦魇一样伴随着嬴政，挥之不去，并时时重现。童年的经历对人生的影响至为重要，现代心理学认为："从诞生之日起，我们就一直在黑暗中摸索这种'生命的意义'。即使是婴儿，也在努力估量他自己的力量及其在周围生活中的分量。到五岁末的时候，儿童已经形成了一套完整而牢固的行为方式，在处理问题和完成任务时形成了自己的独特风格。他对世界和自己的期许已经形成了根深蒂固的认知。在此以后，他会用一套既定的模式来审视世间一切：接收

---

①　司马迁：《史记》卷 85《吕不韦列传》，第 2509 页。

经验之前对其进行诠释,这种诠释总会响应他最初赋予生命的意义。"① 在延续嬴政童年时光的迷藏游戏中,隐藏得越深,保险系数越大;越是躲在黑暗中,就越会有安全感。在与敌手周旋中,有恐惧、有伤害,也感受到了生命的难以把握和神秘,甚至时常产生着刺激与快感。

二、青少年时期: 迷藏游戏的旁观者和思考者

嬴政 9 岁时同母亲一起回到秦国,祖父孝文王在位时间很短就去世了,父亲子楚即秦王之位,是为秦庄襄王。庄襄王在位 3 年去世,13 岁的嬴政被立为秦王。当时,秦国正以不可阻挡之势蚕食六国,嬴政作为秦国的国王,按理说应该处于政治的核心地位。但是,这时的嬴政不仅没有成为舞台的主角,反而受到了相当的冷落与忽视。

回到秦国的嬴政尽管处境有了翻天覆地的变化,由原来的被追杀对象一跃成为秦国的王位继承者和年幼的秦王,然而,在精神上,嬴政反而像一个被遗弃的孩童。在赵国期间,嬴政与母亲相依为命,共度时艰,得到了母亲全力的庇护和爱怜。回到秦国后,母亲完全被权力的魔力所诱惑,被奢华的生活所吸引,还与已经成为相国的吕不韦旧情复发,几乎顾不上对儿子的应有关怀与照顾了。父亲庄襄王抛弃嬴政母子在前,又忙于处理秦国政务,对嬴政的冷漠也可以想见。尽管身处高位,但十几岁的嬴政毕竟还是一个孩子,却难以从父母那里得到应有的关爱。

庄襄王去世后,嬴政成为新的秦王。按照秦国的祖制,国王 22 岁才能亲政,在此之前,国家政务要交给权臣或贵戚代理。嬴政 9 岁前的生活在躲藏中度过,回国后的几年里,需要熟悉环境,适应新的生活,他本人尚缺乏应有的政治历练。应该说,18 岁之前的嬴政,并不具备掌控秦国复杂政治的能力。这时秦国的政治舞台上,迷藏游戏仍在进行,主角却是吕不韦和赵太后。

赵太后与吕不韦私通,在秦国的政治舞台上呼风唤雨;吕不韦因运作庄襄王王位之功,又得赵太后之助,自是风光无限。"太子政立为王,尊吕不

---

① ［美］阿尔费雷德·阿德勒:《自卑与超越》,汪小玲译,第 11—12 页。

韦为相国，号称'仲父'。秦王年少，太后时时窃私通吕不韦。不韦家僮万人。"① 或许觉得政治的聚光灯太过耀眼，或许有物极必反的忧虑，或许感受到了嬴政从旁窥视的带着怒火、恨意的眼睛，再加上年老体衰，吕不韦决定适度隐藏自己。"始皇帝益壮，太后淫不止。吕不韦恐觉祸及己，乃私求大阴人嫪毐以为舍人。"② 吕不韦用李代桃僵之计，将年轻力壮的嫪毐假冒宦官的名义送给赵太后，以便自己抽身。嫪毐成为太后新宠，"太后私与通，绝爱之"③。秦王政八年（前239），嫪毐被封为长信侯，"予之山阳地，令嫪居之。宫室车马衣服苑囿驰猎恣毐。事无小大皆决于毐。又以河西太原郡更为毐国"④。嫪毐小人得志，异常猖狂，他不仅与太后生了两个儿子，而且还想除掉嬴政，"与太后谋曰'王即薨，以子为后'"⑤。

　　吕不韦本想让嫪毐代替自己成为太后的面首，而利欲熏心的嫪毐却成为吕不韦权力的强大竞争者，两人在秦国的政治舞台上展开了新的攻防大战，一度掩盖了秦王嬴政的光辉。《战国策·魏策》记载，秦国进攻魏国，有人给魏王出主意："秦自四境之内，执法以下，至于长挽者，故毕曰：'与嫪氏乎？与吕氏乎？'虽至于门闾之下，廊庙之上，犹之如是也。今王割地以赂秦，以为嫪毐功；卑体以尊秦，以因嫪毐。王以国赞嫪毐，以嫪毐胜矣。王以国赞嫪氏，太后之德王也，深于骨髓，王之交最为天下上矣。秦、魏百相交也，百相欺也。今由嫪氏善秦，而交为天下上，天下孰不弃吕氏而从嫪氏？天下必舍吕氏而从嫪氏，则王之怨报矣。"⑥ 这段史料说明，不仅在秦国国内，而且六国之中也都知道在秦政坛上起决定作用的是吕不韦集团和嫪毐、赵太后集团，而秦王嬴政无关大局。由于嫪毐、赵太后集团过分谋求一己之私，他们的所作所为对秦国政治和统一不利，所以才有人建议魏王通过嫪毐割地给秦，支持嫪毐成为秦国政治的主宰者，从而帮助魏国延缓灭亡

① 　司马迁：《史记》卷85《吕不韦列传》，第2509—2510页。
② 　司马迁：《史记》卷85《吕不韦列传》，第2511页。
③ 　司马迁：《史记》卷85《吕不韦列传》，第2511页。
④ 　司马迁：《史记》卷6《秦始皇本纪》，第227页。
⑤ 　司马迁：《史记》卷85《吕不韦列传》，第2512页。
⑥ 　《战国策》卷25《魏四》，第247页。

的命运。

这时的秦王嬴政，似乎成为政治上的看客，没有人重视他的地位，甚至时常漠视他的存在。"秦始皇在幼时一定是一位可怜的孩子，相当受了人的轻视。"① 也就在这时，嬴政利用难得的时机，在观察、思考、学习、历练，为进入政治舞台中心做着准备。

嬴政回顾家人围绕政治权力而变化的生活经历，首先思考的当是政治权力的巨大魔力。吕不韦为了参与政治，分享政治权力，将身为落难公子的父亲子楚经营成秦国国君，他自己也成了秦国的相国；父亲子楚由赵国的人质变成了秦国的国君，地位的变化和权力的增长难以想象；母亲和自己因为父亲拥有的政治权力，在赵国由被追杀的对象变成了被礼送回国的上宾；母亲回国后，因参与分享政治权力的盛宴，顾不上对自己的关爱和体贴；嫪毐因通过母亲分享了政治权力，变得飞扬跋扈，不可一世。政治权力如此魔力无限，令人迷狂，也使嬴政认识到：只有充分掌握政治权力才能主宰一切，改变一切。夺取权力、张大权力、垄断权力、专享权力，成为嬴政的终生奋斗目标。

嬴政也在暗中观察、学习。他利用自己的孩童身份为掩护，忍辱负重、不露声色，一方面学习治国理政的知识和理念，另一方面则观察政治舞台上的人们在如何表演，如何运用权力，分析着不同政治势力间的关系、矛盾，历练着自己的才干，等待着跨向政治舞台，充当核心角色的时机。

三、成年时期：由躲藏者到追逐者的角色转换

嬴政登上秦王王位的第 9 年，22 岁的他到了亲政的年龄，经过几年的学习、准备、忍耐、积累和历练，他一举粉碎了嫪毐的政变，接着，又免除了吕不韦的相国职务，整个秦国的大权牢牢掌握在了自己手里。在新的迷藏游戏中，他不仅不再需要隐匿、躲藏，而且还要快意地出击、报复。

---

①　郭沫若：《十批判书·秦王政与吕不韦的批判》，《郭沫若全集·历史卷》（第 2 卷），第 427 页。

　　嬴政明白，要想强化自己在新一轮迷藏游戏中追逐者的地位，核心在于掌控权力、扩张权力、巩固权力。在秦国剪除了嫪毐、吕不韦集团的势力后，没有任何人能挑战和撼动嬴政权力核心者的地位了，他继续把扩张权力的触角放在了国外，加速了兼并六国统一天下的步伐。为了顺利完成统一大业，他接受李斯的建议，停止了逐客令的实施。尽管尉缭指责嬴政"少恩而虎狼心"①，但他的计策有利于秦灭六国，不仅被嬴政采纳，而且任命尉缭为国尉。嬴政对母亲的淫乱及与嫪毐一起策划叛乱之事恨之入骨，将母亲流放到了雍地，但是当茅焦指出"秦方以天下为事，而大王有迁母太后之名，恐诸侯闻之，由此倍秦也"②，嬴政立即将母亲接回甘泉宫。任何事情不能影响权力扩张，影响统一大业。嬴政带领秦国抓住了千载难逢的时机，用了10年的时间，灭掉了六国，他自己也由秦国的国王变成了秦朝的皇帝。统一天下后，通过推行三公九卿制和郡县制，秦始皇成了至高无上的专制君主，实现了权力的高度集中。

　　大权在握后的秦始皇，实现了角色的彻底翻转，他不再是躲藏者，旁观者，而成了迷藏游戏的追逐者和主宰者。他要揪出一切与自己为敌的躲藏者，挫败之，打击之，报复之，以此抚平童年时期形成的内心创伤，缓解长期积累的心理压力。

　　对于参与叛乱的嫪毐集团的骨干成员，秦始皇以"枭首"处置；对嫪毐本人，"车裂以徇，灭其宗"③；对嫪毐集团的其他成员，则给予剥夺爵位、判刑、流放的处罚。吕不韦进献嫪毐，对少年嬴政造成了极大的心理创伤，被免职后，又将他流放蜀地，逼其自杀。燕太子丹谋划荆轲刺秦王，嬴政派大军连续攻击燕国，直到取来太子丹的首级，并最终灭掉了燕国。在总结统一六国的原因时，嬴政还不忘忿忿说道："燕王昏乱，其太子丹乃阴令荆轲为贼，兵吏诛，灭其国。"④ 秦军攻破邯郸后，秦始皇由咸阳赶到自己的出

①　司马迁：《史记》卷6《秦始皇本纪》，第230页。
②　司马迁：《史记》卷6《秦始皇本纪》，第227页。
③　司马迁：《史记》卷6《秦始皇本纪》，第227页。
④　司马迁：《史记》卷6《秦始皇本纪》，第235—236页。

生地，"诸尝与王生赵时母家有仇怨，皆坑之"①。儿时的记忆如此深刻，报复的心理如此强烈，也说明了童年时期躲猫猫的经历对秦始皇造成的巨大伤害。

在《岳麓书院藏秦简》中，记有一则《秦始皇禁伐湘山树木诏》："廿六年四月己卯，丞相臣状、臣绾受制相（湘）山上：'自吾以天下已并，亲抚晦（海）内，南至苍梧，凌涉洞庭之水，登相（湘）山、屏山，其树木野美，望骆翠山以南树木□见亦美，其皆禁勿伐。'臣状、臣绾请：'其禁树木尽如禁苑树木，而令苍梧谨明为骆翠山以南所封刊。臣敢请。'制曰：'可。'"② 对于这段史料，学者多与《史记·秦始皇本纪》中记载的秦始皇二十八年东行郡县，在湘山渡长江时遭遇大风大浪，怒伐湘山树木的记载相对应，认为是简牍史料与文献史料对一件事情的不同记载。孙家洲则认为：这是一次文献史料失载的嬴政出巡记录。秦始皇二十六年（前221），秦不战而胜攻破强大的敌手齐国，完成了统一大业，他趁机到新征服的荆楚之地进行巡视。"此时，作为征服者的秦始皇，携统一天下之威而南下荆楚，纵情享受统一战争的成果，也向曾经拼死抵抗的荆楚遗民炫耀武力，在秦始皇的内心深处，应该有此必要。"③ 初并天下，秦始皇一扫长期所受压抑，意气风发，安排一次短暂出巡，表达志得意满之心情。来到湘山，看到树木葱茏，产生审美情结。当他想到这里曾发生过反抗秦国统一的激烈战争，现在却变成了"六合之内，皇帝之土"④ 时，不由心情愉悦，下令保护周边树木，"皆禁勿伐"。

从22岁亲政到统一初期的近20年时间里，是秦始皇人生的黄金阶段。他由隐而显，由被动而主动，除政敌、坑仇怨、灭六国、当皇帝、行郡县、巡天下、封泰山、击匈奴、修道路，筑长城，真可谓"意得欲从，以为自古

---

① 司马迁：《史记》卷6《秦始皇本纪》，第233页。
② 陈松长主编：《岳麓书院藏秦简》（伍），第57—58页。
③ 孙家洲：《史籍失载的秦始皇荆楚故地的一次出巡及其诏书析证——岳麓书院藏秦简〈秦始皇禁伐湘山树木诏〉新解》，《中国史研究》2021年第4期。
④ 司马迁：《史记》卷6《秦始皇本纪》，第245页。

莫及己"①。但是，在一场游戏里，如果一个人固定扮演某个角色，则难免令人乏味。角色的转换，有时出于游戏规则，有时出于游戏者自觉不自觉的个人选择，到了晚年的秦始皇，又在人生的迷藏游戏中回归到了躲藏者的角色。

四、人生后期：游戏躲藏者的角色回归

心理学上有两个相联系的概念，叫作"固结"和"回归"。"西格蒙德·弗洛伊德曾用人口迁徙作比喻，将人的发展比作人们穿过新地域的行进。在阻力最大和冲突最剧烈的那些地点，人们将把最强的分队留下来，然后再继续前进。如果继续前进的人们因力量的削弱而遭受失败，或碰到较强的敌人，他们就会退却到先前停留的地点，在那里取得支援。弗洛伊德说：'但是，他们在迁徙中留下的人数越多，则失败的危险也就越大。'因此，早期的固结越强，日后回归的要求就越大。'固结在其发展的道路上越强，活动就越容易避开外部困难，回归到固结，因而发展活动也就越加不能在其进程中克服外部障碍。'正像弗洛伊德在其迁徙比喻中说的那样，已通过发展成熟阶段的个人遇到持续的重大挫折时，对付痛苦和不满的手段之一就是以心理机制的较高发展阶段回归到较早时期的活动模式。将后退（或回归）到留有弱点的性心理发展阶段，这一阶段的成熟过程具有未能解决的冲突和未能消除的焦虑。"② 在秦始皇的一生中，对他心灵造成的最大伤害点就是童年时期的创伤和遭遇。长期被追杀的经历和只有躲在黑暗中才能获取一点安全感的压抑，是秦始皇一生最大的固结。晚年时期，秦始皇又遇到了无法释解的难题和焦虑，在无力克服的挫败感面前，回归孩童时代迷藏游戏中躲藏者的角色，在游走和与世隔绝中寻求安全，成为秦始皇的唯一出路和选择。

那么，作为至高无上、权倾天下的皇帝，晚年的秦始皇遇到了什么难题，让他无法释怀，无力铲除也无法躲避，以致只能回归到躲藏者的角色中

---

① 司马迁：《史记》卷6《秦始皇本纪》，第258页。
② ［美］彼得·洛温伯格：《纳粹青年追随者的心理历史渊源》，张同济译，《史学理论研究》1996年第3期。

才能感到一丝安全呢？那就是死亡的威胁与对死亡的恐惧。

可能与出生时的处境和孩童时期的经历有关，秦始皇的身体并不健康，或许还与多种疾病相伴。如前文所述，根据郭沫若的判断，嬴政自小就患有软骨病和气管炎等疾病。软骨病和气管炎作为并发的慢性病，在身体强壮的年青时尚能承受，但年老体弱时对人体的侵害会逐渐加重。受社会条件和医疗水平的限制，战国秦汉时人的平均寿命不会超过40岁，统一后的秦始皇已经开始步入老年，疾病的困扰日趋严重。在疾病发作时，秦始皇不可避免地感受到了死亡的威胁。

多病而身体日益衰弱的秦始皇，为了大权独揽和治国安邦，日理万机，夜以继日地勤奋工作，"天下之事无小大皆决于上，上至以衡石量书，日夜有呈，不中呈不得休息"①。每天以120斤的标准处理文书，其操劳程度非同一般。再加上骄奢淫逸，纵欲享乐，进一步加速了身体的衰老。"可以说，由于疾病缠身和无节制的消耗，秦始皇身体非常虚弱，使他不得不经常面对和思考生死的问题。"②

死亡的威胁不仅来自身体的衰弱和疾病的折磨，还来自于六国旧贵族的暗杀活动。见于记载的著名刺秦行动有四次：一次是秦始皇二十年（前227），燕太子丹派荆轲刺秦王，险些要了始皇性命；一次是秦始皇二十六年（前221），也就是秦统一之年，高渐离将铅灌注乐器筑中，"举筑朴秦皇帝，不中。于是遂诛高渐离"③。一次是秦始皇二十九年（前218），张良收买大力士以铁椎击打秦皇车驾，结果误中副车，使秦始皇侥幸逃生。一次是秦始皇三十一年（前216），秦始皇与四个武士夜晚在咸阳城微服巡行，结果在兰池被刺客包围，"武士击杀盗，关中大索二十日"④。每一次刺杀都险象环生，令秦始皇心惊胆寒。

与此同时，关于秦始皇死亡的预言也不断出现，秦始皇三十六年（前

①　司马迁：《史记》卷6《秦始皇本纪》，第258页。
②　王绍东：《论神仙学说对秦始皇及其统治政策的影响》，《内蒙古大学学报》2000年第1期。
③　司马迁：《史记》卷86《刺客列传》，第2537页。
④　司马迁：《史记》卷6《秦始皇本纪》，第251页。

211），有一颗流星坠落东郡，落地为石，有人在陨石上刻字："始皇帝死而地分。"① 这年秋天，"使者从关东夜过华阴平舒道，有人持璧遮使者曰：'为吾遗滈池君。'因言曰：'今年祖龙死。'使者问其故，因忽不见，置其璧去。"② 这些暗杀活动与死亡预言，给秦始皇带来了无法摆脱的恐惧和焦虑。荆轲的刺杀，"秦王不怿者良久"③；高渐离的筑击，使秦始皇"终身不复近诸侯之人"④；张良的博浪沙椎击，导致"秦皇帝大怒，大索天下，求贼甚急"⑤。对于陨石上的刻字，"始皇闻之，遣御史逐问，莫服，尽取石旁居人诛之，因燔销其石"⑥。越来越激烈的反应，表明秦始皇对连续出现的暗杀活动的震惊以及面对新的死亡威胁的痛苦、暴躁、狂怒和无助。⑦

做梦有时最能反映一个人内心深处的潜在心理，"如果我们被某个问题所困，我们的梦境会受到同样的困扰"⑧。秦始皇三十七年（前210），"始皇梦与海神战，如人状"⑨。海神是阻止秦始皇寻求不死之药的恶神，是死亡之神。心理学家认为："只有在不确定问题能否解决时，只有在现实仍旧向我们施压，并且在梦中也制造困扰的时候，我们才会做梦。这便是梦的任务——为我们面临的问题提供解决的方案。"⑩ 死亡压迫着秦始皇的神经，令他难以释怀，也无法摆脱。秦始皇梦中与之奋战、搏斗，表明死亡如影随形，时刻相伴，步步紧逼而无法剔除。秦始皇烦恼至极，恐惧至极。为了防御对死亡的恐惧，摆脱死亡的威胁，晚年的秦始皇无可奈何地回归到了童年时代的固结点。

在童年时期躲迷藏的游戏中，让秦始皇能够感受到些许安全，一定程

---

① 司马迁：《史记》卷6《秦始皇本纪》，第259页。
② 司马迁：《史记》卷6《秦始皇本纪》，第259页。
③ 司马迁：《史记》卷86《刺客列传》，第2535页。
④ 司马迁：《史记》卷86《刺客列传》，第2537页。
⑤ 司马迁：《史记》卷55《留侯世家》，第2034页。
⑥ 司马迁：《史记》卷6《秦始皇本纪》，第259页。
⑦ 孙家洲：《三次刺杀行为对秦始皇地域政策的影响》，《河北学刊》2013年第4期。
⑧ [美] 阿尔费雷德·阿德勒：《自卑与超越》，王汪小玲译，第98页。
⑨ 司马迁：《史记》卷6《秦始皇本纪》，第263页。
⑩ [美] 阿尔费雷德·阿德勒：《自卑与超越》，汪小玲译，第98—99页。

度上摆脱死亡威胁的方法是：不断变换藏身地点，居住之地不被外人掌握；隐藏在黑暗之中，除了母亲及近身僮仆，尽量避免与他人接触；幻想找到一种不死之术，彻底摆脱死亡威胁。

真切地感受到了生命的无常和死亡的压迫，相似的场景把秦始皇拉回到了童年时光。逃脱、隐藏、求不死之药，成为秦始皇晚年生活的重要内容。

统一后秦始皇的生活，与不断巡游密切相连。他统一后的第二年，就开始巡游活动，在以后的 10 年里，先后 5 次巡游天下，并最终死在了巡游路上。实际上，晚年的秦始皇体衰多病，日理万机，本应该在咸阳处理公务，安神养身，之所以违背常规地不辞劳苦，游走天下，从心理学的角度看，无疑是在死亡的威胁下，力图回归到童年时期不断变换藏身地点，才能躲避死亡威胁的场景之中。

除了不停巡游，秦始皇还尽力让自己的居住地点隐秘而令人不可捉摸。他曾下令将首都咸阳 200 里范围内的所有宫殿连接起来，在宫殿之间修建复道、甬道、阁道，自己行走于各宫殿之间，让人捉摸不透，难以知晓。这样的生活方式，在童年时期秦始皇的生活中，既是一种常态，也是一种理想。只有不断更换藏身地点，才能躲避追杀，不被发现。在游走中才能感觉到安全、才能些许减轻对死亡的恐惧心理，也被他身边之人所知晓。秦始皇三十七年（前 210），为了破解死亡预言，"于是始皇卜之，卦得游徙吉"①。深谙秦始皇心理的占卜者，迎合他的愿望，把他引向了为躲避死亡却走向死亡的人生最后一次旅程。

秦始皇母子在赵国逃亡期间，隐藏得越深，安全系数越大；越少与人接触，暴露的可能性越小。面对无法摆脱的死亡威胁，晚年的秦始皇从心理上又选择回归到了童年时期的固结点上，那就是千方百计地隐藏自己。

秦始皇三十五年（前 212），为秦始皇寻求不死之药的卢生建议："今上治天下，未能恬倓。愿上所居宫毋令人知，然后不死之药殆可得也。"② 这是

① 司马迁：《史记》卷 6《秦始皇本纪》，第 259 页。
② 司马迁：《史记》卷 6《秦始皇本纪》，第 257 页。

劝谏秦始皇要安静恬淡、清心寡欲，不能过度游徙、操劳，才符合祛病强身的养生之道。对于这个建议，秦始皇的应对措施是："乃令咸阳之旁二百里内宫观二百七十复道甬道相连，帷帐钟鼓美人充之，各案署不移徙。行所幸，有言其处者，罪死。"① 把咸阳周围 200 里范围内的 270 多所宫殿楼观，用复道甬道连为一体。复道是在空中架起的连接楼宇的道路，甬道是地上带夹墙或遮蔽物的道路。行走在这样的道路中间，很难被别人发现。这样，秦始皇在享受骄奢淫逸生活的同时，又把自己隐身起来，似乎回到了躲藏起来才有安全感的童年场景。

晚年的秦始皇，热衷于用各种复杂的道路连接宫殿。修筑阿房宫时，"周驰为阁道，自殿下直抵南山。表南山之巅以为阙。为复道，自阿房渡渭，属之咸阳，以象天极阁道绝汉抵营室也"②。秦始皇游走于各个宫殿之中，不允许任何人泄露自己的行踪。"始皇帝幸梁山宫，从山上见丞相车骑众，弗善也。中人或告丞相，丞相后损车骑。始皇怒曰：'此中人泄吾语。'案问莫服。当是时，诏捕诸时在旁者，皆杀之。自是后莫知行之所在。"③ 可以想象，高大深邃、阴森寂寥、曲径通幽、环环相连的众多宫殿，犹如秦始皇幼年时期幻想的迷宫，在那里既可以尽情嬉戏游乐，又不被追杀者所知晓。

崇水德，色尚黑，是秦始皇晚年躲藏者心理的潜在反映。水总是向下流，躲在阴暗的角落，黑色最适宜隐蔽，与之相应的是阴暗的心理和残暴的统治政策。"始皇推终始五德之传，以为周得火德，秦代周德，从所不胜。方今水德之始，改年始，朝贺皆自十月朔。衣服旄旌节旗皆上黑……刚毅戾深，事皆决于法，刻削毋仁恩和义，然后和五德之数。"④

躲避死亡的最佳途径就是得道成仙，长生不死，这是童年时期就有的幻想，也成了晚年秦始皇的迫切追求。为了寻求仙药，他被方士牵着鼻子走，演出了一场场闹剧，却最终死在了求仙路上，这时的秦始皇才最终实现

---

① 司马迁：《史记》卷 6《秦始皇本纪》，第 257 页。
② 司马迁：《史记》卷 6《秦始皇本纪》，第 256 页。
③ 司马迁：《史记》卷 6《秦始皇本纪》，第 257 页。
④ 司马迁：《史记》卷 6《秦始皇本纪》，第 237—238 页。

了人生的彻底回归。①

五、后秦始皇时代：迷藏游戏的余波与震荡

为了躲避死亡和寻找仙药，公元前210年，秦始皇又一次踏上了巡游之路，最终死在了沙丘平台。按照秦始皇的安排，死后要由长子扶苏主持丧礼，并即皇帝之位。但在赵高策划，李斯、二世的参与配合下，秦始皇的安排化为了泡影。

赵高祖籍赵国，父母均被秦国治为罪犯，他自己也出生在罪犯劳动的隐宫之中。出生卑微，对秦政权充满仇恨的他，靠自己的才华、奋斗以及对秦始皇心理的把握与迎合，爬上了中车府令之位，替皇帝掌管车马玉玺。他深知，按照始皇的遗嘱，如果扶苏顺利即位，秦政权可能度过危机，自己的位置或将难保，搞垮秦政权的企图将终成泡影。于是，赵高勾结秦二世，策反丞相李斯，隐瞒秦始皇死讯，改换皇帝遗诏，逼长子扶苏自杀，拥胡亥为二世皇帝，成功发动了沙丘政变，改写了秦朝的历史走向。

沙丘政变充满了偶然与阴谋②，特别令人难以置信的是，秦始皇在炎热的七月死于沙丘平台，"丞相斯为上崩在外，恐诸公子及天下有变，乃祕之，不发丧。棺载辒凉车中，故幸宦者参乘，所至上食。百官奏事如故，宦者辄从辒凉车中可其奏事。独子胡亥、赵高及所幸宦者五六人知上死。"③巡行队伍载着皇帝尸体行走了一月有余，甚至尸体发出了臭味，竟然很少有人知道皇帝的死讯。在这期间，赵高等人仍以皇帝的名义，赐扶苏自杀，夺蒙恬军权，完成了政变的一系列步骤。看似无比的离奇与荒诞，却是赵高利用秦始皇晚年深陷迷藏游戏的场景制造的一场闹剧。晚年的秦始皇，竭力把自己隐藏起来，几乎变成了一个幽灵般的存在，神龙见首不见尾，神秘莫测，若有若无，人们习惯于接受他身边人的发号施令，把他们当作皇帝的化身。有了这样的历史背景，才能让赵高从容谋划，精心布局。

---

① 王绍东：《论神仙学说对秦始皇及其统治政策的影响》，《内蒙古大学学报》2000年第1期。
② 王绍东：《从沙丘政变看历史发展的偶然与必然》，《西安财经学院学报》2010年第6期。
③ 司马迁：《史记》卷6《秦始皇本纪》，第264页。

赵高本人的出生及经历，让他熟知迷藏游戏中躲藏者的心理。通过策划沙丘政变，更使他体会到了把他人引入迷藏游戏场景，自己加以操控的奇妙。政变成功后，赵高故技重施，千方百计用各种手段把秦二世导入迷藏游戏躲藏者的角色，这样，才能让秦二世与众臣隔绝，便于他的操纵和控制。

秦二世是通过沙丘政变登上皇位的，再加上身为幼子，在秦国统一过程中并无尺寸之功，自然深怀恐惧自卑心理，担心政变阴谋泄露，功臣不服，宗室夺权。赵高掌握了他的这一心理，诱导秦二世诛杀功臣，铲除兄弟姐妹。"宗室振恐。群臣谏者以为诽谤，大吏持禄取容，黔首振恐。"① 通过制造恐怖氛围，赵高将秦二世与可能亲近影响他的人疏远，使他听不到真话忠言，从而将二世隔离起来。

赵高利用秦二世的自卑心理，通过恐吓、诱导，进一步将他引入迷藏游戏的躲藏者角色。赵高说二世曰："'先帝临制天下久，故群臣不敢为非，进邪说。今陛下富于春秋，初即位，奈何与公卿廷决事？事即有误，示群臣短也。天子称朕，固不闻声。'于是二世常居禁中，与高决诸事。其后公卿希得朝见。"② 为了让二世皇帝安于躲藏者的角色，赵高又诱导他纵情享乐，在温柔乡中醉生梦死，对即将到来的危机浑然不觉。这样秦二世完全变成了孤家寡人，秦朝的权柄则被赵高所掌控，"赵高常侍中用事，事皆决于赵高"③。

指鹿为马和李斯被害事件充分说明，一个人不与外界接触，就会失去正常的思维能力和判断能力，秦二世完全被赵高玩弄于股掌之间，成为赵高操纵的傀儡。赵高借二世之手将秦朝带向了灭亡之路，实现了自己报复秦朝、毁灭秦朝的目标。玩火者必自焚，子婴取代二世被扶持为秦君后，设计诛杀了赵高，赵高也未能摆脱秦亡殉葬者的命运。

在历史发展中，偶然性与必然性都在不同程度地发挥着作用，正如马克思所说："如果'偶然性'不起任何作用的话，那么世界历史就会带有非

---

① 司马迁：《史记》卷 6《秦始皇本纪》，第 268 页。
② 司马迁：《史记》卷 6《秦始皇本纪》，第 271 页。
③ 司马迁：《史记》卷 87《李斯列传》，第 2558 页。

常神秘的性质。这些偶然性本身自然纳入总的发展过程中，并且为其他偶然性所补偿。但是，发展的加速或延缓在很大程度上是取决于这些'偶然性'的，其中也包括一开始就站在运动最前面的那些人物的性格这样一种'偶然情况'。"① 童年的经历如同一场迷藏游戏，它伴随了秦始皇的一生，也影响了秦朝的政治乃至命运。

第三节　权力情结与权力崇拜

秦始皇的诞生，与权力运作有着密切的关系。自来到世间，更与权力结下了不解之缘。在权力的波谲云诡中，他的命运随之起伏变化。青少年时期，秦始皇虽处于权力的漩涡之中，却不能掌控权力，而围绕权力展开的一系列斗争还伤害着他的心灵。经过隐忍、学习、历练，亲政后，秦始皇表现出了极强的权力操控能力和高超的政治运作水平，不仅挫败了所有的竞争对手，而且通过完成统一大业，使自己的权力达到了前所未有的高度。获取最高权力后，秦始皇醉心于利用权力满足自己的欲望，补偿自己的创伤，在享受权力盛宴的同时，也遭受着权力的反噬。晚年的秦始皇越来越迷失了心智，将自己与秦国都带上了不归之路。

一、权力情结的产生

秦始皇的父亲异人，作为人质被派往赵国，本来已成政治上的"弃子"。然而，由于大商人吕不韦看重了他身上的政治潜力，也就是权力潜力，通过一系列运作，有了咸鱼翻身的机会，成为秦国的王位继承人。秦始皇的母亲，离开大商人吕不韦，投入到异人的怀抱，无疑也是权力因素所起的作用。

（一）童年经历与权力感悟

秦始皇出生在邯郸围城之中，当时秦赵关系紧张，赵人无比痛恨秦人。

---

① 《马克思恩格斯全集》第 33 卷，人民出版社 2016 年版，第 210 页。

秦始皇来到人间，便面对着周围仇恨和鄙视的目光。秦始皇 3 岁时，刚刚有了懵懂的意识和简单的表达，父亲就在吕不韦的操纵下，抛妻弃子回到秦国。嬴政母子被留在赵国达 6 年之久，在赵国的追杀之中，渡过了人生最艰难的时光。在此期间，母亲会给他讲述父亲的故事：围绕权力，父亲由质子变成了王储；为了权力，父亲只身回到秦国。聪明的小嬴政已经意识到，在父亲的眼里，权力的诱惑远比妻儿重要。少年嬴政接受的第一次权力教育是痛苦的，也是刻骨铭心的。

随着秦昭襄王的去世，秦始皇的祖父秦孝文王即位，孝文王即位不久很快去世，秦始皇的父亲子楚成为秦国的君主，也就是秦庄襄王。在秦强赵弱的情况下，为了结好秦国，赵国将嬴政母子礼送回国。在回国的过程中，9 岁的嬴政体会到了赵人态度的变化，因为父亲掌握了秦国的最高权力，自己与母亲由被追杀的逃犯变成了秦国礼送回国的座上宾。

回国后，9 岁的嬴政成为秦国的王储，再也不用过那种胆战心惊、东躲西藏的日子了。"在这期间，嬴政肯定会感受到别人由轻视、威胁、嘲弄到巴结、畏惧、逢迎的态度转化。强烈的炎凉、冷暖对比，不同生活环境的巨大反差，使嬴政几乎从产生记忆的时候起，就体会到了权力的神奇魔力。"①

（二）少年秦王的权力迷失

庄襄王在位 3 年去世，13 岁的嬴政即位为秦王，登上了秦国最高的权力宝座。按照秦国的传统，君主 22 岁才能亲政，在亲政前，嬴政只是名义上的君主。"王年少，初即位，委国事大臣。"② 作为名义上的君主，嬴政不仅未能掌握实际上的权力，而且还面临着众多的权位竞争者。

在秦国，当时拥有最大权势者是丞相吕不韦。吕不韦因将在赵国作人质的子楚拥立为秦王有功，在庄襄王时就被任命为丞相，并得到封侯之位。庄襄王临终前，又将 13 岁的嬴政托付给吕不韦，让嬴政对他以"仲父"相称，并将吕不韦的官职由丞相改为相国。吕不韦是一个有着极大政治野心的

---

① 　王绍东：《论秦始皇的权力万能思想与秦朝政治》，《咸阳师范学院学报》2013 年第 1 期。
② 　司马迁：《史记》卷 6《秦始皇本纪》，第 223 页。

人，他冒险投资子楚，就体现了这一点。吕不韦也竭力扩充着自己的权力。他效仿战国四公子的做法，豢养门客 3000 人，收揽各类人才。还组织门客编写《吕氏春秋》，既是为了扩大自己的影响，也是为了探讨统一后的治国方略。吕不韦想用自己的治国思想影响秦始皇，塑造秦始皇。有人问吕不韦编写《吕氏春秋》十二纪的目的，他回答说："尝得学黄帝之所以诲颛顼矣，爰有大圜在上，大矩在下，汝能法之，为民父母。"① 言外之意，就是要像当年黄帝训导颛顼一样来培养和辅导少年嬴政，通过总结历史上的治国经验与思想，给秦王设置规矩方圆，使他能以此治国理政。当时秦王嬴政离不开吕不韦，但对吕不韦独享权力也极为反感。这段时间是吕不韦的高光时刻，当年的冒险投资都已变现，以至于秦始皇的母亲赵太后又投入了其怀抱。作为商人出身的政治家，吕不韦精明睿智且博览群书，他知道历史上充当太后情人者无不冒着身败名裂的风险，为了自身安全，他需要尽早脱身，便把嫪毐推到了前台。

嫪毐由市井小儿骤变为太后面首，乍尝权力蜜汁，便不免为之癫狂。他与太后形影不离，凭恃太后恩宠，贪得无厌地索取私利。在秦始皇亲政的前一年（前 239），获得了封侯之位，且被授予领地。嫪毐参与国家政治，"事无小大皆决于毐"②；积累巨额财富，"家僮数千人"③；操纵官吏任免，"诸客求宦为嫪毐舍人千余人"④。随着权力地位的擢升，嫪毐的政治野心也恶性膨胀。他甚至与太后谋划："王即薨，以子为后。"⑤ 如果能置秦始皇于死地，就让他们的儿子作秦国国王。

嫪毐的假宦官身份及与太后的苟且之事，越隐秘越能长久，越能保护自己的安全。但小人得志的嫪毐，却难以掩饰自己的得意忘形。一次，他与皇帝身边的侍中左右及贵臣赌博喝酒，竟然醉酒狂言："吾乃皇帝之假父也，

① 高诱注：《吕氏春秋》卷 12《季冬纪第十二》，《诸子集成》第 9 册，第 122 页。
② 司马迁：《史记》卷 6《秦始皇本纪》，第 227 页。
③ 司马迁：《史记》卷 85《吕不韦列传》，第 2511 页。
④ 司马迁：《史记》卷 85《吕不韦列传》，第 2511 页。
⑤ 司马迁：《史记》卷 85《吕不韦列传》，第 2512 页。

婪人子何敢乃与我亢?"① 嫪毐的这种得志猖狂、卑鄙丑陋之态,连皇帝身边的人都无法忍受,他们跑去报告给秦始皇,但由于尚未亲政,嬴政只能把仇恨埋在心里。

在亲政前,秦始皇的权位竞争者还有弟弟成蟜等人。《史记·秦始皇本纪》记载:"八年,王弟长安君成蟜将军击赵,反,死屯留,军吏皆斩死,迁其民于临洮。将军壁死,卒屯留、蒲鹬反,戮其尸。"② 根据李开元在《秦始皇的秘密》一书中的推断,成蟜是秦始皇的弟弟,是秦庄襄王与从韩国娶的嫔妃所生,受到庄襄王的生母夏太后的宠爱与支持。他亦图谋夺取秦国的王位,嫪毐所以被封侯,可能就是因告奸成蟜谋反事件立的功。③

从登上王位到亲政的这段时间,众多势力觊觎着秦国的最高权力,并围绕权力展开了一系列明争暗斗。秦始皇尽管早熟,并对权力有着极度的渴望,但别人仍把他当作一个懵懂少年看待,实际权力先后操控在母亲和母亲的情人吕不韦及嫪毐手中。"这时的秦国,人们几乎是只知道有吕不韦,而不知道有秦王政。后来,太后又与假宦官嫪毐通奸。吕不韦与嫪毐之间也展开了权力争夺。面对吕不韦和嫪毐利用权力,飞扬跋扈,亲生母亲与他们狼狈为奸的情况,嬴政无法容忍但又无可奈何,因为权力尚未掌握在自己手中。没有权力,根本不可能有所作为。这时的嬴政,一方面随时觊觎着权力,同时又必须不露声色、忍辱负重、委曲求全,暗中学习知识、增长才干、历练本领、积蓄力量。与此同时,秦国兼并六国的步伐也在不断加快。这使嬴政不仅憧憬着掌握秦国大权时刻的到来,更希望把自己的权力延伸到六国之中。"④

亲政前的秦始皇,因不能掌握权力而痛苦。他的心灵受到权力旁落的煎熬,也体会着权力的魔力,积累着自己的权力欲望。"在人的各种无限欲

---

① 刘向:《说苑校证》卷9《正谏》,向宗鲁校证,第215页。
② 司马迁:《史记》卷6《秦始皇本纪》,第224—225页。
③ 李开元:《秦始皇的秘密》,第34—41页。
④ 王绍东:《论秦始皇的性格及形成原因》,《秦汉研究》第8辑,陕西人民出版社2014年版,第43—53页。

望中，主要的是权力欲和荣誉欲。两者虽有密切关系，但并不等同。……获得权力往往是获得荣誉的最便捷的途径。"① 在追逐权力的道路上，秦始皇表现出愈挫愈勇的气质。他渴望着报复性胜利，"报复性胜利的需要常常不可抗拒地，大部分以潜意识的冲动表现在人际关系中，如让他人受挫，以智取胜或者打败他人"②。一旦机会来临，秦始皇便会开始他的行动。

二、从铁腕君主到专制皇帝

按照秦国传统，秦始皇九年（前238），22岁的嬴政要举行冠礼，意味着他要履行秦王职责了，这时秦国国内的权力争夺也到了白热化的程度。嬴政能否完成亲操权柄的过渡？能否实现自己的权力最大化目标？历史期待着他也考验着他。

（一）清除政敌、大权独揽的铁腕君主

按照儒家典籍，男子举行冠礼的年纪是20岁。嬴政22岁举行冠礼，有人认为是因为赵太后与嫪毐为掌控权力，推迟了嬴政的冠礼时间。实际情况并非如此，据《史记》及其三家注的相关史料记载：秦惠文王"十九而立"③，"三年，王冠"④，昭襄王同样"十九年而立"⑤，"三年，王冠"⑥，两人都是22岁举行的冠礼。可见，22岁君主举行冠礼并开始亲政是秦国的传统。

嬴政亲政前，秦国政坛阴云密布，险象环生。嫪毐不满足自己的面首身份，更不甘于隐居后台。在太后的默许和帮助之下，嫪毐如同一个得雨露滋润的毒蘑菇，快速成长壮大起来。他利用一切手段发展自己的势力，将宫廷警卫大臣卫尉竭、首都地区的最高军政长官内史肆、掌管宫内弓矢射箭的武官佐弋竭、宫廷顾问长官中大夫令齐等20多名政府高官都笼络到了自己

---

① ［英］伯特兰·罗素：《权力论——新社会分析》，吴友三译，商务印书馆1991年版，第3页。

② ［美］卡伦·霍妮：《神经症与人的成长——自我实现的挣扎》，邹一祎译，第11页。

③ 司马迁：《史记》卷6《秦始皇本纪·索隐》，第289页。

④ 司马迁：《史记》卷5《秦本纪》，第205页。

⑤ 司马迁：《史记》卷6《秦始皇本纪·索隐》，第289页。

⑥ 司马迁：《史记》卷5《秦本纪》，第210页。

阵营，几乎控制了整个咸阳宫。

嬴政决心利用举行冠礼的机会夺回权力，但咸阳城被嫪毐及太后势力控制得密不通风。审时度势之下，嬴政决定离开咸阳到雍地举行冠礼。雍地曾是秦国的首都，那里埋葬着秦代的先君，也是秦国举行各种祭祀大典的地方。到那里举行冠礼，一可以躲开嫪毐的势力，保证冠礼的顺利举行；二可以利用祖先的灵佑增加王位的权威，扩大自己的势力；三可以从容组织调集力量对付嫪毐，为清除嫪毐势力做好准备。

对于嫪毐来说，秦王亲政，则意味着自己权力的转移与丧失。他也意识到自己与嬴政不共戴天的关系，决定铤而走险，以政变方式夺取权力。嫪毐窃取了秦王玉玺和太后的玉玺，调发临近各县的士兵、首都的骑兵、少数民族首领手中的军队，再加上他掌握的咸阳宫卫军队及自己的舍人，准备从咸阳直接进攻雍地的蕲年宫，一举消灭嬴政。

由于首都的军事力量都掌握在嫪毐的手中，要平定叛乱，就要调动国家的军队。嬴政即位后，秦国在吕不韦的主持下，加快了统一六国的进程，每年都对六国进行着蚕食。可见，吕不韦对秦国军队有很大的控制权与影响力。当时吕不韦的处境非常微妙，他将嫪毐推荐给太后，嫪毐却摆脱了他的控制，甚至对吕不韦的权位形成了直接威胁。嬴政看到了这一点，他利用吕不韦与嫪毐之间的矛盾，将吕不韦拉到了自己一边。吕不韦痛恨嫪毐的小人得志，也希望与嬴政联合清除嫪毐势力，以便重新掌控权力。嬴政还得到了朝中重臣、楚系贵族昌平君、昌文君的支持。"令相国昌平君、昌文君发卒攻毐，战咸阳，斩首数百。"① 本以为胜券在握的嫪毐没有想到秦王嬴政的绝地反击，仓皇之间败下阵来。嬴政对嫪毐及其党徒进行了毫不留情的镇压，不仅稳定了局势，而且将权力逐步掌握在自己手中。

吕不韦本是秦国的相国，嬴政的"仲父"及导师，这次在平叛战争中立有大功，洋洋得意间等待亲政后的秦始皇论功行赏。这时，秦始皇借口审问嫪毐党徒牵连出吕不韦，"王欲诛相国，为其奉先王功大，及宾客辩士为

---

① 司马迁：《史记》卷6《秦始皇本纪·索隐》，第227页。

游说者众，王不忍致法"①。始皇九年九月夷灭嫪毐三族，一个月后，始皇十年十月（秦国以十月为岁首），就免除了吕不韦的相国职务，并让他离开首都到文信侯的封地河南居住。吕不韦免职之后，仍有大量官僚门客聚集其周围。卧榻之旁岂容他人酣睡，秦始皇感受到了吕不韦的威胁，又下令将其全家流放蜀地。吕不韦担心秦始皇会定自己死罪，也担心牵连家人，只好选择饮鸩自杀。

秦始皇在清除嫪毐与吕不韦势力时，分别采取了不同的策略。嫪毐嚣张猖狂，尽管聚集了一群乌合之众，但他根基尚浅，不得人心，秦始皇采取一举击溃、无情镇压的策略。吕不韦长期在秦国经营，力量雄厚，贡献卓著。秦始皇首先争取他的支持，将其拉入反对嫪毐的统一战线，保证了平叛战争的胜利。然后趁其不及防范谋划之际，以卷入嫪毐集团为借口，迅速解除了他的相国职务，接着令其离开首都，流放蜀地，被迫自杀。这种步步为营，步步紧逼的策略，既让其无力对抗，也避免了产生暴力冲突的危险，兵不血刃地瓦解了强大的吕不韦集团。

对于母亲，秦始皇有着极为复杂的感情。母亲曾与他度过了一段最艰难的幼年时光，在赵国的追杀中全力保护了他的性命。回国后，特别是在亲政前，母亲却带给他无比的伤害与耻辱，秦始皇对母亲的感情也经历了由爱转恨的过程。平定嫪毐叛乱后，秦始皇将母亲赶出首都咸阳，让她到雍地居住，实际上对她进行了流放加软禁。

嫪毐与吕不韦分别来自赵国和卫国，他们长期操纵秦国权力，已经引起了秦宗室贵族的嫉恨与不满。在逼吕不韦自杀的同一年，韩国派水工郑国为秦国修渠以行"疲秦之计"的阴谋被发觉。"秦宗室大臣皆言秦王曰：'诸侯人来事秦者，大抵为其主游间于秦耳，请一切逐客。'"②刚刚镇压嫪毐叛乱，罢免吕不韦，又发现了郑国的间谍身份和疲秦使命，激愤之际秦始皇接受了宗室的建议，下令将一切在秦国的外国客卿逐出国境。这时，李斯给秦

---

① 司马迁：《史记》卷 85《吕不韦列传》，第 2512 页。

② 司马迁：《史记》卷 87《李斯列传》，第 2541 页。

始皇上《谏逐客书》，阐述了外国客卿对秦国历史发展的贡献，分析了逐客的后果及危害，秦始皇接受了李斯的建议，不仅停止了逐客令，并开始重用李斯。

以亲政为标志，秦始皇乍一登上政治舞台，就表现出了高超的政治手腕和政治智慧。经受住了严峻的政治考验，先后将权力的竞争者嫪毐、吕不韦、母太后赶下政坛，体现了一个年轻政治家的审时度势能力和果断坚定的决策能力。受情绪左右，曾经下令驱逐外国客卿，但发现这样的决策对秦国统一大业不利时，就及时进行调整，展示了一个成熟政治家的干练与才华。"嬴政初露锋芒，就消灭两大政治集团，扫平了自己自由行使权力的障碍，从此，他就可以不受任何人的牵制而牢牢掌握秦国的政权，尽情施展自己的政治才华，去实现自己的政治理想了。"[①]

(二) 荡平六国、一统天下的战略抉择

曾经饱受权力丧失之苦的秦始皇，最大的愿望就是无限扩张自己的权力，补偿因权力缺失带给自己的痛苦与伤害。亲政之后，秦始皇将国内的权力牢牢控制在自己手中。当时，统一已成不可阻挡之势。在赵国痛苦生活的经历，扩展权力的强烈愿望，都促使秦始皇加速着统一的进程。他要把权力从秦国扩张到六国，他要以全面的胜利，真正完成对缺陷的补偿。对于渴望报复性胜利的人而言，"无论如何，无休止地追求更多的声望、更多的金钱、更多的女人，更多的胜利和征服会一直持续，伴随着几乎不存在的满足感和停歇"[②]。

嬴政亲政之时，尽管秦国已经形成了对六国的绝对优势，但真正消灭六国，统一天下，还需要坚定的决心和适宜的战略。在秦始皇之前，秦与六国进行的还属于兼并战争，战争的主要目标是蚕食六国的土地，削弱六国的力量。要想真正完成统一，必须下定决心将兼并战争转化为统一战争。与兼并战争相比，统一战争遇到的抵抗会更加坚决，战争会更加惨烈，六国联合

---

① 于琨奇：《秦始皇传》，南京大学出版社 2002 年版，第 53 页。

② [美] 卡伦·霍妮：《神经症与人的成长——自我实现的挣扎》，邹一祎译，第 15 页。

抗秦的可能性会更大。一着不慎或许会导致满盘皆输。历史上，有着众多弱国战胜强国的事例，嬴政对此有清醒的认识。在他亲政后，把进行统一战争提上了议事日程，展示了他坚定果敢的一面。在作出最终战略决策过程中，李斯、尉缭发挥了重要作用。

秦王嬴政尚未亲政之前，李斯就向他提出了变兼并战争为统一战争的谋略。"夫以秦之强，大王之贤，由灶上扫除，足以灭诸侯，成帝业，为天下一统，此万世之一时也。"① 经过几代人的奋发进取，秦国已经迎来了千载难逢的统一时机。但胜机中存在危机，能否把握机会，将胜机转化为胜利，秦人尚面临严峻的考验。"今怠而不急就，诸侯复强，相聚约从，虽有黄帝之贤，不能并也。"② 机会稍纵即逝，绝对不能丧失。秦王嬴政非常赞同李斯的建议与主张，坚定了统一天下的决心和信心。"同时，李斯还向嬴政提出了加速统一战争的具体战术和行动计划：用金钱收买各国的权臣，让他们为秦所用；对于坚决主张与秦对抗的各国大臣，用暗杀的手段除掉他们；采用离间计，打破六国之间的抗秦图谋，破坏各国君臣的内部团结；一旦时机成熟就大军压境。"③ 李斯认为，六国之中韩国最弱，应该把韩国作为第一个消灭对象，对其他各国形成威慑。嬴政接受了李斯的建议，将李斯提拔为郎官中的长史，让他陪侍自己左右。

继李斯之后，尉缭也提出了类似的建议。"以秦之强，诸侯譬如郡县之君，臣但恐诸侯合从，翕而出不意，此乃智伯、夫差、湣王之所以亡也。愿大王毋爱财物，赂其豪臣，以乱其谋，不过亡三十万金，则诸侯可尽。"④ 尉缭列举了一系列历史教训，晋国的智伯没有果断铲除比自己力量弱小的韩、赵、魏，反而被三家联手攻灭，导致了三家分晋。吴王夫差没有在打败越王勾践后痛下杀手，消灭越国，结果越王勾践卧薪尝胆，生聚教训，反过来灭

---

① 司马迁：《史记》卷 87《李斯列传》，第 2540 页。
② 司马迁：《史记》卷 87《李斯列传》，第 2540 页。
③ 王绍东：《李斯"老鼠哲学"的时代精神与历史局限》，《西安财经学院学报》2018 年第 4 期。
④ 司马迁：《史记》卷 6《秦始皇本纪》，第 230 页。

掉了吴国。齐湣王没有借燕国俯首称臣之际吞并它，反而被燕昭王招贤纳士，联合各国大举反攻，齐国几乎亡国。秦国如不能当机立断，消灭六国，六国也有联合起来，扭转局势的可能。尉缭建议秦王嬴政要不惜钱财收买六国权臣，使六国间离心离德，尽可能消除秦国统一道路上的障碍。秦王嬴政对于尉缭的建议极为赞赏，尽管尉缭背后攻击自己，还是给他极高的待遇，把他提拔为国尉。

韩非也认为，在秦昭襄王时期，由于未能实现变兼并战争为统一战争的战略转变，没有下定灭六国的决心，结果错失了统一时机。"秦与荆人战，大破荆，袭郢，取洞庭、五湖、江南，荆王君臣亡走，东服于陈。当此时也，随荆以兵，则荆可举；荆可举则民足贪也，地足利也，东以弱齐燕，中以凌三晋，然则是一举而霸王之名可成也，四邻诸侯可朝也，而谋臣不为，引军而退，复与荆人为和。令荆人得收亡国，聚散民，立社稷主，置宗庙，令率天下西面以与秦为难。此固以失霸王之道一矣。天下又比周而军华下，大王以诏破之，兵至梁郭下，围梁数旬，则梁可拔，拔梁则魏可举，举魏则荆赵之意绝，荆赵之意绝则赵危，赵危而荆狐疑，东以弱齐燕、中以凌三晋。然则是一举则霸王之名可成也，四邻诸侯可朝也。而谋臣不为，引兵而退，复与魏氏为和，令魏氏反收亡国，聚散民，立社稷主，置宗庙，令（率天下西面以与秦为难）。此固以失霸王之道二矣。前者穰侯之治秦也：用一国之兵而欲以成两国之功，是故兵终身暴露于外，士民疲病于内，霸王之名不成。此固以失霸王之道三矣。"① 韩非认为，秦昭襄王时期曾面临多次统一天下的机会。一次是秦国攻陷了楚国首都郢，本可一举消灭楚国，成就霸业，结果秦国退兵。一次是秦国包围了魏都大梁，本可一举攻破大梁，然后胁迫他国臣服，结果与魏讲和。一次是穰侯魏冉治秦之时，既想成就秦国霸业，又想兼顾封国私利，结果难以助秦兼并各国。三次错失统一时机，是因为秦国所用大臣不当和君主统一决心不够坚定。嬴政即位后，尽管对六国取得了进一步的优势，但秦国也在战争中遭受了巨大的消耗和损伤，如果不能

① 　梁启雄：《韩子浅解》第 1 篇《初见秦》，第 5—7 页。

准确把握时机，仍面临着巨大风险。"内者吾甲兵顿，士民病，蓄积索，田畴荒，困仓虚；外者天下皆比意甚故。愿大王有以虑之也。"① 韩非的提醒是很有道理的。

秦王在国内获得了最大的权力，但幼年时在赵国受辱的伤痛并未平复。为了弥补心灵的创伤，在他的潜意识里，"他有权对他人为所欲为，有权令所有人不介意或者不向他反击。换句话说：'没有人可以伤害我而不受到惩罚，但是我可以不受惩罚地伤害任何人'"②。要想满足这样的心理，就要实现对天下的统治。李斯、尉缭等政治家的分析与秦王不谋而合，坚定了秦王统一天下的战略决心。

秦王将统一天下、获取最大权力作为自己的奋斗目标，以满足自己的报复性心理。"神经症的报复行为其目的不是'扯平'，而是通过更重地反击而获得胜利。只有胜利可以修复自负所赋予他幻想中的伟大。正是这种修复自负的才能，使神经症的报复性变得难以置信的顽固，这也解释了它的强迫性特征。"③ 心理学家的分析，可以帮助我们理解秦始皇排除各种干扰因素，坚定推进统一进程的心理及个性原因。于琨奇认为："嬴政作为秦国的国君，他之所以能用十年时间一统天下，除了秦国历代所积累的政治、经济、军事、外交优势以及秦国得天独厚的地理条件外，嬴政本人在确立政治路线与使用人才方面的特殊作用，也是秦国能统一全国的不可忽视的重要原因。"④

为了完成统一大业，秦始皇特别重视对人才的选拔、信任和使用，因为他知道，没有人才就无法实现自己的政治目标。心理学家认为，具有报复性人格的人获取胜利的愿望极为迫切。"一种迫切的获得胜利的需要使这一类型极其具有竞争性。事实上，他不能容忍任何人所知道的或者所成就的比他多，拥有的权力比他多，或者以任何方式质疑他的优越性。他会强迫性地把他的对手拖垮或者击败他。即使为了事业他把自己放在次要的位置，他

① 梁启雄：《韩子浅解》第 1 篇《初见秦》，第 9 页。
② ［美］卡伦·霍妮：《神经症与人的成长——自我实现的挣扎》，邹一祎译，第 193 页。
③ ［美］卡伦·霍妮：《神经症与人的成长——自我实现的挣扎》，邹一祎译，第 90 页。
④ 于琨奇：《秦始皇传》，第 168 页。

也会谋划着最终的胜利。"①秦始皇就是能够"为了事业把自己放在次要的位置"的人。

尉缭虽然是魏国布衣，但具有杰出的政治才能与军事才能。他来到秦国后向秦王游说，指出对于秦国来说，六国中的任何一个国家都无力与秦单独抗衡，但必须防止六国联合的图谋，历史上多有小国联合打败强国的事例。解决的办法就是以财物为诱饵，贿赂收买诸侯国的权臣，离间各国的君臣关系，这样，"不过亡三十万金，则诸侯可尽"②。秦王极为欣赏尉缭的谋略，给予他极高的礼遇。"见尉缭亢礼，衣服食饮与之同。"③尉缭对秦王过度谦卑、不合常理的做法反而产生了疑虑。在他看来，秦王其人"少恩而虎狼心，居约易出人下，得志亦轻食人。我布衣，然见我常身自下我。诚使秦王得志于天下，天下皆为虏矣。不可与久游"④，然后就想逃离秦国。对于尉缭的诋毁和攻击，秦王不仅没有追究，而且坚决挽留，让他担任秦国的国尉，主管全国军事，并按其谋划加速推进秦国的统一。

顿弱是魏国人，很有谋略和见解，秦王听说后，想要召见他。顿弱保持了战国时期士人的格调，提出："臣之义不参拜。王能使臣无拜，即可矣；不，即不见也。"⑤秦王答应了顿弱的苛刻条件，并向他咨询怎样才能兼并山东六国。顿弱认为："韩，天下之咽喉；魏，天下之胸腹。王资臣万金而游，听之韩、魏，入其社稷之臣于秦，即韩、魏从，韩、魏从而天下可图也。"⑥秦王赞同顿弱的建议，"乃资万金，使东游韩、魏，入其将相；北游燕、赵，而杀李牧。齐王入朝，四国毕从，顿子之说也"⑦。

为了推进统一事业，达到权力的最高峰，秦王还能知错就改，从谏如流。因郑国行"疲秦之计"，嬴政下达逐客令。李斯从历史与现实两方面为

---

① ［美］卡伦·霍妮：《神经症与人的成长——自我实现的挣扎》，邹一祎译，第 186 页。
② 司马迁：《史记》卷 6《秦始皇本纪》，第 230 页。
③ 司马迁：《史记》卷 6《秦始皇本纪》，第 230 页。
④ 司马迁：《史记》卷 6《秦始皇本纪》，第 230 页。
⑤ 《战国策》卷 6《秦四》，第 56 页。
⑥ 《战国策》卷 6《秦四》，第 56 页。
⑦ 《战国策》卷 6《秦四》，第 56—57 页。

秦王分析逐客的严重后果和巨大危害。指出："今乃弃黔首以资敌国，却宾客以业诸侯，使天下之士退而不敢西向，裹足不入秦，此所谓'藉寇兵而赍盗粮'者也。"①逐客行为不仅会削弱秦国的实力，客观上帮助了敌国，而且还可能给国家带来危险。"今逐客以资敌国，损民以益仇，内自虚而外树怨于诸侯，求国无危，不可得也。"②秦王认为李斯说的对，当即收回成命，不仅恢复了李斯官职，而且很快提拔他为廷尉。嫪毐政变被平定后，秦王对嫪毐及其集团进行严厉处罚，将母亲赵太后软禁于雍地。齐人茅焦劝说他应将母亲接回咸阳，否则，"今天下闻之，尽瓦解无向秦者，臣窃恐秦亡，为陛下危之"③。茅焦向秦王陈述利害，对母亲问题的处理是否得当，直接关系到秦国的统一大业。秦王立即平复自己的激化情绪，让感情服从于理性，服从于统一天下的目标，把母亲接回咸阳，并对茅焦加以封赏。秦王否决王翦率60万大军平定楚国的要求，任命李信为将领率20万军队伐楚，结果遭到惨败。当他认识到自己的错误，立即向王翦诚恳道歉，恳请他再次出山，率60万大军伐楚，最终灭掉了楚国。

从心理学上分析，嬴政所追求的是报复性胜利。"它的主要目的是通过自己十足的成功羞辱他人或打败他人；或者通过越来越高的地位获取权力，让他人遭受苦难——大部分情况是以羞辱的方式。从另一方面，追求卓越的驱力可能会退居为幻想。然后，报复性胜利的需要常常不可抗拒地，大部分以潜意识的冲动表现在人际关系中，如让他人受挫、以智取胜或者打败他人。我把这种驱力称作'报复性的'，因为这种推动力源于对童年遭受的屈辱所采取的报复性冲动，而这种冲动在之后的神经症发展中被强化了。"④嬴政知道，弥补昔日创伤的最佳途径是达到权力的巅峰。要实现这一目标，就需要借助人才力量，因此，他能够放下君主的架子，唯才是用，知错就改，用人不疑。嬴政善待人才，信任人才，重用人才，最大限度地聚集了一批文

---

① 司马迁：《史记》卷87《李斯列传》，第2545页。

② 司马迁：《史记》卷87《李斯列传》，第2545页。

③ 刘向：《说苑校证》卷9《正谏》，向宗鲁校证，第216页。

④ ［美］卡伦·霍妮：《神经症与人的成长——自我实现的挣扎》，邹一祎译，第11页。

臣武将，为推进统一事业奠定了坚实的人才基础。

确立了灭六国、一天下的战略目标，又聚拢了大批的人才力量，在秦王嬴政的部署调动之下，秦国的统一进程紧锣密鼓、毫不迟疑。秦国首先对最弱小的韩国发起攻击，公元前230年，灭掉了韩国，接着挥师攻赵。赵国是一个传统强国，攻赵之战中，秦军遇到顽强抵抗。秦国收买赵王宠臣郭开，离间赵王与名将廉颇、李牧的关系，使赵王驱走廉颇，诛杀李牧，自毁长城，公元前228年秦将王翦攻克赵国首都邯郸。秦王为了纾解多年来压抑的心头之恨，亲自赶到邯郸城，"诸尝与王生赵时母家有仇怨，皆坑之"①。太子丹为保存燕国，派荆轲刺秦王，秦王派王翦、辛胜攻燕。公元前226年，攻破了燕国首都蓟城，砍掉了太子丹的人头。公元前225年，秦王派大将王贲进攻魏国，用黄河之水灌大梁城，魏王投降秦国。为了灭楚，秦王先派李信率20万军队、又派老将王翦率60万军队持续攻击，公元前224年俘虏了楚王。齐国实力强大，又距离秦国最远，秦国收买齐相后胜。"后胜相齐，多受秦间金，多使宾客入秦，秦又多予金，客皆为反间，劝王去从朝秦，不修攻战之备，不助五国攻秦，秦以故得灭五国。五国已亡，秦兵卒入临淄，民莫敢格者。王建遂降，迁于共。"②公元前221年，秦国灭掉齐国，最终完成了统一大业。

在攻灭六国的过程中，秦一鼓作气，连续作战，绝不拖泥带水，犹豫不决。以"宜将剩勇追穷寇"的精神，败军夺地，虏王灭国，没有给六国任何喘息的机会。战略上，秦始皇采取非常得当的外交策略，远交近攻，破坏六国的联合图谋，实施各个击破。在具体战术上，秦国将军事进攻与离间收买结合起来，不惜重金收买贿赂各诸侯国的权臣，离间各国的君臣关系，从内部瓦解敌人，降低了灭六国的军事消耗和战争成本。在秦始皇之前，"秦国已经具备了统一天下的实力，但是，就是缺乏一个雄才大略的君王，他要敢于下统一天下的决心；他要有能力绝对地掌控秦国的政权，调动秦国的所

---

① 司马迁：《史记》卷6《秦始皇本纪》，第233页。
② 司马迁：《史记》卷46《田敬仲完世家》，第1902—1903页。

有人力、物力、财力投入这场空前规模的大战；他还必须能够制定正确的战略和正确的策略以保证统一大业的顺利进行；他还必须具备坚忍不拔的意志以应对任何不可预测的失败与挫折。只有这样的人，才能奋秦国孝公、惠文王、武王、昭王、孝文王、庄襄王六世之余烈，完成他们孜孜以求的统一大业"①。秦始皇恰恰具备了上述素质与能力，最终完成了统一大业。历史选择了秦始皇，秦始皇也书写了历史的新篇章。

三、权力崇拜与权力滥用

随着秦朝的统一，秦始皇也获得了前所未有的权力。他感受着权力的魔力，享受着权力的盛宴。与此同时，秦始皇在从使他沉醉的权力中吸吮甘美乳汁的同时，也遭受着权力的反噬，在权力中逐渐迷失了自我。"秦始皇在获得至高无上权力的过程中，也开始了对权力的过度崇拜和迷信。在他看来，权力可以取代道义、蔑视历史、代替法律、超越规律。秦始皇权力万能思想的形成有多种原因，法家路线在秦国的实施、个人的成长经历、战争的环境与统一的成功，都强化了秦始皇权力万能的观念和意识。被秦始皇认定为万能的权力，带给秦王朝的却是短命而亡的命运。"②

（一）至高无上权力的获得

在嬴政看来，灭掉六国后，原来的"秦王"称号已经不足以体现自己的地位了。统一全国后，他下的第一道诏令，就是确立一个与自己权力地位相对应的新称号。夏商周时期，最高统治者称"王"，也称"天子"。"王"的本意表示战斧，也就是掌握军权，具有生杀之威者。随着周天子地位的衰落，各诸侯国纷纷自称为王。秦灭六国，一统天下，嬴政认为，如果再以"王"相称，就无法显示自己的巨大功业了。实际上，夏商周时期，表面上王是天下共主，"溥天之下，莫非王土，率土之滨，莫非王臣"③。实际上，

---

① 于琨奇：《秦始皇传》，第 26 页。

② 王绍东：《秦始皇权力万能思想与秦朝政治》，《咸阳师范学院学报》2013 年第 1 期。

③ 《毛诗正义》卷 13《谷风·北山》，李学勤主编《十三经注疏》（标点本，第 3 册，中），第 797 页。

王权却受到了种种限制。首先，王权受到贵族权力的制约。宗亲贵族可以参政、议政、辅政，可以用谏议等形式限制王权，可以通过贵族会议否决王的决定，甚至放逐失德之王。其次，王权受到诸侯方国的制约。夏商周时期，国家结构是封建割据式的。王的权力往往限于他直接控制的王畿之内，王畿之外则分封众多的诸侯国。诸侯王虽对天子有拱卫、纳贡的义务，但王不能直接统治诸侯王控制的领地。各诸侯国有着巨大的离心倾向，如果王的权势衰落了，各诸侯国就会不再听令于他，甚至会出现"挟天子以令诸侯"的局面。第三，王权还受到天地、鬼神、祖先、道德等因素的限制。先秦时期，君主是否合法，还要得到上天的认可；王权的运作，要符合天道君德，否则，君权就会被替代，就会丧失。因此，王权要在道德的范围内运作。

秦始皇灭掉六国后，增加了战胜心灵自卑的信心，追求的目标是成为无所不能、万人崇拜的神明。"他们想成为全世界关注的中心，万众瞩目；他们想与整个世界建立联系，耳听八方，预知未来，掌握超自然的能力。"① 秦王嬴政灭掉了六国之王，自然不愿意再用旧有的"王"的称号，更不愿意自己的权力受到任何制约。他统一天下后下的第一道诏令就是重新确立自己的称号。"寡人以眇眇之身，兴兵诛暴乱，赖宗庙之灵，六王咸伏其辜，天下大定。今名号不更，无以称成功，传后世。其议帝号。"② 朝廷大臣经过集体讨论，认为秦王所取得的成就，"自上古以来未尝有，五帝所不及"③，已经超过了历史上的"五帝"，直追传说中的圣王"三皇"了。建议："古有天皇，有地皇，有泰皇，泰皇最贵。臣等昧死上尊号，王为'泰皇'。命为'制'，令为'诏'，天子自称曰'朕'。"④ 大臣博士们挖空心思上"泰皇"称号。"泰字具有初、元、一的意义。它的尊贵，高出于天皇、地皇，是太一之神。"⑤ "泰皇"强调了君主权位的神圣性，与"天子"的含义有类似之

①　[奥] 阿尔费雷德·阿德勒：《自卑与超越》，汪小玲译，第 57 页。

②　司马迁：《史记》卷 6《秦始皇本纪》，第 236 页。

③　司马迁：《史记》卷 6《秦始皇本纪》，第 236 页。

④　司马迁：《史记》卷 6《秦始皇本纪》，第 236 页。

⑤　徐连达、朱子彦：《中国皇帝制度》，广东教育出版社 1996 年版，第 8—9 页。

处。但嬴政不满足于这样的称号，他荡平六国，一统天下，不仅是天神般的存在，而且还应该是人间秩序的掌控者，而高于"王"的"帝"则体现了这样的属性。因此决定"去'泰'著'皇'，采上古'帝'位号，号曰'皇帝'"①。皇帝的称号"不但意味秦始皇对自身所拥有的人世至上权位的绝对自负，同时也暗示着他对自己绝对功德的无比自信。'皇帝'不但意味着至上权力，同时意味着至高德行。"②通过"皇帝"称号，秦始皇认为自己不仅应该垄断行政权力，而且还要成为道德权威。"称皇帝，即是表明皇帝是高于人间之王，乃是天人合一、神人合一、代天治民、独一无二、拥有无上权威的人世间的主宰。"③与"皇帝"称号相伴，还有一套体现皇帝神圣性与唯一性的独断独享、君尊臣卑的制度体系。"皇帝集天地君亲师的权威于一身，其至上性、独占性、神圣性、绝对性，即使是神明也会自愧不如。"④

在秦始皇的旨意下，由李斯等人按照法家思想进行设计，形成了一套以皇帝为中心的政治体制，确保了皇权的至高无上和无所不包。"在皇帝的统治下，无论是政治、经济、军事、文化，还是立法、司法、社会生活的各个方面，没有皇权的强大势力伸不到的地方。"⑤

行政上，秦始皇将重大事项的决定权集中在自己手中。"天下之事无小大皆决于上"⑥，绝不允许大权旁落。尽管他日夜操劳，但"尽天下一切之权而收之在上，而万机之广，固非一人之所能操也。"⑦为了使皇帝既控制权力，又让臣下帮助自己处理政务，在中央设置三公九卿，分别负责不同事务，相互牵制，对皇帝负责，以大臣分权的方式达到皇帝集权的目的；在地方以郡县制代替分封制，郡县长官由皇帝任命，对皇帝负责。通过官僚体系

① 司马迁：《史记》卷6《秦始皇本纪》，第236页。
② 雷戈：《秦汉之际的政治思想与皇权主义》，上海古籍出版社2006年版，第83页。
③ 徐连达、朱子彦：《中国皇帝制度》，第9页。
④ 刘泽华：《中国的王权主义》，上海人民出版社2000年版，第240页。
⑤ 徐连达、朱子彦：《中国皇帝制度》，第203页。
⑥ 司马迁：《史记》卷6《秦始皇本纪》，第258页。
⑦ 顾炎武：《日知录集释》，黄汝成集释，栾保群、吕宗力校点，上海古籍出版社2014年版，第212页。

和行政体系，君主可以控制四海之内的每一个人。

财政上，皇帝视天下为自己的家产，九卿中的少府就是专门负责皇家财政的。"天下一家，何非君土？中外之财，皆陛下府库。"① 整个天下的财富皇帝予求予取，天下就变成了皇帝的产业。

军事上，皇帝拥有军队的最高指挥权和调动权。各级军事长官只负责军队的训练和日常管理，并不掌握调兵权与用兵权。发现的秦统一前的杜符铭文写道："兵甲之符，右在君，左在杜。凡用兵兴士被甲五十人以上，必会君符，乃敢行之。"同时也发现了秦始皇统一后的阳陵兵符，"甲兵之符，右在皇帝，左在阳陵"。② 说明调动一定数量的军队，必须得到皇帝的批准。秦朝统一后，设置的三公包括丞相、御史大夫和太尉，其中太尉掌管军事，但史书中并没有发现任职太尉者的记载。有人认为，秦始皇为了防止军权旁落，并没有任命太尉，而是由自己兼任。秦始皇兵马俑 3 号坑是军队的幕府机构形象，也就是军事指挥部，负责统帅左、中、右三军。值得关注的是，三军总指挥的位置空位以待，似乎是给秦始皇本人准备的。

司法上，皇帝掌握着最高立法权、司法权和最终裁判权。皇帝的意志就是判断一切是非的标准，皇帝的话就是法律。同时皇帝也高高凌驾于法律之上，不受任何法律的约束。"自秦统一建立皇帝制度以后，历代都采用专制主义政体。君主发布的诏、令、诰、谕、敕是法律的基本渊源，具有最高的法律效力，是指挥国家一切活动和司法实践的最有权威的根据。……在司法体系中，皇帝又是国家的最高审级，握有一切要案、大狱的最后决定权，生杀予夺悉凭上意。"③ 统一初期，秦始皇还能做到"事皆决于法"④，到后期，就变成了"天下之事无小大皆决于上"⑤ 了。

文化宗教上，皇帝具有文化的垄断权、道德的评判权和宗教的控制权。

---

① 顾炎武：《日知录集释》，黄汝成集释，栾保群、吕宗力校点，第 275 页。
② 陈直：《秦兵甲之符考》，《西北大学学报》1979 年第 1 期。
③ 张晋藩：《中华法系再议》，《江西社会科学》2005 年第 8 期。
④ 司马迁：《史记》卷 6《秦始皇本纪》，第 238 页。
⑤ 司马迁：《史记》卷 6《秦始皇本纪》，第 258 页。

秦始皇以政治权力控制文化，对异端学说进行镇压。只有皇帝才能"别黑白而定一尊"①，对皇帝的思想只能迎合不能有任何异议，否则就会逆龙鳞，遭遇不测之命运。焚书坑儒就是秦朝文化专制政策的体现。在秦朝专制皇权下，结束了战国时期百家争鸣的历史阶段，压抑了思想自由的空间。

在秦始皇的心中，他渴望通过无限度地扩张权力来弥补童年时期受到的压抑与产生的深度自卑。"对于扩张类型——认为掌控生活是关键的人来说，他往往有意识地或者潜意识地认同他的内在指令，并且为他的标准感到骄傲。他不会质疑它们的正当性，而且尽力用一种或另一种方式实现它们。他可能试图在他实际的行动上与它们一致。他应该是所有人的一切；他应该比其他人更能了解一切；他应该永远不犯错误；他应该在他尝试的所有事上永远不失败——总的来说，不论他特殊的'应该'是什么，都要实现它。"② 专制皇权的建立，既是历史发展的过程，也与秦始皇个人的经历、性格因素息息相关。"皇帝和皇帝制度影响了中国人民的命运至深且巨！它的威慑力量，外溥于九州四海，内达于穷乡僻壤，区域之内，皆为臣子；皇帝的权力，可以说是无处不在，无处不感到他的威力。"③ 秦始皇创制的皇帝制度，确立的皇帝权势，被后来的封建统治者所继承，影响了中国几千年的历史发展。

（二）权力崇拜与权力万能

"秦始皇统一全国后，制约权力的各种因素消失或者削弱，陶醉于统一的成功，沉迷于臣下的赞歌，秦始皇免不了忘乎所以起来，权力万能的思想不断膨胀。在他看来，自己的权力至高无上，可以不受任何约束，跨越一切界限，解决一切问题。"④

权力能取代道义。秦始皇确立"皇帝"称号，就是宣称自己已经掌握了天道，抛弃了先秦时期"道高于君"的观念，宣布道义不再对皇权构成任何约束。"今皇帝并一海内，以为郡县，天下和平。昭明宗庙，体道行德，

---

① 司马迁：《史记》卷6《秦始皇本纪》，第255页。
② ［美］卡伦·霍妮：《神经症与人的成长——自我实现的挣扎》，邹一祎译，第62页。
③ 徐连达、朱子彦：《中国皇帝制度》，第10页。
④ 王绍东：《秦始皇权力万能思想与秦朝政治》，《咸阳师范学院学报》2013年第1期。

尊号大成。"① 皇帝不仅能驾驭天下，还体现了最高的道义与德行，对皇帝的思想不容置疑，不需讨论。任何人以道义的名义对国家政治进行评判和议论，都是对皇帝的不敬。皇帝辛勤劳苦，是道德的化身，他已经替民众和社会考虑好了一切。"皇帝明德，经理宇内，视听不怠。作立大义，昭设备器，咸有章旗。职臣尊分，各知所行，事无嫌疑。黔首改化，远迩同度，临古绝尤。常职既定，后嗣循业，长承圣治。群臣嘉德，祗颂圣烈。"② 作为臣民要做的事情，就是体会其思想，接受其教育，遵循其安排，继承其事业，颂扬其功德。

权力可蔑视历史。在秦朝君臣看来，历史上被人们称颂的三皇五帝时代，已经无法和秦朝的辉煌相提并论了。"昔者五帝地方千里，其外侯服夷服，诸侯或朝或否，天子不能制。今陛下兴义兵，诛残贼，平定天下，海内为郡县，法令由一统，自上古以来未尝有，五帝所不及。"③ 那些所谓的古代圣王，无论是在社会教化、制度建设，还是法令推行、国家控制上都存在种种弊端，导致其最终灭亡。"古之五帝三王，知教不同，法度不明，假威鬼神，以欺远方，实不称名，故不久长。其身未殁，诸侯背叛，法令不行。"④ 在秦朝君臣的意识里，秦朝的功业、制度、法律、道德、疆域都已远超历史上的圣王时代。"始皇自以为功过五帝，地广三王，而羞与之侔。"⑤ 对自己的历史定位过高，使秦始皇过度的自信与自傲。他认为在至高无上的权力面前，可以无视历史的经验与价值。除了秦国的史书应该保留外，其他各国的史书都要烧毁。实际上，这样的心态还是对早期自卑经历的报复与补偿。"被早期不利的集群因素开启的神经症的发展，削弱他的核心存在。他变得和自己疏远并且分裂。他的自我理想化通过在头脑中把自己抬高到超越实际现实中的自己和他人，企图弥补造成的伤害。"⑥ 对历史的否定与蔑视，使秦

① 司马迁：《史记》卷6《秦始皇本纪》，第247页。
② 司马迁：《史记》卷6《秦始皇本纪》，第250页。
③ 司马迁：《史记》卷6《秦始皇本纪》，第236页。
④ 司马迁：《史记》卷6《秦始皇本纪》，第246—247页。
⑤ 司马迁：《史记》卷6《秦始皇本纪》，第276页。
⑥ [美] 卡伦·霍妮：《神经症与人的成长——自我实现的挣扎》，邹一祎译，第73页。

朝的统治者无法吸取过去社会发展中有益的经验和教训，不能发挥历史的借鉴垂训作用，也就无法作出符合历史规律的政治决策了。

权力会超越规律。秦始皇获得的权力是空前的，也任性地认为权力无所不能，甚至认为，历史规律与客观规律也要匍匐于权力之下。历史上的王朝，无不经历了兴亡盛衰的过程。民心向背，是政治兴衰的风向标。秦灭六国后，秦始皇指出："寡人以眇眇之身，兴兵诛暴乱，赖宗庙之灵，六王咸伏其辜，天下大定。"[①] 将统一天下的原因归结为个人的能力、军队的强大和祖先的保佑，丝毫没有提及人民群众为统一战争付出的牺牲与贡献。在秦始皇看来，至高无上的权力可以使自己的王朝摆脱得民心者得天下，失民心者失天下的规律，秦朝可以成为永恒的江山。他宣布："朕为始皇帝。后世以计数，二世三世至于万世，传之无穷。"[②] 认为秦朝已不再受历史上王朝兴衰规律的制约，也就不必研究历代王朝成败的经验与教训，不必考虑争取民心、安定民生的问题。其结果是把民众当作实现自己至高权力的工具，不考虑民众的愿望，以打天下的手段治天下。"秦离战国而王天下，其道不易，其政不改，是其所以取之守之者［无］异也。孤独而有之，故其亡可立而待。"[③] 在权力万能思想支配下，秦始皇的个人欲望也不断膨胀，他甚至想摆脱生老病死的自然规律，做起了长生不死、得道成仙的美梦。

秦始皇的权力崇拜与权力万能思想是由多种因素造成的。

首先是法家思想的影响。自商鞅变法以来，秦国力行法家政治。商鞅强调君主应独操权柄，统一官职，明确法律，令行禁止，否则就会导致国家的混乱与危险。"处君位而令不行，则危。五官分而无常，则乱。法制设而私善行，则民不畏刑。君尊则令行。官修则有常事。法制明则民畏刑。法制不明，而求民之行令者，不可得也。"[④] 韩非作为法家学说的集大成者，强调君主要独操权柄，法、术、势并重。"事在四方，要在中央；圣人执要，四

---

① 司马迁：《史记》卷6《秦始皇本纪》，第236页。
② 司马迁：《史记》卷6《秦始皇本纪》，第236页。
③ 司马迁：《史记》卷6《秦始皇本纪》，第283页。
④ 高亨注译：《商君书注译·君臣第二十三》，第169页。

方来效。"① 大臣不能擅作主张，不能自取威福，一切都要听命于君主。"臣毋或作威，毋或作利，从王之指；无或作恶，从王之路。"② 帝王独尊，对应的必然是臣民的绝对服从。人性自利，群臣亦欲获取更多的权势，对此，君主应该有清醒的认识，对任何人都不能轻信，否则可能会遭受被挟持或杀戮的下场。"人主之患，在于信人，信人则制于人。人臣之于其君，非有骨肉之亲也，缚于势而不得不事也。故为人臣者，窥觇其君心也，无须臾之休，而人主怠傲处其上，此世所以有劫君弑主也。"③ 即使儿子、妻子这些最亲近的人也不能完全信任，况且他人。大臣不能专擅任何权力，否则就会带来严重后果。"出军命将太重，边地任守太尊，专制擅命，径为而无所请者，可亡也。"④ 大臣不能有财权，"臣制财利则主失德"。大臣不能掌握人事任免权，"臣得树人则主失党"。⑤ 大臣如果掌握了赏罚权，"则一国之人皆畏其臣而易其君，归其臣而去其君矣，此人主失刑德之患也。"⑥ 所有权力都应掌握在君主手中，帝王的权力是至上至尊的。"万物莫如身之至贵也，位之至尊也，主威之重，主势之隆也。"⑦

　　自商鞅变法以来，秦国长期实行法家路线，推行法家政治，并取得了巨大的成效，最终完成了统一大业，法家所强调的无条件地实行君主专制的思想观念也深深地影响到秦国社会的各个阶层，扎根于秦始皇的灵魂深处。正如张仲立所指出的那样："法家政治的不断成功，一种依存于战争规律的有关胜败存亡的反反复复的社会演练，那些更适应时宜的观念和社会机制的反反复复运作，反反复复地注入和浸染，社会思维和社会机制中某些打有强烈的战争烙印而被社会认为是成功了的内涵，渐渐固化下来，也就自然而然了，那些社会思维和社会机制得到比平时高得多的社会认可，成为一份很特

① 韩启雄：《韩子浅解》第 8 篇《扬权》，第 48 页。
② 韩启雄：《韩子浅解》第 6 篇《有度》，第 39 页。
③ 韩启雄：《韩子浅解》第 17 篇《备内》，第 123 页。
④ 韩启雄：《韩子浅解》第 15 篇《亡征》，第 117 页。
⑤ 韩启雄：《韩子浅解》第 5 篇《主道》，第 32 页。
⑥ 韩启雄：《韩子浅解》第 7 篇《二柄》，第 43 页。
⑦ 韩启雄：《韩子浅解》第 4 篇《爱臣》，第 26 页。

殊的社会遗产，也就在情理之中了。"①

其次，秦始皇的童年生活与成长经历加剧了他对权力魔力的深刻感受。如前所述，秦始皇自出生之日起，就卷入到了权力的漩涡之中，感受到了权力的得失带给人生的变化。在权力旁落的情况下，心灵受到无比的煎熬与压抑；当大权在握时，又能铲除政敌，快意恩仇；灭六国一天下后，可以任情地放纵自己的欲望。他享受着至高权力带来的荣耀、威势与满足，希望永远将最高权力掌控在自己手中。

第三，战争的胜利与统一的成功强化了秦始皇的权力万能思想与权力崇拜意识。秦始皇在战火中降生，他的成长，也几乎伴随着战争。亲政后，秦国将兼并战争转变为统一战争，在 10 年的时间里就完成了吞并六国，统一天下的进程。战争是最残酷的竞争，是你死我活的较量。战争要求国家集中各种资源，包括人力、物力、财力，要求君主具有绝对权威。战争时期，大家能够牺牲自我，放弃个人恩怨、纷争及利益，服从大局，团结一心，为赢得胜利而奉献牺牲。"战争政治的标志之一便是塑造权势，塑造适应战争政治的统治权威，以便在你死我活的严酷争斗中获胜。"②

自春秋战国以来，长期的战乱给社会造成了深重的灾难，给人民的生命财产造成了巨大损失。人们渴望摆脱战争，过上安定太平的生活。结束战争的唯一办法就是改变诸侯林立、相互兼并的局面，实现天下一统。秦始皇推进统一战争，整个社会都对他寄予厚望。"秦并海内，兼诸侯，南面称帝，以养四海，天下之士斐然乡风，若是者何也？曰：近古之无王者久矣。周室卑微，五霸既殁，令不行于天下，是以诸侯力政，强侵弱，众暴寡，兵革不休，士民罢敝。今秦南面而王天下，是上有天子也。既元元之民冀得安其性命，莫不虚心而仰上，当此之时，守威定功，安危之本在于此矣。"③ 人们把希望寄托在了秦始皇身上，愿意将最大的权力由他掌握，任其使用。在攻灭

---

① 张仲立：《关于秦始皇权力威势的思考》，《秦文化论丛》第 8 辑，陕西人民出版社 2001 年版，第 41—57 页。

② 张仲立：《关于秦始皇权力威势的思考》，《秦文化论丛》第 8 辑，第 41—57 页。

③ 司马迁：《史记》卷 6《秦始皇本纪》，第 283 页。

六国的战争中，秦国势如破竹，节节胜利，战争的总指挥秦始皇的威望也不断提升，人们甚至把他当作了胜利之神，对他无比地崇拜与敬仰。"皇帝哀众，遂发讨师，奋扬武德。义诛信行，威燀旁达，莫不宾服。烹灭强暴，振救黔首，周定四极。"① 战败的各国对秦始皇的威势也经历了从敌视、反抗到被迫接受再到自觉承认、顶礼膜拜的过程。"战争的胜利对敌方来说不仅意味着肉体的摧残，更重要的是整体意志被彻底摧垮，也就是说，一个高不可及的英雄般帝王的地位，在这一历史过程中从心理上被己方和敌方都服服帖帖认可了（当然这种服输依对象不同表现出程度差异）。毋庸置疑，历代以征战疆场取得天下的开国之君比之其继任者享有优越得多的历史地位和丰富得多的治国资本。"② "'六王毕，四海一'的过程，也是秦始皇的权威被本国崇拜，被敌国认同的过程。对战败国的军队和臣民可以进行生杀予夺、翻云覆雨地处置，更增强了秦始皇对权力魔力的感受。"③

（三）权力的滥用与迷失

统一后，秦始皇获得了至高无上的、不受制约的权力。任何权力都有自利性、扩张性和任性发展的趋势，如果不加限制，必然会带来严重的后果。正如阿克顿所说："权力导致腐败，绝对的权力导致绝对腐败。"④ 法国的哲学家孟德斯鸠也认为："一切有权力的人都容易滥用权力，这是万古不易的一条经验。有权力的人们使用权力一直到遇到有界限的地方才休止。"⑤ 张仲立认为："当权力走向极端时，不仅整个社会成为权力的牺牲物，即使那看似站在权力塔尖上的帝王们其实都成了权力的牺牲者，他们被自己精心设计的权力运作圈牢牢地包裹在里面无计脱身，商鞅如此，秦始皇帝也如此，都为自己的实践付出了代价。"⑥ 秦始皇对权力的迷信与滥用，不仅给秦朝政治带来了严重的负面影响，而且招致了个人、家族、国家的悲惨命运。

---

① 司马迁：《史记》卷 6《秦始皇本纪》，第 249 页。

② 张仲立：《关于秦始皇权力威势的思考》，《秦文化论丛》第 8 辑，第 41—57 页。

③ 王绍东：《秦始皇权力万能思想与秦朝政治》，《咸阳师范学院学报》2013 年第 1 期。

④ ［英］阿克顿：《自由与权力》，侯建、范亚峰译，商务印书馆 2001 年版，第 342 页。

⑤ ［法］孟德斯鸠：《论法的精神》（上册），张雁深译，译林出版社 2011 年版，第 294 页。

⑥ 张仲立：《关于秦始皇权力威势的思考》《秦文化论丛》第 8 辑，第 41—57 页。

　　1. 唯我独尊，暴虐专断，拒绝统治政策的调整

　　秦国靠法家思想集聚资源，富国强兵；靠强大的军队征服六国，一统天下。随着对手的清除和敌国的臣服，秦始皇的权势也在不断增长。这难免让他头脑发热，自以为是，并由青少年时期的自卑自鄙转向了大权在握后的自傲自负。实际上，自傲自负也是对自卑心理的一种补偿。"尽管神经症患者付出艰辛的努力追求完美，尽管他追求完美的信念实现了，但他并没有得到最为迫切的需要：自信和自我尊重。即使在他的想象中他是如同神一样的存在，他仍然缺乏简单的牧人所拥有的朴实和自信。他可能达到的伟大地位，他可能获得的名气，这都使他变得傲慢，而又不会带给他内在的安全感。他的骨子里仍然感到不被需要，感到容易受伤，并且需要持续不断地确认他的价值。只有他行使着权力和影响力，以及得到赞赏和尊重的支持，他才能感到强大和重要。"① 在秦始皇看来，秦国打天下时实行的各种政策和措施都是正确而有效的，统一后还应该继续坚持和贯彻。

　　傲慢自大与刚愎自用，也使得秦始皇将自己放在了超越历史的地位。"始皇自以为功过五帝，地广三王，而羞与之侔。"② 这样自以为是的君主，自然很难改变原有的治国策略和统治思想。然而天下统一后，社会渴望改变战争频仍、民不聊生的局面。调整统治政策，疗养战争创伤，发展生产，安定民生成为民众的迫切愿望，也是巩固秦统一政权的必要措施。"及至秦王，蚕食天下，并吞战国，号称曰皇帝，主海内之政，坏诸侯之城，销其兵，筑以为钟虡，示不复用。元元黎民得免于战国，逢明天子，人人自以为更生。向使秦缓其刑罚，薄赋敛，省徭役，贵仁义，贱权利，上笃厚，下智巧，变风易俗，化于海内，则世世必安矣。"③ 面对民众的期望，时代的呼唤，过度自负自信的秦始皇未能实现政治重心的转移，仍然以打天下的手段治天下。"秦离战国而王天下，其道不易，其政不改，是其所以取之守之者［无］异也。"④

---

① ［美］卡伦·霍妮《神经症与人的成长——自我实现的挣扎》，邹一祎译，第 72 页。
② 司马迁：《史记》卷 6《秦始皇本纪》，第 276 页。
③ 司马迁：《史记》卷 112《平津侯主父列传》，第 2958 页。
④ 司马迁：《史记》卷 6《秦始皇本纪》，第 283 页。

没能顺应人民愿望实现统治方式的转变，导致了秦朝速亡的局面。

"历史并不是由道德上无辜的一双双手所编织的一张网。在所有使人类腐化堕落和道德败坏的因素中，权力是出现频率最多的最活跃的因素。"① 随着至高无上权力的获得，秦始皇的性格越来越暴躁、自负。统一前，为了达到掌握最高权力的目标，还能做到求贤若渴，虚心纳谏，知错就改。统一后，越来越听不进不同意见，更不允许出现反对声音。大臣们怕惹怒君主，便千方百计谄媚迎合。"上不闻过而日骄，下慑服谩欺以取容。"② 由于惧怕招致杀身之祸，没人敢正面指出国家政治中存在的问题与弊端。"上乐以刑杀为威，天下畏罪持禄，莫敢尽忠。"③ 在一片歌功颂德的声音中，秦始皇越来越忘乎所以，对别人的防范心越来越重，报复心越来越强，甚至达到自我封闭，滥杀无辜的程度。

方士们建议秦始皇只有过恬淡的生活，自己居住的地方不被外人所知，才能得道成仙。秦始皇便将自己隐藏以来，"乃令咸阳之旁二百里内宫观二百七十复道甬道相连，帏帐钟鼓美人充之，各案署不移徙。行所幸，有言其处者，罪死。……自是后莫知行之所在。听事，群臣受决事，悉于咸阳宫。"④ 从此，秦始皇将自己完全与外界隔离，变成了一个神秘幽灵般的存在。与外界隔离，实际上是感觉到对变幻莫测的生活环境难以驾驭，也是自卑、缺乏安全感的表现。"断绝与别人的关系，是掌握主动权的必要手段。环境的无法控制必然导致个人的退守自我。'它（社会）如果不能控制环境，便成为环境的牺牲品。'"⑤

在自我隔离的过程中，秦始皇的精神更加抑郁、孤独、猜忌和暴怒。"在和别人的关系中，两种感受中的一种可能占据上风。他可能有意识或者潜意识地对于他愚弄所有人的能力感到极其的骄傲，并且在他的傲慢和对他

---

① ［英］阿克顿：《自由与权力》，侯建、范亚峰译，第170页。
② 司马迁：《史记》卷6《秦始皇本纪》，第258页。
③ 司马迁：《史记》卷6《秦始皇本纪》，第258页。
④ 司马迁：《史记》卷6《秦始皇本纪》，第257页。
⑤ ［美］劳埃德·得莫斯：《人格与心理潜影》，沈丽、于盱译，第113页。

人的蔑视中，他相信实际上他成功地做到了这一点。相反，他最害怕自己被愚弄，而且如果他被愚弄了，他可能感到这是严重的羞辱。"[①] 有一次，秦始皇来到梁山宫，他从山上看到丞相李斯的出行队伍，跟随的车辆马骑浩浩荡荡，心里感到不舒服。身边的宦官将这一情况告诉了李斯，李斯便减少了车马随从。秦始皇发现后，马上敏锐地感觉到这是有人向李斯告了密，立即对宦官进行审问，没有人肯招供。"当是时，诏捕诸时在旁者，皆杀之。"[②] 秦始皇查不出真正的泄密者，就把有泄密嫌疑的当时在场的宦官随从一个不留地杀掉，暴虐残忍到可怕的程度。

类似的事情还有发生，"三十六年，荧惑守心，有坠星下东郡，至地为石，黔首或刻其石曰：'始皇帝死而地分'，始皇闻之，遣御史逐问，莫服，尽取石旁居人诛之，因燔销其石。"[③] 无论是死亡还是国家重新走向分裂，都是秦始皇最不希望发生的事情。这样的预言，刺激了他敏感的神经，不惜以滥杀来平息恐惧和愤怒。心理学家认为，心理不健康、具有报复性人格者容易暴怒。"他的报复性最显著的表现就是突然的暴怒。这一阵阵报复性的勃然大怒可能极其可怕，以至于他自己可能都害怕万一失去控制会作出什么不可弥补的事情。"[④] 具有这种心理的人怀疑并防范一切人，"他相信每一个人在根本上都是恶意的、不诚实的；友好的姿态都是伪善的；唯一的智慧是认为所有人都是不可信的，除非这个人被证明是诚实的。但即使存在这样的证据，只要有丝毫的刺激，他也会很容易又转向怀疑。"[⑤] 晚年的秦始皇越来越疑神疑鬼，暴虐滥杀，不仅造成了专制恐怖的政治局面，而且也损害了自己的身心健康。

对战争的迷恋与狂热，是秦始皇扩张并保持权势的重要手段。秦始皇诞生于战火之中，在心理分析学中，有一种"战争即出生"的假说。认为人

---

① [美] 卡伦·霍妮：《神经症与人的成长——自我实现的挣扎》，邹一祎译，第180—181页。
② 司马迁：《史记》卷6《秦始皇本纪》，第257页。
③ 司马迁：《史记》卷6《秦始皇本纪》，第259页。
④ [美] 卡伦·霍妮：《神经症与人的成长——自我实现的挣扎》，邹一祎译，第186页。
⑤ [美] 卡伦·霍妮：《神经症与人的成长——自我实现的挣扎》，邹一祎译，第187页。

在出生时经历了子宫收缩、产道窒息的可怕压力，经过痛苦的挣扎、拼搏，然后才冲出产道，呼吸到新鲜空气，获得自由。具有这样经历的人常常将战争作为摆脱束缚，获取自由的手段。"重复出生的心理表明，出生创伤仍然执著地活跃于许多成年人的内心世界，那些因父母的育儿缺陷而始终怀有重新与母体融合的返归需求的人尤为强烈。"① "由于至今未明的原因，群体现实致使国家和民族向他们的领袖人物倾注窒息于产道中的情感，它促使领袖人物感到只有进行战争，辟出一条生路，才是解除痛苦的唯一办法。"② 这样的情形在秦始皇身上表现得极为突出。

经过长期的战争，秦国完成了统一大业。战争导致生产凋敝、人口伤亡、财产损耗，给社会带来了深重的灾难。秦国与韩、魏两国长期交战，彼此之间结下了深厚的怨仇。"夫韩、魏父子兄弟接踵而死于秦者，百世矣。本国残，社稷坏，宗庙隳，刳腹折颐，首身分离，暴骨草泽，头颅僵仆，相望于境；父子、老弱系虏，相随于路，鬼神狐祥无所食，百姓不聊生，族类离散，流亡为臣妾，满海内矣。"③ 战争使秦国经济也遭受巨大的创伤，处于凋敝残破的状态，急需和平安定的局面以恢复生产、休养生息。人民支持统一战争，就是希望能够结束兵燹之苦，过上太平生活。全国统一后，轻徭薄赋、发展生产、与民休息是当务之急，也是巩固秦朝政权，走向长治久安的必由之路。

秦始皇未能顺应人民结束战争、发展生产的强烈愿望，听信方士"亡秦者胡也"④ 的谶语，派蒙恬率30万大军北伐匈奴。当时，在北方草原有月氏、匈奴、东胡三个强大的游牧民族，他们彼此竞争，并未对秦朝构成巨大的根本性威胁。秦朝的当务之急也不是打击匈奴，而是巩固政权，恢复经济，改善人民的生活。对于秦始皇出击匈奴的决定，丞相李斯表示反对。他说："不可。夫匈奴无城郭之居，委积之守，迁徙鸟举，难得而制也。轻兵

---

① ［美］劳埃德·得莫斯：《人格与心理潜影》，沈丽、于盱译，第15—16页。
② ［美］劳埃德·得莫斯：《人格与心理潜影》，沈丽、于盱译，第16页。
③ 《战国策》卷5《秦四》，第58页。
④ 司马迁：《史记》卷6《秦始皇本纪》，第252页。

深入，粮食必绝，蹑粮以行，重不及事。得其地不足以为利也，遇其民不可役而守也。胜必杀之。非民父母也。靡獘中国，快心匈奴，非长策也。"① 对匈奴开战一不符合人民愿望，二缺乏财力支持，三秦朝尚无对付游牧骑兵的经验，是一场只有付出，没有收益的消耗战。李斯的分析非常深刻，也被后来的战争结果所证实。向来对李斯言听计从的秦始皇，这次却拒绝了他的建议。不仅派蒙恬率领 30 万军队将匈奴赶出了"河南地"，而且在全国征调民夫到北方修筑长城，还修筑了一条从首都咸阳到边郡九原的道路——秦直道。秦朝动用全国的力量支持这场战争，给全国人民造成了极大的灾难。"行十余年，丁男被甲，丁女转输，苦不聊生，自经于道树，死者相望。"②

　　在北击匈奴的同时，秦始皇又发起了征服南越的战争。"三十三年，发诸尝逋亡人，赘婿，贾人略取陆梁地，为桂林、象郡、南海，以谪遣戍。"③《淮南子·人间训》对这场战争有更为详尽的描述："又利越之犀角、象齿、翡翠、珠玑，乃使尉屠睢发卒五十万，为五军。一军塞镡城之岭，一军守九嶷之塞，一军处番禺之都，一军守南野之界，一军结余干之水，三年不解甲弛弩。使监禄（无以）转饷，又以卒凿渠而通粮道，以与越人战。杀西呕君译吁宋。而越人皆入丛薄中，与禽兽处，莫肯为秦虏。相置桀骏以为将，而夜攻秦人，大破之，杀尉屠睢，伏尸流血数十万。乃发谪戍以备之。"④ 有学者考证，秦征南越的军队不是 50 万，而是 10 万左右。但无论是击匈奴、还是征南越，都给秦朝社会带来了沉重的负担。"当此之时，男子不得修农亩，妇人不得剡麻考缕，羸弱服格于道，大夫箕会于衢，病者不得养，死者不得葬。于是陈胜起于大泽，奋臂大呼，天下席卷而至于戏。刘、项兴义，兵随而定，若折槁振落，遂失天下，祸在备胡而利越也。欲知筑修城以备亡，不知筑修城之所以亡也；发适戍以备越，而不知难之从中发也。"⑤

①　司马迁：《史记》卷 112《平津侯主父列传》，第 2954 页。
②　司马迁：《史记》卷 112《平津侯主父列传》，第 2958 页。
③　司马迁：《史记》卷 6《秦始皇本纪》，第 253 页。
④　刘安：《淮南子注》卷 18《人间训》，高诱注，《诸子集成》第 10 册，第 322 页。
⑤　刘安《淮南子注》卷 18《人间训》，高诱注，《诸子集成》第 10 册，第 322 页。

在出征匈奴和南越的战争中，秦朝军队不仅遇到了严重抵抗，而且面临着后勤供应困难、水土不服等问题，以至于把全国很大的人力物力拖入战争的泥潭之中。对此汉代晁错曾经分析道："秦之戍卒不能其水土，戍者死于边，输者偾于道。秦民见行，如往弃市，因以谪发之，名曰'谪戍'。先发吏有谪及赘婿、贾人，后以尝有市籍者，又后以大父母、父母尝有市籍者，后入闾，取其左。发之不顺，行者深怨，有背叛之心。凡民守战至死而不降北者，以计为之也。故战胜守固则有拜爵之赏，攻城屠邑则得其财卤以富家室，故能使其众蒙矢石，赴汤火，视死如生。今秦之发卒也，有万死之害，而亡铢两之报，死事之后不得一算之复，天下明知祸烈及已也。陈胜行戍，至于大泽，为天下先倡，天下从之如流水者，秦以威劫而行之之敝也。"① 无论是在北方还是南方，都面临着征戍士兵大量死亡，人们千方百计逃避出征的情况，为此，秦朝只好强制征调。先是强征罪犯，然后扩大到赘婿，再扩大到商人，后又扩大到父辈、祖父辈曾经登记为商人的家庭。这样还满足不了需要，就把住在闾左的贫苦平民作为征发对象。可见，为了支持扩边战争，秦国大部分民众为此付出了惨重代价，秦朝的社会矛盾进一步激化，以至于陈胜、吴广发动反秦起义后，天下应者云集，导致秦朝迅速败亡。

天下一统后，秦始皇仍执意于扩边战争，与他扩张权势的心理有着重要联系。自青年时代起，秦始皇已经习惯于战争，习惯于战时状态，习惯于将权力高度集中于自己手中。当全国统一后，秦始皇也曾有过"阐并天下，灾害绝息，永偃戎兵"② 的想法，但这种想法很快被长期形成的战争惯性心理所打破。秦始皇感受到和平时代的权威无论如何是无法与战争状态下相提并论的。他厌烦于没有战争的时光，不习惯社会松松垮垮的状态。"战争通过另一种更强烈的心理发挥作用。恐惧使人希望有一个领袖；而一个成功的将军激发和恐惧相反的钦佩。既然胜利在当时是唯一真正重要的事情，这个成功的将军很容易使国人信任他而把最高的权力托付给他。只要危机继续存

① 班固：《汉书》卷49《袁盎晁错传》，第2284页。
② 司马迁：《史记》卷6《秦始皇本纪》，第250页。

在，他就被认为是不可缺少的人物。"①

无视民众的要求和愿望，无限度地扩张权势，也能够满足秦始皇补偿自卑心理的诉求。"嬴政对自卑情绪的补偿，似乎在他的生命里浇注了青春的热血，他活泼旺盛、充满朝气，像匹不停奔驰的野马，从不后顾，只知勇往直前。但另一方面来说，他的生命又只属于青春，只属于建功立业、开拓疆土和永无穷尽的征服。当天下一统、海内平定、人民安居乐业，他的敌人、对手和对立面逐渐消失，他的生命就变成了一个虚壳，显得毫无意义。然而，他向来就是一个不甘寂寞之辈，他不能容忍停止、寂静，不能容忍生命的虚度、空耗，他要继续建功立业，创造人间奇迹。"② 正如晁错所指出的"臣闻秦时北攻胡貉，筑塞河上，南攻杨粤，置戍卒焉。其起兵而攻胡、粤者，非以卫边地而救民死也，贪戾而欲广大也"③。天下统一后，由于秦始皇对权力的贪婪与滥用，始终没有顺应人民的愿望进行统治政策的调整，导致秦朝骤兴暴亡的局面。

2.轻视百姓，赋敛无度，严重激化了社会矛盾

有了不受制约的权力，就要任性享用。不受约束的权力如同一把双刃剑，在给人带来荣耀与满足的同时，也发挥着腐蚀的作用，让人忘乎所以，迷乱癫狂。统一后，秦始皇逐渐被至高权力的光环所笼罩，不顾及人民的愿望和社会的承受能力，过度追求对权力的炫耀与个人私欲的满足，给国家和人民带来了深重的灾难。

早在先秦时期，通过对历史的经验教训进行总结，思想家们发现了一条规律：民心向背是政权得失的关键。孟子指出："桀、纣之失天下也，失其民也。失其民者，失其心也。得天下有道，得其民，斯得天下矣。得其民有道，得其心，斯得民矣。得其心有道，所欲与之聚之，所恶勿施尔也。"④

① ［英］伯特兰·罗素：《权力论——新社会分析》，吴友三译，第142页。

② 赵良：《帝王的隐秘：七位中国皇帝的心理分析》，第25页。

③ 班固：《汉书》卷49《袁盎晁错传》，第2283—2284页。

④ 《孟子注疏》卷6下《离娄章句上》，李学勤主编《十三经注疏》（标点本，11册），第198页。

顺从民众的愿望，满足民众的要求，去除民众憎恶的事情，才能赢得民心，保有天下。统一后，民众最大的渴望是结束战争，恢复经济，发展生产，休养生息，过上安居乐业的生活。被权力的光辉迷离了双眼的秦始皇，丝毫不顾及民众的愿望，不考虑民众的承受能力，继续压榨民众以满足个人的欲望。赋敛无度，兵革不休，贪大求全，置民众于困苦之中，致使社会各阶层不约而同地发出了"天下苦秦久矣"的呼声。

追求骄奢淫逸的生活。心理学认为，拥有过高权力而得不到抑制，更容易导致自利倾向。"直接证据表明，一般情况下，较低权力者而言，高权力者更可能不惜牺牲他人利益使自己获得好处（Dnbois et al.，2015）。Righetti 等人（2015）的研究发现，在亲密关系中，权力使个体更不愿意牺牲自己的利益，表现得更自私。"① 秦国在灭掉各诸侯国的过程中，就把各诸侯国的宫殿描绘下来，然后照原样在秦都咸阳进行建造，同时还把从各诸侯国掠取的礼器、乐器、美女都带到新建造的宫殿中供秦王嬴政享用。统一后，秦始皇始终在大修宫殿。二十七年（前 220），"焉作信宫渭南，已更名信宫为极庙，象天极。自极庙道通郦山，作甘泉前殿。筑甬道，自咸阳属之"②，又嫌弃旧有的咸阳宫宫殿小，规划在渭南修建新的上朝宫殿，仅设计的前殿阿房宫，就已经规模空前了。为了巡游和享受，秦始皇还在各地广建行宫。"关中计宫三百，关外四百余。"③ 后有方士建议秦始皇，只有把自己的出没地点隐藏起来，才能得到不死之药。"乃令咸阳之旁二百里内宫观二百七十复道甬道相连，帷帐钟鼓美人充之，各案署不移徙。"④ 大规模的宫殿建设，极大地消耗了国力民力。

大兴土木工程。除了宫殿建筑外，在秦始皇组织兴建的重大工程中，也包括一些军事工程、道路工程和水利工程。如在北方修筑长城，修筑以咸

---

①　金剑、李晔、陈冬明、郭凯娇：《权力与地位对自利行为的影响极其机制》，《心理科学进展》2017 年第 5 期。

②　司马迁：《史记》卷 6《秦始皇本纪》，第 241 页。

③　司马迁：《史记》卷 6《秦始皇本纪》，第 256 页。

④　司马迁：《史记》卷 6《秦始皇本纪》，第 257 页。

阳为中心，通往全国各地的驰道，修筑从咸阳到九原的直道，修筑郑国渠、灵渠，在骊山修筑陵墓等。"这些工程前无古人，世所罕见，许多在当时堪称世界奇迹。有的直到今天还被誉为世界奇迹。"① 这些工程有的不仅在当时，而且在后来的历史发展中都发挥了积极作用。但如此集中的工程建设，确实超出了社会承受能力。班固在《汉书·食货志》中总结道："至于始皇，遂并天下，内兴功作，外攘夷狄，收泰半之赋，发闾左之戍。男子力耕不足粮饷，女子纺绩不足衣服。竭天下之资财以奉其政，犹未足以澹其欲也。"② 沉重的赋税徭役征收，将人民置于无法生存的地步。陈胜吴广起义时，起义将领武臣动员豪杰参与反秦，指出："秦为乱政虐刑以残贼天下，数十年矣。北有长城之役，南有五岭之戍，外内骚动，百姓疲敝，头会箕敛，以供军费，财匮力尽，民不聊生。重之以苛法峻刑，使天下父子不相安。"③

无休止的徭役兵役征发，一味追求骄奢淫逸的生活，不断加重着民众的负担，导致了民不聊生的局面，加速了秦朝社会的崩溃。汉代的贾山指出："至秦则不然。贵为天子，富有天下，赋敛重数，百姓任罢，赭衣半道，群盗满山，使天下之人戴目而视，倾耳而听。一夫大呼，天下响应者，陈胜是也。秦非徒如此也，起咸阳而西至雍，离宫三百，钟鼓帷帐，不移而具。又为阿房之殿，殿高数十仞，东西五里，南北千步，从车罗骑，四马骛驰，旌旗不桡。为宫室之丽至于此，使其后世曾不得聚庐而托处焉。为驰道于天下，东穷燕齐，南极吴楚，江湖之上，濒海之观毕至。道广五十步，三丈而树，厚筑其外，隐以金椎，树以青松。为驰道之丽至于此，使其后世曾不得邪径而托足焉。死葬乎骊山，吏徒数十万人，旷日十年。下彻三泉合采金石，冶铜锢其内，桼涂其外，被以珠玉，饰以翡翠，中成观游，上成山林。为葬薶之侈至于此，使其后世曾不得蓬颗蔽冢而托葬焉。"④ 秦始皇为了满足自己的欲望和享受，不仅耗尽了积累的财富，而且大量消耗了后代人们赖以

① 张分田：《秦始皇传》，人民出版社2003年版，第487页。
② 班固：《汉书》卷24上《食货志上》，第1126页。
③ 司马迁：《史记》卷89《张耳陈余列传》，第2573页。
④ 班固：《汉书》卷51《贾山传》，第2327—2328页。

生存的资源。

秦始皇为自己修筑的陵墓工程浩大，司马迁在《史记》中记载："始皇初即位，穿治郦山，及并天下，天下徒送诣七十余万人，穿三泉，下铜而致椁，宫观百官奇器珍怪徙藏满之。令将作机弩矢，有所穿近者辄射之。以水银为百川江河大海，机相灌输，上具天文，下具地理。以人鱼膏为烛，度不灭者久之。"①《史记集解》引《皇览》载："坟高五十余丈，周回五余里。"②"秦始皇嬴政即位之初（前246），按照传统习惯就开始为自己建造陵墓。统一六国后，有中央各部门的参与，并动用数十万人进行大规模修筑，直到公元前210年死葬为止，前后历时37年之久。如果把秦二世续修的时间加上，约在38年以上。其封土之高大，布局之奇异，规模之恢宏，埋葬之丰富，更是亘古未有。"③秦始皇希望自己的权势和享受生前无人能比，更希望死后继续占有。他想把生前拥有的一切都能带入地下，包括军队、臣民甚至整个宇宙，其奢侈和贪婪可谓登峰造极了。

"心理距离的增加，还影响了掌权者对他人的感知。权力所赋予的独立性，使掌权者通常只关注自己的视角，观点采择较差，更难理解他人所思、所想、所感，更不关心他人，对他人的共情更不准确。"④掌握过高的权力，使秦始皇与民众的心理距离加大，逐渐丧失了与民众的共情能力，也就失去了民众对秦政权的支持。"秦皇帝以千八百国之民自养，力罢不能胜其役，财尽不能胜其求。一君之身耳，所以自养者驰骋弋猎之娱，天下弗能供也。劳罢者不得休息，饥寒者不得衣食，亡罪而死刑者无所告诉，人与之为怨，家与之为仇，故天下坏也。"⑤

对于秦始皇的残暴统治，人民群众已经到了无法忍受的地步，这从秦代的民谣中也可见其端倪。《甘泉歌》描绘了民夫从江南往长安运送巨石修

① 司马迁：《史记》卷6《秦始皇本纪》，第265页。
② 司马迁：《史记》卷6《秦始皇本纪》，第266页。
③ 王学理主编：《秦物质文化统览》，科学出版社2015年版，第557页。
④ 成年、李岩梅、梁竹苑：《权力的三种心理机制及其影响》，《心理科学》2014年第4期。
⑤ 班固：《汉书》卷51《贾山传》，第2332页。

造工程的场景。"运石甘泉口，渭水不敢流，千人唱，万人讴，金陵余石大如堰。"① 民众靠肩拉手推，千万人唱着劳动号子，长途搬运巨石，痛苦而哀怨，悲伤而无奈，愤怒的情绪随时都可能转化为反抗的力量。秦始皇派蒙恬北击匈奴，夺取了河南地，筑长城而守之。"胡人不敢南下而牧马，士不敢弯弓而报怨。"② 就在秦始皇得意于自己的功业前无古人之时，民众的哀号却令人心碎。"杨泉《物理论》曰：秦筑长城，死者相属，民歌曰：'生男慎勿举，生女哺用脯。不见长城下，尸骸相支拄。'"③ 男孩降生不喜反悲，他们成年后可能被征修长城，化作累累白骨；生下女孩却悉心养育，她们更可能伴随父母。这样反常的社会现象，体现了人民大众对服长城徭役的恐惧与对现实的不满。公元前210年，秦始皇死在沙丘平台，民间也有歌谣流传，"秦世有谣云：'秦始皇，何僵梁；开吾户，据吾床。饮吾酒，唾吾浆。飡吾饭，以为粮。张吾弓，射东墙。前至沙邱当灭亡。'始皇既坑儒焚典，乃发孔子墓，欲取诸经传。圹既启，于是悉如谣者之言。又言谣文刊在冢壁，政甚恶之"④。在这个歌谣中，民众认为孔子对秦始皇的死亡早有预测，也体现了民众对焚书坑儒的痛恨。秦始皇想躲开死亡预言，"乃远沙邱而循别路，见一群小儿，輂沙为阜，问云'沙邱'，从此得病。"⑤

秦始皇在行使权力，炫耀权力的过程中，始终忽视民众的要求与愿望。在他的扩张型人格中，"他有权对他人为所欲为，有权令所有人不介意或者不向他反击。换句话说，'没有人可以伤害我而不受到惩罚，但是我可以不受惩罚地伤害任何人。'"⑥ 统一后，秦始皇始终把民众作为体现个人权威的工具和施展淫威的对象，没有改变忽视民瘼，漠视民生，视民众为牛马的统治政策，最终激起了民众的强烈不满和激烈反抗，引发了秦末农民大起义，导致秦朝的迅速败亡。正如荀子所说的那样："君者，舟也；庶人者，水也。

① 逯钦立编：《先秦汉魏南北朝诗》，中华书局1983年版，第32—33页。
② 司马迁：《史记》卷6《秦始皇本纪》，第280页。
③ 逯钦立编：《先秦汉魏南北朝诗》，第32页。
④ 刘敬叔：《异苑》，《汉魏六朝笔记小说大观》，上海古籍出版社1999年版，第623页。
⑤ 刘敬叔：《异苑》，《汉魏六朝笔记小说大观》，第623页、
⑥ ［美］卡伦·霍妮：《神经症与人的成长——自我实现的挣扎》，邹一祎译，第193页。

水则载舟，水则覆舟。"① 秦始皇一味迷信权力，肆意享用权力，蔑视民众，最终被民众踩在了脚下。

3. 迷信方士、一心成仙，企图长生却导致短命

秦始皇在肆意享受权力的同时，却面临着贪欲无限，人生苦短的困境。"王世贞曰：始皇既平六国，欲无不遂，所必不可得者寿耳。"②

秦赵交战正酣之际，嬴政出生于被秦军包围的赵国首都邯郸。自出生后，就面临着赵人的仇视。随着秦国对邯郸城的围攻越来越紧，赵国决定杀死嬴政全家以泄愤。在吕不韦的操纵和金钱攻势下，嬴政的父亲异人逃回秦国，将嬴政母子留在了赵国。在赵国的追杀下，嬴政与母亲渡过了东躲西藏，随时可能因被发现而死亡的 3—9 岁的童年时光。后来父亲子楚即秦王之位，嬴政母子才得以回到秦国。

父亲庄襄王在位 3 年去世，13 岁的嬴政得以即位为秦王。这时，因为他尚未成年，政权操纵在他的母亲赵太后、吕不韦、嫪毐等人的手中。每个权力分享者都有独占权力、扩张权力的企图。嬴政的母亲品尝着权力的蜜汁，先后与吕不韦、嫪毐保持着私通关系；吕不韦以嬴政的"仲父"自居，企图控制他，让他将来按自己的思想治理国家；嫪毐小人得志，不仅与太后有了两个私生子，而且与太后约定，将来让他们的儿子取代嬴政作秦王，后来不惜发动政变，企图一举消灭嬴政。可以说，从 9 岁即位秦王到 22 岁亲政期间，嬴政亦处于被政敌轻视，仇视，甚至必欲除之而后快的状态下，仍然面临着死亡威胁。

嬴政亲政后，铲除了嫪毐、吕不韦集团，加速了秦国的统一步伐。从公元前 230 年灭韩，到公元前 221 年灭楚，用了 10 年时间就灭掉了六国，统一了天下。在此期间，面临灭亡命运的关东六国，既有对秦军的顽强抵御，也有对嬴政的恨之入骨。他们甚至想通过暗杀嬴政，挽救国家的命运，改变统一的历史走向。秦灭六国后，六国贵族不甘于失败，亦欲通过暗杀秦

---

① 王先谦：《荀子集解》卷 5《王制》，《诸子集成》第 3 册，第 97 页。

② 程馀庆撰，高益荣、赵光勇、张新科编撰：《历代名家评注史记集说》第 1 册，三秦出版社 2011 年版，第 102 页。

始皇报仇复国。在秦始皇的一生中，始终有人将他作为刺杀目标。

秦始皇三十六年（前211），天上一个流星闪过，落到地上化为陨石。当地的百姓就在这块陨石上刻字，"始皇帝死而地分"①，发出了秦始皇的死亡预言。接着又有使者在回咸阳复命时，遇到类似神灵之人持玉璧拦截，并告诉他，"今年祖龙死"②，再次对秦始皇发出了死亡预警。可以看出，在秦始皇的一生中，几乎始终面临着死亡威胁。

秦始皇对死亡的恐惧还与他的身体状况有关。如前所述，秦始皇的身体发育并不正常，可能患有多种疾病。为了完成统一大业和治理国家，并防止大权旁落，他始终在辛勤工作，过度的操劳无疑对他多病的身体会造成伤害。特别是不间断地巡游全国，在当时的条件下是十分辛苦的。"可以肯定的是：权力侵蚀着人的身体，即使人们被兴奋剂所麻醉对此没有感觉。没有再比权力所强加于人的艰苦生活更为有害了。人们不能超过身体的限度而不受惩罚，身体这架很好的机器不自怨自艾，但可以破裂。君主们几乎总是在一次疲惫不堪之后成为严重疾病的受害者。"③ 无疑，秦始皇不顾身体承受能力地日理万机，加重了身体的负担。荆轲刺秦王，身边大臣不能带武器上殿，嬴政为躲避匕首的刺杀，只能绕着柱子转圈。情急之下身边的御医夏无且把手里的药袋投向荆轲，帮秦王暂解窘急之境。这时秦王刚刚33岁，身边已经随时有医生和医药侍奉了，可见其身体状况之差。

在秦始皇的一生中，死亡恐惧如影随形般与他始终相伴。"人们知道，恐惧症是一种毫无道理的、纠缠不休的恐惧或反感。对每个病人来说，都是一遇到同一种特定的情况就发作。实际上，它是患者防卫机制活动在其精神上的结果，此种对不确定的焦虑的防卫是在无意识中产生的。病人将其移到另一个人、另一个东西或思想上，但他的恐惧是没有根据的。病人一看到他所厌恶的人、所厌恶的事和思想，便立刻失去任何客观、合理或理智的分

---

① 司马迁：《史记》卷6《秦始皇本纪》，第259页。

② 司马迁：《史记》卷6《秦始皇本纪》，第259页。

③ ［法］皮埃尔·阿考斯、［瑞士］皮埃尔·朗契尼克：《病夫治国》，郭宏安译，江苏人民出版社2005年版，第166页。

析。"① 秦始皇惧怕死亡，厌恶死亡。他千方百计摆脱死亡的愿望在统一后愈加强烈，并影响到秦朝的政治。

追求长生，摆脱死亡，是人类的一个亘古不变的梦想。在远古时期，人类就认为在人的世界之外还有鬼神上帝的神灵世界，甚至在人死后，灵魂也会到达神灵世界之中。也就是说，人的灵魂可以摆脱肉体而获得永生。到了战国时期，开始出现了肉体不死，灵肉并生的神仙思想。认为人类可以通过某种方式而彻底告别死亡，进入长生不死的神仙境界。战国时期《庄子》一书曾描述摆脱死亡的"神人""真人"。"藐姑射之山，有神人居焉。肌肤若冰雪，淖约若处子；不食五谷，吸风饮露；乘云气，御飞龙，而游乎四海之外。"② "真人"与"神人"类似。"何谓真人？古之真人，不逆寡，不雄成，不谟士。若然者，过而弗悔，当而不自得也。若然者，登高不栗，入水不濡，入火不爇，是知之能登假于道者也若此。古之真人，其寝不梦，其觉无忧，其食不甘，其息深深。真人之息以踵，众人之息以喉。"③ 庄子所描述的"神人""真人"，已经摆脱了自然、社会、心灵的束缚，不再受欲望的羁绊，无忧无虑。他们有着各种人类向往的特异功能：吸风饮露，不吃粮食；腾云驾雾，游历四海；入水不湿，入火不燃；睡无噩梦，醒无忧虑；饮食不贪，呼吸深沉，以至于摆脱了生死的困扰。"不知说生，不知恶死。"④

战国秦汉时期，靠近大海的燕齐两地的方士积极鼓吹神仙学说。他们宣称，海中有蓬莱、方丈、瀛洲三座神山，山上的宫殿用黄金、白银筑成，山中的禽兽及各种物品都呈白色。山上居住着神仙，神仙不仅自己长生不死，逍遥自在，而且他们手中还有不死之药。方士宣称，普通人不能与神仙接触，只有方士才能依靠方术与神仙往来，并得到他们的不死之药。方士们还宣扬他们掌握着特殊的秘方，用这些秘方可炼制仙丹。无论是服用仙药还

① ［法］皮埃尔·阿考斯、［瑞士］皮埃尔·朗契尼克：《病夫治国》，郭宏安译，第142页。
② 王先谦注：《庄子集解》卷1《逍遥游》，《诸子集成》第4册，河北人民出版社1986年版，第4页。
③ 王先谦注：《庄子集解》卷2《大宗师》，《诸子集成》第4册，第37页。
④ 王先谦注：《庄子集解》卷2《大宗师》，《诸子集成》第4册，第38页。

是仙丹，都能够长生不死。经过方士们的宣传鼓吹，战国秦汉时期神仙学说甚为流行，并对整个社会都产生了巨大影响力。尤其是那些享尽富贵荣华的王侯，迷恋于方士们的神仙学说，渴望摆脱死亡的困扰。战国时期的齐威王、燕昭王都曾派方士入海求仙，自然难以如愿。秦始皇统一天下后，为逃避死亡的威胁，对神仙学说更是深信不疑。他拜倒在方士们的学说之下，对长寿与求仙不懈追求，结果却受到了方士们的愚弄，耗费了巨额的财富，不但未能延续生命与保持健康，反而加速了死亡的步伐，加剧了秦朝的政治危机。统一后秦始皇的很多政治行为，都受到了其求仙行为的影响。

统一后，秦始皇马不停蹄地进行了先后5次巡游天下的活动，以至于最后病死于巡游的路上。秦始皇巡游天下，有多种多样的目的，如展示自己的权势，巡视各地的政治状况，加强对各地的控制，宣扬秦朝的政治威势等。但通过对秦始皇巡游活动的具体考察，似乎都与求仙活动有着密切联系，是秦始皇渴望成仙的深层心理反应。

统一后的第二年（前220），秦始皇就开始了第一次巡游。"二十七年，始皇巡陇西、北地，出鸡头山，过回中。"① 这次巡游的方向是秦族的故地，可能是在向祖先告慰秦朝统一的巨大功业，或许也有向祖先神灵祈求长生的目的，这从他巡游回来后的行为可以寻其端倪。"焉作信宫渭南，已更名信宫为极庙，象天极。"② 秦始皇修筑的信宫改名为极庙，象征着天上的极星。当然他也希望自己像天上的极星一样长生久住，永放光芒。秦始皇二十八年（前219），他开始第二次巡游，这次巡游的目的地是山东沿海地区。先到泰山举行封禅大典，然后东向巡游渤海，来到了芝罘岛上。芝罘岛濒临大海，山、海、岛、礁相连，景色秀丽，传说是神仙频繁出没之地。秦始皇的巡游队伍来到这里，求仙的意图十分明显。在芝罘求仙未遇，秦始皇又向东来到琅琊，琅琊地处海滨，气候湿润，景色秀丽，潮汐涌动，惊涛拍岸，常有海市蜃楼出现，是传说中的求仙得道之处。秦始皇异常喜欢这里的景色，更希

① 司马迁：《史记》卷6《秦始皇本纪》，第241页。
② 司马迁：《史记》卷6《秦始皇本纪》，第241页。

冀能在这里实现求仙的愿望。"大乐之，留三月。乃徙黔首三万户琅邪台下，复十二岁。作琅邪台。"① 秦始皇在琅琊等待 3 个月之久，并筑台观望，期盼着神仙的降临。在未能如愿的情况下，便主动出击了。"于是遣徐福发童男女数千人，入海求仙人。"② 沿海地区是神仙学说最为盛行的地区，再加上方士们的热情鼓吹，更激起了秦始皇的求仙野心。第二年（前 218），秦始皇开始第三次巡游。这次巡游的目的地直接就是芝罘、琅琊。巡游途中，遇到了张良博浪锥击的刺杀活动。在清晰感受死亡威胁的情况下，更加激发了他求仙的迫切愿望。

秦始皇三十一年（前 216），传说华山的毛濛修炼成仙，乘云驾龙，白日升天。当地传唱歌谣："神仙得者茅初成，驾龙上升入泰清，时下玄洲戏赤城，继世而往在我盈，帝若学之腊嘉平。"③ 秦始皇听闻这一传说，更加激起了求仙欲望。"于是始皇欣然，乃有寻仙之志，因改腊曰'嘉平'。"④ 求仙的梦想始终在秦始皇的心头徘徊萦绕，挥之不去。两次巡游齐地，均未能与神仙相遇，秦始皇便把希望转向燕地。秦始皇三十二年（前 215 年），他第四次巡游，来到了碣石，碣石位于山海关东的海滨地带，由三块高出海面 20 米的巨大礁石组成，靠近东边的礁石宛若一个矗立海中的仙人，令人产生无限遐想，是燕地方士传说神仙出没的地方。秦始皇在这里修建行宫，期待与神仙相遇。在正对碣石的岸边，考古学家发现了秦汉宫殿建筑遗址，据考证就是秦始皇为这次巡行修建的碣石宫。"始皇至碣石，使燕人卢生、求羡门、高誓。"⑤ 羡门、高誓是传说中活动于这一地区的仙人。接着，"因使韩终、侯公、石生求仙人不死之药"⑥，可见其求仙心情之迫切。

秦始皇的第五次巡游最具传奇色彩。连续几次巡游求仙，不仅未能得到不死之药，反而由于舟车劳顿，进一步损伤了他的健康。第四次巡游后，

① 司马迁：《史记》卷 6《秦始皇本纪》，第 244 页。
② 司马迁：《史记》卷 6《秦始皇本纪》，第 247 页。
③ 司马迁：《史记》卷 6《秦始皇本纪》，第 251 页。
④ 司马迁：《史记》卷 6《秦始皇本纪》，第 251 页。
⑤ 司马迁：《史记》卷 6《秦始皇本纪》，第 251 页。
⑥ 司马迁：《史记》卷 6《秦始皇本纪》，第 252 页。

秦始皇几年时间留在咸阳，可能他的身体已经难以支撑远游了。方士们也建议他清心寡欲、过恬淡的生活以调养多病的身体。但是在秦始皇三十六年（前211）连续出现的三次死亡预言打破了他原有的生活节奏。一次是星象之士报告：荧惑星侵近心宿。古人认为荧惑星是一个灾星，心宿三星并列，分别象征着皇帝、太子和少子。荧惑星靠近心宿，预示着三者将有灾难。接着，天上又有流星坠落，至地为石，有人在陨石上刻上了"始皇帝死而地分"①的文字，令秦始皇恼怒不已。接着，又有人假借神灵之名将一块玉璧送给秦始皇的使者，并对他说："今年祖龙死"②。"龙"指水神，秦朝宣称得水德之瑞，"祖龙"也就暗指始皇帝了。天、人、神灵不约而同地向秦始皇发出了死亡预言，令秦始皇恐慌不已。"于是始皇卜之，卦得游徙吉。"③通过占卜，方士们提出从卦象看，只有通过"游徙"才能逢凶化吉。秦始皇一面下令向北河、榆中地区迁徙民众三万户，对移民给予拜爵一级的奖励，从而符合"徙"的要求；一面带着多病的身体，于秦始皇三十七年（前210）初，再次踏上了巡游之路。对于秦始皇的这次出巡，出土文献《赵正书》记载秦始皇在巡游途中的感慨："'天命不可变于（欤）？吾未尝病如此，悲□……'……而告之曰：'吾自视天命，年五十岁而死。吾行年十四而立，立卅七岁矣。吾当以今［岁］死，而不智（知）其月日，故出斿（游）天下，欲以变气易命，不可于（欤）。'"④这篇出土文献也证明秦始皇此次出巡是受方士算命的诱导，出游的目的就是为了"变气易命"，通过寻求仙药达到避死求生的目的。

这次巡游的路线不同于以往，秦始皇一行首先向东南方向行进，来到云梦泽、九嶷山、钱塘江、会稽山等名山大川，祭祀虞舜、大禹等神灵，来表达自己的敬意和虔诚。从江乘渡过长江，然后来到海上。以往秦始皇到海

---

① 司马迁：《史记》卷6《秦始皇本纪》，第259页。

② 司马迁：《史记》卷6《秦始皇本纪》，第259页。

③ 司马迁：《史记》卷6《秦始皇本纪》，第259页。

④ 北京大学出土文献研究所：《北京大学藏西汉竹书》（三），上海古籍出版社2015年版，第189页。

上求仙药，都是派方士前往，方士们一再无功而返，这次便决定亲自乘船渡海，沿海岸向西北行进，寻找神仙，目的地仍是琅琊，可见他得到不死之药的心情之急切，从而也可以看出他的身体状况之糟糕。这时，曾经为秦始皇求仙药而不得的方士徐福欺骗说："蓬莱药可得，然常为大鲛鱼所苦，故不得至，愿请善射与俱，见则以连弩射之。"① 因被病痛折磨和方士诱导，"始皇梦与海神战，如人状。问占梦，博士曰：'水神不可见，以大鱼蛟龙为候。今上祷祠备谨，而有此恶神，当除去，而善神可致。'"② 心理学家认为："梦的目的在于自我欺骗和自我陶醉，这也是梦为什么很少被人理解的缘故。"③战胜恶神，求得仙药，成了秦始皇魂牵梦绕的情怀。他下令臣下带着捕获巨鱼的工具，甚至不顾自己多病的身体，亲自手持连弩准备随时射杀大鱼。从琅琊一路向北，直到荣成山，都没有发现巨鱼出现。到了芝罘，终于射杀了一条大鱼。经过这样一路风吹浪打、摇晃颠簸，秦始皇身心俱疲，病情加重，回到岸上，在平原津病重。返程途中，在沙丘（今河北省广宗县）去世。这位渴望打破规律，长生不死的始皇帝，却在寻觅永生的道路上一命呜呼，看起来真是历史的讽刺，但也有着历史的逻辑。

统一后秦始皇马不停蹄地巡游天下，求仙的意图十分明显。三十六年（前211），当有人通过刻字陨石对他发出死亡警告时，"始皇不乐，使博士为仙真人诗，及行所游天下，传令乐人歌弦之。"④《仙真人诗》表明始皇求仙避死、成为真人的强烈愿望。诗的内容写他多次巡游天下所到之处，是向神仙表明自己曾经到处苦寻神仙。让乐人谱曲传唱，是向神仙表明自己的虔诚与付出，希望能够打动仙灵，赐予自己不死之药。沙丘政变，在赵高的策划下，二世、李斯换掉了秦始皇给扶苏的遗诏，开篇便说道："朕巡天下，祷祠名山诸神以延寿命。"⑤ 以秦始皇的口吻，说明巡游天下的目的，就是为

---

① 司马迁：《史记》卷6《秦始皇本纪》，第263页。
② 司马迁：《史记》卷6《秦始皇本纪》，第263页。
③ ［奥］阿尔费雷德·阿德勒：《自卑与超越》，汪小玲译，第105页。
④ 司马迁：《史记》卷6《秦始皇本纪》，第259页。
⑤ 司马迁：《史记》卷87《李斯列传》，第2551页。

了通过祭祀名山大川之神，求得祛病消灾，延年益寿。可见巡游天下意在求仙，已经成了时人对始皇帝的共同认识。

对方士的话深信不疑，执着求仙，也影响了秦朝政治的方方面面。秦始皇北击匈奴，直接诱因也是听信了方士的谎言。秦始皇三十二年（前215），"燕人卢生使入海还，以鬼神事，因奏录图书，曰：'亡秦者胡也'"①。"胡"指北方的匈奴。秦始皇决定派蒙恬率30万大军出击匈奴。丞相李斯提出了反对意见，认为打击匈奴的条件尚不成熟，盲目出击会给国家带来巨大灾难。向来对李斯无比信任，在重大问题上言听计从的秦始皇，这次却完全听不进李斯的忠告，开始了击匈奴，修长城，派长子扶苏监军的一系列举动，直接影响了秦朝的政治走向。

焚书坑儒，历来为人们所诟病，也成为秦朝暴政的重要标志之一，而坑儒的诱因，也源自秦始皇的求仙活动。秦始皇三十五年（前212），燕地方士侯生、卢生因为不能完成为秦始皇寻求仙药的任务而恐惧，又不满秦始皇的所作所为和秦朝的统治政策，指责秦始皇刚愎自用，自以为是，专擅权力，听不进任何不同的意见。"贪于权势至如此，未可为求仙药。"② 然后便逃走离去。秦始皇不惜物力、财力，派方士求取仙药，结果却在无限期望中一再失望，仙药没有找到，方士们又在背后指责嘲弄自己，激起了他的极大怒火，便以妖言惑众之名追责定罪。"于是使御史悉案问诸生。诸生传相告引，乃自除。犯禁者四百六十余人，皆坑之咸阳，使天下知之，以惩后。"③对方士不能找到仙药的焦虑和对他们背后议论自己的恼怒，是秦始皇坑杀诸生的直接原因。显然，所谓的"儒"，里面也包括了方士。坑儒的结果，禁锢了思想，摧残了文化，将士人推向了秦朝政权的对立面，所导致的后果是极其严重的。

秦始皇去世，赵高、李斯等隐瞒死讯，是沙丘政变得以成功的重要原因。赫暑七月，尸体腐烂，从沙丘绕路经九原，沿直道回到咸阳，时间长达

---

① 司马迁：《史记》卷6《秦始皇本纪》，第252页。
② 司马迁：《史记》卷6《秦始皇本纪》，第258页。
③ 司马迁：《史记》卷6《秦始皇本纪》，第258页。

两月之久，仍能封锁皇帝去世的讯息。这件事看起来荒唐可笑，实际上，秦始皇三十五年（前212），他听信方士之言隐藏行踪，已经为沙丘政变埋下了伏笔。此后，在群臣心目中，秦始皇变成了一个神秘的幽灵般存在。他时隐时现，若有若无，遥控指挥。在他身上发生任何奇怪的事也属正常，不容置疑。所以始皇死后，尸体居辒辌车中，身边宦官代批奏折，传达指令，甚至车后放置一石发出恶臭的鲍鱼，也无人怀疑事情的反常，从而使赵高等人操控局势，谋划政变，二世得以取代长子扶苏继位。

沙丘政变出现的另一个重要原因，就是始皇没有对身后事宜提前安排。对于自己糟糕的身体状况，秦始皇是十分清楚的，尽管死亡如影随形般跟随着他，但他却始终抱有抵制心理，并企图通过寻找不死之药加以规避，获得永生。长生不死是所有人的梦想，但在实践中碰壁后大家只能回到现实。战国时期，海上有仙人的传说甚嚣尘上，燕、齐诸侯都曾派方士前去寻找，失败后只能放弃，并未对他们本人及国家政治产生巨大影响。秦始皇对求仙活动却始终执着，坚定，至死不悟，这与他的权力万能思想与专制主义制度的恶性发展息息相关。

秦始皇灭掉六国，建立了中央集权、君主专制的大一统王朝，获得了前所未有、不受制约的至高皇权。心理学家认为："掌权者的控制错觉，容易导致高估自己和自己的行为等认知偏差。这当然可能使掌权者在行动中占有先机，获得更多资源，只要他们的行动是利于集体的，就会促进集体利益的繁荣。然而，这种高估自己的偏差还可能导致掌权者因过分追求自我利益而以权谋私或因为过分自信而出现判断决策偏差。"[1] 过度集中的权力，使秦始皇的欲望恶性膨胀，不顾一切地渴望长生。"由于秦始皇的权力是登峰造极、无所限制的，群臣们对他的任何想法只能是迎合，很难提出异议。因此，他渴望成仙的愿望也在不断受到周围的支持和赞同。没有当头棒喝，自然很难迷途知返。由于陶醉于战争的胜利、统一的成功、无限的权威，使在臣僚们一片歌功颂德之声中的秦始皇更加忘乎所以。既然自己所取得的功业

---

[1]　成年、李岩梅、梁竹苑：《权力的三种心理机制及其影响》，《心理科学》2014年第4期。

是'自上古以来未尝有，五帝所不及'的，那么自己的寿命也应该是前所未有的，别人没有达到的求仙愿望，自己当然也应该达到。在专制主义的文化背景下，秦始皇自我陶醉、惟我独尊、惟我独是，什么历史经验、自然规律、生命周期，他都完全抛置脑后，很容易做起了权威无限、生命无限的美梦。"①

秦始皇的执着求仙活动，还受多种因素的影响。"秦始皇接受神仙学说，求不死之药，既反映了剥削者共有的求享乐，不愿放弃骄奢淫逸生活的贪欲，也有自身经历、身体状况的因素；既受到当时社会文化环境的制约，又有个人性格爱好的影响；既有科学文化水平与认识能力低下的局限，又有现实的政治需要。这些因素错综复杂地交织在一起，才使得秦始皇对求仙活动表现出始终如一的坚定和异乎寻常的热情，也使得神仙学说对秦始皇的晚年生活及秦朝政治产生了巨大影响。神仙学说的影响是造成秦始皇晚年昏庸暴虐、统治失误的重要因素。"② 章太炎认为："秦皇微点，独在起阿房，及以童男女三千人资徐福，诸巫食言，乃坑术士，以说（悦）百姓。其佗（它）无过。"③ 可见求仙活动对秦始皇及其秦朝政治都产生了重大影响。

首先，秦始皇的求仙活动严重损害了他的身体和健康。秦始皇自小多病，本应注重对身体的保养与调理，但由于过分迷恋权力，常常将身体的健康置之脑后。"明显的事实是：权力使人兴奋。权力是难以抗拒的，它刺激人们的感官和精神。"④ 他不分昼夜地处理政务，马不停蹄地巡游天下，为满足私欲而骄奢淫逸。为操控权力和享用权力，秦始皇焦思苦虑，费尽心机。长期过度的身体消耗，无疑会加重他的疾病，加速他的衰老。在方士的鼓噪下，秦始皇迷恋神仙学说，坚信自己可以得道成仙，长生不死，从而对身体出现的危险信号或视而不见，或讳疾忌医。既没有根据身体状况安排自

---

① 王绍东：《秦始皇执着求仙的原因探析》，《秦文化论丛》第 8 辑，陕西人民出版社 2001年版，第 233—242 页。

② 王绍东：《论神仙学说对秦始皇及其统治政策的影响》，《内蒙古大学学报》2000 年第 1 期。

③ 中山大学中文系：《王夫之：〈秦始皇〉 章太炎：〈秦政记〉〈秦献记〉 译注》，第 20 页。

④ ［法］皮埃尔·阿考斯、［瑞士］皮埃尔·朗契尼克：《病夫治国》，郭宏安译，第 166 页。

己的工作和生活，也没有及时对身体进行调理和治疗。当方士建议他"今上治天下，未能恬倓。愿上所居宫勿令人知，然后不死之药殆可得也"① 的时候，秦始皇既想得道成仙，又不想降低自己的私欲，就下令将咸阳周围 200里范围内的 200 多个宫殿用天桥和甬道连接起来，自己在里面继续享用钟鼓美人，但不允许任何人泄露其行踪。一次次巡游天下，寻药求仙，在当时的交通条件下，其艰辛与劳顿可想而知。特别是在他 50 岁时，仍然相信占卜者的胡言，拖着多病的身体长途巡游，在波涛起伏的大海上手持连弩射杀巨鱼，终于耗尽了身体的最后能量，死在了沙丘平台。

秦始皇的求仙活动也严重影响了秦朝政治。因求仙而坑儒，因扶苏劝谏坑儒而被派出首都到上郡监军，从而改变了秦朝的政治格局。《历代名家评注史记集说》一书引丁奉评论："使无监军之出，而获从涉邱之行，则位以传，国以保，而始皇有贤子矣。始皇而有贤子，岂天道之所容哉？故天假手于始皇自绝其后，而有监军之命，以启赵高矫诏之路。然则非赵高之得杀苏也，杀苏者始皇耳！"② 正是由于坚定的求仙决心和执着的求仙举动，使秦始皇始终对逃避死亡抱有幻想，从而做起永生不死、与天地同久长的美梦。群臣们明知他的身体状况几近死亡边缘，但"始皇恶言死，群臣莫敢言死事"③，导致了秦始皇始终没有对接班事宜作出妥善安排，直到生命弥留之际，才写信给公子扶苏，让他主持丧礼，接管政务，从而给赵高谋划沙丘政变留下了充分的时间、空间和操作余地。接班者由扶苏变成了胡亥，葬送了秦朝的前程，改写了秦朝的政治走向。章太炎对此十分痛惜，他假设道："借令秦皇长世，易代以后，扶苏嗣之，虽四三皇，六武帝，曾不足比隆也。"④

历史发展中，既有大势所趋，也有偶然因素的影响。在各种偶然因素中，就包括了杰出人物的心理性格因素。秦始皇在特殊时代和特殊环境下的成长经历，造就了他敏感自卑、猜忌固执、崇尚权力、执迷不悟的性格特点，这

---

① 司马迁：《史记》卷 6《秦始皇本纪》，第 257 页。

② 程馀庆撰，高益荣、赵光勇、张新科编撰：《历代名家评注史记集说》第 1 册，第 108 页。

③ 司马迁：《史记》卷 6《秦始皇本纪》，第 264 页。

④ 中山大学中文系：《王夫之：〈秦始皇〉 章太炎：〈秦政记〉〈秦献记〉 译注》，第 14 页。

样的性格又影响了秦朝的一系列政治措施。特别是统一后，秦始皇被至高无上的权力光环所笼罩，一心操控权力、炫耀权力、享受权力、滥用权力。正如恩格斯所指出的那样："自从阶级对立产生以来，正是人的恶劣的情欲——贪欲和权势欲成了历史发展的杠杆。"① 权力能控制社会，影响他人，实现自己的欲望，但权力也有着腐蚀性和扩张性，他会将人带离理智的轨道，让人走向贪欲和癫狂。统一天下后，秦始皇的所作所为，正体现了这一点。

　　《历代名家评史记集说》引贺善赞评述："始皇自即位以来，所书二十一事：书更号，书除谥，书改正，书封禅刻石，志有伐也；书销兵器、徙豪杰，书坏城郭、决堤防，书筑长城，书黔首实田，志自私也；三书筑宫，再书治道，志土木也；书伐匈奴，书取南越地，志穷黩也；五书巡游，志游观也；书焚《诗》《书》，书坑儒生，志狂悖也；书彗见，书陨石，志殃罚也。有更号之此，无一善足以裕后昆者，再世而亡晚矣。"② 自从秦始皇统一天下后，史书记载了他所作的21件事。其中，记载他改皇帝称号、废除谥号、按水德纪年、举行封禅大典，意在表明他扩张权势、意得自满的野心；记载他销毁兵器、迁徙豪强、毁坏六国的旧有防御设施、修筑长城、令百姓登记田产，意在表明他自私的欲望；记载他三次大规模修筑宫殿、分别修建驰道和直道，意在表明他大兴土木。记载他北击匈奴、南取南越，意在表明他穷兵黩武；记载他五次巡游天下，意在表明他游览天下的喜好；记载他焚《诗》《书》、坑儒士，意在表明他精神的狂妄与对直言的胆怯；记载彗星出现、陨石刻字诅咒其死亡，表明上天要惩罚他的恶行。在贺善赞看来，嬴政改称皇帝称号以来，就没有做过一件有利于人民和后代的事情，二世而亡已经晚了。登峰造极的权力，必然带来无休无止的欲望。"没有了任何制约，权力就像脱缰的野马，不仅会把政权带向崩溃和覆灭，而最终也必然把权力的掌控者带向万劫不复的深渊。"③

---

① 《马克思恩格斯选集》第4卷，人民出版社1995年版，第237页。
② 转引自高益荣、赵光勇、张新科编撰《历代名家评注史记集说》第1册，第110页。
③ 王绍东：《论秦始皇的权力万能思想与秦朝政治》，《咸阳师范学院学报》2013年第1期。

第五章　秦史人物的心态分析

　　以《史记》为主的历史典籍中，记载了许多秦国、秦朝及与之相关的历史人物。他们生活于战国诸侯兼并到秦朝统一的历史转折时期，一些人又经历了秦朝从强盛到迅速衰败的过程。时势造英雄，英雄造时势。在这样的历史进程中，众多人物参与其中，纵横捭阖，演出了一幕幕有声有色的历史剧，显示了自己的存在与价值，也表现出多姿多彩的心态与性格。他们的心态与性格，不仅影响了自己的人生，而且在某种程度上也影响了秦的历史发展。

第一节　商鞅的经历与变法心态

　　秦国的真正强大，是从商鞅变法开始的。秦孝公任用商鞅变法，全面推进秦国的各项改革，改变了"诸侯卑秦"① 的局面，使秦国走上了富国强兵、兼并统一之路。所谓"秦孝公保崤函之固，以广雍州之地，东并河西，北收上郡，国富兵强，长雄诸侯，周室归籍，四方来贺，为战国霸君，秦遂以强，六世而并诸侯，亦皆商君之谋也"②。司马迁在《史记·商君列传》中写道："商君，其天资刻薄人也。"③ 商鞅刻薄寡恩的性格特点，既有利于推进改革的进行，也导致了他积怨于宗室贵族，"身死车裂，灭族无姓"④ 的结局。

---

① 司马迁：《史记》卷5《秦本纪》，第202页。
② 司马迁：《史记》卷68《商君列传》，第2238页。
③ 司马迁：《史记》卷68《商君列传》，第2237页。
④ 司马迁：《史记》卷68《商君列传》，第2238页。

一、童年经历与辅君强国心态

商鞅的一生极具戏剧性，是战国时期士人的典型。商鞅的所作所为，既体现了当时士人的普遍心态，也有自己独特的心路历程。

商鞅本是卫国的王族。"商君者，卫之诸庶孽公子也，名鞅，姓公孙氏，其祖本姬姓也。"① 卫国曾是周成王时分封的最重要的国家之一。周武王去世后，成王即位，周公辅政。监管商地的管叔、蔡叔、霍叔和商纣王的儿子武庚举行叛乱，被周公镇压。为了巩固在商地的统治，周公便将自己最信任的弟弟康叔派到那里，"以武庚殷遗民分康叔为卫君，居河、淇间故商墟"②，都城朝歌（今河南省淇县）。在建国后的很长一段时间里，卫国政治清明、国力强大，曾一度为诸侯之长，甚至可代天子征伐。商朝晚期有重刑法的传统，纣曾发明炮烙之刑。为了完成政治使命，康叔以殷法治殷民，故卫地形成了"故俗刚强，多豪杰侵夺，薄恩礼，好生分"③ 的传统。

进入春秋时期，卫国逐渐走向衰落。特别是卫懿公在位时，他昏庸无能，玩物丧志。因为喜欢鹤，让鹤乘坐轩车，甚至享受大夫的俸禄。这时狄人进攻卫国，国人不愿为卫君卖命，提出："使鹤！鹤实有禄位，余焉能战？"④ 结果狄人攻破首都，卫国一度灭亡，后来在宋国、齐国的帮助下才得以复国，原来的首都却已被狄人洗劫一空，只好将首都迁到了帝丘（今河南省濮阳市）。战国时期，卫国居于赵、齐、魏等大国之间，生存环境十分艰难，再加上缺乏明君，人才流失，思想僵化，国力进一步衰弱，领土不断被大国蚕食。公元前383年，赵国进攻卫国都城，都城几乎被攻破。守卫的士兵将8个城门用土塞住，另两个已经被攻破。为了挽救危难中的卫国，卫国国君连鞋子都顾不上穿，就光脚去魏国求救。"卫君跣行告遡于魏。"⑤ 魏武

① 司马迁：《史记》卷68《商君列传》，第2227页。
② 司马迁：《史记》卷37《卫康叔世家》，第1589页。
③ 班固：《汉书》卷28下《地理志下》，第1647页。
④ 《春秋左传正义》卷21《宣公三年》，李学勤主编《十三经注疏》（标点本，第7册上），第310页。
⑤ 《战国策》卷12《齐策五》，第101页。

侯接到卫国告急的消息，"身被甲底剑，挑赵索战"①，帮助卫国打败了赵国，促使卫国进一步亲近魏国。

与政治的衰落不同，卫国地处中原核心之地，土地肥沃、物产丰富、南北交往、东西联通，是中原各国往来之要冲。卫康叔立国之时，被赐予了"殷民七族"。七族包括"陶氏、施氏、繁氏、锜氏、樊氏、饥氏、终葵氏"②。这些人中以手工业者居多，有制造陶器的、制造旗帜的、制造兵器的、制造青铜器的，等等。卫国人也以善于制酒、饮酒著称。周公在给康叔的三篇政治嘱托《康诰》《酒诰》《梓材》中，分别强调了敬德保民、严惩酗酒、重用人才的重要性。便利的交通位置与丰富的物产，使卫国的商业十分发达。《诗经·卫风》中描述了"氓之蚩蚩，抱布贸丝"③的贸易场景。经济的发展，商业的繁荣，也带来了文化的交流和思想的活跃。"卫国由于其独特的地理位置和建国历史，深受殷商文化和西周文化的影响，从而形成了卫国独特的文化风俗，并对生活于其中的商鞅产生了深刻影响。殷商法律的细密、严厉引起了少年商鞅的兴趣，魏国中庶子的为官经历为商鞅研读李悝《法经》提供了便利。卫人思想的开放性开阔了商鞅的视野，使其在修习诸家学说的基础上选择法家学说。卫国发达的手工业和商业及其对国家政治的影响，奠定了商鞅'重农抑商'的思想。"④

颓废衰败的命运以及强敌和外族的不断入侵，使卫国的有志之士心怀忧患意识；经济的繁荣与文化的多元也有利于卫人接受新的思想；重刑的传统与国运的艰辛让卫人更注重面对现实。上述因素，都有利于卫国产生改革人才。但国君的昏庸、国力的衰败已经无法提供改革的舞台，于是，一批卫国的士人走出祖国，在他国上演了一幕幕变法改革的历史剧。李悝、吴起、商鞅、吕不韦等一批政治家、改革家叱咤风云于战国时期的历史舞台。

---

① 《战国策》卷 12《齐策五》，第 101 页。

② 《春秋左传正义》卷 54，李学勤主编《十三经注疏》（标点本，第 7 册下），第 1548 页。

③ 《毛诗正义》卷 3《国风·卫风·氓》，李学勤主编《十三经注疏》（标点本，第 3 册上），第 228 页。

④ 贾马燕：《商鞅思想来源探析》，《西安文理学院学报》2020 年第 4 期。

商鞅作为王族的"庶孽公子"，尽管已经沦落到与普通士人无异的地步，但王族的光环激励着他出人头地的雄心壮志。春秋以来士人凭借自己的才华和谋略在政治舞台上纵横捭阖、叱咤风云的事例，也提醒着商鞅要增加自己的学识和本领。祖先的辉煌则吸引着他去关注历史，关注政治，并试图参与到政治变革之中。他"少好刑名之学"①，曾经师从于杂家学派的尸佼。"楚有尸子，疑谓其在蜀。今按《尸子》书，晋人也，名佼，秦相卫鞅客也。卫鞅商君谋事画计，立法理民，未尝不与佼规之也。商君被刑，佼恐并诛，乃亡逃入蜀。"②班固在《汉书·艺文志》介绍"《尸子》二十篇"并自注道："名佼，鲁人，秦相商君师之。"③商鞅不仅跟随尸佼学习杂家学说，广泛涉猎各种知识，而且后来在秦国变法过程中也得到了尸佼的帮助。

商鞅研究卫国的历史，看到国家的兴衰与君主是圣明还是昏庸关系密切。作为王族，在商鞅看来，强国须从强君开始。在商鞅的少年时代，曾经经历了卫国被赵国进攻，受魏国援助得以自存的经历。"当卫慎公'跣行告遡于魏'时，卫国宗室以及百姓的惊慌恐惧肯定在其幼小的心灵留下了深刻的烙印；而当卫国借魏之力免遭灭亡、反败为胜时，对魏国实力的钦慕也会在其思想中萌生。"④战国时期，卫国的国运几乎到了无可救药的地步，商鞅感受到了抱负无法施展，理想无法实现的窘境。在报国无门的情况下，商鞅大约在25岁左右，来到在战国时期最早开始变法改革的魏国。在魏国，商鞅放下了王族公子的架子，投靠到连任魏武侯和魏惠王两代君主国相的公叔痤门下，当了一名"中庶子"⑤。在魏国的这段时间，商鞅学习揣摩李悝变法的思想与措施，锻炼自己对社会敏锐的观察力和权衡力，其政治才华与改革能力已有所展现，也受到了公叔痤的赏识。公叔痤甚至希望将来商鞅能够替代自己辅佐魏君富国强兵。在魏国期间，商鞅不仅亲身体会到了变法改革的

---

① 司马迁：《史记》卷68《商君列传》，第2227页。
② 司马迁：《史记》卷74《孟子荀卿列传·集解》引刘向《别录》，第2349页。
③ 班固：《汉书》卷30《艺文志》，第1741页。
④ 李存山：《商鞅评传——为秦开帝业的改革家》，广西教育出版社1997年版，第4—5页。
⑤ 司马迁：《史记》卷68《商君列传》，第2227页。

成效，也向往得到一展政治才华的机会。

《史记·商君列传》记载："公叔痤知其贤，未及进。会痤病，魏惠王亲往问病，曰：'公叔病有如不可讳，将奈社稷何？'公叔曰：'痤之中庶子公孙鞅，年虽少，有奇才，愿王举国而听之。'王默然。王且去，痤屏人言曰：'王即不听用鞅，必杀之，无令出境。'王许诺而去。公叔痤召鞅谢曰：'今者王问可以为相者，我言若，王色不许我。我方先君后臣，因谓王即弗用鞅，当杀之。王许我。汝可疾去矣，且见禽。'鞅曰：'彼王不能用君之言任臣，又安能用君之言杀臣乎？'卒不去。惠王既去，而谓左右曰：'公叔病甚，悲乎，欲令寡人以国听公孙鞅也，岂不悖哉！'"①

这段史料的内涵较为丰富。首先，是公叔痤对商鞅的赏识与器重，认为他是一个难得的治国干才，提出自己百年之后，把魏国交给商鞅管理，魏惠王默不作声。公叔痤了解商鞅杰出的治国能力，也明白战国时期"得士者强，失士者亡"②的环境，又向魏惠王提出：如果实在不用商鞅，就把他杀掉，绝对不能让他流失出去，以避免替魏制造一个强大的敌国。提出这样的建议后，公叔痤又痛惜其才华，本着先公后私、先君后臣的原则，将这件事透露给商鞅，让他赶紧离开。公叔痤多年纵横于政治舞台，有着高超的识人本领。他自相矛盾的做法，表明商鞅精深的变革思想与杰出的组织能力给他留下了极为深刻的印象，历史的发展也证明了公叔痤的识人之能。其次，表现了魏惠王的昏庸与对商鞅的轻视。通过魏文侯的礼贤下士和李悝的变法，战国初期魏国第一个走向了变法改革、富国强兵之路。除了重用李悝外，魏文侯以师尊之的孔子的学生子夏，也是卫国人。在商鞅童年时代，赵国几次进攻卫国，卫国都是靠魏国的救援才得以保全。魏武侯、魏惠王时期，魏国的实力有所衰弱，不断受到秦国、齐国的夹击。魏惠王缺乏识人之明，又受到传统的宗族观念影响，对于来自弱小卫国的青年商鞅自然不以为意，既不任用也没有杀掉他，为国家留下了隐患。第三，显示了商鞅的胆略与智慧。

---

① 司马迁：《史记》卷68《商君列传》，第2227页。

② 班固：《汉书》卷65《东方朔传》，第2865页。

商鞅已经获得了公叔痤的赏识，对魏惠王既感到失望，但仍怀有一丝幻想。当得知惠王的态度时，他大胆预测，魏王既不会重用他也不会杀掉他，因为在魏王眼里，商鞅只是一个无关紧要的小人物。但这件事教育了商鞅，只有得到君主的赏识和支持，才能真正展示自己的才华，实现自己的政治抱负。

二、君臣际遇与坚定变法改革

商鞅在魏国遭受挫败之际，21 岁的孝公在秦国即位。作为一个有为君主，秦孝公决心改变"诸侯卑秦"[①]的局面。孝公认为，在秦国的历史发展中，最令秦人自豪的是"西霸戎翟，广地千里，天子致伯，诸侯毕贺"[②]的穆公时代。穆公的业绩是靠广纳宾客、重用人才实现的。于是，秦孝公即位的第一年，就向天下下诏求贤。"宾客群臣有能出奇计强秦者，吾且尊官，与之分土。"[③]在秦孝公下令求贤之际，公叔痤去世，商鞅在魏国没有了赏识者和保护者。孝公求贤的消息传来，他带着对魏王的恨意，立即向西来到秦国。

到了秦国，商鞅打通了秦孝公的宠臣太监景监的关系，并通过他的介绍去面见孝公。第一次见孝公，商鞅以帝道游说之，没能引起孝公的兴趣。第二次改为以王道游说孝公，孝公仍然听不进去。帝道是指古代圣王治国之道，也就是通过无为而治达到天下大治的效果；王道则指夏商周时期以仁德治国之道。帝道和王道都是古代的理想政治，真正的实施需要良好的社会环境和漫长的社会治理。急于摆脱祖国偏居一隅贫弱落后局面的秦孝公自然对这样的高谈阔论不感兴趣，但碍于景监的情面，还是第三次接见了商鞅。这一次，商鞅向孝公进一步展示了自己的博学与才华，并初步谈论了自己以法家思想治理国家的理念。孝公感到商鞅确实是一个人才，表示愿意与他深谈。经过三次试探，商鞅看到了孝公求贤的真诚与迫切，也摸清了孝公的意图，他希望在最短时间内成就霸业，打破诸侯卑秦的局面。这样的意图与商

① 司马迁：《史记》卷 5《秦本纪》，第 202 页。
② 司马迁：《史记》卷 5《秦本纪》，第 202 页。
③ 司马迁：《史记》卷 5《秦本纪》，第 202 页。

鞅精通的"刑名之学"是相一致的。"鞅曰:'吾说公以霸道,其意欲用之矣。诚复见我,我知之矣。'卫鞅复见孝公。公与语,不自知膝之前于席也。语数日不厌。"①

商鞅四次游说孝公,最终被孝公接纳的过程,透露出两件事:第一,商鞅展示了杰出的才华、渊博的知识和坚定的变法决心。商鞅通过孝公的宠臣景监面见孝公,尽管受到很多人的责难,但事实证明这是一个可行的选择。试想一下如果商鞅直接去见孝公,可能一次会面就会被拒绝,也就没有后来的相谈甚欢了。商鞅一再被拒绝后仍然坚持面见孝公,也表明他渴望得到孝公重用,以展示自己政治才华的坚定信心。商鞅先后用帝道、王道和霸道游说孝公,可以看出商鞅渊博的学识和对治国之道的深刻钻研。在与孝公谈话的过程中,商鞅也掌握了孝公的心理及治国态度,形成了变法改革的规划与蓝图。第二,展示了孝公的识人之才与"且贤君者,各及其身显名天下"②的强烈改革愿望。孝公能够耐心地四次会见商鞅,不仅仅是只看景监的情面,他也感受到了商鞅的潜力与能力,并诱导商鞅说出符合自己愿望的"霸道"改革方案,双方达到了高度契合,为后来的变法改革奠定了基础。

为了减少阻力,达成改革的最大共识,也为了进一步检验商鞅的变法规划与决心,孝公组织了一场御前大辩论,让反对变法的代表人物甘龙与杜挚与商鞅论战。面对孝公既想任用自己变法,又担心遭到非议的疑虑,商鞅展示了自己愿意冲破一切阻力,坚持变法改革的决心。他说:"疑行无名,疑事无功。且夫有高人之行者,固见非于世;有独知之虑者,必见敖于民。愚者暗于成事,知者见于未萌。民不可与虑始而可与乐成。论至德者不和于俗,成大功者不谋于众。是以圣人苟可以强国,不法其故;苟可以利民,不循其礼。"③商鞅认为,只要确立了改革的目标,就不能怕别人的怀疑和议论;只要能够强国利民,就要勇于冲破传统的藩篱。商鞅的表态,赢得了孝公的喝彩,但也受到了甘龙和杜挚的反对。他们认为圣人治国的传统不能随

① 司马迁:《史记》卷68《商君列传》,第2228页。
② 司马迁:《史记》卷68《商君列传》,第2228页。
③ 司马迁:《史记》卷68《商君列传》,第2229页。

意改变，即所谓"法古无过，循礼无邪"①。商鞅侃侃而谈：历史上的三王五霸，都有不同的治国方略，只有愚蠢的人才会被固有的法律制度所局限，聪明的人则会根据时代的变化制定合理的礼制法度。在他看来："治世不一道，便国不法古。故汤武不循古而王，夏殷不易礼而亡。反古者不可非，而循礼者不足多。"②

在这场辩论中，商鞅向孝公展示了坚定的变法改革决心，也展示了他雄辩的口才以及走在时代前列的崭新精神面貌。他提出的"疑行无名，疑事无功""苟可以强国，不法其故；苟可以利民，不循其礼"等主张，"表现了我国古代改革者所向披靡的气质，也反映了战国士人昂扬进取的精神"③。同时，在这场辩论中，也展现了商鞅的一种心态：只要有了君主的支持，便可以独断专行，不考虑任何制约因素，拒绝任何妥协退让。这样的心态产生与商鞅的经历密切相关。作为卫国的王族，自然对君王有着特殊的情感。在魏国曾受到两朝元老公叔痤的器重，但由于没有得到魏惠王的赏识，自己的政治抱负仍无法实现。来到秦国后，通过与孝公的会面交流，双方彼此欣赏，在变法改革上达成了高度共识。在商鞅看来，孝公是千载难逢的理想君主，有了他的支持，自己的改革蓝图就一定能变为现实。这种将全部赌注压在孝公一人身上的心理，为他后来的悲惨命运埋下了伏笔。

通过这场辩论，孝公进一步了解了商鞅的变法理论，感受到了他的能力与智慧，也坚定了变法改革的信心和决心。他看到反对派被驳得哑口无言，对商鞅大加赞赏。"孝公曰：'善！'吾闻穷巷多悭［怪］，曲学多辨。愚者笑之，智者哀焉。狂夫之乐［乐之］，贤者丧焉。拘世以议，寡人不之疑矣。"④ 表示今后不管遇到什么样的闲言碎语，也绝不动摇支持商鞅变法的决心。

公元前 359 年，孝公任用商鞅变法。商鞅制定了变法的措施，但他担心

① 司马迁：《史记》卷 68《商君列传》，第 2229 页。
② 司马迁：《史记》卷 68《商君列传》，第 2229 页。
③ 沈长云：《崛起的士人》，中国青年出版社 1998 年版，第 50 页。
④ 高亨注译：《商君书注译·更法第一》，第 18 页。

民众不信任自己，法令难以推行，便通过"徙木立信"的方式宣传实施新法的坚定决心。他在国都南门竖起一根三丈之木，布告悬赏，谁能把这根木头搬到北门，就给他十金的重赏。百姓感到这样的好事难以置信，也就没人响应。商鞅将奖赏提高到五十金，终于，在诱惑面前，有人忍不住站了出来，将木头搬到了北门。商鞅兑现承诺，当即赏给了他五十金。这件事在首都传得沸沸扬扬，既令众人羡慕不已，又使人们愈加关注商鞅这颗政坛上升起的新星。这是商鞅打出的一张心理牌，"秦民们由此知道了政令无欺，言而有信，令出必行。这样，'徙木赏金'就为变法令的实施起到了树立权威、鸣锣开道的作用"①。

变法令颁布之后，一度遭到强烈的抵制和反对。数以千计的民众从各地来到首都，表示难以接受新的法令。"商鞅峭法长利，秦人不聊生，相与哭孝公。"② 这些人无疑是受新法波及的贵族、商人等。不仅如此，宗室贵族也聚集在太子周围，形成了反对变法的势力。在他们的鼓动下，太子带头抗拒新法。面对守旧派的阻挠，孝公坚定地支持商鞅。商鞅决心将变法进行到底，他向孝公提出："法之不行，自于贵戚。君必欲行法，先于太子。太子不可黥，黥其傅师。"③ 要排除变法的阻力，就要以刑法处置反对变法的贵戚。按照新的法律，对太子应当处以在脸上刺字的肉刑。但太子为储君，不能让他的身上留下刑徒的标记，那么就通过处罚对他负有教育指导之责的师傅来达到惩戒反对者的目的。臣下要求处罚太子，这在历史上还少有出现。可见商鞅为了推行变法，已经不再给自己留任何后路。面对亲情与事业的两难选择，秦孝公亦舍弃了亲情，公开支持商鞅的建议。于是，商鞅宣布："刑其傅公子虔，黥其师公孙贾。"④

对太子的师傅直接用刑，震慑了反对者，新法得以顺利推行。第一次改革的重点是奖励军功和发展生产，推行爵位制，削弱贵族势力，加强君主

① 李存山：《商鞅评传——为秦开帝业的改革家》，第 21 页。
② 桓宽：《盐铁论·非鞅第七》，《诸子集成》第 11 册，第 8 页。
③ 司马迁：《史记》卷 5《秦本纪》，第 205 页。
④ 司马迁：《史记》卷 68《商君列传》，第 2231 页。

集权。改革给社会带来了蓬勃生机，秦国出现了社会安定、国力增强的局面，在诸侯国中的地位也得到了提高。这时，那些曾经非议变法的人又来夸赞变法的好处，商鞅认为这些人是在扰乱教化，便把他们流放到边城。"其后民莫敢议令。"① 从商鞅"徙木立信"，对反对变法者强力镇压，到流放夸赞变法者，都是在向国人宣示：对于国家的任何做法，无论多么不可思议的事情，臣民无须思考，不能议论，只能坚决执行。《历代名家评注史记集说》引罗洪先评述："商鞅以刻薄狙诈之资，欲售其富强吞并之术，恐民惊骇而不之信，非议而不知从，于是假立木之小事，行不测之赏诱之于先，用不测之刑驱之于后，移其耳目，夺其心志，然后驱其力本则务农，驱之战斗则死敌，驱之杀父与君则不敢违。"② 商鞅的所作所为，是想从心理上压倒臣民，剥夺臣民的思考权力和判断权力，让臣民成为君主的仆从，国家的机器。这种做法有利于国家政令的推行与行政效率的提高，但是当国家政令出现问题时，也很难得到弥补与修正。

有了秦孝公的坚定支持，商鞅锐意改革并取得了预期的效果，并因功被升为大良造的高爵，成为孝公手下最有权势的人。秦孝公十二年（前350），在第一次改革成功的基础上，商鞅颁布了第二次变法令。第二次变法改革的内容主要包括推行分户制和郡县制，打破原来的阡陌界限，国家将土地重新分配，统一度量衡等，是第一次变法的深化和完善。因为变法主要触及的是宗室贵族利益，所以曾经是太子之傅的公子虔又阻挠变法，商鞅毫不留情地对他处于割掉鼻子的劓刑。

商鞅变法的推行，取得了显著的成效。"秦民大说，道不拾遗，山无盗贼，家给人足。民勇于公战，怯于私斗，乡邑大治。"③ 国力的增强，也使秦国能够与各诸侯国展开竞争，并打败了强劲的对手魏国，逼迫魏国将首都从安邑迁到了大梁。"居五年，秦人富强，天下致胙于孝公，诸侯毕贺。"④

---

① 司马迁：《史记》卷68《商君列传》，2231 页。

② 程馀庆撰，高益荣、赵光勇、张新科编撰：《历代名家评注史记集说》第 3 册，第 863 页。

③ 司马迁：《史记》卷68《商君列传》，2231 页。

④ 司马迁：《史记》卷68《商君列传》，第 2232 页。

商鞅为秦国的强大立下了汗马功劳，秦孝公也兑现最初的承诺。"秦封之於、商十五邑，号为商君。"① 商鞅变法，完成了秦孝公改变诸侯卑秦局面的夙愿，将秦国带向了富国强兵、兼并统一的道路。秦孝公对商鞅无比的信任与始终如一的支持，则为商鞅变法成功奠定了最重要的基础。对此郭沫若认为："使商鞅成了功的秦孝公，我们也不好忘记，他确实是一位法家所理想的君主。他能够在二十余年间让商君一人负责，放手做去，不加以干涉，真是难能可贵的事……古时候的政治家要想成功，最难得的是这君臣际遇。齐桓公之于管仲都远不如这秦孝公之于商鞅，至于后代的刘先帝之于诸葛亮，宋神宗之于王安石，更是大有愧色了。"②

三、"为秦开帝业"及商鞅的可悲下场

商鞅作为卫国的王族，面对祖国的衰败却无可奈何，空怀满腹经纶与强国之志却无处施展，来到魏国尽管受到公叔痤的赏识却得不到魏惠王的重用。所幸秦孝公下诏求贤，来到秦国的商鞅受到君主的无比信任，并为他提供了放手施展政治才华的舞台。商鞅感受到与孝公相遇，给了自己千载难逢的机会。他愿意为实现孝公的理想、完成孝公的夙愿而贡献一切，包括能力、才华、情感、声誉甚至身家性命。

变法改革必然触动既得利益者，受到他们的抵制和反对。商鞅变法受冲击最大的是宗室贵族。在商鞅第一次变法时，就颁布了限制宗室贵族的命令。"宗室非有军功论，不得为属籍。明尊卑爵秩等级，各以差次名田宅，臣妾衣服以家次。有功者显荣，无功者虽富无所芬华。"③ 按照军功授爵的原则，对于没有军功的宗室贵族，直接将他们从贵族的登记簿中除名。经济利益、生活享受都与爵位挂钩，没有相应的爵位等级，就不能享受相应的奢华生活。这样的法令有利于将全国的力量都导向对外战争上，更有利于加强君主集权，但对宗室贵族无疑是严重打击。宗室贵族长期垄断权力，并形成了

---

① 司马迁：《史记》卷 68《商君列传》，第 2233 页。
② 郭沫若：《十批判书·前期法家的批判》《郭沫若全集》（历史编第 2 卷），第 330 页。
③ 司马迁：《史记》卷 68《商君列传》，第 2230 页。

盘根错节的利益纠葛。在孝公的支持下，商鞅对反对变法的宗室贵族势力进行了猛烈打击，不仅将太子的师傅处以酷刑，对其他反对变法的贵族也毫不留情，甚至"日绳秦之贵公子"①。尽管变法取得了巨大成功，但商鞅本人也成为秦国宗室贵族的共同敌人。"商君相秦十年，宗室贵戚多怨望者。"②郑良树指出："商鞅忘记了，他本来不过是一名宾客而已，体内流的是卫国的血，和嬴秦没有关系；他忘记了，支持他'大干特干'及'坚持干到底'的，也不过是秦孝公一人，而不是那批人数众多的贵族。"③ 实际上，以商鞅的聪明才智，他并非不清楚自己的处境和面临的风险，也为此做了最坏的准备，甚至在每次出行时，都要随从力士，携带兵甲，做好防范政敌刺杀的准备。"君之出也，后车十数，从车载甲，多力而骈胁者为骖乘，持矛而操阖戟者旁车而趋。此一物不具，君固不出。"④ 但为了报答知己者孝公，为了实现自己的政治理想，商鞅甘愿承担一切风险和后果。

商鞅变法的目标是富国强兵，实现孝公"将修缪公之业，东复侵地"⑤的心愿，他将百姓视作实现这一目标的工具，并不顾及他们的要求与愿望。在商鞅看来，尽力把百姓驱向杀敌的战场和耕作的农田，是达到这一目标的最快捷、最有效的手段。商鞅认为，君主与民众的关系是对立的，只有对人民尽情压制，才能达到"制天下"和"胜强敌"的战略目标。"昔者能制天下者，必先制其民者也；能胜强敌者，必先胜其民者也。故胜民之本在制民，若冶于金、陶于土也。本不坚，则民如飞鸟禽兽，其孰能制之。"⑥ 商鞅认为，对外发动战争不仅是为了与敌国争夺土地，更是为了借此削弱民众的力量，加强君主的权威。"夫圣人之治国也，能抟力，能杀力。制度察则民力抟，抟而不化则不行，行而无富则生乱。故治国者，其抟力也，以富国强兵也；其杀力也，以事敌劝民也。夫开而不塞，则短长；长而不攻，则有奸。

① 司马迁：《史记》卷68《商君列传》，第2234页。
② 司马迁：《史记》卷68《商君列传》，第2233页。
③ 郑良树：《商鞅评传》，南京大学出版社1998年版，第155页。
④ 司马迁：《史记》卷68《商君列传》，第2235页。
⑤ 司马迁：《史记》卷68《商君列传》，第2228页。
⑥ 高亨注译：《商君书注译·画策第十八》，第137页。

塞而不开，则民浑；浑而不用，则力多；力多而不攻，则有奸虱。故抟力以
壹务也，杀力以攻敌也。"① 君主要搞好治理，就要集中国家的力量；民众的
力量强大了，就要加以杀除。杀除民力的最好途径就是发动对外战争。民众
愚蠢、贫困、软弱，没有任何能力与权益，才能全心全意听命于君主，围绕
国家的指挥棒去转。"对商鞅来说，民之'乐为主用'是他的最大目的。只
要达到了使民'乐为主用'的程度，君主圣王重民，则民'归心于农'；君
主圣王重战，则'民之见战，如饿狼之见肉'。'国待农战而安，主待农战
而尊'。君主圣王则可以高枕无忧矣，这就是商鞅的理想。但我们回过头来
看，商鞅的这个理想实在是以奴役、愚弄人民，以人民为虎狼鹰犬为代价换
来的。"② 变法改革给民众带来了提高爵位的向往，但也加上了严刑酷法的束
缚、战场流血的牺牲、昼夜劳作的辛苦。商鞅只想满足君主的愿望，从来不
以百姓为意，民众对他并不支持。如果支持他的君主先他而去，他便难逃厄
运；或者君主厌倦于他，等待他的命运只有灭亡了。

　　为了实现秦国强大的目标，商鞅不惜牺牲自己的情感与友谊。商鞅变
法取得初步成功后，他向孝公建议，应趁着马陵之战魏败于齐的时机，对魏
国发起进攻。"魏不支秦，必东徙。东徙，秦据河山之固，东乡以制诸侯，
此帝王之业也。"③ 孝公委任商鞅统兵伐魏，魏国派公子卬对战。商鞅在魏国
时，多得公子卬的照顾，两人之间交情深厚。两军对垒之际，商鞅给公子卬
写信："'吾始与公子欢，今俱为两国将，不忍相攻，可与公子面见，盟，乐
饮而罢兵，以安秦魏。'魏公子卬以为然。会盟已，饮，而卫鞅伏甲士而袭
虏魏公子卬，因攻其军，尽破之以归秦。"④《吕氏春秋》对此有更详细的记
载："于是为秦将而攻魏。魏使公子卬将而当之。公孙鞅之居魏也，固善公
子卬。使人谓公子卬曰：'凡所为游而欲贵者，以公子之故也。今秦令鞅将，
魏令公子当之，岂且忍相与战哉？公子言之公子之主，鞅请亦言之主，而皆

①　高亨注译：《商君书注译·壹言第八》，第82—83页。
②　王长华：《春秋战国士人与政治》，上海人民出版社1997年版，第173页。
③　司马迁：《史记》卷68《商君列传》，第2232页。
④　司马迁：《史记》卷68《商君列传》，第2232—2233页。

罢军.'于是将归矣,使人谓公子曰:'归未有时相见,愿与公子坐而相去别也.'公子曰:'诺.'魏吏争之曰:'不可.'公子不听,遂相与坐.公孙鞅因伏卒与车骑以取公子卬."①

通过欺骗的方式战胜公子卬,商鞅显然经过了精心策划.他首先传话给公子卬,叙述旧日友情,表示自己不忍与公子卬对战,希望两人各奏其主,罢军回师.为了麻痹公子卬,商鞅调动军队,作出马上退军的假象,但又念及旧情,希望与公子卬道别.公子卬被商鞅的真诚表象所打动,不顾手下将领的反对,与商鞅会面,却被商鞅扣留.在魏军群龙无首、放松警惕之际,商鞅突然对其展开进攻,取得了秦魏交战中的一场重要胜利.魏国失败后,被迫割让河西之地给秦国,并将首都东迁到大梁.商鞅以最小的代价,实现了预先规划的战略目标.魏军的惨败,令魏惠王痛心疾首,他最后悔的事就是当年没有听从公叔痤的建议杀掉商鞅;而商鞅却凭借此次胜利获得了封地,成为商君.

这场战役使商鞅达到了一生事业与权威的高峰,但他的做法也历来受到了人们的诟病.秦昭襄王时应侯范雎评价商鞅:"夫公孙鞅事孝公,极身毋二,尽公不还私,信赏罚以致治,竭智能,示情素,蒙怨咎,欺旧交,虏魏公子卬,卒为秦禽将,破敌军,攘地千里."②"欺旧交,虏公子卬",显然已经成为商鞅的道德污点.刘向在《新序》中也指出:"今商君倍公子卬之旧恩,弃交魏之明信,诈取三军之众,故诸侯畏其强而不亲信也."③ 实际上,无论是建议攻打魏国,还是欺骗公子卬获胜,都是商鞅给孝公交的投名状.商鞅在国内变法成功,但他曾经在魏国留居,并得到了魏国丞相、太子的赏识.商鞅担心孝公对其是否有魏国情怀的疑虑,便主动要求率军攻魏,并以欺骗的手段获取胜利,让魏人对自己恨之入骨,并借此向孝公表达自己的忠心.

类似的做法在当时并非个例,商鞅的同乡吴起杀妻求将的故事与此有

---

① 《吕氏春秋》卷22《无义》,《诸子集成》第9册,第287—288页.

② 《战国策》卷5《秦策三》,第49—50页.

③ 司马迁:《史记》卷68《商君列传·集解》引《新序》,第2238页.

异曲同工之处。"吴起者，卫人也，好用兵。曾学于曾子，事鲁君。齐人攻鲁，鲁欲将吴起，吴起取齐女为妻，而鲁疑之。吴起于是欲就名，遂杀其妻，以明不与齐也，鲁遂以为将。将而攻齐，大破之。"①为了获取君主的绝对信任，商鞅牺牲友情，吴起杀掉妻子。何孟春指出："起与鞅也，专用其私智，为国树怨。太史公论起以暴苛少恩亡于楚，而又论鞅以少恩故受恶名于秦。非不幸也，其亦有见于是乎！"②商鞅欺骗公子印事件，是其刻薄寡恩性格的生动写照，同时也为其变法失败逃无退路以致被车裂以刑的结果埋下了种子。

商鞅将自己置于贵族、百姓和诸侯国的对立面，只是忠诚于孝公一人的做法，不仅要承受巨大的舆论压力，而且要承受巨大的人身风险。对此，有一个叫赵良的人找到商鞅："今君之见秦王也，因嬖人景监以为主，非所以为名也。相秦不以百姓为事，而大筑冀阙，非所以为功也。刑黥太子之师傅，残伤民以骏刑，是积怨畜祸也。教之化民也深于命，民之效上也捷于令。今君又左建外易，非所以为教也。"③指出商鞅凭借宦官交接孝公，名声不好；身为丞相不为百姓办事，却给君主大修宫室，是劳而无功；用严厉的肉刑惩罚太子的师傅，以严刑酷法处置百姓，积累了太多的怨恨，将会给自己招致祸患。商鞅的法律比君主的命令影响还大，百姓执行商鞅的安排比执行君主的措施还迅捷。现在商鞅你又通过非正常的手段建立自己的权威，甚至在外矫诏君令。赵良提醒商鞅：其所作所为，不仅已经四面树敌，而且会引起君主的警惕。只有急流勇退才有可能保全身家性命，否则一旦孝公去世，将难逃覆亡之噩运。"'君之危若朝露，尚将欲延年益寿乎？则何不归十五都，灌园于鄙，劝秦王显岩穴之士，养老存孤，敬父兄，序有功，尊有德，可以少安。君尚将贪商於之富，宠秦国之教，畜百姓之怨，秦王一旦捐宾客而不立朝，秦国之所以收君者，岂其微哉？亡可翘足而待。'商君弗

---

①　司马迁：《史记》卷 65《孙子吴起列传》，第 2165 页。

②　何孟春：《余冬叙录》卷 8，转引自杨燕起、陈可青、赖长扬编《历代名家评史记》，北京师范大学出版社 1980 年版，第 577 页。

③　司马迁：《史记》卷 68《商君列传》，第 2234 页。

从"① 在变法初期与保守派的代表甘龙、杜挚的御前辩论中，商鞅曾经侃侃而谈，充满自信。这次对于赵良的忠告，商鞅却没有进行反驳。或许赵良的话一定程度上击中了商鞅的内心。但开弓没有回头箭，除了忠诚孝公，他实在难有其他的选择。"商鞅如果听从赵良的劝告，那就是否定自己一生的事业，并且捐弃由此挣得的富贵功名。因此'商君弗从'。"②

公元前 338 年，在位 24 年的秦孝公去世，太子嬴驷即位，是为秦惠文公。秦孝公时期，商鞅专擅朝政，同太子嬴驷的势力形成对抗。嬴驷即位为君，商鞅自请退职回到封邑。蛰伏已久的商鞅政敌公子虔等鼓动惠文公："大臣太重者，国危；左右太亲者，身危。今秦妇人婴儿皆言商君之法，莫言大王之法，是商君反为主，大王更为臣也。且夫商君，固大王仇雠也，愿大王图之！"③ 商鞅的权势已经威胁到了君主，不除掉商鞅，就无法确立君主的权威。公子虔以谋反的罪名告发他，秦惠文公下令逮捕商鞅。商鞅仓皇向境外出逃，来到边境关口，想要在旅店住宿。店主不知道来人身份，向他索要通行证，商鞅拿不出来。店主告诉他："商君之法，舍人无验者坐之。"④ 不能验明证件，店主绝对不敢留宿。商鞅感慨万千："嗟乎，为法之敝一至此哉！"⑤ 没想到自己制定法律的严酷到了这种地步。国内无法立足，魏国曾是商鞅多年生活的地方，在那里有一些朋友。商鞅辗转逃到魏国境内，故交襄疵拒不收留，告诉他说："以君之反公子卬也，吾无道知君。"⑥ 你过去欺骗公子卬的行为，让人无法相信你。商鞅想要投奔他国，又有魏人提出："商君，秦之贼。秦强而贼入魏，弗归，不可。"⑦ 便把商鞅送回了秦国。商鞅走投无路，只好回到自己封地，纠集门客调发邑兵向北进攻郑县，被秦惠文公的军队在郑地渑池打败。秦惠文公对商鞅又施以车裂之刑，并对其家族

① 司马迁：《史记》卷 68《商君列传》，第 2235 页。

② 李存山：《商鞅评传——为秦开帝业的改革家》，第 56 页。

③ 《战国策》卷 3《秦策一》，第 18 页。

④ 司马迁：《史记》卷 68《商君列传》，第 2236 页。

⑤ 司马迁：《史记》卷 68《商君列传》，第 2236—2237 页。

⑥ 《吕氏春秋》卷 22《无义》，《诸子集成》第 9 册，第 288 页。

⑦ 司马迁：《史记》卷 68《商君列传》，第 2237 页。

满门抄斩。

商鞅制定了连坐告奸之法，导致自己无路可逃；商鞅将秦国带上富国强兵之路，却使他国不敢收留。对于商鞅作法自毙的悲剧，历史上多数人认为是罪有应得，并将其归因于他的刻薄残忍的性格，司马迁是其中的典型代表。"太史公曰：商君，其天资刻薄人也。迹其欲干孝公以帝王术，挟持浮说，非其质矣。且所因由嬖臣，及得用，刑公子虔，欺魏将卬，不师赵良之言，亦足发明商君之少恩矣。余尝读商君开塞耕战书，与其人行事相类。卒受恶名于秦，有以也夫！"① 在盐铁会议上，汉代的文学指出商鞅不择手段、不讲信义的做法，导致其上结怨于贵族，下获怨于百姓，外失信于诸侯的局面。"今商鞅弃道而用权，废德而任力，峭法盛刑以虐戾为俗，欺旧交以为功，刑公族以立威。无恩于百姓，无信于诸侯。人与之为怨，家与之为仇。虽以获功见封，犹食毒肉，愉饱而罹其咎也。"② 亦有学者认为，商鞅所作所为，不仅自食恶果，而且给秦国的社会风气、历史发展带来了无穷祸患。"使鞅变法之后，导以德礼，则身名俱泰，秦以不至如虎狼，为天下所共疾。乃诈力是衿，身受为法之敝，而贻秦祸于无穷。"③ 商鞅刻薄寡恩的性格，既带坏了社会风气，也危害了自身，实在应该深以为戒。

商鞅的变法措施，符合时代的发展趋势与兼并统一的社会局面。"盖其禁民巧，察民专，沈鸷果敢，一施于上下而私其便于国，故虽杀其身，卒不能废其法，数百年而禁制成，秦已亡而犹不可变。凡行于后世者，增损厚薄，微有不同，大抵皆鞅之遗术也。"④ 商鞅死后，秦惠文王、武王、昭襄王、孝文王、庄襄王、秦王嬴政等历代秦君无一例外地继承了商鞅的改革措施，完善郡县制，加强君主集权，招贤纳士，鼓励耕战，富国强兵，最终在公元前 221 年完成了统一大业。李斯肯定商鞅变法奠定了秦国的强国之基，

① 司马迁：《史记》卷 68《商君列传》，第 2237 页。

② 桓宽：《盐铁论·非鞅第七》，《诸子集成》第 11 册，第 9 页。

③ 尚镕：《史记辨证》卷 6《商君列传》，转引自杨燕起、陈可青、赖长扬编《历代名家评史记》，第 578 页。

④ 叶适：《习学记言序目》卷 20《史记》，转引自杨燕起、陈可青、赖长扬编《历代名家评史记》，第 576 页。

"孝公用商鞅之法，移风易俗，民以殷盛，国以富强，百姓乐用，诸侯亲服，获楚、魏之师，举地千里，至今治强"①。汉代的王充则认为："商鞅相孝公，为秦开帝业。"②

商鞅寡仁少恩、为人尖刻，严厉执法不留情面、不计后果，为达目的不择手段。性格决定命运，商鞅变法能够成功，以及最终受车裂之刑的悲剧，都与他的性格息息相关。商鞅身上有着王族出身的傲气，没落贵族的急切，个人性格的倔强与执拗，士为知己者死的感恩与忠诚。这些因素，都造就了他忠诚孝公，以孝公使命为行为准则的坚守。商鞅的性格也是时代精神的体现。战国时期，一批士人为了实现政治理想与得到功名富贵，不惜冲破传统道德的束缚，不择手段地获取仕进与发展的机会。吴起杀妻求将，张仪、苏秦翻云覆雨，庞涓、李斯嫉害同窗，类似的不讲信义，不讲道德的事例不胜枚举。但这些人却能以自己的才华驰骋于政治舞台，并在历史上留下了自己的足迹。商鞅"刻薄寡恩"的恶名，还与他制定法律的严酷细密有关。"鞅之治秦也以法，而其杀身也以怨，法深则怨积。"③ 从个人命运上说，商鞅是失败的，但从秦国摆脱"诸侯卑秦"的局面、最终完成大一统事业的角度来看，商鞅又获得了无比的成功。

第二节　李斯的双驱式追求与"老鼠哲学"

心理学认为："动机冲突与人对各种挫折情境的反应，正是选择中一个极为重要的方面。"④ 在各种动机冲突中，双驱式冲突是其中的一个重要表现形式。双驱式冲突"即个体或群体期冀取得两项并存的目标，但因种种因素的限制，无法同时获取二者，只能选择其中之一。在历史过程中，无论对个

---

① 司马迁：《史记》卷 87《李斯列传》，第 2542 页。
② 王充：《论衡》卷第二十八《书解》，第 433 页。
③ 张覆祥：《杨园先生全集》卷 30《读史记》，转引自杨燕起、陈可青、赖长扬编《历代名家评史记》，第 577 页。
④ 彭卫：《历史学的心镜——心态史学》，河南人民出版社 1992 年版，第 186 页。

体还是对群体而言，这种选择都不能等闲视之，有时，它会成为历史十字路口方向的关键性取舍。"① 李斯的一生，充满了关键性的选择，而选择的每一步，不仅影响了他的个人人生，而且影响了秦朝命运。

一、双驱合一下的富贵追求

大约在公元前 280 年，李斯诞生在楚国汝南郡上蔡县的一个普通百姓家庭。虽然家境并不宽裕，但李斯从小异常聪明，能言善辩。父母希望他能出人头地，便省吃俭用将他送入学校读书。读书期间，李斯学习古文、篆书、文章诗赋等，成绩优异。在他 20 多岁时，便通过考试成为一名郡小吏，过着平庸而稳定的生活。

一个偶然事件的发生，引发了李斯的思考，也改变了他的选择。一次，李斯上官吏宿舍旁的厕所时，看到住在里面的几只老鼠将粪便当作食物。当有人或犬经过时，它们便吓得东躲西藏，这一场景给李斯留下了深刻印象。又有一次，李斯进入分管的粮仓，看到里面的老鼠，"食积粟，居大庑之下，不见人犬之忧"②。仓库里的老鼠住处宽敞，挡风遮雨，有充足的食物，而且少有人犬打扰。这样的现象引发了李斯的思考：同样是老鼠，生活怎么会有如此大的差别？李斯得出结论：是位置决定了它们的处境。老鼠是这样，而人又何尝不是这样呢？"于是李斯乃叹曰：'人之贤不肖譬如鼠矣，在所自处耳！'"③ 一个人就像老鼠一样，能不能发挥自己的才华，能不能受到社会尊重，能不能过上幸福的生活，关键在于能不能找到最佳的位置。

作为一个读书人，李斯是了解社会大势的。进入战国时期，诸侯并争，生死存亡。各国君主迫切需要有才学之人为他们出谋划策，求存图霸。一批士人也通过帮助各诸侯国变法改革，帮助君主排忧解难、外交联络、征战厮杀等，得到了君主的赏识，获得了卿相之位，提高了社会地位，赢得了功名利禄。作为一名不甘平庸的有为青年，追求名利、提升地位的欲望之火在李

---

① 彭卫：《历史学的心镜——心态史学》，第 187 页。
② 司马迁：《史记》卷 87《李斯列传》，第 2539 页。
③ 司马迁：《史记》卷 87《李斯列传》，第 2539 页。

斯胸中燃烧。他果断决策：放弃平凡庸碌的小吏生活，离开偏僻贫穷的家乡上蔡，去寻找一条建功立业、富贵荣华、名垂青史之路。

李斯意识到，要改变自己的地位，凭借原有的知识和能力是远远不够的。寻名门高师，学帝王之术，是实现理想的捷径。"当时招收学生的教师很多。李斯经过对各位教师学术能力的考察和学问实用性的判断，决定拜荀卿为师。荀卿是战国后期儒家的代表人物，齐国兴稷下学宫，召请各派学术大师，大家公认荀卿为其翘楚，三次被推举为稷下学宫祭酒。荀卿虽为儒学大师，但把传统儒学理论融会贯通，创新发展，吸收了法家的一些思想观点，提出'法后王'的进步历史观，主张礼义与刑罚并施，赞同以武力统一天下，推崇中央集权制度。作为现实主义的理论家与哲学家，荀卿的主张具有时代进步性和可行性，李斯为实现自己由'厕中鼠'到'仓中鼠'地位变化，拜荀卿为师无疑是最佳的选择。"① 李斯拜师荀况，体现了他追逐潮流、紧随时代的能力。

根据尚景熙在《李斯评传》一书中的考证，李斯跟随荀卿学了7年，他的经术、文章、口才、谋略全面精进。李斯向老师辞别："斯闻得时无怠，今万乘方争时，游者主事。今秦王欲吞天下，称帝而治，此布衣驰骛之时而游说者之秋也。处卑贱之位而计不为者，此禽鹿视肉，人面而能强行者耳。故诟莫大于卑贱，而悲莫甚于穷困。久处卑贱之位，困苦之地，非世而恶利，自托于无为，此非士之情也。故斯将西说秦王矣。"② 在李斯看来，包括祖国楚国在内，都无法抗拒秦国的统一，要改变自己贫困、卑贱的地位，唯一途径就是帮助秦王完成统一大业，同时实现自己的人生理想。在李斯的时代，秦统一已是大势所趋，李斯将自己的目标定为游说秦王，获取其信任，帮助其完成统一大业，从而获取自己的名利地位。这一时期，李斯帮助秦王解决统一面临的困境的理想，与其追求荣华富贵的目标相一致，既符合历史趋势，也满足了现实需要，其双驱式动机出现了高度的契合性。

---

① 王绍东：《李斯"老鼠哲学"的时代精神与历史局限》，《西安财经学院学报》2018 年第4 期。

② 司马迁：《史记》卷 87《李斯列传》，第 2539—2540 页。

　　李斯来到秦都咸阳，投奔到相国吕不韦门下。李斯的才华与能力很快得到了吕不韦的赏识，并将他介绍给秦王嬴政。李斯有着强烈的大局把控能力，他第一次见秦王，就向秦王提出：统一的时机千载难逢，必须将兼并战争转化为统一战争。"今诸侯服秦，譬若郡县。夫以秦之强，大王之贤，由灶上骚除，足以灭诸侯，成帝业，为天下一统，此万世之一时也。今怠而不急就，诸侯复强，相聚约从，虽有黄帝之贤，不能并也。"① 李斯的建议与秦王嬴政的想法不谋而合，嬴政认为人才难得，当即提拔李斯为长史。

　　对于如何加速秦的统一，李斯不仅有战略思考，而且也有可行的方法。他提议秦王：对付六国诸侯，应该将军事进攻与分化瓦解结合起来。"阴遣谋士赍持金玉以游说诸侯。诸侯名士可下以财者，厚遗结之；不肯者，利剑刺之。离其君臣之计，秦王乃使其良将随其后。"② 堡垒最容易从内部攻破，采用金钱收买、离间挑拨、间谍渗透、刺客暗杀等方法对付六国，让敌方自乱阵脚，不仅会降低统一成本，而且会加快统一速度。后来的实践证明，李斯提出的这种组合攻击的方式确实行之有效，秦王也对他愈加赏识，很快将他提拔为客卿。

　　李斯来到秦国后，人生开挂，一路顺风，在帮助秦王加速统一步伐的同时，也一步步接近着自己的目标。就在这时，韩国派郑国到秦国设计修渠，借此行疲秦之计的阴谋败露。宗室贵族向秦王进言："诸侯人来事秦者，大抵为其主游间于秦耳，请一切逐客。"③ 当时秦王刚刚平定嫪毐之乱，并逼吕不韦饮鸩自杀。嫪毐、吕不韦分别来自赵国和卫国，加重了秦王对外国之客的怀疑态度，便接受了宗室大臣的建议，下令将一切外国人驱逐出境。如果这条法令得到贯彻，那么李斯也在被驱逐之列，他在秦国的经营将会前功尽弃。

　　这是李斯来到秦国后，第一次面临重大的双驱冲突。服从秦王，自己的所有努力将付诸东流，人生规划也无从实现；挑战秦王，则会面临因逆龙鳞而招致祸端的风险。经过反复思考、分析，李斯认为逐客令如果实施，不

---

① 司马迁：《史记》卷87《李斯列传》，第2540页。
② 司马迁：《史记》卷87《李斯列传》，第2540—2541页。
③ 司马迁：《史记》卷87《李斯列传》，第2541页。

仅葬送了自己的前途，而且也毁掉了秦国的统一大业。临行之际，他给秦王写了一篇著名的政论文《谏逐客书》。在这封上书中，李斯指出：秦国的发展史就是一部用客史。穆公、孝公、惠文王、昭襄王都是凭借重用客卿建立功业的。"由此观之，客何负于秦哉！向使四君却客而不内，疏士而不用，是使国无富利之实而秦无强大之名也。"① 接着，李斯进一步分析，为了生活欲望，秦王喜欢享用各诸侯国的珍宝奇物、骏马良驹、音乐美色，而在用人上却一切逐客。"然则是所重者在乎色乐珠玉，而所轻者在乎人民也。此非所以跨海内制诸侯之术也。"② 秦王逐客，是贪图眼前快乐，重物轻人，却不顾统一大业的愚蠢之举。李斯告诫秦王："夫物不产于秦，可宝者多；士不产于秦，而愿忠者众。今逐客以资敌国，损民以益仇，内自虚而外树怨于诸侯，求国无危，不可得也。"③ 李斯的文章结合历史与现实展开分析，依据充分，说理透彻，文采飞扬。秦王被文章中的道理所折服，感受到了逐客令的实施可能给秦国统一大业带来的危害，也感受到了李斯的忠心与才华。"秦王乃除逐客之令，复李斯官，卒用其计谋。官至廷尉。"④ 廷尉是九卿之官，负责法律与刑狱处理，在重法的秦国，可谓位高权重，李斯距离自己的理想又迈进了一步。

二、在辅佐君主与保持禄位间摇摆平衡

随着地位的提高，李斯更加积极地辅佐秦王推进统一事业，同时也处心积虑地谋求提升与保全官位。韩非是法家学说的集大成者，他与李斯曾同时拜师于荀卿门下，论学识见解李斯自愧不如。韩非善于著书立说，他的文章流传到了秦国，嬴政读到《孤愤》《五蠹》等篇后感慨不已，大为折服。"嗟乎，寡人得见此人与之游，死不恨矣！"⑤ 李斯向嬴政介绍韩非的情况，

---

① 司马迁：《史记》卷 87《李斯列传》，第 2542 页。
② 司马迁：《史记》卷 87《李斯列传》，第 2544 页。
③ 司马迁：《史记》卷 87《李斯列传》，第 2545 页。
④ 司马迁：《史记》卷 87《李斯列传》，第 2546 页。
⑤ 司马迁：《史记》卷 63《老子韩非列传》，第 2155 页。

并建议攻打韩国。韩国无力抵抗，只好将韩非派到秦国。

秦王除了钦佩韩非的文章，对韩非的其他情况并不了解。韩非来到秦国，秦王十分高兴。李斯知道，韩非的能力、才华和谋略都远超自己。他担心秦王一旦面见韩非，可能对他赏识重用，甚至会威胁到自己的权位与未来发展。于是李斯联合姚贾等人诋毁韩非："韩非，韩之诸公子也。今王欲并诸侯，非终为韩不为秦，此人之情也。今王不用，久留而归之，此自遗患也，不如以过法诛之。"① 他游说秦王：韩非作为韩国的王族公子，他肯定要为韩国着想而不会为秦国效力。这样的人如果放走，他将会辅佐韩国抗秦，终将成为秦国统一的祸患，不如找一个借口杀掉他。秦王对李斯信任有加，就让官吏治罪韩非，将他押入监狱。李斯派人给韩非送去毒药，逼他自杀。李斯以冠冕堂皇的借口陷害韩非，其实是他的嫉妒心在作怪。他不容许别人的能力超越自己，成为自己仕途路上的竞争者。随着地位的提高，在辅佐始皇帝与保持禄位之间，李斯的天平在逐渐向后者倾斜。

在列国并争的时代，各国君主重视士人，争夺士人，士人的聪明才智与谋略能力得到了充分施展。在秦国统一过程中，李斯等一批士人发挥了重要作用，他们自己也获得了高官厚禄。随着秦国大一统的到来与中央集权政治体制的形成，士人逐渐由买方市场变成了卖方市场，选择的权力由士人转向了君主。历史的发展对士人来说形成了二律背反，士人只有帮助君主完成统一才能获得自己的财富与地位；而随着统一的到来，士人却逐渐丧失了自己的独立性和选择权，他们只有依附君主、迎合君主才能保持自己的禄位，获得自身的发展。对于李斯来说，行为动机的双驱合一越来越艰难，动机的冲突与矛盾不断显现，如同走钢丝绳一般，平衡的难度越来越大。

公元前221年，秦灭掉六国。李斯凭借着对"帝王之术"的深入钻研和对法家政治思想的揣摩体验，在统一后的政权巩固和制度建设中发挥了更为重要的作用，成为秦朝政治体制最重要的设计者。主要体现在以下几点：

一是确立"皇帝"称号。设置了一套完备的君尊臣卑的朝仪体系，体

---

① 司马迁：《史记》卷63《老子韩非列传》，第2155页。

现了皇帝尊贵无比的地位与至高无上的权力。

二是明确提出以郡县制代替分封制。秦朝灭掉六国后，有人建议秦始皇效仿前朝的做法，分封子弟为诸侯王。李斯提出反对："周文武所封子弟同姓甚众，然后属疏远，相攻击如仇雠，诸侯更相诛伐，周天子弗能禁止。今海内赖陛下神灵一统，皆为郡县，诸子功臣以公赋税重赏赐之，甚足易制。天下无异意，则安宁之术也。置诸侯不便。"① 被秦始皇采纳。

三是提出焚书主张。李斯主张皇帝不仅是最高权力的拥有者，而且也是最高道德的体现者和真理的阐释者，只有皇帝能够"别黑白而定一尊"②。请求将各国的史书、儒家的经典、各个学派的著作加以焚烧。"有敢偶语《诗》《书》者弃市。以古非今者族。"③ 明代的思想家李贽评价李斯的焚书主张："大是英雄之言，然下手太毒矣。当战国横议之后，势必至此。自是儒生千古一劫，埋怨不得李丞相、秦始皇也。"④ 社会进入大一统的中央集权君主专制时代，与之相应，思想统一、文化专制也势在必然。李斯是士人出身，由他提出控制思想自由，剥夺士人操控舆论权力的建议，无疑获得了秦始皇的欢心，但这样的措施实施，便进一步剥夺了士人的独立性和政治参与性，进一步将士人变为了皇权的依附者。

四是统一文字和度量衡。秦朝将李斯的小篆作为统一的文字，他亲自写了识字课本《仓颉篇》，文字的统一对增加华夏民族的凝聚力起到了重要作用。在李斯的主持下，秦国还统一了度量衡、车轨和钱币。

五是伴秦始皇巡游天下。为了满足秦始皇巡游天下的愿望，李斯主持修筑驰道，建立了全国交通网络。五次伴随秦始皇巡游天下，亲自起草碑刻铭文，宣传秦朝的治国思想，为始皇帝歌功颂德。

六是参与秦朝各项重大事务。正如《史记·李斯列传》所言："明法度，定律令，皆以始皇起。同文书。治离宫别馆，周遍天下。明年，又巡狩，外

① 司马迁：《史记》卷6《秦始皇本纪》，第239页。
② 司马迁：《史记》卷6《秦始皇本纪》，第255页。
③ 司马迁：《史记》卷6《秦始皇本纪》，第255页。
④ 李贽：《史纲评要》卷4《后秦纪》，中华书局1974年版，第185页。

攘四夷，斯皆有力焉。"①

秦朝统一后，李斯成为秦始皇最信任、最器重的大臣。李斯所提出的政治主张，都是为了加强皇权，确立皇帝至高无上的地位。这样的建议和主张，无疑迎合了秦始皇的心理，也赢得了始皇帝的欢心，李斯由廷尉擢升为丞相。随着专制君权的强化，士人独立人格却逐渐丧失。对于李斯来说，他也感受到了皇帝生杀予夺之权的魔力，有着伴君如伴虎的恐惧。

在秦始皇时代，李斯位极人臣，但也有两件事令他心生警惕。一件发生在秦始皇三十二年（前215），秦始皇欲北击匈奴，李斯经过反复考虑，提出了反对意见。"不可。夫匈奴无城郭之居，委积之守，迁徙鸟举，难得而制也。轻兵深入，粮食必绝；踵粮以行，重不及事。得其地不足以为利也，遇其民不可役而守也。胜必杀之，非民父母也。靡弊中国，快心匈奴，非长策也。"② 李斯的分析入情入理，符合秦朝的最大利益，历史也证明了其正确性，但却被秦始皇否决。尽管事后始皇没有问罪李斯，但李斯却感受到皇帝决策并非完全出于理性。作为大臣，最重要不是提出正确的建议，而是要提出让皇帝高兴的建议。此后，李斯更加用心地揣摩秦始皇的心理，千方百计地与秦始皇保持一致。

另一件事发生在秦始皇三十五年（前212），随着李斯权威的提高，他的生活也越来越奢侈讲究，出行时车马成群，前呼后拥，威风凛凛。一天，秦始皇来到梁山宫，从山上看到李斯出行的招摇状况，心里很不高兴。"中人或告丞相，丞相后损车骑。始皇怒曰：'此中人泄吾语。'"③ 于是便审问身边的宦官，是谁将自己的不满泄露给了李斯，没人敢招供。秦始皇下令，把当时在场之人全部杀掉。李斯能够知道皇帝的喜怒，说明他在皇帝身边安插了亲信，也可以看出他对皇帝的惧怕以及揣摩皇帝心理的急切。这次，秦始皇虽然没有进一步追究李斯的责任，但皇帝的残忍滥杀也令李斯感到寒意阵阵，后背发凉。

---

① 司马迁：《史记》卷87《李斯列传》，第2546—2547页。
② 司马迁：《史记》卷112《平津侯主父列传》，第2954页。
③ 司马迁：《史记》卷6《秦始皇本纪》，第257页。

在秦始皇的晚年，李斯的人生走向了辉煌的顶点。他身居丞相高位，大儿子做了秦国最重要的三川郡的郡守，儿子们娶的都是秦始皇的女儿，女儿们嫁的都是秦始皇的公子，李家成为皇室以外最显赫的家族。秦始皇三十五年（前212），儿子李由告假回咸阳省亲，李斯大摆筵席庆祝。"百官长皆前为寿，门廷车骑以千数。"① 筵席之上，李斯及家人接受着百官的丰厚贺礼，祝寿道喜之声不绝于耳。欢快的气氛，热烈的场面，让李斯感慨万千。他庆幸自己当年的选择，感受着富贵之极的愉悦。当宾客散去，应酬忙碌完毕之后，李斯却感受到了隐隐的不安和丝丝的悲凉之意。他想起老师荀卿的教诲：万事不能发展到顶端，否则就会向下跌落。我只是出生在楚国上蔡的平民，住在穷乡僻壤的普通百姓，来到秦国后一步步被提拔到丞相的高位，将来能否平安卸任，安度余生则成为隐忧之事。"当今人臣之位无居臣上者，可谓富贵极矣。物极则衰，吾未知所税驾也！"② 过去，只要能够为君主出谋划策，帮助秦国推进统一，就可以获得始皇帝的赏识，得到重用和提拔；现在皇帝越来越喜怒无定、变化无常，难以琢磨和把握。李斯只希望能够用尽心机，保住自己的地位和家族的富贵荣华。

三、"魔鬼契约"与沙丘政变的同谋

心理学上有一个定律："人在追求'无限'和'绝对'的过程中，也同时开始毁灭他们自己。当他和魔鬼达成契约，魔鬼许诺他得到荣誉的时候，他就不得不走进地狱——走进他自身的地狱。"③ 本来李斯的志向与路径是通过将自己的才华和谋略奉献给秦国的统一大业，以此换取自己的功名利禄，实现人生的华丽转身。秦朝统一后，李斯却发现，要想保住权力地位，赢得君主的欢心比推进事业的发展更为重要。魔鬼契约的核心是以出卖灵魂的方式获取或保护自己的利益。随着秦始皇的去世，李斯自觉或不自觉地走上了这条道路。

---

① 司马迁：《史记》卷87《李斯列传》，第2547页。
② 司马迁：《史记》卷87《李斯列传》，第2547页。
③ ［美］卡伦·霍妮：《神经症与人的成长——自我实现的挣扎》，邹一祎译，第142页。

秦始皇三十七年（前210），为了破解"今年祖龙死"①的谶语，秦始皇
与少子胡亥、丞相李斯、中车府令赵高等一行人又一次踏上了巡游的道路。
在出行之前，秦始皇已经疾病缠身，再加上旅途劳顿，在平原津病情加重。
秦始皇幻想求取仙药，长生不死，不愿进行死后安排，也没有预先确立太
子。弥留之际，他写了一封信给长子扶苏："与丧会咸阳而葬"②。扶苏当时
正在上郡监军蒙恬，秦始皇给他写信，是让他主持葬礼，即皇帝之位。信写
完后要由中车府令赵高加盖印玺，在准备送出之际，秦始皇在沙丘平台溘然
病逝。

皇帝去世时，只有李斯、赵高、胡亥和秦始皇的几名亲信宦官在场。
"李斯以为上在外崩，无真太子，故秘之。置始皇居辒辌车中，百官奏事上
食如故，宦者辄从辒辌车中可诸奏事。"③表面上看，李斯隐瞒皇帝病逝的消
息是担心事发突然，意在稳定局势。实际上，是他不希望扶苏接班的一种下
意识安排。李斯是秦始皇一系列政策的策划者和制定者，而扶苏一再上书直
谏，要求调整统治政策。扶苏不喜欢李斯，李斯也担心扶苏即位后自己的丞
相高位能否保住。尽管秦始皇已经决定传位给扶苏，李斯仍然没有将其父皇
去世的消息尽早传达给他。

李斯隐瞒始皇帝死讯的做法给了中车府令赵高谋划政变的契机。多年
来，赵高怀着家仇国恨匍匐在秦始皇的脚下，感到无比的压抑与屈辱。秦始
皇突然去世，使他感到独霸朝政、覆灭秦朝的时机已经来临。他说动胡亥参
与政变后，两人都认为要想政变成功，必须得到丞相李斯的支持和参与。李
斯是秦始皇最信任的大臣，让他参与政变的难度可想而知，赵高主动承担了
这一任务。

赵高来到李斯处，他告诉李斯："上崩，赐长子书，与丧会咸阳而立为
嗣。书未行，今上崩，未有知者也。所赐长子书及符玺皆在胡亥所，定太子

---

① 司马迁：《史记》卷6《秦始皇本纪》，第259页。
② 司马迁：《史记》卷6《秦始皇本纪》，第264页。
③ 司马迁：《史记》卷87《李斯列传》，第2548页。

在君侯与高之口耳。事将何如？"① 皇帝去世的消息尚在封锁中，给扶苏的遗诏也没有送出去。如果你我两人合作，就可以决定让谁当皇帝接班人。赵高明确告诉李斯，想篡改遗诏，立太子胡亥为二世皇帝。李斯当即拒绝，认为这是可能导致国家灭亡的坏主意，作为大臣，就不应该讨论这样的问题。李斯凭借秦始皇的赏识与重用，一步步登上了丞相高位，他对秦始皇的忠诚是发自内心的，尽管他对扶苏即位有所担忧，但篡改遗诏，参与政变的事此前却从未考虑。

赵高长期侍奉秦始皇，也在着意揣摩秦始皇身边大臣的心理。他知道李斯最大的弱点就是贪图富贵，患得患失，便以此为攻破李斯防线的突破口。他给李斯层层分析：1. 如果扶苏即位，肯定会重用他所信任的蒙恬为丞相，这样李斯就会失去相位，在秦国，失去相位的大臣下场都很悲惨。2. 李斯如果支持政变，立胡亥为皇帝，不仅能够保持丞相之位，还可以封侯传世，给家族挣下一份世代相传的产业。3. 如果拒绝参与政变，李斯不仅会给自己带来灾祸，而且会牵连到子孙后代。赵高对李斯的拉拢，既有胁迫也有诱惑，核心在于抓住了李斯最敏感、最关注的高官厚禄、权势地位和前途命运。李斯"位极人臣"的地位是他一生奋斗的结果，最害怕失去的就是荣华富贵。赵高给他描绘的扶苏上台的可怕后果与胡亥即位的美好前景，像锥子一样直击他的心灵深处，导致他最终选择出卖灵魂，参与沙丘政变。

李斯长期活跃于秦国政治舞台，凭借着自己的政治才华和远见卓识助推秦国的统一大业，设计秦朝的政治蓝图，其经验之丰富，功勋之卓著，手段之老到，无人能出其右。他本来有能力识破赵高的阴谋，完成始皇帝的遗愿，辅佐扶苏顺利即位，确保秦国政权顺利交接。如果这样，秦国的命运、李斯及其家族的命运都将会重写。实际上，赵高的分析令人恐怖战栗，但也存在着巨大的漏洞。可以想见，李斯之所以居丞相之位，靠的是自己的功绩，这一点蒙恬难以与他争锋。如果再辅佐扶苏顺利即位，他的功劳簿上又会添上浓墨重彩的一笔。扶苏尽管劝谏过秦始皇，但他对秦始皇的最终决定

---

① 司马迁：《史记》卷87《李斯列传》，第 2549 页。

奉行不二。可以想见，扶苏如果初登皇位，必然会更加倚重老臣李斯，赵高描绘的扶苏即位李斯就会家破人亡的情形发生的可能性几乎为零。

以李斯之阅历才智，何以看不清这一点呢？李斯受老鼠启发，醉心于名位富贵，随着专制主义中央集权的建立，能力智慧发挥的空间越来越小，持禄固宠的心思越用越多，双驱式追求愈加放弃国家利益，专注于个人私利，结果被赵高掌上愚弄。正如李晚芳所言："太史公之传李斯也，不惟传其事迹，并其结念之隐亦传之，盖斯乃热衷富贵人也。始形于仓鼠一叹，太史肖其神，轻轻描出，令热衷者全身俱动，用笔何其超妙！辞师一段议论，千回百转，语语皆从富贵结念中流出，自知其才足以致之，至今犹可想其对师抵掌神情，须眉毕见。其画策为秦并天下，即其专心为己取富贵，及富贵极矣，身为相，子为守，又虑把持富贵不牢，阴若有人呃其吭而攫夺之者，正写其无时无处而不兢兢于此也。惟小人能知小人，早被赵高冷眼看透，即以富贵动之，又以失富贵劫之，曰'不得怀通侯之印'，曰'常有封侯'，曰'祸及子孙'，重富贵者，乌能不听。太史公一笔结出曰，'于是斯乃听高'，仰天一叹，而秦亡矣。究其所以为己保富贵者，即其所以亡人之天下者也。"[1] 前期的李斯，只要帮助秦始皇统一天下，便能获取利禄权位；后期的李斯，却要靠出卖国家利益，来换取自己的荣华富贵了；无论前期后期，李斯的目标只有一个，那就是保有富贵。

四、放弃抵抗的挣扎与穷途末路的哀叹

李斯被赵高说动，与赵高、胡亥共同谋划，篡改始皇遗诏，逼公子扶苏、大将蒙恬自杀，立胡亥为二世皇帝。胡亥即位后，在赵高的操控和诱惑之下一心享乐，杀害兄弟姐妹，铲除忠臣，变成了一个忠奸不分、腐败无能、极端自私的昏君。在赵高、二世治理下，秦国政局进一步恶化，岌岌可危。"法令诛罚日益刻深，群臣人人自危，欲畔者众。又作阿房之宫，治

---

① 李晚芳：《读史管见》卷 6《李斯列传》，转引自杨燕起、陈可青、赖长扬编《历代名家评史记》，第 629 页。

直［道］、驰道，赋敛愈重，戍徭无已。"① 李斯毕竟是秦国大厦的重要创建者，他深深知道，如果秦朝灭亡了，自己也难有好的下场。因此，他多次想找机会劝谏二世，但二世一心追求享乐，根本不让李斯开口。二世反而责问李斯："彼贤人之有天下也，专用天下适己而已矣，此所以贵于有天下也。夫所谓贤人者，必能安天下而治万民，今身且不能利，将恶能治天下哉！故吾愿赐志广欲，长享天下而无害，为之奈何？"② 当皇帝就是为了享乐，当皇帝却辛苦操劳，是傻子才做的事情。你作为丞相，职责就是能够让我任性享受，并长久享有天下。这时，李斯的儿子李由为三川郡守，没能阻止陈胜部将周文的进攻。少府章邯将修筑骊山陵的刑徒组织起来，将陈胜、吴广的起义军打败。秦二世怀疑李由与起义军的关系，指责李斯对起义军大胜负有责任，并不断派人去调查李由。李斯知道这些消息后，十分恐慌担忧。这时他只有一个想法：那就是如何保住自己的丞相地位，赢得秦二世的欢心。

李斯忘掉了自己劝谏皇帝重振政局的本心，一心揣摩如何迎合二世，让昏君高兴。他想到二世即位以来，置朝政民心于不顾，无度贪图奢靡享受，却也受到大臣们的劝谏掣肘。于是便上了一封《行督责书》，意在告诉二世，君主应该尽情欢乐，臣民则要保证君主独享天下，对妨害君主享乐者应严厉镇压，这既符合历史规律，也符合法家理论。

李斯在《行督责书》中说道："夫贤主者，必且能全道而行督责之术者也。督责之，则臣不敢不竭能以徇其主矣。此臣主之分定，上下之义明，则天下贤不肖莫敢不尽力竭任以徇其君矣。是故主独制于天下而无所制也。能穷乐之极矣，贤明之主也，可不察焉！"③ 圣明的君主独享权力，对臣下严加督责，臣下才会竭尽全力为君主效力，君主才能无穷尽地享受人生的乐趣。他游说二世：享有天下却不能任意享受，就好像给自己戴上了枷锁。君主一味为百姓服务，就像一个辛勤劳苦的仆役一样，怎能显示高贵的地位？君主不能任情享乐，原因就在于不能对臣下严行督责。"明主圣王之所以能久处

① 司马迁：《史记》卷 87《李斯列传》，第 2553 页。
② 司马迁：《史记》卷 87《李斯列传》，第 2553 页。
③ 司马迁：《史记》卷 87《李斯列传》，第 2554 页。

尊位，长执重势，而独擅天下之利者，非有异道也，能独断而审督责，必深罚，故天下不敢犯也。"① 李斯引导二世，要想不受约束地纵欲享乐，就要抛弃节俭仁义之人、谏说伦理之臣、烈士死节之行。"是以明君独断，故权不在臣也。然后能灭仁义之涂，掩驰说之口，困烈士之行，塞聪掩明，内独视听，故外不可倾以仁义烈士之行，而内不可夺以谏说忿争之辩。故能荦然独行恣睢之心而莫之敢逆。若此然后可谓能明申、韩之术，而修商君之法。法修术明而天下乱者，未之闻也。故曰：'王道约而易操'也。唯明主为能行之。若此则谓督责之诚，则臣无邪，臣无邪则天下安，天下安则主严尊，主严尊则督责必，督责必则所求得，所求得则国家富，国家富则君乐丰。故督责之术设，则所欲无不得矣。群臣百姓救过不给，何变之敢图？若此则帝道备，而可谓能明君臣之术矣。虽申、韩复生，不能加也。"②

　　为了扫除二世心安理得地奢侈纵欲的障碍，李斯假借申、韩的学说，挖空心思地炮制了一套理论。其逻辑关系是：君主的尊贵就在于独操权柄、肆意妄为、任情纵欲。君主这样做，会有人借助仁义、忠诚、节操的名义阻挠劝谏，君主对这些人要进行打击。君主对百姓群臣要严行督责，轻罪重罚，残酷镇压，这样，他们随时担心受到处罚，也就不敢反对皇帝的任何做法，皇帝也就能够"恣睢"，也就能够"穷乐无极"了。李斯的这封上书，可谓无耻之极。他为了保住官位，极力迎合二世的心思，弃忠诚、道德、操守、底线于不顾。《行督责书》将二世残酷、昏庸的行为给予理论的论证，并诱导二世变本加厉将国家带向违背伦理常规的通道。作为一个曾经睿智有为的政治家，李斯未尝不知道这样做的严重后果，但为了讨二世欢心，保住官位，他已经无所顾忌了。果然，"书奏，二世悦。于是行督责益严，税民深者为明吏。二世曰：'若此则可谓能督责矣。'刑者相半于道，而死人日成积于市。杀人众者为忠臣。二世曰：'若此则可谓能督责矣。'"③

　　《行督责书》迎合了二世的心理，李斯暂时保住了自己的权位。沙丘政

① 司马迁：《史记》卷 87《李斯列传》，第 2556 页。

② 司马迁：《史记》卷 87《李斯列传》，第 2557 页。

③ 司马迁：《史记》卷 87《李斯列传》，第 2557 页。

变后，赵高控制了秦二世，但他想进一步专权，就要除掉李斯。在赵高的诱导下，二世整日享乐，国家赋敛无度，各地人民起义不断，政局日益败坏，秦朝濒临灭亡，李斯难免有唇亡齿寒之感。这时赵高多次让李斯在二世与妇女燕乐时前去劝谏，惹得二世极为不满。赵高趁机诽谤李斯与陈胜、吴广是同乡，李由与他们保持着书信往来，在宫廷之外，李斯的权势已经超过了皇帝。二世听信赵高的话，想要审查李斯，就派人审查李由与农民起义军往来的情况。

李斯知道了赵高诬陷自己的事，他感到已经被逼上了绝路，赵高不除，永无宁日。于是决定奋起反击，向二世揭发赵高。当时二世正在甘泉宫寻欢作乐，不愿李斯打扰。没有办法，李斯只能上书揭发赵高。"今高有邪佚之志，危反之行，如子罕相宋也；私家之富，若田氏之于齐也。兼行田常、子罕之逆道而劫陛下之威信，其志若韩玘为韩安相也。陛下不图，臣恐其为变也。"[1] 李斯指责赵高专擅权力，积累巨额财富。历史上的宋国丞相子罕，齐简公的大臣田常，韩国的丞相韩玘，都曾利用手中的权势与财富，最终弑君篡位。如果不对赵高早加防范处置，他迟早会发动政变。这时的秦二世，将朝政交于赵高，又有《行督责书》的理论论证，正无所顾忌地纵欲享乐，哪里听得进李斯的话。他告诉李斯，赵高是自己最信任、最依仗的大臣，不必对他有丝毫怀疑。二世看到李斯对赵高积怨已深，担心李斯利用丞相权力杀掉他，便把李斯的话透露给赵高。赵高告诉二世，李斯想篡位夺权，只是担心自己阻挠，所以才极力想置自己于死地。二世也对不断劝谏的李斯不满，就把李斯交给赵高处置。

赵高给李斯戴上刑具，押入监牢。这时李斯开始认真审视被自己扶上君位的二世皇帝，审视秦国的前途命运。二世昏庸残暴，赵高包藏祸心，自己参与缔造并给自己带来无限荣光的秦王朝行将灭亡。"今行逆于昆弟，不顾其咎；侵杀忠臣，不思其殃；大为宫室，厚赋天下，不爱其费；三者已行，天下不听。今反者已有天下之半矣，而心尚未寤也，而以赵高为佐，吾必

---

[1]　司马迁：《史记》卷 87《李斯列传》，第 2559 页。

见寇至咸阳，麋鹿游于朝也。"① 不知李斯是否想到，二世的上位、赵高的擅权，都是他自己一手造成的。

赵高对李斯严刑拷打，逼其招供。李斯为了保全性命，冤屈地承认谋反。他希望能够活下来，一是自己有功于秦朝，确实没有反叛之心；二是他相信自己的辩才能够说动秦二世，让他赦免自己。李斯才思敏捷，文笔斐然，当年曾经上《谏逐客书》给秦始皇，改变了自己的命运；写《行督责书》给秦二世，保住了自己的官位。这次，他费尽心机再次上书秦二世，希望扭转败局。在上书中，李斯列举了自己的七大罪状，实际上是历数自己为秦朝立下的七件大功。"臣为丞相，治民三十余年矣。逮秦地之陕隘。先王之时秦地不过千里，兵数十万。臣尽薄材，谨奉法令，阴行谋臣，资之金玉，使游说诸侯，阴修甲兵，饰政教，官斗士，尊功臣，盛其爵禄，故终以胁韩弱魏，破燕、赵，夷齐、楚，卒兼六国，虏其王，立秦为天子。罪一矣。地非不广，又北逐胡、貉，南定百越，以见秦之强。罪二矣。尊大臣，盛其爵位，以固其亲。罪三矣。立社稷，修宗庙，以明主之贤。罪四矣。更剋画，平斗斛度量，文章布之天下，以树秦之名。罪五矣。治驰道，兴游观，以见主之得意。罪六矣。缓刑罚，薄赋敛，以遂主得众之心，万民戴主，死而不忘。罪七矣。若斯之为臣者，罪足以死固久矣。上幸尽其能力，乃得至今，愿陛下察之！"② 李斯挖空心思，正话反说，希望唤起二世的良知与醒悟，让他赦免自己，以便再次逢凶化吉。

李斯的上书通过官吏上报，却被赵高扣押下来。可以想见，假如二世真能看到上书，也不可能加以理会，从而给李斯改变命运的机会。当时的二世，只顾自己纵欲享乐，根本不会去管李斯的功过与死活。

赵高让自己的亲信假扮成皇帝身边监察百官的御史、谒者、侍中，对李斯轮流审讯，李斯实话实说，否认谋反之事，这些人便对李斯严刑拷打，李斯疼痛难忍，只好屈打成招。等到秦二世派人验证李斯的口供，李斯以为

---

① 司马迁：《史记》卷 87《李斯列传》，第 2560—2561 页。

② 司马迁：《史记》卷 87《李斯列传》，第 2561 页。

还是以前赵高那伙人，害怕再受酷刑，便没敢改变口供，违心承认自己谋反之事。消息报告给二世，二世庆幸赵高的英明。"微赵君，几为丞相所卖。"①

机关算尽，聪明一生，汲汲追求功名富贵，一度达到人生巅峰的李斯，这时的人生道路终于走到了尽头，等待他的只有死路一条了。"二世二年七月，具斯五刑，论腰斩咸阳市。斯出狱，与其中子俱执，顾谓其中子曰：'吾欲与若复牵黄犬俱出上蔡东门逐狡兔，岂可得乎！'遂父子相哭，而夷三族。"② 李斯被判处死刑，要经受墨、劓、剕、宫、大辟五种残酷肉刑，最后腰斩处死。李斯在走向刑场时，回想其一生走过的道路，更加感受到自由的可贵，他悔恨当初选择的道路，如果不去一味追求高官厚禄，荣华富贵，仍然做一名卑微的郡小吏，哪里会有今天的结果呢？他回头望着一直跟在身后的次子，感慨地说："我想和你再像当初一样牵着黄狗去追逐狡兔，过平凡而快乐的生活，又怎能办得到呢？"③ 悔之不及，被夷灭三族。

李斯一生追逐荣华富贵，为此早期他求学增智，出谋划策，竭心尽力助秦统一，将自己的选择与历史的发展趋势有机结合起来，是一种双驱互利的发展模式。这一时期，李斯体现出一个雄才大略、足智多谋，独立勇敢的政治家的气概，获得了秦始皇的信任与重用，也实现了从门客、郎官、长史到廷尉的官职跨越，成为秦始皇身边的亲信大臣。秦朝统一后，李斯凭借自己掌握的法家理论和丰富实践，设计了大一统的政治体制，是秦制的重要规划者。但随着君主专制体制的强化，士人的独立性和选择性也逐渐丧失，李斯只能小心揣摩秦始皇的意志与心理，在巩固政权与维持个人功名富贵间寻找着平衡。尽管位至丞相之尊，但也感受到发挥才能的空间越来越小，迎合秦始皇、保位固宠的心思越来越重。

秦始皇死后，李斯被赵高胁迫诱惑，参与了沙丘政变，出卖了最后的良知，跨越了政治底线。后期的李斯更像一个失去灵魂的人，如同木偶傀儡一般，被赵高牵着鼻子走。曾经的睿智变成了平庸，曾经的心机变成了愚

---

① 司马迁：《史记》卷87《李斯列传》，第2562页。

② 司马迁：《史记》卷87《李斯列传》，第2562页。

③ 司马迁：《史记》卷87《李斯列传》，第2562页。

昧。瞻前顾后，首鼠两端，像无头苍蝇般东飞西撞，动辄得咎。究其原因，就在一个"利"字，利欲熏心，患得患失，利令智昏。正如明代文学家钟惺所言："李斯古今第一热中富贵人也，其学问功业佐秦兼天下者皆其取富贵之资，而其种种罪过，能使秦亡天下者，即其守富之道。究竟斯之富贵仅足以致族灭，盖其起念结想，尽于仓鼠一叹。"① 对李斯的悲惨命运与最后结局，大多数评论者都认为是他因贪图富贵而咎由自取，实际上，追求功名与富贵，是当时大多数士人的自然选择。在君主独裁的背景下，君主的选择违背了历史发展趋势，从而导致臣下为了迎合君主而步步失策，李斯不过是专制主义文化造就的牺牲品。

第三节　赵高的心理控制之术

李斯、赵高、秦二世往往被称为"亡秦三巨头"，在三人当中，赵高是沙丘政变的策划者和推动者。唐太宗曾说："秦之胡亥，用赵高作傅，教以刑法。及其嗣位，诛功臣，杀亲族、酷暴不已，旋踵而亡。"② 认为赵高是灭亡秦朝的罪魁祸首。赵高出身卑微，官职仅为中车府令，何以有如此大的能量？原因就在于赵高阴暗的心理与高超的心理控制之术。

一、出身卑微，心怀仇恨的奋斗青年

对于赵高的出身，《史记·蒙恬列传》记载："赵高者，诸赵疏远属也。赵高昆弟数人，皆生隐宫，其母被刑僇，世世卑贱。秦王闻高强力，通于狱法，举以为中车府令"③。"诸赵疏远属也"是指赵高家族本来是赵国非直系的王族。赵高兄弟出生隐宫，母被刑僇，《史记索隐》引刘氏语："盖其父犯宫刑，妻子没为官奴婢，妻后野合所生子皆承赵姓，并宫之，故云'兄弟皆

---

① 钟惺：《史怀》，转引自杨燕起、陈可青、赖长扬编《历代名家评史记》，第 627 页。
② 吴兢：《贞观政要集校》，谢保成集校，中华书局 2003 年版，第 203 页。
③ 司马迁：《史记》卷 86《蒙恬列传》，第 2566 页。

生隐宫。'"① 按照刘氏的解释，赵高的父亲犯了大罪被处以宫刑，他的母亲被收为官奴。后来他母亲与别人私通，生下了赵高兄弟。赵高兄弟一生下来也被处以宫刑。也就是说，赵高的父亲及赵高兄弟都受阉割之刑，赵高是一名宦官。

这一解释太过离奇，《史记》说"其母被刑僇"，刘氏却说其父受宫刑，而其母与人私通，还能生下数人，并姓赵姓。赵高兄弟出生后都被处以宫刑，似乎于法于理都难解释。对此，一些学者提出疑义。随着《睡虎地秦墓竹简》及后来《张家山汉简》与秦代陶文资料的出土，人们对简牍陶文资料所涉及的"隐宫""隐官""宫某"等概念进行辨析，一些学者如马非百、陈直、袁仲一等对刘氏的解释提出了质疑。他们不约而同地认为"隐宫"即简牍资料中的"隐官"，可能不是指受宫刑处罚，而是一个工作的场所。周晓瑜在《秦代"隐宫""隐官""宫某"考辨》一文中总结说："《史记》的《秦始皇本纪》和《蒙恬列传》中所说的'隐宫'，《睡虎地秦墓竹简》中所说的'隐官'，秦始皇陵兵马俑坑、秦都咸阳遗址、阿房宫遗址等地陶俑、陶马、砖瓦上的陶文'宫某'，记载的原来都是秦代同一条法律制度，这条法律制度我们可以称之为'隐宫制度'。这条法律制度的主要内容是：秦代设有'隐宫'机构，它是专门收容因犯罪受过肉刑，身体不完全，而后又因立功被赦免为庶人的人的。处于'隐宫'机构中的人，也称为'隐宫工'，简称为'隐宫'或'宫'。他们要从事各种体力劳动，包括有一定技术的体力劳动。'赵高昆弟数人，皆生隐宫'中的'隐宫'指隐宫机构。"② 也就是说，按照秦代法律规定，受肉刑处罚，有明显犯罪标志的犯人，刑满释放或立功赎罪后，不便回到社会之中，政府便把他们安排在一个相对隐蔽的地方做工程和技术工作，这在秦朝成为一项制度，如《史记·秦始皇本纪》中"隐宫徒刑者七十余万人，乃分作阿房宫，或作丽山"③，就是指征调刑满释放在隐宫工作的人及尚在服刑中的犯人共计 70 余万人，分别修筑阿房宫和骊山陵。

① 司马迁：《史记》卷 86《蒙恬列传·索隐》引刘氏语，第 2566 页。
② 周晓瑜：《秦代"隐宫""隐官""宫某"考辨》，《文献》1998 年第 4 期。
③ 司马迁：《史记》卷 6《秦始皇本纪》，第 256 页。

　　赵高家族是赵国非直系的王族，因某种原因被动来到秦国。在秦国，赵高的母亲因犯罪被处于肉刑，刑满释放后，就被安置在隐宫工作。在这里，赵高的母亲生下了赵高兄弟。因为赵高属于罪犯家庭，地位卑贱。对于赵高兄弟来说，从小就生活在贫苦、寒酸、被人鄙视和嘲弄的环境之中，心中埋藏着家仇国恨。

　　那么，赵高是怎样一步步来到秦始皇身边，成为一名贴身近侍的呢？这与秦国的人才选拔制度有关，也与赵高个人的刻苦学习与不懈奋斗有关。

　　在《史记·李斯列传》中，赵高自述："高固内管之厮役也，幸得以刀笔之文进入秦宫。"① 是说赵高是凭借出众的文笔，通过考试步步升迁进入秦宫的。《张家山汉简·二年律令·史律》篇记载了秦汉时期学史除吏的规程，也就是刀笔之吏的选拔规定。"史、卜子年十七岁学。史、卜、祝学童学三岁，学佴将诣大史、大卜、大祝，郡史学童诣其守，皆会八月朔日试之。试史学童以十五篇，能风（讽）书五千字以上，乃得为史。有（又）以八体试之，郡移其八体课大史，大史诵课，取冣（最）一人以为其县令史，殿者勿以为史。三岁壹并课，取冣（最）一人为尚书卒史。"② 大体是说：史学童和卜学童 17 岁时进入学室学习，京师和地方均设有学室。学习期限为 3 年。3 年结束，在京师学习的学童由指导老师带领到太史、太卜、太祝处参加考试；地方学员到郡守处参加考试，考试时间都是八月一日。考试的内容以识字教材《史籀》15 篇为本，如果能背诵 5000 字以上，就可以担任相当于文书的史了。再用 8 种书体考试，不管是京师考生还是地方考生，考卷都送到太史处评阅。成绩最好的一名担任县令史，成绩最差的一名则取消担任史的资格。对考上史的人再进行三年一次统一考试，成绩最好的一人被提拔为尚书卒史。《二年律令》是汉初的法律，汉承秦制，秦代的考试制度与汉初当相差无几。

　　根据这一制度，李开元推测："若赵高 17 岁入学室为史学童，20 岁太

<hr>

① 司马迁：《史记》卷 87《李斯列传》，第 2549 页。
② 张家山二四七号汉墓竹简整理小组编著：《张家山汉墓竹简［二四七号墓］（释文修订本）》，文物出版社 2006 年版，第 80—81 页。

史考试合格揄史，23 岁参加统一大试，以第一名除为尚书卒史入宫任职，时间当在秦王政十三年。也就是说，秦王政十三年，赵高 23 岁，以此计算，赵高应出生于秦昭襄王五十一年（前 256），死于秦二世三年（前 207），活了 49 岁。"① 据此推断，赵高是凭借全国高考状元的身份进入宫廷的。出身卑微的家庭，从小就成长于受人歧视的环境，在赵高幼小的心灵里就感受到了强烈的社会排斥。心理学认为："当一些个体和群体没有获得资源、机会和禀赋、权力的渠道，而这些状态在他们生活的社会中被认为是正常的、习俗性的或者预期之内时，就可以说他们就遭到了社会排斥。"② 受到社会排斥的人往往具有强烈的反社会、仇视社会的心理。具有这种心理的人有的消极焦虑，随波逐流；有的心理畸形，暴力犯罪；有的努力提升自己，寻找向上流动的机会，但骨子里仍寻找着报复社会的机会，赵高无疑属于后者。

秦代的考试和文吏选拔制度为赵高改变命运提供了一条路径。在贫困的生活、屈辱的环境下，赵高明白除了读书外，没有任何渠道、办法改变自己的处境。心理学认为：地位卑微的人，容易产生出一种心理食物链，"为了心理生存，人与人之间大鱼吃小鱼，小鱼吃虾米。不想被吃，一个人就得往上爬"③。他不再顾忌别人的白眼、嘲讽，废寝忘食，发奋学习。他或许会时常默诵孟子的一段话："故天将降大任于是人也，必先苦其心志，劳其筋骨，饿其体肤，空乏其身，行拂乱其所为，所以动心忍性，曾益其所不能。"④ 他希望发展壮大自己，承担改变家庭状况、报国仇家恨的责任。在学习过程中，赵高的刻苦与付出是难以想象的。他精通法律，对文字有深入的研究，书法水平极高。不仅如此，赵高还精通射箭、驾车技术，身材高大威猛，能够在全国考试中夺魁，确实属于文武全才。

赵高发奋读书，可能还受他父亲的影响。秦代的制度规定，史是世袭

---

① 李开元：《说赵高不是宦阉——补〈史记·赵高列传〉》，《史学月刊》2007 年第 8 期。

② 丁开杰：《社会排斥与体面劳动》，中国社会出版社 2012 年版，第 19 页。

③ 石勇：《告别曾经弱小　你要内心强大》，文汇出版社 2016 年版，第 75 页。

④ 《孟子注疏》卷 12 下《告子章句下》，李学勤主编《十三经注疏》（标点本，第 11 册），第 346 页。

制。赵高有资格从史的路径上升，他的父亲也是一个史，也就是秦代的基层文吏。"作为一种可能，赵高的父亲也是长于刀笔的史，在隐官作下级文牍官吏，与在隐官工作的赵母婚配生育赵高及其兄弟数人。如此，我们也便于理解，赵高何以能够成为当时一流的法律学者、文字学家和书法家，能够学史而步步高升，出人头地，乃是有其父亲的家传身教的原故。"①

赵高的青少年时代，是一个励志的典型。艰苦的环境，努力的拼搏，对赵高是一种磨炼和考验，让他爆发出一种改变命运的巨大能量和强大的内驱力。他坚持、隐忍、不懈努力，环境没有击垮他，自卑和仇恨却促使他加快成长、提升。受家庭的影响，赵高可能想象自己家族曾经的辉煌，将自己的境遇、困境都归罪于秦国。渴望夺回失去的东西，也渴望对社会进行报复。"一个人如果预期自己有能力和条件去得到这些东西，他就会不顾一切去为之努力奋斗。他要把自己投入进去，想象终有一天可以拥有这些东西。在这样做的过程中，这类人可能比占有者表现得还要狂热（占有者始终是冷静的），看上去更像一个神经质的占有狂。他们甚至可能不择手段。"② 赵高就是这样一个人，渴望占有失去的一切，渴望通过自己的努力提高自己的地位与能量，去报复秦朝社会。

二、以卑顺忠诚之态赢得始皇之信任

在困境中成长，需要抗拒来自外界的歧视、嘲讽、甚至欺凌。为了生存，除了以突出的成绩赢得别人尊重外，赵高还需要时刻观察、揣摩、迎合他人。特别是对握有一定权力的人，更会加倍逢迎谄媚，以便自己尽可能少受排挤，并获取更多的生活与学习资源。李开元认为，赵高经过考试被选拔为尚书卒史时大约 23 岁，他进入宫廷从事文秘工作。很快，赵高的才华与能力得到了秦始皇的赏识，他将赵高调到自己身边，担任中车府令。

中车府令是太仆的属下，太仆是九卿之一，负责国家的车马交通事务。

---

① 李开元：《说赵高不是宦阉——补〈史记·赵高列传〉》，《史学月刊》2007 年第 8 期。
② 石勇：《告别曾经弱小 你要内心强大》，文汇出版社 2016 年版，第 242 页。

中车府令官秩六百石，有丞一名，下有数十名属吏。以级别上说，中车府令只不过是中下级官吏，不过，由于他直接掌管皇帝的车马出行事务，甚至为皇帝亲自驾御，职位显得极为重要，一定是皇帝绝对信任的心腹才能担任。赵高能够担任此职，无疑是秦始皇亲自挑选的。当然，"赵高得到秦王嬴政的赏识，除了其考试成绩特出而外，他进入秦宫廷所展示的个人能力和才智，是主要因素。赵高的书法，堪称第一流，尔后庞大的秦帝国中，除了丞相李斯而外，大概无人能出其右了。赵高在文字小学方面的造诣，也极为高深。秦帝国后来的文字改革，他有相当的贡献。他著有《爱历篇》六章，是秦帝国官定识字课本的一部分，也是有名的文字学著作。秦帝国是实用主义的法治国家，书法识字，是用来修习行政文书和刑律狱法的工具。赵高文字书法的精美，不过是他修习刑律狱法的准备和结果。在复杂而严格的秦帝国法律体系中，赵高堪称精通法律的专才，有家学渊源的法学名家。"① 升任中车府令，对于赵高来说自然意义非凡，不仅职务得到升迁，更重要的是来到了皇帝身边，有更多的与秦始皇直接接触的机会，更加靠近秦国政治权力的中心与枢纽，能够触摸国家的核心机密，甚至有影响国家政局的可能性。

在秦始皇身边，赵高工作勤奋，态度忠顺，令出即行，不打折扣，深得信任。赵高也在竭力揣摩秦始皇的心理，表面上凡事为皇帝考虑，战战兢兢，谦卑忠顺，尽心尽力，秦始皇毫不怀疑他对自己的忠诚，甚至将皇帝的印玺也交其掌管。"夫高，故宦人也，然不为安肆志，不以危易心，洁行修善，自使至此，以忠得进，以信守位，朕实贤之。"② 秦二世对赵高的这段评价，应该也代表了秦始皇对赵高的认识与评价。

赵高春风得意，仕途劲健，免不了忘乎所以。他或许是贪赃枉法，或许是恃强杀伤，或许是其他原因，在中车府令任上犯了大罪。秦始皇将他交给大臣蒙毅审理。蒙毅审理认定，应该剥夺赵高出入宫廷的宦籍，并定罪判处死刑。因为赵高是秦始皇宠爱的近臣，蒙毅请示始皇，"帝以高之敦于事

---

① 李开元：《复活的历史——秦帝国的崩溃》，中华书局 2007 年版，第 65—66 页。
② 司马迁：《史记》卷 87《李斯列传》，第 2559 页。

也，赦之，复其官爵"①。可见，赵高在秦始皇的心里，已经留下了勤勉、干练、忠贞不贰的印象。尽管赵高犯了大罪，秦始皇不仅赦免了他，而且恢复了他中车府令的官职，仍然让他留在自己身边侍奉。

这次死而复活，给赵高以极大的震撼。"以人情推论，判死刑，是体验了死；得赦免，是死里逃生。对于人生来说，没有比死而复生更大的刺激。这件事之后，赵高脱胎换骨，宛若再生。他从此兢兢业业，供职办事愈发勤勉；他从此小心翼翼，为人处世愈发谨慎。"②赵高把自己的仇恨深深地埋藏在内心深处，这种仇恨，既有对秦帝国的仇恨，更有对蒙毅及其家族的仇恨。

在秦始皇身边，赵高也感受到伴君如伴虎的恐惧，他竭力揣摩始皇帝的心理，尽力装扮出对君主言听计从、忠心无二、毫无政治野心的样子。他看到秦始皇重视法律，就钻研并卖弄自己精深的法学知识。到了老年，秦始皇更加喜爱自己的小儿子，赵高便千方百计接近皇帝的幼子胡亥，并主动担任胡亥的老师，教给他刑狱律法知识。实际上，这一切都是在做给秦始皇去看。长期服务于秦始皇，他对秦始皇的心理、身体状况都了如指掌。

天下统一后，秦始皇多次巡游各地，赵高都跟随其身旁。随着秦始皇身体的衰弱，在秦始皇三十六年（前211），多次出现了他的死亡预言。为了躲避死亡，求取仙药，在秦始皇三十七年年初，他又一次踏上了巡游之路。在秦始皇以前的巡游中，从来没让儿子伴随左右。这次，"少子胡亥爱慕请从，上许之"③。表面上看是胡亥的请求，实际上极有可能是赵高的安排。赵高多次随皇帝出行，深深了解旅途的艰苦，也知道疾病缠身的秦始皇身体虚弱的程度。让胡亥跟随在秦始皇身边，或许他已经敏锐地觉察到秦始皇身体已难以承受旅途劳顿，等待机会使用胡亥这颗最重要的棋子了。

---

① 司马迁：《史记》卷88《蒙恬列传》，第2566页。
② 李开元：《复活的历史——秦帝国的崩溃》，第76页。
③ 司马迁：《史记》卷6《秦始皇本纪》，第260页。

三、以名缰利锁诱逼李斯参与政变

赵高犹如一匹虎视眈眈的恶狼，时刻等待着反噬秦朝的机会。在第五次随秦始皇巡游时，秦始皇在平原津病重。在临终之际，他写下遗诏给公子扶苏"与丧会咸阳而葬"①。要求扶苏主持葬礼，回到咸阳进行安葬，也就是将扶苏立为自己的接班人。遗诏已经写好，放在了中车府令赵高之处让他加盖印玺。遗诏尚未送出，秦始皇就死在了沙丘平台。在此之前，由于"始皇恶言死，群臣莫敢言死事"②，对后秦始皇时代的政治格局没有预作安排。秦始皇去世的消息，只有李斯、赵高、胡亥及秦始皇身边的几个贴身宦官知道。"丞相斯为上崩在外，恐诸公子及天下有变，乃秘之，不发丧。"③

关于秦始皇去世前确立接班人的情况，《北京大学藏西汉竹书》中的《赵正书》亦有记载。按照《赵正书》的说法，秦始皇在临终前与丞相李斯等讨论接班人的问题。"丞相臣斯、御史去疾昧死顿首言曰：'今道远而诏期宭（群）臣，恐大臣之有谋，请立子胡亥为代后。'王曰'可。'"④ 秘不发丧与立子胡亥都是秦始皇生前所定，不存在所谓的沙丘政变问题。对此，《赵正书》的释文、注释者指出："《赵正书》的部分内容与《史记》之《秦始皇本纪》《李斯列传》《蒙恬列传》中的某些记载相似，有些段落可以看出明显同出一源。但在一些重大史实的记载上，《赵正书》与《史记》差异很大，例如说秦二世胡亥之继位是由秦始皇死前认可，而非李斯、赵高等人密谋篡改遗诏。可见关于秦末历史，汉初已有不同版本的记述流传，《史记》只取其中之一，《赵正书》又为我们提供了宝贵的新史料。"⑤《赵正书》的释文、注释者认为，司马迁显然看到过与《赵正书》中所记内容的来源史料，但在撰写《史记》时并没有采纳。辛德勇考证分析《赵正书》的性质，认为其可

---

① 司马迁：《史记》卷6《秦始皇本纪》，第264页。
② 司马迁：《史记》卷6《秦始皇本纪》，第264页。
③ 司马迁：《史记》卷6《秦始皇本纪》，第264页。
④ 北京大学出土文献研究所编：《北京大学藏西汉竹书》（三），上海古籍出版社2015年版，第190页。
⑤ 北京大学出土文献研究所编：《北京大学藏西汉竹书》（三），第187页。

信性无法与《史记》相提并论。"可以说,《史记》和《赵正书》的差别,就像《汉书》同《赵飞燕外传》《汉武故事》的差别一样,后者或为情色读物,或为神仙家故事,就其记事的史料价值而言,二者是不可同日而语的。"① 笔者赞同上述分析,故对相关问题的研究,仍以《史记》的史料为准。

李斯隐瞒秦始皇的死讯,使赵高嗅到了改变政局的时机。他扣押了秦始皇的遗诏,并说动胡亥参与篡改遗诏,发动政变。当时,赵高作为中车府令,官职低微,影响力有限;胡亥尽管身为皇子,除了赵高之外,并无可信用之人,个人威望也不高;李斯身为丞相,具有掌控大局和决策政务之权。以此,胡亥、李斯共同认识到,要想完成政变,没有李斯的参与几乎是不可能的。但李斯身为秦国老臣,身居丞相之位,功高权重,靠秦始皇的赏识提拔使他位极人臣。按照常理,他违背秦始皇遗志、参与沙丘政变的可能性微乎其微,动员他参与政变的难度可想而知。胡亥也认为:"今大行未发,丧礼未终,岂宜以此事干丞相哉!"② 这时,赵高主动站出来,"不与丞相谋,恐事不能成,臣请为子与丞相谋之"③。

赵高在任职中车府令的时间里,不仅揣摩迎合秦始皇的心理,而且也在观察猜测秦始皇身边的大臣心理。作为与秦始皇关系最近的丞相李斯,自然是赵高重点揣摩的对象。赵高不愧为心理学大师,他察觉到李斯最看重的就是官位俸禄和家族的荣华富贵,他有把握以此为突破口,将李斯拉入政变的阵营。

赵高去见李斯,首先以试探的口吻提出了政变的可行性。"上崩,赐长子书,与丧会咸阳而立为嗣。书未行,今上崩,未有知者也。所赐长子书及符玺皆在胡亥所,定太子在君侯与高之口耳。事将何如?"④ 皇帝去世的消息尚未传开,给公子复苏的信和皇帝的印玺都放在胡亥那里。赵高向李斯传达的信息是,胡亥已经同意参加政变,只要李斯加入,两人就能够确立胡亥为

---

① 辛德勇:《生死秦始皇》,中华书局 2019 年版,第 72 页。
② 司马迁:《史记》卷 87《李斯列传》,第 2549 页。
③ 司马迁:《史记》卷 87《李斯列传》,第 2549 页。
④ 司马迁:《史记》卷 87《李斯列传》,第 2549 页。

太子，政变易如反掌。李斯毕竟是秦朝丞相，国家重臣，他当即斥责赵高："安得亡国之言！此非人臣所当议也！"①

对于李斯的严词拒绝，赵高早有准备，他决定对李斯发起第一轮心理攻势。赵高问李斯："君侯自料能孰与蒙恬？功高孰与蒙恬？谋远不失孰与蒙恬？无怨于天下孰与蒙恬？长子旧而信之孰与蒙恬？"②赵高连续提出五个问题，拿他与蒙恬进行比较：你自己考虑一下能力与蒙恬比谁强？功劳与蒙恬比谁高？谋略与蒙恬比谁更深远？在天下招致的怨恨与蒙恬比谁更少？与长子扶苏的关系与蒙恬比谁的交情更深更受信任？实际上，这五个比较，前四个李斯与蒙恬相比并不占下风。第一，李斯的能力在政治方面，蒙恬的能力在军事方面，总体上说，李斯并不比蒙恬能力差，否则绝不会居丞相之位。第二，李斯的功劳在战略层面，蒙恬的功劳在攻城略地，秦朝论功行赏，李斯得以封侯拜相，显然李斯功劳更高。第三，李斯是秦朝统一策略的谋划者和统一后政治体制的规划者，深谋远虑的方面无人能比。第四，秦朝政治残暴李斯负有责任，但蒙恬北伐匈奴与修筑长城，也引起了全国骚动，两人招致的百姓怨恨谁也不少。赵高连续提出这些问题，意在打乱李斯的思维，以增加他抛出第五个问题的震撼性。

对于李斯来说，这也是他最敏感也最担心的问题。秦朝统一后的各项政策，大多由李斯提出并以丞相身份统筹贯彻，一些政策措施激化了社会矛盾，加重了民众负担，对此，扶苏曾多次劝谏。从执政思想上看，扶苏与李斯并不一致。扶苏被派到上郡监军，与蒙恬朝夕相处，蒙恬的弟弟蒙毅是秦始皇身边最信任的大臣，蒙氏家族长期为秦征战厮杀，战功卓著，是秦朝政治舞台上不可小觑的势力。对于扶苏继位，李斯心理是有抵触情绪的，否则他也不会在隐瞒秦始皇死讯时同时隐瞒了扶苏。《历代名家评史记集说》引凌约言评述："盖焚书坑儒，斯议也；扶苏谏坑儒而居外，斯必深念之；以吏为师，斯议也；胡亥傅之以高，学习法事数年，斯必深欲之；则斯心欲立胡

---

① 司马迁：《史记》卷87《李斯列传》，第2549页。

② 司马迁：《史记》卷87《李斯列传》，第2549页。

亥，不欲立扶苏，明矣。"① 在李斯的潜意识里，他对扶苏接班是有心理抵触的。赵高已经敏锐地觉察到这一点，在连续提出四个问题后，将最具攻击性的问题抛了出来，那就是你李斯与蒙恬比谁与扶苏的关系更铁？这个问题的要害在于，赵高提示李斯，如果扶苏继位，你的"位极人臣"的丞相地位能否保住？会不会被蒙恬取代？

随着秦国君主专制程度的加深，李斯已深深感受到，一个大臣的地位，并不取决于他本身的能力和功劳，而更主要取决于他能否得到君主的赏识。与蒙恬相比，尽管李斯在四个方面并不差，但在与扶苏的关系上面，确实令他感到忧虑。一朝天子一朝臣，李斯随时担心着谁有可能取代自己的丞相之位，蒙恬无疑是他防范的对象。慌乱之下，李斯回答赵高："此五者皆不及蒙恬，而君责之何深也？"② 这五个方面我都比不上蒙恬，你为什么这么苛责我呢？从李斯的回答可以看出，赵高的提问，确实击中了李斯的要害，令他乱了方寸。

赵高接着分析扶苏与胡亥的情况以及李斯可能面临的结果。"高固内官之厮役也，幸得以刀笔之文进入秦宫，管事二十余年，未尝见秦免罢丞相功臣有封及二世者也，卒皆以诛亡。皇帝二十余子，皆君之所知。长子刚毅而武勇，信人而奋士，即位必用蒙恬为丞相，君侯终不怀通侯之印归于乡里，明矣。高受诏教习胡亥，使学以法事数年矣，未尝见过失。慈仁笃厚，轻财重士，辩于心而诎于口，尽礼敬士，秦之诸子未有及此者，可以为嗣。君计而定之。"③ 赵高告诉李斯：我在秦宫廷服役20多年，还没有看到秦国被免职的丞相和高官有得善终的。在秦始皇的儿子中，长子扶苏刚毅、勇武、用人不疑，如果由他即位，必然任用蒙恬为丞相，那样你李斯将失去相位，恐怕也难带通侯之印退职还乡了。胡亥身为幼子，慈悲、仁爱、诚实、厚道，轻视钱财，重视人才，心里明白却不善于表达，竭尽礼节尊重贤能之士。你可以考虑一下究竟让谁继位更加有利。赵高这段话的内在逻辑是：在秦国历史

---

① 程馀庆撰，高益荣、赵光勇、张新科编撰：《历代名家评注史记集说》第4册，第1060页。

② 司马迁：《史记》卷87《李斯列传》，第2549页。

③ 司马迁：《史记》卷87《李斯列传》，第2549—2550页。

上，失去丞相高官之位的人，都被无情诛杀了。扶苏如果继位，必然任用蒙恬为丞相，你李斯的后果可想而知。胡亥轻视钱财，尊敬贤才，能力较差。赵高暗示李斯，如果让胡亥即位，不仅可以得到更多财富，受到更多礼遇，而且可以获得更多权力。赵高抓住了李斯心理，既有恐吓，也有利诱，利害相权，供其取舍，其心理控制术之高超可见一斑。

实际上，李斯已经被击中了要害，他无力反驳赵高的分析。但思维的惯性，对秦始皇的深厚情感，以及身为丞相之尊对六百石官吏的应有矜持，使他再次拒绝了赵高。"君其反位！斯奉主之诏，听天之命，何虑之可定也？"[1]"你去干你的事吧！我只尊奉始皇帝的遗诏，听天由命，还多考虑什么呢？"赵高遭到拒绝，但李斯并没有对企图篡改遗诏、发动政变的赵高采取任何措施，也没有反驳指责他，却显示出一种无可奈何的态度。

看出李斯内心已经活动，赵高便继续对他游说："安可危也，危可安也。安危不定，何以贵圣？"[2]赵高抓住李斯一路春风得意、自视甚高的心理，对他进行激将。赵高告诉李斯："安可转化为危，危也可以转化为安。在安危不定的时候不能早做决断，转危为安，算什么圣明之人呢？"李斯说出了自己的顾虑："斯，上蔡闾巷布衣也，上幸擢为丞相，封为通侯，子孙皆至尊位重禄者，故将以存亡安危属臣也。岂可负哉！夫忠臣不避死而庶几，孝子不勤劳而见危，人臣各守其职而已矣。君其勿复言，将令斯得罪。"[3]李斯回想自己的发迹史，本来是一个地位卑微的郡县小吏，来到秦国后受到嬴政的赏识和重用，一路高歌猛进，职务飙升，封侯拜相，位极人臣。秦始皇临终托孤，对自己的信任无以复加。如果真的参与政变，李斯从良心上一时难以接受，更担心落下乱臣贼子的骂名。他便用社会的普遍价值观来加以抵挡。"忠臣不能因为怕死就苟且从事，孝子也不能担心自己过度操劳而损害健康，作为大臣只需恪守自己的职分而已。"如果赵高再说下去，他担心自己无法守住最后的底线，便企图回避矛盾。"您不要再说下去了，那会让我李斯跟

---

① 司马迁：《史记》卷 87《李斯列传》，第 2550 页。

② 司马迁：《史记》卷 87《李斯列传》，第 2550 页。

③ 司马迁：《史记》卷 87《李斯列传》，第 2550 页。

着犯罪的。"可永雪指出："这个话反映了李斯内心良知与私欲间激烈而痛苦的矛盾斗争，反映了一个天良未泯的灵魂抵御不住私欲的诱惑和吞噬时的恐惧和怯懦。"①

针对李斯的顾虑，赵高继续进行疏导和劝说。"盖闻圣人迁徙无常，就变而从时，见末而知本，观指而睹归。物固有之，安得常法哉！方今天下之权命悬于胡亥，高能得志焉。且夫从外制中谓之惑，从下制上谓之贼。故秋霜降者草花落，水摇动者万物作，此必然之效也。君何见之晚?"② 赵高告诉李斯，即使圣人也要顺从潮流，适应变化；不能拘泥固守，坐失良机。现在握有符玺和遗诏的胡亥掌握了天下命运，我们只是帮助胡亥完成政变，既不是"从外制忠"的"惑"，也不是"从下制上"的"贼"。冬去春来，花落花开，是自然界的必然变化，聪明人也应知道适时变化才是明智的选择。赵高鼓励李斯放弃疑虑，随机而变，果断决策，参与政变。李斯毕竟是博学多闻之人，他回想起历史上因变异太子而招致社会动荡、国破家亡的事例，不愿重蹈历史的覆辙。"吾闻晋易太子，三世不安；齐桓兄弟争位，身死为戮；纣杀亲戚，不听谏者，国为丘墟，遂危社稷：三者逆天，宗庙不血食。斯其犹人哉，安足为谋!"③ 当年李斯上《谏逐客书》时，对历史的典故运用纯熟，得出的结论斩钉截铁；这次尽管列举的史实触目惊心，但得出的结论却犹犹豫豫，体现出一种瞻前顾后、欲罢还休的态度。

赵高看到李斯的顾虑大多仍在名节上面，但他心里清楚，其实李斯最关心的，还是个人的地位、家族的安危，同时也担心政变能否一举成功。见时机成熟，赵高祭出了最后一道利器，决定给李斯致命一击，以彻底打破他的心理防线。高曰："上下合同，可以长久；中外若一，事无表里。君听臣之计，即长有封侯，世世称孤，必有乔松之寿，孔、墨之智。今释此而不

---

① 可永雪：《中国写人史上第一篇解剖心灵的作品——我读〈史记·李斯列传〉》，《内蒙古师范大学学报》2019 年第 4 期。
② 司马迁：《史记》卷 87《李斯列传》，第 2550 页。
③ 司马迁：《史记》卷 87《李斯列传》，第 2550 页。

从，祸及子孙，足以为寒心。善者因祸为福，君何处焉？"①赵高表示：只要胡亥、赵高、李斯三人联手，事情不会出现差错，当然也不会出现身败名裂的结果。给李斯吃下这颗定心丸后，赵高继续加以诱导：你能按照我所说的去做，不仅能保住官爵与封侯之位，而且还能像传说中的仙人王子乔、赤松子那样长寿，并被人称赞有孔子、墨子那样的智慧。相反，如果错过这次机会，不仅自己会身败名裂，而且子孙后代都会受到牵连。

　　赵高紧紧抓住李斯的心理，意在打消他的种种疑虑，以层层递进的方式，加以威逼利诱。他给李斯展现的逻辑是：不参与政变，就会失去丞相之位；失去丞相之位，将难得善终；不仅自己受祸，亦将连及子孙。参与政变，一能保住丞相之位，二能拥有智者名声，三能扩大自己权势，四能将功业传及子孙。本身崇尚"老鼠哲学"，视功名利禄高于一切的李斯，在赵高一波波的心理攻势面前节节败退，丧失了最后一丝良知和底线。他长叹一声，表示一切听赵高之命。"斯乃仰天而叹，垂泪太息曰：'嗟乎！独遭乱世，既以不能死，安托命哉！'于是斯乃听高。"②赵高能够拿下李斯，关键在于抓住了李斯贪图权位富贵之心理。"李斯一叹泣，盖贪位慕禄，无可奈何，不得不就赵高之缠索，而斯之为斯，已为高窥破矣。"③

　　赵高说动李斯参与沙丘政变，双方经过了六轮问答，体现了赵高高超的心理控制之术。"李斯奸雄，赵高亦奸雄，两奸相对，如两虎相争，一往一来，一进一退，多少机权，默默相照。"④最终赵高如愿以偿，李斯则俯首听命，败下阵来。可永雪指出："纵观六个回合的对答，实乃一场思想大战，灵魂肉搏！大战开始，李斯还是一个未存邪念的好人，是参与帝国缔造的功臣。六个回合下来，他便缴械投降，做了赵高的俘虏，那一声'嗟乎……'长叹，便宣告了秦帝国的灭亡，也宣告他已成为葬送帝国的罪人！"⑤

---

① 司马迁：《史记》卷87《李斯列传》，第2550页。
② 司马迁：《史记》卷87《李斯列传》，第2550页。
③ 程馀庆撰，高益荣、赵光勇、张新科编撰：《历代名家评注史记集说》第4册，第1060页。
④ 程馀庆撰，高益荣、赵光勇、张新科编撰：《历代名家评注史记集说》第4册，第1060页。
⑤ 可永雪：《中国写人史上第一篇解剖心灵的作品——我读〈史记·李斯列传〉》，《内蒙古师范大学学报》2019年第4期。

出卖灵魂和道德底线，参与沙丘政变后，李斯如同被套上了笼头，成为赵高的棋子和玩偶。他一再受赵高愚弄，为保护私利而失去了理智，乱了方寸。其中也有良心发现，有挣扎和反抗，但最终丧失了斗争的勇气，被赵高牵住了鼻子，得到了家破人亡、悔之无及的下场。

四、控制胡亥与陪葬秦朝

赵高能够发动沙丘政变，独操权柄，胡作非为，将秦朝带向穷途末路，关键在于操控了胡亥。相对于秦始皇与李斯，赵高对胡亥的心理揣摩得更加透彻，控制更加彻底。

赵高与胡亥的关系，应该源于他来到秦始皇身边任中车府令时。可以想见，赵高看到秦始皇钟爱幼子胡亥，便有意去接近他。年幼的胡亥有了一个文武全能且对自己呵护有加的亲密玩伴，自然对他特别依赖。赵高为了长期接近胡亥，便教他法律断案知识，同时也是为了向秦始皇显示自己的博学，以便引起皇帝对自己的重视。秦始皇让赵高作胡亥的老师，赵高与胡亥有了更多的接触机会。

赵高成为胡亥的老师，有他自己的争取，也有秦始皇的旨意。《史记·蒙恬列传》记载："高即私事公子胡亥，喻之决狱。"① 在《史记·李斯列传》中赵高自述："高受诏教习胡亥，使学以法事数年矣，未尝见过失。"② 赵高宣称胡亥无过失，很大程度上是在维护、溺爱学生胡亥，也表明两人关系之密切。

秦始皇有二十几个儿子，胡亥是小儿子。排行老幺者一方面会受到父母的钟爱，同时也受到兄弟姐妹的阴影压制，表现出胆怯，羞涩的性格特点。他们一般不会轻易相信别人，一旦相信就产生严重依赖的心理。赵高也利用胡亥的这一心理，在秦始皇第五次巡游时让他跟随，为沙丘政变创造了机会。

---

① 司马迁：《史记》卷 88《赵高列传》，第 2566 页。
② 司马迁：《史记》卷 87《李斯列传》，第 2550 页。

秦始皇在沙丘病逝，赵高嗅出了改变政局的时机。他扣押了秦始皇的遗诏，然后找到胡亥："上崩，无诏封王诸子而独赐长子书。长子至，即立为皇帝，而子无尺寸之地，为之奈何？"①始皇帝给扶苏留下遗诏，他来主持葬礼后，就会成为皇帝。按照秦制度，如果让哥哥扶苏继位，其他兄弟包括你胡亥将不会有任何封地，怎么办呢？赵高的话，从秦朝废除分封制的角度，似乎完全是在为胡亥考虑。胡亥回答李斯："固也，吾闻之，明君知臣，明父知子。父捐命，不封诸子，何可言也。"②明智的父皇了解他的儿子，他选择的继承者不容置疑。父皇决定不封诸子为侯，我也无话可说。胡亥长期生活于秦始皇的威权之下，习惯性认为只要是父皇的决定，都应无条件执行。赵高进一步游说："不然，方今天下之权，存亡在子与高及丞相耳，愿子图之。且夫臣人与见臣于人，制人与见制于人，岂可同日道哉！"③他提醒胡亥，你的父皇已经去世，他的威权不复存在。现在天下大事的决断权掌握在您、我和丞相李斯手中。让别人称臣和向别人称臣，控制别人与被人控制，完全不可同日而语。希望胡亥走出父皇之命不可违的思维惯性，主动出击夺取皇位。

篡夺皇位是逆天大罪，胡亥有点不寒而栗。他对李斯说："废兄而立弟，是不义也；不奉父诏而畏死，是不孝也；能薄而材谫，强因人之功，是不能也。三者逆德，天下不服，身殆倾危，社稷不血食。"④受传统伦理道德的影响，胡亥指出篡位夺权是不义不孝的行为。他也怀疑自己的能力是否可以承担君主之任，担心招致身死国破的后果。可以看出，在赵高的诱导下，胡亥不再反对政变，只是担忧政变可能带来的后果。赵高继续加以诱导："臣闻汤、武杀其主，天下称义焉，不为不忠。卫君杀其父，而卫国载其德，孔子著之，不为不孝。夫大行不小谨，盛德不辞让，乡曲各有宜而百官不同功。故顾小而忘大，后必有害。狐疑犹豫，后必有悔。断而敢行，鬼神避之，后

---

① 司马迁：《史记》卷 87《李斯列传》，第 2548 页。
② 司马迁：《史记》卷 87《李斯列传》，第 2548 页。
③ 司马迁：《史记》卷 87《李斯列传》，第 2548 页。
④ 司马迁：《史记》卷 87《李斯列传》，第 2548—2549 页。

有成功。愿子遂之。"① 历史上，商汤、周武王都是通过杀掉旧主而建立了新朝，反而被天下人称为正义，不能说他们不忠。卫惠公杀掉作乱的叔父黔牟，恢复了卫国的秩序，卫国人反而对他感恩戴德，孔子也把这件事记载到了《春秋》里。赵高以历史上杀君杀父不仅不被谴责反而受到赞扬的事例，意在打消胡亥的心理障碍。他鼓励胡亥："办大事不能拘于小节，行大德不能过度谦让。顾虑过多而误了大事，日后必生祸患；关键时刻犹豫不决，将来必定后悔。只要果断行事，鬼神都要回避，结果定会成功。你听我的没错。"赵高巧舌强辩，将篡权夺位说成是"大行""盛德"，在君主专制的体制下，只要夺权成功，其他障碍不在话下。胡亥被赵高说动，他担心丞相李斯不同意。赵高告诉胡亥，机会难得，失不再来，不能再有半点的犹豫和延迟。"时乎时乎，间不及谋。赢粮跃马，唯恐后时。"② 他主动承担了劝说李斯参与政变的任务。

政变成功，胡亥、赵高换了一封假诏书给扶苏，逼他自杀。胡亥继位为皇帝，赵高升为郎中令，时刻伴随在二世身边。在赵高的教唆下，秦二世认为：白驹过隙，人生苦短，自己当了皇帝，希望实现三大愿望。第一，满足自己的各种欲望，享受人生的快乐；第二，要让国家安定百姓富足；第三，政权巩固，个人长寿。实际上，二世提出的三个愿望，重点是要无所顾忌地纵欲享乐，其他两点更多是幌子。秦二世的这一想法令赵高大喜过望，他鼓励胡亥："此贤主之所能行也，而昏乱主之所禁也。"③ 纵情享受是贤能君主的做法，相反昏乱的君主却加以禁止。但是，现在还不是放纵欲望的时候。"臣请言之，不敢避斧钺之诛，原陛下少留意焉。夫沙丘之谋，诸公子及大臣皆疑焉，而诸公子尽帝兄，大臣又先帝之所置也。今陛下初立，此其属意怏怏皆不服，恐为变。且蒙恬已死，蒙毅将兵居外，臣战战栗栗，唯恐不终。且陛下安得为此乐乎？"④ 赵高向二世提出的这些问题，正是二世心里最

---

① 司马迁：《史记》卷87《李斯列传》，第2549页。
② 司马迁：《史记》卷87《李斯列传》，第2549页。
③ 司马迁：《史记》卷87《李斯列传》，第2552页。
④ 司马迁：《史记》卷87《李斯列传》，第2552页。

担心的问题。赵高仅为秦始皇身边的一个侍从，在秦国统一过程中并无显赫功劳，如今通过政变，暴得大权。他一是担心政变的阴谋败露，秦二世的兄长们夺回皇权；二是担心跟随秦始皇完成统一大业的朝中老臣不服从自己的权威。同样，秦二世也担心自己篡改遗诏的阴谋败露。赵高想借二世之手，除掉两人擅权路上的障碍，更想尽快除掉自己恨之入骨的仇敌蒙毅。他诱导二世，不除掉这些人，我们都难以预料最终的结果，你又怎么能尽情纵欲享乐呢？

一心想要享乐的秦二世如梦初醒，他问赵高该怎么办？赵高告诉他，采用严酷的刑法除掉前朝功臣，甚至对他们灭族，同时尽力提拔自己的亲信为近臣。将对手除掉使他们不敢有阴谋，新提拔的大臣对您感恩戴德，那么您就可以高枕无忧、任性享乐了。没有比这更高明的办法了。"二世然高之言，乃更为法律。于是群臣诸公子有罪，辄下高，令鞫治之。杀大臣蒙毅等，公子十二人僇死咸阳市，十公主矺死于杜，财物入于县官，相连坐者不可胜数。"① 二世将群臣公子交给赵高审判，赵高借此大行杀戮，将胡亥的兄长、姐姐杀戮殆尽，清除了反对自己的大臣，并杀掉了曾经判自己死罪的仇人蒙毅。

赵高的所作所为，在树立了个人权威的同时，也遭受到众人的仇视。他担心有人向二世揭露自己的阴谋，二世醒悟后惩处自己，便想办法将二世与群臣隔离开来。二世身为幼子，缺乏应有的政治经验和历练，对自己处理政事的信心不足。赵高告诉二世："天子所以贵者，但以闻声，群臣莫得见其面，故号曰'朕'。且陛下富于春秋，未必尽通诸事，今坐朝廷，谴举有不当者，则见短于大臣，非所以示神明于天下也。且陛下深拱禁中，与臣及侍中习法者待事，事来有以揆之。如此则大臣不敢奏疑事，天下称圣主矣。"② 这本来是赵高欺骗二世，欲将二世排除在政治决策体系之外的阴谋，二世却认为赵高为自己考虑的太周全了，"乃不坐朝廷见大臣，居禁中。赵

---

① 司马迁：《史记》卷87《李斯列传》，第2552页。
② 司马迁：《史记》卷87《李斯列传》，第2558页。

高常侍中用事，事皆决于赵高"①。秦二世依靠政变即位，难免有自卑、恐惧和退缩心理。赵高捕捉到这一点，建议二世深居简出，不与大臣接触，以免露怯，借此将权柄操控在自己手中。赵高利用二世对自己的信任，除掉了李斯，升任为中丞相。为了更好地控制朝政，赵高让自己的弟弟赵成接任郎中令的职务，并安排自己的女婿阎乐担任咸阳令。

赵高独操权柄，为了向群臣展示自己的权威，铲除异己力量，以便篡权夺位，便导演了一出指鹿为马的闹剧。"高自知权重，乃献鹿，谓之马。二世问左右：'此乃鹿也？'左右皆曰'马也。'二世惊，自以为惑。"②赵高召集群臣，向二世献马，实际上献上的却是一头鹿。二世就问群臣，我看到的是一头鹿呀，怎么成了马了？大臣有的不敢出声，有的说确实是一头鹿，但大多数人为了迎合赵高，说这就是一匹马。秦二世非常不解，甚至怀疑自己得了疯病，鹿马不辨了。通过这件事，赵高在给大臣们传递一个信息，二世皇帝糊涂昏庸，自己可以翻云覆雨。二世的表现也充分说明，他宁肯怀疑自己也要信任赵高，已经完全变成了赵高的傀儡。事后，赵高对那些直言所献为马的大臣进行了惩处，从此，大臣们更加害怕赵高。赵高只手遮天，横行朝野。

通过指鹿为马事件，赵高看到多数大臣宁可放弃常识也要迎合自己，篡夺政权的时机逐渐成熟。长期以来，他依靠对二世的控制操控权力，这时，他感到二世成为自己达到目的的障碍，便想除掉二世。一次，秦二世在上林苑打猎，将一名从里面路过的行人射杀。赵高想把二世诱出咸阳宫，便恐吓秦二世："天子无故贼杀不辜人，此上帝之禁也，鬼神不享，天且降殃，当远避宫以禳之。"③秦二世向来相信赵高，便从咸阳宫搬到了望夷宫居住。

这时各地反秦起义如火如荼，为了独揽朝政，让秦二世沉浸于欢乐之乡，赵高一贯报喜不报忧。他多次告诉二世："关东盗毋能为也。"④随着刘

---

① 司马迁：《史记》卷 87《李斯列传》，第 2558 页。
② 司马迁：《史记》卷 87《李斯列传》，第 2562 页。
③ 司马迁：《史记》卷 87《李斯列传》，第 2562 页。
④ 司马迁：《史记》卷 6《秦始皇本纪》，第 273 页。

邦的起义军逼近咸阳，赵高担心二世得知真相后会怪罪下来，发雷霆之怒，自己将会遭受灭顶之灾，便假借有病不敢上朝。但纸终究包不住火，二世得到刘邦起义军已攻至武关的消息，也不免惊慌失措。他派人责怪赵高，赵高十分恐惧。赵高知道自己欺骗二世太久，真情败露后二世不会饶过自己，便找来弟弟郎中令赵成、女婿咸阳令阎乐商议。赵高对两人说："上不听谏，今事急，欲归祸于吾宗。吾欲易置上，更立公子婴。子婴仁俭，百姓皆载其言。"① 决定放弃二世，另立新君。赵高进行了周密安排，让弟弟郎中令赵成作宫中内应，阎乐则以盗贼进入宫廷的名义调发军队。赵高对自己的女婿阎乐也不放心，便把他的母亲软禁起来。阎乐率领一千多名士卒杀死秦二世的守卫者，进入望夷宫。阎乐指责秦二世："足下骄恣，诛杀无道，天下共畔足下，足下其自为计。"② 你作为皇帝骄横放肆，残杀大臣，不行正道，天下人都背叛你，你自己考虑一下该怎么办吧。二世要求见丞相赵高，被阎乐否决。二世希望划出一郡让自己做诸侯王，被阎乐否决。二世又要求做一名万户侯，也被阎乐否决。最后，二世只希望自己和妻子做一名普通百姓，阎乐告诉他："臣受命于丞相，为天下诛足下，足下虽多言，臣不敢报。"③ 最后逼二世自杀。

出身卑微、心怀仇恨的赵高，残忍狠毒，不讲道义。当处境艰难时，他卑躬屈膝，观言察色，揣摩迎合主人心理。通过阿谀逢迎，投机钻营，歌功颂德的方式得到主人信任，以攫取个人权利。如果出现机会，便翻云覆雨，不择手段，为了自己的欲望得失，荣华富贵而不惜出卖主人，出卖国家利益。秦始皇对赵高恩重如山，不仅赦免他的死罪，而且对他信任有加，但为了一己私利，赵高不惜改换秦始皇的遗诏。李斯支持赵高发动沙丘政变，当赵高认为李斯的地位威胁到自己的权势时，便对他痛下杀手。赵高扶持胡亥即位，自己操控了朝廷大权，当看到二世失去利用价值后，便逼他自杀。赵高竭力接近政治权力中心，目的就是为了攫取它。从心理学的角度看出，

① 司马迁：《史记》卷 6《秦始皇本纪》，第 274 页。
② 司马迁：《史记》卷 6《秦始皇本纪》，第 274 页。
③ 司马迁：《史记》卷 6《秦始皇本纪》，第 274 页。

赵高是一个具有报复型和攻击型人格的人。"对于攻击型的人来说，世界的美好是绝对不能容忍的。最好除了他之外，所有的人都倒霉，而且是经他的嘴，他的手倒霉的。"①赵高正是这样一个人，凡是与他密切接触，被他盯上的人，几乎无一幸免悲惨的厄运。"和自卑者中的玩世不恭者一样，攻击型的人自我已经被败坏。但和玩世不恭者不同，他绝不肯承认，也意识不到自我的败坏。他更不肯在精神上毁灭自己。他只有一个目的，就是报复世界。这个世界败坏了他的精神结构，那么，他不会让别人好过。"②当然，破坏别人的美好生活，希望将社会拉向毁灭的人，自己也不会有好下场。

赵高与刘邦起义军约定，共同灭掉秦国宗室，秦取消皇帝称号，条件是承认自己为诸侯王。杀掉秦二世后，赵高戴上皇帝玉玺，准备篡位自立，但"左右百官莫从"③。他登上殿堂时，大殿砰然作裂。"高自知天弗与，群臣弗许"④，便想再扶持秦国的宗室子婴为秦王，自己继续在幕后操控，等待时机取而代之。赵高安排子婴斋戒，到宗庙去拜见祖先，然后再将玉玺交于他手中。

子婴身为皇族，却是平民身份。在赵高看来，自己扶持他为秦王，子婴自然应感恩戴德，对自己俯首听命。实际上，相对于胡亥，子婴绝非等闲之辈。当年秦二世在赵高唆使下杀害蒙恬兄弟，子婴就曾加以劝谏："臣闻故赵王迁杀其良臣李牧而用颜聚，燕王喜阴用荆轲之谋而倍秦之约，齐王建杀其故世忠臣而用后胜之议。此三君者，皆各以变古者失其国而殃及其身。今蒙氏，秦之大臣谋士也，而主欲一旦弃去之，臣窃以为不可。臣闻轻虑者不可以治国，独智者不可以存君。诛杀忠臣而立无节行之人，是内使群臣不相信而外使斗士之意离也，臣窃以为不可。"⑤从这段谏言可以看出，子婴有知识，有见识。他能够勇敢指出诛杀功臣的严重后果，并暗指赵高是无节行之人，可见他的谋略与胆识非同寻常。

① 石勇：《告别曾经弱小　你要内心强大》，第 251 页。
② 石勇：《告别曾经弱小　你要内心强大》，第 251 页。
③ 司马迁：《史记》卷 87《李斯列传》，第 2562 页。
④ 司马迁：《史记》卷 87《李斯列传》，第 2562 页。
⑤ 司马迁：《史记》卷 88《蒙恬列传》，第 2568 页。

子婴了解赵高的为人与险恶用心。在斋戒期间，子婴和他的两个儿子商议："丞相高杀二世望夷宫，恐群臣诛之，乃详以义立我。我闻赵高乃与楚约，灭秦宗室而王关中。今使我斋见庙，此欲因庙中杀我。我称病不行，丞相必自来，来则杀之。"① 赵高派出几拨人来请子婴到宗庙即位，子婴都借口有病没去。赵高知道此事不能久拖，便亲自去请。他指责子婴："宗庙事重，王奈何不行？"② 宗庙祭祀即位是最重要的事情，你为什么不快点去？子婴二话不说，拿剑刺向赵高。赵高毫无反应，便身首两处，结束了他残忍、卑劣、奸诈的一生。杀人如麻，害人无数的赵高，在将秦朝带向毁灭的同时，自己也没有逃脱殉葬者的命运。

赵高一生算计别人，最后却被子婴算计。孟祥才指出："善于窥测别人的心理活动，精于计算，谋则必中的赵高，最后竟栽在子婴手中，而子婴的才干与李斯、扶苏和蒙恬兄弟相比，实在不可同日而语。这真是大江大河从容过，小阴沟里翻了船。原因何在？这是因为，赵高以前的对手都是实践证明了的精明强干之辈，赵高对于他们的才能、脾性和心理活动有着透彻的了解，因而在对付他们的时候反复思考，认真谋划，周密设计，精心实施，从而做到万无一失。而在赵高心目中，子婴不过是一个无足轻重的无能之辈。他安排子婴做秦王，子婴肯定感激涕零，绝不会对他有非礼的举动。"③ 赵高一生揣摩利用别人的心理，一次次诱人中计，玩弄他人于掌股之中。不仅将对手一个个送上断头台，而且距离取代秦朝为王只有一步之遥。这时的赵高，太过相信自己，太过得意忘形。"这个心理学大师此时已经放弃了对子婴心理进行深入的探索，没有窥视作为秦宗室贵族必定萌生的对自己的深恶痛绝和不共戴天的仇恨。他太小瞧了子婴，又太迷信自己的权势，以致'大意失荆州'，被他小瞧的子婴父子玩的一个小儿科的权谋送进了坟墓。第一流的心理学大师的心理被一个他看不上的无能小辈窥破了，他也肯定是带着

---

① 司马迁：《史记》卷 6《秦始皇本纪》，第 275 页。
② 司马迁：《史记》卷 6《秦始皇本纪》，第 275 页。
③ 孟祥才：《赵高——巨奸大憝与心理学大师的合一》，秦俑博物馆开馆三十周年国际学术研讨会暨秦俑学第七届年会会议论文，2009 年 10 月 10 日。

无限的痛恨和遗恨离开了人世的。"① 赵高一生精于计算，善于揣摩，可以称得上心理操控大师。但他嫉贤妒能，与人为恶，陷害中伤，翻云覆雨，浑水摸鱼，毫无道德底线，是典型的小人心理。这样的人可以得势于一时，但他破坏了大局，葬送了国家，最后也落得身败族灭，万世唾骂的下场。

第四节　秦二世胡亥的回避型人格

章炳麟在《秦政记》中写道："借令秦皇长世，易代以后，扶苏嗣之，虽四三皇、六五帝，曾不足比隆也。"② 秦二世胡亥对秦国的历史发展影响重大，他的心态值得探索。

一、"胡亥少习刻薄之教"

秦始皇子女众多，数量究竟是多少，史学界尚有争议。胡亥是秦始皇的少子，王霄云、贺润坤考证，胡亥上有 17 位兄长，均被他杀害，胡亥是秦始皇的第 18 子。③ 对于胡亥的年龄，《史记·秦始皇本纪》有两种记载，一说他 21 岁即位，一说他 12 岁即位。秦始皇 13 岁即位，到了 22 岁才开始亲政。胡亥即位后，没有看到他委政他人、不参与政事的记载，他即位的年龄当在 21 岁，那么胡亥应该出生于秦始皇十六年，也就是统一前的十年。

在胡亥出生及成长的年代，正是秦朝统一前后的关键时期。秦始皇忙于国家大事的处理，其他兄长也可能参与了统一战争和国家事务。胡亥作为幼子，很少得到父亲的直接关怀，也很难与其他兄长嬉戏玩耍，其孤独、自卑的心理难以避免。心理学认为，排行有时会对性格造成很大影响。"老么不可避免地要在哥哥或姐姐的阴影下生存，受到哥哥或姐姐的影响，而且作

---

① 孟祥才：《赵高——巨奸大憝与心理学大师的合一》，秦俑博物馆开馆三十周年国际学术研讨会暨秦俑学第七届年会会议论文，2009 年 10 月 10 日。

② 中山大学中文系：《王夫之：〈秦始皇〉 章太炎：〈秦政记〉〈秦献记〉 译注》，第 14 页。

③ 王霄云、贺润坤：《秦公子几人被秦二世所杀》，《陕西广播电视大学学报》2014 年第 30 期。

父母的对老小常有放任自流的倾向。这就造成排行最小者通常比较胆小、害羞，大部分是多愁善感型，对别人不轻易相信，也不太会交朋友，比较清高。老幺一旦遇到困难和挫折会不知所措，有的爱对别人吹毛求疵。"①

贾谊《新书·春秋》篇中记载了有关胡亥幼年时的一则故事。"二世胡亥之为公子，昆弟数人。诏置酒飨群臣，召诸子赐食先罢。胡亥下陛，视群臣陈履状善者，因行残败而去。诸侯闻之，莫不大息。及二世即位，皆知天下之弃之也。"② 按照秦朝的礼仪，宴会在堂上举行，参加宴会者要把鞋子放在堂前台阶下。胡亥等诸公子吃饱先行退席，他看到台阶下摆着大臣的鞋子，便将那些好看的鞋子搞乱弄坏离开。这件事传到各诸侯国，大家没有不感慨叹息的。各诸侯国的存在，说明这件事发生的时间是在秦统一前，也就是胡亥 10 岁以前。胡亥参加宴会时，很可能感到受了冷落，参与感不强，所以才会在宴会后发生这样的行为。这样的行为被记载下来，或许是胡亥性格的惯常表现。王子今认为："如果说，胡亥'贱败''群臣陈履状善者'故事表现出这位政治人物幼时就暴露顽劣心性，有恶意破坏损毁美好事物的心理特征，那么后世政论家在秦政批判中发表的有关秦二世胡亥早期教育有偏失的议论，也值得我们在分析其心理素质时有所注意。"③

我们来看胡亥所受教育的情况。按照秦汉时期的规定，学童 17 岁入学室接受教育，那么，胡亥接受教育的时间则是秦始皇三十三年。秦始皇三十四年（前 213），秦朝下达了焚书令，焚烧了《诗》《书》百家语及各国的史书，并从国家层面确立了"以吏为师"的原则。可想而知，胡亥从一开始接受教育，就可能较少接触到儒家、道家、墨家、农家等诸子百家学说，他接受最多的是法家学说和具体的刑狱案件等处理的方法与技术。

在胡亥接受教育的时候，秦朝刚刚下达禁书之令，战国时期百家争鸣的余波流韵尚存。假如胡亥的老师是一位博学重理之士，他会向胡亥传授一

① 李津军：《排行与人的性格》，《科技潮》2001 年第 7 期。
② 贾谊著，阎振益、钟夏校注：《新书校注》《新编诸子集成》，中华书局 2000 年版，第 250 页。
③ 王子今：《秦二世胡亥童年故事及相关问题》，《人文杂志》2010 年第 4 期。

些必要的知识和社会认同的纲常伦理。贾谊认为：在商周时期，"及太子少长，知好色，则入于学。学者，所学之官也。《学礼》曰：'帝入东学，上亲而贵仁，则亲疏有序而恩相及矣。帝入南学，上齿而贵信，则长幼有差而民不诬矣。帝入西学，上贤而贵德，则贤智在位而功不遗矣。帝入北学，上贵而尊爵，则贵贱有等而下不踰矣。帝入太学，承师问道，退习而考于太傅，太傅罚其不则而匡其不及，则德智长而理道得矣。此五学既成于上，则百姓黎民化辑于下矣。'学成治就，是殷周所以长有道也"①。可知在历史上，非常重视对帝王接班人伦理纲常、道德品质的教育，以便于在以后即位为君后能负起教化百姓、安集民众、治国理民的责任。

胡亥接受教育的时候，法家学说已经成为他能够接触到的主要思想体系了。秦朝统一后，将法家思想作为国家的指导思想，后来又发展到"以吏为师"，焚书坑儒的极端，意在控制思想，专制文化。秦始皇为胡亥选择的老师是赵高，"赵高向胡亥所传授的，无疑是法家学说中最负面，最暴虐的内容"②。贾谊指出："及秦而不然，其俗固非贵辞让也，所上者告讦也；固非贵礼让也，所上者刑罚也。使赵高傅胡亥而教之狱，所习者非斩劓人，则夷人之三族也。故今日即位，明日射人，忠谏者谓之诽谤，深为之计者谓之妖言，其视杀人如艾草菅然。岂胡亥之性恶也？其所以集道之者非理故也。"③胡亥即位后，对法家学说情有独钟，并将其发展到君主独裁、肆意享乐、随性杀戮的方面，他所受的教育对其所作所为起到了重要引导作用。

北魏正始年间，曹囧在上书中论及："胡亥少习刻薄之教，长尊凶父之业，不能改制易法，崇任兄弟，而乃师谟申、商，咨谋赵高，自幽深宫，委政谗贼，身残望夷，求为黔首，岂可得哉！遂乃郡国离心，众庶溃叛。胜、广倡之于前，刘、项毙之于后。"④胡亥的性格形成，残忍行政以及国破身亡

---

① 贾谊著，阎振益、钟夏校注：《新书校注》，《新编诸子集成》，第 184 页。
② 王绍东、孙志敏：《秦亡于二世的历史文化因素考察》，《内蒙古大学学报》2003 年第 5 期。
③ 贾谊著，阎振益、钟夏校注：《新书校注》，《新编诸子集成》，第 185 页。
④ 郝经：《续后汉书》卷 29 下《曹操诸子、曹丕诸子列传》，商务印书馆 1958 年版，第 347 页。

的悲惨下场，都与他所受的教育有关。

二、胡亥的回避性人格

在秦二世胡亥身上，明显表现出回避性人格。胡亥身为少子，与其他兄长相比，历练、知识、能力、功业都难免处于下风；再加上他木讷拙笨，不善表达，所谓"辩于心而讷于口"①；依靠政变登上皇位后，时时担心阴谋败露，便企图回避矛盾，将政事交于赵高，便以躲进后宫享乐的方式来麻痹自己恐惧的神经。回避性人格一般有下列特征："（1）因害怕批评、不赞成或拒绝，回避需与人接触的职业活动。（2）不愿与人交往，除非肯定自己会被喜欢。（3）因为害怕、害羞或嘲弄，限制建立亲密关系。（4）在社交场合总想到会受到批评或拒绝。（5）同时担心情感不恰当，在新的交际场合表现抑制。（6）将自己看成是社交笨拙和无吸引力的人或不如别人。（7）因为可能发窘，特别不愿意个人冒险或从事任何新的活动。"②这样的性格特点，在胡亥身上多有体现。

秦始皇病逝沙丘，赵高告诉胡亥，皇帝已经下诏书给长子扶苏，如果扶苏立为皇帝，胡亥将会因为无尺寸之功而沦为平民百姓。胡亥对此只是被动接受，没有表现出异议。如果没有赵高的鼓动，依照胡亥的性格，他断然不会去主动改变现状。政变成功，胡亥登上皇位。执政之初，他没有想如何改变秦朝残暴苛刻的统治政策，扭转天下苦秦的被动局面，逆取顺守，争取民心，巩固统治，提高自己的威望，而是被动地遵循秦始皇的各种统治政策，不敢稍有变动，其所作所为，一如秦始皇生前所为。巡行郡县，修筑阿房宫，"用法益刻深"③，对改变局面，解决问题，明显持回避态度。

胡亥即位初期，面对的局面十分复杂，他对此多有担心。"大臣不服，官吏尚强，及诸子必与我争，为之奈何？"④赵高也有同样的忧虑，在他看

---

① 司马迁：《史记》卷 87《李斯列传》，第 2550 页。
② 杨权编著：《心理障碍诊治指南》，四川科学技术出版社 2002 年版，第 619 页。
③ 司马迁：《史记》卷 6《秦始皇本纪》，第 269 页。
④ 司马迁：《史记》卷 6《秦始皇本纪》，第 268 页。

来：朝中大臣多功高权重，为统一作出了贡献，我赵高官职低小，地位卑贱，大臣自然不服，不如对他们大加杀戮，提拔亲近之人。他建议二世以大换血的方式来树立权威："明主收举余民，贱者贵之，贫者富之，远者近之，则上下集而国安矣。"① 这个方法不是通过解决矛盾的办法赢得大臣的信任，而是采用简单粗暴的办法大行杀戮。本来，赵高的建议主要是针对大臣，而胡亥最担忧的却是自己的诸位兄长，他害怕沙丘政变的阴谋暴露，兄长们会对自己加以清算，所以一不做二不休，"乃行诛大臣及诸公子"②，不仅杀害大臣，而且对自己的骨肉之亲兄长姊妹也大开杀戒，导致"宗室振恐。群臣谏者以为诽谤，大吏持禄取容，黔首振恐"③ 的局面出现，加剧了统治集团的内部矛盾，为秦朝灭亡敲响了丧钟。

在赵高的唆使下，胡亥铲除了自己的竞争对手，并将反对的声音压制下去，但他内心的恐惧不安并没有减轻。赵高也看到了这一点，他诱使胡亥退居幕后，由自己操控权柄。"赵高说二世曰：'先帝临制天下久，故群臣不敢为非，进邪说。今陛下富于春秋，初即位，奈何与公卿廷决事，事即有误，示群臣短也，天子称朕，固不闻声。'于是二世常居禁中，与高决事。其后公卿希得朝见。"④ 总认为自己年纪轻、历练少、经验不足，担心在众人面前露怯，想躲避起来，是胡亥回避性人格的重要体现。"回避性人格障碍患者不愿参加集体活动。他们认为自己社交笨拙，个人没有吸引力，或者不如别人。由于可能发窘，他们尤其不愿意在别人面前冒险或做没有把握的事情。因为害怕批评，得不到赞同或被拒绝，他们常常回避明显需要与人接触的工作或学习。"⑤ 赵高的建议，与胡亥的回避性人格不谋而合，胡亥便乐得将政事交于赵高，自己避免因上朝与群臣打交道而产生的畏惧和恐慌心理。正如心理学家所说的那样："为了在心理上保护自己，他在人群中撤了，只

---

① 司马迁：《史记》卷 6《秦始皇本纪》，第 268 页。
② 司马迁：《史记》卷 6《秦始皇本纪》，第 268 页。
③ 司马迁：《史记》卷 6《秦始皇本纪》，第 268 页。
④ 司马迁：《史记》卷 6《秦始皇本纪》，第 271 页。
⑤ 杨权、张献共编著：《焦虑障碍的诊断和治疗》，四川科技出版社 2006 年版，第 50 页。

有躲在一边，他似乎才自在，才有安全感。"①

指鹿为马事件是胡亥回避性人格的典型体现。赵高将鹿说成马，群臣为了自保纷纷附和。面对常识，胡亥不是进一步求证、检验、追求事实真相，而是迟疑、退避，认为自己得了疯病，不能明辨鹿马，甚至想通过占卜算卦的方式加以破解。其缺乏自信，退缩回避的心理可见一斑。

胡亥即位后，国家治理日坏，农民起义此起彼伏。对此，二世胡亥不是积极应对，而是设法回避矛盾，不敢直面问题。他的应对策略包括：

第一，企图装聋作哑，采用鸵鸟策略。陈胜、吴广起义的消息传到二世胡亥那里，二世召集博士、儒生讨论。"博士诸生三十余人前曰：'人臣无将，将即反，罪死无赦。愿陛下急发兵击之。'二世怒，作色。叔孙通前曰：'诸生言皆非也。夫天下合为一家，毁郡县城，铄其兵，示天下不复用。且明主在其上，法令具于下，使人人奉职，四方辐辏，安敢有反者！此特群盗鼠窃狗盗耳，何足置之齿牙间。郡守尉今捕论，何足忧。'二世喜曰：'善。'尽问诸生，诸生或言反，或言盗。于是二世令御史案诸生言反者下吏，非所宜言。诸言盗者皆罢之。乃赐叔孙通帛二十匹，衣一袭，拜为博士。"② 胡亥对于说真话，指出问题严重性的人下狱处置；对指出问题存在的人罢免职务；对以谎话掩饰问题，文过饰非的叔孙通大加奖励。如此荒唐的做法体现的是秦二世内心深处企图以回避问题的办法筑起心理防线，说明他对农民起义的极端恐惧和无能为力。

第二，透过他人，推卸责任。随着各地反秦起义军的迅猛发展，局势面临失控的危险。朝中大臣一起劝谏秦二世胡亥，希望他能调整统治政策，以挽救危机。"右丞相去疾、左丞相斯、将军冯劫进谏曰：'关东群盗并起，秦发兵诛击，所杀亡甚众，然犹不止。盗多，皆以戍漕转作事苦，赋税大也。请且止阿房宫作者，减省四边戍转。'"③ 这些大臣都是朝中元老，大家联合进谏，应该能够引起二世胡亥的重视。但在胡亥的头脑中，根本不敢面

① 石勇：《告别曾经弱小　你要内心强大》，第124页。
② 司马迁：《史记》卷99《刘敬叔孙通列传》，第2720—2721页。
③ 司马迁：《史记》卷6《秦始皇本纪》，第271页。

对和解决问题，一心只想纵欲享乐。他将责任推诿给各位大臣。"'今朕即位二年之间，群盗并起，君不能禁，又欲罢先帝之所为，是上毋以报先帝，次不为朕尽忠力，何以在位？'下去疾、斯、劫吏，案责他罪。去疾、劫曰：'将相不辱。'自杀。斯卒囚，就五刑。"① 不能解决问题，就解决提出问题的人。二世逼迫朝中忠臣自杀，目的是为了躲进安乐窝中不被干扰。殊不知，二世的选择，如同享受危楼上的盛宴，只顾推杯换盏，开怀畅饮，大快朵颐，而不去管楼体的晃动坍塌，末日将临。

二世胡亥不敢面对问题，臣下报喜不报忧，结果，当阎乐率兵攻入望夷宫时，胡亥身边的侍卫或被杀或逃命，只有一名宦官追随在他左右。二世退入内廷，责问身边的宦官，你怎么不早告诉我赵高的阴谋？以至于到了这种地步。宦者曰："臣不敢言，故得全。使臣蚤言，皆已诛，安得至今。"② 只要谁说出局势危机，影响他纵欲享乐，二世便诛杀谁。实际上，追求过度纵欲，也是胡亥自卑回避性人格的另外一种表现。因为"只有尽情地放纵，他们才有在心理上把让他们自卑的东西踩在脚下的感觉"③。

二世胡亥被包围在望夷宫内廷之中，"阎乐前即二世数曰：'足下骄恣，诛杀无道，天下共畔足下，足下其自为计。'二世曰：'丞相可得见否？'乐曰：'不可。'二世曰：'吾愿得一郡为王。'弗许。又曰：'愿为万户侯。'弗许。曰：'愿与妻子为黔首，比诸公子。'阎乐曰：'臣受命丞相，为天下诛足下，足下虽多言，臣不敢报。'麾其兵进，二世自杀。"④ 在威逼与死亡面前，二世胡亥没有义正词严的指责，拼死一搏的反抗，凛然就义的慷慨，而是一味退让，直到退无可退之时，只好选择自杀。刘敏认为："正是由于这个被佞臣'指鹿为马'便轻易欺瞒的糊涂虫身居君位，他才成了秦朝速亡的加速剂。他的死，实系罪有应得，不足惜也不足怜。"⑤

---

① 司马迁：《史记》卷6《秦始皇本纪》，第271—272页。

② 司马迁：《史记》卷6《秦始皇本纪》，第274页。

③ 石勇：《告别曾经弱小　你要内心强大》，第239页。

④ 司马迁：《史记》卷6《秦始皇本纪》，第274页。

⑤ 刘敏、倪金荣：《宫闱腥风：秦二世》，四川人民出版社1996年版，第31页。

三、胡亥对法家思想的终极思考

法家学说诞生于春秋战国的"大争之世"，主张削弱贵族势力，加强君主集权，以适应列国并争的局面。商鞅变法，加强君主专制，尊崇法术，奖励耕战，将秦国带上了富国强兵之路。韩非主张法术势并重，集法家思想之大成。法家思想逐渐由"法律本位"向"君主本位"发展。在韩非看来，民众、大臣甚至国家都是实现君主专制的工具，君主的利益高于一切。到秦始皇统治时期，将法家思想作为治理国家的基本思想，以法为教，以吏为师，焚诗书而坑儒士，法家思想的负面效应逐渐被强化。胡亥 21 岁即位，他出生时距离秦国统一仅有 10 年，从他开始接受教育起，法家学说就在秦国占据了独尊的地位。秦始皇为胡亥选定的老师又是赵高，"赵高故尝教胡亥书及狱律令法事，胡亥私幸之"①。可以说，胡亥几乎很少接触法家以外的其他学说，他不仅是法家学说的忠实学子，也是法家学说负面效应的终极思考者与实践者，法家思想深深影响了胡亥及其政治统治。

发展到韩非时期的法家学说，主张一切以君主为中心。在韩非看来："故君臣异心，君以计畜臣，臣以计事君，君臣之交，计也。"② 君臣之间是相互利用、相互算计的利害关系。要想大臣为君主尽忠效死，只有依靠法律的强制和利益的诱惑。"至夫临难必死，尽智竭力，为法为之。故先王明赏以劝之，严刑以威之。赏刑明则民尽死，民尽死则兵强主尊。"③ 君主不仅要用各种手段防范大臣，而且要能够对于自己无法操控的大臣痛下杀手，"势不足以化则除之"④，对象包括"赏之誉之不劝，罚之毁之不畏，四者加焉不变，则除之"⑤。臣下对君主要绝对服从，君主既要像天影响万事万物那样控制臣民，也要用变幻莫测的手段对付臣民。"故明主之行制也天，其用人

---

① 司马迁：《史记》卷 6《秦始皇本纪》，第 264 页。
② 梁启雄：《韩子浅解》第 19 篇《饰邪》，第 137 页。
③ 梁启雄：《韩子浅解》第 19 篇《饰邪》，第 137 页。
④ 梁启雄：《韩子浅解》第 19 篇《外储说右上》，第 310 页。
⑤ 梁启雄：《韩子浅解》第 19 篇《外储说右上》，第 312 页。

也鬼。"①

　　秦二世即位后，面对的多是在秦统一过程中帮助秦始皇出谋划策、屡立战功的功臣名将，这些人功高权重，二世感觉自己很难驾驭他们，他们也很难与自己同心同德。他问赵高："大臣不服，官吏尚强，及诸公子必与我争，为之奈何？"②赵高亦认为自己虽然得到了二世的器重，但群臣并不买账。"臣固愿言而未敢也。先帝之大臣，皆天下累世名贵人也，积功劳世以相传久矣。今高素小贱，陛下幸称举，令在上位，管中事。大臣鞅鞅，特以貌从臣，其心实不服。"③他建议胡亥："今上出，不因此时案郡县守尉有罪者诛之，上以振威天下，下以除去上生平所不可者。今时不师文而决于武力，愿陛下遂从时毋疑，即群臣不及谋。明主收举余民，贱者贵之，贫者富之，远者近之，则上下集而国安矣。"④在赵高的引导下，二世采取"严法而刻刑，令有罪者相坐诛，至收族，灭大臣而远骨肉，贫者富之，贱者贵之。尽除去先帝之故臣，更置陛下之所亲信者近之"⑤的措施，对大臣进行了屠杀和清洗。李斯上《督责书》后，更加坚定了二世胡亥"税民深者为名吏""杀人众者为功臣"⑥的做法，秦朝的政治愈加黑暗。

　　法家思想发展到以君主为尊的时代，一切为了君主，一切服务于君主。举国上下，都应该以君主之是非为是非，以君主之利益为利益。作为法家思想的忠实信徒，胡亥无疑做了进一步思考，那就是，君主为了什么呢？

　　按照儒家"格物、致知、诚意、正心、修身、齐家、治国、平天下"的理论逻辑，君主只有做好自己的心性修养，起到带头表率作用，才能达到"治国、平天下"的目标。在二世胡亥看来，这样，社会岂不是陷入了一种恶性循环，那就是，民众为了君主而辛勤劳苦，君主也要倾心尽力为民众服务。君主以一己之力为大众谋福，那么君主自然会更加辛劳。他责问李斯：

① 梁启雄：《韩子浅解》第 48 篇《八经》，第 448—449 页。
② 司马迁：《史记》卷 6《秦始皇本纪》，第 268 页。
③ 司马迁：《史记》卷 6《秦始皇本纪》，第 268 页。
④ 司马迁：《史记》卷 6《秦始皇本纪》，第 268 页。
⑤ 司马迁：《史记》卷 87《李斯列传》，第 2552 页。
⑥ 司马迁：《史记》卷 87《李斯列传》，第 2557 页。

"吾有私议而有所闻于韩子也，曰'尧之有天下也，堂高三尺，采椽不斫，茅茨不翦，虽逆旅之宿不勤于此矣。冬日鹿裘，夏日葛衣，粢粝之食，藜藿之羹，饭土匦，啜土铏，虽监门之养不觳于此矣。禹凿龙门，通大夏，疏九河，曲九防，决渟水致之海，而股无胈，胫无毛，手足胼胝，面目黎黑，遂以死于外，葬于会稽，臣虏之劳不烈于此矣'。然则夫所贵于有天下者，岂欲苦形劳神，身处逆旅之宿，口食监门之养，手持臣虏之作哉？此不肖人之所勉也，非贤者之所务也。"① 在胡亥看来，如果按照儒家的理想，君主的生活连住店的旅者都不如，吃的像守门人一样简朴，工作像奴仆一样辛劳，这样的君主只有傻子才会去做，聪明人绝对不会选择。君主就应该把天下作为满足自己私欲的工具，享有别人无法企及的人生乐趣。

法家倡导君道无为，也就是说具体事情要让臣下去做。"人主之道，静退以为宝。不自操事而知拙与巧，不自计虑而知福与咎。"② 慎到将此上升为君臣之道，"君臣之道，臣事事而君无事，君逸乐而臣任劳。臣尽智力以善其事，而君无与焉，仰成而已。故事无不治，治之正道然也"③。君主越是无为，越能更好地控制臣下。"明君无为于上，君臣竦惧乎下。"④ 君主如果辛勤工作，就如君臣之位颠倒，大臣反而处于逸乐之中了。"人君自任，而务为善以先下。则是代下负任蒙劳也，臣反逸矣。"⑤ 君主甚至不能带头做好事，否则就会出现君劳臣逸的情形。"申不害曰：'有天下而不恣睢，命之曰以天下为桎梏。'（诤）[谏] 争绝，桎梏脱，则虽日劳于刑名文籍之中，而耽酒嗜色、佚游骄乐，可晏享而不辍。苟未忘逸豫之情者，恶能不以此为两得之术哉！"⑥ 申不害进一步推论，君主应该任情妄为，否则犹如自设牢笼。只有不听任何劝谏，才能摆脱牢笼束缚，做到既控制政权，又纵情享乐。

法家思想深深影响了胡亥，在二世胡亥看来，无为就可以治理好天下，

① 司马迁：《史记》卷 87《李斯列传》，第 2553 页。
② 梁启雄：《荀子浅解》第 5 篇《主道》，第 32 页。
③ 慎到：《慎子》，《诸子集成》第 8 册，河北人民出版社 1992 年版，第 3—4 页。
④ 梁启雄：《荀子浅解》第 5 篇《主道》，第 30 页。
⑤ 慎到：《慎子》，《诸子集成》第 8 册，第 4 页。
⑥ 王夫之：《读通鉴论》卷 2《二世》，中华书局 1974 年版，第 5 页。

那么君主就应该纵情享受，在吃喝玩乐中痛快地度过一生。他甚至过滤掉了控制政权的重要性，将政事完全交于赵高，自己只管无度逸乐了。在他看来："夫人生居世间也，譬犹骋六骥过决隙也。吾既已临天下矣，欲悉耳目之所好，穷心态之所乐，以安宗庙而乐万姓，长有天下，终吾年寿。"① 胡亥想到的是，人生苦短，需及时行乐，这样既可以显示自己的天子之尊，也能保有天下社稷。

法家学说的君主本位论，必然发展到君主独裁，君主独裁必然发展到君主利用不受制约的权力穷奢极欲，把国家作为满足君主私欲的工具。受法家学说浸淫已久的二世胡亥，竟认为君主越是纵欲享乐，天下越是太平安定，越能显示君主的无比英明。"彼贤人之有天下也，专用天下适己而已矣，此所以贵于有天下也。夫所谓贤人者，必能安天下而治万民，今身且不能利，将无能治天下哉！故吾愿赐志广欲，长享天下而无害。"② 这样的结论是胡亥对法家学说君主本位论进一步思考推理的必然结果。为了迎合二世心理，保住自己的官位俸禄，李斯上《督责书》，建议二世对臣民行督责之术，严刑酷法，轻罪重罚。"故督责之术设，则所欲无不得矣。群臣百姓救过不给，何变之敢图？"③ 皇帝为了满足个人的私欲，可以任意找借口处罚臣民，让他们随时在死亡线上挣扎，才能对君主所为不提反对意见，君主才能不受任何制约地纵欲享乐。"是故主独制于天下而无所制也。能穷乐之极矣。"④ 李斯的无耻迎合进一步坚定了二世胡亥的认识，使他在个人纵欲享乐和对臣民严刑酷法的道路上走得毫无顾忌，理直气壮，直到把秦王朝带入灭亡之境。由此可见，法家学说在赋予君主无限专制权力的同时，也埋下了君主必然腐化堕落，从而导致国家快速而亡的恶果。

---

① 司马迁：《史记》卷 87《李斯列传》，第 2552 页。
② 司马迁：《史记》卷 87《李斯列传》，第 2553—2554 页。
③ 司马迁：《史记》卷 87《李斯列传》，第 2557 页。
④ 司马迁：《史记》卷 87《李斯列传》，第 2554 页。

第五节　其他秦史人物的心态分析

历史不仅仅是史书中固化的文字和僵硬的过程，而是活生生的人与活生生的事。在秦国的历史舞台上，一批历史人物纷纷亮相，叱咤风云，演出了一幕幕的悲喜剧，也表现了他们的鲜明个性和复杂心态。

一、吕不韦"奇货可居"的商道政治

春秋战国时期，商人开始摆脱国家控制，不仅活跃于经济生活，而且积极参与政治活动，谋取政治地位，出身商人世家的吕不韦是其典型代表。吕不韦不仅在商业上获得了成功，"往来贩贱卖贵，家累千金"①，而且将商业经营之道运用于政治领域，成为历史上杰出的商人政治家。

（一）商业经营变政治投资

春秋战国时期，随着经济的发展和社会的变革，一批富商大贾应运而生。他们利用社会分工和地区经济发展的不平衡，打破官营垄断，贱买贵卖，获取商业利益，积累了大量财富。在当时社会，商人无论是进行经营还是保护财富，都要依托政权的力量，这样，大商人们便与政治建立了千丝万缕的联系。春秋时期越国的范蠡在帮助勾践灭掉吴国后，便弃政从商。到了陶地，他改名朱公。"朱公以为陶天下之中，诸侯四通，货物所交易也。乃治产积居，与时逐而不责于人。故善治生者，能择人而任时。十九年之中，三至千金。"② 与范蠡不同，孔子的学生子贡则选择了一条先学业，再从政，再经商致富的道路。"子赣既学于仲尼，退而仕于卫，废著鬻财于曹、鲁之间，七十子之徒，赐最为饶益。……子贡结驷连骑，束帛之币以聘享诸侯，所至，国君无不分庭与之抗礼。"③ 商人参与政治，几乎成为时代的特色。

这一时期，还出现了一些商业经营的理论。司马迁认为："贫富之道，

---

① 司马迁：《史记》卷 85《吕不韦列传》，第 2505 页。

② 司马迁：《史记》卷 129《货殖列传》，3257 页。

③ 司马迁：《史记》卷 129《货殖列传》，3258 页。

莫之夺予，而巧者有余，拙者不足。"① 越国的计然提出了一系列经商的原则：如要懂得多方面知识，进行商业预测；只有平衡粮价，才能农末俱利；储存货物应注重质量；要保持货币的快速流通；要利用市场价格规律抓住经营时机。"知斗则修备，时用则知物，二者形则万货之情可得而观已。故岁在金，穰；水，毁；木，饥；火，旱。旱则资舟，水则资车，物之理也。六岁穰，六岁旱，十二岁一大饥。夫粜，二十病农，九十病末。末病则财不出，农病则草不辟矣。上不过八十，下不减三十，则农末俱利，平粜齐物，关市不乏，治国之道也。积著之理，务完物，无息币。以物相贸易，腐败而食之货勿留，无敢居贵。论其有余不足，则知贵贱。贵上极则反贱，贱下极则反贵。贵出如粪土，贱取如珠玉。财币欲其行如流水。"② 计然以商业经营之道治理越国，使越国富国强兵，并最终打败了强吴。范蠡认为计然的经商之道还可以用于个人的商业经营，才有了后来的经商致富。战国时期周人白圭则提出"乐观时变，故人弃我取，人取我与"③ 的经营原则，强调逆向思维和抓住时机的重要性。周人白圭认为，真正的商人要有政治家的谋略、军事家的能力和变法家的果敢。"吾治生产，犹伊尹、吕尚之谋，孙吴用兵，商鞅行法是也。是故其智不足与权变，勇不足以决断，仁不能以取予，强不能有所守，虽欲学吾术，终不告之矣。"④ 在历史上第一次把商人的素质提高到如此的认识高度，可见春秋战国时期，商品经济的发达与商人阶层的活跃。当时社会对商业经营之道的总结，不约而同地强调：商人要有敏锐的超前意识，要善于把握时机，要敢于承担风险，要将投资与投机完美结合。

　　吕不韦对商业经营之道烂熟于心，也成为当时最成功的商人。"往来贩贱卖贵，家累千金。"⑤ 商业的利润对于吕不韦来说，已经引不起太多的兴趣。他想寻找能超越普通商品，一本万利，并能遗惠后世的投资，不由想到

①　司马迁：《史记》卷 129《货殖列传》，3255 页。

②　司马迁：《史记》卷 129《货殖列传》，3256 页。

③　司马迁：《史记》卷 129《货殖列传》，3258—3259 页。

④　司马迁：《史记》卷 129《货殖列传》，3259 页。

⑤　司马迁：《史记》卷 85《吕不韦列传》，2505 页。

了政治。吕不韦曾与父亲讨论："'耕田之利几倍?'曰:'十倍。''珠玉之赢几倍?'曰'百倍。''立国家之主赢几倍?'曰:'无数。'曰:'今力田疾作,不得暖衣余食。今建国立君,泽可以遗世。愿往之。'"① 在父亲的启发下,吕不韦决定投资政治,立国家之主。

当时秦昭襄王的孙子,秦国王储安国君太子柱的儿子异人正在赵国做人质,异人因母亲夏姬不得安国君宠爱,便被派到赵国做人质,处境十分艰难落魄。吕不韦与他接触后,却敏锐地觉察到,"此奇货可居"②,是一个难得的投资对象。当时秦统一已成大势所趋,安国君也尚未确立自己的接班人,吕不韦决定对他进行投资,目标是将他扶上秦王之位。

吕不韦先拿出五百金投资异人,"为进用,结宾客"③,对他进行包装打造。"而复以五百金买奇物玩好,自奉而西游秦。"④ 当时,安国君最宠爱华阳夫人,但华阳夫人没有自己的亲生儿子。吕不韦决定通过投资操作,游说华阳夫人认异人为儿子,然后顺理成章地成为安国君的接班人,自己则因立君之功,获取政治资本。

吕不韦的游说过程,《战国策》与《史记·吕不韦列传》的记载有所不同。《史记》记载吕不韦先接近华阳夫人的姐姐,再通过她说动其妹;《战国策》则记载吕不韦先游说华阳夫人的弟弟阳泉君,再通过阳泉君说动华阳夫人。但游说的方法和内容则基本一致,也就是先赠送巨额厚礼,然后再晓以利害。提醒华阳夫人,今日的荣华富贵都来自于安国君的宠爱,但"以色事人者,色衰而爱弛"⑤,随着年龄的增大,一旦年老色衰,旧宠尽失,如何保有自己和家族的富贵荣华呢? 这一问题使华阳夫人恐惧万分,吕不韦乘机说出了自己的主意。"今子楚(异人)贤,而自知中男也,次不得为适(嫡),其母又不得幸,自附夫人,夫人诚以此时拔以为适(嫡),夫人则竟世有崇

---

① 《战国策》卷 7《秦五》,第 63 页。
② 司马迁:《史记》卷 85《吕不韦列传》,2506 页。
③ 司马迁:《史记》卷 85《吕不韦列传》,2507 页。
④ 司马迁:《史记》卷 85《吕不韦列传》,第 2507 页。
⑤ 司马迁:《史记》卷 85《吕不韦列传》,第 2507 页。

于秦矣。"① 如果华阳夫人认异人为自己的嫡子，让他当安国君的接班人，异人自然感恩戴德，将来，华阳夫人母以子贵，不愁不能长久保有荣华富贵了。吕不韦的游说入情入理，似乎处处在为华阳夫人及其家族考虑，自然说服了她。华阳夫人去说服安国君："安国君许之，乃与夫人刻玉符，约以为适嗣。安国君及夫人因厚馈遗子楚，而请吕不韦傅之，子楚以此名誉益盛于诸侯。"② 吕不韦的投资计划初步获得了成功。

秦昭襄王四十八年（前 259），嬴政出生在赵国。吕不韦也从咸阳回到邯郸，准备接异人一家回国。就在这时，秦赵长平之战爆发，打断了异人的顺利回国之路。"秦昭王五十年，使王齮围邯郸，急，赵欲杀子楚。"③ 不仅异人回国的道路被封锁，而且他也成为赵国的追杀对象。已经在异人身上投资千金的吕不韦，决不能让自己的投资打水漂，他再次使出了商人的手段，以重金打开异人的回国之路。"子楚与吕不韦谋，行金六百斤与守者吏，得脱，亡赴秦军，遂以得归。"④

这次吕不韦收买守城官吏和异人一起逃回秦国，展现了他典型的商人心理。为了将异人扶持成秦国的王储，吕不韦已经进行了完善的谋划和巨额的投资。面对突发的意外，吕不韦权衡利弊，为了保证以前的投入不落空，宁愿再次投入巨资，对守城的官吏一次贿赂六百斤黄金，这是一个难以想象的数目。《汉书·文帝纪》记载："孝文皇帝即位二十三年，宫室苑囿车骑服御无所增益，有不便，辄弛以利民。尝欲作露台，召匠计之，直百金。上曰：'百金，中民十家之产也。吾奉先帝宫室，常恐羞之，何以台为！'"⑤ 在汉文帝时期，一个中产之家的全部家产是十金，那么"金六百斤"就相当于60 户中等人家的家业，而吕不韦贿赂的对象竟然只是一个把守城门的官吏。为了保证投资对象的绝对安全和万无一失，吕不韦不仅下了血本，而且只带

①　司马迁：《史记》卷 85《吕不韦列传》，第 2508 页。
②　司马迁：《史记》卷 85《吕不韦列传》，第 2508 页。
③　司马迁：《史记》卷 85《吕不韦列传》，第 2509 页。
④　司马迁：《史记》卷 85《吕不韦列传》，第 2509 页。
⑤　班固：《汉书》卷 4《文帝纪》，第 134 页。

异人一个人回国，把嬴政母子留在了赵国。

回到秦国后，吕不韦继续对异人进行包装打造，以巩固他在华阳夫人心中的位置。"异人至，不韦使楚服而见。王后悦其状，高其知，曰：'吾楚人也，而自子之。'乃变其名曰楚。"①吕不韦摸透了华阳夫人的脾气秉性，了解她的家乡情结，让异人穿楚人服装去见华阳夫人，引起她的特别爱怜，将异人改名为"楚"，立为太子。

秦昭襄王去世后，安国君太子柱立为秦王，是为秦孝文王。孝文王在位时间很短就去世了，子楚继位为秦王，是为秦庄襄王。"庄襄王元年，以吕不韦为丞相，封为文信侯，食河南洛阳十万户。"②

吕不韦运作异人的君位，充分体现了他的商人头脑与心理。商人"首先是一些不安于被动苟且生活的能人，愿意将生活的主动权握在自己手中，宁可承担风险，遭遇艰难，用积极的方式为自己谋求生活的自由与幸福"③。吕不韦是一个成功的商人，当家财万贯后，他已不满足于对财富的追逐。在经商的过程中，吕不韦需要依附、逢迎、贿赂官吏，还可能不断受到官府的盘剥、勒索，他充分认识到政治的权威与价值是多少财富也无法比拟的。成功的商人在于他的行动力。吕不韦一旦认识到这一点，就坚定地投入到异人君位的运作中。"经商就是要承担风险，只有在风险之中才能施展真正的经营能力。经商需要韧性，要勇于承受各种打击和挫折。"④吕不韦在经营异人君位的过程中，充分体现了他的抗风险意识和不屈不挠的意志力。

经商要有预见性，思虑周全，出手果敢，先谋而后定。吕不韦经营异人的王位，绝不是盲目冲动，而是经过了周密的思考和充分的调查研究。当时，赵国作为一个大国，很多诸侯国都在邯郸派驻人质，例如与异人同时的就有燕太子丹。但吕不韦看到，秦国的统一已经是大势所趋，只有经营秦国的君位才有价值，有前途，有可靠的回报。同时他对异人的家庭、出身、地

---

① 《战国策》卷7《秦五》，第64页。
② 司马迁：《史记》卷85《吕不韦列传》，第2509页。
③ 顾蓓晔：《传统中国商人的心理分析》，海天出版社1993年版，第45页。
④ 顾蓓晔：《传统中国商人的心理分析》，第147页。

位，秦国的政治形势也有了充分了解。异人作为安国君的中子，母亲夏姬又不受宠爱，正常情况下，异人成为王储的概率极小。杰出的商人就是能在别人认为没有投资机会的领域获得成功，才能获取更高的利益回报。如果将异人扶上王位，彻底改变他的命运，无疑异人会对吕不韦感恩戴德，言听计从。正是基于这样的考虑，吕不韦才会坚定地在异人身上进行投资。

商人经营一定要满足消费者的需求与欲望，才能找到自己的致富门径。吕不韦发现，当时身处赵国的异人最大的渴望就是回到秦国，改变"独在异乡为异客"的现状，如果能有机会成为王储，那更是他求之不得的事情。而能够改变异人处境与地位的关键人物是安国君的宠姬华阳夫人。那么，华阳夫人最大的隐痛是什么？最希望解决的问题是什么？吕不韦经过充分调查研究，知道华阳夫人没有生育子嗣，她最担心的就是如果年老色衰，因失去安国君的宠爱而失去自己及其家族的荣华富贵。吕不韦以此为突破点，通过游说华阳夫人的姐姐和弟弟，更加让她感受到自己的地位对家族的重要。吕不韦竭力游说华阳夫人及其家人：异人对她仰慕已久、情感深厚；异人有才华，有声望，能够承担君主职责；华阳夫人如果接受异人为自己的养子，将来异人成为秦国的君主，华阳夫人及其家族母以子贵，就可以永保荣华富贵。这样的理由与逻辑，完全是在为华阳夫人考虑，帮助她解除后顾之忧，不由华阳夫人不接受，从而达到了自己的投资目的。

（二）自我营销与仲父情结

吕不韦由商业投资转向政治投资获得成功，将子楚扶上了秦王之位，自己也获取了丞相之职、封侯之尊。此后，吕不韦加强了自我营销，他要进一步扩大自己的权势、地位、威望和影响力，获得超额的投资回报。

吕不韦深深懂得，自己获得的一切都源于投资对象。只有帮助庄襄王搞好政治，才能保障自己的投资回报。在他的辅佐下，庄襄王即位后很有一番政治作为。"庄襄王元年，大赦罪人，修先王功臣，施德厚骨肉而布惠于民。"[1] 这些措施同时获得了罪人及其家属、功臣、宗族和人民的拥护和好

---

[1]　司马迁：《史记》卷 5《秦本纪》，第 219 页。

感。"这样，在国内便会出现一个协调安定的局面，从而消除了后顾之忧。同时也调动了他们的积极性，鼓起了他们的爱国热情，从而自觉自愿地参加或支持兼并战争。"①

自战国时期开始，东周的天子之位已经名存实亡。但东周君作为一种政治符号，毕竟曾是周朝天子的标志，对各诸侯国仍有一定的影响力。庄襄王时期，秦国的统一已循序推进。为了获取更多的政治资本，吕不韦主动承担了灭东周的任务。"东周君与诸侯谋秦，秦使相国吕不韦诛之，尽入其国。"②诛灭东周后，吕不韦没有对东周君赶尽杀绝，"秦不绝其祀，以阳人地赐周君，奉其祭祀"③。通过保留对东周先祖的祭祀，吕不韦意在向各国宣告：秦国是仁义之师，对各国的征伐，不是穷兵黩武，灭人宗祀，而是除残胜暴，解民倒悬。"这样，不仅可以缓和已灭国家人民的反抗情绪，而且更能瓦解未灭国家人民的斗志。可以说，秦国在三年兼并战争中，之所以攻无不克，战无不胜，与这些措施是有很大关系的。"④

商人阶层重在经营谋利，既被权力阶层挤压，又受知识阶层鄙视。吕不韦获取了政治权力后，也想获取知识权力。"无论是否真喜欢风雅，也无论是否真懂风雅，商人们在一种'购买'的心理驱动下，还是把目光瞄向了书卷。读书人有书卷气，而商人则有铜臭味，这是传统观念下对书生和商人的一般看法。一褒一贬，泾渭分明。而也有那么一些商人，他们一旦有了钱，既不想去买功名，也不想求享受，而是追求风雅。"⑤吕不韦作为一个成功的商人，当满足了自己的政治诉求后，便开始了文化上的自我包装。

战国四公子不仅出身宗室，具有很大的政治影响力，而且延揽人才，被知识界所景仰，他们自然也成为吕不韦的效仿对象。"当是时，魏有信陵君，楚有春申君，赵有平原君，齐有孟尝君，皆下士喜宾客以相倾。吕不

①　洪家义：《吕不韦评传》，南京大学出版社 1995 年版，第 78 页。

②　司马迁：《史记》卷 5《秦本纪》，第 219 页。

③　司马迁：《史记》卷 5《秦本纪》，第 219 页。

④　洪家义：《吕不韦评传》，第 78 页。

⑤　顾蓓晔：《传统中国商人的心理分析》，第 57 页。

韦以秦之强，羞不如，亦招致士，厚遇之，至食客三千人。"① 吕不韦豢养门客，一方面是与六国进行人才竞争，一方面也是借门客提高自己的声望与地位，是他投资文化、自我包装的一种手段。投资要有回报，这是商人经营的不二准则。吕不韦延揽的既有政治人才，也有文化人才。对于政治人才，吕不韦让他们为自己的奔走效力，其中杰出者则推荐给君主，以获取更多的信任，李斯是其中的典型代表。对于文化人才，吕不韦组织他们著书立说，总结文化成果，宣传自己的思想。"是时诸侯多辩士，如荀卿之徒，著书布天下。吕不韦乃使其客人人著所闻，集论以为八览、六论、十二纪，二十余万言。以为备天地万物古今之事，号曰《吕氏春秋》。"②《吕氏春秋》的编修，是在吕不韦的主持下，由他的门客众手成书，内容则集各派学说之所长，犹如一个商人经营的杂货铺，修书过程充满了商业气息。

《吕氏春秋》完成后，为了扩大该书的影响，吕不韦将其"布咸阳市门，悬千金其上，延诸侯游士宾客有能增损一字者予千金"③。这是一次典型的商业营销，是一种成功的广告宣传。在战乱频仍的年代，人们本来无暇顾及学术，但将学术与金钱结合起来，只要挑错就能得重赏的举措，必然会引起轰动效应。它激发了人们的好奇心，究竟什么书会这样完美；调动了人们的参与感，一定要看一看这本书；加速了该书的传播效应，即使没有文化的人也纷纷议论"一字千金"的事情，天下人很快知道吕不韦组织编写了一部《吕氏春秋》。这部书并非达到了完美无缺的程度，但吕不韦悬赏之后，没有人取得赏金，原因在于无人敢冒犯吕不韦的权威。正如王充在《论衡》中所言："然则辩言必有所屈，通文犹有所黜。言金由贵家起，文粪自贱室出，《淮南》《吕氏》之无累害，所由出者，家富官贵也。夫贵故得悬于市，富故有千金副。观读之者，惶恐畏忌，虽见乖不合，焉敢谴一字。"④ 吕不韦借"一字千金"给《吕氏春秋》打了广告，借自己的权势地位压制了欲挑错取

---

① 司马迁：《史记》卷 85《吕不韦列传》，第 2510 页。
② 司马迁：《史记》卷 85《吕不韦列传》，第 2510 页。
③ 司马迁：《史记》卷 85《吕不韦列传》，第 2510 页。
④ 王充：《论衡》卷 30《自纪篇》，第 452 页。

金者，又借众人不能易一字宣告了该书的完美。低成本高回报，环环相扣，体现了一个商人政治家的精于算计。

秦庄襄王在位 3 年去世，秦王嬴政即位。嬴政即位时仅有 13 岁，按照秦国的传统，国君只有到了成年才能亲政。在此之前，"王年少，初即位，委国事大臣"①。这个大臣，主要就是吕不韦。为了表示吕不韦地位的重要，吕不韦的职务由"丞相"改称"相国"，"号称'仲父'"②。

历史上，政治家被尊为"仲父"之事并不乏先例。西周时期，吕尚辅佐周文王，"天下三分，其二归周者，太公之谋计居多"③。文王去世，周武王视吕尚为师，"师商父"，《史记集解》引刘向《别录》曰："师之，尚之，父之，故曰师尚父。"④ 武王称吕尚为"尚父"，视之如父。吕尚也没有辜负武王的期望，"迁九鼎，修周政，与天下更始，师尚父谋居多"⑤。周朝灭商后，武王将吕尚封在营丘，成为齐国的开国君主。吕尚之后，齐国又出现了一位著名的政治家管仲。桓公时期，"管仲既用，任政于齐，齐桓公以霸，九合诸侯，一匡天下，管仲之谋也"⑥。在管仲任齐相的 40 多年里，齐桓公放手将政务交于他处理，在政治、经济、军事方面进行改革，并打出"尊王攘夷"的旗帜，成就了霸业，齐桓公也尊称他为"仲父"。管仲善于用经济手段治理国家，"设轻重鱼盐之利，以赡贫穷，禄贤能，齐人皆说"⑦。他还著书立说，有《管子》留于后世。

秦王嬴政尊吕不韦为"仲父"，很可能也是吕不韦自己的安排。吕不韦在组织编修《吕氏春秋》时，对"尚父"吕望特别是"仲父"管仲都予以特别的关注，表达了他的"仲父"情结。《吕氏春秋》中多处提到吕望。《首时》篇记载："太公望，东夷之士也，欲定一世，而无其主，闻文王贤，欲钓于

①　司马迁：《史记》卷 6《秦始皇本纪》，第 223 页。
②　司马迁：《史记》卷 85《吕不韦列传》，第 2509 页。
③　司马迁：《史记》卷 32《齐太公世家》，第 1479 页。
④　司马迁：《史记》卷 32《齐太公世家·集解》引刘向《别录》，第 1479 页。
⑤　司马迁：《史记》卷 32《齐太公世家》，第 1480 页。
⑥　司马迁：《史记》卷 62《管晏列传》，第 2131 页。
⑦　司马迁：《史记》卷 32《齐太公世家》，第 1487 页。

渭以观之。"① 吕望自以为有旷世之才，却苦于无人赏识重用。他听说文王贤能，便在渭水钓鱼以便从近观察。在吕不韦看来，自己尽管是一个商人，但是也有辅政治国之才，亦渴望得贤君的重用。文王尊贤重士，任用吕望，周政兴人和，快速壮大，蚕食殷商，文王的成功与重用吕望密不可分。"太公钓于滋泉，遭纣之世也，故文王得之而王。文王，千乘也；纣，天子也。天子失之，而千乘得之，知之与不知也。"② 可见发现人才，了解人才的重要。《吕氏春秋·尊师》篇专门讨论尊师重傅对国家兴亡的作用，"文王，武王师吕望、周公旦。"③ 在吕不韦看来，作为"尚父"，理应得到君主的尊重。

吕不韦让嬴政称自己为"仲父"，他最敬重、最羡慕的人应该就是被齐桓公称作"仲父"的管仲。实际上，吕不韦和管仲确有许多相似之处。管仲治理国家，注重经济手段，个人亦能积累巨额财富。"其后齐中衰，管子修之，设轻重九府，则桓公以霸，九合诸侯，一匡天下，而管氏亦有三归，位在陪臣，富于列国之君。"④ 吕不韦在积累巨额财富后投资政治，并运用商业原则治理国家，亦能位极人臣。管仲著书立说，吕不韦也效而仿之，聚集门客编修《吕氏春秋》。管仲专享齐国政治 40 余年，并得以善终，吕不韦亦为秦国规划了宏伟的政治蓝图。吕不韦渴望自己与秦王政的关系如同管仲与齐桓公，在得到君王的尊重、赏识、保护之下从事政治运作，将国家推向新的高度，自己也获得权势、财富，并能够留名于后世。吕不韦的"仲父"情结，在他主持编修的《吕氏春秋》中多有体现。

《吕氏春秋》中，记载了多则管仲的故事。管仲能够举荐人才，国君能够发挥人才的能力，最终成就了齐国的霸业。"管子复于桓公曰：'垦田大邑，辟土艺粟，尽地力之利，臣不若宁邀，请置以为大田。登降辞让，进退闲习，臣不若隰朋，请置以为大行。蚤入晏出，犯君颜色，进谏必忠，不辟死亡，不重贵富，臣不如东郭牙，请置以为大谏臣。平原广城，车不结轨，

---

① 《吕氏春秋》卷 14《首时》，《诸子集成》第 9 册，第 143—144 页。
② 《吕氏春秋》卷 13《谨听》，《诸子集成》第 9 册，第 132—133 页。
③ 《吕氏春秋》卷 4《尊师》，《诸子集成》第 9 册，第 38 页。
④ 司马迁：《史记》卷 129《货殖列传》，第 3255 页。

士不旋踵，鼓之，三军之士视死如归，臣不若王子城父，请置以为大司马。决狱折中，不杀不辜，不诬无罪，臣不若弦章，请置以为大理。君若欲治国强兵，则五子者足矣。君欲霸王，则夷吾在此。'桓公曰：'善。'令五子皆任其事，以受令于管子。十年，九合诸侯，一匡天下，皆夷吾与五子之能也。"① 管仲能够知贤荐贤，桓公能够量才录用，并对管仲信任有加，君臣际遇，勠力同心，齐国得以称霸诸侯。

对于齐桓公出现的错误，管仲能够直言极谏。"管仲觞桓公。日暮矣，桓公乐之而征烛。管仲曰：'臣卜其昼，未卜其夜。君可以出矣。'公不说，曰：'仲父年老矣，寡人与仲父为乐将几之！请夜之。'管仲曰：'君过矣。夫厚于味者薄于德，沈于乐者反于忧。壮而怠则失时，老而解则无名。臣乃今将为君勉之，若何其沈于酒也！'管仲可谓能立行矣。"② 齐桓公到管仲家饮酒，从白天到了晚上。桓公珍惜与管仲相处的时光，要求点上蜡烛继续宴饮，管仲予以劝阻并希望桓公不能懈怠，要把主要精力用于国家治理上，桓公接受了管仲的劝谏，最终成就了齐国的霸业。

齐桓公任用管仲，使治理国家变得轻松自如。"有司请事于齐桓公。桓公曰：'以告仲父。'有司又请。公曰：'告仲父。'若是三。习者曰：'一则仲父，二则仲父，易哉为君！'桓公曰：'吾未得仲父则难，已得仲父之后，曷为其不易也？'"③ 从《吕氏春秋》的记载看，吕不韦羡慕齐桓公与"仲父"君臣相得，桓公放手使用管仲，管仲操持国家政务，桓公乐得轻松自在中成为春秋霸主。对于吕不韦来说，他也希望维持这样的局面：秦王嬴政将一切权力委托于他，由他来操持国家政事，嬴政视己如父。成为第二个管仲，是吕不韦"仲父"情结的生动体现。

（三）错误投资致满盘皆输

庄襄王去世后，吕不韦的权势进一步上升，以至于嬴政的母亲赵太后

---

① 《吕氏春秋》卷17《勿躬》，《诸子集成》第9册，第207页。
② 《吕氏春秋》卷20《达郁》，《诸子集成》第9册，第265—266页。
③ 《吕氏春秋》卷17《任数》，《诸子集成》第9册，第205页。

与他旧情复燃。"太后时时窃私通吕不韦。"① 赵太后曾经是吕不韦的小妾，后来送与异人。"仲父"与母后之间旧梦重温，难免让人们猜测嬴政的出身。年幼的嬴政心灵受到巨大的戕害，憎恶、反感的态度亦时时有所表现，敏感的吕不韦亦当有所觉察。再加上随着年龄的增长，能力的下降，吕不韦也感到越来越难以满足太后。"始皇帝益壮，太后淫不止"②，商人的预见性与行动力使得吕不韦要尽快改变尴尬的处境。

吕不韦效仿战国四公子豢养门客，门客中有三教九流之人。其中一个叫作嫪毐的人，本身是一个混混，他身体健硕，长相俊朗，相貌堂堂。平时贪财好赌，出入色情场所，以性能力强而闻名街巷。这时吕不韦就想到：如果将嫪毐带入宫中，一方面可以满足太后需求，将自己替换出来，另一方面这也是一笔投资。嫪毐出身贫寒，没有根基背景，如果将他带入宫中，以太后为靠山，定能获取荣华富贵，嫪毐自然会对自己感恩戴德，言听计从，就像当年投资异人一样，从而获取重大回报。计定与此，吕不韦立即开始了行动。

吕不韦首先发动门客传扬嫪毐的超强身体与性能力，并让他在街头表演，"使毐以其阴关桐轮而行，令太后闻之，以啗太后"③。赵太后徐娘半老，正值欲望强盛之际，听到有如此人物，难免想与此人同眠共枕，但身为太后之尊是不能与其他男子公开往来的。吕不韦为太后出谋划策，可以找一个罪名判嫪毐腐刑，然后买通行刑者，保留他的生殖器，拔掉他的胡须，以假宦官的身份送入宫中，侍奉太后于左右。"太后私与通，绝爱之。有身，太后恐人知之，诈卜当避时，徙宫居雍。"④ 吕不韦李代桃僵，不仅自己成功脱身，而且在太后身边安插了一名亲信，内外一体，权威更加巩固。按照常理，这是他又一次完美的投资。

然而吕不韦错估了嫪毐的心志与品性。嫪毐是一个混迹于社会底层，

---

① 司马迁：《史记》卷 85《吕不韦列传》，第 2510 页。
② 司马迁：《史记》卷 85《吕不韦列传》，第 2511 页。
③ 司马迁：《史记》卷 85《吕不韦列传》，第 2511 页。
④ 司马迁：《史记》卷 85《吕不韦列传》，第 2511 页。

带有流氓习性的赌徒。赌徒惯有的心态一是愿意冒险，总想一举致富，以奇招改变命运。二是贪婪成性，从不满足。三是急于变现，一旦拥有了财富便挥霍炫耀。四是没有感恩意识，将一切所得都归结于自己的能力和运气。五是自制力差，一旦面临绝境，便丧心病狂，不顾一切企图翻盘。

嫪毐是一个典型的赌徒，他进入后宫，颇得太后喜爱，便借此机会恣意掠取财富，以致求取封侯之位。"嫪毐封为长信侯。予之山阳地，令毐居之。宫室车马衣服苑囿驰猎恣毐。事无小大皆决于毐。又以河西太原郡更为毐国。"① 财富的暴涨，生活的骄奢淫逸并没有让嫪毐满足，他又将目光投向了权力。嫪毐依附于太后，获取赏赐，参与政治，豢养门客。"嫪毐常从，赏赐甚厚，事皆决于嫪毐。嫪毐家僮数千人，诸客求宦为嫪毐舍人千余人。"② 他和太后有了两个私生子，两人甚至商量"王即薨，以子为后"③，暗含除掉秦王嬴政并取而代之的谋划。

与所有赌徒一样，嫪毐暴得富贵，便急于炫耀。他以假宦官身份侍奉太后，本是污秽后宫的丑行，理应隐身掩护，谨言慎行，以保护太后的声誉与自己的安全，但赌徒的心理却使嫪毐得意忘形。他不但沉溺于声色犬马之中，而且到处宣扬自己与太后的关系，并以此作为无比的荣耀。"毐专国事，浸益骄奢，与侍中左右贵臣俱博饮酒醉，争言而斗，瞋目大叱曰：'吾乃皇帝之假父也，窭人子何敢乃与我亢！'所与斗者走行白皇帝，皇帝大怒。"④ 嫪毐以秦王嬴政的"假父"自居，不仅是在有意宣扬自己得太后宠爱之事，同时也在向吕不韦示威，你是国王的"仲父"，我还是国王的"假父"呢！宫廷秽闻的肆意传播，不仅损害了太后的形象，也给即将亲政的嬴政埋下了心理阴影，坚定了他必除嫪毐的决心。

嫪毐靠吕不韦的推荐运作进入后宫，吕不韦也想借此巩固自己的权势。但赌徒的心态是从不知感恩的，随着嫪毐野心的膨胀，他将吕不韦视为最大

---

① 司马迁：《史记》卷 6《秦始皇本纪》，第 227 页。

② 司马迁：《史记》卷 85《吕不韦列传》，第 2511 页。

③ 司马迁：《史记》卷 85《吕不韦列传》，第 2512 页。

④ 刘向：《说苑校证》卷 9《正谏》，向宗鲁校证，第 215 页。

的竞争对手。他依靠太后的宠爱，竭力拉帮结伙，形成了"后党"，以便与吕不韦的"相党"势力争权夺利。两股势力形同水火，影响甚至波及国外，以至于魏国都出现了究竟是支持嫪毐还是吕不韦的讨论。"秦自四境之内，执法以下，至于长挽者，故毕曰：'与嫪氏乎？与吕氏乎？'虽至于门闾之下，廊庙之上，犹之如是也。今王割地以赂秦，以为嫪毐功；卑体以尊秦，以因嫪毐。王以国赞嫪毐，以嫪毐胜矣。王以国赞嫪氏，太后之德王也，深于骨髓，王之交最为天下上矣！秦、魏百相交也，百相欺也。今由嫪氏善秦，而交为天下上，天下孰不弃吕氏而从嫪氏？天下必舍吕氏而从嫪氏，则王之怨报矣。"① 嫪毐与吕不韦之间的竞争，在魏国都到了家喻户晓的地步。魏国也意识到，支持嫪毐对自己有利，因为嫪毐的所作所为，已经威胁到了秦国的统一。吕不韦投资嫪毐，却树立了自己的政敌，这是他当初完全没有想到的。

　　嫪毐凭借太后的宠爱，狂妄而毫无忌惮，成为秦国的丑闻与笑话，也成为秦王嬴政的直接威胁。秦始皇九年（前 238），按照传统，已经 22 岁的嬴政要举行冠礼，并开始亲政，这却让嫪毐感觉到末日临头。赌徒的心态再次体现出来，他决定孤注一掷，进行反叛，做最后一搏。"在赌瘾和贪婪欲望的驱使下，参赌者理智感丧失殆尽，自控力严重削弱，有的甚至人性全无，不顾一切地在赌场上搏杀，完全到了不能自拔，不可救药的境地。"② 此刻嫪毐的选择，完全像一个输光了的赌徒。"九年，彗星见，或竟天。攻魏垣、蒲阳。四月，上宿雍。己酉，王冠，带剑。长信侯毐作乱而觉，矫王御玺及太后玺以发县卒及卫卒、官骑、戎翟君公、舍人，将欲攻蕲年宫为乱。"③ 实际上，嫪毐的反叛念头由来已久。他自以为得太后支持，就能为所欲为。在咸阳宫，嫪毐将卫尉、内史、佐弋、中大夫令等高官都收买到自己门下，还利用盗取的国王玉玺及太后玺调发周边地区的军队，企图攻入蕲年宫，以武力夺取政权。

①　《战国策》卷 25《魏四》，第 247 页。

②　宋晓明：《赌博违法犯罪心理分析》，《犯罪与改造研究》2005 年第 6 期。

③　司马迁：《史记》卷 6《秦始皇本纪》，第 227 页。

　　为了镇压嫪毐叛乱，秦王嬴政争取了吕不韦的支持。本来，吕不韦推荐嫪毐，两人相连一体，但嫪毐有了太后的靠山，便利令智昏，小人得志。令吕不韦难以释怀的是，嫪毐不仅不感激自己，而且视自己为政治对手，不把自己放在眼里。嬴政以一个青年政治家的敏锐，很好地利用了这一点，将吕不韦拉到了镇压嫪毐叛乱的阵营。"王知之，令相国昌平君、昌文君发卒攻毐。战咸阳，斩首数百，皆拜爵，及宦者皆在战中，亦拜爵一级。毐等败走。即令国中：有生得毐，赐钱百万；杀之，五十万。尽得毐等。"① 有学者认为：参加平叛的"相国"就是吕不韦。

　　吕不韦本想借助平定嫪毐叛乱，取得秦王嬴政的赏识与器重，重新夺回并巩固自己的权势。但这次，他低估了青年嬴政的谋略与能力。嬴政对吕不韦与嫪毐之间的关系心知肚明，他拉拢吕不韦参加镇压嫪毐的阵营，只是对吕不韦的利用。卧榻之旁岂容他人酣睡，嬴政既耻于"假父"的狐假虎威，也反感"仲父"的独操权柄。镇压嫪毐叛乱后，嬴政很快察知了吕不韦推荐嫪毐入宫的情况，便欲借此除掉吕不韦。由于吕不韦在拥立其父异人为秦国国王上立有汗马功劳，且他在秦国经营多年，门客众多，说情者众，令嬴政一时无法下手，便免去了他的相国职位，令他离开咸阳到封国河南。到了封国河南，仍不断有诸侯宾客去看望吕不韦，与他讨论朝政事务。吕不韦家人来人往，门庭若市，显示了他在秦国的政治影响力。嬴政感觉到了吕不韦的潜在威胁，便给吕不韦写了一封信："君何功于秦？秦封君河南，食十万户。君何亲于秦？号称仲父。其与家属徙处蜀！"② 这封信既否定了吕不韦在秦国的政治地位，也否定了他与秦王的亲情关系。看到这封信，吕不韦感到人生末路的到来。通过嫪毐事件，也看到了嬴政的冷酷无情，担心嬴政会治自己死罪，更担心连累家人，便饮鸩自杀。

　　吕不韦是一个成功的商人，他以商业之道经营政治，精于计算，步步为营。先是将异人经营为华阳夫人的嫡子，自己成为秦国的丞相，秦王嬴政

---

① 　司马迁：《史记》卷6《秦始皇本纪》，第 227 页。
② 　司马迁：《史记》卷85《吕不韦列传》，第 2513 页。

的"仲父",并将秦国推向加速统一的道路。但成功的商人也不能保证每次投资都稳赚不赔,吕不韦对嫪毐的投资,就是一次无法挽回的错误,因为他的投资对象是一个赌徒,投资赌徒不可能获得应有回报。正如孙立群所言:"他推荐嫪毐,实际是养虎为患,引进了一只饿狼,不仅扰乱了朝政,更使他陷入了灭顶之灾。吕不韦从说服异人到游说华阳,从邯郸献姬到担任秦相,在从政之路上还未曾失手过,但推荐嫪毐却是他人生之路的最大败笔。这真是一招错棋,全盘皆输。"① 清人吴汝纶在评价《史记·吕不韦列传》时认为,司马迁在记述吕不韦的一生时,抓住了他的商人本质。"此篇以'贾'字为主。立楚子进美姬,所以贾利;作《吕氏春秋》,所以贾名;进嫪毐,所以贾祸。而贾祸之由,则自进美姬始。"② 经商失利还可以重来,政治上的失败则覆水难收。吕不韦一生的传奇及成败,都源于他的商人心理与商人手段。

二、王翦、蒙恬家族及扶苏的忠秦意识

秦的历史,始终伴随着战争,也出现了许多能征善战的将领。他们的赫赫战功,不仅推进了秦国的发展,也促进了秦国的统一。在秦始皇时期,为统一作出重要贡献的秦国将领,包括王翦家族和蒙骜家族。他们的忠秦意识和复杂心态,对探讨秦国军事将领与君主的关系具有一定的代表性。秦朝统一后,扶苏具有转变统治政策的思想,也对秦始皇进行过劝谏。如由扶苏接班,秦朝具有度过政治危机的可能性。但扶苏的愚忠,使他轻信了胡亥伪造的诏书,选择了自杀,某种程度上成就了秦朝二世而亡的局面。

（一）老成持重、后发制人的王翦

王翦是频阳东乡人,也就是今陕西省富平县人。他"少而好兵,事秦始皇"③,是很得秦始皇信任的老秦将领。根据《史记索隐·述赞》的记载:

---

① 孙立群:《解读大秦政坛双星——吕不韦与李斯》,中华书局 2007 年版,第 71 页。

② 吴汝纶:《桐城先生点勘史记》卷 85,转引自杨燕起、陈可青、赖长扬编《历代名家评史记》,第 622 页。

③ 司马迁:《史记》卷 73《白起王翦列传》,第 2338 页。

"白起王翦，俱善用兵。递为秦将，拔齐破荆。"① 可知王翦在继白起之后，就开始在秦国任将，但至秦始皇十一年（前236）之前，他的战功很少见于史书记载。很显然，秦始皇重用王翦，是从镇压嫪毐叛乱、免相国吕不韦之职后开始的。秦始皇十一年（前236），秦加紧了对赵国的进攻。"王翦、桓齮、杨端和攻邺，取九城。王翦攻阏与、橑杨，皆并为一军。翦将十八日，军归斗食以下，什推二人从军。"② 王翦成为攻赵的总指挥，他还对军队进行了改革，精简斗食以下的佐官，从十人中挑选两人充实到战士行列，以增加军队的战斗力。此后，王翦以主将身份指挥了灭赵、灭燕、灭楚的战争，他的儿子王贲灭掉了齐国，王翦父子成为秦国统一的最重要将领。其中，最能体现王翦性格特点和用兵谋略的是他指挥的灭赵与灭楚的战争。

赵国地处北方，赵人长期与游牧民族接触，具有豪迈尚武的性格。历史上，赵国名将辈出，军事实力十分强大。长平之战后，尽管国力受到削弱，但仍是秦国统一的劲敌。廉颇之后，赵国起用青年将领李牧为大将军。先是在宜安大败秦军，秦国的将领桓齮因战败而逃走。三年后，又在番吾大败秦军，秦国的统一遇到了严重阻力。秦始皇十八年（前229），秦派王翦攻赵，赵国派李牧、司马尚进行抵御。与桓齮等人不同，王翦没有与李牧正面交锋，死缠烂打，而是避其锋芒。王翦看到，李牧是赵国军队的主心骨，于是便使用反间计除掉李牧。"秦多与昭王宠臣郭开金，为反间，言李牧、司马尚欲反。赵王乃使赵葱及齐将颜聚代李牧。李牧不受命，赵使人微捕得李牧，斩之。废司马尚。"③ 李牧被杀，司马尚被免职后，赵葱和颜聚完全不是王翦的对手。"后三月，王翦因急攻赵，大破杀赵葱，虏赵王迁及其将颜聚，遂灭赵。"④

灭赵之战展现了王翦后发制人的心理特点。王翦作为老秦人，从小熟知军事，历经战争磨炼。得到秦始皇重用时，他的年龄当在50岁左右，是

---

① 司马迁：《史记》卷73《白起王翦列传》，第2342页。
② 司马迁：《史记》卷6《秦始皇本纪》，第231页。
③ 司马迁：《史记》卷81《廉颇蔺相如列传》，第2451页。
④ 司马迁：《史记》卷81《廉颇蔺相如列传》，第2451页。

一个经验丰富、心智成熟，老成持重的将军。他能够充分考虑影响战争的各方面因素，尽力化解对方的优势，扬长避短，确保自己立于不败之地，然后一举破敌。长平之战，秦国曾经利用反间计使赵国换掉廉颇，这次故伎重演，再获成功，说明经秦一再打击，赵国凝聚力下降，普遍出现了君臣猜疑，人心涣散的情况。

荆轲刺秦王，秦王派王翦攻燕，王翦攻入燕都蓟城，燕王喜东逃辽东。王翦的儿子王贲率秦军击败楚军后，回师攻魏，灭掉魏国。此时，秦将李信脱颖而出。"秦将李信者，年少壮勇，尝以兵数千逐燕太子丹至于衍水中，卒破得丹，始皇以为贤勇。"① 韩、赵、魏、燕被灭掉后，秦国面临着是先灭齐还是先灭楚的选择。"王翦为秦将灭燕，燕王喜奔逃东夷。秦王曰：'齐楚何先？'李信曰：'楚地广，齐地狭。楚人勇，齐人怯。请先从事于易。'"② 李信分析了攻楚与攻齐的不同，认为攻齐更容易一些。

连续的胜利使秦王嬴政志得意满，他决定先难后易，先楚后齐。当时，率军攻楚的最佳人选就是李信和王翦。嬴政问他俩，攻楚需要多少军队？李信认为有 20 万军队足矣，王翦认为非 60 万军队不可。"始皇曰：'王将军老矣，何怯也！李将军果势壮勇，其言是也。'遂使李信及蒙恬将二十万南伐荆。王翦言不用，因谢病，归老于频阳。"③ 一般认为，李信提出率20万军队灭楚，是他年轻气盛，轻敌邀功的心理所致。实际上，李信对楚国并不敢轻视，他向秦王提出先灭齐后灭楚的建议也证实了这一点。李信提出率 20 万军队灭楚，与他的经历与资历相关。李信受到秦始皇重视，源于他追击灭掉燕太子丹的经历，当时李信统领的军队只有几千人，20 万军队可能是他能想到的一个最大数目了。实际上，李信是犯了经验主义的错误，在他看来，几千人就能灭掉燕太子丹，20 万军队灭楚也应该不成问题，殊不知，楚国的军队与民众对秦国的抵抗能力和决心远非已经丢掉首都蓟城的燕国相比。

以 60 万军队灭楚，是王翦充分考虑了各种因素后提出的，体现了他的

---

① 司马迁：《史记》卷 73《白起王翦列传》，第 2339 页。

② 严尤：《三将军论》，严可均辑《全汉文》，商务印书馆 1999 年版，第 633 页。

③ 司马迁：《史记》卷 73《白起王翦列传》，第 2339 页。

谨慎持重和实事求是。60 万军队是秦国当时能够调动的机动部队的最大数目，将这么多的军队交给王翦指挥，实际上是将秦国的命运交到了他的手上，这让生性多疑的秦始皇难以安心，他自然拒绝了王翦而选择了李信。人生阅历丰富的王翦善于体察揣摩秦始皇的心理，为了解除皇帝对自己的疑虑，他借口身体有病交出军权，主动回老家频阳养老。

李信与蒙恬兵分两路进攻楚国，攻城略地，连续获得胜利，两军会师城父。此时，秦军自以为锐不可当，放松了警惕。楚将项燕则尾随秦军之后，进行袭击。"荆人因随之，三日三夜不顿舍，大破李信军，入两壁，杀七都尉，秦军走。"①

秦军大败而归，楚军乘胜反击，秦军失败的消息传回咸阳。"始皇闻之，大怒，自驰如频阳，见谢王翦曰：'寡人以不用将军计，李信果辱秦军。今闻荆兵日进而西，将军虽病，独忍弃寡人乎！'王翦谢曰：'老臣罢病悖乱，唯大王更择贤将。'始皇谢曰：'已矣，将军勿复言！'王翦曰：'大王必不得已用臣，非六十万人不可。'始皇曰：'为听将军计耳。'于是王翦将兵六十万人，始皇自送至灞上。"②秦始皇认识到弃用王翦的错误，再次请他出山。上次，秦始皇任用的是李信、蒙恬等年少壮勇之将，欲一鼓作气灭掉楚国。这次，秦始皇吸取教训，改任王翦、蒙武这些老成持重、经验丰富、长于韬略的老将，并亲自在灞上送王翦及他率领的 60 万军队出征。

进军路途上，"王翦行，请美田宅园池甚众。始皇曰：'将军行矣，何忧贫乎？'王翦曰：'为大王将，有功终不得封侯，故及大王之乡臣，臣亦及时以请园池为子孙业耳。'始皇大笑。王翦既至关，使使还请善田者五辈。或曰：'将军之乞贷，亦已甚矣。'王翦曰：'不然。夫秦王怚而不信人。今空秦国甲士而专委于我，我不多请田宅为子孙业以自坚，顾令秦王坐而疑我邪？'"③

这段史料记载了王翦与秦始皇之间心理上的交锋。王翦在行军途中，

---

① 司马迁：《史记》卷 73《白起王翦列传》，第 2339 页。
② 司马迁：《史记》卷 73《白起王翦列传》，第 2340 页。
③ 司马迁：《史记》卷 73《白起王翦列传》，第 2340 页。

向秦始皇请求要多多赏赐给自己田地房屋池林。秦始皇感到不解，王翦解释，要趁着秦始皇对自己信任重用的机会，为子孙后代留下一份产业。王翦的这个要求显得非常坦诚，也表明了自己的志向只在家族后代的荣华富贵，并无其他政治野心，这令秦始皇非常满意。王翦在离开秦国的边境后，前后5次派使者向秦始皇要求兑现赏赐的土地，以至于身边人都看不下去了。王翦解释：秦始皇一向自以为是，猜忌心强，这次发现竟然没有我王翦高明，并且把60万大军交我指挥，难免会产生疑心。我王翦只有表现自己贪心于财富，专情于儿女子孙，并无政治野心，才会让秦始皇放心。

　　实际上，王翦不仅老成持重，而且清正廉洁。他来到楚地，楚军倾巢出动，准备与秦军决战。王翦则修筑堡垒，坚壁不出，以避其锋芒。他给战士好吃好喝，与士兵同甘共苦，激励战士斗志。秦军感动于王翦的关怀照顾，同仇敌忾，跃跃欲试。面对楚军的一再挑战，王翦避而不战，楚军疲惫不堪，无可奈何，被迫撤退。此时，王翦以其人之道还治其人之身，采用当年楚军打败李信军的办法，"荆数挑战而秦不出，乃引而东。翦因举兵追之，令壮士击，大败荆军。至蕲南，杀其将军项燕，荆兵遂败走。秦因乘胜略定荆地城邑。岁余，虏荆王负刍，竟平荆地为郡县"①。实际上，王翦率领60万军队攻楚，面临的压力是十分巨大的，但他仍然能够精心策划，利用一切有利时机，按照战略部署有条不紊地推进灭楚进程，体现了极强的心理素质，具备了一个军事家的才智韬略。王翦指挥灭赵、灭楚，其子王贲指挥灭魏、灭燕、灭齐。王翦家族在统一战争中战功赫赫，王翦甚至被秦始皇奉为军事上的老师。"王翦为秦将，夷六国，当是时，翦为宿将，始皇师之。"②王翦家族在统一战争的功绩已经超越了蒙恬家族。"秦始皇二十六年，尽并天下，王氏，蒙氏功最多，名施于后世。"③但值得玩味的是，秦朝统一后，王翦家族的地位逐渐下降，蒙恬兄弟的地位上升。秦北攻匈奴时，任命蒙恬为主将，王翦的孙子王离为副将。其中的缘由或许与王翦当年乞田自污，以

① 司马迁：《史记》卷73《白起王翦列传》，第2341页。
② 司马迁：《史记》卷73《白起王翦列传》，第2342页。
③ 司马迁：《史记》卷73《白起王翦列传》，第2341页。

求自保的行为有关。王翦自以为读懂了秦始皇的心理，秦始皇又何尝看不穿王翦的把戏。当一个人发现自己的内心已经被人所掌握的时候，自然会产生警惕与反感。秦朝统一后，王翦家族势力的逐渐下降，或许与此有关。

（二）客将忠臣：效忠秦王的蒙恬家族

在秦朝，与王翦家族齐名的武将家族还有蒙氏，蒙骜、蒙武和蒙恬子孙三代，其中以蒙恬为其代表。蒙恬家族本来是齐国人，商鞅变法后，秦国广泛招纳各国宾客，任以为卿为将，蒙氏家族来到秦国，凭军事才华得以能力显扬。蒙恬的祖父蒙骜，在秦昭襄王时已官至上卿。他相继辅佐秦昭襄王、孝文王、庄襄王、秦始皇四代君主。秦昭襄王时，蒙骜作为秦将，曾率兵攻齐。庄襄王时，先后率兵攻取韩国成皋、荥阳，设置三川郡；夺取赵国 37 城。秦始皇时，又率兵攻韩攻魏，在夺取的魏国土地上设置东郡。秦始皇七年（前 240），蒙骜去世。他的儿子蒙武、孙子蒙恬继续被任为秦将。秦欲灭楚，先派李信和蒙恬为正副将军，率 20 万军队攻楚，结果大败而归。接着，秦王嬴政又派王翦和蒙恬的父亲蒙武两位老将为帅，带领 60 万大军灭掉楚国。秦始皇二十六年（前 221），王贲、蒙恬为秦将攻灭齐国，完成了秦国的最后统一，蒙恬也因功被任命为秦内史，成为秦始皇最信任的人之一。

蒙恬家族作为客将连续三代成为秦国将军，受到四代秦王重用。他们在秦国建功立业，步步高升，是秦国给他们提供了舞台，令他们的军事才能得以充分发挥。他们对秦王的信任感恩戴德，效忠秦国的立场无比坚定，这自然也得到了秦始皇的认同。秦始皇崇尚法治，"事皆决于法"[1]，蒙骜、蒙武便按照秦朝的要求培养蒙恬、蒙毅兄弟。"恬尝书狱典文学"，《史记索隐》解释："谓恬尝学狱法，遂作狱官，典文学。"[2] 蒙恬兄弟文武双全，忠心耿耿，自然得到秦始皇的青睐。"秦已并天下，乃使蒙恬将三十万众北逐戎狄，收河南。筑长城，因地形，用制险塞，起临洮，至辽东，延袤万余里。于是

---

[1]　司马迁：《史记》卷 6《秦始皇本纪》，第 238 页。

[2]　司马迁：《史记》卷 88《蒙恬列传》，第 2565 页。

渡河，据阳山，逶蛇而北。暴师于外十余年，居上郡。是时蒙恬威振匈奴。始皇甚尊宠蒙氏，信任贤之。"①

秦朝统一后，北方面对的是匈奴，匈奴人"逐水草迁徙，无城郭常处耕田之业"②，过着迁徙移动的游牧生活。他们马上骑射，全民皆兵，"士力能毋弓，尽为甲骑"③，秦始皇欲向北方开拓疆土，并解除匈奴给关中地区带来的威胁，便于公元前214年派蒙恬率领30万大军北击匈奴。这时秦朝刚完成统一不久，各地多需军队镇守，秦朝统一后也将部分军队解甲归田，30万人是当时秦国能够调动的最大一支军队了。在统一战争中，秦朝进行的多是攻城略地的攻坚战，针对游牧民族的骑兵进行运动战尚无先例。在这种情况下，秦始皇委任蒙恬为主帅打击匈奴，是对他的无比信任。在秦军的攻击下，蒙恬夺取了"河南地"（今内蒙古自治区鄂尔多斯市、巴彦淖尔市一带），匈奴退出阴山地区。为了防御匈奴人利用骑兵的速度对秦朝边境长途奔袭，蒙恬学习效仿战国时期秦、赵、燕的做法，修筑并连接了延绵万里的北方长城。与此同时，为了保障中原地区与北方边境的交通，蒙恬还组织修筑了从首都咸阳到九原地区的秦直道。

秦始皇三十五年（前212），秦朝发生了坑儒事件，公子扶苏进行劝谏，"始皇怒，使扶苏北监蒙恬于上郡"④。对于派扶苏到上郡监军的举动，或以为是秦始皇对扶苏的惩罚，或以为是对他的历练，但无论如何，将太子派去监军，都体现了秦始皇对蒙恬的充分信任和器重。在蒙恬率军驻扎北方的同时，其弟蒙毅也得到了秦始皇的信用。"而亲近蒙毅，位至上卿，出则参乘，入则御前。恬任外事而毅常为内谋，名为忠信，故虽诸将相莫敢与之争焉。"⑤蒙恬兄弟以干练、忠诚深得秦始皇的信任，一个在外主兵，一个在内伴驾，珠联璧合，相得益彰，在秦国的发展势头似乎无人能及。

① 司马迁：《史记》卷88《蒙恬列传》，第2565—2566页。
② 司马迁：《史记》卷110《匈奴列传》，第2879页。
③ 司马迁：《史记》卷110《匈奴列传》，第2879页。
④ 司马迁：《史记》卷6《秦始皇本纪》，第258页。
⑤ 司马迁：《史记》卷88《蒙恬列传》，第2566页。

　　沙丘政变的发生，不仅改变了秦国的政局，也改变了蒙恬兄弟的命运。沙丘政变的主谋者赵高，曾经犯有大罪，秦始皇将他交给蒙毅审理。"毅不敢阿法，当高罪死，除其宦籍。"[1] 蒙毅出于对秦朝的忠诚，即使对皇帝身边的亲信，也要依法处置，判处赵高死刑，并把他从出入宫廷的名簿上除名，这件事应该也给秦始皇留下了深刻印象。但秦始皇被赵高勤恳、忠诚的假象所迷惑，赦免了他的罪过，并恢复了他的官职。同时，秦始皇也被蒙毅不徇私情的赤胆忠心所感动，这可能也是秦始皇随时让他伴随身边的原因之一。这件事后，赵高始终视蒙毅兄弟为眼中钉，必欲除之而后快。

　　在第五次巡游途中，秦始皇因病重派蒙毅回去祭祀名山大川，为自己祈祷，这为赵高发动政变创造了条件。李斯、赵高、胡亥撤换了秦始皇的遗诏，令公子扶苏、大将蒙恬自杀。收到信后，扶苏选择信而从之，蒙恬则怀疑信的真伪，被关押在阳周。

　　对于蒙恬兄弟的忠诚，胡亥是心知肚明的，他的主要目标是夺取皇位，当听到长兄扶苏已经自杀，便想放过蒙恬。但赵高对于蒙毅怀有强烈仇恨，也担心蒙恬兄弟再受二世重用，便一心想灭掉蒙氏家族。他向二世胡亥进谗言，说秦始皇久有立胡亥为太子的想法，但蒙毅多次从中阻挠。胡亥对此信以为真，便将蒙毅关押在了代地。回到咸阳后，"太子立为二世皇帝，而赵高亲近，日夜毁恶蒙氏，求其罪过，举劾之"[2]。

　　子婴看穿了赵高的阴谋，便向二世进谏。他列举历史上因杀良臣用奸佞而导致国家衰败灭亡的事例警告胡亥。指出："今蒙氏，秦之大臣谋士也，而主欲一旦弃去之，臣窃以为不可。"[3] 蒙氏家族的忠诚是世人皆知的，对他们进行杀戮，会导致群臣离心离德而战士心灰意冷，其后果不堪设想。但胡亥完全被赵高所蛊惑，仍派使者之代欲逼蒙毅自杀。

　　除掉蒙毅后，赵高、二世又对蒙恬下手。秦二世派使者来到关押蒙恬的阳周，告诉蒙恬：你有很多罪过，你的弟弟蒙毅也犯有大罪已被处死，今

<hr>

[1]　司马迁：《史记》卷 88《蒙恬列传》，第 2566 页。
[2]　司马迁：《史记》卷 88《蒙恬列传》，第 2567—2568 页。
[3]　司马迁：《史记》卷 88《蒙恬列传》，第 2568 页。

天我来执行对你的死刑。蒙恬回答："自吾先人，及至子孙，积功信于秦三世矣。今臣将兵三十余万，身虽囚系，其势足以倍畔，然自知必死而守义者，不敢辱先人之教，以不忘先主也。昔周成王初立，未离襁褓，周公旦负王以朝，卒定天下。及成王有病甚殆，公旦自揃其爪以沈于河，曰：'王未有识，是旦执事。有罪殃，旦受其不祥。'乃书而藏之记府，可谓信矣。及王能治国，有贼臣言：'周公旦欲为乱久矣，王若不备，必有大事。'王乃大怒，周公旦走而奔于楚。成王观于记府，得周公旦沈书，乃流涕曰：'孰谓周公旦欲为乱乎！'杀言之者而反周公旦。故周书曰'必参而伍之'。今恬之宗，世无二心，而事卒如此，是必孽臣逆乱，内陵之道也。夫成王失而复振则卒昌；桀杀关龙逢，纣杀王子比干而不悔，身死则国亡。臣故曰过可振而谏可觉也。察于参伍，上圣之法也。凡臣之言，非以求免于咎也，将以谏而死，愿陛下为万民思从道也。"①

蒙恬指出：从爷爷蒙骜开始，家族就受秦王重用，已经连续三代了。自己统兵多年，30万军队仍会听命于己，完全有能力背叛朝廷。然而明知不反抗就会死亡，仍然不会选择背叛朝廷，就是因为蒙氏家族对秦的忠诚与感激已经深入到了骨髓和血液之中。即使去死，也不能辱没三代人的赤胆忠心，更不能忘掉秦始皇对家族的信任与重用。他用历史上周公被成王怀疑，后来经过反复验证，得知周公之忠，国家转危为安的故事打动使者，希望得到上谏二世皇帝，辨明自己冤屈的机会，但被使者拒绝。"蒙恬喟然太息曰：'我何罪于天，无过而死乎？'良久，徐曰：'恬罪固当死矣。起临洮属之辽东，城堑万余里，此其中不能无绝地脉哉？此乃恬之罪也。'乃吞药自杀。"② 无奈之下，蒙恬自我安慰，认为三代忠诚却被冤屈而死，是因为修长城断绝了地脉。实际上，进攻匈奴，北筑长城，确实消耗了大量民力物力，但这并不是蒙恬兄弟的屈死原因。赵高专权，二世昏庸，才最终导致了蒙恬的被冤杀。正如《史记索隐·述赞》所言："蒙氏秦将，内史忠贤。长城

---

① 司马迁：《史记》卷88《蒙恬列传》，第2569—2570页。
② 司马迁：《史记》卷88《蒙恬列传》，第2570页。

首筑，万里安边。赵高矫制，扶苏死焉。绝地何罪？劳人是儆。呼天欲诉，三代良然。"① 秦朝末年，在赵高的唆使下，二世杀害群公子及蒙恬兄弟的做法，在统治者内部引起了极大的心理振恐并产生了很大的历史影响，加速了统治阶级内部的分崩离析。

章邯投降项羽就是深受蒙恬被杀事件影响所导致的。陈胜吴广起义，周文的军队逼近咸阳，秦朝到了无兵可派的地步。这时内史章邯挺身而出，率领修筑骊山的刑徒组成的秦军，连战连胜，先后打败周文、李归、邓说、宋留、周市、田儋、项梁等率领的各支起义军，暂时稳定了秦朝局势。在巨鹿之战中，秦军被项羽打败。章邯派长史司马欣回朝廷请求援助，身为丞相的赵高不仅不见，而且对他进行追杀。在章邯孤立无援之际，陈余写信给他，劝其投降楚军。信中说道："白起为秦将，南征鄢郢，北坑马服，攻城略地，不可胜计，而竟赐死。蒙恬为秦将，北逐戎人，开榆中地数千里，竟斩阳周。何者？功多，秦不能尽封，因以法诛之。今将军为秦将三岁矣，所亡失以十万数，而诸侯并起滋益多。彼赵高素谀日久，今事急，亦恐二世诛之，故欲以法诛将军以塞责，使人更代将军以脱其祸。夫将军居外久，多内郤，有功亦诛，无功亦诛。且天之亡秦，无愚智皆知之。今将军内不能直谏，外为亡国将，孤特独立而欲常存，岂不哀哉！将军何不还兵与诸侯为从，约共攻秦，分王其地，南面称孤；此孰与身伏斧质，妻子为戮乎？"② 陈余的劝降信打动了章邯，特别是他所列举的蒙恬的事例，对章邯产生了巨大的心理震动。巧合的是，蒙恬被杀前亦任统兵将领、任内史之官，同样立有战功，和章邯的情况有极其相似之处。而与蒙恬相比，章邯更有不利之处是他打了败仗，赵高急需找到一个替罪羊。反复思考之下，章邯被迫投降了项羽，秦朝失去了最后一棵救命稻草。

蒙恬忠诚秦朝，宁死不变的行为也成为一段历史佳话。蒙恬临死前那封言辞恳切、饱含深情的上书，他忠而见疑、忠而被诛的人生悲剧，都引起

---

① 司马迁：《史记》卷 88《蒙恬列传》，第 2570 页。

② 司马迁：《史记》卷 7《项羽本纪》，第 308 页。

了后人、特别是一些具有相似处境者的强烈共鸣，产生了深远的历史影响。

曹操身为汉献帝的权相，被人怀疑有不逊之志。在汉献帝对其儿子进行封赏之际，他写了一篇文章《让县自明本志令》，借向汉献帝归还三个封县之机，表明自己绝无篡汉之心。信中写道："或者人见孤强盛，又性不信天命之事，恐私心相评，言有不逊之志，妄相忖度，每用耿耿。齐桓、晋文所以垂称至今日者，以其兵势广大，犹能奉事周室也。《论语》云：'三分天下有其二，以服事殷，周之德可谓至德矣'，夫能以大事小也。昔乐毅走赵，赵王欲与之图燕。乐毅伏而垂泣，对曰：'臣事昭王，犹事大王；臣若获戾，放在他国，没世然后已，不忍谋赵之徒隶，况燕后嗣乎！'胡亥之杀蒙恬也，恬曰：'自吾先人及至子孙，积信于秦三世矣；今臣将兵三十余万，其势足以背叛，然自知必死而守义者，不敢辱先人之教以忘先王也。'孤每读此二人书，未尝不怆然流涕也。孤祖父以至孤身，皆当亲重之任，可谓见信者矣，以及（子植）[子桓]兄弟，过于三世矣。孤非徒对诸君说此也，常以语妻妾，皆令深知此意。……今上还阳夏、柘、苦三县户二万，但食武平万户，且以分损谤议，少减孤之责也。"[①]曹操引述乐毅不愿为获取私利而谋故国，蒙恬宁死守义的典故，表明自己无篡汉之心。他特别提到蒙恬三代受恩于秦君，自己家族受汉之恩已超三代，忠诚汉朝理所当然，其论述确实有说服力。

（三）扶苏的直谏与愚忠

秦始皇有子 20 余人，扶苏身为长子，其出生年月不详。假如秦始皇 18 岁有子（在历史上，一般帝王贵族育有子嗣的年龄应小于 18 岁），那么，秦统一之时扶苏至少 21 岁。由此可以判断，扶苏接受的教育主要是在秦统一前。秦朝的文化专制是从统一后逐渐强化的。在统一前，秦国积极吸纳各国人才，思想也呈多元并举的特点。秦朝设置博士官，就包括了各个学派的代表人物。吕不韦著《吕氏春秋》，呈现各家并重、融会贯通的特点，也说明

---

① 陈寿：《三国志》卷 1《武帝纪》裴松之注引《魏武故事》，中华书局 1959 年版，第 33—34 页。

秦统一前文化思想的开放性。与胡亥在秦统一后主要接受法家教育不同，扶苏接受的教育则来源于多个学派，特别是受儒家思想的影响较深。实际上，儒家思想在秦统一之初还有着深刻影响的。如丞相王绾曾主张实行分封制，淳于越主张"事不师古而能长久者，非所闻也"①，这些都是儒家的主张。

扶苏的成长，伴随着统一战争的过程，扶苏本人也应该参与过统一战争。战争环境更易激发人的爱国热情，战争参与者更能了解民众的疾苦与愿望，更能产生对领袖的信任与崇拜，这些特点在扶苏的人生中也得以充分展现。

扶苏出现于历史记载，始于秦始皇三十五年（前212）。这一年，秦始皇坑杀儒士，"始皇长子扶苏谏曰：'天下初定，远方黔首未集，诸生皆诵法孔子，今上皆重法绳之，臣恐天下不安，唯上察之。'始皇怒，使扶苏北监蒙恬于上郡"②。从扶苏劝谏的内容与目的看，他考虑的一是希望天下百姓安宁；二是要保护诵法孔子的儒生；三不希望引起天下的动荡。这显然是受到了儒家重民思想的影响。秦朝统一天下，是得到民众拥护的。"秦并海内，兼诸侯，南面称帝，以养四海。天下之士斐然乡风。"③原因在于，民众渴望在统一的环境下摆脱战争的苦难，走上休养生息、发展生产的道路。"今秦南面而王天下，是上有天子也。既元元之民冀得安其性命，莫不虚心而仰上，当此之时，守威定功，安危之本在于此矣。"④扶苏的主张，是和民众的愿望相一致的，但却与秦始皇"刚毅戾深，事皆决于法，刻削毋仁恩和义，然后合五德之数"⑤的统治思想相背离，所以惹怒了秦始皇，让他离开首都，到上郡蒙恬的军队里去监军。

将扶苏派往边境，并不意味着秦始皇对他的抛弃。当时，蒙恬所统领的北方军队是秦朝最大的一支机动部队，进行着一场统一后最大规模的攻防

---

① 司马迁：《史记》卷6《秦始皇本纪》，第254页。

② 司马迁：《史记》卷6《秦始皇本纪》，第258页。

③ 司马迁：《史记》卷6《秦始皇本纪》，第283页。

④ 司马迁：《史记》卷6《秦始皇本纪》，第283页。

⑤ 司马迁：《史记》卷6《秦始皇本纪》，第238页。

战。秦始皇派扶苏前往，显然是想加强对这支军队的控制，也借此进一步对扶苏加以历练。统一后，秦始皇醉心于求仙不死之道，不愿意设想身后之事，也从内心拒绝考虑接班人问题。因此，将扶苏派出首都，并没有选定其他儿子取代他作为法定接班人。

在蒙恬的军队中监军，扶苏与蒙恬密切配合，结下了深厚的情感，以至于人们猜测，如果扶苏当皇帝，一定会任用蒙恬为丞相，赵高就是利用这样的传言说服李斯参与沙丘政变的。沙丘政变，在赵高、胡亥篡改的赐公子扶苏的诏书中，以秦始皇的口吻指责他"乃反数上书直言诽谤我所为"①。我们看秦始皇这段时间的所作所为，主要有巡游、求仙、赋敛、酷法、大兴土木等数端，扶苏的谏言，应当与上述内容有关。可以看出，监军期间，扶苏依然关心着朝廷政治，关注着国家的发展，关注着民众的生计。这也说明，在离开首都的日子里，扶苏并没有被抛弃的感觉，他的心里依然负有对国家的责任。可以想见，如果扶苏顺利即位，调整统治政策，顺应民众愿望，逆取顺守，发展生产，秦朝走上长治久安之路的可能性是很大的。

可惜的是，沙丘政变扭转了历史的走向。秦始皇临终前留给扶苏的诏书是让他操办丧事，到咸阳后进行安葬。在胡亥、赵高、李斯三人的配合下，改换了遗诏的内容。"更为书赐长子扶苏曰：'朕巡天下，祷祠名山诸神以延寿命。今扶苏与将军蒙恬将师数十万以屯边，十有余年矣，不能进而前，士卒多耗，无尺寸之功，乃反数上书直言诽谤我所为，以不得罢归为太子，日夜怨望。扶苏为人子不孝，其赐剑以自裁！将军恬与扶苏居外，不匡正，宜知其谋。为人臣不忠，其赐死，以兵属裨将王离。'"②这封伪造的诏书以秦始皇的口吻指责扶苏对国家没有尽忠，对父皇没尽孝，责令他自杀。

扶苏打开信件，看到里面的内容，立即回到屋里，准备自杀。"蒙恬止扶苏曰：'陛下居外，未立太子，使臣将三十万众守边，公子为监，此天下

---

① 司马迁：《史记》卷 87《李斯列传》，第 2551 页。
② 司马迁：《史记》卷 87《李斯列传》，第 2551 页。

重任也。今一使者来，即自杀，安知其非诈？请复请，复请而后死，未暮也。'使者数趣之。扶苏为人仁，谓蒙恬曰：'父而赐子死，尚安复请！'即自杀。"① 蒙恬的分析是很有道理的，秦始皇派扶苏到北方监军，是把全国最强大的一支军队交给他控制，就是对他最大的信任与器重，突然降临的死亡诏书确实令人蹊跷。但扶苏认为只要是父皇的命令就要无条件执行，便自杀而死。

李开元认为："成败决定于一念之差，悔恨铸成于瞬间之误。对于身处高位，左右国政的人来说，瞬间的选择，往往决定了历史的动向。"② 在他看来："如果扶苏不自杀，不管是再请复核，还是抗命拖延，秦帝国的命运将完全改观，历史将转向不同方向。"③ 似乎扶苏选择自杀，只是瞬间的错误决定，实际上，扶苏的抉择是有着深刻的历史文化与心理因素的。

秦始皇灭掉六国，统一天下，也建立了自己绝对的政治权威。通过焚书坑儒等一系列措施来钳制思想后，不免营造出只有秦始皇具有"别黑白而定一尊"④ 的能力与权力的社会文化氛围。在秦始皇面前，别人只有服从与执行的份。"丞相诸大臣皆受成事，倚辨于上。"⑤ 对于秦始皇的任何命令，都不需要思考。扶苏如此，胡亥又何尝不是如此呢！赵高告诉胡亥："上崩，无诏书封王诸子而独赐长子书。长子至，即立为皇帝，而子无尺寸之地，为之奈何？"⑥ 胡亥并没有因为自己的利益受损而有任何抱怨和不满，更没有违抗命令的丝毫想法。他回答说："固也。吾闻之，明君知臣，明父知子。父捐命，不封诸子，何可言者！"⑦ 秦始皇的儿子们形成了共同的意识，父皇既是明君，也是严父，对于他的任何命令，都要不容置疑地执行。是封建专制的政治体制与文化氛围，造就了扶苏的愚忠。张仲立指出："当权力走向极

① 司马迁：《史记》卷 87《李斯列传》，第 2551 页。
② 李开元：《秦崩——从秦始皇到刘邦》，生活·读书·新知三联书店 2015 年版，第 115 页。
③ 李开元：《秦崩——从秦始皇到刘邦》，第 115 页。
④ 司马迁：《史记》卷 6《秦始皇本纪》，第 255 页。
⑤ 司马迁：《史记》卷 6《秦始皇本纪》，第 258 页。
⑥ 司马迁：《史记》卷 87《李斯列传》，第 2548 页。
⑦ 司马迁：《史记》卷 87《李斯列传》，第 2548 页。

端时候，不仅整个社会成了权力的牺牲物，即是那看似站在权力塔尖上的帝王们其实都成了权力的牺牲者，他们被自己精心设计的权力运作圈牢牢地包裹在里面无计脱身，商鞅如此，秦始皇也如此，都为自己的实践付出了代价。"① 本来，秦朝君主独裁、文化专制的体制，是为了专断思想，愚弄民众，但秦始皇的儿子扶苏却成了最早的被愚弄者，这就是历史的逻辑与辩证法。

自商鞅变法以来，秦就实行严刑酷法、轻罪重罚的政策，法律制度向严酷化方向发展。"陵夷至于战国，韩任申子，秦用商鞅，连相坐之法，造参夷之诛；增加肉刑、大辟，有凿颠、抽胁、镬亨之刑。"② 特别是秦的连坐、夷三族政策等，其残酷性令人不寒而栗。如果被定谋反罪，会受到夷三族的处罚；被定为大逆无道罪，则"父母妻子同产皆弃世③"。被定谋反或大逆不道罪不仅牵连甚广，而且受刑极为残酷。"当三族者，皆先黥，劓，斩左右止，笞杀之，枭其首，菹其骨肉于市，其诽谤詈诅者，又先断舌，故谓之具五刑。"④ 伪造的诏书指责扶苏"诽谤""怨望""不孝"等，可能牵涉"大逆无道"甚至"谋反"之罪。如此，很可能会牵连到扶苏的家族。"扶苏为人仁"⑤，他选择自杀，很大程度上是不想牵连他人。对此，苏东坡曾经感慨："呜呼，秦之失道，有自来矣，岂独始皇之罪。自商鞅变法，以殊死为轻典，以参夷为常法，人臣狼藉胁息，以得死为幸，何暇复请。……李斯之立胡亥，不复忌二人者，知法令之素行，而臣子之不敢复请也。二人之不敢复请，亦知始皇之鸷悍而不可回也。岂料其伪也哉？"⑥

苏轼认为，在秦朝严刑酷法的震慑下，即使作为太子的扶苏，也不敢对君主的诏令提出任何疑义，更不可能进行反抗。上古法律宽松，如果贵族犯法，要多次宽宥然后才被定罪；商鞅变法以后，法令愈加残酷，不容任何质疑，这是导致扶苏接到诏令就立即自杀的原因。"故夫以法毒天下者，未

① 张仲立：《关于秦始皇权力威势的思考》，《秦文论论丛》第 8 辑，第 41—57 页。
② 班固：《汉书》卷 23《刑法志》，第 1096 页。
③ 班固：《汉书》卷 5《景帝纪》注如淳引律，第 142 页。
④ 班固：《汉书》卷 23《刑法志》，第 1104 页。
⑤ 司马迁：《史记》卷 87《李斯列传》，第 2551 页。
⑥ 孔凡礼点校：《苏轼文集》第 1 卷，中华书局 1986 年版，第 160 页。

有不反中其身及其子孙者也。汉武、秦皇，皆果于杀者也。故其子如扶苏之仁，则宁死而不请，如戾太子之悍，则宁反而不诉。知诉之必不察也。戾太子岂欲反者哉，计出于无聊也，故为二君之子也，有死与反而已。李斯之智，盖足以知扶苏之必不反也。"① 专制皇权下，君主权力至高无上，也培养了诸如秦皇、汉武刚愎自用的性格，他们听不进任何不同意见，即使太子自知蒙受冤屈，也不指望进行辩白了。

扶苏自杀后，胡亥顺利即位为秦二世。新主的即位，国家迎来了扭转危机的时机，民众对二世皇帝也满怀希望。贾谊在《过秦论》中指出："今秦二世立，天下莫不引领而观其政。夫寒者利短褐而饥者甘糟糠，天下之嗷嗷，新主之资也。此言劳民之易为仁也。"② 贾谊认为，二世皇帝如果能够调整秦始皇时期的统治政策，任用忠贤之人，修正前帝之误，推行分封之制，大量释放罪犯，开仓济民，休养生息。"轻赋少事，以佐百姓之急，约法省刑以持其后，使天下之人皆得自新，更节修行，各慎其身，塞万民之望，而以威德与天下，天下集矣。即四海之内，皆欢然各自安乐其处，唯恐有变，虽有狡猾之民，无离上之心，则不轨之臣无以饰其智，而暴乱之奸止矣。"③ 可惜的是，二世胡亥并没有满足人民的期望，在赵高的唆使下，统治反而愈加黑暗。"二世不行此术，而重之以无道，坏宗庙与民，更始作阿房宫，繁刑严诛，吏治刻深，赏罚不当，赋敛无度，天下多事，吏弗能纪，百姓困穷而主弗收恤。然后奸伪并起，而上下相遁，蒙罪者众，刑戮相望于道，而天下苦之。"④

二世的所作所为，令民众大失所望，导致各地不约而同发出"天下苦秦久矣"的呼声。民众开始怀念主张儒家温和路线的扶苏，想象着如果他能继位，将会实现大家期望的统一后消除战争、发展生产、休养生息的理想。陈胜、吴广在大泽乡起义，就打出了扶苏与项燕的旗号。"陈胜曰：'天下苦

① 孔凡礼点校：《苏轼文集》第 1 卷，第 161 页。
② 司马迁：《史记》卷 6《秦始皇本纪》，第 283 页。
③ 司马迁：《史记》卷 6《秦始皇本纪》，第 284 页。
④ 司马迁：《史记》卷 6《秦始皇本纪》，第 284 页。

秦久矣。吾闻二世少子也，不当立，当立者乃公子扶苏。扶苏以数谏故，上使外将兵。今或闻无罪，二世杀之。百姓多闻其贤，未知其死也。项燕为楚将，数有功，爱士卒，楚人怜之。或以为死，或以为亡。今诚以吾众诈自称公子扶苏、项燕，为天下唱，亦多应者。'"[1] 陈胜的策略非常有效，民众对胡亥的失望，变成了对扶苏的期望。不仅如此，扶苏作为秦始皇长子，在秦国统治阶层及六国贵族中，也有相当的影响力和认同感。陈胜起义后，各地反秦势力风起云涌，纷纷响应。值得深思的是，扶苏没能顺利即位，将秦国带上"逆取顺守"、长治久安之路，却成为反秦力量的旗帜。

三、燕太子丹的复仇心理与荆轲刺秦

荆轲刺秦王的故事，在民间千古流传，几乎到了家喻户晓的地步。荆轲作为反抗强暴、舍生取义的英雄，历来被人们所景仰。实际上，组织、导演、支持荆轲刺秦行动的人，是背后的燕太子丹。太子丹与秦王嬴政之间的复杂关系，及由此导致的爱恨情仇也值得关注。关于荆轲刺秦的故事主要记载在《战国策·燕策》《史记·刺客列传》和《燕丹子》三书中，对于三者之间的相互关系，学者多有辨析。[2] 一般认为：《战国策·燕策》与《史记·刺客列传》的史料可能互有采择，而《燕丹子》是历史传记向历史小说的过渡阶段，三者都有一定的史料价值，故本节在写作过程中，同时采用了三者的史料。

（一）太子丹与嬴政间的恩仇

燕王喜即位时，秦国剧烈扩张，燕国感到了威胁，便派太子丹到赵国为质，以加强彼此的联盟，从而共同对抗秦国。《史记·刺客列传》记载："燕太子丹者，故尝质于赵，而秦王政生于赵，其少时与丹欢。"[3] 丹以太子

---

① 司马迁：《史记》卷 48《陈涉世家》，第 1950 页。
② 参见杨学义《太子丹、荆轲故事的历史流变——以〈战国策·燕策〉〈史记·刺客列传〉和〈燕丹子〉为例》，《青年文学家》2013 年第 20 期；张海明《〈史记·荆轲传〉与〈战国策·燕太子丹质于秦〉关系考论》，《清华大学学报》（哲学社会科学版）2013 年第 1 期。
③ 司马迁：《史记》卷 86《刺客列传》，第 2528 页。

的身份到赵国做人质，当在燕王喜即位的公元前 254 年。我们看一下此时嬴政的境况。嬴政于公元前 259 年出生在邯郸，太子丹入秦时，嬴政刚刚 6 岁。为了保证子楚即位，在嬴政 3 岁那年，吕不韦以六百金收买守城官吏并将嬴政的父亲异人带回秦国，嬴政母子被留在赵国。秦围赵之邯郸，"赵欲杀子楚妻子，子楚夫人赵豪家女也，得匿，以故母子竟得活。"① 嬴政母子在赵国过了一段被追杀，为了活命而东躲西藏的日子。3 岁时嬴政之父回国，到 9 岁时嬴政母子回国，这段时间在赵国的生活，应该是嬴政一生中最灰暗的时光。

　　丹以太子的身份到赵国做人质，他的年龄显然比嬴政大。燕赵之间为同盟关系，丹以太子的身份入质赵国，其处境待遇自然不会很低。长平之战秦坑杀赵卒 40 万，赵国上下对秦满怀仇恨，嬴政母子孤立无援，在赵国的处境十分窘迫。此时，丹与嬴政交欢，无疑是以大哥哥的身份在照顾嬴政，帮助嬴政度过艰难岁月。6—8 岁，是人生童年最美好、也最难忘的时段，太子丹的出现是嬴政童年灰暗生活的一缕阳光。太子丹也认为自己曾对嬴政关怀呵护，有恩于他。

　　公元前 251 年，随着安国君即位为秦孝文王，嬴政也回到了秦国，4 年后，嬴政即位为秦王。在秦国的离间下，燕赵之间发生战争。为了与秦国联合攻赵，燕王又将太子丹派往秦国为人质，秦国则派张唐到燕国为相。

　　燕王喜派太子丹入质秦国，一方面是为了加强与秦国的联系，另一方面则考虑到太子丹与嬴政的童年友谊。两人曾在赵国相处甚欢，太子丹帮助过嬴政，自然希望嬴政珍惜这份情谊。在燕王喜及太子丹的想象中，嬴政念及旧情，不仅会对太子丹热情有加，而且会对燕国有所报答，但结果却让人大失所望。"秦王之遇燕太子丹不善。"② 《燕丹子》一书也记载："秦王遇之无礼，不得意。"③ 期望与现实的反差，使太子丹产生了强烈的屈辱感。嬴政

---

① 司马迁：《史记》卷 85《吕不韦列传》，第 2509 页。

② 司马迁：《史记》卷 86《刺客列传》，第 2528 页。

③ 佚名：《燕丹子》，孙星衍校，王根林校点《汉魏六朝笔记小说大观》，上海古籍出版社 1999 年版，第 35 页。

不念旧情，不仅不对太子丹感恩回报，而且对他无礼相待，太子丹感到愤怒，怨恨之火油然而生。

嬴政作为秦国君主，已经将秦国的统一推进到最后阶段，此刻太子丹只是他的一颗棋子。燕秦相交，是秦国"远交近攻"策略的一种应用，目的是为了拆散燕赵同盟，便于秦国对赵国的进攻。秦王嬴政作为一个颇有谋略的政治家，更高明的办法是让燕赵结怨，相互攻击，彼此削弱，以便坐收渔人之利。为达此目的，嬴政派甘罗出使赵国并威胁利诱赵襄王："燕、秦不相欺者，伐赵，危矣。燕、秦不相欺无异故，欲攻赵而广河间。王不如赍臣五城，以广河间，请归燕太子，与强赵攻弱燕。"① 赵襄王果然上当，不仅向秦国割让了 5 城，而且派兵进攻燕国，获取上谷郡的 11 城，并拿出十分之一城进献给秦国。卫广来认为："甘罗在赵，许下了送燕太子丹回国以断绝秦燕友好关系的诺言，条件是赵向秦献出五个城。赵国方面既已割地如约，则秦也必须兑现，但这对秦来说是一大难题。因为秦国没有什么理由将燕国的质子送回，否则便是秦先撕毁了燕秦友好的盟约，理屈在秦，失信天下。秦王政当然不愿意落下这个恶名；可是不送燕丹回国，和赵国的这一笔交易就做不成了。怎么办呢？于是秦王便利用燕丹自尊心过强的弱点，故意采用冷落的态度，气走燕丹，这样一来，毁约的罪名就落到燕国方面了，秦也向赵国交了帐。"② 可见，秦王嬴政冷淡太子丹，很大程度上是国家利益上的考虑，是一种政治操弄。

另一方面，从心理上，也能找到秦王嬴政冷淡燕太子丹的原因。在赵国的那段时光，嬴政最不堪回首。私生子的传闻、父亲的抛弃、母子的被追杀，都给他的心灵留下了极大创伤。燕太子丹对他的友好、照顾，在嬴政看来更像一种反衬，一种施舍。在嬴政的心里，他最想遮蔽对这段时光的痛苦回忆，而太子丹为了拉近与嬴政的关系，则会找机会诉说自己对他的恩情，这不仅不会引起嬴政的好感，反而令他心生厌恶。就像陈胜自立为王后，他

---

① 司马迁：《史记》卷 71《樗里子甘茂列传》，第 2320 页。

② 卫广来：《荆轲刺秦刍议》，《运城师专学报》1986 年第 1 期。

的青年伙伴不断向人炫耀与陈胜佣耕受苦的往事，结果身边人告诉陈胜"客愚无知，颛妄言，轻威"①，陈胜深有感触，便杀掉了这位曾经的伙伴。在赵国的时光是嬴政不愿触及的伤痛，当秦军攻下邯郸城后，"秦王之邯郸，诸尝与王生赵时母家有仇怨，皆坑之"②，嬴政的疯狂复仇，表明他对这段时光的痛苦记忆。太子丹想与嬴政重温旧情，不仅难以如愿，而且必然适得其反。

满怀希望来到秦国的太子丹，却被嬴政轻视、羞辱，令他难以忍受。嬴政不念旧情，恩将仇报，更加放大了太子丹的耻辱感，激发了太子丹的愤怒和仇恨，他的心里充满了复仇之火。逃回燕国后，他曾向其傅鞠武表示："丹闻丈夫所耻，耻受辱以生于世也；贞女所羞，羞见劫以亏其节也，故有刎喉不顾、据鼎不避者，斯其乐死而忘生哉？其心有所守也。今秦王反戾无常，虎狼其行，遇丹无礼，为诸侯最。丹每念之，痛入骨髓。"③春秋战国时期复仇之风盛行，燕丹作为太子，感觉名节脸面都受到了屈辱，决心不计一切，必报此仇。

（二）复仇心理与刺秦选择

太子丹怀着强烈的复仇心理逃回燕国，为发泄自己的愤怒情绪，就处处与秦王作对。秦国大将樊於期因战败逃走被秦王悬赏通缉，他逃到燕国，太子丹接纳并待为上宾。太傅鞠武加以劝谏："不可。夫以秦王之暴而积怒于燕，足为寒心，又况闻樊将军之所在乎？是谓'委肉当饿虎之蹊'也，祸必不振矣！虽有管、晏，不能为之谋也。愿太子疾遣樊将军入匈奴以灭口。请西约三晋，南连齐、楚，北购于单于，其后乃可图也。"④秦国本来就找借口要灭燕国，如果接纳樊於期，无疑会给燕国带来灾难。不如把他送到匈奴，然后与韩、赵、魏、齐、楚合纵，并联盟于匈奴，才是真正对付秦国的办法。作为一国之储君，不能因为意气用事而惹怒秦国。"夫行危欲求安，

---

① 司马迁：《史记》卷48《陈涉世家》，第1960页。

② 司马迁：《史记》卷6《秦始皇本纪》，第233页。

③ 佚名：《燕丹子》，孙星衍校，王根林校点《汉魏六朝笔记小说大观》，第35—36页。

④ 司马迁：《史记》卷86《刺客列传》，第2529页。

造祸而求福，计浅而怨深，连结一人之后交，不顾国家之大害，此所谓'资怨而助祸'矣。夫以鸿毛燎于炉炭之上，必无事矣。且以雕鸷之秦，行怨暴之怒，岂足道哉！"① 对于燕国来说，因接纳秦君之仇樊於期而激怒秦国，其后果是极为严重的。

太子丹的复仇怒火太强烈了，甚至超过了对国家前途命运的考虑。在他看来，合纵抗秦的时间太漫长，而自己复仇的愿望不能须臾等待。报复心理具有狭隘性和偏执型，"如果不报仇雪恨，那么就枉为人生。因此只有报复，才能显示出他们的'英雄本色'"②。

想以燕国之力对抗秦国，但燕国确实太弱小了，不仅不能对抗秦国，而且连防卫秦国都显得力不从心。"计燕国之众不能敌之，旷年相守，力固不足。"③ 太子丹便将复仇的对象由秦国转向了嬴政本人，希望找到除掉秦王，以缓解心头之恨的方法，那就是不惜代价收买刺客，刺杀秦王。"欲收天下勇士，集海内之英雄，破国空藏，以奉养之，重币甘辞以市于秦。秦贪我贿，而信我辞，则一剑之任，可当百万之师。须臾之间，可解丹万世之耻。若其不然，令丹生无面目于天下，死怀恨于九泉。必令诸侯无以为叹，易水以北，未知所有。"④ 他将所有的宝都押在暗杀秦王上，只要计划成功，不仅能够一解自己心头之恨，而且能够拯救濒临灭亡的燕国。太子丹的想法太过简单也太过偏执，但却符合报复者心理。"报复心理者认为他们之间有着不可调和的深仇大恨，因而采取一般的办法处理不能宣泄其心头的怨恨，必须使'仇人'重受皮肉之苦，或者遭受致命的打击，这样才能宣泄心头的仇恨，恢复心理平衡。而且报复的对象受到皮肉之苦越大，或者死得越惨，他们的心理就越痛快，越解恨。"⑤

太子丹之傅鞠武认为燕秦之间实力相差悬殊，因为自己受辱，就出此

① 司马迁：《史记》卷 86《刺客列传》，第 2529 页。
② 刘汉民：《论报复心理与暴力犯罪》，《政法学刊》1996 年第 3 期。
③ 佚名：《燕丹子》，孙星衍校，王根林校点《汉魏六朝笔记小说大观》，第 36 页。
④ 佚名：《燕丹子》，孙星衍校，王根林校点《汉魏六朝笔记小说大观》，第 36 页。
⑤ 刘汉民：《论报复心理与暴力犯罪》，《政法学刊》1996 年第 3 期。

下策，将给燕国带来祸端。"秦地遍天下，威胁韩、魏、赵氏，北有甘泉、谷口之固，南有泾、渭之沃，擅巴、汉之饶，右陇、蜀之山，左关、崤之险．民众而士厉，兵革有余。意有所出，则长城之南，易水以北，未有所定也。奈何以见陵之怨，欲批其逆鳞哉！"[1] 刺杀秦王而刺激秦国，必然加速秦灭燕国的部署。为了国家和民众的利益考虑，不能心怀侥幸心理。在鞠武看来，太子丹为解心头之恨而暗杀秦王，祈求侥幸成功，是非常不理智的行为。"臣闻快于意者亏于行，甘于心者伤于性。今太子欲灭悁悁之耻，除久久之恨，此实臣所当麋躯碎首而不避也。私以为：智者不冀侥幸以要功，明者不苟从志以顺心。事必成然后举，身必安而后行。故发无失举之尤，动无嗟跌之愧也。太子贵匹夫之勇，信一剑之任，而欲望功，臣以为疏。"[2] 为国家计，必作万无一失之虑，而不能心怀侥幸，将感情置于理智之上。

那么有没有更好的办法呢？鞠武主动请缨："臣愿合从于楚，并势于赵，连横于韩、魏，然后图秦，秦可破也。且韩、魏与秦，外亲内疏。若有倡兵，楚乃来应，韩、魏必从，其势可见。今臣计从，太子之耻除，愚鄙之累解矣。太子虑知。"[3]

由燕国出面联合各国共同抗秦，鞠武的计划是当时能够对抗秦国的唯一正确选择，也具有一定的可行性。此时，秦国吞并六国的步伐不断加快，各国都感到了灭亡的危机。相对来说，燕国地处东北地区，与秦国之间相隔赵国，直接受到秦国的侵扰较少，与其他国家相比，燕国的实力保存得较好。燕国地处东北边陲，但在合纵连横中的地位却非常重要，从来都是各国争相拉拢的对象。"凡天下之战国七，而燕处弱焉。独处则不能，有所附则无不重。南附楚，则楚重；西附秦，则秦重；中附韩、魏，则韩、魏重。且苟所附之国重，此必使王重矣。"[4] 由燕国出面联合抗秦，可能会起到一定的

---

[1]　司马迁：《史记》卷86《刺客列传》，第2528页。
[2]　佚名：《燕丹子》，孙星衍校，王根林校点《汉魏六朝笔记小说大观》，第36页。
[3]　佚名：《燕丹子》，孙星衍校，王根林校点《汉魏六朝笔记小说大观》，第36页。
[4]　《战国策》卷29《燕一》，第287—288页。

作用，即使不能阻止，但至少可以延缓秦国的统一。

历史上，燕国确实有过联合弱国打败强国的先例。战国时期，燕齐之间长期交战，纵横家苏秦也曾到燕国进行合纵活动。燕国发生子之之乱，齐国抓住时机进攻燕国，大获全胜，燕几亡国，在各国干预下，齐国掠夺了燕国大量财富后撤军。燕昭王即位后，一面卑事齐国，一面任用乐毅联合各国抗齐。乐毅认为："齐，霸国之余业也，地大人众，未易独攻也。王必欲伐之，莫如与赵及楚魏。"① 当时齐国实力强大，齐湣王一度称东帝，并且灭掉了宋国。湣王也十分骄横，引起了各国的恐惧与不满，各国便纷纷响应燕国的攻齐主张。"燕昭王悉起兵，使乐毅为上将军，赵惠文王以相国印授乐毅。乐毅于是并护赵、楚、韩、魏、燕之兵以伐齐，破之济西。"② 这次联合进攻，乐毅的军队攻入了齐都临淄，几乎灭掉了齐国。

联合各国抗齐，是燕国历史上辉煌的一页，在燕人心目中留下了深刻印象。鞠武多次提出合纵抗秦主张，也当与这段历史有关。鞠武作为太傅，是燕国最有威望、最有见解者之一，太子丹回到燕国后首先向他请教复仇之策，也可以看出对鞠武的尊重。鞠武对形势的分析入情入理，对刺秦的后果估计充分，提出合纵抗秦的对策切实可行，但复仇的怒火燃尽了太子丹的最后一丝理智，他将个人复仇置于国家利益之上。"凡报复心理产生就很难消失，仿佛在心理播下了仇恨的种子，要生根、开花，甚至结果。"③ 嬴政以怨报德，给太子丹以强烈刺激，使他产生了难以名状的仇恨，在他看来，只有杀掉嬴政，才能缓解自己的心头之恨，刺秦也就成了太子丹的不二选择。

（三）谋划刺秦的"急、疑、贪"心理

太子丹下定决心，即便秦燕同亡，只要能够复仇，他也心甘情愿。在谋划刺秦过程中，太子丹表现出"急、疑、贪"的心理，不能冷静处理各种问题，不断出现漏洞和疏失，最终导致了刺秦的失败。

太子丹一心要报复秦王嬴政，表现出急不可待的心理。他断然拒绝了

---

① 司马迁：《史记》卷 80《乐毅列传》，第 2428 页。
② 司马迁：《史记》卷 80《乐毅列传》，第 2428 页。
③ 刘汉民：《论报复心理与暴力犯罪》，《政法学刊》1996 年第 3 期。

太傅鞠武提出的合纵良谋。指出："此引日缦缦，心不能须也！"① 即便鞠武强调："臣为太子计熟矣。夫有秦，疾不如徐，走不如坐。今合楚、赵，并韩、魏，虽引岁月，其事必成。臣以为良。"② 心急吃不得热豆腐，只要精心谋划，步步为营，合纵抗秦必有成效。对鞠武的话，太子丹竟然躺在那里，装睡不听。鞠武看到难以说服太子丹，就向他推荐了田光。太子丹又向田光表达了强烈的刺秦复仇愿望。"丹尝质于秦，秦遇丹无礼，日夜焦心，思欲复之。论众则秦多，计强则燕弱。欲曰合从，心复不能。常食不识味，寝不安席。纵令燕秦同日而亡，则为死灰复燃，白骨更生。愿先生图之。"③ 田光看到了太子丹的执拗，也感觉他不会听进更好的意见。"欲为太子良谋，则太子不能；欲奋筋力，则臣不能"④，便向他推荐了荆轲。

荆轲是有名的侠士，太子丹与荆轲相交，"于是尊荆卿为上卿，舍上舍。太子日造门下，供太牢具，异物间进，车骑美女恣荆轲所欲，以顺适其意。久之，荆轲未有行意。秦将王翦破赵，虏赵王，尽收入其地，进兵北略地至燕南界。太子丹恐惧，乃请荆轲曰：'秦兵旦暮渡易水，则虽欲长侍足下，岂可得哉！'"⑤ 秦军灭赵，太子丹催促荆轲尽快展开刺秦行动。荆轲提出，为了让秦王相信燕国的诚意，需要以樊於期的人头和燕国核心之地督亢地图作为礼物。完成准备后，太子丹又为荆轲求购了赵国工匠徐夫人制作的锋利匕首，用毒药淬炼，见血封喉。

一切准备妥当，荆轲还需要一个助手，这个助手既要有极强的心理素质，也要有高超的剑术。从记载看，剑术并非荆轲所长，也未得到同行认可，真正的行刺任务需要副手承担。荆轲与副手之间的具体分工是：荆轲以得当的言辞和冷静的举动获得秦王的信任，从而能够接近秦王；副手以敏捷的身手和凌厉的剑术制服秦王，要挟秦王答应归还诸侯国土地，或者一举刺

---

① 佚名：《燕丹子》，孙星衍校，王根林校点《汉魏六朝笔记小说大观》，第 37 页。
② 佚名：《燕丹子》，孙星衍校，王根林校点《汉魏六朝笔记小说大观》，第 37 页。
③ 佚名：《燕丹子》，孙星衍校，王根林校点《汉魏六朝笔记小说大观》，第 38 页。
④ 佚名：《燕丹子》，孙星衍校，王根林校点《汉魏六朝笔记小说大观》，第 38 页。
⑤ 司马迁：《史记》卷 86《刺客列传》，第 2531—2532 页。

杀嬴政。只有两人心有灵犀，密切配合，方能完成刺秦任务。

为了刺秦，太子丹已经豢养了一些勇士，但田光认为他们都非恰当人选。"然窃观太子客，无可用者。夏服，血勇之人，怒而面赤；宋意，脉勇之人，怒而面青；武阳，骨勇之人，怒而面白。"① 这些人虽然勇武，但精神紧张时，都会出现不同的面部反映，脸色或者变红，或者变青，或者变白，可能引起秦王怀疑，从而导致刺秦计划失败。本来，荆轲找到了一个恰当人选做伙伴，但由于路远还未赶来。太子丹焦急万分，便让秦舞阳做他的助手。"燕国有勇士秦舞阳，年十三，杀人，人不敢忤视。乃令秦武阳为副。"②

荆轲并不认为秦舞阳是一个合适的刺秦伙伴。尽管秦舞阳身高体壮，平时耀武扬威，13 岁已经杀人。但秦舞阳的勇敢是建立在他占绝对优势，且无性命之忧的基础上，刺秦是九死一生，几乎有去无回的事情。"夫刺人必具死人之心，出人所不及防，而后奋然一击，势无两全，其技之神不神，则由天命，固有发于义愤者。"③ 秦舞阳只是一个色厉内荏的角色，很难做到视死如归。"荆轲有所待，欲与俱；其人居远未来，而为治行。顷之，未发，太子迟之，疑其改悔，乃复请曰：'日已尽矣，荆卿岂有意哉？丹请得先遣秦武阳。'荆轲怒，叱太子曰：'何太子之遣？往而不返者，竖子也！且提一匕首入不测之强秦，仆所以留者，待吾客与俱。今太子迟之，请辞决矣！'"④ 荆轲还是想等待自己选中的伙伴，但太子丹报仇心切，不仅不愿再等待下去，甚至对荆轲起了疑心。太子丹的怀疑令荆轲十分恼怒，只好放弃了等待合适伙伴的想法，决定带秦舞阳出发刺秦，这也成为刺秦失败的重要因素。

除了急于求成，导致计划不周、准备不全外，在谋划刺秦的过程中，燕太子丹还表现出很强的偏执、猜疑之心。太傅鞠武从多个方面向他分析

① 佚名：《燕丹子》，孙星衍校，王根林校点《汉魏六朝笔记小说大观》，第 38 页。
② 司马迁：《史记》卷 86《刺客列传》，第 2533 页。
③ 朱之榛：《常慊慊斋文集》卷上《史记刺客传书后》，转引自杨燕起、陈可青、赖长扬编《历代名家评史记》，第 626 页。
④ 司马迁：《史记》卷 86《刺客列传》，第 2533 页。

合纵各国是抗秦的唯一选择，均被拒绝。田光向他推荐荆轲，他告诫田光："丹所报，先生所言者，国之大事也，愿先生勿泄也！"①明显是在担心田光成为泄密者。为此，田光在见过荆轲，荆轲答应帮助太子丹完成夙愿后，便告诉荆轲："吾闻之，长者为行，不使人疑之。今太子告光曰：'所言者，国之大事也，愿先生勿泄，是太子疑光也。夫为行而使人疑之，非节侠也。'"②为了打消太子丹的顾虑，表明自己绝无泄密的想法，便自刎而死。尽管后来太子丹听到田光自杀的消息，表现出无比悲痛的样子，并辩解道："丹所以诫田先生毋言者，欲以成大事之谋也。今田先生以死明不言，岂丹之心哉！"③实际上，他的辩解是苍白的。春秋战国时期，士人最重视的就是义气，就是节操，作为名士的田光被太子丹怀疑，让他感到无比耻辱，只好以死明志。

　　表面上，太子丹对荆轲的信任、赏识、重用无以复加，更是在生活上满足他的一切要求，但实际上，两人之间还是一种利用与被利用，收买与被收买的关系。他也担心荆轲无限拖延，甚至临阵逃脱。当秦兵发起攻赵战争时，他迫不及待地找到荆轲，对他说："秦兵日暮渡易水，则虽欲长侍足下，岂可得哉！"④话说的尽管委婉，但已经表现出了不耐烦和疑虑之心。荆轲只好准备匆匆前行。太子丹替荆轲购置了见血封喉的锋利匕首，并委派秦舞阳做他的助手，还给他准备了行装。因为荆轲还想等待自己选中的伙伴，太子丹担心他中途变卦，便采用激将之法：如果你不敢去，我就先派秦舞阳去吧。荆轲向来以神勇著称，他"为人博闻强记，体烈骨壮，不拘小节，欲立大功。尝家于卫，脱贤大夫之急十有余人，其余庸庸不可称。"⑤荆轲行侠仗义，多次救人于危难之中，说他临阵逃脱，简直是对他的人格侮辱，盛怒之下，他决定不再等待自己选择的那位伙伴，带着秦舞阳前去刺秦。正是由于

---

① 司马迁：《史记》卷86《刺客列传》，第2530页。

② 司马迁：《史记》卷86《刺客列传》，第2530页。

③ 司马迁：《史记》卷86《刺客列传》，第2531页。

④ 司马迁：《史记》卷86《刺客列传》，第2532页。

⑤ 佚名：《燕丹子》，孙星衍校，王根林校点《汉魏六朝笔记小说大观》，第39页。

秦舞阳在秦廷的畏惧胆怯，导致了刺秦的最终失败。

一般认为：太子丹是反抗强秦的英雄，他礼贤下士，能够发现并重用田光、荆轲等英雄豪杰。实际上，太子丹私利重于公义，是一个非常贪婪的人。且不说他多次拒绝鞠武为国谋划的正确主张，在刺秦行动中，他也不断附加内涵，将所有的赌注押宝在刺秦成功上。本来，太子丹因在秦受辱，只想杀掉秦王以泄私愤。"深怨于秦，求欲复之。奉养勇士，无所不至。"① 他向荆轲表白："丹尝游秦，秦遇丹不道，丹耻与之俱生。"②

随着刺秦谋划的逐步成熟，太子丹又将更多内容附加在此次行动之上，他希望通过刺秦解决所有困扰燕国的问题，并帮助各诸侯国讨回被侵占的土地，不仅要解除在秦国所受的屈辱，而且能在诸侯国中扬名立万。"诚得劫秦王，使悉反诸侯侵地，若曹沫之与齐桓公，则大善矣；则不可，因而刺杀之。彼秦大将擅兵于外而内有乱，则君臣相疑，以其间诸侯得合纵，其破秦必矣。"③ 他快意想象着刺秦的巨大利益，却丝毫也没有考虑失败的后果，更没有考虑秦国的疯狂报复可能给国家和人民带来的巨大痛苦与灾难。

历史上，确实有着靠劫持君主扭转局面的先例，《史记·刺客列传》记载的曹沫极为典型。曹沫是鲁庄公手下的大将，他率兵与齐国作战，结果三战三败，不得已向齐国献地求和。齐桓公与鲁庄公在柯举行盟会，曹沫以匕首劫持齐桓公，迫使齐国归还侵占的土地。蔺相如完璧归赵与渑池之会逼秦王击缶为乐，都是靠威逼秦王为赵国挽回了尊严与利益。但时过境迁，齐桓公以尊王攘夷的旗号谋求霸主地位，言出必行是获得诸侯拥戴的条件。完璧归赵与渑池之会都发生在长平之战之前，当时秦赵之间实力并未悬殊，再加上各国合纵抗秦，秦昭襄王还是担心不守承诺而在诸侯国中失信。太子丹谋划刺秦，已经处于秦统一的前夕。秦国对六国的绝对实力以及秦始皇"少恩而虎狼心"④ 的性格，都使得通过劫持秦王而换回失地的想法近乎痴人说梦。

---

① 佚名：《燕丹子》，孙星衍校，王根林校点《汉魏六朝笔记小说大观》，第 35 页。

② 佚名：《燕丹子》，孙星衍校，王根林校点《汉魏六朝笔记小说大观》，第 42 页。

③ 司马迁：《史记》卷 86《刺客列传》，第 2531 页。

④ 司马迁：《史记》卷 6《秦始皇本纪》，第 230 页。

在太子丹看来，如果劫持不成，便刺杀嬴政，秦因失去君主而发生内乱，各诸侯国趁机组织抗秦联盟，最终打败秦国，这样的想象也近乎天方夜谭。秦国的体制，不会因君主被杀而陷入混乱。燕太子丹从一开始就放弃了合纵抗秦的主张，却幻想依靠刺杀秦王来联合各国击败秦国，无疑太过单纯幼稚，与一个政治家应有的素养相差万里。

秦始皇二十年（前227），荆轲、秦舞阳来到秦国，向秦王献上樊於期的头颅及燕国的督亢地图，并代表燕王表示愿意成为秦王内臣。秦王嬴政大喜，在咸阳宫接见荆轲一行。按照计划，荆轲献上樊於期的头颅并稳住秦王，秦舞阳将匕首藏在地图里并借献图之机劫持或刺杀秦王。可惜的是，"至陛，秦舞阳色变振恐"[1]，引起了群臣的怀疑。荆轲冷静地打圆场：他是北方偏远地区来的粗人，第一次见天子，未免恐惧害怕。让他缓一缓，再献上地图。嬴政让荆轲代替秦舞阳献图，这样，刺秦的任务就由身强力壮的秦舞阳变成了剑术不精的荆轲。

荆轲在秦王面前展开地图，这时，裹在里面的匕首露了出来。荆轲左手拉住秦王的衣袖，右手拿匕首去抵秦王的胸膛。匕首还未抵身，秦王跳了起来，扯断了衣袖。秦王想拔剑还击，但剑身太长，一时拔不出来，便绕着柱子躲避，荆轲紧紧追赶。事发突然，群臣张皇失措，来不及反应。按照秦律，没有君主的诏令，台阶下的卫兵不能带武器上殿，否则会受到严惩。仓皇之间，秦王在前面逃，荆轲在后面追，没有武器，秦王以手相搏。这时秦王的御医夏无且急中生智，拿起药袋打向荆轲，缓解了秦王之急。在周围人的提醒下，秦王从背后向外拔剑，刺向荆轲，击断了荆轲的左腿。荆轲坐在地上，拿匕首投向秦王，匕首撞在了铜柱上。秦王连续持剑刺向荆轲，荆轲身体多处受伤。"轲自知事不就，倚柱而笑，箕踞以骂曰：'事所以不成者，以欲生劫之，必得约契以报太子也。'"[2] 正是太子丹给荆轲刺秦设置了两个目标，上为劫持秦王，收复失地，下为刺杀秦王，复仇雪恨，导致了荆轲出

---

① 司马迁：《史记》卷86《刺客列传》，第2534页。

② 司马迁：《史记》卷86《刺客列传》，第2535页。

手的迟疑，犹豫。荆轲刺秦失败，在于太子丹计划的盲目、准备的仓促与过多的附加因素。荆轲作为悲剧英雄，受到了人们的颂扬和赞美，他的"风萧萧兮易水寒，壮士一去兮不复返"①的慷慨悲歌，千古传唱于燕赵大地。

荆轲刺秦，激起了秦王嬴政的更大愤怒与强烈报复，他向前线调兵遣将，下令大将王翦从赵直接攻燕。秦军很快夺取了燕国首都蓟城，燕王喜和太子丹退守辽东，秦将李信穷追不舍。情急之下，代王嘉写信给燕王喜，建议他丢卒保车。"秦所以尤追燕急者，以太子丹故也。今王诚杀丹献之秦王，秦王必解，而社稷幸得血食。"②无奈之下，燕王喜派人斩杀太子丹，将其首献于李信，但秦军并未就此止步。"后五年，秦卒灭燕，虏燕王喜。"③实际上，历史发展到这里，对于秦国来说，灭燕是志在必得，统一也是大势所趋。刺秦之举，献丹之策，杀丹之行，都体现了太子丹、代王嘉、燕王喜政治上的不成熟，也加速了秦朝的统一步伐。

历史上，吟咏太子丹及荆轲的作品很多，大多以颂扬为主。唐代文人柳宗元的《咏荆轲》诗却别具新识，指出了刺秦决策的失误及带来的后果。"燕秦不两立，太子已为虞。千金奉短计，匕首荆卿趋。穷年徇所欲，兵势且见屠。微言激幽愤，怒目辞燕都。朔风动易水，挥爵前长驱。函首致宿怨，献田开版图。炯然耀电光，掌握罔正〔匡〕夫。造端何其锐，临事竟趑趄。长虹吐白日，仓卒反受诛。按剑赫凭怒，风雷助号呼。慈父断子首，狂走无容躯。夷城芟七族，台观皆焚污。始期忧患弭，卒动灾祸枢。秦皇本诈力，事与桓公殊。奈何效曹子，实谓勇且愚。世传故多谬，太史征无且。"④明确指出通过收买刺客刺秦的办法是"短计"；因秦舞阳非恰当人选而招致"临事竟趑趄"；刺秦失败招致秦王的疯狂报复，招致燕王杀子献首，燕被夷城灭族的悲剧；时代不同了，还想效仿曹沫劫持齐桓公的旧事，"实谓勇且愚"。柳宗元的历史见识是高明的。

---

① 司马迁：《史记》卷 86《刺客列传》，第 2534 页。
② 司马迁：《史记》卷 86《刺客列传》，第 2536 页。
③ 司马迁：《史记》卷 86《刺客列传》，第 2536 页。
④ 《柳宗元集》卷 43《古今诗·咏荆轲》，中华书局 1979 年版，第 1259—1260 页。

　　司马光在《资治通鉴》中，对太子丹刺秦之举同样予以批评："燕丹不胜一朝之忿以犯虎狼之秦，轻虑浅谋，挑怨速祸，使召公之庙不祀忽诸，罪孰大焉！而论者或谓之贤，岂不过哉！夫为国家者，任官以才，立政以礼，怀民以仁，交邻以信。是以官得其人，政得其节，百姓怀其德，四邻亲其义。夫如是，则国家安如磐石，炽如焱火。触之者碎，犯之者焦，虽有强暴之国，尚何足畏哉！丹释此不为，顾以万乘之国，决匹夫之怒，逞盗贼之谋，功隳身戮，社稷为墟，不亦悲哉！夫其膝行、蒲伏，非恭也；复言、重诺，非信也；糜金、散玉，非惠也；刎首、决腹，非勇也。要之，谋不远而动不义，其楚白公胜之流乎！荆轲怀其豢养之私，不顾七族，欲以尺八匕首强燕而弱秦，不亦愚乎！"①在司马光看来，太子丹将私忿置于国家利益之上，确实距离政治家的能力与智慧相差甚远。他表现的所谓"恭敬""信义""恩惠""勇敢"都是徒有其表，难副其实。荆轲也并不比太子丹高明，他为了报答燕丹的所谓器重与厚遇，便不顾株连灭族之祸，想凭借一次刺杀活动来保护燕国、削弱秦国，也是一种愚蠢的行为。两位史学家的真知灼见，给我们以深刻的启迪与思考。

---

① 司马光：《资治通鉴》卷7《秦纪二》，第232—233页。

结　语

　　史学不仅要阐述人们过往活动的内容，也应揭示伴随并影响这些活动的心理状态。20世纪80年代，心态史学传入我国，对我国史学产生了重要影响，陆续出现了一批相关的研究论著。在秦代历史研究中，也有许多成果运用到心态史学的理论和方法，特别是在秦史人物研究上，比如对秦始皇、李斯等人物心态研究的成果较多。但总体上看，这些研究还比较分散、零星，成果更多集中在对秦始皇及几个重要秦史人物的心态分析上，或者某一阶层的心态分析上。其局限性表现在：一是尚无全面研究秦人、秦社会不同阶层、秦君主、秦人物心态的综合性专著；二是已有的研究成果对心理学与心态史学的理论和方法运用的不够系统、全面，心理学与历史学结合得不够紧密。

　　目前心态史学的成果不断涌现，但多是对个别历史人物或社会阶层进行研究，就目力所及，尚未发现全面反映一个时代的断代史心态史专著。秦的历史发展经历了不同于中原各诸侯国的路径，长期处于战争环境，形成了独特的发展道路和独特的群体心态。秦的许多人物经历复杂、特点突出，相对来说有关秦代的文献史料较为集中，简牍史料及考古资料丰富，年代又相对较短，可以对这个时代的族群发展、阶层心理、人物心态进行较为系统的研究。撰写一部断代的秦心态史专著，有助于丰富秦史研究的内涵，也有助于心态史学研究的推进。本书力图在下列方面有所开拓：

　　其一，对影响秦人、秦阶层、秦社会心态的自然与社会环境因素进行研究。对秦人的生存环境、发展历程、经济结构、与周边戎狄部落及秦与关东各国的关系进行研究，从而揭示秦人心理的形成过程、特点及其对秦处理与中原各国关系的得失、秦统一天下、秦骤兴暴亡的影响。族群心理的形成首先受到地理环境的影响，同时也必然与生产方式、发展历程息息相关。秦人在早期发展中，经历了从东方到西北，与虞、夏、商、周各中原政权以不同模式相处的复杂历程。在艰苦的生存环境中，既需要与戎狄争夺生存空间，也渴望得到中原政权的庇护与认同。不同于中原各诸侯国的生存环境与成长壮大的路径，形成了秦人特有的族群心理与文化风格。从经济形态上，与中原地区各诸侯国主要发展农业不同，秦人的混合经济特色极为明显，畜牧经济始终在生活中占有很大比重。同处西北地区的戎狄各部，大多选择游牧经济的发展模式；而秦人则坚持向中原地区靠拢，重视农业生产的发展，扩大农业生产的比重。相对于畜牧业来说，农业生产具有的高效率与稳定性，使秦人具有更强的集团力量，既能在西北地区站稳脚跟，占有优势，又能向东南地区不断扩展，发展的后劲极为强劲。秦早期发展的特殊地理环境，深刻影响了秦人的性格和文化风尚。秦人处于条件相对艰难的西北地区，在顽强生存、争夺资源的过程中，必然给民族性格中注入粗犷、强悍、不屈不挠、勇于竞争的因子，形成了秦人崇武尚战、坚韧不拔、重视功利的性格与价值观念。

其二，对秦代贵族、客卿、官吏、民众等不同阶层心态及其阶段性特点进行研究。与中原各国相比，秦的社会变迁更为剧烈，由西陲小国到七雄之首，再到灭六国、一天下及迅速崩亡。在此过程中，各阶层都不同程度随着时代发展而起伏变化，或得到或失去，或升迁或沉沦，或奋争或无奈，或顺从或反抗。不同阶层有着不同的社会需求和社会认知，时代发展影响各阶层的心态变迁，心态变迁又映射了时代发展。秦代社会各阶层的不同心态，体现着秦代的社会面貌，也影响着秦的历史发展和政治进程。对秦不同阶层的心理进行研究和分析，重点放在帝王、贵族、客卿、官吏集团、不同时期的社会民众等的心态特点及对秦发展历程的分析上。本书既注重对史料的充分挖掘和利用，也注重秦不同阶层心理的时段性特点及其变化。例如：各诸侯国对秦国的蔑视和贬低，形成了"诸侯卑秦"的局面，也搅动着孝公以后历代君主的敏感神经，他们拼命壮大自己的实力，不择手段地进行扩张，作为摆脱被各诸侯鄙视的手段，从而造就了秦国君主励精图治、奋发进取的心态，也促进了秦国的壮大与统一。秦国的特殊环境和发展道路，导致了秦国的宗法观念相对淡薄，在此传统下，秦贵族的心态经历了从早期的崇尚勇武，到孝公时期抗拒变法，再到后来对君主的迎合与屈从的变化历程。秦士人、官吏、民众同样经历了对秦政权与秦统一从兴奋、支持，到失望、迷茫，再到恐惧、绝望的心态变化过程。这样的变化既反映了秦历史、秦文化的特点，也可以看出秦朝从兴到亡的内在影响因素。

其三，对秦史发展中的具体人物进行研究。以《史记》为主的历史典籍中，记载了许多秦国、秦朝及与之相关的历史人物。他们生活于战国诸侯兼并到秦朝统一的历史转折时期，一些人又经历了秦朝从强盛到迅速败亡的过程。时势造英雄，英雄造时势。在这样的历史进程中，众多人物参与其中，纵横捭阖，演出了一幕幕有声有色的历史话剧，显示了自己的存在与价值，也表现出多姿多彩的心态与性格。他们的心态与性格，不仅影响了自己的人生，而且在某种程度上影响了秦的历史进程。通过分析他们的家庭背景、成长经历、阶层特点、社会地位等，揭示他们的个性心理、思维特点、情感世界、行为方式，也以此来解析他们的政治作为、立场选择，展示他们的内心世界与政治行为之间的关系。秦始皇出生在赵国，童年生活经历了被追杀，立为储君后仍受冷落的历程；亲政后灭掉嫪毐与吕不韦集团、统一六国；成为皇帝后面临死亡威胁，一心追求成仙，最终病死沙丘。运用儿童心理学、自卑心理学、游戏心理学、权力心理学等理论与方法对秦始皇进行研究，揭示秦始皇政治选择、政治决策的心态因素。此外，商鞅的变法心理、李斯的双驱式追求、赵高的心理控制之术、秦二世的回避性人格、吕不韦的商道政治、王翦、蒙恬家族的忠秦意识、燕太子丹的复仇心理也都是本书着力研究的内容。对上述人物的心态进行全面系统的探讨，有助于对秦社会、秦文化、秦历史进行立体化、深层次的研究。

历史研究强调以史料为准，重视历史的客观性，然而，心理活动本身具有较强的主观性和变化性；同时群体心态与个体心理又是历史上的客观存在，对人们行为的选择、历史的发展起着实实在在的作用。如何平衡这种主观性与客观性的关系，解决在心态史研究中史料不足与史事失忆的情况，有时需要运用一些带有文学性的资料并进行合理的历史想象。钱钟书指出："文学创作可以深挖事务的隐藏的本质，曲传人物的未吐露的心理……在这个意义上，我们不妨说诗歌、小说、戏曲比史书来的高明。"① 罗志田也认为："历史想象有两大功能，一是我已说过的连接历史割断之处，另一就是让历史记忆中隐去的'过去'重新鲜活起来，进入我们的记忆。"② 在具体研究中，如何确定这种对带有文学性史料的使用限度？怎样的想象力才算合理？如何将心理学与历史学有机结合？如何利用有限史料分析秦人历史发展中的群体心理与阶层心理？这些都是作者在本书写作过程中面临的挑战。由于受本人学养、能力和知识结构的限制，很多想解决的问题却没有很好解决。但是无论如何，写一部断代的心态史研究著作，是本书的一种尝试，希望能起抛砖引玉之效。

---

① 钱钟书选注：《宋诗选注·序》，人民文学出版社 2015 年版，第 3 页。
② 罗志田：《大道无外——校园与社会》，社会科学文献出版社 2016 年版，第 192 页。

参 考 文 献

一、古籍与出土文献

1.《尚书正义》，李学勤主编《十三经注疏》（标点本，2），北京大学出版社 1999 年版。

2.《春秋左传正义》，李学勤主编《十三经注疏》（标点本，7），北京大学出版社 1999 年版。

3.《春秋公羊传注疏》，李学勤主编《十三经注疏》（标点本，8），北京大学出版社 1999 年版。

4.《春秋谷梁传注疏》，李学勤主编《十三经注疏》（标点本，9），北京大学出版社 1999 年版。

5.《毛诗正义》，李学勤主编《十三经注疏》（标点本，3），北京大学出版社 1999 年版。

6.《礼记正义》，李学勤主编《十三经注疏》（标点本，6），北京大学出版社 1999 年版。

7.《论语注疏》，李学勤主编《十三经注疏》（标点本，10），北京大学出版社 1999 年版。

8. 王弼注：《老子道德经》，《诸子集成》第 4 册，河北人民出版社 1986 年版。

9.《孟子注疏》，李学勤主编《十三经注疏》（标点本，11），北京大学出版社 1999 年版。

10. 戴望：《管子校注》，《诸子集成》第 7 册，河北人民出版社 1986 年版。

11. 王先谦注：《庄子集解》，《诸子集成》第 4 册，河北人民出版社 1986 年版。

12. 慎到：《慎子》，《诸子集成》第 8 册，河北人民出版社 1992 年版。

13. 王先谦：《荀子集解》，《诸子集成》第 3 册，河北人民出版社 1986 年版。

14.《武经七书》（上册），中华书局 2007 年版。

15. 高亨注译：《商君书注译》，中华书局版 1974 年版。

16. 韩非子：《韩非子集解》，王先谦集解，《诸子集成》第 8 册，河北人民出版社 1986 年版。

17. 梁启雄：《韩子浅解》，中华书局 1960 年版。

18.《吕氏春秋》，《诸子集成》第 9 册，河北人民出版社 1986 年版。

19. 袁珂校注：《山海经校注》，巴蜀书社 1992 年版。

20. 李民、杨择令、孙顺霖、史道祥：《古本竹书纪年译注》，中州古籍出版社 1996 年版。

21.《战国策》，岳麓书社 1988 年版。

22. 司马迁：《史记》，中华书局 1959 年版。

23. 班固：《汉书》，中华书局 1962 年版。

24. 刘安：《淮南子注》，高诱注《诸子集成》第 10 册，河北人民出版社 1986 年版。

25. 贾谊：《新书校注》，阎振益、钟夏校注《新编诸子集成》，中华书局 2000 年版。

26. 桓宽：《盐铁论》，《诸子集成》第 11 册，河北人民出版社 1986 年版。

27. 刘向：《新序》，上海古籍出版社 1990 年版。

28. 郝经：《续后汉书》，商务印书馆 1958 年版。

29. 许慎：《说文解字注》，段玉裁注，上海古籍出版社 1981 年版。

30. 王充：《论衡》，上海人民出版社 1974 年版。

31. 王充：《论衡》，《诸子集成》第 11 册，河北人民出版社 1986 年版。

32. 刘向：《说苑校证》，向宗鲁校证，中华书局 1978 年版。

33. 刘歆：《西京杂记》（外五种），王根林校点，上海古籍出版社 2012 年版。

34. 王肃：《孔子家语》，上海古籍出版社 1990 年版。

35. 罗泌：《路史》，《钦定四库全书》本。

36. 陈寿：《三国志》，中华书局 1959 年版。

37. 范晔：《后汉书》，中华书局 1965 年版。

38. 常璩：《华阳国志校注》，刘琳校注，巴蜀书社 1984 年版。

39. 傅亚庶：《孔丛子校释》，《新编诸子集成续编》，中华书局 2011 年版。

40. 皇甫谧：《高士传》，上海古籍出版社 2014 年版。

41. 郦道元：《水经注校证》，陈桥驿校证，中华书局 2007 年版。

42. 逯钦立编：《先秦汉魏南北朝诗》，中华书局 1983 年版。

43. 佚名：《燕丹子》，孙星衍校，王根林校点《汉魏六朝笔记小说大观》，上海古籍出版社 1999 年版。

44. 严可均辑：《全汉文》，商务印书馆 1999 年版。

45. 严可均辑：《全后汉文》，商务印书馆 1999 年版。

46. 魏徵：《隋书》，中华书局 1973 年版。

47. 韩愈：《韩愈集》，陈霞村、胥巧生解评，山西古籍出版社 2005 年版。

48. 吴兢：《贞观政要集校》，谢保成集校，中华书局 2003 年版。

49.《柳宗元集》，中华书局 1979 年版。

50. 司马光：《资治通鉴》，中华书局 1956 年版。

51. 洪迈：《容斋随笔》，中华书局 2005 年版。

52. 孔凡礼点校：《苏轼文集》，中华书局 1986 年版。

53. 顾炎武：《日知录集释》，黄汝成集释，栾保群、吕宗力校点，上海古籍出版社 2014 年版。

54. 王夫之：《读通鉴论》，中华书局 1974 年版。

55. 李贽：《史纲评要》，中华书局 1974 年版。

56. 洪亮吉：《洪北江先生遗集》，清光绪乙卯年授经堂重刊本。

57. 云梦睡虎地秦墓编写组：《云梦睡虎地秦墓》，文物出版社 1981 年版。

58. 睡虎地秦墓竹简整理小组：《睡虎地秦墓竹简》，文物出版社 1990 年版。

59. 陈伟主编：《秦简牍合集》（1—4 卷），武汉大学出版社 2016 年版。

60. 马承源主编：《上海博物馆藏战国楚竹书》（一），上海古籍出版社 2001 年版。

61. 马承源主编：《上海博物馆藏战国楚竹书》（二），上海古籍出版社 2002 年版。

62. 朱汉民、陈松长主编：《岳麓书院藏秦简》（一），上海辞书出版社 2010 年版。

63. 朱汉民、陈松长主编：《岳麓书院藏秦简》（二），上海辞书出版社 2011 年版。

64. 朱汉民、陈松长主编：《岳麓书院藏秦简》（三），上海辞书出版社 2013 年版。

65. 陈松长主编：《岳麓书院藏秦简》（四），上海辞书出版社 2015 年版。

66. 陈松长主编：《岳麓书院藏秦简》（五），上海辞书出版社 2017 年版。

67. 陈伟主编：《里耶秦简校释》第 1 卷，武汉大学出版社 2012 年版。

68. 陈伟主编：《里耶秦简校释》第 2 卷，武汉大学出版社 2018 年版。

69. 北京大学出土文献研究所：《北京大学藏西汉竹书》（一），上海古籍出版社 2015 年版。

70. 北京大学出土文献研究所：《北京大学藏西汉竹书》（二），上海古籍出版社 2012 年版。

71. 北京大学出土文献研究所：《北京大学藏西汉竹书》（三），上海古籍出版社 2015 年版。

72. 北京大学出土文献研究所：《北京大学藏西汉竹书》（四），上海古籍出版社 2016 年版。

73. 北京大学出土文献研究所：《北京大学藏西汉竹书》（五），上海古籍出版社 2015 年版。

74. 张家山二四七号汉墓竹简整理小组编著：《张家山汉墓竹简［二四七号墓］（释文修订本）》，文物出版社 2006 年版。

75. 李学勤主编：《清华大学藏战国竹简》（一），中西书局 2011 年版。

76. 李学勤主编：《清华大学藏战国竹简》（二），中西书局 2011 年版。

77. 李学勤主编：《清华大学藏战国竹简》（三），中西书局 2012 年版。

78. 李学勤主编：《清华大学藏战国竹简》（四—六），中西书局 2017 年版。

79. 李学勤主编：《清华大学藏战国竹简》（七），中西书局 2017 年版。

80. 李学勤主编：《清华大学藏战国竹简》（八），中西书局 2018 年版。

81. 李学勤主编：《清华大学藏战国竹简》（九），中西书局 2019 年版。

二、专著

1. ［英］阿克顿：《自由与权力》，侯建、范亚峰译，商务印书馆 2001 年版。

2. [奥] 阿尔费雷德·阿德勒：《自卑与超越》，汪小玲译，华东师范大学出版社 2017 年版。

3. 白奚：《稷下学研究——中国古代的思想自由与败家争鸣》，生活·读书·新知三联书店 1998 年版。

4. [英] 伯特兰·罗素：《权力论——新社会分析》，吴友三译，商务印书馆 1991 年版。

5. 陈新：《伯益考略》，《禹城与大禹文化文集》，中国文联出版社 2007 年版。

6. 沈长云、魏建震、白国红、张怀通、石延博：《赵国史稿》，中华书局 2000 年版。

7. 崔述：《读风偶识》，中华书局 1985 年版。

8. 程馀庆撰，高益荣、赵光勇、张新科编撰：《历代名家评注史记集说》第 1 册，三秦出版社 2011 年版。

9. 杜正胜：《编户齐民——传统政治社会结构之形成》，（台湾）经联出版事业股份有限公司 2015 年版。

10. 丁开杰：《社会排斥与体面劳动》，中国社会出版社 2012 年版。

11. 段清波：《秦陵——尘封的帝国》，中国民主法治出版社 2018 年版。

12. 高敏：《云梦秦简初探》，河南人民出版社 1979 年版。

13. 葛荃：《权力宰制理性——士人、传统政治文化与中国社会》，南开大学出版社 2003 年版。

14. 顾蓓晔：《传统中国商人的心理分析》，海天出版社 1993 年版。

15. 郭沫若：《十批判书·稷下黄老学派的批判》《郭沫若全集》（历史编 2），人民出版社 1982 年版。

16. 郭沫若：《石鼓文研究·诅楚文考释》，科学出版社 1982 年版。

17. 郭沫若：《吕不韦与秦王政的批判》，《郭沫若全集》（历史编，第 2 卷），人民出版社 1982 年版。

18. 黄留珠：《秦汉仕进制度》，西北大学出版社 1985 年版。

19. 洪家义：《吕不韦评传》，南京大学出版社 1995 年版。

20. [美] 汉斯·J. 摩根索：《国家间政治：寻求权力与和平的斗争》，K.W. 汤普森修订，中国人民公安大学出版社 1990 年版。

21. ［日］关计夫：《自卑心理浅析》，杨重建、许友群译，福建科学技术出版社1988年版。

22. ［美］卡伦·霍妮：《神经症与人的成长——自我实现的挣扎》，邹一祎译，台海出版社2018年版。

23. 梁云：《西垂有声：〈史记·秦本纪〉的考古学解读》，生活·读书·新知三联书店2020年版。

24. 梁云：《战国时代的东西差别：考古学的视野》，文物出版社2008年版。

25. 李开元：《复活的历史——秦帝国的崩溃》，中华书局2007年版。

26. 李开元：《秦始皇的秘密》，中华书局2009年版。

27. 李开元：《秦崩——从秦始皇到刘邦》，生活·读书·新知三联书店2015年版。

28. 李开元：《楚亡——从项羽到韩信》，生活·读书·新知三联书店2018年版。

29. 李存山：《商鞅评传——为秦开帝业的改革家》，广西教育出版社1997年版。

30. 吕思勉：《先秦史》，上海古籍出版社1992年版。

31. 雷戈：《秦汉之际的政治思想与皇权主义》，上海古籍出版社2006年版。

32. 刘敏、倪金荣：《宫闱腥风：秦二世》，四川人民出版社1996年版。

33. 刘三解：《秦砖：大秦帝国兴亡启示录》，北京联合出版公司2020年版。

34. 刘泽华《中国的王权主义》，上海人民出版社2000年版。

35. 林剑鸣：《秦史稿》，上海人民出版社1981年版。

36. 林剑鸣：《秦汉史》，上海人民出版社2003年版。

37. 吕思勉：《秦汉史》，上海古籍出版社2005年版。

38. 《马克思恩格斯选集》第1卷，人民出版社1995年版。

39. 《马克思恩格斯选集》第4卷，人民出版社1995年版。

40. 马非百：《秦集史》（上、下册），中华书局1982年版。

41. 马非百：《秦始皇帝传》，江苏古籍出版社1985年版。

42. ［法］孟德斯鸠：《论法的精神》（上册），张雁深译，译林出版社2011年版。

43. ［法］皮埃尔·阿考斯、［瑞士］皮埃尔·朗契尼克：《病夫治国》，郭宏安译，江苏人民出版社2005年版。

44. 彭卫：《历史学的心镜——心态史学》，河南人民出版社1992年版。

45. 钱钟书：《管锥篇》第 1 册，中华书局 1990 年版。

46. 孙立群：《解读大秦政坛双星——吕不韦与李斯》，中华书局 2007 年版。

47. 史党社：《墨子城守诸篇研究》，中华书局 2011 年版。

48. 史党社：《日出西山——秦人历史新探》，陕西人民出版社 2012 年版。

49. 陕西省考古学会编：《陕西考古重大发现》，陕西人民出版社 1986 年版。

50. 沈长云、魏建震、白国红、张怀通、石延博：《赵国史稿》，中华书局 2000 年版。

51. 沈卫威：《文化·心态·人格——认识胡适》，河南大学出版社 1991 年版。

52. 石勇：《告别曾经弱小　你要内心强大》，文汇出版社 2016 年版。

53. 沈长云：《崛起的士人》，中国青年出版社 1998 年版。

54. 孙家洲：《插图本中国思想史——秦汉卷》，广西人民出版社 2006 年版。

55. 宋镇豪主编：《嬴秦始源》，中国社会科学出版社 2013 年版。

56. 田广金：《朱开沟》，文物出版社 2000 年版。

57. 王和：《猛士的乐土》，中国青年出版社 1998 年版。

58. 王蘧常：《秦史》，上海古籍出版社 2000 年版。

59. 王辉：《秦出土文献编年》，（台湾）新文丰出版公司 2000 年版。

60. 王瑞鸿：《人类行为与社会环境》（第 2 版），华东理工大学出版社 2007 年版。

61. 王学理主编：《秦物质文化统览》，科学出版社 2015 年版。

62. 王绍东：《文化视角下的秦始皇》，内蒙古大学出版社 2015 年版。

63. 王长华：《春秋战国士人与政治》，上海人民出版社 1997 年版。

64. 王云度：《秦史编年》，陕西人民出版社 1986 年版。

65. 王云度、张文立：《秦帝国史》，陕西人民教育出版社 2009 年版。

66. 吴小强：《秦简日书集释》，岳麓书社 2000 年版。

67. 辛德勇：《生死秦始皇》，中华书局 2019 年版。

68. 徐卫民、贺润坤：《秦政治思想述略》，陕西人民教育出版社 1995 年版。

69. 徐卫民：《秦都城研究》，陕西人民教育出版社 2001 年版。

70. 徐卫民：《秦汉都城与自然环境关系之研究》，科学出版社 2011 年版。

71. 徐卫民：《史记研究集成·十二本纪：秦始皇本纪》，西北大学出版社 2019 年版。

72. 徐连达、朱子彦：《中国皇帝制度》，广东教育出版社 1996 年版。

73. 严耕望：《严耕望史学论文集》（上），上海古籍出版社 2009 年版。

74. 杨宽：《战国史》，上海人民出版社 2003 年版。

75. 杨权编著：《心理障碍诊治指南》，四川科学技术出版社 2002 年版。

76. 杨权、张献共编著：《焦虑障碍的诊断和治疗》，四川科技出版社 2006 年版。

77. 杨树达：《汉书窥管》。科学出版社 1955 年版。

78. 杨燕起、陈可青、赖长扬编：《历代名家评史记》，北京师范大学出版社 1980 年版。

79. 阎步克：《士大夫政治演生史稿》，北京大学出版社 1996 年版。

80. 于琨奇：《秦始皇传》，南京大学出版社 2002 年版。

81. 于迎春：《秦汉士史》，北京大学出版社 2000 年版。

82. 祝中熹：《早期秦史》，敦煌文艺出版社 2004 年版。

83. 中国军事史编写组：《中国历代军事战略》（上册），解放军出版社 2002 年版。

84. 中山大学中文系：《王夫之：〈秦始皇〉；章太炎：〈秦政记〉〈秦献记〉；译注》，广东人民出版社 1974 年版。

85. 郑良树：《商鞅评传》，南京大学出版社 1998 年版。

86. 祝中熹：《秦史求知录》（上），上海古籍出版社 2012 年版。

87. 宗福邦、陈世铙、萧海波主编：《古训汇纂》，商务印书馆 2003 年版。

88. 赵良：《帝王的隐秘：七位中国皇帝的心理分析》，群言出版社 2001 年版。

89. 张分田：《秦始皇传》，人民出版社 2003 年版。

90. 张正明：《秦与楚》，华中师范大学出版社 2007 年版。

91. 张文立：《秦始皇帝评传》，陕西人民教育出版社 1996 年版。

92. 张文立：《秦始皇帝和他周围的人》，科学出版社 2009 年版。

三、论文

1. 薄贵利、韩冬雪：《地理环境与国家兴衰》，《社会科学战线》1996 年第 1 期。

2. [美] 彼得·洛温伯格：《纳粹青年追随者的心理历史渊源》，张同济译、郝名玮校，《史学理论研究》1996 年第 3 期。

3. 蔡德贵：《论稷下学宫的性质》，《齐鲁学刊》1983 年第 1 期。

4. 陈直：《秦兵甲之符考》，《西北大学学报》1979 年第 1 期。

5. 陈天林：《从秦国兴亡看商鞅变法速效根源》，《思想战线》2017 年 4 期。

6. 成年、李岩梅、梁竹苑：《权力的三种心理机制及其影响》，《心理科学》2014 年第 4 期。

7. 陈松长：《新见秦代吏治律令探论——基于〈岳麓书院藏秦简〉（陆）的秦令考察》，《政法论坛》2020 年第 1 期。

8. 戴国玺：《坑儒一事真伪辨——与李开元先生商榷》，《史学集刊》2012 年第 1 期。

9. 傅斯年：《夷夏东西说》，台湾历史语言所集刊外编第一种《庆祝蔡元培先生六十五岁论文集》，1933 年。

10. 顾颉刚：《鸟夷族的图腾崇拜及其氏族集团的兴亡》，《史前研究》，三秦出版社 2000 年版。

11. 国卿：《令尹·柱国·庶长》，《军事历史》1983 年第 5 期。

12. 何晋：《秦称虎狼考》，《文博》1999 年第 5 期。

13. 金剑、李晔、陈冬明、郭凯娇：《权力与地位对自利行为的影响极其机制》，《心理科学进展》2017 年第 5 期。

14. 贾马燕：《商鞅思想来源探析》，《西安文理学院学报》2020 年第 4 期。

15. 可永雪：《中国写人史上第一篇解剖心灵的作品——我读〈史记·李斯列传〉》，《内蒙古师范大学学报》2019 年第 4 期。

16. 李尚凯：《论民族心理之研究》，《新疆师范大学学报》1991 年第 1 期。

17. 李学勤：《清华简关于秦人始源的重要发现》，《光明日报》2011 年 9 月 8 日。

18. 李学勤：《"秦子"新释》，《文博》2003 年第 5 期。

19. 李开元：《说赵高不是宦阉——补〈史记·赵高列传〉》，《史学月刊》2007 年第 8 期。

20. 李津军：《排行与人的性格》，《科技潮》2001 年第 7 期。

21. 李隽莹：《简牍所见秦新地统治政策研究》，2020 年吉林大学硕士论文。

22. 林沄：《戎狄非胡论》，《林沄学术文集》（二），科学出版社 2008 年版。

23. 林剑鸣：《从秦人价值观看秦文化的特点》，《历史研究》1987 年第 3 期。

24. 林聪舜：《赵国接受上党导致长平惨败之说的检讨》，《信阳师范学院学报》2014年第 1 期。

25. 卢鹰：《穰侯魏冉新论》，《人文杂志》1998 年第 3 期。

26. 刘汉民：《论报复心理与暴力犯罪》，《政法学刊》1996 年第 3 期。

27. 刘修明、卞湘川：《秦汉历史变迁中的知识分子及其作用》，《学术月刊》1989年第 7 期。

28. 马飞：《极权路上的陷阱：商鞅学派学说的演变与误区》，《常州大学学报》2016年第 6 期。

29. 孟祥才：《赵高——巨奸大憝与心理学大师的合一》，《秦俑博物馆开馆三十周年国际学术研讨会暨秦俑学第七届年会会议论文》，2009 年 10 月 10 日。

30. 漆海霞：《战国的终结与制衡的失效——对战国时期合纵连横的反思》，《当代亚太》2015 年第 5 期。

31. 宋晓明：《赌博违法犯罪心理分析》，《犯罪与改造研究》2005 年第 6 期。

32. 孙家洲：《三次刺杀行为对秦始皇地域政策的影响》，《河北学刊》2013 年第 4 期。

33. 孙家洲：《史籍失载的秦始皇荆楚故地的一次出巡及其诏书析证——岳麓书院藏秦简〈秦始皇禁伐湘山树木诏〉新解》，《中国史研究》2021 年第 4 期。

34. 唐晓峰：《先秦时期晋陕北部的戎狄与古代北方的三元人文地理结构》，《地理研究》2003 年第 5 期。

35. 王博：《“国”“野”之分与“国人兵”之再研究》，《学术探索》2019 年第 10 期。

36. 王子今：《秦兼并蜀地的意义与蜀人对秦文化的认同》，《四川师范大学学报》1998 年第 2 期。

37. 王子今：《秦始皇的阅读速度》，《博览群书》2008 年第 1 期。

38. 王子今：《秦二世胡亥童年故事及相关问题》，《人文杂志》2010 年第 4 期。

39. 王绍东：《秦始皇贞节妇女观的心理探因》，《内蒙古大学学报》1996 年第 6 期。

40. 王绍东：《论神仙学说对秦始皇及其统治政策的影响》，《内蒙古大学学报》2000年第 1 期。

41. 王绍东：《秦始皇执着求仙的原因探析》，《秦文化论丛》第 8 辑，陕西人民出版社 2001 年版。

42. 王绍东：《论商鞅变法对秦文化的顺应与整合》，《内蒙古大学学报》2002 年第 5 期。

43. 王绍东、孙志敏：《秦亡于二世的历史文化因素考察》，《内蒙古大学学报》2003 年第 5 期。

44. 王绍东：《论统一后秦吏治败坏的原因及与秦朝速亡之关系》，《咸阳师范学院学报》2007 年第 3 期。

45. 王绍东：《论秦统一后高压政策下士人阶层的不同抉择》，《西安财经学院学报》2008 年第 3 期。

46. 王绍东：《论秦始皇的理论创新》，《西安财经学院学报》2009 年第 3 期。

47. 王绍东：《从沙丘政变看历史发展的偶然与必然》，《西安财经学院学报》2010 年第 6 期。

48. 王绍东：《关于秦朝北击匈奴的若干问题辨析》，《西安财经学院学报》2013 年第 1 期。

49. 王绍东：《论秦始皇的权力万能思想与秦朝政治》，《咸阳师范学院学报》2013 年第 1 期。

50. 王绍东：《论秦始皇的性格及形成原因》，《秦汉研究》（第 8 辑），陕西人民出版社 2014 年版。

51. 王绍东：《李斯"老鼠哲学"的时代精神与历史局限》，《西安财经学院学报》2018 年第 4 期。

52. 王林飞：《团结御外侮　并非刺用兵》，《怀化学院学报》2011 年第 1 期。

53. 王霄云、贺润坤：《秦公子几人被秦二世所杀》，《陕西广播电视大学学报》2014 年第 30 期。

54. 吴良宝：《战国时期上党郡新考》，《中国史研究》2008 年第 1 期。

55. 吴小强：《秦的吏治传统与"以吏为师"国策下的秦吏双重人格探析》，《秦始皇帝陵博物院》，陕西人民出版社 2017 年版。

56. 卫广来：《荆轲刺秦刍议》，《运城师专学报》1986 年第 1 期。

57. 谢坤：《里耶秦简所见逃亡现象——从"缭可逃亡"文书的复原说起》，《古代文明》2017 年第 1 期。

58. 徐兴海：《司马迁与秦末起义的社会心理》，《新疆石油教育学院学报》1988 年第 2 期。

59. 徐俊祥：《六国卑秦与秦的统一——秦民族心理与秦发展的思考》，《扬州大学学报》1997 年第 5 期。

60. 杨宜音：《个体与宏观社会的心理关系：社会心态概念的界定》，《社会学研究》2006 年第 4 期。

61. 杨学义：《太子丹、荆轲故事的历史流变——以〈战国策·燕策〉〈史记·刺客列传〉和〈燕丹子〉为例》，《青年文学家》2013 年第 20 期。

62. 杨永林：《西安北郊首次发掘出秦刑徒墓》，《光明日报》2000 年 4 月 29 日。

63. 雍际春：《人口迁徙与嬴秦的崛起》，《中国史研究》2014 年第 4 期。

64. 余华青：《秦汉时期的畜牧业》，《中国史研究》1982 年第 4 期。

65. 于振波：《秦律令中的"新黔首"与"新地吏"》，《中国史研究》2009 年第 3 期。

66. 于振波：《秦代吏治管窥——以秦简司法、行政文书为中心》，《湖南大学学报》2013 年第 3 期。

67. 于振波：《"负志"之罪与秦立法精神》，《湖南大学学报》2015 年第 3 期。

68. 赵鼎新：《文明竞争中的决定因素》，《文化纵横》2016 年第 6 期。

69. 张海明：《〈史记·荆轲传〉与〈战国策·燕太子丹质于秦〉关系考论》，《清华大学学报》（哲学社会科学版）2013 年第 1 期。

70. 张富祥：《说"夷"》，《淄博师专学报》1997 年第 3 期。

71. 张文立：《多元结构的秦人心态》，《文博》1990 年第 5 期。

72. 张文立：《论秦始皇帝与吕不韦、嫪毐的关系》，《咸阳师范学院学报》2008 年第 1 期。

73. 张晋藩：《中华法系再议》，《江西社会科学》2005 年第 8 期。

74. 张仲立：《关于秦始皇权力威势的思考》，《秦文化论丛》第 8 辑，陕西人民出版社 2001 年版。

75. 祝中熹：《秦人的崛起与秦文化的处位》，《陇右文博》2003 年第 1 期。

76. 臧知非：《秦人的受命意识与秦国的发展——秦公钟铭文探析》，《秦文化论丛》第 8 辑，陕西人民出版社 2001 年版。

77. 朱锦程：《简牍多见秦官吏的待遇》，《秦汉研究》第 11 辑，陕西人民出版社 2017 年版。

78. 文钟哲：《秦始皇生父之谜——求教于王立群先生文钟哲》，《辽东学院学报》 2011 年第 3 期。

79. 周晓瑜：《秦代"隐宫""隐官""宫某"考辨》，《文献》1998 年第 4 期。

后　记

　　1985 年大学毕业后留校任教，系里安排我讲授中国历史文选课，当时试讲的文章就是《史记·秦始皇本纪》。留校后的最初几年里，零打碎敲地写了几篇互不关联的豆腐块文章，始终苦闷于没有确定的研究方向。1994年，申请到了学校青年教师项目"影响秦始皇统治政策的文化因素"，从此把努力方向确定在秦汉思想文化领域。1996 年，在《内蒙古大学学报》发表了第一篇秦史研究的文章《秦始皇贞节妇女观的心理探因》，将历史学与心理学结合起来研究秦始皇帝的妇女观与妇女政策。1999 年评上副教授后，系里准备让我和赵英老师一起招收中国古代史秦汉史方向的研究生，当时感到自己距离硕士生导师的要求还有差距，便申请到北京大学历史系进行访学。1999 年 9 月至 2000 年 7 月在跟随北京大学著名秦汉史专家岳庆平教授学习期间，自己的学识、视野都有了很大提高。2001 年开始招收第一届秦汉史方向的研究生，2004 年出版了第一部专著《秦朝兴亡的文化探讨》，并陆续发表了一些相关文章，在学术界产生了一定的影响，开始接受一些刊物专栏的约稿。

　　在内蒙古大学进行秦朝历史的研究，始终有一种单打独斗的感觉，再加上学校强调突出科学研究的地区特色与民族特色，整个科研环境也越来越重视项目化生存。顺应这种趋势，开始将秦汉史研究与内蒙古地区史结合起来。2004 年申请到了内蒙古自治区社科规划项目"秦汉时期内蒙古地区的开发与区域文化研究"。2008 年申请到教育部人文社会科学研究项目"秦汉时期内蒙古地区农耕文化与游牧文化碰撞交融关系研究"。2013 年申请到国家社科基金项目"多维视角下的战国秦汉时期内蒙古地区长城研究"。在完成这些项目的同时，仍始终把对秦朝历史文化的研究作为自己的"自留地"，不断发表着相关成果，并于 2015 年出版了专著《文化视角下的秦始皇》。2017 年，当"多维视角下的战国秦汉时期内蒙古地区长城研究"项目顺利结项后，就特别想继续专注于秦朝历史文化的研究。2018 年，幸运申请到了国家社科基金项目"心态史视阈下的秦史研究"，本书就是该项目的结项成果。

按照设想，纵的方面从秦人、秦国到秦朝，横的方面从秦族、秦社会各阶层、秦历史人物，纵横交错全面探讨秦的社会心态与历史发展之间的关系，完成一部秦心态史研究的专著。在撰写过程中，充分体会到了"思易行难"的含义。首先面临的困难就是心理学方面知识的匮乏，对此只能采取恶补的方式，大量查阅相关文献，购买相关书籍，阅读相关论著，但要在短时间内获取系统的心理学专业知识仍然感觉颇为困难。其次是如何将心理学知识与秦朝历史有效地结合起来。写作过程中感觉最困难的是对群体心理的把握和描述，一方面，相关的资料较为有限，另一方面感觉这方面的心理学研究成果也相对匮乏，写作时常有捉襟见肘、力不从心之感。尽管完成了全书的写作，很多地方自己并不满意，但能够在研究过程中与古人对话，探索他们的心路历程，也是一项充满乐趣和富有挑战性的工作。

以往完成的各类项目，往往只有一个结项成绩，看不到专家的评审意见。这次，国家社科规划办改进了工作，可以直接下载每位评审专家的具体评审意见。5 位专家对项目完成情况都给予了肯定，同时也负责任地提出了存在的问题、可改进之处。有的专家对发现的每一处问题都进行了标注，说明提出问题的依据，其严谨、认真的态度令人感动。本书根据专家的意见进行了认真修正、改进和完善，提高了完成质量。

撰写一部断代的心态史研究专著，是一种探索也是挑战。由于受自己学养、能力和知识结构等方面的限制，本书肯定存在许多问题和不足之处，希望得到各位读者的批评和指正，也希望本书的出版起到抛砖引玉的作用，能够在某种程度上推动心态史学研究的深入。

　　学术研究是一个艰苦的、持续的、永无止境的过程，家人、师友、同事的支持和帮助，使我奔波前行时感到有信心、有力量。感谢专项出版基金提供的支持，感谢责任编辑为本书的出版付出的心血和汗水，感谢2023级博士生董永静、硕士生刘晓、赵梓辰对书稿的校对。花甲之年完成了这部专著，科研的道路还将持续。今后将努力做到既不懈怠也不勉强，享受生活，享受读书写作的乐趣。

2023 年 9 月于呼和浩特